韓國新劇과 셰익스피어 受容史

I

신정옥 저

책머리에

    이 책은 논문이 아닙니다. 그러나 내용은 논문과 같습니다. 이 책은 한국 신극과 셰익스피어 수용사를 서술한 것입니다. 수용사는 사실에 근거해야 할 것입니다. 수용의 내용은 사실(史實)에 맞도록 문의(文意)에 맞추어 편하게 읽을 수 있도록 산문으로 쓴 것입니다.

    셰익스피어가 위대한 극작가라는 사실을 인식한 것은 대학에서 영문학을 공부할 때의 일이다. 셰익스피어가 영국의 극작가로서 세계문화사에 빛나는 업적을 남긴 것은 이미 알고 있었으나 그의 작품을 접한 것은 피난시절의 대학에서였다. 교수의 강의를 듣고 또 원작을 접하면서 그의 위대함을 느낀 것은 그의 호한(浩瀚)한 세계와 뛰어난 시적 재능뿐만 아니라, 이 드넓은 우주 속에서 미소한 인간의 존재를 그렇게도 명징(明澄)하게, 그리고 이 세상에 사는 수많은 계층의 사람들의 성격, 감정을 칼로 도려내듯 묘사한 것에서 더욱 감동하지 않을 수 없었다.

    셰익스피어는 성인(聖人)이다, 경구가(警句家)이다.
    셰익스피어는 문호이다, 시인이다, 희곡작가이다.
    셰익스피어는 위대하다, 오늘날에도 살아있다.

    우리나라에 셰익스피어가 수용되면서, 셰익스피어를 인식하는 과정에서 그에게 부쳐진 호칭이다. 결국 오늘날 셰익스피어는 위대한 세계적인 대문호로 역사에 기록될 것은 확실하다.
    학부를 거쳐 대학원에 진학하면서 더욱 그의 작품에 매료되었고, 그의 작품세계에 대한 연구 그리고 작품의 번역에 혼신의 힘을 기울여 왔다. 대학원 재학시절 金甲順 교수의 권고로 〈한여름 밤의 꿈〉을 번역하였고, 이화여자대학교 대강당에서 성황리에 3일간의 공연을 하였으며, 바로 출판되었다. 이것이 서양연극과 셰익스피어 연구에 입문하게 된 계기가 된 것이다. 그래서 박사학위의 논문도 그 제목이 〈英美劇의 移入과 韓國新劇에 미친 影響〉이었다.
    1975년부터 1984년 사이에 서구작가들의 현대세계명작을 선택하여 번역하였으며, 전집 10권으로 출판하여 우리나라 희곡과 무대예술의 승화에 주력하려고 하였다. 세계에서 또 우리나라에서 알려지고 공연되는 희곡의 대부분이 포함돼 있다. 그 무렵은 지재권(知財權)문제가 협약되거나 시행되기 전이었기 때문에 자유롭게 작품을 선정할 수 있었다. 그리고 〈무대의 전설 - 명배우 명연기〉로 무대예술의 길잡이에 일조하였으며, 〈韓國新劇과 西洋演劇〉과 〈한국에서의 서양연극(공저)〉의 책자를 출판하여 학계에 서양연극문제를 투사(投射)하여 서양연극의 한국에 미친 영향을 논의하는데 참여하였다.

그러나 필생의 사업으로 몰두한 것은 셰익스피어 전집의 번역, 우리나라의 셰익스피어의 수용사 그리고 신극과 셰익스피어에 관한 연구였다. 우선 대학원 시절의 〈한여름 밤의 꿈〉 번역 이래 2008년까지에 셰익스피어의 작품 42권의 번역·출판을 마무리하였고, 그 후는 개정판의 집필에 착수하여 계속 출판하고 있다. 42권의 출판도 방대한 사업이라, 이 일을 맡아서 출판한 고 김진홍 박사 및 전예원 양계봉 사장에게 심심한 감사를 드리고 싶다. 전집의 내용은 희곡이 39편이고 장시가 3편이며, 희곡 중의 2편 〈두 귀족 친척〉(The Two Noble Kinsmen)과 〈에드워드 3세〉(Edward III)는 근자에 셰익스피어의 작품으로 공인을 받게 되어 우리나라에서는 모처럼 번역 출판된 것으로 역자는 책임감과 부담감을 느끼고 있다. 그래도 셰익스피어의 전 작품 42권을 번역하여 출판까지 마무리 하였으니 필생의 큰 과업을 일단락 지었다는 학자로서의 채무와 도리를 다한 것으로 자위(自慰)하고 있다. 셰익스피어의 작품으로 새롭게 인정된 〈두 귀족 친척〉은 출판 후 인천시립극단(예술감독 이종훈 연출)이 우리나라에서 처음으로 인천예술회관 야외공연장에서 2009년 7월 31일부터 8월 9일까지 무대화하였으며, 〈에드워드 3세〉는 유라시아 셰익스피어 극단 대표 남육현 연출로 국립극장 하늘극장에서 2010년 11월 3일부터 7일까지 공연되었다. 셰익스피어 작품으로서 새롭게 공연된 두 작품이 우리나라에서도 처음으로 새롭게 빛을 보게 된 셈이다.

신극(新劇)이나 셰익스피어에 관한 연구와 논문은 대학교지, 학회지, 잡지, 단행본으로 계속 발표하여 왔는데, 문제점은 연구의 동기와 자료수집에 있었다. 1970년대 이후 우리 연극현장에서 긍정적인 면도 있으나, 일부에서는 마구잡이로 농락되는 것을 목격하며 셰익스피어의 작품이 지나칠 정도로 훼손되는 것이 아닌가 하고 염려하였다. 그리고 자료를 찾아 논문화하기 시작한 것은 1980년대 초였으며, 신문화가 싹트는 20세기 초 1906년대부터 셰익스피어가 우리나라에 그 이름이 도입되고 나서 그 이후에 미친 영향의 과정을 추적하기 시작하였다. 힘든 작업이었다. 자료 수집은 특히 어려웠다. 컴퓨터가 보급되지 않았던 시절이어서 신문, 잡지, 회보, 조회, 인터뷰 등으로 자료를 모아서 정리하여 하나의 체계를 수립하는 일이라, 고행의 노력 끝에 책 한권을 집필하면서도 마음은 항상 부족하고 불만스러울 뿐이었다.

셰익스피어의 수용사는 〈셰익스피어 한국에 오다 - 셰익스피어의 한국수용과정연구〉에서 1906~1961까지의 총론을, 1979년까지의 희곡의 개별적 수용과정을 다루었으며, 1987년까지의 분야별 수용과정은 한국드라마학회의 학회지 〈드라마연구〉 통권 23, 24, 26호에 게재하였다. 그 후 2013년까지의 내용은 새로 자료를 수집 정리하였으며, 이들을 종합하여 오늘까지의 수용과정을 기록하였다. 그러나 셰익스피어의 수용은 문화의 서구화와 신극운동이 잉태(孕胎)한 것이어서 〈新劇과 셰익스피어 受容史〉로 새로이 집필하여 이번에 출판하게 되었다. 이 모든 학문적 연구는 필자가 명지대학교 교수 및 명예교수로 재직하여 이루어진 것이니 동 대학은 필자의 연구의 토대가 된 것이다.

책의 제명은 〈韓國新劇과 셰익스피어 受容史〉이다. 여기서 셰익스피어라고 함은 셰익스피어가 작가인 희곡의 무대화, 즉 연극이고 그 수용사이다. 겸해서 문학적 및 학문적 수용도 다루었다. 그러나 근자에는 대학의 증설과 학교자체의 개편으로 영문학과와 연극과가 계속 늘어나고 있으니, 각 대학마다, 또 학계에서도 셰익스피어에 관한 번역과 연구 성과가 발표되지 않는 곳이 없다. 따라서 상당한 시간이 지나야, 그 기여도와 공과가 판별날 것이다. 그래서 근자와 현대에 있어서는 공연되는 사실에 입각한 연구적 수용에 전념하기로 하였다.

연극을 되도록 많이 감상하는 것을 하나의 과제로 삼고 있으며, 특히 셰익스피어의 작품 공연은 꼭 관극하도록 노력하고 있다. 셰익스피어 작품이 양산되는 근자에는 전국 각 지방에서도 많은 공연이 이루어지고 있어, 이를 모두 볼 수도 없으니, 필자가 관극한 것이거나 자료가 있는 작품의 범위 내에서 다루었으며, 이 저술에 포함되지 못한 부분은 그분들의 노고에 대하여 송구스러운 일이다. 셰익스피어의 수용은 우리나라의 문학과 연극 신극화의 발전에 모태가 되어 큰 영향력을 발휘하였으며, 본 저술이 하나의 시금석이 되리라고 믿고 있다.

한국연극사에 대한 지식은 柳敏榮 博士의 도움으로 해결할 수 있었으며, 깊이 감사드리고 싶다. 그리고 영미희곡 10권을 간행하는데 큰 힘이 되어주신 노경식 교수와 장윤환 전

서울신문사 사장에게도 감사드린다.

항상 격려해주신 극단 신협의 연출자 전세권 교수와 연극비평가인 박정기 희곡심사위원장, 그리고 지금은 저 하늘나라에서 침묵의 충언을 보내고 계신 여인극장 대표였던 강유정 연출가는 필자의 학문과 이 수용사의 저술에 큰 힘이 되었으며, 필자의 후학인 이지태 교수 및 서경대학교 대학원 강의에서 필자의 후학으로 인정한 장익렬 평론가와 오승수 연출가의 협조, 그리고 그 간의 저자의 학술서적들의 출판을 맡아주신 출판사인 새문사, 범우사, 백산출판사, 푸른사상, 전예원 사장님들에게 심심한 사의를 표한다.

마지막으로 필자보다 먼저 세상을 뜬 지금은 하늘나라에서 필자를 기다리고 있는 큰 아들 순철이가 몹시 보고 싶다는 말과, 2014년 이후에는 필자의 건강상의 이유로 공연을 볼 수 없었으며, 이 책을 완성하기 위하여 필요한 모든 자료를 구해준 사랑하는 작은 아들 윤철에게 꼭 고맙다는 말을 하고 싶다. 아울러 지금 중환자실에서 병마와 싸우고 있는 남편에게 한 평생 필자가 하고 싶은 셰익스피어 연구를 할 수 있게 하여 준 것에 대하여 너무나 고맙다는 말과 이생에 당신과 같이 할 수 있어서 행복했다는 말을 전하고 싶다.

고양시 일산 일우에서
신 정 옥

서론

총론

제1장 셰익스피어의 계몽적 수용 • 21
　1. 초기수용(初期受容)의 고증(考證) - 세이구스비아와 歇克斯比爾 • 21
　2. 셰익스피어는 극작가이다. • 24
　3. 崔南善의 셰익스피어 엿보기 • 25

제2장 셰익스피어 문학의 수용 • 29
　1. 〈템페스트〉-최초의 작품소개 •
　2. 1920년대의 셰익스피어 작품 • 30
　3. 서구화와 찰스 램의 〈셰익스피어 이야기들〉 • 31
　4. 셰익스피어 원작의 번역과 중역 • 38
　5. 1940년대와 8·15 해방 • 43
　6. 셰익스피어 문학의 촉진-1950년대 이후의 경향 • 46

제3장 셰익스피어 연극의 수용 • 51
　1. 초기의 수용과 학생극 • 51
　　1) 1930년대의 수용 • 52
　　2) 유치진과 셰익스피어 • 54
　　3) 〈햄릿〉의 초연-이해랑 연출 • 60
　　4) 1950년대-신협(新協)과 셰익스피어 • 60
　　5) 소극장 운동의 전개 • 63
　　6) 드라마센터의 개관 • 65
　2. 셰익스피어 탄생 400주년 기념 축전 • 67
　　1) 6개 직업극단의 화려한 행진 • 67
　　2) 대학생극의 기념공연 • 73
　3. 극단들의 발전 • 74
　　1) 직업극단 • 74
　　2) 학생 연극 • 83

4. 변용적 수용과 공연 • 91
　　1) 서구에서의 변용과 공연 • 92
　　2) 한국에서의 변용과 공연 • 95
　　3) 1980년대 억압과 개화 • 99
　　4) 연달은 〈햄릿〉공연 • 101
　　5) 이해랑의 셰익스피어 • 108
　　6) 저주받은 권력 찬탈자 〈맥베드〉와 셰익스피어 • 110
　　7) 〈리어왕〉과 〈햄릿〉의 광대놀이 • 111
　　8) 패트릭 터커와 한국의 셰익스피어 • 113
　　9) 대학극과 셰익스피어 • 116
　　10) 가물거린 직업극단의 궤적 • 119
　　11) 서구작가들의 변용과 공연 • 122
5. 셰익스피어 학문의 수용 • 127
　　1) 1920년대-개화의 물결이 트다 • 128
　　2) 1930년대-아직도 개화의 단계 • 133
　　3) 1940년대-김동석이 주도적 역할 • 136
　　4) 1950년대-셰익스피어 학문의 발전 • 138
　　5) 1960~70년대의 경향-셰익스피어 연구의 성숙기 • 141
　　6) 1980년대-풍성한 셰익스피어학 • 147
　　7) 1990년대 • 153

제4장 셰익스피어 희곡의 개별적 수용 • 156
　서론 • 156
　1. 〈햄릿〉의 수용 (1994년까지) • 157
　　1) 신구형태가 혼효(混淆)된 〈햄릿〉 공연 • 159
　　2) 드라마센터의 개관과 〈햄릿〉 • 163
　　3) 대학과 직업극단의 〈햄릿〉 공연 • 167
　　4) 전통극으로서의 〈햄릿〉 공연 • 168
　　5) 대학극과 아마추어의 공연 • 169
　　6) 정치극으로서의 〈햄릿〉 • 172
　　7) 한국화로 변용된 〈햄릿〉 • 173

      8) 다양하게 실험된 〈햄릿〉 • 180
  2. 〈오셀로〉의 수용(1995년까지) • 190
      1) 주인공은 오셀로인가 이아고인가? • 191
      2) 다양하게 변형되는 〈오셀로〉 • 198
      3) 〈오셀로〉 수용의 개요 • 202
  3. 리어왕의 수용(2000년까지) • 204
      1) 초연인 여학생극 • 206
      2) 본격적인 〈리어왕〉 공연 • 207
      3) 바보와 광대가 부르는 허무한 노래 • 210
      4) 리어는 고독하고 미친 노인이다. • 213
      5) 특이성 있는 〈리어왕〉의 공연 • 217
      6) 〈리어왕〉 수용의 개요 • 222
  4. 〈맥베드〉의 수용 (1999년까지) • 223
      1) 〈맥베드〉의 공연의 저주를 풀다 • 226
      2) 학생극단의 〈맥베드〉 공연 • 228
      3) 실험극장과 런던 셰익스피어 그룹의 공연 • 229
      4) 〈맥베드〉의 현대적 시대화 작업 • 231
      5) 개방화 정책과 〈맥베드〉 공연 • 246
      6) 〈맥베드〉 수용의 특이성 • 260
  5. 〈로미오와 줄리엣〉의 수용 (1996년까지) • 262
      1) 초기의 문학적 수용 • 263
      2) 유치진과 〈로미오와 줄리엣〉 • 267
      3) 〈로미오와 줄리엣〉의 공연 • 268
  6. 비극과 희극의 개별적 수용 • 276
    1) 비극 • 279
      ① 〈줄리어스 시저〉 (Julius Caesar) • 279
      ② 〈앤토니와 클레오파트라〉 (Anthony & Cleopatra) • 290
    2) 희극 • 298
      ① 〈베니스의 상인〉 (The Merchant of Venice) • 298
      ② 〈말괄량이 길들이기〉 (The Taming of the Shrew) • 319
      ③ 〈사랑의 헛수고〉 (Love's Labour's Lost) • 344

④ 〈한여름 밤의 꿈〉 (A Midsummer Night's Dream) • 300
⑤ 〈태풍〉 (Tempest) • 426
⑥ 〈윈저의 즐거운 아낙네들〉 (The Merry Wives of Windsor) • 443
⑦ 〈십이야〉 (Twelfth Night) • 446
⑧ 〈뜻대로 하세요〉 (As you like it) • 468
⑨ 〈실수연발〉 (The Comedy of Errors) • 473
⑩ 〈말은 말로 되는 되로〉 (Measure for Measure) • 477
⑪ 희극의 작품성과 공연 • 484

주석

韓國新劇과 셰익스피어 受容史 Ⅲ **목차**
제5장 셰익스피어 공연사
　　〈햄릿〉 (1995년~)
　　〈오셀로〉 (1996년~)
　　〈리어왕〉 (1997년~)
　　〈맥베스〉 (2000년~)
　　〈로미오와 줄리엣〉 (1998년~)

종론

서 론

■ 우리나라의 전통문화

문화는 물과 같은 것이다. 흐름은 원천에서 시작하여 강이 되고 내가 되고 망망대해(茫茫大海)로 흐른다. 높은 곳에서 낮은 곳으로 흐른다. 문화가 꼭 그러하니, 발달된 문화는 여러 가지 면에서 물줄기가 되어 그렇지 못한 곳으로 흐른다. 세계의 모든 나라와 민족은 고유의 역사가 있으며 문화가 있다. 우리나라에도 문화의 원천이 있다. 근자에 일기 시작한 몇 가지 사례, K-Pop, 우리의 고유의 고전과 현대감각을 살린 관광, 그리고 한식 등은 우리나라가 그러한 문화의 원천이며, 한류로서 세계 각국에 파도처럼 몰아치고 있다. 특히 K-Pop의 젊은 세대 아이돌은 소중한 인적 자원이다.

그러나 애당초 우리가 서구문명을 수용하게 된 시발점은 자유로운 선택에서가 아니었다. 조선의 봉건사회가 끝날 무렵, 대원군의 쇄국정책은 오히려 서방 각국의 강압적인 침입형태가 되었고, 그 중에도 중국(淸), 러시아, 일본의 세력다툼은 결국 한일합방의 쓰라린 역사의 오점을 남겼다. 서구의 문화도 무력이라는 세력의 분파로서 우리가 강제적으로 수용한 것이니, 그 역사는 백년의 세월에 불과하다. 그리고 서양문화가, 일본문화가 우리나라에 유입되어 우리 문화권에 커다란 영향을 준 것이다.

연극은 문화이고 예술이나 문예사조에 바탕을 둔 문화이다. 동서양이나 제3세계나 나름대로의 전통적인 자국문화를 오랫동안 보존해왔으며 세계의 어느 나라에 가도 그 곳의 종교가 있고, 도덕이 있으며, 문화가 있고, 관습이 있다. 그러나 새로운 물결도 있음을 알게 된다.

이러한 관점에서 우리나라의 연극을 조명하면 민족 고유의 독특한 전통적 양식에서 그 뿌리를 찾을 수 있다. 예를 들면, 가면극을 위시해서 꼭두각시놀음, 그림자극, 그리고 음악극 형태로서 판소리 등이 우리의 생활양식과 결부된 자생적 전통극의 범주에 속한다. 그리고 가무중심이고 설화이고 이야기이다. 따라서 우리의 전통극은 문학성이 강조된 희곡이기보다는 기쁘고 슬픈 놀이라는 특징이 두드러진 연극이라고 할 수 있다. 이런 점은 우리연극이 서양연극의 희곡이라는 문학중심의 연극형태와 다른 점이다. 예를 들면 우리나라에 <춘향전>이 있고 <홍길동전>도 있다. <장끼전>[1]도 있고 <콩쥐 팥쥐전>도 있다. 무당놀이에 귀신이 오락가락한다. 그러나 희곡은 없다.

따라서 우리의 전통극은 서양의 경우처럼 문예사조의 기반을 배경으로 형성된 희곡이 아니었다. 서양문화와의 접촉과 교류가 거의 단절되었던 조선시대는 중국에 대한 사대사상 이외에는 봉건주의라는 울타리 안에 있었으며 서양문화의 영향 밖에 머물러 있었다.

■ 외래문화와 서구화

1900년대에 접어들면서, 우리의 문화예술도 그 내용과 형식에 있어서 극심한 변화를 겪기 시작하였으니, 외래문화의 영향을 한두 가지 예증한다. 이러한 변화는 시대적 요청에 따른 예술적 감각과 기호가 고양되고 외래문화의 유입과 수용으로 고유문화도 개화기에는 판소리가 대중극으로 정착되었다. 그런데 조선조 말, 청국세력이 확대되면서 경극(京劇)의 영향을 받기 시작하였다. 서울에서 청국상인들의 상가지역에 청국관(淸國館)이라는 전용극장을 건립하여, 빈번하게 경극공연을 하였으며, 한국관객도 생겨났으니, 이 가운데는 이동백(李東伯), 강용환(姜龍煥) 등 후일의 명창들이 끼어 있었다. 이들이 주동이 되어 경극형 판소리 변화, 즉 분창(分唱)형 창극으로 변모하게 되었다.

다음은 일본의 신파극의 영향이다. 신파극은 일본에서 1880년대 초에 시작되었고 우리나라에는 20여년 뒤에 이입되었으며 1910년대는 신파극의 전성시대가 되었다. 그 무렵 1902년에 최초로 협률사라는 극장이 세워져서 전통극과 가무백희(歌舞百戲) 등이 연희되고 있었고, 이것이 1908년 7월에 사설극장 원각사로 바뀌면서도 여전히 판소리 계통의 창극이 공연되었다고 한다.

청국관 설립으로 판소리는 경극과, 창극은 일본의 근대적인 신파극과 공존 대치하는 형국이 된 셈이다. 그러면서 창극은 점점 쇠퇴하여 지방에서 존속돼가고 있었다. 동시에 우리나라의 신극이 도입되는 계기가 되었다. 서양문화와의 공존시대가 되었고, 서양문화와 서구적 예술은 연극을 포함하여, 우리 문화의 일대변혁이 일어나게 했으니. 바로 문화의 서구화다.

이제 영미희곡과 한국연극을 중심으로 그 수용의 역사와 진전을 살펴본다.

우리의 경우는 두 가지 측면에서 서양문물을 받아들였다. 하나는 서양문화에 대한 관심이나 동경이며, 또 하나는 서양문화에 몰두하고 있던 일본의 침략과 문물의 도입에서 개화가 가속화되었다.

일본은 청일전쟁과 노일전쟁에서도 승리하였으며, 결국 우리나라를 합병한 것이 우리 역사의 불운한 과거지사이다.

우리나라가 선진서방에 문호를 개방한 것이 불과 1세기 전이며, 스스로 선택한 것이 아니라고 하였다. 따라서 일본에 비해서는 약 30년 이상 늦어진 것이며, 대한제국 이후 개방에 가속도가 붙어서 교육, 사회, 문화 등에도 큰 변화가 생긴 것이다.

특히 교육제도가 신식으로 바뀌었다는 것은 가장 큰 변혁의 근원이 되었다. 소위 신식교육의 보급은 신문학, 신연극, 양악, 무용 등이 신문, 방송 등의 새로운 미디어 매체에 의해서 널리 파급되었으며, 서구문명이 우리의 일상생활의 대부분을 차지하게 된 것이다. 우리의 전통문화도 그 줄기가 계속되고 살아있었으나 우리 고유의 전통극에 도전한 것이 일본제국주의가 이 땅을 차지하면서 상업성 짙은 신파극이란 대중극이었다. 즉 우리의 국악과 전통극에 맞선 것이 신파극이다.

그러나 한국전쟁을 전후하여 무대에서 신파극은 소멸되었으며 오늘날은 전통극과 서구연극에 뿌리를 둔 신극이 무대를 장식하고 있다. 한국근대극에 있어서 서양연극과의 영향관계에서 영미연극의 수용은 중요한 조류가 되었다. 가령 영국과 아일랜드 극작가의 경우, Shakespeare, Wilde, Shaw, Bennet, Yeats, Lady Gregory, Synge 등의 소개에서도 그런 점이 확인되고 있으며 셰익스피어의 경우도 가장 먼저 소개되었으나 극작가로서가 아니고, 성인군자의 도덕적 교훈과 경구로서 소개되었던 것이 그 좋은 예에 속한다.

셰익스피어 다음으로 Oscar Wilde라는 이름이 <十九世紀歐洲文明進化論>에 소개되었다.

十九世紀 文學者中에 倭爾特과 斯葛德 外에는 此調를 能彈혼 者이 無혼지라.[2]

그러니까 Wilde는 倭爾特이라는 중국식 표기로 호칭되었으며, 이는 중국 책을 번역한데서 유래한 것이다. 유미주의적(唯美主義的) 예술지상주의자(藝術至上主義者)로서 또는 세기말적(世紀末的) 퇴폐작가(頹廢作家)라는 평가를 받으며 와일드가 구미화(歐美化)의 풍조를 타고, 1916년 1월 <近代思>를 통해 이 땅에 이입된 것이다. 김억(金億)이 쓴 <英吉利 文人 오스카 와일드>[3]는 1910년대에 있어서의 영국 극작가를 개략적으로나마 윤곽을 알린 최초의 작가론이라고 볼 수 있다. 김억은 이 글에서 "詩人, 劇作家, 文士"로 칭하며 그의 唯美主義사상을 언급하였다.

■ 초기의 영미극 수용(英美劇 受容)

연극의 경우를 살펴보면, 19세기 말엽부터 허술한 연희장(演戲場)이 하나 둘 등장하기 시작하였다. 1902년에는 제대로 모양을 갖춘 협률사(協律社)라는 극장이 세워졌다. 전통극과 가무 등이 연희(演戲)되었고, 그 후에 단성사(団成社), 연흥사(演興社), 장안사(長安社), 원각사(圓覺寺) 등 사설연극장들이 나타나 각종 민속예능과 창극, 구극(舊劇)들이 공연되었다. 그러다가 1911년에 이 땅에 들어온 일본 연극인들로부터 이양된 신파극(新派劇)이 시작됨으로써, 소위 근대극이 그 막을 열게 되었던 것이다.

그러나 일본 및 서구의 문화는 1894년 갑오경장(甲午更張)을 전후하여 이 땅에 들어오기 시작하였으며, 한국의 문예운동은 서구문화와의 접촉을 계기로 비로소 근대화로의 자각이 시작되었다. 개화기에 있어서 서구문화의 수용은 예술보다는 정치적, 사회적 효용성과 공리가 주류였으며 문예물의 경우에도 교과용 역사류나 전기적인 또는 교양적인 차원에서 소개되었으며, 극작가의 경우도 문예적 측면이 아니라, 교훈적 각도에서 언급, 수용되는 상태였다.

1916년부터 문학비평가 백대진(白大鎭) 등 문인들이 영국 및 아일랜드의 극작가들을 소개하기 시작하였다. 백대진은 잡지 『新文界』에 "二十世紀初頭歐洲諸大文學家를 追憶함"[4]이라는 글을 통해서 1910년대의 영국문단을 Yeats, Synge, Shaw가 주도하고 있다는 사실을 알리며 대중으로 하여금 영국문단의 실상에 근접하도록 했다. 그는 1918년에 창간된 문예주간지 『泰西文藝新報』를 통해서도 서구문예 동향을 알리며 영문단을 간단히 소개하였다. 『태서문예신보』는 문예 만을 취급하였으며, 국내의 작가나 작품을 소개함으로써 1910년대의 대중들에게 문학예술의 씨앗을 심는데 크게 기여한 것이었다.[5]

그는 『태서문예신보』를 통해서 Bennet, Stevenson, 그리고 Shaw와 H.G.Wells 등을 비교하며 설명하였고, Galsworthy, Granville-Barker, Masefield 등 세계적 명성을 지닌 극작가와 명배우도 간략하게 소개하였다. 백대진의 일련의 글들은 대중으로 하여금 영국 문예를 가까이 할 수 있는 계기가 된 것이다.

1919년 3월 1일 거족적 민족독립운동이 일어났고, 우리의 정신과 문명에도 큰 변화와 전환점이 마련됐다. 서구로부터는 사회주의, 민족주의, 아나키즘 등이 유입되었고, 민족도 자각심을 깨우쳐, 연극계 일각에서도 자성의 기운이 돌고, 서구화가 촉진되면서 문예의식도 진일보하여 광범위한 독자가 생기고, 유학생이 증가하고, 신문화촉진에 참여하는 경향이 생겨, 셰익스피어와 서구 근대극 작가의 희곡들도 단편적, 또는 중역 등으로 번역되기 시작하였다. 따라서 개화기에는 예수나 공자처럼 성인열전의 인물같이 비쳤던 셰익스피어도 극작가로서 구체적으로 알려졌으며, 이름이나 간혹 거론되었던 영미의 극작가들의 실체도 드러나기 시작하였다.

3·1운동 이후 10여 년 동안 셰익스피어의 희곡 14편, 영국의 근대희곡 14편, 아일랜드의 희곡 1편 등 총 32편이 신문에 번역, 게재되거나 단행본으로 출간되었다. 영문학자의 번역도 있었으나, 일어에서의 중역이 다수였던 점은 아마도 일본이 우리보다 서구의 문명을 30년 정도 앞서 수용했던 탓으로 추정된다. 이러한 새로운 서구화 경향에서 가장 화려하게 등단한 작가는 셰익스피어, 와일드와 쇼였다.

■ 연극계로 파급된 서구 문화

이러한 문학계의 수용은 연극계에도 번져서, 3·1운동 이후 요원의 불길처럼 일어난 아마추어극 운동에 영미작품이 끼어들기 시작하였다. 학생들이 주도해서 실험적으로 소개하였으며, 동우회, 순회극단, 토월회, 경성상업고등학교 어학부, 이화여고보, 이전연극반 등의 공연은 소위 신극이라는 실험성을 띤 것이며, 이들의 개척정신은 가상할만한 일이다.

영국 근대희곡의 경우는 1919년 12월『三光』에 게재된 에드먼드 오드란 작 뮤지컬이자 코미디인 <마스코테>[6]가 최초로 번역된 것이다.『三光』은 일본 도쿄에 있는 조선유학생 樂友會의 기관지로서 음악, 미술, 문학 등 세 종류의 예술을 주체로 한 순예술잡지며, 음악가 난파(蘭坡) 홍영후(洪永厚)가 편집 겸 발행인이다. 요즘 동서고금을 가리지 않고 재원(材源)을 근거로 뮤지컬이 범람하고 있으나, 뮤지컬에 불꽃을 지핀 원조는『三光』이며 홍난파라고 필자는 치부하고 있다.

또 권오일이 기획·연출하여 여러 번 공연된 극단 성좌의 <블랙 코미디>라는 코미디도 그 원조는『三光』에서 찾아야 할 것이다. 1921년에는 영국사회극이 처음으로 신문에 연재 소개되었다. 원작자 미상 최연택(崔演澤) 역 <腕環>[7]이다. 그 뒤를 이어 오스카 와일드 작 <사로메>[8]가 소개되었다. 처음으로 소개한 사람은 문학평론가 박영희(朴英熙)이며, 그가 번역한 <사로메>는 한국문단에 기묘한 자극을 주며 <사로메>선풍을 일으키는 촉진제가 되었다.『白潮』에 큰 선풍을 일으켜, 비슷한 시기에 梁在明 역 <사로메>[9], 玄哲 역 <사로메>[10] 등 총 5종류의 번역물이 쏟아져 나온 바 있다. 그러나 공연은 1953년에 와서야 겨우 악극(樂劇)으로 무대화 되었으니[11], 연극문화의 후진성이 엿보인다.

전 세계에 적잖은 영향을 준 쇼의 희곡이 처음 잡지에 번역 게재된 것이 <워렌 부인의 직업>(미완성 원고)과 장기제(張起梯) 역의 <그가 그녀 남편 속인 이야기>이며, 1927년에 『海外文學』(해외문학 통권 2호)에 일부가 실렸다. 원제가 <How He Lied to Her Husband>인 이 작품은 Candida를 희화화(戱畵化)한 1막 소극(笑劇)으로 Shaw가 나흘 만에 완성한 것이다.

그리고 영국의 수필가이며 극작가인 Alan Alexander Milne의 <Ariadne, or Business First>가 <돈 좀 벌자면 안악이 난봉>이라는 제목으로 번역 소개됨으로써 영국희곡이 다양하게 선을 보이기 시작하였다.

미국희곡으로서 처음 소개된 것은 동아일보에 연재된 Arthur Caesar 작 無涯 역 <나폴레옹과 理髮師>[12](원제 Napoleon's Barber)인데 상연되었다는 기록은 없다. 그 후 풍자극 4편이 1929년에 가을에 소개된 바 있다. 그 내용은 P.Wilde 작, 愚石 역인 <매니큐-어ㅅ걸>, <過去>, <解決>, <開始로운 依賴人>[13]이다.

이와 같이 영미희곡이 소개되는 이 무렵, 신극운동의 화살이 당겨졌다. 도쿄(東京) 유학생들로 조직된 학생극단 토월회(土月會)가 1923년 7월 4일부터 5일간 인사동 조선극장에서 소개한 창작극 한편과 서양근대 단막극인 번역극 3편이 제1회 공연의 레퍼토리였다. 한국유학생들이 방학을 맞이하여 귀성선물로 대중의 문화를 깨우치려는 의욕으로 연극을 택한 것이며, 먼저 연극 활동을 시작한 동우회, 형설회, 갈돕회 등 순회극단과 더불어 신극운동의 전초역할을 한 것이다.

1회 공연의 레퍼토리 중 번역극인 경우, "각본을 선택했던 분들이 번역을 하기로 정하였다"[14]는 박승희의 주장에 의하면, 영미극의 경우 미국작품 Eugene O'Neill 작 <飢渴>은 릿교대(立敎大) 영문과 학생 김기진(金基鎭), 영국작품인 경우, 버나드 쇼 작 <그 여자가 그의 남편에게 무어라 거짓말을 했나>는 메이지대(明治大) 영문과 학생 박승희(朴勝喜)가 번역하였다고 볼 수 있다. 그런데 1회 공연은 실패하였다는 비판을 받았다. 여러 가지 이유가 있겠지만, 가장 중요한 관점은 새롭게 선보인 서양의 번역극이 당시의 일반대중의 문화수준과는 크게 차이가 있었다는 것이다. 토월회의 창립동지인 이서구(李瑞求)도 공연 실패의 화살을 전적으로 저속한 관객들이라고 하였다.[15]

토월회의 2회 공연은 쇼의 <How He Lied to Her Husband>를 여주인공의 이름을 따라 <오로라>[16]라고 제명을 바꾸어 다른 번역극 2편과 함께 무대화하였고, 많은 지식층을 포함한 대중이 객석을 메우는 호황이었다고 하나, 동아일보는 희곡은 우수하지만 우리나라 관객에게 Shaw의 작품의 무대화는 아직도 시기상조라고 지적하였다. 그러나 서구화에 대한 개척정신과 신극의 대중화 노력은 칭찬할만한 일이다.

劇에 대한 理解가 업고 知識이 업는 民衆에게는 더욱 舞臺效果를 드러내기 어려운 '버나드 쇼'의 作品가튼 것은 아직 이를 만하지 않을 뿐만 아니라 맛지를 아니한다. 理性이 압서는 '입센'의 劇도 纖細한 心理描寫가 만흔 '안톤 체홉푸'의 作品이나 더구나 '메텔링크'의 劇가튼 것은 아직 멀엇다.[17]

쇼의 또 다른 작품으로는 <聖女 잔다르크>가 이전(梨專)의 여자기독청년회(女子基督青年會) 주최로 1927년 12월 9일부터 10일까지 연학년(延鶴年) 연출로 교내 강당에서 공연된 바 있다. 이 작품은 영국에서 1923년 12월 28일 초연되어 열광적인 환영을 받았으며, 유럽, 라틴 아메리카, 그리고 일본에서까지 성공의 여세를 몰았으며, 일본은 1925년, 우리나라는 1927년에 공연되었다.

St. Joan(성녀 잔다르크)는 쇼가 67세 때인 1923년에 쓴 6장면과 종연(終演)으로 구성된 작품이다. <성녀 잔다르크> 공연을 본 Pirandello가 "이 극에서 쇼가 시인이라는 사실이 너무도 종종 잊혀지고 있지만 실은 이 비극은 시종 시적이다."[18]고 평했듯이 시적이며 장려한 대규모의 성극 <성녀 잔다르크>가 직업극단도 아닌 일개 여자학교인 梨專이 무대에 올렸다는 것은 주목할 만한 일이다. 아마도 일제에 용감하게 항거한 유관순(柳寬順)열사의 생애를 생각하면서 잔다르크를 통하여 민족독립의 자긍심을 회복하자는 의도가 깔린 것이 아닌가 싶다. 이처럼 당시 학생극 단체들은 토월회도 그렇고 시대적인 소명감을 갖고 레퍼토리를 정하는 경향으로 신극운동에 참여하였으리라. 근자에는 영화 <My Fair Lady>로 알려진 Pygmalion의 저자 버나드 쇼가 당시 우리에게 준 감회는 넓고 깊이가 있었다.

■ 1920년대의 金祐鎭

그 무렵 20년대에는 샛별처럼 나타났다가 사라진 영문학자 김우진이 영미극을 본격적으로 소개하는 시절을 맞이하게 된다.

김우진(金祐鎭)은 동시대의 다른 문사들과 달리 영문학을 제대로 공부하고 연구한 수재였다. 그의 호(號)는 초성(焦星)·수산(水山)이었으며 와세다대(早稻田大) 영문과를 나와 시 40여 편, 희곡 5편, 평론 10여 편, 번역 3편, 기타 논문 6편 그리고 대학 리포트 수편과 잡문을 남겼다. 그가 활동한 기간은 1920년부터 1926년 여름까지 약 6년 동안인데도 그와 같은 작품을 남긴 것은 수량으로 보아도 적지 않은 공적이며[19], 특히 그의 글은 현대성과 비판적인 문제성을 지녔고, 일제의 식민지 수탈정책이 본격화하기 시작한 1920년대 초 신극운동(新劇運動)의 선구적인 지식인으로 고뇌하고 투쟁하며 그 시대에 도전한 개화에 몸 바친 지식인이다. 본격적인 비평을 하고, 체계적 이론을 바탕으로 서구 근대극을 정립시키는데 힘쓴 우리나라 최초의 연극비평가요, 연극이론가요, 극작가였다. 그는 정통으로 영문학, 특히 드라마를 전공하였으며 대학시절부터 탁월한 논문을 쓰기 시작하였다. 대학시절에 쓴 리포트로는 <愛蘭人으로서의 버나드 쇼>, <맥베드가 본 幽靈과 햄릿이 본 幽靈>, <셰익스피어의 生活>, 그리고 졸업논문으로 쓴 <Man and Superman-A Critical Study of its Philosophy>, 그리고 역서(譯書)로는 Dunsany의 <燦爛한 門>이 있다. 이는 1950년대에 최재서(崔載瑞)를 셰익스피어학의 제1인자로 지칭하였으나, 1920년대에 이미 김우진이라는 셰익스피어학의 선구자가 있었다는 것을 말해준다.

1926년에 시대일보(時代日報)에 <現代歐米劇作家紹介>를 연재하여 본격적으로 외국작가, 작품론을 전개하였는데, A.A.Milne, Pirandello, Capek, O'Neill 등에 대해 쓴 글이다. Milne을 제외한 세 작가는 당시 세계 현대극의 최첨단을 달리고 있던 화제작가였다. 김우진은 Shakespeare, Ibsen, Strindbery, Shaw, O'Neill, Lord Dunsany 등 극작가들을 사숙(私淑)했고, 특히 영미극작가인 Shakespeare, Lord Dunsany, Shaw, O'Neill 등에 관심을 가졌었다. 그가 쓴 <現代歐米劇作家紹介>는 단순한 번역이 아니라 역사적 의미에 중점을 둔 본격적 구미작가론이다. 여석기(呂石基)는 이 <現代歐米劇 作家論>을 다음과 같이 평가했다.

그는 1926년에 다시 말해서 美國戲曲은 커녕 서구문학 자체에 대한 도입 수준이 거의 계몽적 단편적이었고, 더구나 日本을 거쳐 온 再湯的 성격(뒤에도 오랫동안 그랬지만)을 면치 못했던 시기에 獨創的인 作家 作品論을 전개했던 것이다.[20] 김우진은 구미 극작가를 소개하는 의의에 대해 다음과 같이 기술하였다.

創作만 우리 作家만 찾다가는 커지고 盛할 것은 다만 荒蕪地 雜草밧게 없을 것이다. 우리는 몬저 外國先進劇壇의 近代劇으로부터 始作하여야 할 點을 보고 잇다. 外國劇의 輸入-勿論 이것이 最後가 아니다. 보다 더 偉大한 生命의 創造를 얻기 爲한 出發點인 점에 안저서 우리는 歐米와 日本의 近代劇의 輸入과 演出과 批判을 몬저 생각한다.[21]

A.A.Milne은 1차 대전의 와중에, 그 직후에 영국시민들의 우울한 기분을 유쾌하게 만들기 위해서 그의 극에 감상, 기발한 언동, 익살을 선사한 희극작가였다. 김우진은 그의 극에는 인정미와 유머와 환상과 기지가 풍부한 것이 색이라고 하여, 그런 까닭에 특히 1차 대전 전쟁중과 직후가 되는 1917년부터 1920년까지 Milne의 인기

가 치솟았다고 하였다.

> 〈도버 도로〉와 같은 사랑 문제를 취급한 것도 없는 것은 아니지만 전쟁 중의 신경과민
> 한 민중들에게 한 잔의 소다수나 유희기분에 지나지 못한 점이 있다. 그러니까 밀른이
> 호평을 얻고 인기를 얻기도 한 1917년부터 1920년 전후까지 즉 전쟁중과 직후가
> 제일 심했던 것을 보아도 안다.[22]

김우진은 Milne의 희곡 중에서 웃음거리 환상(幻想)극인 <Once on a Time>,
아동극인 <Make-Believe> 그리고 <Wurzel Flummery>, <Belinda>, <Mr. Pim
Passes>, <The Romantic>, <The Truth about Blayds>, <The Dover Road>,
<The Great Brxopp>, <Success> 등의 희곡을 분석 비평하였다.

■ 신극(新劇)과 셰익스피어

20년대에 김우진이 셰익스피어를 논문으로 소개한 바는 있으나, 실제로 우리나라
에서 셰익스피어와 그의 작품이 수용된 것은 아니다. 개화기에 있어서도 셰익스피어
는 순전히 사상가로서 그리고 그의 이름과 격언의 소개에서 시작되었다. 셰익스피어
가 이 땅에 소개된 것은 『朝陽報』(2호, 1906)에 게재된 <自助論>[23]의 단편적 논급이
처음이 아닌가 싶다. Samuel Smiles 著 Self Help이며, 역자는 밝혀져 있지 않다.
셰익스피어가 원음과 다르게 세이구스비아로 표기되었으며, 극작가로서가 아니라
영국의 위대한 사상가로서 다음과 같이 간단하게 기술되었다.

> 세이구스비아난 英國思想界에 最偉最大한 人物이라. 英人이 到今까지 英國에 此人이
> 産出한 거슬 誇負하나니 세이구스비아 少長之時에 如何한 經過(遇)를 經彼의 父난
> 屠牛하난 者오, 또 牧畜의 家라 彼의 少時에 其父의 業을 助ᄒᆞ야 牧場에 在하고 후에
> 또 一學校 書記가 되고 또 金貸業者의 店丁이 되고 彼가 水夫의 言語를 能通하난
> 故로 畎時에 水夫가 되얏다 하난 者도 有하니 비록 다 眞實한 言이라 謂치 못할 거시
> 니 彼가 各樣 下級社會에서 積其經驗하며 硏其智識한 거슨 가히 엄치 못할거시라.
> 故로 彼가 著書立言하면 英國上下가 다 愛讀하야 國民의 品性을 養成한 力이 지금가
> 지 衰치 아니하니라.[24]

이와 같이 셰익스피어는 어려운 환경 속에서 성장한 위대한 사상가로 소개된 것이
다. 이러한 소개는 비록 짧은 약전이기는 하나 셰익스피어라는 이름이 이입되는데
중요한 단서가 될 만하다. 그리고 사서류(史書類)나 문화서에서, 또 교과서인 <中等

萬國史>, <東西洋歷史>, <19世紀 歐洲文明進化論>, <西洋史 敎科書> 등에서 그의 이름이 언급되었으나, 이들 교과서류는 원류가 중국 및 일본식 표기법과 한자식으로 표현되어 왔다. 그리고 예술성과 문학성이 아닌 사조적인 측면에서 또 교훈적인 각도에서, 셰익스피어가 마치 성인군자인양, 그의 격언과 경구가 다루어진 것은 그 무렵 서구의 신지식과 새로운 처세술을 배우려는 그 시대상의 반영이었다고 하겠다. 또한 『朝陽報』에 실린 내용과 같은 셰익스피어 소개가 六堂 崔南善에 의해 소개되었다.

격언과 경구를 활발히 소개한 것은 『畿湖興學會月報』와 『少年』이었다. 『畿湖興學會月報』는 <東西格言>을 통해서 『少年』은 <少年訓>이나 <少年金鑛>을 통해서이며, 이를 소개한 관해생(觀海生)과 만운생(晩雲生)은 작가가 아닌 지식인이었기에 셰익스피어의 시나 희곡이 아니라, 그의 사상을 단편적으로 소개하는데 그쳤던 것이다. 잡지 『유심』(唯心)의 <修養叢話>와 <曙光> 등도 셰익스피어의 격언을 끊이지 않고 소개하였다.

개화기에는 셰익스피어가 자주 언급되었지만 신파극시대에 들어와서는 셰익스피어의 소개가 뜸해졌다. 이는 일본의 무단정치로 인해서 잡지의 발간도 격감되었고 교과서를 통한 소개도 거의 없어졌기 때문이다. 이 『靑春』을 통해 <세계문인역방기>(世界文人歷訪記)라고 할 수 있는 <世界-周歌>를 <自助論>을 통해 셰익스피어를 자세하게 소개하였으며, 대표작 <햄릿>도 몇 차례 언급하였다. 햄릿의 유명한 독백 "To be or not to be, that is the question."은 장덕수(張德秀)에 의해서 원문(原文)과 함께 소개 번역되었다. 이제 셰익스피어가 문인으로서, 희곡작가로서 우리나라에 등장하게 되는 것이다.

셰익스피어의 수용의 역사를 다듬어 보기로 하겠다. 수용의 역사를 시대적 특성과 저술하는 시기에 맞춰서 4기로 분류할 수 있다.

제1기 : 1906년부터 1961년까지 계몽적 수용
제2기 : 1962년부터 1979년까지 토착적 수용
제3기 : 1980년부터 1987년까지 범람기 수용
제4기 : 1988년부터 2016년까지 정리기 수용

수용은 연속성이 있기 때문에 사건이나 사정상 언제나 연결될 수 있으니 전후사정이 혼용될 수 있으므로 시기문제는 10년의 단위별로 분류하여도 무방할 것이다.

총 론

제1장 셰익스피어의 계몽적 수용

1. 초기수용(初期受容)의 고증(考證) – 세이구스비아와 歇克斯比爾

우리나라에서 셰익스피어와 그의 작품은 20세기에 와서 수용의 역사가 시작되었다. 셰익스피어의 이름이 알려진 것은 100년에 불과하다. 그것도 문인이나 희곡작가나 시인도 아니고, 성인군자에 열거되는 위인처럼 소개되었다. 1910년대는 신문화가 도입되는 시대임에도 불구하고, 극작가로서의 셰익스피어는 소개되지 않았으며, 문예부문에 별다른 영향도 주지 못하였다. 입센(Ibsen)이나 체호프(Chekhov)의 연극보다도 이론이나 상연에서도 뒤지고 있었다. 서구에서나 일본에서는 그렇게도 존재가 뚜렷하였으나, 우리나라에서는 일본 도쿄(東京)에 유학한 문학도들이 문단이나 저널리즘을 통해 셰익스피어의 전기와 희곡 등 작품에 관하여 단편적인 글을 발표하였고, 또 램(Lamb)의 <셰익스피어의 이야기들>을 통해서 겨우 알려지게 되었다. 그 후에는 원본을 통한 희곡의 일부분을 번역한 초역과 중역을 한 전막공연이 발표되었으며, 현철(玄哲) 역 <하믈레트>와 이상수(李相壽) 역 <베니스의 상인>이 있었다. 원저에서 직역한 희곡에는 최정우 역 <베니스의 상인>, 설정식 역 <하므렡>이 있고, 초역(抄譯)으로는 명문으로 소문난 오천석 역 <베니스의 상인>과 이광수 역 <줄리어스 시저>등이 발표되었다. 셰익스피어의 수용은 계속 이루어지고 있었으니, 고증적으로 그 과정을 살펴보기로 한다.

셰익스피어의 이름은 1906년의 『朝陽報』에 '세이구스비아'라는 명칭으로 우리나라에서 처음 소개되었으리라는 것은 이미 서론에서 언급하였다. 셰익스피어가 사상가에서 점차 문인으로 불리게 되었으나, 그 호칭은 한자(漢字)로, 둔갑하였으며, 그것도 여러 가지 종류의 한자로 표기되었다. 1907년, 현채(玄采)라는 필명으로 번역된 <東西洋歷史>(卷2)에서, 셰익스피어가 Spencer(斯賓塞), Milton(密耳登), Addison(亞德遜), Goldsmith(俄爾德斯密斯), Hume(希黙) 등과 더불어 문인으로 다음과 같이 소개되었다.

> 文人은 또 英人 歇克사士比爾와 斯賓塞은 伊利薩伯朝에 英國文學의 光彩를 大放ᄒ고
> 密耳登이 또 繼起ᄒ며, 俄德遜과 哥爾德斯密斯와 希黙이 또한 一代文豪라 並稱ᄒ
> 고……25)

개화기 당시 지식인들은 셰익스피어에 대한 아무런 지식 없이 일본을 거쳐 온 중국의 번역서를 통해 중역하였음을 알 수가 있으며, 이런 경향은 1907~1908년 사이에 나타나 있다.

이채우(李采雨)의 <十九世紀歐洲文明進化>에서는 셰익스피어가 維廉 塞士比亞로 표기되어 있다. William을 維廉26)으로 표기한 것은 이채롭다. 신채호(申采浩)는 여러 문인들과 함께 셰익스피어를 塞士皮亞로 표기함으로서 玄菜보다는 셰익스피어를 원음과 비슷하게 표시하였다.

> 我가 文學을 喜ᄒ진디 千萬里外에 操紙下筆ᄒ던 盧撥 · 墾土 · 福祿特異 · 索士比亞
> · 夏密敦 · 瑪志尼 · 達賓 · 斯辨士가 皆 是我며 我가 春光을 樂賞ᄒ면27)

원음과 비슷한 索士比亞(Shakespeare)라는 호칭으로 盧撥(Rousseau), 墾討(Comte), 福祿特異(Voltaire), 夏密敦(Hamilton), 瑪志尼(Mazzini), 達賓(Darwin), 斯變士(Spencer) 등 문단계를 주름잡는 문인들 및 과학자와 함께 소개된 것이다.

趙彦植도 1908년 말에 셰익스피어를 더욱 원음과 가깝게 표시하고 있다. 현채가 歇克斯比爾라고 한 것을 색사비아(索士比亞)로 표시하며, 哥嘆言斯(Comoens), 夏密敦(Hamilton), 亞智遜(Addison) 등과 함께 대문호로 소개하였다.

> 哥嘆言斯, 索士皮亞, 夏密敦, 亞智遜의 大文豪家도 精神的 敎育에 基因ᄒ이며28)

그러나 공리주의자였던 鄭永澤은 셰익스피어를 酒若是皮霞로 호칭하고 實利를 내세워 매우 비판적인 입장에서 소개하였다.

> 優美主義 : 此主義ᄒ 實利를 鄙薄ᄒ고 高趣를 是認ᄒ야 美術 文學 等으로써 敎育의
> 目的이라 ᄒ는者라 酒若是皮霞(英國文人) 等의 文子(學)만 謳歌ᄒ고 閒座ᄒ면 不耕
> 코 能食ᄒ며 不織코 能衣ᄒ갸. 耕織의 責은 타인에 是任ᄒ고 高尙ᄒ 취미는 독자로
> 향수ᄒ갸. 天下에 如斯ᄒ 主義가 豈有ᄒ리오. 余一決코 美術文章 等을 全體 排斥ᄒ이

아니오. 只 其右호 妄說을 攻擊홈에 論鋒을 不休ᄒ노라.[29]

이는 실리를 배격한 우미주의를 비판한 것으로 셰익스피어뿐만 아니라 문예 전체를, 그 중에서도 우미주의를 비판하면서, 인간의 실리가 중요하며, 미술, 문학 등의 고상한 취미생활을 향수하는 교육은 배격해야 한다는 주장이다. 그래도 셰익스피어는 당시 최첨단의 길을 걷는 지식인들에게는 서구문학의 대표적인 문호로 인식되어 있었다는 것을 알 수 있다.

셰익스피어를 우리말로 표현한 경우도 있다. <中等萬國史>에서는 셰익스피어를 <색스피어>라고 호칭하며 대시인으로 소개하였다.

文學에 意太利人 〈타소〉와 葡匐牙人 〈카모엔스〉와 英國人 〈색스피어〉〈스팬셔〉, 〈벤 존슨〉, 〈밀톤〉 等 大詩人이 有ᄒ고 ……[30]

셰익스피어가 우리말로 원음과 비슷하게 표기된 것은 원본이 일본 <中等西洋史>였기 때문이 아닌가 싶다.

『太極學報』(8호)에서 셰익스피어를 쎅스피아로, 兪鈺兼의 <西洋史教科書>에서는 솩스피어로 표기된 바 있으며, 시례구사비아로 표기된 바도 있다. 특히 觀海生은 셰익스피어를 <時禮九斯比亞>[31]라 호칭하면서 다음과 같은 경구를 소개했다.

智者는 雲을 見ᄒ고 雨套를 착ᄒ나니라.[32]

윗글은 <리처드 3세>(Richard III)에서 시민들이 나라의 병폐를 염려하자, 시민 3이 "When clouds are seen, wise men put on their cloaks.(II.iii.32)"라고 한 말이다. 우리나라에서 희곡번역이나 공연측면에서 볼 때, 셰익스피어의 사극이 소개되는 일은 극히 드물었다. 그러나 이와 같은 격언이나 경구의 소개는 셰익스피어의 시나 희곡을 소개했다기보다는 그의 사상을 단편적으로 소개하는데 그쳤던 것이다. 이러한 경향에 대해 김학동은 "西歐의 近代思想과 文明의 導入이 文學보다 훨씬 시급하고 重要視되었던 時代相의 反映이 아닐 수 없다"[33]는 주장을 하였다.

앞서 소개된 <리처드 3세>의 격언에 이어 <리처드 2세>(Richard 11)의 명언도 소개되었다.

쇠익쓰피어(William Shakespeare)씨가 말하기를 "지혜로운 사람은 가마니 안져

서 저희의 실패를 슯허 ㅎ지안코, 깃분 마음으로 저희의 상처를 보충키를 구호다'고
하였다.[34]

윗글은 『泰西文藝申報』에 게재된 글이고, 『唯心』에서도 <修養總和>를 통해 매회
셰익스피어의 명언이 소개되었다.

2. 셰익스피어는 극작가이다.

셰익스피어는 위인이었고, 그의 격언이나 명구가 소개되었으나 극작가로 언급되
지는 않았다. 그러나 가인(假人) 홍명희(洪明熹)가 독서에 관한 격언집 속에 셰익스
피어의 인물에 관하여 간략하게 소개한다고 하며, 개화기에 흔하지 않은 주를 붙여
<햄릿>을 포함해서 4대 비극 작품을 원명 그대로 소개하였다.

　최닝 박사 말속에 밀튼)과 <쇠익스피야>라난 일홈이 잇난데 이 두 사람을 누군지
모르시난 분은 조금 의미를 통치 못하실듯 그 두 사람은 다 本人이 本誌에 자세히
紹介하여 드릴 날이 잇사올듯 하기에 이번에는 어늬나라 어늬때 사람이라고 簡單히
말삼하고 그만 두겟삼내다. <쇠익스피야>는 英國人인데 西紀 1564年 4月 23日(?)
에 이 세상에 나와서 Hamlet, King Lear, Macbeth, Orhello 等 四大悲劇과 其他
數多 傑作을 이 세상에 온 標的으로 남겨두고 1616年 4月 23日에 白玉樓中에 잇슬
사람이 되어 갓삽내다.[35]

또 다른 한글 표기로 兪鈺兼이 쓴 <西洋史敎科書>에 셰익스피어가 독일의 괴테
(Goethe)나 쉴러(Schiller)와 함께 3대 문호로 소개되었다.

　文學의 硏究는 各國國語의 基礎가 漸次 鞏固홈을 從ㅎ야 次第 發達ㅎ니 쓰렛 쓰리튼
의 쎅스피어와 저마니의 쩨테 及 실너는 及世界의 三大文豪로 稱ㅎ며[36]

1920년 이전까지만 해도 대부분의 필자들이 셰익스피어에 대해 별로 아는 사실도
없이 그를 성인열전의 반열에 올려놓았고, 철학자요 문호이며 시성이라고 인식되어
갔다. 따라서 자연히 그의 명구절이 소개되기보다는 격언 및 경구가 하나씩 소개될
뿐이었다. 그러나 육당 최남선은 개화기의 선각자로서 일본에 유학했던 터라 셰익스
피어를 대충 알고 있었기 때문에 『少年』을 주관했던 육당이 셰익스피어에 관한 글을

게재했을 것이다.

3. 崔南善의 셰익스피어 엿보기

1914년에 들어서 <世界文豪歷訪記>를 다룬 최남선(崔南善)의 <世界-週歌>에 셰익스피어는 극작가로서 그의 <햄릿>과 <베니스의 상인>이 주(註)에 소개되었다.

〔시에기스비야〕 (William Shakespeare 1564-1616) 브리텐국 작극가 세계최대 문호로 칭하나니라. 그 소작 〈하믈넷〉, 〈베니쓰 상인〉등 약 삼십오편이다. 문학상의 지보로 칭하나니라. 스트라(트)포드에 그 구가가 잇나니라.[37]

1915년에는 『新文界』(3월호)에서 시인 스펜서(spencer)의 무덤을 파헤쳐 볼 것 같으면 그를 애도한 여러 대가의 弔詩, 悲歌類가 있을 것이며, 그 가운데는 필시 셰익스피어의 친필도 있을 거라는 흥미있는 에피소드까지 다음과 같이 소개하였다.

埋葬際에 詩人의 棺과 共히 理혼 것은 其當時의 諸大家가 詩人의 死를 悲悼ᄒ야 書혼 弔詩 悲歌類와 此를 書혼筆이 잇다ᄒ니 此詩人 埋葬地의 土논 堀ᄒ면 粉末이 될즘 乾燥혼 것이니 前記의 書物은 保存되엿겟다는 觀察이 잇스니 만일 그러홀지면 其中 에 시에기스비야의 書혼 것이 잇슬지니 有名혼 詩人도 亦是 스벤사—의 棺臺를 擔ᄒ 一人이라 수에 시에기스비야의 自筆이 잇는 것은 極히 稀罕혼 것이라 만일 其眞自筆 이 新히 發見되면 世界에서 瑰籍ᄒ야 시에기스비야의 著述이라 稱혼 것이다. 眞奇가 될 與否의 疑問을 解決ᄒ는 것도 頗이 妙ᄒ다더라.[38]

35편이라 한 것은 그의 희곡이 37편으로 공인된 무렵에 <햄릿>과 <베니스의 상인> 두 작품을 제외하고 계산한 것 같다

한편 최남선은 외국작가의 이름을 한글로 표기한 대표적인 인물인데, 그는 호머 (Homer)의 <일리아드>(Iliad), 미그엘 드 세르반테스(Cervantes)의 <돈키호 테>(Don Quixote) 및 <햄릿>을 "三大寶典"[39]이라고 평가하기도 했다. 또 <自助 論>(上)>에서 햄릿의 성격과 관련하여 "<하믈렛> 戱本도 喜劇으로 行演하면 참 價 値 업는 것이로다"[40] 라고 했는데, 이는 <햄릿>의 비극성을 지적한 것이다.

1910년 이래, 격언도 원문을 게재하고 번역되어 나왔다. 그러니까 막연히 인용되었 던 셰익스피어의 인용문이 극작가의 면모를 드러내며, 보다 실존적으로 진전되었다.

깊이 덥혼 불이 가장 잘 타오.(Fire, that's closest kept, burns most of all.)[41]

모든 사람을 사랑하고 약간 사람만 밋고, 아모에게던지 못된 일을 하지 마시오.
(Love all, trust a few, Do wrong a none.)[42]

위의 두 격언은 각각 <베로나의 두 신사>(The Two Gentlemen of Verona I.ii.30)와 <끝이 좋으면 다 좋아>(All's Well That Ends Well I.i.65-66)에서 인용된 글이다.

셰익스피어가 문호인 동시에 극작가로서 인구에 회자(膾炙)되면서 그의 희곡도 하나 둘씩 거명되고, 경구가 소개될 때마다 셰익스피어의 최대 걸작이라 할 수 있는 <햄릿>이 소개된다. 즉 장덕수는 3막 1장에 나오는 독백을 소개함으로써 햄릿의 독백을 원문까지 소개한 최초의 사람이라고 서론 끝에 기록하였다.

살가 죽을가 이것이 問題로다.(To be, or not to be, that is the question.-Hamlet I.iii.)[43]

1919년 『瑞光』 창간호에서도 <햄릿>의 경구 한마디가 소개되었다.

몬저 자기에게 성실하라.
그러하면 밤이 낮을 따르듯이
거즛되지 아니하리라. 쌕-스피아

위의 경구는 폴로니어스가 파리로 유학길을 떠나는 그의 아들 레어티스에게 한 인생 처훈의 말이다. 추상적인 것을 말하지 않고 실질적인 것을 말하는 공리적이며 처세술에 능한 폴로니어스의 성격 일면이 표출되어 있다.

원문의 대사는 아래와 같다.

This above all to thine own self be true
And it must follow as the night the day
Thou canst not then be false to any man.(Hamlet I.iii.78-80)[44]

1910년대 후반에 와서도 셰익스피어의가 극작가로 인식되면서도 그의 격언 및 경구가 잡지 『惟心』, 『泰西文藝申報』, 『서울』 등을 통해 소개되었다. 그만큼 셰익스피어 작품의 경구들이 잡지에 자주 등장한 것이다. 『泰西文藝申報』도 <대아(大我)>를 통해 <줄리어스 시저>[45)]와 <리처드 2세>[46)]의 경구를 소개했는데, 이들은 『少年』에 한 번씩 게재된 일이 있었다. 신종석도 <격언백칙>을 통해 셰익스피어를 '시에-크스 야'로 호칭하며 한 가지 격언을 다음과 같이 소개했다.

着手
만일 一回事業에 着手하면 그 하는 바의 總事業을 得成함이 아니면 不可하니라.[47)]

이렇듯 셰익스피어의 작품의 초기 이입은 교훈성의 내용이었으며 "호메로스·버언즈·셰익스피어·괴테·실러·루소 등 詩人 및 作家의 경우도 藝術性보다는 敎訓的 요소가 훨씬 짙은 格言類로 이루어져 있는 것이다"[48)]는 주장이 있었다.

그러나 1909년과 1910년에 <햄릿>과 <베니스의 상인> 공연이 한 차례씩 있었다. 일본이 러시아와 청나라와의 경쟁에서 승리한 후, 그들의 거류민들을 위로하고 승리를 축하하는 기념으로 일본의 신파극단은 부산·서울·인천 등지에서 순전히 일본말로만 공연을 했다. <햄릿> 5막을 전11장으로 구성하였고,[49)] <베니스의 상인>은 <人肉質人裁判>[50)]이라고 소개되어 있는 것을 보아 4막 1장의 법정재판장면을 공연했을 것이다.

1917년 7월 12일부터 3일간 <맥베스>라는 영화가 유락관(有樂館)에서 상연된 것을 계기로 대중들은 셰익스피어 작품을 필름을 통해 접할 수가 있었다.

英國大文豪 沙翁 晚年의 大著…史劇 마구베스 全 九幕…
活動之世界日에 <名優出演의 活動寫眞劇으로 特히 成功호 者-無호 模樣이나 此 마구베스샌은 스리-卿의 白傀百磨의 功으로 成호 者만다 場面에도 眞實로 人을 魅호 者 有하니 特히 其演出法의 新味와 場面變化의 工夫에 對호야 本邦劇界에 對호 絶好의 參考品이오 又沙翁劇 演劇者에 對호야 稀世의 寶典珍什이라 一般의 人人에도 如何히 마구베스劇이 名作이 有호다는 事를 興味中心으로 撮影되야 非常호 人氣를 博하얏더라.[51)]

이와 관련하여 유민영은 <맥베스>가 비록 영화로 소개되었지만 연극인들에게도 참고가 될 만한 가치가 있다고 하였다.[52)] 셰익스피어가 저명한 극작가라는 사실과 함께 그의 대표작의 전모가 알려짐으로써 서양문예에 대한 안목을 넓히도록 해주기도 했다. 셰익스피어의 영화가 우리나라에 최초로 들어옴으로써 비로소 대중들은 세익스피어와 점차 친근해질 수 있었던 것이며, 명연출, 명연기로 수많은 이야기가 기록되어 전설적인 인물로 정평이 난 허버트 비어보옴 트리(Herbert Beerbohm Tree)는 그가 등장하는 작품이 한국에서 상연되기 직전에 세상을 떠났는데, 한국 관중은 이러한 사정을 모른 채, 맥베스 역을 맡은 트리를 영상을 통해 보게 되었던 것이다.

1919년에 와서 세익스피어 작품이 대중화되는 계기가 마련된다. 비록 원작을 통한 것은 아니지만, 램을 통해 <템페스트>(The Tempest)[53]와 <쉑스피어 이야기들>[54]이 번역 소개되었던 것이다. 김병철은 두 글이 램으로부터의 번역이라 주장하면서 "<기독교청>을 입수할 수 없어 어떠한 모습으로 한국에 상륙했는지 알 수 없다."[55]고 밝힌 바 있다.

1920년 이전까지만 해도 대부분 세익스피어에 대해 별로 아는 사실도 없이 그를 성인열전의 반열에 올려놓았고, 철학자요, 문호이며 시성이라고 인식되었으며 자연히 그의 명구절보다는 격언 및 경구가 하나씩 소개되는 경향이었다. 그러나 육당 최남선은 개화기의 선각자로서 일본에 유학했던 터라, 세익스피어를 대충 알고 있었기 때문에 『소년』을 주관했던 육당이 세익스피어에 관한 글을 게재했을 것이다.

이상에서 살펴본 바와 같이 개화기에 있어 세익스피어는 영국의 작가들 가운데서 가장 많이 이 땅에 알려졌다. 그러나 이 시기에 세익스피어의 이름, 작품명, 그리고 내용의 단편들이 경구형식으로 알려졌다고 해서 세익스피어의 작품세계가 한국연극사에 着根을 올린 것이라고는 볼 수 없으며 계몽적인 수용이라고 해야 할 것이다.

세익스피어의 수용은 문학, 연극, 학문으로 대별하였다. 이들 각 분야는 상호 연관성이 강하므로 한 가지 과제가 분야마다 언급되어 중복하여 설명하는 경우가 있으나, 분야별로 하나의 계통을 유지하기 위한 것이니, 독자의 이해가 있으시기 바란다.

제2장 셰익스피어 문학의 수용

1. 〈템페스트〉-최초의 작품소개

아마도 셰익스피어만큼 영원불멸의 문호는 드물 것이다. 그가 만혼(萬魂)의 셰익스피어라고 지칭되는 것도 결코 과찬의 말이 아닐 것이다. 그의 작품은 39편의 희곡과 3편의 장시(長詩)로 총 42편이며, 세계 각국에서 번역 출판되고 있다.[56] 셰익스피어의 직업을 직설하면 그는 극작가이고, 시인이다. 그의 작품은 각국에서 애독되고 있다. 그의 희곡은 각국에서 공연되고 있다. 많은 문인과 사상가의 영혼에도 크게 영향을 주고 있다. 학계에서도 모진 논쟁이 한창이다. 우리나라도 예외가 아니다.

그의 작품이 우리나라에서 번역 소개된 것은 일본에 비해 대략 30여년 정도 늦다. 일본은 우리나라를 36년간이나 침략·병합하였던 나라이니, 그의 문화를 수용하지 않을 수 없었다. 일본은 1882년에 <줄리어스 시저>가 가와지마 게이조(河島敬臟)에 의해 <라마성쇠감(羅馬盛衰鑑)[57]이라는 기발한 제명으로 번역되었고, 2년 후 같은 희곡이 <자유태도여파예봉>(自由太刀餘波銳鋒)이라는 한층 더 기발한 제명으로 번역되었다. 쯔보우찌 쇼요(坪內逍遙)가 <줄리어스 시저>를 이런 제목으로 번역한 것은 오직 문학적 견지에서 평가하여 셰익스피어에 대한 최초의 작업으로 정했다고는 생각되지 않는다. 이 번역에서 그는 우선 로마 광장에서 브루터스(Brutus)가 한 연설의 장면부터 적출(摘出)하였다는데, <自由太刀餘波銳鋒>이라는 제명을 생각하면, 거기에는 당시의 자유민권사상에 대한 쯔보우찌의 정치적 관심이 반영되었다고 보아야할 것이다.[58] 당시 외국문학의 인식이라는 것은 어떤 형태로 하든, 정치적인 자유민권사상, 또는 계몽사상과 연관하여 행해졌다는 것은 쉴러(Schiller)의 <빌헬름 텔>(Wilhelm Tell)과 <줄리어스 시저>가 종종 함께 소개된 것을 보면 알 수 있을 것이다.

그로부터 37년 뒤인 1919년에 우리나라에서 셰익스피어의 작품은 구리병(句離瓶, 본명 朱堯翰)이 번역한 <템페스트>[59]를 선보인 것이 그 시작이다. 이 작품은 셰익스피어의 원작에서 직역된 것이 아니라, 램의 <셰익스피어의 이야기들>로부터 번역된 것이다. 1919년 3월 1일은 3·1운동이 일어난 해이다. 이때까지는, 1910년대에는, 셰익스피어의 희곡번역이 부진하였는데 일제의 침략정책과 관련지어 생각할 수 있을 것이다.

2. 1920년대의 셰익스피어 작품

셰익스피어의 희곡이 우리나라에서 활발하게 소개, 수용되기 시작한 것은 1920
년대이다. 1919년 3·1운동 이후에 생긴 민족적 자각심과 전진적 이성에 자극되어
새로운 시대를 맞이하게 된 것이다.

대중의 문화적 욕구가 강해졌고 광범위한 독자층이 생겼다. 일본 도쿄(東京)에
유학한 자가 증가하였고, 그 중 문학도들이 문단 또는 저널리즘을 통해 셰익스피어
의 전기, 희곡, 그의 작품에 대한 단편적인 논평을 발표하게 되었다. 셰익스피어의
희곡이 전파될 소지가 생겼으며, 이는 태서의 문학과 이국의 연극이 선진적인 서양
의 문화라고 동경한 1920년대의 개화풍조에 알맞은 것이다.

1920년대의 셰익스피어의 희곡번역은 『학생계』에 게재된 <베니스의 상인(법정
의 막)>을 포함해서 모두 15편이나 된다. 그런데 그 때의 번역은 램의 <셰익스피어의
이야기>(Tales from Shakespeare)에 전적으로 의존했으며 그것도 일어의 중역을
통해서였다. 이들 중에 <베니스의 상인>이 4종류, <햄릿>이 4종류 나온 것으로 미루
어 1920년대의 독자층의 취향을 짐작할 수 있다.

셰익스피어의 작품을 소개하는데 램의 공로를 인정하지 않을 수 없다. 그러나
번역을 함에 있어서는 원작의 기조를 파악해야 한다. 셰익스피어의 희곡의 맛과
멋을 탐닉할 수 있어야 한다. 번역은 결코 하나의 언어를 다른 언어로 옮긴 것이
아니다. 그것으로 일이 끝난다면, 컴퓨터를 사용하면 되는 것이지, 인간의 예술혼과
는 거리가 멀다. 그런 점에서 모든 번역은 창작이 되는 것이다. 그래서 번역의 우수성
과 졸렬함이 대칭된다. 한국에서 최초로 셰익스피어의 희곡이 번역된 것은 아우구스
트 빌헬름 폰 슐레겔(August Wilhelm von Schlegel)처럼 시적 향기를 십분 발휘한
번역이 아니라, 그것도 19세기라는 시대적 제약을 받아 도덕적 논리적 틀 속에 기반
을 둔 램을 경유해서 소개된 것이다. 1919년 구리병의 <템페스트>가 소개되었는데,
역시 램의 것이나, 그래도 셰익스피어의 4대 비극에 앞서서 번역된 것은 흥미롭다.
이는 아무래도 이 작품이 셰익스피어의 말기작품이어서 채택되었을 것 같다. 그리고
<베니스의 상인>, <햄릿> 등으로 이어졌다.

그러나 일부분의 초역(抄譯)이지만 <템페스트>보다 먼저 소개된 작품이 있는데.

그것은 <줄리어스 시저>의 3막 2장의 한 장면의 일부분이며, 브루터스(Brutus)가 시민광장에 나타나 대중 앞에서 시저를 살해한 브루터스의 대의명분에 대한 언설부분이 번역되어 나왔던 것이다.[60] 역자 정로식(鄭魯湜)은 "歷史에 有名한 雄辯"[61]이기에 소개한다는 단서를 붙였으며, 그래서 이 부분을 번역한 듯하다. 아마 그 시대의 대중들이 자각심에서 정치에 지대한 관심을 가지고 있기 때문이리라. 원작에서는 로마시민들이 앤토니(Antony)의 감성에 호소하는 연설에 매혹 당하는데 이 땅의 젊은 대중들은 브루터스의 철학적이고 논리적이고, 관념적인 연설에 더 호의를 가졌던 것 같다.

3. 서구화와 찰스 램의 〈셰익스피어 이야기들〉

1920년대는 자아의식으로 삶에 대한 회의와 고통에 잠겨있던 때였으며 개화기를 맞이하게 된 삶에 대한 회의와 고통에 잠겨있던 때였다. 3·1운동 이후 일제도 문화정책을 폈다. 개화운동이 벌어졌다. 셰익스피어는 서구최고의 문호이다. 영국이 낳은 위대한 극작가이고 시인이다. 서구와 일본에서는 셰익스피어 작품의 기세가 팽배하였다. 그 때의 사회적 환경과 개화의 물결을 탄 서구화 경향은 셰익스피어를 수용하지 않을 수 없었을 것이다. 1920년대의 셰익스피어 희곡의 번역은 『학생계』(1920)에 게재된 <베니스의 상인>을 비롯하여 총 16편이나 된다. 이중에서 램의 작품번역이 6편이었다.

이처럼 램이 쓴 <셰익스피어의 이야기들>에서 많은 번역물들이 나왔다는 것은 그의 작품이 쉽고 편이하기 때문에 읽기도 편하고 번역하기도 쉬웠다는 얘기가 된다. <셰익스피어의 이야기들>을 쉬운 영어로 썼다는 램에 대해 살펴본다. 램은 여섯 살부터 셰익스피어를 읽도록 부친의 강요를 받으며 성장했다. 조숙한 소년이긴 했으나 셰익스피어를 읽는 일이 결코 쉬운 일이 아니었다. 그는 성인이 되어서도 셰익스피어의 희곡을 몇 번이고 읽고 또 읽고 해서, 유년시절부터의 꿈, 즉 젊은 독자층에게 읽히고 싶다는 목적의식을 갖고 탁월하게 재구성하여, 셰익스피어의 복잡한 언어와 사상을 평이하게 재구성하였다.[62] 하나의 작품을 충분히 감상한 후에 재구성한 이야기로 그 작품의 실체에 접하도록 하였으며, 적어도 하나의 길잡이가 되었다고 보아야 할 것이다. 이런 의미에서 램의 <셰익스피어 이야기들>은 우수한 하나의 셰익스피어 비평이 될 수 있으리라. 그의 이야기는 원문의 향기와 희극대사의 재미를 전달하기 위해 주력한 것이 엿보인다. 따라서 램은 스토리를 통해 셰익스피어의 시심을 전달하고자 했고, 스토리 중심이기에 원작의 축소체로서 가급적으로 원작의 흥미를 갖도록 노력을 기울였다. 램의 <셰익스피어 이야기들>은 혁명주의자 윌리엄 고드윈 (William Godwin) 부부가 1806년 찰스 램(Charles Lamb)과 메리 램(Mary Lamb)에게 셰익스피어의 희곡을 어린아이들이 읽을 수 있도록 쉽게 써달라는 부탁을 받아 쓴 책으로서, 1807년 램의 이름으로 출판된[63] 것이다. 이 책이 몇 십 판이나 간행이 되면서 수많은 외국어로 번역되었고, 우리나라에까지 상륙했으니 램의 목적은 이루어진 셈이다. A.H.톰슨(A.H.Thomson)은 <셰익스피어의 이야기들>에 대하여 "낭만주의 운동역사상 가장 우수한 이정표(里程標)의 하나이며, 책이 처음 출간되었을 때 일반 독자는 물론 자라나는 세대들에게도 셰익스피어가 보다 친근한 작가로 잘 알려지도록 했다"[64]고 극찬하였다. 램이 소유한 지식의 샘과 시적 감성을 바탕으로 한 <셰익스피어의 이야기들>은 램을 통해 어린이 계층, 젊은 계층, 그리고 세계 방방곡곡의 독자들에게 극작가 셰익스피어와 그의 작품을 이해하고 번안 상연시키는데 큰 공헌을 했다.

램의 <셰익스피어의 이야기들>이 출판된 시기는 19세기 초였으므로 희곡의 혼돈스러운 생명력이 도덕적 윤리적 틀 속에서 조립되기가 일쑤인 시대였는데, 이러한 제약이 오히려 당시의 독자들에게 먹혀들지 않았나 싶다. 1920년대에 램의 작품에서 나온 셰익스피어 작품의 번역들 중 오천원(吳天園, 본명 吳天錫) 역 <소설 씸쪠린>은 1920년 12월 호 『서울』 1주년 임시 호에 게재되었다. 제명 밑에 램의 <섹스피어 니야기>[65]에서 번역한 것이라고 출처를 밝히고 있다. 그렇지만 영어로 인쇄되어 나온 철자는 From Lamas Tales Fyom Shakespeare[66]라고 오자 몇 개가 활자화 되어 있다. 역자가 <심쪠린>을 택한 이유 또한 <템페스트>의 경우처럼 이 작품이 셰익스피어의 말년의 작품이라 소개할만한 가치가 있다고 생각해서 택하지 않았나 여겨진다. 그런데 램의 원문 그대로 구두점까지 틀리지 않게 번역되어 있다. 문장도 매우 유려한 필치로 다듬어져 있다. 램 저 시나다 다기지(品田 太吉) 역 <심베린 王의 事>[67]와 오천원 역 <소설 씸쪠린>을 대비해 보면 일역과는 비교할 수 없을 정도로 우리 번역이 명해석이라 할 수 있다. 영어를 모른 채 번역해 낸 아마추어 문인들의 글들과 비교해보면 문장흐름, 표기법, 문법 등 차이가 판이하게 나타난다.

오천원이 번역한 한 구절을 원문과 비교해 보면 당대로서는 유창한 번역이라 단정할 수가 있을 것 같다. 다음은 오천원 역 <소설 씸쪠린>의 한 구절이다.

이모젠과 포스터머스는 몹시 이 이별을 애달퍼하엿다. 이모젠은 그의 남편에게 어머니의 遺愛인 금광석 가락지를 주고 포스터머스는 이 가라지를 잠시라도 놋치 안켓다고 언약하엿다. 그리고 그는 사랑의 기념물로 극히 귀중하게 보존하여 달라고 빌면서 부인의 팔목에 팔고리를 걸어 주엇다. 이리하야 둘이는 영원히 변히 안는 사랑과 貞節의 맹세를 여러 번 매즌 뒤에 서로 惜別을 告하엿다. 이모젠은 부친의 궁궐에서 獨守空閨 붓칠곳 업시 남겨잇고 포스터머스는 防逐을 위하야 택하여 노은 羅馬에 도착하엿다.[68]

위의 우리말로 번역된 구절을 다음의 영문과 비교 검토해 보면 입증이 될 것 같다.

Imogen and Posthmus took a most affectionate leave of each other. Imogen gave her husband a diamond ring, which had been her mother's and Posthumus promised never to part with the ring ; and he fastened a bracelet on the arm of his wife, which he begged she would preserve with great care, as a token of his love ; they then bid each other farewell, with many vows of everlasting love and fidelity. Imogen remained a solitary and dejected lady in her father's court, and Posthumus arrived at Rome, the place he had chosen for his banishment.[69]

추호(秋湖, 본명 전영택)는 램의 <오셀로>를 번역하였다. 그는 이 작품의 머리말에서 의역임을 밝혔으며, 셰익스피어의 원작이 어렵기 때문에 램을 통해 셰익스피어를 음미한다고 다음과 같이 밝히고 있다.

머리말
쉑스피어는 서양문학의 祖宗아러 합니다. 그러나 그의 원작은 참 알기 어렵습니다. 그 원작의 연구는 영문학자에게 맷개고 우리는 제2 쉑스피어라는 램의 名筆노 그 위대한 문학을 맛볼 수 잇습니다. 램의 <쉑스피어이야기>는 창작이나 갓흔 문학가치가 잇는 것입니다. 이제 그중의 하나를 골나서 우리 말노 옮겨 보려 합니다. 그러나 대개 의역이 되겟습니다. 그러면서도 할 수 잇는대로 본문에 충실히 하노라고 하엿습니다.[70]

위의 인용문에서 볼 수 있는 바와 같이 추호는 거의 의역을 했던 것이다. 따라서 추호의 <오셀로>는 원문에 충실했던 오천원의 <씸�께린>과 다르다. 참고삼아 추호의 번역을 몇 줄 소개하면 다음과 같다.

니야기가 꿋나매 데스데모나는(그의 지나간 고생을 애연이 생각하고) 길게 한숨을 내쉬고 하는 말이 〈아이 하느님 맙시사. 대체 그런 일이 어데 잇셔요. 참혹도 해라. 얼마나 괴로우섯셔요? 아이 차라리 듯지 마럿서야지 참아 못듯겟셔요. 그러차만 저도 한 번 사나희로 태어낫드면 당신갓치 용맹스러운 사람이 되어보게, 아이참 그런 죠혼 니야기를 만히 해주셔서 고맙습니다. 이거 보셔요. 만일 당신의 친구중에 저를 사랑하려는 이가 잇거든 당신의 그 니야기하는 법만 잘 가리켜 주셔요. 그러면 나는 그이의게 내 몸을 밧지겟서요.〉[71]

위의 문장을 다음의 영문과 비교해 보면 거의 의역이면서도 수준급 번역임을 알 수 있다.

His story being done, she gave him for his pains a world of sighs : she swore a pretty oath, that it was all passing strange, and pitiful, wondrous pitiful: she wished (she said) she had not heard it, yet she wished that heaven had made her such a man ; and then she thanked him, and told him if he had a friend who loved her, he had only to teach him how to tell his story, and that would woo her.[72]

<베니스의 상인>은 1920년대에 <햄릿>과 함께 가장 주목을 받았으며, 많은 사람들이 읽었으며, 또한 인기를 끌었었다. 그 이유는 아무래도 독자층의 호기심에서였을 것 같다. 우선 램의 번역에서 소개된 것만 해도 두 종류가 된다. 오천원이 초역한 <부인변사 海城月>과 역자미상의 <인육재판>(<쩨니스 상인>)이다. 전자는 1922년 9월 22일에 초판이 나왔고, 1923년 7월 18일에 재판이 나온 사실로 미루어 볼 때 당시의 독자들에게 인기가 있었던 것이다. 오천원이 <婦人辯士 海城月>에 붙인 서문에서 램의 작품을 원본으로 하여 초역했음을 밝히고 있다.

…19世紀初에 散文特才를 持혼 촬쓰·림氏가 쉑스피어劇에 精通ᄒ야 親히 其原本을 善讀지 못혼 者의게 쉑스피어의 面을 소개ᄒ기 爲ᄒ야 其 摘略을 散文으로 撮錄혼 것이 잇ᄂᆞᆫ더 此亦 原本以外에 文學的 假値를 가진 英國文 家庭에 필요혼 書冊이 되엿ᄂᆞ니 本編은 즉 其中에 <베니스의 商人>을 耕雲 吳天卿兄이 抄譯ᄒ야 海星月노 命名혼 것이라.
主後 1922년 4월 23일 金萬一 識[73]

빚돈의 저당에 인육을 준다는 것이 바로 이채롭고 신기하며, 우정을 위해 한 목숨을 버리려는 의리까지 곁들임으로써 낭만적 색채마저 띠고 있는 것이다. 인육을 저당으로 하는 현상과 함께 정치적인 것과도 연관되는 재판의 장면에 독자층은 열광했을시도 모른다. 유려한 문장의 필치로 해서 독사층을 매료시킨 <婦人辯士 海城月>을 일본의 시나다 다기지(品田 太吉)가 번역한 <쩨니스商人의 事>와 대비하여 검토한 김병철의 글에서 <婦人辯士 海城月>의 한 구절을 재인용한다.

> 우리말 譯本 : 비산요(裵山堯)가 결혼ᄒ기를 원ᄒᆫ 그 富子女즈는 베니스 근처에 벨몬트라 ᄒᄂᆫ곳에 사ᄂᆫ더 그 일홈(名)은 포시아(鮑時雅)라 외화(外華)라던지 심정이라던지 그 아름(雅栗)다운 거슨 력스에서 닑은 바키토에 녕양(令孃)이오 루터스에 부인이던 포시아(鮑時雅)에서 질 것 업ᄂᆫ쟈랴 비산요(裵山堯)가 그 친구 안돈요(安敦堯)의 생명(生命)을 두고 모험ᄒᆫ 덕으로 돈을 취ᄒᆞ야 가지고 구래산이하(具禮山以下) 화려한 종자를 다리고 벨몬트로 향ᄒᆞ야 출발ᄒᆞ엿더라. 비산요(裵山堯)의 칭혼ᄒᆫ 일은 과연 여의ᄒ게 되어 그 녀자가 즉시 그를 즈기의 남편으로 영접ᄒ기를 응낙ᄒᆞ얏다. 비산요(裵山堯)가 포시아(鮑時雅)의게 즈긔의 불힝ᄒᆫ 형편을 모다 통정홀서 오직 즈긔의 즈랑홀 거슨 출생(出生) 정직홈과 조상의 고귀한 것 ᄲᅮᆫ이라 ᄒᆞ니 이 녀자가 그를 스랑ᄒ기는 그의 상당ᄒᆫ 즈격을 인홈이오. 남편의 빈부를 상관치 아니홀이만큼 즈긔지산이 잇ᄂᆫ쟈라 온아ᄒᆫ 태도로……[74]

위의 글에서 비록 Bassanio를 배산요(裵山堯), Portia를 포시아(鮑時雅), Antonio를 안돈요(安敦堯), Gratiano를 구례산이하(具禮山以下)로 일본화한 한자로 표기는 하였지만, 문장의 흐름이 매끄럽고 간편하다. 신문의 신간(新刊)란에서는 이러한 책을 문예를 지향하는 사람들에게 꼭 읽을 만한 책이라고 권장하고 있다.

> 세계문호 〈색스피어〉의 〈베니스의 상인〉이라는 대걸작을 간이(簡易)한 언문일치체 (言文一致體)로, 滋味잇게 번역한 것인대, 문예에 뜻이 잇는 인사는 一讀 할 가치가 잇는 好冊이더라.[75]

램의 〈베니스의 상인〉을 번역한 또 하나의 작품이 1926년, 신문 매일신보에 5회에 걸쳐 연재되었다. "沙翁 <人肉裁判>(베니스 상인)"이라는 제명으로 연재되었지만, 골격은 분명히 램의 것을 바탕으로 한 역술이다. <인육재판>이라는 제명이 붙긴 했어도 내용은 소설체로 쓴 램의 <셰익스피어의 이야기들>의 <베니스의 상인>을 소개한 것이다. 무작위로 한 구절을 예로 들어보겠다.

> 〈얘사니오〉의 愛人은 〈베니스〉에서 過히 멀지 안은 〈벨몬드〉에 사는데 일흠은 〈포—샤〉라고 하는 대단히 다정하고 어엽벗다. 〈얘사니오〉는 친구가 주선해 주는 三千兩

으로 귀족이란 명예에 붓그럽지 안흘만한 정도로 준비하고, 구러샤노 이하 여러 侍者
와 함께 갓다.[76]

이밖에도 1920년대 셰익스피어의 희곡을 재구성한 램으로부터 번역한 책자가
두 편이 나왔는데, 두 책 모두 독자들로부터 선풍적인 인기를 얻었었다. <부인변사
海城月>은 이미 설명하였지만 <戀愛小說 사랑의 恨>도 마찬가지다.
<연애소설 사랑의 한(愛의 恨)>은 鄭淳奎 譯이며, 박문서관에서 1921년 9월 5일
에 초판이 나왔고, 같은 해 12월에 재판된 단행본이다.[77] 불과 3개월 만에 재판된
사실만으로도 그것이 당시에 얼마나 인기를 끌었는지를 짐작할 수 있을 것 같다.
<사랑의 恨> 역시 램의 <셰익스피어의 이야기들>에서 <로미오와 줄리엣>을 번역한
것이다. 그것은 다음과 같은 역자의 머리글에서 짐작이 간다.

> 본편은 영국문학사(文學史)상에 황금시대(黃金時代)라고 이르는 엘니사쌧 왕조의
> 문화(文華)를 찬란케 한 일대텬재(一大天才)인 세계문학에 패왕 윌니암, 쉑스피어의
> 걸작을 산문대가(散文大家) 촬쓰, 램씨가 청년 독셔가를 위하야 그 개요를 셔슐한
> 것 중에 일편이니……[78]

이 책이 인기서였다는 것을 김병철은 다음과 같이 밝혔다.

> 당시로는 증정이나 그 표지의 그림이 아담하여 소위 미려본이었겠는데 불과 3개월
> 만에 재판이 나온 것을 보아도 당시의 독서 계에서 인기가 대단했던 것으로 생각된
> 다.[79]

사실 <로미오와 줄리엣>은 셰익스피어가 살아있을 때부터 인기가 있었던 작품이
었다.[80] 청춘의 불타오르는 사랑의 서정적 비극으로서 <로미오와 줄리엣>은 세계문
학사상 타의 추종을 불허하는 지상의 문학작품이기도 하다. 셰익스피어에 대한 다음
과 같은 찬사는 그것을 증명하고도 남는다.

> 청춘의 열정적인 사랑의 서정미가 철철 넘치게 셰익스피어 언어로 묘사되었다…<로
> 미오와 줄리엣>은 사랑을 주제로 한 비극 시로서 문학상 타의 추종을 불허한다.[81]

정순규와 오천원의 책들이 독자들로부터 선풍적 인기를 얻은 첫째 이유는 이들의
유려한 문체일 것임에 틀림없다. 인명의 표기가 엉망[82]인 것으로 봐도 영어독해력

실력은 그다지 좋은 편이 못되었지만 그것은 당시 전혀 문제되지 않았다고 할 수 있다. 역자 자신이 세계적 명서인 셰익스피어의 희곡을 소개하고 싶은 욕망에서 영어실력이 충분치 않아 램을 통해 <로미오와 줄리엣>을 역술한다고 밝혔다. 槿春역 <颱風> 역시 램의 <The Tempest>를 번역한 것으로 이것은 『청춘』6권 제 3-4호에 게재되었다.[83]

　이제까지 램의 <셰익스피어의 이야기들>에서 번역되어 나온 여섯 작품을 대충 살펴보았다. 셰익스피어의 수용에 있어서 램은 지대한 공로자이다. 그러나 셰익스피어의 진면목을 만끽할 수 있는 셰익스피어라는 희곡작가의 원작과 동일시할 수는 없다. 램의 작품은 소설로 고쳐 쓴 것이다. 셰익스피어는 세계적인 극시인이므로 우리나라에서도 개화의 물결을 타고 들어오지 않을 수 없었다. 그런데 해방 전까지만 해도 우리나라는 일본의 경우처럼 메이지(明治) 초년에 미국 출신의 서양인 교수 W.H.호오튼(W.H.Houghton)[84]이 했었던 것과 같은 강의도 없었고, 셰익스피어가 연극의 양식이라면서 그의 극에 신앙적일 정도로 정열을 바쳐 연구를 한 셰익스피어 학자가 한명도 없었다. 그렇기 때문에 대중적인 램의 저서를 번역하는 것이 셰익스피어극을 직접 번역하는 것보다 선행될 수밖에 없었던 것 같다. 셰익스피어를 이해하는데 있어서 램의 공로는 지극히 크다. 그러나 셰익스피어의 원본과는 다르다고 이미 설명한 바 있다. 셰익스피어의 난해한 희곡을 소설형식으로 쉽게 쓴 책으로는 램의 책 이외에도 마체트 추트(Marchette Chute)의 <셰익스피어의 이야기들>(Stories from Shakespeare)을 비롯하여 다른 책이 있다. 그런데 유독 램의 <셰익스피어의 이야기들>만이 우리나라에서 소개되어 왔다. 추트의 책은 램의 것보다 신선할 뿐만 아니라 셰익스피어 작품 해석에 있어서 하나의 새로운 형태라고 볼 수 있다. 특히 각 작품의 모두(冒頭)에 반드시 나오는 한 소절 내지 두 소절의 글은 각 작품의 난해한 주제를 밝혀 주며, 새로운 해석을 해준다. 이러한 것은 램의 글에서는 찾아볼 수 없을 뿐만 아니라, 램의 것은 20편만 모은 것이지만, 추트의 <셰익스피어의 이야기들>[85]에서는 셰익스피어의 희곡을 37편으로 보는 시절에 <페리클리스>(Pericles)와 새로운 셰익스피어의 작품으로 인정된 <두 귀족 친척>(The Two Noble Kinsmen)과 <에드워드 3세>(King Edward II.i.)를 제외한 36편이 수록되어 있다. 따라서 추트는 작품의 배열을 희극, 비극, 사극으로 구분하고 이를 작가가 썼다고 주장하는 순서로 모았으며, 사극만으로 영국사의 연대순으로 배열하는 등 번역가이자 학자로서 그녀의 학문적 깊이를 말해주고 있다.

"坪內消遙는 東京大學에서 W.A.Houghton교수의 강의를 듣게 된다··· 그가 Houghton 교수를 遭遇하게 된 것은 坪內消遙 개인은 물론 문단을 위해서 대단히 경하할 만한 일이었다고 말하지 않을 수 없다."

램의 이야기는 문학적 향기가 높다. 그리고 희극적 대사의 진면목을 보여주기 위해 고심한 노력이 역력하지만, 지금은 거의 2세기가 지난 고전이 되었고, 부녀자나 아동들에게 읽히고자 쓴 램의 최초의 목적은 추트의 신선하고 명쾌한 스타일과 현대적인 셰익스피어극 해석 앞에 양도되어야할 것 같다.

4. 셰익스피어원작의 번역과 중역

그렇다고 셰익스피어의 원작번역이 전혀 없었던 것은 아니다. 1920년에 이미 셰익스피어의 원작번역이 있었다. 이는 일부번역과 전체번역으로 구분이 된다. 일부번역으로는 <베니스의 상인>과 <줄리어스 시저>가 있고, 전체번역은 <햄릿>과 <베니스의 상인>이 꼽힌다. 전술한바 <베니스의 상인>은 미국유학을 다녀온 교육학 전공의 학자 오천원(본명 오천석)에 의해 4막 1장의 한 장면만 번역되었다. 우리나라 문예사에 있어 비록 부분역이지만 직접 셰익스피어 원문으로부터 번역된 것은 이것이 최초임에 틀림없다. 원문을 토대로 한 의역이란 것은 다음과 같은 번역자의 말에서도 확인할 수 있다.

譯者 말함-이것은 英國大文豪 쉑스피어(William Shakespeare)의 The Merchant of Venice 중의 第4幕 第1場의 法廷을 飜譯한 것이외다. 原文을 그대로 하지 안코 作者의 本意를 일치 안는 範圍 안에서 自由로이 飜譯하엿습니다.[86]

그리고 본문에 앞서 줄거리를 해설한 것을 보면 셰익스피어의 희곡감상이 아직도 본궤도에 오르지 못한 독자층을 위해 번역자가 세심한 배려를 기울인 듯싶다. 실제로 타이틀롤의 앤토니오의 대사를 한 구절 인용한다.

안토니오: 조곰 잇사옵니다. 覺悟는 벌서 하엿습니다 ···빠사니오씨 손을, 못조록 泰平히! 내가 당신 때문에 이러케 되엿다고 조곰도 슬퍼하지 마시오. 運命의 神은 나에게 對하야는 아직도 親切하게 하여 줍니다. 不幸한 사람을 써러트려 온갓 財産을 다—빼잇고서도 마음대로 죽지도 못하게 하고 니마에 주름을 잡고 쑥 드러간 눈으로

나와 나의 빈한을 바라보고 살게 하는 것이 상례인데 이 비참한 것만은 면하게 하여 주셧습니다. 비리옵건대 부인게 문안이나 드려 주십시오. 안토니오가 엇더케 죽엇는지 얼마큼이나 당신을 사랑하엿는지 잇는 사실대로 간곡히 니야기하야 부인에게 판단케 하십시오. 일즉 쎄사니씨에게 親故가 하나 잇섯다고 하나못하나. 당신이 親故를 일허버렷다고 후회하여 주실 것이면 나는 당신을 위하여 빗갑흘 것을 결코 후회치 안켓습니다. 그 증거로는 만약 저 유태인이 벗석깁히 베일 것이면(우슴을 씌우며) 나는 참으로 온갖 마음을 경도하야 갑겟습니다.[87]

동아일보 1926년 1월 1일에 게재된 이광수(李光洙) 번역 <줄리어스 씨저>는 세익스피어의 <줄리어스 시저>를 완역한 것이 아니라 로마시의 공회소에서 브루터스와 앤토니가 군중에게 연설하는 장면인 제3막 제2장이다. 이는 어떤 이유에서인지 알 수 없지만, 이광수는 제2막 제3장이라 하였으며, 역자 부언에서도 "<줄리어스 씨저>의 둘째 막을 번역한 것이다"[88]고 덧붙이고 있다. 그리고 그는 <줄리어스 씨저> 번역관에 대해서 다음과 같이 밝혔다.

무론 나의 번역은 산문시(散文詩)로 되엇스나 될 수 잇는데로 원시(原始)의 리듬을 옴겨보려하야 구절는 것도 원문에 충실하도록 하엿다.[89]

이광수는 다른 번역자와는 달리 원문에 충실하고, 원시의 리듬은 고수했으며, 구두점(句讀點)까지 유의하였다. 그는 역시 명문필가답게 브루터스와 앤토니 연설톤을 염두에 두면서 번역을 했다. 일본의 쯔보우찌쇼요(坪內消遙)가 <줄리어스 시저>를 <自由太刀餘波銳鋒>이란 제명(題名)을 붙였던 연유를 민권사상에 대한 그의 정치적 관심(政治的 關心)의 반영으로 생각하듯, 우리나라의 경우도 이와 비슷하다. 3·1운동 이후 당시 외국 문학의 이식(移植)에 있어 정치적인 자유민권사상(自由民權思想), 또는 계몽사상(啓蒙思想)과 연결되었다고 생각해 볼 수 있다.

세익스피어 희곡을 전역한 것에는 현철(玄哲)의 <하믈레트>와 이상수(李相壽) 역 <예니스 상인>이 있다. <하믈레트>는 현철이 『開闢』 제11호(1921.5)부터 제12호만 빼놓고 제30호(1922.12)까지에 게재한 것이다. 현철이 최초의 세익스피어 역자라는 사실은 1926년 4월 23일 동아일보 기사에서도 확인할 수 있다.

쉑스피어가 조선의 독자에게 소개된 것은 玄哲의 중역인 <하믈렛>이 잇슬뿐이며 본지본란상(本誌本欄上)에 <줄리어스, 씨사>의 一齣를 역재(譯載)한 일이 잇다.[90]

위에서 重譯이라고 말한 것은 쯔보우찌(坪內)의 <햄릿> 번역대본을 사용했다는 이야기다. 가령 등장인물에 대한 인적사항만 보더라도 그와 거의 같다.[91] 1920년대 초 현철의 <하믈레트>는 중역이긴 하나 당시의 수준으로는 훌륭한 번역이라고 높이 평가할 수 있다. 이것이 문예사상 셰익스피어의 작품에 대한 최초의 유일한 완역본이다.

<햄릿>만큼 수많은 사람들에 의해 번역되고, 여러 가지로 번안되며, 갖가지 형태로 연출되어 온 희곡도 드물 것이다. 물론 "햄릿은 行爲者라기 보다는 道具다"[92]라고 했는가 하면 "예술적으로 가장 실패작[93]이라고 혹평한 자도 없지는 않다. 그러나 배우만 하더라도 <햄릿>초연 때의 리처드 버베이지(Richard Burbage) 이후 데이빗 개릭(David Garrick), 존 필립 켐블(John Philip Kemble), 애드먼드 킨(Edmond Kean), 에드윈 부스(Edwin Booth), 로렌스 올리비에(Laurence Olivier), 데렉 제이코비(Derek Jacobi) 등에 이르기까지 그 얼마나 많은 명배우들이 명연기를 펼쳤는가. 억만인(億萬人)의 마음을 표출시킬 수 있는 셰익스피어의 작품 중에서도 천태만상(千態萬象으로 받아들여질 수 있는 큰 폭을 가진 작품이 <햄릿>이다. <베니스의 상인>도 1920년대의 독자들에게 셰익스피어 작품 중 가장 인기를 누렸던 작품이다.

우리나라에서는『畿湖興學會月報』이후 <햄릿>이 교훈적인 작품으로 소개되는데, 가령 원수를 갚는 활극(活劇)이라든가 효자전(孝子傳) 또는 복수극으로 소개되는 등 권선징악적(勸善懲惡的)으로 이입되었던 것이다. 그러나 개화기의 교환적·경구적 자세(教訓的·警句的 姿勢)로부터 탈피하여 <햄릿>을 둘러싼 세계와 인간의 내면 갈등을 염두에 두기 시작한 것이 바로 현철의 번역이었다. 그렇기 때문에 현철 번역의 <하믈레트>는『開闢』에 연재[94]된 후 단행본으로도 간행될 수 있었던 것이다.[95] 玄哲의 <하믈레트>와 나란히 이상순 역 <베니스 商人>(一名 人肉裁判)도 <햄릿>을 중역[96]한 것과 같은 것이지만, 초역 축역 경개역(抄譯 縮譯 梗槪譯) 등이 판을 치던 당시로는 이례적인 공적[97]이라 할 수 있다. 1920년대에 있어 현철 역의 <하믈레트>와 함께 <베니스 商人>은 셰익스피어 소개에 있어서 두 길잡이가 될 만한 것이다. 비록 현철이 쯔보우찌(坪內)의 역본을 참고했을지언정 그의 <하믈레트>에서는 유창한 언어구사와 표현력에 애쓴 흔적이 역력하다. 현철은『開闢』제30호의 역자 후기에서 그가 주인공 햄릿의 심리묘사와 구절구절 표현에 노력한 것을 부언하고 있다.

이『하믈레트』를 시작한지 이미 해가 지나기를 둘이나 하여, 오랫동안 지루한 시간을 독자에게 낭비케 한 것은 자못 미안한 생각이 없지 아니하나, 현철의 천박비재로써는 여러 가지 희곡을 번역하는 중에 이와가티 난삽(難澁)한 것은 그 쌍(雙)을 보지 못하엿스니, 그것은 〈하믈레트〉라는 희곡의 자체가 세계적 명편으로 일자일구를 범연(泛然)히 할 수 업슨 그것과, 한 가지는 하믈레트라는 주인공의 이중심리가 무대적 기분이나 호흡상으로 조절을 맛추기에 가장 힘이 들엇스니, 실로 어 한 구절에 이르러서는 하로 동안을 허비한 이 적지 아니한 것도 잇섯다.[98]

억만인의 마음을 표출시킬 수 있는 셰익스피어의 작품 중에서도 천차만별로 받아들여질 수 있는 넓은 작품이 〈햄릿〉이었다면 〈베니스의 상인〉은 1920년대 독자들에게 셰익스피어 작품 중 흥미를 돋우는 가장 인기있는 작품이다. 이처럼 최고의 희곡이면서 난해(難解)한 〈햄릿〉과 일반대중이 좋아하는 〈뻬니스 상인〉(一名 〈人肉裁判〉)[99]이 현철과 이상수에 의해 처음으로 전역(全譯)된 것이다. 이들 두 사람은 주로 램을 통해서 셰익스피어의 희곡이 번역되어온 풍토를 크게 바꾸어 놓았다는데, 희곡번역의 참뜻이 있다. 이들 두 사람 중에서도 현철은 연극을 잘 알았기 때문에 셰익스피어의 번역소개도 단순한 이야기로서가 아니라 희곡으로 공연될 수 있도록 전역하려 했다는데 가치를 둘 만하다. 또한 중역(重譯)이긴 하지만 희곡형태의 전역으로해서 원형대로 충실하게 번역하여 역간(譯刊)하였다. 또 램을 통한 번역도 아니오, 셰익스피어 원작을 통한 직접번역도 아닌 출처를 알 수없는 산문체로 된 〈맥베스〉가 나왔다. 양하엽(梁夏葉) 역의 〈태서비극 막뻬스〉가 바로 그것이다. 양하엽의 〈태서비극 막뻬스〉에서는 1막 1장의 세마녀의 출현은 없고 1막 2장부터 시작되는데 인명과 국명을 일본화한 것이 특징이다. 코도 영주가 고도루 후로, 노르웨이 왕이 낙위왕으로 호칭되고 있다. 또는 원문에도 없는 이야기가 상세히 소개되기도 하는데, 즉 노왕 던컨이 전지로 출정한 것으로 쓰여 있다.

> 스콧트란드란 나라에, 왕으로 〈당깐〉이란 관후하고도 仁慈하신, 대군주가 잇섯다. 엇너한 히에— 그의 신하 〈고도루〉侯가 〈낙위〉 국왕에게 내통을 하여 가지고 반군을 일으키여 이 스콧트란드를 듸리치고자 하얏다. 이에 당깐 왕은 고두루 후의 행동을 짐작하고 즉시 막뻬스와 방코—의 두 장군으로 하여금 叛軍을 討伐코자하야 여러 萬名의 軍兵을 싸르게 하며 王도 친히 〈포렛쓰〉란 쌍 附近ᄭᅡ지 出陣하야 자기의 軍兵들을 督勵하얏다.[100]

이 〈태서비극 막뻬스〉는 1막에 비중을 두고 있으며, 비록 산문체이긴 하지만 원작이 희곡이라 그런지 독백이 많이 나온다. 그리고 맥베스 부인은 강렬한 이미지를 가진 여성으로 묘사하고 있다. 셰익스피어의 무대에는 선과 악, 미와 추 그리고 인간

생활의 양태가 리얼하게 표현되어있다. 그렇기 때문에 셰익스피어의 무대를 보는 관객은 극중 인물을 통해서 삶의 의미를 반추케 되며, "우리들 관객들에게 거짓의 정체를 보고 진실된 것의 모습을 상상토록"[101] 만들어 준 셰익스피어라는 몇 세기전의 작가이면서도 동시에 우리시대의 셰익스피어로 인식하는 것이다. <햄릿>의 줄거리를 요약한 경우로는 <명작 로민쓰 오프에리아 處女>[102]와 <해믈렛>[103]이 있다. 전자의 경우는 원작 <햄릿>의 작의(作意)에서 벗어난 점이 크게 두 가지가 있는데, 하나는 후회하지 않는 모후의 부정 때문에 햄릿이 번민한 나머지 그만 정신이상이 되고 말았다는 것이다. 다른 하나는 햄릿이 "최후로 비통히 우슴을 웃으면서 이 세상을 써나고 말엇다"[104]고 한 부분이다. 그러나 원작에서 햄릿은 "죽음은 말이 없다"고 하며 죽는 왕자 햄릿을 지켜본 호레이쇼는 "이제 거룩하신 마음도 부서지고 말았구나. 평안히 가십시오. 어지신 왕자전하. 저 천사들에 이끌리어 영면하소서!"[105]라고 한다. 心鄕山人의 <해믈렛>은 해설 및 경개의 두 부분으로 구성되어 있지만, 그는 독백에 중점을 둠으로써 셰익스피어가 스토리 중심에서 독백 중심으로 옮겨졌으며, 이는 무대상연을 예시해 주는 듯싶다. 이 글은 인물의 내면세계에 초점을 맞추어 인간내면의 고백과 표출을 복수기담으로 만든 <햄릿>이어서 한층 흥미롭다. 그런데 심향산인의 <해믈렛>도 거트루드가 싸-토루-드, 클로디어스가 크라브데이아스, 폴로니어스가 보로니아스로 표기된 것으로 보아 일본 책자를 통한 중역임을 알 수 있다.

그리고 셰익스피어의 수용 사상 <리어왕과 그쌀들>(2막)이 최초의 번안 작품으로 추정된다. <리어왕과 그쌀들>은 학예회 동창회 실연용 대본(學藝會 同窓會 實演用 臺本)으로서 『新女性』1924년 8월호에 개재된 것이다. 1막은 램의 스토리에서 전개시켰으며, 2막에 가서 해피엔딩으로 끝을 맺고 있다. <리어왕과 그쌀들>은 대단히 유치한 피상적 번안물로서 셰익스피어의 원작과는 멀리 떨어진 안이(安易)한 번안물이었다. 여학생들을 위한 교육용이어서 그런지는 몰라도 셰익스피어 희곡의 핵심으로 파고들어가 그 진수를 다 짜낸 후의 적극적 번안이 아니라, 시대상 또는 관객의 취향에 영합하여 자의적으로 번안한 것이었다. 코오딜리어와 리어의 최후가 너무도 비참하고 현실과 유리되며, 너무 환상적이라 해서 나험 테이트(Nahum Tate)이래 번안 각색물이 계속 나오게 되었다. 셰익스피어가 <리어왕>을 쓰기 이전의 작가불명의 <The True Chronicle History of King Lear>[106]에서는 리어왕과 코오딜리어의 아름다운 해후(邂逅)의 장면으로 끝난다. 그리고 두 언니의 남편들은 프랑스 왕에게 정복되며 리어왕이 영토를 회복하게 된다는 이야기다. <리어왕과 그쌀들>도 위의 이야기에 토대를 두어 구성된 작품인 듯싶다. 1920년대까지만 하더라도 극단수준이나 연극인들의 능력, 그리고 대중의 관극수준이 셰익스피어를 제대로 상연할 수가 없는 상황이었다. 그런 처지에서 이상과 같은 번안도 나온 것이리라. 그런데 1930년대에 들어서는 셰익스피어의 희곡번역은 오히려 부진상태에 빠진다. 1930년대는 1920년대처럼 셰익스피어의 명작에 대해 맹목적이며, 무한한 동경에서 소개하며 독자층을 열광시키려는 자세는 사라졌다. 반면 특히 영문학을 전공한 해외문학파들이 목적의식을 갖고 외국문학을 소개하게 된다. 하지만 셰익스피어의 작품소개가 전혀 없었던 것은 아니었고, 1930년대의 셰익스피어 희곡으로 박용철 역의 <베니스의 상인>을 들 수 있는데, 이것은 극예술연구회 제5회 공연대본[107]이었다가 1940년도에 출판되었을 뿐이다. 박용철 역본은 4막 1장 법정장면 만을 번역한 것이다. 그런데 셰익스피어의 대본에도 없는 군중 A, B의 대사를 첨가하였으므로 이는 엄밀한 의미로 번안물이라 할 수 있다. 또한 <베니스의 상인>의 전편을 공연하는 것이 아니라 법정장면 한 장면만을 상연하기 때문에 부득이 대본에 없는 군중을 첨가했을 것 같다.

5. 1940년대와 8·15 해방

1940년대로 들어서면서 일제의 언론강압정책이 극심하여 1945년까지는 암흑의 시대였다. 1945년 8·15 해방을 맞이하여 정치적 관심 속에 휘말린 언론의 무질서가 범람하는 가운데, 1947년을 고비로 잡지, 단행본 등이 급증되는 현상을 보인다. 1940년대의 잡지에 실린 셰익스피어 문건을 살펴보면 잡지 『부인』에 소개된 김래성 (金來成)의 "세계명작이야기 <로미오와 줄리엣>"을 들 수 있다. 김래성은 머리말에서 "죽음만이 최후의 길이요, 최선의 길일 수밖에 없는 세계문학작품 중에서도 유래를 볼 수 없는 연애비극"이라면서 "이 <로미오와 줄리엣>은 사랑과 죽음을 취급한 전 세계의 작품 중에서도 가장 어여쁘고 가장 엄숙한 비극의 대표적 작품이 아닐 수 없다"[108]고 소개하였다. 이 글에는 이승철의 삽화그림이 세 컷이 실려, 당시로서는 이채로운 일이었는데, 그 유명한 사랑의 밀어(密語)를 나누는 발코니 장면과 로미오의 가사상태(假死狀態)를 죽은 줄 알고 애통해하는 장면, 마지막 것은 줄리엣이 칼로 목숨을 끊으려고 하는 장면이다. 소설가답게 애절한 죽음을 맞는 두 연인의 스토리가 주옥같은 필치(筆致)로 전개된 것이다.

1920년대에 화려하게 각광받던 램의 <셰익스피어의 이야기들>의 단편들이 1946년에는 영문판으로, 1947년에는 번역판으로 출간되었다. 램의 원작에는 20편이 수록되어 있는데, 램의 <셰익스피어의 이야기들>이 영문판에는 Macbeth, The Merchant of Venice, Hamlet, Prince of Denmark, Romeo and Juliet, Othello, King Lear의 순으로 6편이 수록되어 있다.[109] 예부터 우리나라의 대중들은 4대 비극과 <로미오와 줄리엣>, 그리고 <베니스의 상인>을 선호해 왔던 터라, 그런 견지에서 이러한 영문판이 나왔던 것 같다. 전형국(全炯國) 역에서는 4편, 즉 <맥벨>, <베니스의 상인>, <덴마크의 왕자 햄릿>, <리어왕>이 번역되었다.[110] 램이 단편적으로 소개되던 1920년대를 거쳐 단행본으로 영문서와 번역서가 연이어 간행된 것은 램의 영어가 쉽고 간결하며 원작의 향기를 풍기고 있어 우리나라 독자층에 많이 읽혀진데 그 원인이 있었지 않나 싶다. 1948년에는 문고본으로 최정우(崔珽宇) 역 <베니스의 상인>이 나왔다. 영문학자답게 유창한 번역솜씨를 발휘했다고 보겠다. 최정우는 서론에서 <베니스의 상인>이 몇 세기 동안 사람들의 인기를 독점하는 이유를 천태만태의 성격을 가진 인물상과 서정성에 있음을 밝히고 있다.

> 희극이면서도 비극적 흥미를 겸유(兼有)한 것, 등장인물의 수가 상당한데 그 모든 인물들이 다 각각 특유한 성격의 소유자로 인간심리의 처녀지라고 할 만한 분야를 개척했을 뿐 아니라, 극 전체에 미만(瀰漫)된 시적 분위기는 이 극의 인기를 3세기 간이나 유지케 한 유력한 이유라고 할 수가 있다.[111]

이어서 1949년에는 설정식(薛貞植) 역 <하므렡>이 나온다. 그의 번역서는 현철과 최정우의 뒤를 이어 나온 책이다. 서, 본문, 해설 등 세 부분으로 구분하여 구성되어 있다. 이런 체제부터가 다른 역자들과 차이를 보여준 것이다. 그는 미국 마운트 유니온 대학에서 영문학을 전공한 정통파였다. 설정식은 번역에 있어 직역을 택했고, 무대대본이 되도록 언어구사에 세심한 주의를 기울였으며, 듣는 연극이 될 수 있게 번역했다. <한여름 밤의 꿈>의 5막 1장에서 아테네의 테세우스(Theseus) 공작 궁전에서 기능공들의 토속극이 상연되는 장면이 있다. 여기서 공작이 극의 개막을 재촉하는 대사에 "I'll hear that plays" (V.I.81)[112]라는 말이 있다. 또 <햄릿> 2막 2장에서 햄릿이 극중극의 아이디어를 폴로니어스에게 말할 때 "…We'll hear a play tomorrow;"[113] (II.ii.539-40)라고 한다. 우리말로는 연극을 본다는 뜻일 것이다. <로미오와 줄리엣>의 서사역의 대사에서도 "…if you with patient ears attend,"[114]라고 하며 (Prologue 13) 관객에게 호소하는 것이다. 이러한 것으로 알 수 있듯이 셰익스피어의 연극은 '보는' 연극이기도 하지만 '듣는' 연극이었던 것이다. 다시 말해 "말 말 말일세"[115]의 연극이었던 것이다. 시인인 설정식은 언어감각을 풍부히 활용했다. 그 때문에 과거 신협에서 상연대본으로 이용해 온 것 같다. 그는 셰익스피어 연구에 열성을 표하여 독자를 위해 무대지시사항도 첨가했다. 또 영문본도 여러 유(類)를 사용하였으며 번역에는 일본서적을 이용했다고 밝혔으며 원문과 주석을 붙인 <햄릿>[116]의 역서를 펴낸 것이다. 다음의 글은 <햄릿>의 침실 장면으로 설정식의 명역이라 하는 구절 중 하나이다. 당시로서는 최상의 번역이었고, 그 후도 그 평판을 유지해 왔지만, 설정식은 시인이고 연극인이 아니기 때문에 그의 연극적 감각은 시인적 기질에 뒤지는 듯하다.

왕비　　이게 어쩐 난폭하고도 사람 못할 짓이냐?
하므렛　난폭하고도 사람 못할 짓이라고요? 어머니, 왕을 죽이고 그 동생과 사는 것보다 더할까요?
왕비　　왕을 죽이다니!
하므렛　그렇습니다. (방장을 치켜들고 폴로니어스를 발견한다) 천하고, 경박하고, 덤비기를 좋아하는 천치! 잘 가거라. 나는 네가 그래도 점잖은 인간인 줄로 알았었다. 네 팔자거니 생각해라. 쓸데없이 덤벙거리면서 참견을 하면 위험한 것을 알았지…(왕비를 보고) 왜 그렇게 손을 쥐어짜는 것입니까? 진정하고 앉으시오. 내가 당신 심장을 쥐어짜드릴 터이니-그 심장이 저주받을 고약한 습관에 젖어, 아주 감각조차 없어졌다면 몰라도 아직 꿈틀거리는 데가 있다면 내가 정녕 쥐어짜드리리라.[117]

이처럼 셰익스피어의 희곡번역은 1940년대의 말에 와서야 수준급에 오르게 된 것이며, 1950, 60년대에 가서 개화될 셰익스피어 번역의 초석이 된 것이다.

일제 강점기의 도쿄제대(東京帝大)나, 와세다(早稻田)大, 릿교(立敎)大, 법정(法政)大 등에서 문학을 전공한 문학도들이 많았으나, 셰익스피어 작품번역이 저조했던 것은 아무래도 번역문학 전반의 침체와 연관되는 문제일 것이다. 따라서 6·25 한국전쟁 전까지 셰익스피어 작품번역이 드물었던 이유는 첫째 일본의 각 대학에서 영문학을 공부했어도 셰익스피어를 전공한 사람은 여섯 명 내외에 불과했다는 것, 둘째로 당시까지만 해도 국내에서 셰익스피어를 강의할만한 곳이 없었기 때문에 셰익스피어가 그렇게 중요시되지 않았다는 것, 셋째로 각 극단들이 셰익스피어 공연을 외면했기 때문에 번역의 필요성을 느끼지 못했으며, 넷째로 독서층이 얇고 출판문화가 활발하지 못했던 시대였으므로 잘 읽혀지지도 않는 셰익스피어 희곡을 번역할리 만무했다는 점이다. 이상과 같은 네 가지 이유가 6·25 한국전쟁 전까지 셰익스피어 작품의 영세성을 초래한 것이다.

6. 셰익스피어 문학의 촉진—1950년대 이후의 경향

한국전쟁을 겪은 뒤로는 상황이 달라지기 시작했다. 셰익스피어를 이해하는 인구가 급속도로 증가한 것이다. 그에 따라서 출판사에서는 셰익스피어 작품의 출판욕구가 생겨나게 되었으며, 20년대에 각광을 받았던 램의 <셰익스피어 이야기들>이 다시 출판되었다. 1954년 현암사(玄岩社)에서 조상원(趙相元) 역 <섹스피어 이야기>[118]가 10월 1일에 초판되었고, 6개월이 지나서 재판이 나왔다. 이 책에는 셰익스피어의 비극 5편과 희극 5편 총 10편이 수록되어 있다. 비극 5편은 4대 비극과 <로미오와 줄리엣>이었으며, 이들은 언제나 독자들이 좋아하였다.

1957년 12월에 비극 7편, 희극 13편, 총 20편의 램의 <셰익스피어 이야기들>이 시인이며 영문학자인 피천득(皮千得) 역[119]으로 출판되었으며, 조상원 역에서의 번역상의 문제점들이 옳게 고쳐져 번역되었다. 조상원, 피천득 역[120]을 거쳐 황찬호(黃燦鎬) 역으로 4대 비극 중 3편과 희극 <베니스의 상인>, <한여름 밤의 꿈>과 <태풍> 총 6편이 수록된 <셰익스피어 이야기들>이 출판되었으며, 1961년 5월에 3판이 나온 것으로 보아 학생들 간에 많이 읽혀졌던 것 같다. 역자도 서문에서 학생들에게 읽히려고 번역했다고 하였다.

그러나 램의 <셰익스피어 이야기>가 셰익스피어의 문화를 지배한 것도 아니고 그것만이 오래 갈 수는 없었다. 왜냐하면 정통적으로 셰익스피어를 번역하는 영문학자들이 등장했기 때문이다.

1954년 셰익스피어 희곡에서 정통성과 비중 있는 역서가 출판되었다. 한노단(韓路檀) 역 <셰익스피어 3대 희극선>[121]이 동문사(東門社)에서 간행되었다. 이 선집에는 <하므렡>, <오셀로>, <맥베스> 등 세 작품이 수록되어 있다. 한노단은 부산에 거주하였으며, 그가 번역한 위의 희곡들이 있었기에 극단 신협이 피난지였던 대구·부산 등지에서 공연할 수 있었다. 그리고 1954년에 최재서(崔載瑞)가 번역한 <햄맅>이 출판되었다. 최재서 역주의 <햄맅>은 <Almost Prince of Denmark by W. Shakespeare>라는 제목으로 철저하게 셰익스피어의 문장에 맞게 작품해석을 한 번역이었으며, 시적 감각을 띤 설정식의 <하믈렡>과 대조할만한 일이다. 셰익스피어를 학문으로서 연구한 최재서의 실적은 학문적 수용에서 논의가 될 것이다.

한노단, 최재서를 위시해서, 이종수(李鐘洙), 최정우(崔廷宇), 김재남(金在枏), 김갑순(金甲順), 정인섭(鄭寅燮) 등 7~8명이 셰익스피어 작품의 번역에 참가하였다. 이러한 풍조는 일제시대에 도쿄제대(東京帝大)나 경성제대(京城帝大), 그리고 와세다대(早稻田大) 등에서 영문학을 전공한 학자들이 등장하였고, 출판사들도 世界文學에 관한 발간 붐에 따라서 셰익스피어 작품을 출간하기 시작하였다는데 있다고 보아야 할 것이다.

1955년 이종수 역 <맥베스>가 민중서관(民衆書館)에서 출판되었다.[122] 이 역서에는 서언에서 '번역은 의미가 통하는 정도로 원문에 충실하려고 하였다. 원문을 읽는 데 도움이 되면 하고 생각하였기 때문이다.'고 밝힌 듯이, 이는 학생들이 원문을 해독할 수 있도록 하기 위한 것이라고 볼 수 있다.

위와 같은 해에 최정우의 원문대역판 <King Lear>도 탐구당(探求堂)에서 간행되었다.[123] 최정우는 <말괄량이 길들이기>를 <페트루키오와 캐트리나>라는 제목으로 개명하여 1931년 이화여전 학생기독청년회에서 공연한 바도 있다.

김재남 역의 <로미오와 줄리엣>이 1957년 9월에 한양문화사(漢陽文化社)에서 출간되었다.[124] 이 작품은 후에 정음사간 <세계문학전집>에 수록되었으며, <로미오와 줄리엣>출간 이후 김재남은 본격적으로 셰익스피어의 희곡번역을 진행하였다. 1959년에는 <여름밤의 꿈>,<베니스의 상인>,<말괄량이 길들이기>를, 1960년에는 <태풍>,<뜻대로 하세요>등 희극계통의 희곡을 양문사(楊文社)간의 양문문고로 선보였으며, <여름밤의 꿈>은 수만 부나 팔리는 작품이 되었다.

1958년 10월에는 신정옥(申定玉) 역 <한여름 밤의 꿈>[125] 이 이화여대강당에서 성황리에 공연되었고, 다음 해에 동화문화사(東華文化社)에서 출판되어 대학생과 젊은 층에 넓게 알려진 것이 김재남의 <여름밤의 꿈>의 대량판매에 촉매역할을 한 것으로 알고 있으며, 문고판의 저렴한 가격도 도움이 됐을 것이다.

1960년에는 박시인(朴時仁) 역 <안토니와 클레오파트라>가 성문각(成文閣)에서, 김승규 역 <십이야>가 박영사(博英社)에서 출판되었다. 1961년이 되면서 정음사가 <세계문학전집 전100권>을 펴냈듯이, 을유문화사(乙酉文化社)에서도 <세계문학전집 35>를 펴내면서, 김재남 역의 <템페스트>,<리처드 三世>, <베니스의 상인(商人)>, <햄리트>, <안토니와 클레오파트라>,<맥베스>를 수록하였다 이로서 사극 <리처드 三世>가 처음으로 소개된 셈이다. <세계문학전집 35>에 이어 김주현(金周賢) 주석 <As you like it>이 태서문화사(泰西文化社) 간행으로 나왔는데, 이 책은 번역서가 아니라 원문과 주석으로 된 것이며, 이러한 경향으로 미루어 보아 주로 비극작가로 알려졌던 셰익스피어가 <베니스의 상인>등으로 희극작가로서도 면모를 찾게 되었다.

1962년에 김요섭 역 <하므렛트>가 백인당(白忍堂)에서, 1963년 안호삼(安鎬三) 역의 <Shakespeare 명작집>이 정음사에서, 그리고 허문영(許文寧) 역의 <로미오와 줄리엣>이 청산출판사(靑山出版社)에서, 1964년에는 이근삼(李根三) 역 <그대 뜻대로>와 <햄릿>이 탐구당에서 간행되었다.

셰익스피어의 희극번역은 대체로 한편씩 출판되어 왔으며, 1961년 을유문화사에서 모처럼 <세계문학전집 35>에 6편이 수록된 바 있었다.

1964년에는 전 작품을 40편으로 알고 전집판이 출판되었다. 두 편은, 근자에 셰익스피어 새 작품으로 새로이 인정된 <두 귀족친척>과 <에드워드 3세>이며 이 둘은 제외되었다. 정음사에서 세계문학전집 전60권 중 셰익스피어 작품의 제1권이 출판된 것이다. 독후감에서 볼 수 있듯이 대중에게서도 좋은 반응을 얻었다.

정음사에서 세계문학전집의 방대한 계획이 수립되어 그 첫째권이 나왔다. 첫째권은 셰익스피어의 전집으로서 세계적으로 이미 널리 알려진 〈햄릿〉, 〈리어왕〉, 〈맥베스〉, 〈오셀로〉, 〈로미오와 줄리엣〉, 〈줄리어스 시이저〉의 6편과 이에 대한 자세한 해설이 수록되어 있고 역자도 신용할 만한 사람들로 되어 있다. 반가운 일이다.[126]

제1권의 내용은 위의 5편의 비극과 <줄리어스 시이저>, <안토니와 클레오파트라>등 10편이었다. 그리고 번역자는 정인섭, 이종수, 여석기, 오화섭, 최정우, 이종수, 이호근 등 영문학계의 셰익스피어극에 관한 전문가들이었다. 이 전집에는 작품 40편이 4권으로 나뉘어 출판되었다.

참고로 시인으로도 인정된 셰익스피어의 장시 두 편 <루크리스의 능욕>과 <비너스와 아도니스>가 이창배 역으로, 그리고 <쏘네트집>은 피천득 역으로 정음사의 셰익스피어 전집 제4권의 시편(詩篇)으로 10월 20일 출판되었다. 정음사의 전집 4권의 번역진으로 전술한 1권의 시편(詩篇)의 역자들과 고석구, 한노단, 문상득, 김종출, 김갑순, 노재민, 정병준, 나영균, 김홍곤, 김주현 등 19명의 영문학자들이 참여하였다. 휘문출판사에서는 김재남 번역으로 전작품 40편이 9권으로 출판되었다. 이로서 셰익스피어의 전작품은 휘문출판사와 정음사의 전집으로 두 차례나 번역 출판되었고, 1964년은 셰익스피어의 수용사에 큰 획을 그은 한 해가 된 셈이다.

1919년부터 1964년까지 46년간 셰익스피어의 번역사를 통계적으로 살펴보면,

외국작품으로서 전역이 된 작가는 셰익스피어 단 한명이었으며, 가장 많이 반복, 번역된 작가도, 또 출판이 많이 된 삭가도 셰익스피어였다. 가장 많이 반복 번역된 것은 <햄릿>으로서 14번이나 출판되었고, 그 다음이 9번의 <베니스의 상인>이며, 7번의 <맥베스>, 6번의 <템페스트>, 5번의 <오셀로>, <리어왕>, <로미오와 줄리엣>, 4번의 <한여름 밤의 꿈>순이다. 그러니까 번역도 공연과 같이 4대 비극이 압도적인 우위를 차지하고 있다.

희곡의 양식으로 보면 희극보다는 비극이 자주 번역 출판되었고, 애증과 원수를 주제로 삼은 것이 압도적으로 많다. 그리고 사극이 거의 번역되지 못했음은 셰익스피어 사극이 우리나라의 역사적 인식에 맞지 않은 탓일 것이다.

번역진을 볼 때 1920년대와 1930년대에는 셰익스피어의 전문가들이 아닌 현철, 오천석, 전영택, 이광수, 근춘, 박용철 등 영문학에는 아마추어들이 일본어 역을 통하여 작품을 소개하는 경향을 보였다. 전영택이나 이광수는 문인이었지만, 오천석은 문예와는 무관한 교육자였다. 어학에서 셰익스피어를 청강한 영문학자들이 번역에 참여한 것은 1940년대에 접어들면서였고, 8·15 해방 이후 등장하게 된 것이다. 그 후로 설정식, 최정우, 최재서, 한노단, 이종수, 이태주(李泰柱), 신정옥(申定玉) 등이 여러 작품을 번역 출판하고 있다.

1982년 BBC에서 제작한 텔레비전 드라마 <햄릿>(신정옥 역)을 3인의 대연극인들(이원경, 이해랑, 김동원 선생님들)께서 보시고 과찬의 한 말씀을 주셨다. 그것은 다름 아닌 Bed Scene이 특출했다는 이야기다. 나는 겸연쩍었지만 기뻤다. 이제부터 나는 연극에 더 정성을 다하고 또 다하리라고 하늘에다 대고 소리 없이 외쳤다. 세 분의 말씀은 아마 열심히 연극을 하라는 충고와 더 열심히 하라는 따스한 격려의 말씀이었지 않았을까. 이제와 생각해보니 오해하는 것도 나쁘지는 않으리라.

이태주와 신정옥은 1991년에 각각 <셰익스피어 4대 비극>을 범우사(汎宇社)와 전예원(傳藝院)에서 출판하였다. 연극공연에서도 대부분 이들이 번역한 작품으로 무대화하였다.

셰익스피어의 번역가 중 가장 두각을 나타낸 인물은 김재남이다. 그는 단독으로 셰익스피어 전집을 펴낸 번역자라는 기록을 세웠고 53번 출판이라는 셰익스피어 번역의 역사에서 단연 우위를 차지하고 있다.

1990년대는 셰익스피어 문학의 융성기이며 많은 번역자와 그들의 작품이 출판되었다. 20세기가 지는 무렵과 21세기가 시작된 지금은 셰익스피어의 범람기가 되었고, 이제는 정리가 될 시점인 듯하다.

참고로 셰익스피어의 작품으로 새로 인정된 <두 귀족 친척>과 <에드워드 3세>를 포함하여 셰익스피어 작품 42권을 2008년에 필자가 완역 출판을 마치었고 지금은 작품마다 개정하고 있다.

거슬러 올라가 비중이 있는 셰익스피어의 희곡을 논하면 1954년에 간행된 한노단 역의 <쉑스피어 3대걸작선>[127] 그리고 최재서 역의 <햄맅>[128]이 있다. 한노단이 <햄릿>, <오셀로>, <맥베스>를 번역해 놓았기에 신협은 피난지 대구, 부산 등지에서 공연을 할 수 있었다. 한편 최재서의 <햄맅>은 설정식의 <하므렡>보다는 시적인 감각이나 연극무대에는 맞지 않는 감이 없지 않으나 철저한 작품해석을 바탕으로 한 역서라고 할 수 있다.

제3장 셰익스피어 연극의 수용

1. 초기의 수용과 학생극

셰익스피어는 근대작가는 아니다. 16세기의 인간이다. 그러나 한국에 있어서는 근대극 발전에 적잖은 영향을 준 서양 작가이다. 셰익스피어의 연극공연에는 유치진 등 대표적인 극작가들을 간과할 수 없다. 그들은 셰익스피어에 매료되어 내적으로 그의 영향을 깊숙이 받고 있었다. 내적이라고 한 것은 플롯이나 성격창조 등과 같은 구조적 내용의 활용 같은 것을 의미한다. 그만큼 셰익스피어는 한국 근대작가들에게 있어서 하나의 모델이 되었다. 우리나라 현대희곡사에 있어서 중요한 자리를 차지하는 상당수 작품들이 셰익스피어의 작품에게서 플롯을 가져오거나, 아니면 인물이나 성격모방을 한 것이다.

그런데 1920년대에 와서 겨우 소개된 셰익스피어는 위인이었고 격언·경구가였으며, 문학작품으로서도 부분적 소개에 머문 것이고 무대와는 연결된 것이 아니었다. 그만큼 1920년대는 셰익스피어 작품을 이해하고 소화해 낼만한 극단이나 연극인이 없었다고 해도 과언이 아닐 것이다. 그 당시 전문극단이래야 토월회 하나뿐이고, 남사당 등 토속적인 놀이패가 있을 정도이니 당연한 일이었다. 다만 우리나라 신극 운동의 첨병역할을 한 학생극단에서나 어설프게 시도하는 정도였다.

이 땅에서 최초의 셰익스피어 작품공연은 1925년 12월 12일 경성고상 어학부가 하세가와쵸(長谷川町) 공회당에서 올린 <줄리어스 시저>였다. 이것은 번역극이 아닌 원어극 공연이었다. 당시 민권사상이 팽배했던 때라, 시저가 살해된 후 앤토니와 브루터스가 벌이는 대조적인 명연설 때문에 공연하였을 것이다. 김주현은 브루터스 역을 맡았던 김영원에게서 이 공연에 대해 훌륭하고 신선한 공연이었다는 극평이 따랐다는 후일담을 들었다고 회고했다.[129] 그 당시 <줄리어스 시저>는 남성드라마로 인식되었고 시저의 말이 매스컴에 심심치 않게 인용되기도 했다. 특히 정치가들의 필독서로 인식될 정도이며 학생층 및 청년들의 인기를 독차지하는 인기 높은 작품이었다.

이렇듯 원어로 <줄리어스 시저>를 상연한 1920년대 중반부터 우리나라도 셰익스피어의 보편성을 추구하는 세계의 대열 속에 들어가게 되었다. <줄리어스 시저>의

3막 1장에서 캐시어스가 "후세에 두고두고 우리들의 이 장려한 장면이 아직 태어나지 않은 국가에서 그리고 미지의 언어로도 되풀이 상연될 것이오."(How many ages hence/Shall this our lofty scene be acted over/In states unborn and accents yet unknown!)[130] 라고 예언한 말이 몇 세기 후가 되는 한국에서도 성취된 것이다. 셰익스피어는 그 자신의 시대와 국가에 속하는 동시에, 벤 존슨이 말했듯이 "시대의 영혼이요, 한 시대의 작가가 아니라 만대의 작가"[131]인 것이다. 경성고상은 그 후에도 지속적으로 <리어왕>(1932), <베니스의 상인>(1934), <햄릿>(1936)을 원어로 무대에 올렸다. <햄릿> 공연에서 이종덕이 주인공 햄릿 역을 맡았는데, 아마 유창한 영어 실력과 수려한 용모, 그리고 암기력이 출중하여 주인공으로 선택되었으리라고 추측된다. <햄릿>은 5막에서 검술시합 및 왕을 살해하는 장면, <베니스의 상인>은 법정장면의 공연이 장안의 화제가 되었다고 한다. 외국어로 하는 공연이지만, 백화점, 체신부, 관공서의 여직원들이 대거 몰려와 관극하며 즐겼고, 공연은 성황을 이루었다 한다. 또 한 가지 일화가 있다. 당시는 화장품이 귀한 때라 출연배우들은 선배집에 쳐들어가, 부인이 아끼는 화장품으로 분장을 하느라고 몽땅 없애버리는 악동노릇을 하는 실례를 범했다고 한다.[132]

<줄리어스 시저>의 상연에 앞서서 <리야王과 그딸들(二幕)>이 먼저 상연되지 않았나 추측되지만, 입증할 자료가 없다. 다만 『新女性』에 學藝會, 同窓會, 實演用 女學生 劇[133]이라는 설명이 있는 것으로 보아 짐작할 뿐이다.

<줄리어스 시저>가 처음 공연된 후 4년 동안 우리나라에서는 셰익스피어 작품이 무대에 오르지 못했고, 1929년 11월 초에야 이전(梨專)기독청년회가 주최해서 <베니스의 상인>이 공연될 수 있었다. 이 공연이 끝나자, 동아일보에서는 "<劇의 夕>盛況으로 終了"되었다고 보도했다.[134] 이화여전이 처음으로 셰익스피어의 번역극을 무대에 올린 것이다. <베니스의 상인>은 독자의 인기가 높은 작품이었다. 그 무렵 20년대에 원작의 일부를 번역한 <베니스의 商人>[135]과 전막을 번역한 <베니스 商人>(一名 <人肉裁判>[136])을 위시하여, 램의 작품을 번역한 <婦人辯士 海城月>[137]과 <人肉裁判(베니스의 상인)>[138] 등 4종류나 있었으니 그 인기도는 짐작할 만하다.

1) 1930년대의 수용

1930년대에도 학생극은 활발하였으며, 공연작품은 1931년 12월 4일, 이전(梨專)기독청년회의 <페트루키오 카트리나>[139] (원제는 <말괄량이 길들이기>), 1932년 12월 연전(延專)연희극회의 <로미오와 줄리엣>과 일반극으로서는 극예술연구회의

<베니스의 상인>, 신파극단 낭만좌의 <햄리트 묘지 1막>을 꼽을 수 있다.

1931년 12월 4일 梨專이 셰익스피어의 작품을 공연하였는데 이는 도쿄(東京)의 지꾸지(築地) 소극장에서 활동한 홍해성(洪海星)이 연출한 것이었다.[140] 홍해성은 <페트루키오와 카트리나>가 관객에게 매력을 주는 이유로서 "이 극본이 근본사상에 치중치 안코 이 극본의 교묘한 구성으로 말미암아 일장일장 너머갈 때마다 통쾌한 홍소(哄笑)를 이르키여 관객의 흥미를 도다주는데 잇다."[141]고 했다. 홍해성은 그 시기에 적응하기 위해서 서극과 끝막을 빼고 연출을 했다. 그러나 이 공연에서 "연출자의 의도는 보이면서도 연기자의 표현이 맞지 못하는 것이 안타까웠다."[142]는 비판이 극예술연구회 동인들의 합평이었다.

1932년 12월 연전(延專) 연희극회에서 <로미오와 줄리엣>을 공연하였는데, 줄리엣 역을 남학생인 신동욱이 맡아 긴 머리를 땋고, 치마를 아주 어색하게 입고, 가마를 타고 등장하는 진풍경을 보여주었다.[143] 남학생이 줄리엣을 맡은 것 자체가 희화화해 보인데다가 긴 치마와 긴 머리의 여장남학생이 얌전하면서도 어수룩한 연인 역을 한다고 가마타고 나타나니, 관객들을 웃음의 도가니 속에 몰아넣고도 남았을 것이다. 전통예술극장에서는 1932년 3월 10일과 11일 양일간 교내 모리스 홀에서 <헛수고한 사랑>을 상연하였다. 첫날은 외국인 관객에게, 둘째 날은 일반관객에게 입장료를 받고 공연하였다.[144] 이는 셰익스피어의 <사랑의 헛수고>(Love's Labour's Lost)이다. 이색적인 시도를 한 이 극의 연출은 할튼이 맡았다.

이처럼 셰익스피어극은 학생극에서 먼저 다루어졌다. 전문학교 학생들은 강의를 통해서 셰익스피어를 접하게 되고, 연극공연으로 셰익스피어의 희곡의 실체적 멋을 접하게 되고 감지하였을 것이다. 그러나 전통적인 놀이나 신파극이 주류를 이루던 당시, 기성극단에서는 셰익스피어가 거의 알려지지 않았던 것이다. 그러니까 학생들의 셰익스피어 작품공연은 셰익스피어 수용사에서는 선구적인 공로자라고 할 수 있다. 또 하나는 유학생들의 역할이다. 1930년대에 외국문학을 제대로 공부한 도쿄(東京) 유학생들이 극예술연구회를 발족시킨 것이다. 이들은 극단 발족 이듬해에 셰익스피어에 대한 대중의 인식을 넓히고 또 공연에 앞서 붐 조성을 위하여, <셰익스피어 전>[145]을 열었고, 곧이어 1933년 11월 28일부터 3일간 조선극장에서 <베니스의 상인-법정장면>(박용철 역)이 <바보>(1막 피란델로 작, 박용철 역)와 <버드나무 선 동리의 풍경>등 두 작품과 함께 공연되었다. 이 공연에 대하여 서항석은 "막연히 인기를 얻엇다"[146]는 평을 기고하였고, 羅雄과 같은 좌경 연극인은 "일본 築地劇場의 신축기념으로 <하믈렛>을 공연하엿다는데 쓸려서 더퍼노코 쉑스피어作品을 上

演한데 큰 缺陷이 잇지 안은가? 그것은 演出에도 나타나는 것이니 다른 部分意除外해노코 技術的 獲得이란 意味에 잇서서도 全然 失敗에 도라가고 마럿다고 보겟다"고 비판하는 한편 특히 쇠일록의 "誇張된 新派的 演技", 그라시아노의 "더 큰 誇張된 演技", 公爵의 "新派구사이(일어로 신파 냄새나는) 臺詞와 動作", 앤토니오의 "人形的 演技"[147]라고 혹평을 퍼부었다.

그러나 한편 유민영은 <베니스의 상인>의 공연에 대하여 "이 무대는 관중의 시선을 끌만했다. 그럴 수밖에 없는 것이 레퍼토리가 전보다는 비교적 재미있게 꾸며졌기 때문이다[148]라고 레퍼토리의 신선함을 지적하였다. 그러나 셰익스피어 작품의 공연 자체는 한 마디로 소인극의 수준이었다고 할 수 있다.

그러니까 30년대의 대표적인 지식인 극단인 극예술연구회도 셰익스피어를 소화해낼만한 수준에는 이루지 못했던 것이다. 그 후 극예술연구회는 만 8년 동안이나 활동하면서도 셰익스피어의 작품을 감히 무대에 올리지 못하였다. 다만 그 시기에 신파극단 浪漫座가 <햄리트 묘지 1막>을 부민관의 무대에 올렸다. 이는 번안작품이다. 낭만좌는 동아일보주최 제1회 연극 콩쿠르[149]에 참가하였는데, 이 콩쿠르는 우리나라에서는 처음으로 열리는 획기적 초유의 성사[150]였다. 이운곡은 낭만좌가 <햄릿>을 번안하여 콩쿠르에 참가한 연극정신이 가장 "예술적이고 양심적"이라고 평하면서도 문학청년들이 "살고 죽는 것! 이것이 문제이다" 라는 독백에 홀려 이 극본을 취택했으리라고 추정하면서, 진우촌의 번안이나 연출 김욱의 조잡함을 지적했으나, 연기우수상을 받은 박학은 "훌륭한 연기를 하였다"고 칭찬[151]하였다. 낭만좌의 <햄릿> 공연 후, 순수극단은 위축하였고 해방될 때까지 셰익스피어의 작품은 공연되지 않았다.

그래도 1930년대는 아일랜드 붐만이 일어난 것은 아니었고 현대영미극도 폭넓게 공연되었다. 그럼에도 셰익스피어의 연구 작품이 공연에서 소외된 것은 뜻밖의 일이다. 그 이유는 근·현대극의 도입과 정착을 지상목표로 한 당시의 신극의 좌표로 볼 때 셰익스피어 희곡은 고전극이니, 어쩌면 당연한 일인지도 모르겠다.

2) 유치진과 셰익스피어

이 시기부터 셰익스피어의 드라마트루기는 유치진(柳致眞)에게 전수되었다. 작가이고 극단주이고 연출가인 유치진은 앞으로 계속 논의가 되겠지만, 셰익스피어의 수용에 있어서 선구자적 개척정신을 발휘한 고전파(古典派) 예술인이다. 유치진은 많은 작품을 남겼다. 초기작인 <토막>,<버드나무 선 동리의 풍경>,<빈민가>,<소>

등을 통해 식민치하의 우리나라의 참담한 생활상을 묘사하였다. 그는 <대추나무>, <마의태자>, <자명고>, <별>, <원술랑>등의 역사극을 쓰게 된다.

유치진은 1935년 <소>라는 작품 때문에 일본경찰에 체포되는 사건이 있었다. 그래도 그는 현실비판의 예각을 세워, 셰익스피어 작품을 번안하여 우회적으로 풍자한 작품을 쓰게 된다.

유치진의 역사극들은 우리 모두가 좋아하는 극이고 전설이나, 역사로도 잘 알려진 친근한 이름들이다. 그런데 만약 셰익스피어의 드라마트루기라고 알게 되면 관중들은 어떨까? 아마도 우리나라의 셰익스피어냐고 할 것이다. 유치진은 셰익스피어를 연구하였고, 굉장히 좋아하였던 것으로 알고 있다. 그리고 유치진에게 셰익스피어의 영향은 대단한 것이었다. 그래서 유치진은 자신이 스스로 '리얼리즘에 입각한 로맨티시즘'이라는 주장을 펴며, 사실주의를 지양한 낭만적 시극 <개골산>을 발표한 후에도[152] <로미오와 줄리엣>, <햄릿>, <맥베스>의 플롯을 변용하여 <대추나무>[153]를 비롯하여 <마의태자>를 썼고, 해방 후에도 <자명고>, <별>, <원술랑>등 역사물을 내놓았다.

■ <개골산>(<마의태자와 낙랑공주>)

<개골산>(<마의태자와 낙랑공주>)은 1937년 동아일보 현상공모 희곡 부문에 당선된 것이다. <개골산>은 현상공모 당선 후 곧이어 동아일보에 연재되었고, 인기있는 레퍼토리로서 연극무대를 주름잡았다. 유치진은 춘원 이광수의 소설 <마의태자>를 참고로 하여, 이 작품을 자신의 독창적인 희곡으로 탄생시킨 것이다.

> 이 작품은 춘원선생의 소설 <마의태자>에 피의(被疑)된 바가 많습니다. 그러나 나로서는 춘원선생의 <마의태자>를 참고로 하면서 나의 독창적인 상(想)을 구상해 보려고 애썼습니다.[154]

<개골산>은 <마의태자와 낙랑공주>, <마의태자> 등의 제명으로 공연되었다

유치진의 <마의태자>의 초연은 1941년 극단 고협의 공연이었던 것으로 알려져 있다. 고협은 매일신보의 후원으로 <마의태자와 낙랑공주>(유치진 작, 나웅 연출)를 부민관 무대에서 3일간 공연하였으며[155] 당시에 관록 있는 배우들을 배진하여 관심을 끌었다.[156] 현대극장도 1942년 10월 16일부터 18일까지 부민관에서 무대화하였다. 이후 <마의태자>는 유치진이 극예술협회 소속 시절인 1947년 재공연하였고,

이때까지의 <마의태자> 공연은 4막과 서막이 있는 것이었다. 유치진은 극단 신협과 활동을 같이하면서부터는 서막에 노래를 삽입했고, 막도 4막에서 5막으로 개작하여 자신이 직접 연출하였다. <마의태자>는 유치진의 걸작이었고 관중의 인기도 대단하였다. 그러나 좌파의 임화(林和)는 유치진의 <마의태자>를 읽고, 마의태자는 우유부단하고 허약한 쎈티멘탈리스트에 불과하다고 평가절하하였으며 "<개골산> 가운데 결코 금일에 현실에서 치진이 발견 못한 것이 새로 발견되지는 아헛다. 치진의 노력은 겨우 한 사람이 조선형 <해므렡> 마의태자를 만드러냄에 불과하였고, 그가 금일의 세계에서 구성치 못한 역사적 성격의 장대한 갈등이라든가 우리들에게 풍경과 같은 압력을 갖는 개인이 운명을 그리어내지도 못하였다."[157]고 평하였다.

유치진은 그의 역사극에서 <로미오와 줄리엣>같이 적대국, 또는 원수의 집안사이의 남녀 주인공간의 사랑을 흔히 다루고 있다. <자명고>의 호동과 공주, <별>의 정도령과 구슬아기, 그리고 <마의태자>의 태자와 낙랑공주 등이 그런 예다. <개골산>은 흔히 <마의태자>라는 제명으로 공연되며 일반적으로 <마의태자>로 알고 있다.

<마의태자>는 고려의 왕건이 신라의 경순왕 김부의 서라벌 궁성에 찾아와 그의 장녀 낙랑공주를 미끼로 신라를 패망케 하는 이야기다. 공주는 태자에게 연정을 품는다. 그녀는 태자가 위급한 처지에 몰렸을 때 그를 살려낸다. 태자에게는 약혼녀 백화가 있었기에 나라를 위한 충성과 공주에 대한 사랑 때문에 번민한다. 공주의 열화 같은 사랑이 태자의 마음을 휘어잡기에 이른다. 결국 신라는 패하게 되고, 두 연인의 사랑은 맺어지지 않은 채 태자가 개골산으로 잠적하게 되며, 마의태자는 나라 잃는 비통함을 가누지 못해 화석이 되었다는 애절한 이야기다. <마의태자>는 원한과 애통, 눈물과 애정을 두 나라의 태자와 공주가 펼치는 희곡이다.

<로미오와 줄리엣>의 테마는 노년과 청춘 또는 기성세대의 편견에 희생되는 청춘의 사랑이다. <마의태자>도 젊은이와 기성세대의 대립이다. 이 극에서 젊음은 순수를, 기성세대는 부패, 타락, 야망을 상징하고 있으며, 유치진은 기성세대가 국가를 혼돈케 하여 조국이 일제의 압정에 신음한다고 보았으며, 순수를 상징하는 청춘에 희망을 기대하였을 것이다. 마의태자는 햄릿의 성품을 닮았다. 고민 끝에 죽음을 맞이하는 햄릿이고, 고민 끝에 화석이 되어버리는 마의태자다.

유치진이 <마의태자>를 재공연한 1947년, 같은 무렵에 공교롭게도 극단 황금좌가 <마의태자와 낙랑공주>(청초생 작, 민당 연출: 전3막6장)를 공연하여 은근히 공연경쟁의 분위기를 느끼게 했다. <마의태자>의 인기도를 짐작할 수 있을 것이다.

■ <대추나무>

유치진은 우리 국민의 연극시대라고 힐 1940년대에 한국형 <로미오와 줄리엣>이라고 할만한 <대추나무>를 썼다.[158] 이 <대추나무>는 조선총독부 후원, 조선연극협회가 주최한 제1회 연극경연대회에 출품된 작품이다.[159] <대추나무>는 셰익스피어의 <로미오와 줄리엣>보다는 스위스 문단계의 셰익스피어라고 일컫는 고트프리트 켈러(Gottfleet Keller)가 1856년에 발표한 <마을의 로미오와 율리아>(Romeo and Julia auf dem Dorfe)를 연상시킨다. 이 작품의 개요는 다음과 같다.

사이좋던 두 집안이 양가의 중간에 놓인 밭의 소유권 다툼으로 해서 원수지간이된다. 그러나 그들의 아들과 딸인 잘리와 부렌헨의 사랑은 날로 무르익어간다. 어느 날 부렌헨이 잘리와 만나는 것을 본 부렌헨의 아버지 마르티가 그녀를 마구 때리자, 화가 난 잘리가 그를 돌로 쳐 마르티는 백치가 되어버린다. 둘은 사랑이 이루어질 수 없어 절망하여 강물에 투신한다. 결국 아버지들의 허욕과 아집이 사랑하는 아들과 딸을 죽음으로 몰고 가는 애절한 사랑이야기다. 그러나 <대추나무>는 해피엔드로 끝난다. 당시 극예술협회에서 같이 활약했던 서항석이 다음과 같이 소개하였다.

두 집 사이에 오래 전부터 잇는 한 구루의 대추나무를 서로 내 것이라고 옥신각신하여 드디어 원수가 되다시피한 두 집에는 아들과 딸이 있어 그들은 부모 몰래 서로 사랑하는 사이였다. 부모끼리의 원수도 자식끼리의 사랑도 깊어만가고 해결의 길은 아득하였다. 어느 한 편이 이 부락을 떠날 수밖에 없었다. 이 숨 막히는 좁은 땅에서 옥신각신하느니 살기 좋다는 만주로나 간다고 한 집이 떠나간다.[160]
두 집안의 아들딸인 동욱과 유희는 서로 사랑하는 사이였으나, 부모들의 불화로 유희는 다른 사람과 혼담이 오간다. 이에 절망한 동욱이 만주로 떠나고, 슬퍼하는 유희를 본 그녀의 아버지는 동욱의 아버지와 화해하고, 양가는 동욱이 있는 만주로 떠날 차비를 한다는 이야기다.

두 집안이 화해하고 함께 만주로 떠나는 '결혼'에 대한 암시를 주는 부분에서 한국의 농민을 만주로 쫓고 토지를 수탈하려는 일제의 '분촌정책'이라는 정치적 주제를 드러내고 있다.

<대추나무>에 대해 김건(金鍵)은 "아름다운 작품이었다. 유씨의 독특한 향토적 시취(詩趣)의 범람이었다."고 아름다운 서정성을 인정하면서도 대추나무 한 개와 분촌문제를 결부시킨 것은 "너무나 작가적 시야의 압축이요, 패배자의 형해(形骸)"라고 예리한 비판을 가했다.[161] 그러나 유치진은 셰익스피어의 <로미오와 줄리엣>과는 달리 어두웠던 당시의 상황처럼 정치 이데올로기에 초점을 맞추어 작품 속에

표현한 것이다.

■ <자명고>

고구려는 한(漢)나라의 세력을 몰아내고 모든 부락을 함락시켜 통일한다. <자명고>는 그중에서 한나라의 영향을 가장 많이 받는 낙랑을 통일하는데, 자명고에 얽힌 낙랑공주의 호동왕자의 슬픈 사랑의 이야기다.

이 작품은 유치진이 1946년에 썼고, 1947년 5월에 극예술연구회에 의해 공연되었다. 이 작품을 쓸 때 우리 나라는 미·소 양국의 군정 하에 있었다. 이 작품은 외세에 의한 분단의 문제를 우회적으로 비판하는 희곡이다. <자명고>의 내용을 개설하면, <로미오와 줄리엣>은 두 원수 집안의 벽을 넘는 사랑의 이야기다. 그러나 <자명고>는 호동왕자와 낙랑공주의 두 나라의 벽을 넘는 비련이다.

고구려의 호동왕자는 낙랑과 싸우는 도중 부하를 구출하려다가 사로잡힌다. 호동과 공주는 적대간이며, 나라를 사랑하는 마음만은 두 사람이 일치하지만, 공주는 호동의 진심을 알고, 자명고는 궁극적으로 금수강산을 피로 물들게 하는 미물로 간주하여 자명고를 찢는다. 화가 치민 왕은 공주를 죽이게 되고, 죽어가는 공주를 붙들고, 호동이 애통해 한다는 이야기다. 둘의 사랑사이에 국가라는 벽이 있다. 그래도 헌신적인 사랑을 한다. 유치진이 쓴 역사극 자명고는 두 원수 집안의 싸움인 <로미오와 줄리엣>과 다른 면모가 있다.

"유치진은 미·소를 한나라에, 당시 조국을 낙랑에 비유했으며, 좌익세력을 고구려에 비유했던 것이다. 그리하여 외세 특히 소련세력을 물리치고, 민족통일을 이룩할 때까지 투쟁해야 한다고 주인공의 입을 통해 외치기도 한다. 이처럼 <자명고>는 해방직후의 복잡 미묘하고 혼란스러운 현실을 비판적으로 묘사"[162]한 것이다.

■ <별>

유치진은 1948년 가을에 <별>을 썼다. <별>은 유치진의 작품 중에서 셰익스피어의 영향을 가장 많이 받은 작품이다. <로미오와 줄리엣>은 셰익스피어 초기작품으로서, 비극 중의 대표작의 하나이며 "불운한 연인들"[163]의 슬픈 이야기로서 셰익스피어가 살아있을 때부터 인기가 높은 작품이었다. <별>은 사랑과 원수와 죽음의 설정 및 전개와 끝맺음이 <로미오와 줄리엣>과 비슷하다. <별>은 부제에서 보듯이 "아버지의 분당 싸움에 희생된 정도령과 구슬아기의 슬픈 이야기"이다. 도령이 구슬아기에게 "도시 당신을 알게 된 것이 저 하늘의 별의 짓궂은 장난이었소."[164]라고 이들이 비운의 연인임을 밝히고 있다. 적대적인 두 가문의 자녀가 벌이는 비련은 상황설정에서부터 두 작품이 유사성을 갖는다. 또한 사실성보다 낭만성이 더 짙은 점에서도 마찬가지다.

8·15 해방 후 우리나라의 정국은 몹시 혼란스러웠다. 이 작품은 망국적 파벌싸움을 신랄하게 비판하고 있다. 해방 직후 미·소 양국군의 주둔 하에서 국내정치는 좌우익으로 갈라지고 또 좌우익은 그들대로 4분 5열되어 치열한 실권다툼을 벌였다. 그러한 정치권의 혼란을 조선시대의 분당과 다툼에 비유하여 풍자 비판한 작품이 바로 <별>이다. 그러한 정치사회의 혼돈을 <로미오와 줄리엣>에서 그 구조를 빌어다 써본 것이다. <로미오와 줄리엣>에서 이름을 버리고서라도 사랑을 위해 살려고 하는 서정성과, 아름답게 죽고, 또 그 죽음을 따르는 낭만성이 있으며, 두 집안은 젊은이들의 상을 세우고 그러한 상이 아름다운 두 청춘의 죽음에 대한 보상이 될 수 있을 것인가 하는 비판도 있을 것이지만…

구슬아기는 자기의 이름을 고수하며 그러나 <별>에서 끝까지 부모의 원한을 가슴에 간직한 채로 도령을 사랑하며 죽고, 정도령도 구슬아기를 그리워하며 따라죽는다. 두 집안은 화합이 안 된다. 저승에 있는 구슬아기의 아버지 김판서도 정판서의 통곡하는 비참한 상황을 보며, 광란의 웃음을 흩날린다. 유치진은 이에 대해 "상대방을 연민하는 듯도 하고 어찌 들으면 오랜 싸움에 최후로 승리한 자의 자기 만족의 웃음소리 같기도 하다"[165]고 썼다. 바로 여기에 동서양의 윤리관의 차이를 볼 수 있다. <로미오와 줄리엣>에는 젊은 연인들의 아름답고 슬픈 죽음에 의해 고양된 순수한 사랑의 승리가 있다. 그러나 <별>에서는 연인들의 슬픈 죽음에 의해서 고양된 것은 사랑의 표출이 너무나 어둡게 묘사된 점에서 차이가 난다.

이상 몇 가지 작품을 소개하고 해설하였지만 유치진은 초기 리얼리즘극 구축을 위해 노력하다가 일제에 의해 예봉이 꺾이면서 낭만성 짙은 역사극과 심리극으로 궤도 수정을 하였고, 해방 후에 다시 칼을 갈아. 그의 작품은 시대 풍자적이면서 계몽적이고 비판적인 시대극으로 변모해갔다.

그는 독자적 드라마트루기를 확립하기 위하여 초기에는 샨 오케이시(Sean O'Casey) 등 아일랜드 문예부흥기 작가들에게서 방법론을 찾았듯이 중·후기에 가서는 셰익스피어 희곡의 내용을 변용하기 시작하였다. 그것도 셰익스피어의 비극들에게서 구조를 빌려오거나, 인물성격을 차용하기도 하였다. 그것이 다름 아닌 이들 네 작품의 배경이다. 영미 등 서구 선진국에 비하여 우리나라 연극은 후진국이다. 유치진도 오케이시나 셰익스피어를 경험하지 않을 수 없었고, 리얼리즘에서 선진작가의 작품을 변용한 낭만파작품을 양산하였다. 이는 우리나라 연극의 후진성의 한 예이기도 하다.

3) <햄릿>의 초연 — 이해랑 연출

1940년대의 말에 특기할 공연이 있었으니. 이는 바로 <햄릿> 공연이다. 1949년 12월 14일과 15일 양일간 중앙대학교 연극부의 <햄릿>(정인섭 역, 이해랑 연출) 공연[166]이 있었다. 중앙대 연극부는 이 땅에서 <햄릿>의 번역극을 초연한 것이며, 이해랑은 <햄릿> 공연의 최초의 연출자가 된 것이다. 남녀 주인공은 최무룡과 박현숙이 맡아 장안의 인기를 독점하여 시공관의 문짝까지 떨어져 나갈 정도로 연일 대만원을 이루었고, 결국은 장소를 옮겨 재공연까지 하였다고 한다.[167] 이 공연에 앞서 이해랑은 연출방식에 대하여 "쉑스피어 연극하면 곧 연상되는 스펙터클한 무대를 의식적으로 피하고 등장인물들의 수효를 가능한 한 줄여서 연기자를 장면의 유일한 주체로 만들고 그들의 동작을 자유롭게 하고 그들의 연기를 강조할 수 있는 간결한 방법을 썼다."[168]고 의중을 밝혔다. 이진순은 이 공연을 관극하고 이해랑의 연출이 아담한 무대를 창조하기는 했으나 햄릿의 심리적 변화가 "가슴을 찌르는 감보다도 아름다운 한 폭의 그림"으로 끝난 것 같은 감이 없지 않았다면서, 그러나 "중앙대학교의 <햄릿> 공연은 한국연극사에 영원한 기념비"[169]가 될 것이라고 격려의 말을 아끼지 않았다.

4) 1950년대-신협(新協)과 셰익스피어

1950년 6·25 한국전쟁 이전까지 우리나라에서 공연된 셰익스피어극은 20편에 불과했다. 이 가운데서 학생극이 13편이었고, 일반극단의 공연편수는 7편인 셈이었다. 그러니까 단연 학생극이 우세했다는 것이 사실이다.

1950년 초 셰익스피어극 3편이 상연된다. 신파극 <함열왕자전>, 악극 <로미오와 줄리엣> 그리고 여인소극장의 <오셀로>가 그것이다. 극단 청춘극장이 세계문호 셰익스피어 서거 334주년 기념공연으로서 <함열왕자전>(박상진 연출)을 1950년 3월 31일 막을 올렸다.[170] 번안을 맡았던 한노단은 작가의 의도를 밝히면서 이 공연이 우리나라에선 <햄릿> 전막상연의 시초[171]라고 했지만, 실은 바로 몇 개월 전에 중앙대 연극부가 <햄릿>을 시공관의 무대에 올렸었다.

<함열왕자전>의 공연과 거의 같은 시기인 4월 1일부터 9일까지 악극단 KPK가

악극형식을 빌어 오페레타 <로미오와 줄리엣>을 전 2부 14장으로 구성하여 시공관의 회선무대에 올렸다.[172] 이 오페레타는 서항석 각색/연출로서 관객들의 대환영을 받았다. 극장 앞은 인산인해를 이루는 장사진의 행렬이 잇따랐다. 이 레퍼토리는 재구성되어 1954년 1월 15알부터 시공관에서 재연됐다.[173]

한편 1953년에도 악극단 희망이 원제 <안토니와 클레오파트라>를 <여왕 클레오파트라>(서항석 각색, 이진순 연출)로 제명을 바꾸어 시공관에서 공연했다.[174] 이렇듯 신파극이나 악극의 공연은 1950년대 초 흥행위주의 상업주의적인 신파극단과 악극단이 번안해서 무대에 올린 것이며, 일반관객들의 취향에 맞도록 형상화된 것이 그 특징이었다.

또 이색적인 공연이 있었으니 이는 임춘앵 여성국극단의 <로미오와 줄리엣>을 번안한 <청실홍실>(1956)[175]과 1961년에 마련된 <오셀로>를 번안한 <흑진주>이다. 여성국극단이 셰익스피어의 작품에 지평을 넓힌 이유는 셰익스피어 작품의 강렬한 동작이 여성국극단과 맞아들어 간다는 것이며, 특히 예를 들어 <로미오와 줄리엣>의 달콤하고 애절한 낭만적 서정시가 3.4조의 우리 가락과 잘 맞았다는 이야기다. 이러한 점이 <흑진주> 대본의 머리글에 쓰여 있다.

세계명작을 번안한다는 것보다 더 내용의 진실성과 그 예술성을 추구하여 국극이 지닌 특성을 십이분 발휘하려는 데 있다. 그리하여 셰익스피어의 <오셀로>를 번안 편극을 하여 재래의 만네리즘에서 탈피하려한 시도이다.[176]

<청실홍실>의 경우 원본의 1막 5장의 가면무도회의 장면이 마을의 잔치로 처리되어 있으며, 전체적인 플롯은 원작과 유사하나 마지막 장면은 두 연인들의 죽음으로 끝내지 않고, 천상장면을 만들어 재회하는 것으로 되어 있다.[177]

<흑진주>의 대본에서도 똑같은 결말을 보여주고 있다. 이는 매우 중요한 요점이다. 서양의 비극정신이 한국의 긍정적이고 어려운 환경에서도 한판 놀이를 즐기는 낙천적인 세계관으로 해피엔드로 바뀌는 것을 단적으로 보여주는 것이다.

이상에서 살펴본 바와 같이 식민지시대 연극운동의 연장으로 볼 수 있는 1950년 6·25 전쟁 전까지는 여성 연출가 박노경이 주도한 여인소극장 단 한 극단만이 셰익스피어 작품을 그런대로 공연했을 뿐, 나머지는 모두가 번안이거나 각색한 장면공연, 신파화나 악극 등 비정통적 공연이었다. 그것도 거의가 아마추어인 학생극 단체이거나 상업주의를 추구하는 신파극단계통이었던 것이다. 이 말은 곧 6·25 전까지만

해도 셰익스피어를 소화해 낼만한 극단이 없었다는 이야기도 되는 것이다. 가령 신극사상 셰익스피어를 제대로 무대화 해보려고 최초로 시도했던 극예술연구회만 하더라도 <베니스의 상인>의 경우 법정장면만 공연했던 것이다. 그만큼 셰익스피어의 작품을 공연하는 데는 노련한 연기진과 연출자 그리고 단단한 재정을 갖춘 전문극단이 생겨나야 되는 것이다. 따라서 근대극 운동이 벌어지고서도 제대로 셰익스피어연극을 소화해서 형성화 시킬만한 극단이 출현하기까지는 20여년을 기다려야 했다. 바로 다름 아닌 신협의 출현이다. 국립극장 전속극단에서 6·25 동란으로 민간단체가된 극단 신협은 피난지 부산에서 셰익스피어 작품공연으로 연극운동의 맥을 이어갔던 것이다. 1951년 9월 <햄릿>(한노단 역, 이해랑 연출)을 대구의 문화극장에서 공연한 신협은 10월에 부산극장에서 재공연하였으며, 1952년에 이 레퍼토리를 가지고마산, 대전, 전주, 광주, 목포, 군산 등지를 순회 공연했다.[178] 이러한 여세를 타고신협은 <오셀로>, <맥베스> 등을 연속적으로 올린다. 1952년 3월 <오셀로>(한노단역, 유치진 연출)를 부산극장에서, 주요배역으로는 오셀로 역에 김동원, 이아고 역에이해랑, 데스데모나 역에 최은희였고[179] <맥베스>(한노단 역, 이해랑 연출)를 1952년5월에 공연했다.[180] 이해랑의 <맥베스>에서 가장 획기적인 연출은 세 마녀를 여성으로정하지 않고, 고설봉, 장민호, 박상익 등 세 남성으로 분장시켰으며[181] 부산에서의공연도 대성황을 이루었다. 피난민이 부산에 많이 몰린데다가 피난 중에는 할 일없이 무료하게 지내는 사람들이 많았고, 어려운 여건이라 대중은 연극공연 관람에열을 올렸을 것이다. 전시 중이지만 연극의 열정이 넘치는 신협은 총탄이 오가는전선위문공연도 서슴지 않고 감행했다. 전쟁이지만 셰익스피어 작품을 공연했기 때문에 대중은 그 예술성에 깊이 공감했을 것이다. 따라서 셰익스피어는 동란 중에신극의 맥을 충분히 이을 수 있었던 것이다. 우리나라에서 연극사상 셰익스피어작품이 붐을 일으킬 수 있었던 것은 첫째로 흥미진진하고 박진감 넘치는 내용에있으며, 특히 음모와 복수, 사랑, 고통이 고르게 뒤섞여 있는 주제가 피난지의 대중을사로잡았던 것이다. 신협이 4대 비극(<리어왕> 제외)을 레퍼토리로 택한 것도 그런점을 노린 것으로 볼 수 있다. 두 번째로는 부산에 생활근거를 두고 있던 극작가겸 영문학자 한노단의 전적인 협조가 있었기 때문이었다. 번역극의 경우는 역시연극을 잘 아는 노련한 번역가를 가져야 되는데, 신협은 동지로서 한노단을 만났던것이다. 세 번째로는 셰익스피어를 해석해낼 만한 연출가와 배우가 있어야 되는데, 신협은 연출가 유치진과 이해랑, 대중적인 연기진 이해랑, 김동원, 장민호와 박상익등을 갖추고 있었다. 그리고 네 번째로는 극단으로서의 요소가 꼭 짜인 신협이었기에 셰익스피어를 그만큼 성공적으로 공연할 수 있었다고 하겠다. 반도의 최남단인 부산에서 처음으로 셰익스피어극을 일게 된 극단과 대중은 환도와 힘께 중잉으로 역류했다. 환도한 후에는 동양극장을 근거로 하여 <햄릿>, <오셀로>, <맥베스> 등을 공연했고, 1954년 4월 11일서부터 <줄리어스 시저>(김광주 역, 이해랑 연출, 박석인 장치)를 시공관에서 상연했다.[182] 이 공연에서는 무대장치가 특출했다. 로마 의회의 석조건물을 무대 천정까지 올렸으며 무대의상 또한 탁월했다. 디자이너 노라노는 남자연기자의 무대의상을 40벌이나 만들어내는 열의를 보였다.[183] 신협은 <햄릿>, <오셀로>, <맥베스>의 공연 등을 통해 세련된 연극미를 보여주었고, <줄리어스 시저>에 이르러서는 더욱 열의 있는 무대를 만들었다.

50년대 신협 이외의 공연 중에서 특기할 공연은 1958년 이화여대 문리대의 <한여름 밤의 꿈>(김갑순 연출)과 1959년 극단 신무대의 <햄릿> 공연을 들 수 있다. 이화여대의 공연은 돋보이는 감각이 십분 발휘된 연출로서 관객은 아름답고 감동적인 정감을 만끽하고, 특히 화려하고 산뜻한 요정의 세계는 보는 사람들을 황홀하게 해주었으며, 연일 몰려드는 인파로 문정성시를 이루었다. 극단 신무대는 <햄릿>(이철향 연출)을 3·1당의 무대에 올렸는데, 극작가 차범석은 최불암의 연기에 대해 "가장 연소자로서 햄릿을 분했다는 점도 있겠으나, 그의 열의와 능숙한 연기가 좋았다"[184]고 칭찬의 말을 아끼지 않았다.

5) 소극장 운동의 전개

근대극은 졸라(zola)에 의해 제정되고, 입센(Ibsen)에 의해 드라마로 확정되었고, 마이닌겐 극단(Meiningen Players)에 의하여 그 연출의 기초가 닦아졌으며, 시민계급에 의하여 근대극 운동으로 출발하였다. 그때가 1887년 3월 30일이다. 앙드레 앙뜨완느(Andre Antoine)는 자유극장(Theatre Libre)의 혁신적 연극인 장 줄리엔(Jean Jullien)의 '산 연극'에서 현실생활의 단편을 표현하여 관객에게 생생한 현실을 제시[185]한다고 주장하며 연극운동을 펼쳐 나갔다. 이러한 자유극장에 이어 각국에 소극장 운동이 확산되었다. 1889년 독일의 오토 브람(Otto Brahm)이 젊은 연극인들 테오도르 볼프(Theodor Wolff), 맥스밀리엔 하르덴(Maximilien Harden) 등과 더불어 베를린에서 "극단의 목적은 종래의 연극과는 전혀 이반(離反)된, 그리고 관헌의 검역과 경제사정에서 벗어나 가장 자유로운 무대를 창조하는데 있다"는[186] 취지로 자유무대를 창설한 것도 그런 예에 속한다.

극평가이며 제작자인 제이콥 토마스 그라인(Jacob Thomas Grein)이 앙뜨완느의 자유극장을 모델로 하여 창립한 영국의 독립극장(Independent Theatre)도 과거의 인습적인 상업연극과 손을 끊고,[187] 리얼리즘 정신에 입각하여 근대극 운동을 하는데 박차를 가하였다. 한편 러시아의 근대극 운동은 1897년 6월 모스크바 예술극장(Moscow Art Theatre)의 콘스탄틴 스타니슬라프스키(Konstantin Stanislavski)와 블라드밀 이바노비치 네미로비치-던첸코(Vladmir Ivanovich Nemirovich-Dunchenko) 등에 의해 창립된 때부터 시작하였다. 모스크바 예술극장의 설립은 스타니슬라프스키의 말대로 혁명적이었다.[188] 모스크바 예술극장도 연극이념으로 근대극의 확립과 반상업주의[189]를 내걸었다. 그 후 윌리엄 버틀러 예츠(William Butler Yeats), 레이디 오거스타 그레고리(Lady Augusta Gregory), 에드워드 마틴(Edward Martyn), 조지 무어(George Moore)에 의해 아일랜드의 문예극장(Irish Literary Theatre)이 창설되었다. 이들은 아일랜드의 토속적인 연극, 신극을 육성하는데 헌신하였다.[190] 아일랜드의 연극은 우리나라에 크게 영향을 준 바 있다.

우리나라의 소극장 운동은 1920년에 전개된다. 신파극의 흐름에 반기를 들고 반상업주의의 연극운동을 시작했던 것이다. 1920년 도쿄(東京)의 유학생들이 조직한 극예술협회는 바로 그러한 운동의 발아(發芽)였다.

도쿄 유학생들이 1920년 봄에 발족시킨 극예술협회는 동우회 순회극단과 형설회 순회극단을 조직, 구체적 소극장운동을 벌임으로서 상업극으로 침체해 있던 기성극계에 큰 반향을 불러일으켰으며[191] 청량제 역할을 했다. 그리고 이들의 소극장 정신이 30년대에 가서도 도쿄 유학생들의 모임인 극예술연구회로 이어졌다. 그러다가 6·25 한국전쟁 후 50년대에 가서 전쟁 직후부터 떼아뜨르 리블, 제작극회, 횃불극회 및 대학극이 새로운 소극장 운동을 펼쳐나갔다. 이러한 때에 신극사상 최초로 원각사라는 300석 규모의 소극장이 1958년 겨울에 설립되어, 20년대와 30년대와 달리 실질적 소극장 운동을 전개하기 시작했다. 그런데 이 원각사는 당시 공보실장으로 있던 오재경이 전통무용 육성 및 국악진흥을 위해 설립한 것이었다. 그 때문에 개관 첫해가 되는 1959년에는 연극공연이 많지 않았다. 영미극의 경우 원각사에서 상연된 작품은 6편이었다. 그러나 60년에 가서는 원각사는 명실 공히 소극장 운동의 본거지가 되었으며, 9편의 영미극이 상연되었다. 그러나 셰익스피어의 작품은 한편도 공연되지 못했다. 이렇듯 연극인들은 원각사 설립의 취지와는 다른 각도에서 원각사를 연극의 바탕으로 받아들였던 것이다. 그러나 불행하게도 원각사는 2년여 만에 불타 버리고 말았다. 원각사가 연소되었을 때 언론에서는 원각사에 대해 "소극장이 없는 우리나라는 전위극이란 원각사만이 유일한 보금자리"요, "원각사는 국영이기 때문에 무료로 대관"[192]이 되었던 바, 명실상부 원각사야말로 새로운 연극의 실험실이었다고 아쉬워했다.

6) 드라마센터의 개관

이러한 원각사의 소극장운동은 유치진이 1962년에 건립한 드라마센터로 이어지며, 극장과 극단의 두 가지 기능을 가진 것이어서 큰 의의가 있다. 유치진이 이 극장을 통해서 벌인 소극장운동은 순전히 새 연극창조를 위한 실험극으로서 만은 아니었고, 연극중흥을 내세웠다는 점에서 기존연극과 실험연극을 겸한 운영이었다는데 특징이 있다. 그러니까 실험성만을 추구하기에는 기성연극 자체가 너무나 취약했다는 이야기도 될 수 있다. 그 점은 초기 레퍼토리와 연극형식에서 그대로 드러난다. 오히려 소극장 운동으로서의 실험추구는 유치진 2세에 의해서 훨씬 뒤에 이루어졌던 것이다. 드라마센터 설립 전후의 과정을 살펴본다.

유치진은 1956년 6월 23일 미국 록펠러 재단의 원조를 받아 1년간 예정으로 세계 각국의 연극시찰의 길을 떠났다. "연극의 국제성과 영원성에 대한 보다 큰 감명을 받고자 한 것입니다."[193]라고 그는 미국여행의 목적을 밝혔다. 그는 미국에서 <연극기행>이라는 기사를 7월 14일부터 경향신문에 써보냈다. 그뿐만이 아니라 유치진은 귀국 후에는 『문학예술』에 '연극행각 세계일주'를 3회에 걸쳐 연재한 바 있으며, 그의 기행문을 통해서 그의 연극에 대한 시대적 사명감을 읽을 수 있다. 이는 어디까지나 우리연극이 세계연극과 호흡을 같이 하기 위한 역정의 표현이라고 할 수 있다.

사실 유치진의 평생의 소원이요, 간절한 꿈은 자신의 연극전용 극장을 가져보는 것이었다. 아일랜드 문학에 심취했던 그에게는 아일랜드 연극인들의 간절하고 소박한 소망으로 건립된 애비극장이 연극활동의 모델이었다. 록펠러 재단은 유치진의 세계연극 시찰뿐만 아니라 드라마센터를 건립하는 일에 재정적 협조를 해주었고, 1960년 10월 남산에서 착공되어 1962년 봄에 준공되었다. 이 극장이 생겨남으로써 한국의 연극활동에 하나의 전환점이 되었는데, 왜냐하면 <햄릿>을 비롯하여 후속공연이 연극사상 처음으로 장기공연의 시대를 예고해 주었기 때문이다. 이 극장은 "당시로 보아서 동양에서 으뜸가는 소극장으로 만들어낸 것이었다."[194]고 유치진이 말했듯이 그가 현대적으로 건축한 것은 세계의 첨단적 연극흐름에 발맞추자는 의도에서였다. 드라마센터는 셰익스피어의 영향을 많이 받으면서, 셰익스피어극을 연극의 최고봉으로 생각했던 유치진의 소신에 따라서 개관기념공연도 <햄릿>이었고, 후속작품인 6회 공연 레퍼토리도 <로미오와 줄리엣>이었다. 이 극장은 한국최초의 연극전용의 전당!! 드라마센터 드디어 공연![195]이라는 전단으로 홍보하며 셰익스피어의 <햄릿>을 공연하였는데 1962년 4월 12일부터 51일간 우리나라에서 처음으로 장기공연을 하였으며, 그 요인은 첫째 극단 드라마센터가 자체 내의 전용극장을 가졌다는 이점, 둘째 개관기념공연에 즈음하여 각 일간지들의 열띤 홍보, 셋째 <햄릿>은 1921년 『개벽』에 실린 것을 비롯하여 단행본 및 요약, 번안 그리고 수차에 걸친 전막공연 등을 통해서 일반대중에게 널리 알려진 작품이었다는 점, 넷째 유치진과 이해랑 등 탁월한 연출가와 김동원, 황정순, 장민호 등의 저명한 연기진이 있었다는 점 등을 열거할 수 있을 것이다.

전후의 침체한 연극계에 활력을 불어넣음으로써 무대예술의 르네상스를 이루려는 꿈을 안고 출발한 드라마센터[196]는 <햄릿>을 위시하여 <로미오와 줄리엣> 공연을 마지막으로 1963년 1월에 일단 공연활동의 막을 내렸다. 이 곳에서 공연된 6개 작품 가운데 한 편만을 제외하고는 모두 번역극이었다. 드라마센터는 실제로 번역극 공연에 경도하는 결과를 빚었지만, 궁극적으로는 창작극 공연의 진흥을 목적으로 삼고 있었다.

> 우리의 계획은 1년 12작품 상연에 있어 그 반은 외국번역극을 그리고 나머지 반은 국내작가의 창작물을 취택할 예정이었고 … 드라마센터의 이상은 어디까지 이 혼연 일치가 된 가운데 배우와 관중이 같이 생각하고 같이 깨닫자는 것입니다.[197]

대략 1년간의 집중적인 연극활동을 통해서 1950년대의 신협이후 눈부신 공연성과를 이룩한 이 극단의 서구극 공연을 보면, 당시 연극인들의 취향을 짐작할 수 있다. 이들 중에서도 셰익스피어극을 상술하고자 한다. <햄릿>이 처음이라 할 수 있는 최장기 공연을 갖자 드라마센터는 하루아침에 한국연극의 중심지가 된 것 같았다.[198] 그런데 4월 12일 공연 첫날은 초대공연이었으며, 일반관객은 13일부터 관람했다.[199] 햄릿역의 김동원은 관객을 매료시켰으며, 일찍이 볼 수 없는 360°전주무대로서 입체감을 최고도로 살린 유치진의 연출은 높이 평가됐다.[200] 그러나 <햄릿>의 공연평을 보면 비판적인 극평도 없지 않았다. 햄릿의 다양한 성격 표현이 복수일관으로 흘러버려, 햄릿이 활극조의 기사가 되어버려 아쉽다는 것이다. 햄릿 역인 김동원의 연기력만 스포트되어 무대를 휘젓고 돌아다니며, 활극과 감상과 흥분을 혼자 도맡아 버린 점을 지적했거니와 장치, 조명, 의상부문에서는 실패[201]였다고 폄하했다. 그렇다고 해도 침체한 연극계에 새바람을 불게 한 것은 이 극단이었고, 주축이 된 인물은 신협멤버인 유치진, 김동원, 이해랑, 오사랑, 황정순 등이었고, 여기에 대학극 출신들인 김동훈, 나영세, 양광남, 천선녀, 권영주, 박병희 등의 발랄한 신인 들이 참여했다. 이 공연을 통해서 오현주, 권영주, 김성옥, 김동훈, 김성원 등의 다섯 별이 탄생되었다.[202] 오현주와 권영주를 "살아있는 오필리어", 길덴스턴과 로젠크란 츠 역을 한 김성옥과 김동훈을 "풍만한 연기력의 콤비요", 레어티즈 역을 분한 김성 원을 "박력 있는 신인"[203]이라고 칭찬하였다.

같은 해 12월 21일부터 1963년 1월 6일까지 <로미오와 줄리엣>(김재남 역, 이해 랑 연출) 공연은 영화스타들과 동국대 학생들이 대거 출연했고, 일급 영화배우 남궁 원을 로미오로 발탁했지만, 그의 대사 전달이 제대로 되지 않았으며, 동작 또한 흡사 전주의 도보를 연상[204]케 한다는 등 혹평이 따랐다. 그러나 호평의 글도 있었으니, "종합적인 특수무대와 성능이 좋은 조명효과로서 화려하고 변화 많은 장면들을 시간 의 단절됨이 없이 극적 분위기를 끌고 나가는데 뛰어난 기능을 발휘"[205]한 공연이라 고 극찬하였다. 오화섭 또한 공연에 대해 호의적이었으니, "몇 가지 미흡한 점은 있지만 작품자체가 친밀감을 주는 쾌조"라 하면서, "로미오 역의 남궁원은 무대에 처음 서는 관계로 미숙한 점과 한 가지 치명적인 것은 전달되지 않는다는 점"을 들었고, 줄리엣 역의 권영주는 "동작에 자연스러웠지만 다만 음성이 안정감을 잃고 호흡이 짧은 것이 험이라 좀 더 내면적인 연기를 하도록 연구"[206]해야 한다는 연기부 족의 아쉬움을 지적했다.

그러나 불행하게도 드라마센터의 창설로서도 전후의 연극침체는 좀처럼 극복할 수 없었으며, 이 곳 휴관과 함께 1년여 동안 셰익스피어의 작품이 무대에 오르지 않았다.

2. 셰익스피어 탄생 400주년 기념 축전

1) 6개 직업극단의 화려한 행진

1964년 봄, 셰익스피어 협회, 영문학계와 연극계가 주축이 되고, 언론계의 협조를 얻어 셰익스피어 탄생 400주년을 기념하는 범문화계 행사가 개최되었다. 그 내용은 공연, 심포지엄, 셰익스피어 명구낭독, 전시회 등 다양했으며, 그중에서도 연극공연 이 핵심이었다. 6개 극단이 한 달 이상 하루도 쉬지 않고 연속공연을 가짐으로써

5만 여의 관객을 동원,[207]셰익스피어가 한국연극사상 가장 화려하게 각광 받았던 것이다.

연극 공연사상 성대하게 진행된 셰익스피어 축제는 여러 가지 신기록을 세우게 된다. 몇 가지 요인을 추출하면 다음과 같다. 첫째 40년 셰익스피어 공연사상 가장 많은 셰익스피어 작품이 동시에 공연되었고, 둘째 전연극인과 문화계의 행사로서 셰익스피어를 기렸으며, 셋째 대중들도 처음으로 한꺼번에 많은 셰익스피어 작품과 자료를 접할 수가 있었으며, 한국에서는 셰익스피어의 체험을 가장 많이 한 시기였고, 넷째 셰익스피어 공연이 그 해를 기해서 비로소 이 땅에 어느 정도 정착을 시작한 것이며, 다섯째 셰익스피어 붐이 그대로 연극 붐으로 연결된 점이다. 물론 그때의 연극 붐이 일시적인 것이었고 지속되지는 못했다. 셰익스피어 축제가 끝나고 2년 동안은 다시 그의 작품이 직업극단에서는 공연된 바 없다.

실은 셰익스피어 기념축전은 침체해 있는 연극계에 활력을 불어넣고자 하는 취지에서 출발한 것이다. 그것은 서울대 총장이며 셰익스피어 축제의 권중휘 위원장의 취지문에서 "학계와 극단이 공동노력으로 이루어지는 이 조촐한 행사가 그 숱한 통로를 뚫고 보람 있는 성과를 바라는 의도로 외람되나마 셰익스피어를 촉매로 하여 문화의 하나의 조그마한 르네상스를 이룩해보려는데 있다"[208]고 말한 점에서도 알 수 있다.

이 기념공연을 통해 침체상태에 놓인 연극계에 소생의 입김을 불어넣어 주었을 뿐만 아니라 관객 대중의 연극에 대한 인식을 새로이 해주었고 셰익스피어는 지나간 옛 작가가 아니라 시공은 달리해도 우리와 함께 숨 쉬는 동시대의 작가로 숭앙한다는 의미를 부여한 것이다.

6개 극단의 공연은 비극, 희극을 각각 3편씩 선택하여 과거 셰익스피어극 공연이 거의가 4대 비극이 주가 되는 경향과 달리, 셰익스피어를 희극작가로도 뿌리를 내리게 만들었고, <뜻대로 하세요>, <말괄량이 길들이기>, <앤토니와 클레오파트라>가 직업극단이 무대화한 한국초연이었음이 행사기간의 뜻깊은 수확이라 할 수 있다. 직업극단의 레퍼토리를 공연순서대로 살펴본다.

■ 국립극단 (역 김재남, 연출 이진순) <베니스의 상인>
1964.4.22.~4.27., 국립극장

이진순은 "될 수 있는 한 원작을 생략하지 않는 방향으로 나가며 무대장치는 셰익스피어 무대를 그대로 살려 우리나라 무대에 적응시켜 현대적 해석으로 표현하여 리드미컬하게 흘러갈 수 있는 무대로 구성하고 주로 조명을 십이분 활약시킬 예정이다." 그리고 샤일록(김성옥 분)의 경우 "개성을 가진 인물로 표현하고 싶다"고 하면서 포셔(백성희 분)는 "이상적인 여성인 동시에 현실적인 여성"으로 그려보고자 했거니와 중점은 "비극성을 내포한 낭만희극을 구성"[209]하는데 포인트를 두는 것이었다.

공연성과에 있어 "생기 넘치는 무대, 앙상블 이룬 호연"[210]이라는 연출 감각의 완성도가 높이 평가되었지만, 번역의 문제에 대해서는 읽는 연극보다는 듣는 연극으로 창조했어야 했다는 부정적인 시각도 있었다.

> 연출자는 법정장면에 중점을 두지 않을 수 없다고 했지만 이 작품의 시가 멸살(滅殺)된 아쉬움이다. 마지막 막의 서정시의 가조(佳調)가 한낱 객설로 들리니 말이다. 유명한 달밤 장면만 해도 아름다운 시가 아름답게 드러나지 못한 서운함이다.[211]

1964.4.13. 동아일보는 "저 유명한 법정장면을 코믹한 터치로 처리하여 낭만적인 희극을 시도하겠다는 연출자 이씨는 샤일록도 유형적인 수전노보다는 나라 없는 유대인이라는 점에서 새롭게 해석해 보겠다고 말한다."라고 보도하였다.

캐스팅은 애라곤 왕 역 김인태. 앤토니오 최명수, 그레시아노 김동훈, 살레리오 오진옥, 론슬로트/고보 김순철, 샤일록 김성옥, 포오셔 백성희, 바사니오 최상현, 네리사 나옥주, 제시카 진낭 등이었다.

■ 극단 신협 (역 오화섭, 연출 한노단) <오셀로>
1964.4.28.~5.3., 국립극장

극단 신협은 12년 전에 부산극장에서, 그 다음 해에는 서울의 시공관에서 <오셀로>를 공연한 바 있으며, 그때마다 관객의 열화와 같은 박수갈채를 받았었다. 이번 공연에서는 오셀로 역에 김동원과 장민호, 데스데모나 역에 태현실과 오현주, 이아고 역에 예전에 멋진 연기를 과시했던 이해랑 그리고 허장강이 캐스팅되었다.[212]

신협이 1952년 부산에서 <오셀로>를 공연했을 당시 번역을 맡았던 연출가 한노단은 "이아고의 성격으로 인해 비극이 발생한 것"이라는 견해를 펴면서 "당시 공연의 성패는 이를 얼마나 잘 나타내느냐에 달려 있다"[213]고 했다.

실제로 이아고 역을 맡은 이해랑이 악인의 역을 어찌나 잘 소화해냈던지 한 초등학교 학생이 공연 중에 이해랑의 얼굴에 돌을 쏜 이야기는 하나의 일화(逸話)이다.

1964.4.13. 동아일보는 "아내를 지나치게 사랑했던 무어인의 비극", "오셀로"를

연습중인 신협은 국립극장 분장실에서 책읽기가 한창이다. 이해랑씨는 "이 비극이 어느 무지막지한 흑인의 비극이 아니라 지성인인 오셀로 장군의 비극"으로 처리되어야 한다면서 지성인이라는 말을 강조하고 있다."고 보도하였다.

■ 민중극장 (역 김재남, 연출 양광남) <뜻대로 하셔요>
1964.5.4.~5.8., 국립극장

극단 민중극장은 그들의 장기인 희극의 전통을 살려 셰익스피어의 서정적이며, 목가적인 희극 <뜻대로 하셔요>(전 5막)를 택했다. 우리나라에서 첫선을 보였던 <뜻대로 하셔요>는 1963년 1월 창단 이래 주로 희극을 공연해 왔던 민중극장이 우리나라에 비극작가로 알려져 있는 셰익스피어에 대한 인식을 전환시키고자 이를 공연하게 된 것이다. 따라서 연출을 맡았던 양광남도 "작품의 무게보다 희극의 재미나는 대사의 묘미에 중점을 두고 <다이나믹>한 <터치>로 시종일관 하겠다"[214]고 연출의 도를 밝힌 무대였다. <뜻대로 하셔요>의 이 공연에서 이양휘(찰스), 김석강(올랜도), 반만희(로잘린드), 박근형(터치스톤), 이정실(코린), 한근봉(실리어), 추송웅(올리버), 남양일(실비스), 나옥주(오드리) 등이 주요 배역을 맡았었다. 국립극장에서 5일 동안 공연을 한 후에는 5월 11일과 12일 양일간 광주 중앙극장에서 지방공연을 갖기도 했다.[215] 그러나 서울신문(1964.5.9)에서는 "목가적이다 못해 인물까지도 목가적 전형이 되다시피 한 이 작품의 분위기를 달성하려고 애쓴 흔적이 없지 않다. 그러나 그것은 수준 이하의 연기진 때문에 산산이 깨져버리고 만다. 좋게 말해서 소박하기만 한 무대이다. 지나치게 소박하기에 거기엔 세련미가 없다."[216]고 했다. 대사가 중요한 셰익스피어 희극에서 배우들의 대사전달 능력 및 연기 미숙으로 인해서 걸작을 살려내지 못한 아쉬움을 토로한 쓴 소리였을 것이다.

그러나 1964.4.27. 경향신문은 '봄과 함께 꽃피는 새얼굴들, 내일(來日)의 여주인공(女主人公) 꿈꾸며, 싱싱하고 밝은 표정(表情)자랑'이라는 제목으로 다음과 같은 기사를 올렸다.

> … 반만희(潘滿姬)양(22)은 梨大體育科에서 단련한 몸과 <드라마센터>의 演劇 <아카데미> 그리고 中大演劇映畫科에서 닦은 演劇素養을 지닌 아가씨. "江華道令", "횃불" 등 영화에 출연하기도 했지만 영화보다는 演劇舞臺를 더 좋아해서 <드라마센터>에서 "로미오와 줄리에트"에 출연했고 이번에 <셰익스피어> 祝典 民衆劇場 공연 "뜻대로 하셔요"에 참가, 일약 <히로인>으로 출연한다.
> 1미터 64의 키, 古典舞踊도 익힌 청초한 분위기를 풍기는 미모의 新人

1964.5.2. 동아일보는 ""人生은 무대요 男女는 모두가 배우" 등의 名句가 수없이 나오는 이 희극은 현실세계에서 도피하여 <아덴>이라는 일종의 <유토피아> 같은 夢幻的 숲에 모여 사는 男女가 엮는 戀愛이야기다."라고 작품에 대하여 설명하였다.

■ 실험극장 (역 최정우, 연출 허규) <리어왕>
　　1964.5.7. ~ 5.13., 국립극장

우리나라에서는 <리어왕>이 4대 비극 중 가장 늦게 무대에 오르게 된다. <리어왕>은 무대에 올리기에는 너무도 시적이며, 종막에 비장미가 있어 실질적인 공연이 따르지 못했을 것이다.

본격적인 <리어왕>의 공연은 바로 축전에 참여한 이 공연이었다. 장엄함에 있어서나 난해함에 있어서 첫손에 꼽히는 <리어왕>이 직업극단에 의해서는 이때 비로소 초연됐으며, <리어왕>은 공연성과에 있어서 성공적인 무대였다.

그런데 실험극장의 무대는 가급적이면 손질을 안 하고 원작에 충실하려고 한 것 같다. 그리고 이러한 생각이, 이 연극성과에 크게 영향을 준 것으로 생각된다.[217]

3시간 10분이나 끌고 갔던 이 공연은 연출가의 탁월한 작품해석으로 인해서 시종일관 관객을 긴장케 했는데, 이는 국립극장 사상 드물게 보는 초만원을 이루는 생기 넘친 무대였다. 실험극장은 <리어왕>을 가지고 '제1회 동아연극제'에 참가하여 9개 작품 중에서 연극대상을 수상했고[218] 타이틀롤의 리어왕을 한 이낙훈이 남우주연상을 수상했다. 이 외에 코딜리어 김수미, 프랑스 왕 김진해, 켄트 백작 홍의봉, 그로스터 백작 나영세, 에드가 정해창, 에드먼드 김동훈, 바보광대 함현진, 거너릴 여운계, 리건 최선자 등이었다.

연출자 허규는 실험극장이 <리어왕>을 선정한 이유는 셰익스피어의 작품 중 최대작에 도전해 보겠다는 동인들의 정열이 있었고, 어느 작품보다 더 연극적인 재미가 풍부할뿐더러 인간의 위대성과 생명의 존엄성, 고통과 행복, 웃음과 슬픔, 정의와 사랑이 융화된 걸작이란 점[219]이라 했다.

■ 동인극장 (역 이효영, 연출 정일성) <안토니와 클레오파트라> 1964.5.14.~5.18., 국립극장

<안토니와 클레오파트라>를 젊고 우수한 연기자들로 구성된 동인극장이 예리한 분석력을 그간에 발휘해온 정일성 연출[220]로 공연을 하였다. 동인극장의 이 공연은 국내에서 초연된 것이다. 그러나 이보다 11년 전에 악극단 희망이 <여왕 클레오파트

라> 2부 19경을 시공관에서 공연했다.[221] 서항석 각색, 이진순 연출의 <여왕 클레오파트라>의 원작명은 셰익스피어의 <안토니와 클레오파트라>이다.

연출자 정일성씨는 "현실에서 이루어지지 않은 안토니와 클레오파트라의 애정이 죽음을 통해 이루어진다"는 이 통렬한 비극을 남성과 여성의 애정비극으로 다루겠다고 말하며 당시 촉망받던 배우 최지민, 김난영, 김순철, 이진수 등을 주역으로 캐스팅하여 강한 의욕을 보였다. 호화스런 배역이 전통성을 고수해온 연출가의 의도대로 호화스런 무대가 됐느냐하는 점은 의견이 갈린다.[222]

<안토니와 클레오파트라>는 셰익스피어의 희곡 중에서 가장 시상이 풍부하고 뛰어난 함축미가 일관되게 흐르는 장대한 작품으로서, 주인공의 심리적 갈등보다는 행동성이 강하고 연극적 가치가 그대로 유지되는 가운데, 역사적 사실 또한 충실한 작품이다. 절세의 요염한 클레오파트라 역에 김난영, 그녀에게 매혹되어 집정관이라는 막중한 직책을 저버리는 안토니오 역에 윤계영이 분했다. 그러나 문제의 김난영은 의욕적이었으나 나타난 것은 이를 뒷받침하지 못한다. 적어도 클레오파트라는 그런 클레오파트라는 아니다.[223]

아마 관객은 절세의 요염한 이집트의 여왕 클레오파트라의 변화무쌍함을 기대하는 공연에 무게를 두었기에 폄하하는 비평도 있었지만, 젊음이 발산하는 의욕적인 무대였다.

1964.5.26. 경향신문 임영웅은 이 공연에 대하여 다음과 같이 보도하였다.

俳優難으로 많은 新人을 起用했으면서도 어설프지 않은 演劇을 構築한 것은 놀라운 收穫이지만 全般的으로 산만한 舞臺여서 두 사람의 사랑의 悲劇이 보는 사람들의 마음에 젖어들지 못했다. 勿論 40場面을 넘는 원작의 場面 轉換 탓도 있겠지만 좀 더 浪漫的인 雰圍氣가 造成됐어야 했을 것 같다.
클레오파트라의 金蘭營은 才質이 인정되기는 하지만 워낙 大役이어서 新人으로서 좀 힘에 부친 것 같고 類型的인 發聲의 尹啓營은 미스캐스트, 시저의 李辰朱의 好演이 빛났다.

■ 극단 산하 (역 김재남, 연출 차범석) <말괄량이 길들이기> 1964.5.19.~5.23., 국립극장

우리나라에서도 그리 낯설지 않은 <말괄량이 길들이기>는 기묘하고 야릇한 플롯의 작품이다. 따라서 학문적인 평가와 무대공연으로서의 평가가 상이하게 내려진다. 셰익스피어의 희곡 중에서 이 작품은 많은 결점 때문에 그의 희곡을 분석해 온 학자들에게서는 그다지 좋은 평가를 받지 못했다. 하지만 이 작품은 무대에 오르기만 하면 압도적인 인기로 성공을 거두기도 했다.[224]

　직업극단의 공연으로는 산하의 <말괄량이 길들이기>가 우리나라에서 초연이 된다. 연출 차범석은 공연에 앞서 이 작품을 "템포가 빠르고 경쾌하게 처리하겠다."[225]고 연출의도를 밝혔었다. 극단 산하의 무대는 이 작품의 줄거리를 비교적 재치 있게 펼치면서 좀 과장(誇張)은 했어도 재미있는 연극을 만들었다"[226]는 임영웅의 극평이 있었다. 그러나 "전체적으로 무대 위의 움직임이 정리되지 못해 어수선한 느낌을 준 아쉬움은 있었지만, 이순재(페트루키오)의 호연과 주상현(뱁티스트), 최영환(최불암의 본명), 이묵원 등의 차분한 연기가 미더웠다."[227]는 평도 있었다. 이외에 최응찬(빈센쇼), 오현경(루센쇼), 구민(호렌쇼), 전운(트레니오), 강효실·김금지(캐더리나), 김소원·백수련(비앤커), 천선녀·강부자(미망인) 같은 지금으로서는 기라성 같은 배우들이 캐스팅되었다.

　1964.5.26. 임영웅은 경향신문에 다음과 같은 관극평을 하였다.

이번 祝典 공연의 마지막 참가단체는 劇團 〈山河〉. 우리나라에서는 初演이지만 外國에서는 자주 공연된다는 喜劇 〈말괄량이 길들이기〉(김재남 驛, 차범석 演出)
무엇보다도 이 작품은 한 男性이 말괄량이 處女를 양순한 아내로 길들이는 過程이 재미있다.
劇團 〈山河〉의 舞臺는 이 작품의 줄거리를 비교적 재치 있게 펼치면서 좀 誇張은 됐어도 재미있는 演劇을 만들었다. 그러나 각 登場人物의 性格이 老役은 老役대로 또 젊은 役은 젊은 役대로 類型的으로 表現되어 個性을 지니지 못하고 또 연습부족의 탓인지 舞臺 위의 움직임이 整理되지 못해서 어수선한 느낌을 준 것은 아쉬운 일이었다.
體軀的인 不利한 條件을 克服하기 위해 다소 과장된 感이 있는 대로 李純才의 好演이 두드러진 演技陳에선 周尙鉉, 崔英漢, 李默圓 등의 차분한 演技가 미더웠고, 姜孝實의 캐더리나는 熱演이지만 지나친 誇張이 눈에 걸리고 期待되던 金錦枝는 個性을 잃고 先輩의 亞流에 빠져 失敗했다.

2) 대학생극의 기념공연

　셰익스피어 탄생 400주년 기념행사의 일환으로 6개 직업극단과는 별도로 드라마센터 아카데미, 서강대의 연극반, 중앙대의 연극영화과와 부산대의 극예술연구회가 셰익스피어의 작품을 가지고 독자적인 행사로 셰익스피어를 기렸다.

드라마센터 아카데미 연기과 재학생들이 <오셀로>(한노단 역, 이원경 연출), <햄릿>(여석기 역, 오사랑 연출) 두 작품을 드라마센터의 무대에 올렸다. 연기수업 중인 학생들이 셰익스피어 작품을 선택했음은 모험적이기도 하지만, 연구하는 학도들의 연기수업에 알맞은 용감하게 택해볼만한 레퍼토리이다.

<오셀로>(1964.4.23~28)를 연출한 이원경은 그간에 무대에 오른 간사하고 영악한 이아고상과는 달리 "탐욕적이고 정욕적인"[228] 이아고상을 묘출하겠다는 포부를 밝히며, 그러한 이아고상을 부각시켰다. 이 공연에서 오셀로의 타이틀롤에 신순기, 데스데모나 역에 구경자, 이아고 역에 이호재가 분했다.[229] 임영웅의 공연평은 "<오셀로>는 서술자를 두고 극을 전개하면서 가능한 한 셰익스피어극 본래의 모습을 부각하려고 한 것 같다"고 하면서 연기자들의 미숙을 지적하며 "등장인물의 성격도 희미해서 줄거리 자체가 불투명할 정도로 어수선한 무대가 되고 말았다."[230]고 아쉬움을 토로했다. 그러나 임영웅은 <오셀로>의 평과는 달리, <햄릿>(1964.4.29~5.3)의 경우 "비교적 소질이 있는 연기자들이 많이 무대 위에 앙상블을 구축하고, 셰익스피어의 분위기를 풍겨주어 호감이 갔다"고 하며 특히 "햄릿으로 분한 이영주, 그리고 정진택과 최종찬의 재질도 기억하고 싶다"[231]고 고무적인 평을 보냈다.

서강대 서강극회의 <셰익스피어의 아홉 개의 극을 음악으로 엮은 장면(Nine Musical Scenes from Shakespeare)>이 퀴어리 신부 편극/연출로 1964년 봄에 공연하여 절찬[232]을 받은 바 있었다.

부산대와 중앙대가 각각 <줄리어스 시저>공연을 하였다. 부산대 극예술연구회에서는 부산의 연극을 주도해온 서국영이 <줄리어스 시저> 연출[233]을 맡아 화제가 되었으며, 중앙대 연극영화과에서는 제4회 졸업기념공연을 겸해서 공연하였다. 중앙대는 대학극장과 국립극장에서 6월 초에 각각 2일간씩 공연[234]한다는 기사를 내보냈으나 실제로 공연은 10월 20~23일로 연기 공연되었다. 그런데 이 공연은 좋은 반응을 얻어 지방공연의 영광도 차지했다.[235] 이 공연은 12월 11일부터 19일까지 광주, 전주, 대구, 부산을 순회 공연하였다.

3. 극단들의 발전

1) 직업극단

■ 런던 셰익스피어 그룹 (London Shakespeare Group)

피터 포터(Peter Potter)가 이끄는 직업극단 런던 셰익스피어 그룹의 <환희를 위한 모든 것을>(All for Your Delight)의 공연이 1970년 11월 23일부터 27일까지 국립극장에서 있었다. 그는 셰익스피어극의 해외순회 공연 조직자로 오랜 경력이 있으며, 이번 공연은 중앙일보사와 동양방송이 주최, 영국대사관의 후원으로 준비되었다. 영국 연극계의 제1선에서 활약하고 있는 이 그룹은 세계 여러 나라에서 탁월한 연출제작으로 극찬을 받고 있는 터라, 그는 한국의 많은 팬들에게 즐거움을 주리라고[236] 희망을 토로했다.

이번 공연 레퍼토리는 <베니스의 상인>에서 3막 2장에 나오는 "바람기는 어디서 생기나?"의 노래가 삽입되는 가운데, <겨울 이야기>와 <오셀로>, <햄릿>, <십이야> 등을 선보인다. 이들 중 한 작품인 <오셀로>를 눈여겨보면 2막 1장에서 오셀로 장군과 그의 아내 데스데모나의 행복스러운 모습을 보고, 이아고가 무동기적인 간계(奸計)를 예고한다. "지금 너희들은 사이가 좋은 것 같으나 어디 두고 보자." 3막 3장에서는 오셀로가 캐시오에 대한 질투에 광란하는 장면인데, "아-이제 영영 멀어졌구나… 검은 복수여, 지옥의 구멍에 머리를 들라!"고, 오셀로는 이아고의 간지(奸智)에 의해 마구 놀아나게 된다. 이번 공연을 통해 런던 셰익스피어 그룹은 정통 연기와 엘리자베스 시대의 의상을 보여주었는데, 신선하다는 인상을 주었다는 호평을 받았다.

> 5인의 연기진으로 구성된 셰익스피어 그룹은 연극팬에게 고전의 정수를 부분적으로나마 보여줌으로써 문화교류를 위한 정부당국의 보다 적극적인 시책이 촉구되는 계기가 되었다.[237]

본시 연출가 피터 포터는 "셰익스피어극에 대해서는 깊은 조예와 장년의 경험을 살려서 소편성 그룹의 공연과 각국 연극의 지도에 열의를 쏟고 있으며 그 업적이 높이 평가되고 있다."[238]고 할 정도로 유수한 연출기량의 소유자다. 구히서는 "극장 구석구석을 여유 있게 휩쓰는 대사, 군더더기 없는 커다란 몸짓, 느리지도 않고 조급하지도 않은 그 정확한 속도감[239]이 돋보인 연극"임을 내세웠다. 이 영국 극단의 짜임새 있는 공연은 감동적인 여운을 남겨준 것만은 확실하다.

또 이 극단은 <맥베스>를 갖고 1973년 12월 11일부터 15일까지 명동의 예술극장에서 거대한 비극을 간결하게 보여주었다. 작은 의자 4개와 테이블 하나만 있으면

무대는 충분하다. 총 출연인물은 5명이며 수많은 배역을 번갈아 해냈다. 장면을 이어 가는 수법이 양식화되어 있어 속도가 빨랐다. 의상을 갈아입거나 소도구를 옮기는 동작 하나하나가 극적 동작으로 처리되는 등 연출자는 소수의 인원을 가지고도 극의 율동을 유지하고자 세심한 주의를 기울였다. 인상적인 장면은 가면을 관객의 면전에 서 쓰고 마녀를 등장시키는 장면의 처리를 들 수 있다. 이근삼은 "이번 공연된 <맥베 스>는 간소하면서도 양식화된 외형적 성과는 거두었지만 그러나 우리에게 감동은 주지 못했다"[240]라는 예리한 비판을 하였다.

런던 셰익스피어 그룹의 세 번째 내한 공연 작품은 <로미오와 줄리 엣>(1977.10.30~11.1, 시민회관 별관)이었다. 이 공연은 일상적인 동작과 대사, 그 리고 활동적인 의상이 인상적이었다. 그리고 이근삼은 런던 셰익스피어 그룹의 공연 을 관극한 인상을 다음과 같이 솔직히 토로했다. "어제 <로미오와 줄리엣>을 보면서, 미국 영국 등에서 많이 본 셰익스피어 연극과 다른 점이 많아 당황했다. 대사의 시적인 아름다움을 없애고 행동에 컨트롤이 없는 일상의 모습으로 풀어져 있었다." 이에 무대감독 브라이언 프리랜드는 "우리는 가장 자연스럽게 보이는 연기를 기본입 장으로 취한다. 인공적인 연기를 지양한다"[241]고 답변했다. 또 이 극단은 1980년 (10.30~31)에도 네 번째로 내한하여 <베니스의 상인>을 공연하였다.

■ 실험극장

실험극장이 <리어왕>을 갖고 셰익스피어 탄생 400주년 기념행사에 동참했음은 이미 설명하였다. 그 후 실험극장은 창단 10년을 마무리 짓는 레퍼토리로 <맥베스> (이종수역, 나영세 연출, 1969.12.24~29)를 공연했다. 난해성과 시대성, 그리고 제 작상의 난점으로 인하여 <맥베스>의 공연은 신협이 1952년 공연한 이후 실험극장에 이르기까지 없었다.[242] 유민영은 공연되지 못했던 까닭을 군사정권시대 상황에서 허용되지 않는 레퍼토리라고 다음과 같은 해설을 하였다.

> 권력찬탈이라는 주제가 권위주의시대에 좀처럼 존재하기 어려웠다고 하겠다. 적어도 〈맥베스〉는 식민지시대나 1970년대 이후 군사정권시대에 레퍼토리로 삼을만한 작 품이었지만, 시대상황이 그것을 허용키 어려웠다고 볼 수 있다. 따라서 대학극에서도 〈맥베스〉만은 엄두를 못냈던 것 같다.[243]

이 공연에서는 중요배역은 연극계를 주도해 나아갈 30대 연극인들이 거의 더블 캐스트로 참여했다. 이는 서울신문사고(社告) 그대로 1960년대의 빅 이벤트였다.[244]

공연은 크리스마스이브에 올려져, 축제 분위기 속에서 시작되었다. 그러나 공연 3일째 되는 날에 어저구니없는 희극상면이 벌어졌다. 더블 캐스트에다 연습이 부족한 상태에서 던컨왕(최불암 분)이 뱅쿠오를 맞이하는 찰나 뱅쿠오(김동훈 분)의 의상을 보니 전날 뱅쿠오(박병호 분)가 입었던 붉은 색깔이 아니라 노란 색깔의 의상이었다.

> 색깔에 착각을 일으킨 던컨(최불암)은 붉은 색깔의 뱅쿠오를 찾기에 바빴다. 이때 눈에 띈 것이 귀족들 속에 있었던 레녹스(박규채 분)의 붉은 의상이 눈에 보인 것이다. 던컨왕은 서슴지 않고 "오! 뱅쿠오"하며 레녹스를 안으려 달려 내려갔다. 이에 당황한 레녹스는 "내가 뱅쿠오가 아니다." 하며 도망치듯 비켜서고 던컨은 당혹하여 주춤하는 듯하였다. 이때 무대에 출연했던 전 연기자들은 약속이나 한 듯 일제히 객석 쪽으로 등을 돌리고 웃음을 참느라 진땀을 빼기도 했다.[245]

필자에게는 셰익스피어극 공연에 있어서 잊지 못하는 두 가지 사건이 있다. 그 하나는 이해랑이 <오셀로>의 이아고 연기 중 너무나 진지한 악역 연기에 화가 난 학생이 새총으로 돌을 쏘아 이해랑의 볼에 맞힌 사건이다. 그래도 그 아픔을 무릅쓰고 좋은 연기를 계속한 장인정신을 셰익스피어 공연의 비극으로 삼고, 또 하나 최불암의 붉은 색깔 찾기는 셰익스피어 공연의 희극으로 간직하고 있다.

실험극장은 <맥베스>공연 이후 <햄릿>(여석기 역, 표재순 연출, 1971.9.9.~13)을 국립극장의 무대에 올렸는데 공연에서 햄릿 역에 김동훈. 클로디어스왕 역에 이낙훈. 폴로니어스 역에 박규채. 레어티즈 역에 이정길. 오필리아 역에 안은숙과 김영희, 거트루드 왕비 역에 정혜선 등[246] 호화배역진으로 구성된 캐스트 등과 흑과 백으로 구성한 무대, 그리고 공연의 관건으로 작용된 햄릿의 성격 등이 이 공연의 특성이었다. 특히 연출가 표재순은 포틴브라스를 제외하고, "햄릿이란 주인공은 될 수 있는 한 인간화했다. 고전 중에서도 고전 속의 전통적 왕자에서 좀 더 인간화시켰다."[247]고 인물에 대한 구체적인 해석을 했다.

실험극장은 1972년(3·15~21) <오셀로>(오화섭 역, 김동훈 연출)를 국립극장에서 공연했다. 이는 1971년에 공연된 <햄릿>에 이어 고전극의 한국적인 정착화를 위한 일련의 작업으로[248] 주요 배역에는 오셀로 역에 이낙훈, 데스데모나 역에 김영희, 이아고 역에 오현경 등[249]이 열연했다. 이제까지 주로 연기를 해왔던 김동훈의 첫 연출 작품이기도 했던 이 공연에 대해 김동훈은 "국립극장의 무대여건으로선 장면전환 등이 여의치 않아 단조로운 세트의 설정으로 커버하고, 소도구도 불가피한 것만 사용, 조명에 변화를 가하면서 연기에 의존하는 연극의 바람을 파헤쳐보겠다."[250]고 밝혔으며 경향신문에서는 "연출이 이번 <오셀로>에서 종래 무대 뒤에 숨겨졌던 극 중의 음모를 무대전면으로 끌어냈다"[251]는 연출의 특징을 소개했다.

■ 드라마센터

셰익스피어의 한국수용사에서 가장 활발하게 기여한 극단으로 드라마센터를 지목할 수 있다. 드라마센터 학생 레퍼토리까지 합친다면 8작품이 된다. 이미 네 작품을 전술했다. 우선 드라마센터는 62년 개관공연으로 <햄릿>을 비롯해서 63년의 새해를 맞이한 1월 5일에 6회 공연 작품인 <로미오와 줄리엣>(이해랑 연출)을 끝으로 일시 휴관하게 된다. 그러나 셰익스피어 탄생 400주년 기념행사를 위해 드라마센터 아카데미 연기과 재학생들이 1964년에 <오셀로>와 <햄릿>을 공연했던 행사도 전술했다.

자체 공연장 드라마센터를 가지고 있는 동낭레퍼토리 극단은 70년대에 들어와서 배우이며 연출가인 안민수가 번안·연출한 두 개의 작품 <리어왕>과 <하멸태자>의 공연을 하였으며, 변용수용항목에서 상세히 설명될 것이다.

드라마센터의 레퍼토리 극장은 1972년 9월 30일서부터 10월 9일까지 <로미오와 줄리엣>을 재공연했다. 초연작품 때의 연출 이해랑으로부터 오태석 연출로 바꾸어 정적인 무대보다 동적인 형상화에 치중하여, 전혀 다른 낭만과 활기를 불어넣어 보려는 의욕으로 시도된 무대[252]였다. 이때 영화계의 스타 윤정희를 줄리엣으로, 미국에서 연극, 영화 텔레비전에서 활약하던 오순택을 로미오로 출연시켰다. 이 밖에 이호재, 전무송, 양서화, 김무송, 박찬빈, 오사양, 이용남, 김복희, 김천, 김종구, 김기주, 김웅철 등 50여명이 출연하였다.

오태석은 "이 연극의 서정적이며 운율적인 대사에 의한 재래식 비극성보다 두 가문의 반목, 갈등에 초점을 두고, 그것을 극단적인 '행동'으로서 첨예화시키고, 연출의 면에서도 대화에 의한 언어의 묘미는 '힘껏 버리기'로 했다."[253]는 의도를 밝혔고, 등·퇴장에서의 스피드감을 주는 무대를 시도하였다. 그러나 원작이 가진 언어의 묘미를 경시함으로서 이 극의 비극적 차원의 승화가 불가능했고, 행동위주의 공연으로 두 가문이 천박하게 표현됨으로서 당시의 분위기 전달에 실패했다. 그러나 다양하고 활기찬 동작의 무대를 만들어냈다. 다만 기대를 모았던 주인공들의 대사전달의 문제점이나 윤정희가 청순한 줄리엣의 모습을 표현하는데 미흡한 점이 있었다.

■ 극단 가교
▣ <실수연발> (역 이근삼, 각색 김상열, 연출 이승규)

1971.5.5.~ 5.9., 국립극장

극단 가교에 앞서 학생극으로서는 일찍이 중앙대 연극영화괴기 1965년에 <실수연발>(이근삼 역, 이승규 연출)을 공연하였고, 그 후 1976년에 서강대 연극반에서도 유재철 연출로 공연한 바 있다. <실수연발>의 공연에 대한 불안과 걱정은 하나의 상식이 되었으나 극단 가교의 공연은 이러한 상식이 기우에 지나지 않는 것이었다.

쌍둥이를 착각해서 형성되는, 쌍둥이의 음모와 행동, 그리고 어투가 친부모까지도 구별하기 어렵도록 흡사하다는 상황 자체가 웃음을 빚어내는 바탕이 되며, 씨앗이 되는 것이다.

극단 가교는 직업극단으로서는 처음으로 1971년 한국화 번안공연으로 <실수연발>을 무대화하였다. 1막 중반에 접어들면서부터 마지막 막이 내릴때까지 관객들은 줄곧 재미와 흥분과 감동 속에 파묻히게 되었다. 가교의 <실수연발>은, 1997년의 인천시립극단 공연에서도 같은 배경이었지만, 삼국시대의 백제에서 두 쌍의 쌍둥이 형제, 안전달과 안후달 말뚝이 형제가 엮어내는 해프닝에 덧붙여, 장일남이 작곡한 노래가 삽입된 참신성과 극적효과를 거둔 공연이었다. 가교의 공연의 의의는 관객들의 반응으로 보아서 우리나라에서도 번안극의 토착화에 대한 가능성을 보여준 연극이었다는 점이다.

> <실수연발>은 관객동원에 있어서나 반응에 있어서 우리극단의 가능성을 한발 앞세운 기억할만한 호연을 보였다. … <실수연발>이 보여준 가능성은 번안극으로서 토착화를 노려, 상당한 성공을 보여줬다는데서 발견할 수 있다. 극으로서의 토착화는 어느 정도 실현성이 보이고 계속 상연되어도 좋을 듯. … 그런대로 이번의 <실수연발>은 무대를 삼국시대의 백제로 가져가, 깔끔한 번안대본에 바탕하여 스스럼이 없다. 말뚝이 형제, 안전달, 안후달의 연기가 눈에 띈다. 새로운 시도로서 극적인 대목을 집약하여 연기자의 노래를 삽입, 참신한 효과를 거두고 있는데 …[1050] (1978.5.18. 조선일보)

직업극단의 <실수연발>의 공연은 1971년 극단 가교의 이번 공연이 처음이었고, 다음은 현대극장이었다. 한 쌍도 아닌 두 쌍둥이를 등장시켜 희극적 리듬을 유발시킬 수 있는 착오의 논리를 전개시켜 나간다는 것은 연출가에게 상당한 부담을 줄 수 있는 것이다. 그럼에도 불구하고 그러한 걱정은 기우에 지나지 않았다.

■ **<햄릿> (역 여석기, 연출 김상열)**
　1975.5.8.~5.12., 예술극장

가교 창립 10주년 및 광복 30주년 기념공연으로 <햄릿>이 무대에 올려졌다. 이 공연에서는 <햄릿>의 주제적인 측면에서 새로운 것을 시도했다.

　작품의 주제를 죽음에 두었다. 묘지광대의 비중을 높이고, 전통적인 셰익스피어 무대를 과감하게 파괴, 비극의 무대를 희극무대로 바꾸었다. 또 극의 템포를 빠르게 하고 원작이 가지고 있는 스펙터클한 요소를 대폭 줄였다.[254]

이처럼 보다 현대화된 시각에 맞춘 가교의 <햄릿> 공연은 1976년 이후 연속적으로 나오는 번안, 파괴된 <햄릿> 공연의 전주곡이 되었다. 연출가 김상열은 햄릿을 우리에게 친근한 벗으로 꾸미며, 우리와 같은 문제로 고민하며, 클로디어스왕의 악과 부조리, 젊은 지성을 무력의 상징 앞에 던져진 진실과 정의의 상징으로 내놓았다.[255]

■ **<말괄량이 길들이기> (역 한노단, 연출 마가렛 모어)**
　1. 1977.5.8.~5.12., 시민회관 별관
　2. 1977.12.9.~12.19., 코리아 극장
　3. 1982.5.27.~5.31., 동숭동 문예회관 대극장

극단 산하가 1964년 <말괄량이 길들이기>를 공연한 후 11년이 지난 1977년에 이르러 가교가 <말괄량이 길들이기>의 공연으로 관객들의 열광적인 호응을 얻었다. 그것도 지속적으로 말이다. 극단 가교는 서울공연으로 관객들로부터 좋은 반응을 얻어 부산, 대구 등지의 지방공연까지 성황리에 마치고, 그동안의 공연에서 나타난 문제점을 보완하여 12월에 다시 서울 코리아극장에서 재공연의 무대까지 차렸다.

　올 봄 서울공연과 부산, 대구 지방공연을 통해 호평을 받은 <에쿠우스>에 이은 코리아 극장의 두번째 연극무대로 그간의 공연에서 드러난 문제점을 보완한 희극이다.[256]

<말괄량이 길들이기>를 연출한 마가렛 모어 여사는 8세 때부터 한국에 거주하면서 미국 뉴욕시티 신학교 연극부를 거쳐 켄터키대학에서 연극학을 전공하여 석사학위를 받고, 한국에서 선교사로서 활동을 하면서 극단 가교와 인연을 맺으면서, 극단과 함께 종교극을[257] 해온 미국인이다.

　나는 이 극을 연출하며 두 가지 특별한 목적을 갖고 있다. 첫째, 학생들이 셰익스피어 극은 흥미진진하며 그의 희극은 재미있고, 생생하게 살아가는 인물을 그렸다는 사실

을 배웠으면 한다. 또한 가능하다면 엘리자베스朝의 의상, 예절, 습관의 진면목을 보여주려 하는 것이다.[258]

가교의 <말괄량이 길들이기>는 "연기자가 장치를 끌고나오는 등 무대장치가 기발하고"[259] 성실한 연기로 매우 생동감 넘치는 세련된 무대였다. <말괄량이 길들이기>는 생기 있는 대사와 재치 있는 동작선으로 생동감 있는 희극무대를 만들어냈다. 연극계에서 사람 좋고 화목하기로 이름난 가교식구들이 오랜만에 보여준 세련된 무대였다. 그들은 이번 무대에서 성실한 노력의 자세뿐만 아니라 상당한 진경을 보인 노력의 결과를 과시한 것이다.[260]

이와 같이 호평을 받은 가교는 1982년에 다시 <말괄량이 길들이기>(한노단 역, 마가렛 모어 연출)를 공연하였으며, 연극계가 전반적인 불황을 겪던 시기였으나, 일반 관객뿐만 아니라, 청소년층으로부터도 호응을 얻었고, 페트루치오 역에 이호재를 캐스팅하고 1977년 공연 때에도 배역되었던 박인수, 최주봉, 윤문식 등도 공연에 합류시킴으로서 "좀처럼 모이기 힘든 중견배우들이 대거 한 무대에서 좋은 앙상블을 이루고 있다."는 평가를 받았다.

■ 현대극장

▣ <햄릿> (역 여석기, 연출 김효경)
1977.4.12.~4.17., 류관순 기념관

1976년 10월에 <맥베드>로서 창당공연을 하여 화려한 큰 잔치를 벌인 현대극장이 불과 반년 만에 <햄릿>을 공연하였다. 이 공연은 청소년을 위한 청소년극장 시리즈로 공연되었다. "젊은이들을 위한 정서함양과 청소년 선도책의 하나로 마련한 청소년극장은 재미있고 유익한 연극을, 적은 돈으로 즐길 수 있게 한다"[261]는 취지에서 마련된 것이며, 이 공연으로 고전 명작의 저변확대에 도움을 주었다.

이 공연은 햄릿의 인물분석에 있어서 우유부단함이나 정당성 때문에 복수를 주저하기보다는 지극히 고귀한 신분 때문으로 해서 햄릿이 복수를 행하지 않는다는 당당한 모습에 초점을 맞추어, 적극적이고 능동적인 인간으로 그려내려는 작업이었다.[262]

연출가 김효경은 피동적인 인물 햄릿에서 벗어나, 약동하는 젊음을 지닌 햄릿이 자극과 유혹에 끊임없이 몸부림치는 고고한 모습을 지녔다는 해석을 하게 되고, 보다 역동적인 햄릿을 위해 무대장치 역시 단순화시킨 구성주의적 무대를 보여주었다. 따라서 정동환 주연의 <햄릿>은 보다 젊은 혈기와 행동하는 인물로 구성 . 형상화되었다. 공연장소가 류관순 기념관이라서 그런지 지성인 햄릿, 행동파 사나이, 귀공자, 인생과 연기이며 변신의 명인[263] 역을 해내는 주인공 햄릿(정동환 분)을 보고자 여학생들이 매 공연마다 장사진을 이루어 류관순 기념관은 대혼란이라는 연극의 환희를 느낄 수 있었다. 그러나 부정적인 비판도 있었으니 한상철은 "연극을 모르는 관객들로 해서 끊임없는 소음으로 배우의 대사는 거의 들리지 않았고, 들리지 않을수록 소음은 더욱 커졌다."[264]고 연극을 모르는 관객의 지성을 아쉬워했거니와 이 공연은 템포와 리듬을 느낄 수 없는 분주함이나 무대장치 또한 비연극적이었다[265]고 못박았다.

■ <로미오와 줄리엣> (역 정인섭, 연출 황은진)
  1. 1978. 4.6.~4.10., 문화회관 별관
  2. 1978.4.14.~4.16., 류관순 기념관

극단 현대극장은 <로미오와 줄리엣>의 공연으로 1970년대의 대미를 장식했다. 두 젊은이의 비극적인 사랑을 그린 서정비극 <로미오와 줄리엣>을 "로미오와 줄리엣에 대한 열정적인 사랑의 호소, 아기자기한 밀회, 애절한 이별, 비극적인 죽음"[266]에 포인트를 둔 연출의도를 내세운 공연이었고, <에쿠우스>로 인기를 모았던 강태기와 TBC 라디오 팝송 다이얼 DJ로 활약 중인 문지현이 타이틀롤을 맡았다. 한국일보의 비평은 "주연들의 의지처럼 사랑의 성벽을 향해 비상(飛翔)하는 두 마리 작은 새의 힘찬 몸짓처럼 멋진 연기"[267]가 볼만했다는 것이다.

■ <실수연발> (역 이근삼, 각색/연출 김상열)
  1. 1979.5.24.~5.28., 세종문화회관 별관
  2. 1979.9.8.~9.9., 대구시민회관
  3. 1979.9.11.~9.13., 부산시민회관

이번 공연은 서커스 광대놀이에 현대적 록음악과 코미디로 변형된 무대로 "안길웅 작곡의 로크 음악에 맞춰 로크 코미디 뮤지컬 스타일"[268]이었다. 공연에 호응도가 높은 것에 36개교의 2만여 학생들이 관극을 하였으며 이에 힘입어 대구, 부산 등 순회공연을 했다.
작품내용을 보면 신라의 상인 안지온은 상해로 가게 되는데, 그곳에서 두 쌍둥이 아들을 낳게 되고, 버려진 말뚝이 쌍둥이 형제를 데려다가 하인으로 부린다. 이들은

신라로 귀향하던 중 풍랑을 만나 이산가족이 된다. 아버지는 작은 아들(안후달)과 작은 밀뚝이와 함께 구조되고, 어머니는 큰 아들(안선달)과 큰 말뚝이와 함께 구조된다. 이들 두형제는 서로를 찾아 헤맨다. 무대는 백제의 기벌포, 여기서 일어나는 것은 제목 그대로 주인 쌍둥이들과 하인 쌍둥이들로 해서 일어나는 요지경의 대소동 속에서 이산가족이 재회하는 로망스다.

출연진은 김호태, 양서화, 윤문식, 최주봉, 이혜나, 노영화 등 16명이었다.

2) 학생 연극

ㄱ. 고등학교의 셰익스피어극 공연

중·고등학생은 소년이고 청년이다. 앞날을 바라보며 열심히 공부하는 시절이다. 영어는 세계 공통어이니 당연히 영어도 배운다. 셰익스피어도 알게 되고 존경하게 된다. 그래서 과감하게 셰익스피어의 희곡에 도전을 한다. 성숙하지 않은 연기는 미흡할 것이다. 그러나 칭찬을 할지언정 나무랄 자는 없을 것이다. 중학생도 고등학생도, 남학생도, 여학생도, 서울에서도 지방에서도 셰익스피어극 공연에 참여하였다.

그들에게는 애국심도 있었다. 그래서 일제시대의 고통과 그 후의 혼란한 사회를 풍자 비판한 유치진의 작품도 공연하였다. 이 작품들은 셰익스피어의 작품을 번안한 것이다.

1949년 휘문중학교는 유치진이 <Hamlet>를 번안한 <개골산>을 시공관에서 공연하였다. 동교 창립 40주년을 맞이한 기념공연으로, 당시의 인기 있는 작가 조흔파의 연출이었다.

1950년에는 통영고등학교가 <햄릿>을, 1952년에는 경남고녀(현 경남여자고등학교)가 <리어왕>을 공연한 후, 1954년에 이화여자 중·고등학교가 <Hamlet>를 번안한 유치진의 <마의태자>를 공연하였다. 이 공연은 개교 68주년 기념과 그 당시 사회적으로 인망이 있었던 서명학 교감의 근속 25주년 기념공연이었다. 서여사는 유관순 열사와 동급생으로 3·1운동에 참가하였으며 후에 이화여고 교장으로 재직하게 된다. 1958년에는 동교 연극부가 <리어왕>을 오사량 연출로 공연하였다. 이화학당(梨花學堂)의 명성을 다짐하는 공연들이었다.

지방학교의 셰익스피어 공연도 이어졌다. 1959년 광주학생운동기념 남녀 중·고 연극경연에 광주서중이 <베니스의 상인>으로 참가하였다. 이리남성고등학교는 1960년에 전국학생경연대회에서 <맥베스>를 공연하였고, 1963년에 광주학생운동

제8회 전국 남녀 중·고교 연극제에서 이리남성고등학교가 공연한 작품은 <로미오와 줄리엣>이었으며, 연출은 유광재였다.

1989년 계원예술고등학교에서는 연극영화과 동문과 재학생이 합동으로 <한여름 밤의 꿈>(김재남 역)을 공연하였다.

ㄴ. 대학극단

1960년대에 와서는 대학생극이 연극중흥의 물결을 타고 셰익스피어극의 공연 횟수가 증가하였다. 우선 한국수용은 1960년까지와 근대인 1960년, 70년, 80년대의 공연 횟수가 판이하게 달라졌으니, 32회에서 79회가 된 것이다. 직업극단의 공연횟수는 26회에서 52회였다.

연극과라는 전공과목이 아직 개설되지 않은 이대 영어영문학과와 서울대 총연극회, 그리고 연극영화과를 설치한 중앙대학교, 고대의 극예술연구회의 자랑스러운 연극공연의 기록을 살펴본다.

특기할 일은 1959년에 중앙대에 연극영화과가 설치된 것이다. 극단이야 많았지만, 대학내에 연극을 하나의 전공과목으로 택하여 공부하는 학교는 없었다. 이러한 신기운을 탔으니 중앙대는 가일층 연극에 심혈을 기울였음이 셰익스피어극 공연에서도 나타난다. 근대에 셰익스피어극을 공연한 대학극의 통계를 보면 중앙대가 15회라는 압도적인 횟수를 보인다. 다음이 동국대(7회), 연세대(7회), 이대(5회)와 한남대(5회)등의 순이다. 중앙대의 뒤를 이어 동국대에 1960년에 연극영화과가 설치된다. 특히 두 대학의 학과는 부설 소극장을 중심으로 하여, 물론 지도교수들의 지도도 있었겠지만, 공연의 만반준비를 학생들의 자력으로 쌓아 올려갔으니, 연극에 불타는 정열을 높이 살만하다. 이들은 밖으로 나가 공연했던 것을 교내의 공간에서, 상업주의적인 것을 아카데믹한 예술의 창조로 지향했다. 1960년대에 한양대, 서라벌예대, 드라마센터 등에서도 연극영화과가 개설되었다. 그뿐만이 아니다. 대학마다 연극반이 생겨났고, 영문과에서는 셰익스피어의 위상이 높아져, 셰익스피어 공연을 원어로 하는 대학이 늘어나게 되었다. 연세대가 5회로 가장 많았고, 그 다음이 한남대(4회)와 이화여대(4회), 고려대(3회) 순이다. 영어연극반과 학교의 극단들도 연극반 지도교수를 영문과 교수가 맡았기 때문에 영어극이 활발할 수 있었을 것이다. 총체적으로 1960년대는 일반극계 뿐만 아니라 대학극의 커다란 발전을 본 시기였다. 대학극의 자료는 일반극과는 판이하게 많지 않다. 아마 장소 및 기일을 짧게 잡는 것도 이유가 되겠지만, 학교 내의 행사라는 것이 큰 요인이 될 수 있었을 것이다.

■ 중앙대학교

중앙대학교는 우리나라에서 처음으로 연극영화과를 창설하였다. 가장 많은 희곡 작품을 공연하고 있으며, 셰익스피어극 공연을 최고로 꼽았으며 최고의 공연기록 실적을 가지고 있다. 양광남 교수의 지도가 탁월하였으며, 박진태(朴振), 유인촌(柳仁村) 등 명배우를 육성한 곳이다.

중앙대학교는 1949년 시공관에서 <햄릿> 공연으로 셰익스피어극 공연의 막을 올렸는데 정인섭 번역, 이해랑 연출이었다. 이해랑은 6·25사변 후 피난지 부산에서의 <햄릿>, <오셀로>, <맥베스>의 연출로 크게 각광을 받은 연출가이고 배우이다.

그로부터 10년 후, 1959년에 연극영화과가 창설되어서 창립기념으로 이 대학의 명무대 공연으로 <베니스의 상인>(정인섭 번역, 양광남 연출)을 3·1당에서 공연하였다. 법정장면의 군중심리의 연출과 박근형이 맡은 샤일록 역이 탁월하다는 호평을 받았다.[269] 공연을 관극한 이근삼은 연기력과 연출의 부족함을 지적하면서도 공연의 최대수확은 샤일록 역을 맡아 열연한 박근형의 잘 다듬어진 배우로서의 역량을 발견한 것[270]을 꼽았다. 그 후부터 동교는 연극영화과 주관으로 계속하여 많은 셰익스피어의 희곡을 공연하게 되었으며 최다공연기록을 갖고 있다. 공연의 내용을 개략하면 다음과 같다.

1960년에 <오셀로>(박태원 연출)를 동교 소극장에서, 1964년 <줄리어스 시저>(이근삼 번역, 김안호 연출)를 동교 대학극장과 국립극장에서 공연하였는데 고전극의 새로운 연출이고, 전국 4개 도시의 순회공연을 갖는 호평을 받았다. 1965년 <말괄량이 길들이기>를 국립극장에서, <실수연발>로 제4회 워크숍 공연을 하였는데 두 작품은 이승규가 연출하였다. 1966년 <맥베스>(이종수 번역, 이성주 연출)를 동교 대학극장과 국립극장에서 공연하였는데 대학연극이 정상적 수준으로 올려졌으며 2개 도시의 초청공연을 하였다.[271] 그리고 1969년 <햄릿>(이성영 연출) 공연으로 1960년대를 마감하였다.

동대학은 1971년 <리어왕>(유병기 연출)을 공연함으로서 셰익스피어의 4대 비극을 모두 공연한 것이 되었으며, 1974년 다시 <햄릿>(이동재 연출)을 공연하였는데 이는 <햄릿>을 3회 공연한 것으로 연출은 이해랑에서, 이성용, 그리고 이동재로 이어졌다. 1974년에 이종수 번역의 <줄리어스 시저>, 1976년 <뜻대로 하세요>(최경옥 연출), 1978년에는 김재남이 번역한 두 작품 중 <리어왕>(최종일 연출)을 동교 대극장에서, <오셀로>(김용채 연출)는 동교 루이스홀에서 공연하였다. 1979년에는 <베니스의 상인>(박일규 연출)과 <리처드 3세>(김용규 연출)를 동교 대학극장에서 공연하였고, 1980년대에 들어서면서 <한여름 밤의 꿈>(이송 연출), 1981년에 <뜻대로 하세요>, 1984년 <한여름 밤의 꿈>(이송 연출)을 동교 대학극장에서 그리고 <뜻대로 하세요>(송한윤 연출)를 공연하였는데 이 공연은 1985년에도 공연하였다.

1986년 <로미오와 줄리엣>(변우균 연출)과 <실수연발>을, 1989년 신정옥 번역 <햄릿>(이홍주 연출)을 국립극장 소극장과 부산 경성대 콘서트홀에서 공연하였으며, 1993년에도 신정옥 번역 <태풍>(최희림 연출)을 동 대학 연극영화과 창설 35주년 기념으로 공연하였으니 중앙대는 1950년대에 정인섭, 1960년대에 이종수, 1970년대에 김재남, 1980년대에 신정옥 등 영문학과 출신 셰익스피어 전공자들의 번역작품을 공연한 것이 되었다. 1995년 <맥베스>(이완국 연출), 1997년 김관, 엄국천, 권성희, 한순희. 하덕분이 각색한 <리어>(김관 연출)를 국립극장 소극장 연강홀에서 공연하였다.

■ **동국대학교**

동국대학교 연극영화과는 중앙대학교와 더불어 가장 오랜 역사를 지닌 전공학과이다. 그리고 동 대학의 김재남교수는 셰익스피어 전공학자로 우리나라에서 셰익스피어 작품의 최다 번역자이며 학술논문 발표자이고, 셰익스피어의 작품 40편을 완역한 학자이다. 동국대학교는 셰익스피어 희곡공연에 가장 열성 있고 전문화된 공연으로 타의 추종을 불허할만한 이력을 가진 대학이다.

동국대학교는 1950년대에 <베니스의 상인>과 <햄릿>을 공연하였다. 1971년에는 연극영화과에서 김재남 역 <오셀로>를 이창우 연출로 동교 중강당과 국립극장에서, 그리고 1975년에는 영어영문학과에서 동 희곡을 영어로 공연하였다. 70년대에 <오셀로>를 공연하였다는 것은 학교나 연극 참여자의 정성과 대중이 보여준 인기도를 짐작케 하는 일이다.

특이한 공연도 있었다. 셰익스피어 <햄릿>의 변용극 <마로윗츠 햄릿>의 공연이다. 동 극의 내용은 변용극에 설명되어 있다. 연극영화과는 연극과 영화에 대한 전문 지식을 연구하는 곳이며, 연기자의 예술은 연극으로 집약이 되니, 상업성 짙은 영화보다는 정통성이 있는 연극공연에 무게를 두게 된다. 중앙대도 그러하였지만, 동국대의 연극영화과는 새 작품을 준비하게 되면 공연을 하고 연극이나 관객이 즐기는 레퍼토리는 반복공연을 하였다. 연극영화과 이름답게 4대 비극을 비롯하여 인기 있는 작품의 공연을 계속하였다. 1978년에 오화섭 역 <맥베스>를 박창순 연출로, 1979년 김재남 역 <리어왕>을 정을영 연출로 공연하였으니 4대 비극을 졸업한 셈이다. 1997년에는 '제5회 젊은 연극제' 및 '세계연극축제' 참가작으로 <맥베스>를 심종훈 연출로 공연하였다. 그리고 <십이야>, <한여름 밤의 꿈>, <템페스트>로 이어셨으니, 우리나라에서 인기 있는 셰익스피어 희곡을 모두 경험한 것이 되었다.

동국대학교 셰익스피어 공연기록
1957 〈베니스의 상인〉
1971 〈오셀로〉 김재남 역, 이창우 연출, 연극영화과,
       동교 중강당, 국립극장
1974 〈마로윗츠 햄릿〉 김윤철 역, 김효경 연출, 연극영화과
1975 〈오셀로〉 영어극, 진재경·차일균 공동연출, 영어영문학과,
1978 〈맥베스〉 오화섭 역, 박장순 연출, 연극영화과
1979 〈맥베스〉 오화섭 역, 박장순 연출, 연극영화과
1979 〈베니스의 상인〉 김재남 역, 정을영 연출, 연극영화과
1979 〈리어왕〉 김재남 역, 연극영화과
1994 〈십이야〉 전남수 연출, 연극영화과
1996 〈한여름 밤의 꿈〉 김병식 연출, 연극영화과
1996 〈템페스트〉 김재남 역, 장진호 연출, 영어영문학과,
1997 〈맥베드〉 심종훈 연출, 연극영화과
       '제5회 젊은 연극제' 및 '세계대학연극축제' 참가작
       국립극장 소극장, 동교 학술문화회관 소극장

■ 이화여자대학교

이화여자대학교에는 셰익스피어 공연의 전통성이 있다. 전신이 이화여자전문학교(梨專)이었고 그때부터 이미 셰익스피어극 공연을 하였다. 지금 이화여자대학교(이대)도 셰익스피어극을 공연하고 있다. 이대 연극에는 두 가지 길이 있다. 하나는 이영회(梨英會)를 중심으로 한 원어공연으로 이대 셰익스피어 공연의 주류이고, 번역극도 공연된 것이 있다. 또 하나는 이전학생기독청년회의 공연이다.

1929년 학생기독청년회가 <베니스의 상인>(이상수 번역)을 공연하여 셰익스피어극 공연이 시작되었고, 10년 뒤인 1939년에는 영어영문학과에서 영어극으로 <The Merchant of Venice>를 선보였다.

이대 영문과 교수로 연극을 하나의 사명이요. 생활의 신조로 삼아 평생을 바쳐온 김갑순 교수는 대학은 물론 일반극계 그리고 연극학도들의 하나의 우상이었다. 필자가 대학원을 다니던 시절의 스승이었다. <영어연극 공연사-이대영문과 연극 70년을 돌아보며>(김갑순 엮음)에 쓰여 있듯이 40여 년 동안 영어연극 지도에 "한해도 거르

지 않았고 성심성의를 다하여 가르쳐 왔다. 나는 그 일을 한 번도 지겹다고 생각해 본 적이 없다. 매년 반복되는 그 일이 내게는 활력소요, 재충전의 기회였다."[272]는 솔직한 회고담은 아름답고 경이로운 명언이다. 이화여대 문리대 영문과의 감동적인 영어연극무대는 다음의 공연들을 꼽을 수 있다.

■ <셰익스피어 극중 4장면> (연출 김갑순 영문과 교수)
  1962.5.28.~5.31., 명동 국립극장

당시 이대 영문과의 영어연극은 각 대학생들에게 큰 인기의 대상이었다. 이화여자대학교 영문과 졸업반 학생들의 영어연극공연인 <셰익스피어 극중 4장면>은 셰익스피어 원작인 <말괄량이 길들이기>, <햄릿>, <로미오와 줄리엣>, <베니스의 상인> 등 네 가지 희곡 중에서 유명한 장면 한 장면씩을 추려 발표하는 연극공연으로서 영문과 졸업반 학생 50여명이 열연하였다.

> 우리의 연극공연이 명동 한복판에 있는 국립극장에서 그 막을 열었을 때 관객들은 입추의 여지가 없었다. … 장면 (『로미오와 줄리엣』2막 2장)에서 중요한 무대 장치는 발코니를 멋지게 꾸미는 것인데, 선생님(김갑순 교수)이 구상하신 세팅은 아주 멋진 것이었다고 기억한다. 그래서 많은 호평을 받기도 했다.[273] 공연의 관심도가 높아지자 우리는 미8군의 초청을 받아 기지 안에 있는 강당에서도 공연을 하게 되었다.… 공연이 끝나자 미군들이 '브라보'를 외칠 때 무대 위 우리들의 감동 또한 컸다. 이 일은 영문학 전공생인 나에게 연극의 묘미를 다시 한 번 느끼게 해 주었고 희곡에 대한 나의 관심을 고조시키는 큰 동기가 되었다.[274]

■ <십이야> (연출 김갑순) 1973.9.28., 이대학관 414호

이 공연은 조연들의 열의가 돋보이는 공연이었다. 단역이라도 가발에서부터 분장에 이르기까지 최선을 다하는 이대 연극은 아름다운 공주가 아니라도 좋다. 술주정꾼 토비로 분한 형자, 예쁜 얼굴에 빨갛고 하얀 칠을 하며 광대 옷을 입고 익살을 부리고 무대를 휘젓고 다니는 광대로 분한 명옥 등의 연기는 남녀 학생들을 웃겨 즐거움을 선사했으니, 연극이란 이렇게 신나는 인생인가 보다. 이대학생들의 공연에서 지도교수 김갑순은 분장이나 장치, 음악을 학생 스스로가 책임지게 하되 그 분야를 배울 수 있게 전문가를 소개해 주었으니, 연극계의 분장은 원로인 고설봉, 의상은 가교를 후원하던 외국인 선교사 마가렛 모어였다.[275] 필자도 대학원 시절 김갑순 교수를 은사로 모신 것을 지금도 영광스럽게 생각하고 있다.

이영회의 영어연극은 그 뒤에도 이어졌다. 1986년 <태풍>, 1992년에 <오셀로>,

1994년에 다시 <십이야>를 공연하였고, 근자인 1998년에 <폭풍>, 1999년에 <말괄량이 길들이기>, 2000년에 <한여름 밤의 꿈>으로 2000년대를 마감하었다.

한편 번역극의 공연은 1958년 <한여름 밤의 꿈>(신정옥 번역, 김갑순 연출)을 동 대학 대강당에서 공연하였으며 연일 대만원의 성황을 이루었다. 1967년 인문대학에서 <십이야>(허규 연출)를, 1992년에 중어중문학과에서 <햄릿>(강성애 연출)을 중국어로 공연하였다.

■ 고려대학교

고려대학교는 여석기 교수가 재직하고 있었으며, 그는 셰익스피어의 희곡번역도 하였지만, 셰익스피어에 관한 많은 연구와 발표로 학계에서나, 일반에게나, 셰익스피어 문학발전에 큰 공헌을 하였다.

지금은 저명연극인이 된 O.B.가 동참한 고대 셰익스피어 공연사에 기록할만한 공연 <리처드 3세>가 있다. 1965년 고대는 개교 60주년 기념으로 선후배 합동공연으로 <리처드 3세>(여석기 역, 김경옥 연출)를 공연하였다. 셰익스피어 사극공연은 초유의 경사였으며, 셰익스피어 연극사에 기록할만한 공연이다. 선배 연출가 김경옥은 "셰익스피어극이 갖는 줄거리의 재미와 절묘한 구성 등과는 다른 측면, 즉 사극적 분위기와 르네상스적 인간주의 형을 인물위주로 추구해봐야 한다"[276]고 연출의도를 밝혔다. 연기진의 주역은 리처드 3세에 김성옥, 앤에 손숙, 리치몬드에 최상현이었으며, 연기자의 능력을 봐서도 관극인의 기대에 응합하는 공연이었다. 그리하여 이 공연은 고대극뿐만 아니라 우리 대학극의 중요성을 잘 나타내주는 매우 의의 깊은 작업이었다.[277] "<리처드 3세> 공연은 동문 김성옥의 열연으로 시종하였으나 너무나 길게 끌고 나가는 긴장도로 인해 옥좌를 차지하고 난 뒤 리처드 3세와 리치몬드간의 대전이 있는 제2부격인 부분이 숨 막힐 정도로 지루하였다."는 비판의 소리도 있었지만 성과적인 면도 있었으니 저주가 저주를 낳고 이에 따라 비극의 연쇄반응 일면을 엿볼 수 있었다.[278]

그러나 마지막 장면에 대해 찬반의 평이 없지 않아 있었지만 실은 리처드 3세로 분한 김성옥은 하이라이트의 장에서 허무하게 빨리 죽지 않기 위해 도망을 치다가 계단에서 넘어지게 된다. 그는 아주 잠깐 사이 다음의 경이로운 동작의 선을 구상한다는 생각에 골몰하는 중 그만 리치몬드(최상현 분)의 칼에 찔려 계단에서 구르게 된다. 사실은 중상이지만 다행스럽게도 연극의 끝장면이라 커튼콜을 받으면서 태연히 손까지 들어 관객에게 답례하였고 관객들의 열화와 같은 박수 세례 속에 공연은 끝났다. 그 후 허벅지를 꿰매는 소동을 벌여 손숙과의 신혼 초에 말로 표현할 수 없는 고생을 하였다는 후일담을 미소지으며 황홀했던 그 시절의 이야기를 들려주는 김성옥의 회고담에 필자는 숙연함과 연극의 감흥을 만끽하지 않을 수 없었다.[279]

■ 서울대학교

서울대학교 총장 권중휘는 한국 셰익스피어학회를 창설한 초대회장이었으며 셰익스피어 탄생 400주년 기념행사의 위원장이었다. 또 셰익스피어 학계의 권위자의 한 명인 이종수 교수가 재직한 대학이다. 그러나 동 대학의 셰익스피어극 공연이 타 대학에 비해 저조하였던 것이 아쉽다.

1949년 <베니스의 상인-법정장면>(김기영 연출)이 시공관에서 공연되었고, 이듬해에는 국립사범대학교(서울대학교로 통합전임) 영어영문학과에서 영어극으로, 1969년에는 <십이야>(이영후 연출)를 음악대학 무대예술 연구회가 드라마센터에서 공연하였다.

■ <줄리어스 시저> (연출 김의경)
1971.2.26.~2.27., 국립극장

서울대 총연극회는 서울대 연극동문회와 공동주최로 갖는 제17회 정기 공연으로 <줄리어스 시저>를 공연했다. 연출은 실험극장 대표인 김의경이 맡았으며 연출기법의 다양성을 보여주었음은 물론이고, 셰익스피어극이 학생극으로서도 무한한 가능성이 있다는 것을 보여 준 것으로 평가되었다. 구히서는 시저 역이나 안토니오 역, 그리고 여자 연기자들의 연기가 부족하였지만 브루터스 역의 최장율은 좀 아슬아슬했지만 대사전달에 어느 정도 성공했고, 캐시어스 역의 김윤철이 제대로 말을 전달해 주었고, 신인 신나가 잠깐 대사를 듣게 해주었다는 평을 하며 이 공연은 주역배우들의 연기보다 떠드는 군중이 조성해놓은 일반적 분위기가 성공한 점이 특이한 일이라 할 수 있다고 군중의 결집력을 칭찬했다.[280]

■ 1974년에는 문리과대학에서 <오셀로>를 영어극으로 공연하였다.

■ 연세대학교

연세대학교에는 명문으로 소문난 오화섭 교수가 재직하였으며, 오화섭 교수의 번역작품은 한동안 셰익스피어극에서 가장 많이 공연된 바 있다. <템페스트>(표재순 연출)로 1967년 공연하였음은 이미 설명하였지만, 연세대도 영어영문학과에서는 1971년부터 1976년에 <The Merchant of Venice>를 영어극으로 공연하였으며, 1986년에는 <Romeo & Juliet>(전창주 연출)을 영어극으로 공연하였다. 하나는 희극이고, 하나는 비극이며, 우리나라에서는 인기작품들이어서 영문학 전공자들에게는 구미가 당길만한 작품들이다. 많은 연극인을 배출한 동교의 극예술연구회는 1982년에 <템페스트>(오화섭 역, 김상범 연출), 1985년 동교 창립 100주년 기념공연으로 <한여름 밤의 꿈>(김재남 역, 김철리 연출)을 이기하 예술 총감독의 지휘하에, 그리고 <햄릿>을, 1995년에는 <한여름 밤의 꿈>(오세곤 역, 김태수 연출)을 동교 110주년 기념으로 노천극장에서 공연하였다.

한가지 특이한 일은 동교 의과대학의 세란극회가 <말괄량이 길들이기>(김철리 연출)를 공연한 것이다.

4. 변용적 수용과 공연

예술은 이념을 표현한다. 철학이 있다. 그리고 미를 추구한다. 표현방식은 문학, 음악, 회화, 조각, 연극, 영화, 건축 등 다양하다. 문학은 시, 소설, 희곡, 수필 등으로 구별된다. 소설은 그 내용이 각색이란 과정을 통해서 연극이나 영화로 변형한다. 명작일수록 예술성의 고취와 흥행성을 위하여 영화화되는 경우가 많다. 변형이 없어도 소설로서의 문학적 기능은 한결 같다. 그런데 희곡은 공연을 전제로 하고 있다. 음악에 있어서 오페라로 종합예술화 되듯이 희곡은 공연이라는 종합예술이 되는 기반이다. 글 자체로만 표현된 문학작품과 다르게 무대가 필요하고 관중이 필요하다. 관중의 기호는 시공에 따라서 동일하지가 않다. 이러한 조건에 맞추어 예술과 흥행의 두 토끼를 잡으려면 두 가지 길이 있다. 하나는 원작의 예술성과 철학을 반영하는 충실한 표현으로 전통성을 확립하는 방법, 그리고 또 하나는 관중의 기호에 맞게 시대적, 지역적 특이성이나 관중의 취향파악과 그들의 만족도를 고양하기 위한 길을 찾는 것이다. 후자의 경우는 다종다양한 변용을 시도하게 되는 것이다. 대문호의 저명작품일수록 공연회수도 많고 전통성과 변용성의 두 길로 가는데, 관중의 기호성과 흥행성을 고려하며 공연의 재정적인 부담을 낮추기 위해서 변용된 작품 공연이 비율상 커지고 있다.

따라서 셰익스피어 작품의 변용은 위에서 말한 예술성, 시대와 지역성, 관중의 기호와 공연상의 무대장치와 진행으로 변용이 시도됐다. 국내외에서 많은 변용이 시도되었으며 변용적 수용을 흔히 번안이라고도 한다.

우리나라에서 공연된 외국작품 세 가지와 우리나라에서 민속화되어 변용된 우리 작품을 살펴보겠다.

1) 서구에서의 변용과 공연

■ 극단 사계 (작 장 사르망, 역 이창구, 연출 정진)
<햄릿 다시 태어나다> 1977.9.8.~9.12., 세종문화회관 별관

이 작품은 장 사르망(Jean Sarment)이 1922년에 쓴 <햄릿의 결혼>(Le Marriage D'Hamlet)을 개명한 것이며, 사계는 2막으로 공연하였으나 원작은 서막과 3막으로 구성되어 있다. 사르망은 이 작품을 감상적이고 쓸쓸한 유머를 가혹한 현실로 그려냈으며, 간결한 화법으로 미묘한 심리의 움직임을 묘사했다. 그 내용은 햄릿이 죽은 후에 왕자가 아닌 평범한 신분으로 다시 태어남으로써 생긴 사건에 포커스를 맞춘 극이다.

> 프랑스의 전위극작가이자 배우인 장 사르망이 1922년에 발표한 <햄릿의 결혼>은 셰익스피어의 <해믈릿>을 소재로 덴마크의 시골에서 다시 햄릿으로 태어나 또 한 번 죽기까지의 얘기를 희극적으로 그린 작품이다.[281]

서막은 17년 전 죽은 덴마크의 왕자 햄릿에 관한 소송사건의 전모를 아브라함이 신에게 이야기하는데서 시작한다. 원작 <햄릿>과 마찬가지로 폴로니어스는 햄릿의 칼에 죽고, 오필리아는 물에 빠져 죽었으며, 상속문제로 고민하고 있던 햄릿은 레어티즈와의 결투에서 죽게 되고, 노르웨이에 의해 통치당한다.

1막에서 햄릿, 그리고 오피이리어의 새 삶이 시작되는데, 오피이리어와 햄릿이 결혼하기로 되어 있다. 그러나 오피이리어는 햄릿이 왕자가 아닌데 실망하고, 시녀의 신분인 오필리아란 새로운 인물이 등장하여 햄릿을 사랑하게 된다. 2막은 햄릿과 오피이리어의 결혼식 날로 햄릿이 신방에 들기 전 햄릿을 놀려주기 위해 유령복장을 하고 나타난 한즈를 만나서, 아비가 독살되었다는 이야기를 듣게 되면서 시작된다. 햄릿은 복수를 하기로 하고, 신부인 오피이리어를 영원히 처녀로 두기로 하며, 자신의 목걸이를 지참금으로 주고, 사랑을 고백하는 오필리아에게 자신의 반지를 주고 떠나버린다. 3막에서는 2막에서 햄릿과 오피이리어의 결혼을 반대했던 대위가 오피이리어와 마침내 결혼하기로 한다. 한편 대위는 햄릿이 왕손이 아니라 일개 마부의 자식일 뿐이라고 사람들에게 알리자, 포로우니어스와 오피이리어는 초라한 모습으로 돌아온 햄릿을 조소한다. 포로우니어스에 의해 돼지치기로 좌천된 햄릿에게 오필리아는 더욱 진정한 사랑을 느끼는데, 그녀를 겁탈하려 한 포로우니어스는 또다시 햄릿에 의해 죽임을 당하고 햄릿과 오필리아는 마을 사람들이 던진 돌에 맞아 죽음을 당한다.

이런 작품줄기에서 보듯이 셰익스피어 원본의 햄릿, 오필리아, 폴로니어스는 <햄릿 다시 태어나다>에서 각각 햄릿, 오피이리어, 그리고 포로우니어스로 환생한다. 그리고 오피이리어와 햄릿의 인물에 중점을 두고 있으며, 오피이리어와 오필리아를 대조시킴으로서 진실한 사랑이 무엇인가를 일깨워준다. 셰익스피어 원작의 사건을 토대로 하고 있지만, 왕자로서의 햄릿의 고뇌보다는 다시 태어난 햄릿은 덴마크의 왕자가 아니고, 평범한 사람으로 스스로 마부의 자식이라고 치부하고 있으며, 사랑의 결핍과 결혼이라는 테마에서의 한 순수한 인간으로 표현되고 있다. 오피이리어는 청순함이나 햄릿에 대한 사랑이 변절되어, 햄릿이 더 이상 왕자가 아닌데 대하여 실망하고 마음이 돌아서는 것을 보여주는 대신, 오필리아는 하녀에 불과한 신분이나 햄릿에 대한 진실한 사랑을 보여준다. 포로우니어스는 원작에서와 다름없이 권력을 추구하여 재판관이 되고, 욕정으로 오필리아를 범하려 하다가 다시 햄릿에게 살해당한다. 그리고 햄릿과 오필리아는 마을 사람들이 던진 돌로 살해되는 종막이니, 결론은 주연자들이 죽은 원작의 줄기와 비슷하다.

사르망은 이 작품을 통해 감상적이고 쓸쓸한 유머로 가혹한 현실을 그려내고, 간결한 화법을 통해 미묘한 심리의 움직임을 묘사했다[282]고 평가할 수 있다.

■ 극단 맥토 (작 찰스 마로윗츠) <마로윗츠 해믈릿>
   1. 1974.12.27.~12.29., (역 김윤철, 연출 김효경) 국립극장
   2. 1981.1.2..~1.15. (역 김윤철, 연출 이종훈) 운현극장

이 작품은 셰익스피어 원작을 극작가인 마로윗츠가 현대적 시각에서 재구성해 본 작품이다.[283]

찰스 마로윗츠(Charles Marowitz)는 공연연보를 통해 지금의 <마로윗츠 햄릿>이 완성되는데 있어 "<햄릿>이 이렇게 콜라주로 재구성되기까지 많은 과정을 거쳐야만 했다"[284]고 밝혔듯이, 콜라주 형식으로 재구성된 실험극 <마로윗츠 해믈릿>은

원작 <햄릿>의 줄거리를 따르고 있지만, 구성면에서는 현저한 차이를 보이고 있다. 먼저 등장인물들은 햄릿, 포틴브라스, 레어티즈, 오필리아, 로젠크란츠, 길덴스턴, 광대, 유령, 왕, 왕비 등으로 제한되어 있고, 작품의 진행은 햄릿의 의식의 흐름에 따라 구성된다. 부왕의 암살과 왕비의 조혼이라는 사건 속에서 햄릿은 광기와 정신착란을 일으키고, 유령의 복수종용에 의해 고뇌하는 햄릿의 모습을 오필리아는 연민의 정으로 지켜본다. 한편 오필리아에 대한 햄릿의 의심과 포틴브라스가 준 장난감 칼을 가지고 복수를 하는 모습 등은 기존의 햄릿의 성격에서 벗어나, 현대인의 신경질적이고 정신분열적인 모습을 단적으로 보여준다. 극의 중간에서 팬터마임으로 왕과 왕비의 부정을 나타내고, 유령의 등장을 오버랩 수법을 쓰기도 한다. 이렇게 하여 마로윗츠는 현대의식과 현대감각이라는 두 명제를 염두에 두고 잡다한 사건들을 의식의 흐름수법으로 재구성함으로써 심오한 철학보다는 현대의 무의식 속에 살아 있는 기존 관념들을 파괴하였다. 이 극은 원작 <햄릿>이 가진 낭만성을 배제하고 인간 내면의 부정적 측면을 통찰한 것이다. 오필리아는 원작에서 정숙한 여인이나, 이 작품에서는 클로디어스와의 내연의 관계로 복선을 깔고 그녀를 보는 햄릿은 욕정에 사로잡힌 비천한 인물처럼 보일 수 있도록 했다.

이처럼 마로윗츠는 작품 <햄릿>을 통해 모더니즘적 기법을 보여주었다.

■ 현대극장 (작 외젠 이오네스꼬, 역 전채린, 연출 표재순)
<막베뜨> 1976.10.4.~10.18., 시민회관 별관

현대극장은 실험극장의 창립동인으로서 1960~1976년 실험극장 대표를 지낸 김의경이 창단하였다. 이 작품은 현대극장의 창단공연작품으로 국내 초연작이다.

베케트와 더불어 20세기 부조리 연극의 쌍벽으로 일컬어지는 이오네스꼬는 그의 부조리극에 등장하는 인물들을 소외된 인간, 커뮤니케이션 기능을 상실한 인간, 또는 성적으로 공허한 인간으로 나타내고 있다. 그런데 이들은 오늘날 물질만능주의와 기계문명, 그리고 전쟁을 동반하는 사회 속에서 개성마저 상실한 고뇌하는 현대인의 모습인 바, 이들은 관객에게 실소의 대상으로 <맥베스>를 패러디화한 이오네스꼬의 <막베뜨>는 셰익스피어의 <맥베스>를 패러디화한 것이며, 총14장이다.

작품 저변에는 권력에 도취함을 경멸하는 이오네스꼬의 날카로운 정치비판이 깔려있다. 등장인물과 시대배경은 원작과 비슷하나, 등장인물의 이름이 약간씩 변형되고 14명의 출연자가 원작의 인물들의 역할(50명)을 분담한다.

<막베뜨>의 내용은 백성을 약탈하는 소극적 인물 덩깡왕이 전쟁에서 패배할지도

모른다는 생각으로 도피 준비를 하자, 부인은 직접 전장에 나가 막베뜨와 방꼬를 만나 전세가 우세힘을 확인하고, 막베뜨에게 추파를 던진다. 막베뜨와 방꼬에게 예언을 한 마녀 두 명이 막베뜨 앞에 부인과 시녀로 변신하여 나타나자 막베뜨는 부인에게 사랑을 맹세하고, 변신한 부인은 막베뜨에게 단검을 주면서 그가 절대로 패배하지 않을 것이라고 확신을 준다. 막베뜨는 방꼬와 함께, 그리고 부인까지 합세하여 덩깡을 살해한다. 그러나 막베뜨는 방꼬를 살해한다. 마녀들은 덩깡 부인을 지하실에 가둬놓고 변신시켜서, 막베뜨와 결혼하게 한다. 이 사실을 덩깡왕의 혼령이 막베뜨에게 말해주고, 이후 유학을 다녀온 덩깡왕의 아들 마꼴이 돌아와 막베뜨보다 더 잔인한 전제군주가 될 것을 다짐한다.

배반의 메커니즘, 권리의 허무함[285] 등을 다룬 이오네스꼬의 <막베뜨>는 많은 등장인물에 비해 대사는 극히 절제되고, 무미건조하다. 전장, 유령, 걸어 다니는 숲 등의 단순화된 장면을 강렬한 조명과 음향효과로 처리하고 있다.

원작에서는 마녀들의 예언이 있었지만, 그 비극의 시작은 왕위를 탐하게되는 맥베드의 의지에서 비롯되었고, 이로 인해 일어나는 모든 일들도 맥베스가 주도하고 있다. 그러나 <막베뜨>에서 발생하는 비극적인 사건들은 처음부터 마녀들의 계략에 의해서 주도되고 있고, 막베뜨, 또한 그녀들이 쓴 대본에 충실한 꼭두각시의 모습을 보여주고 있다.[286] 권력에 대한 강한 집착을 나타냈던 그도 결국 마꼴에 의해 제2의 덩깡이 되어버리는 것이다. 바로 여기서 우리는 마꼴에게서 또 다른 막베뜨를 보게되고 무엇이곤 집착을 털어버리지 못하며 결국 비극을 맞게 된다는 그의 불교적인 인간과의 한 편린을 엿볼 수가 있다. 셰익스피어의 <맥베스>가 갑옷투구 차림의 운명적인 패배자라면 이오네스꼬의 <막베뜨>는 벌거벗겨지고 해부당한 인간, 바로 현대적인 모습이라 할 수 있다.[287]

작가 송영은 연기진의 연기 및 대사의 묘미가 십분 발휘되어 단순히 웃음을 자아내는 피상적 전달에 머물지 않고, 대사마다 별개의 주제를 연상시킬 만큼 잘 승화되고 있어, 전위극에의 거부반응이 해소된 수준 높은 공연이라고 관극평을 했다.[288]

현대극장의 <막베트>가 주목할 만한 공연이 될 수 있었던 것은 안무(육완수), 의상(최경자), 소품/장치/조명디자인(영국의 젊은 무대미술가 그레이엄 스노우)이 일조한 것이다. 참고로 1976년 극단 현대극장의 공연 이후 이오네스코의 <막베트>를 공연한 극단은 경희대학교(1977), 목화(1985) 등이 있다.

2) 한국에서의 변용과 공연

■ 극단 가교 (역 이근삼, 각색 김상열, 연출 이승규) <실수연발>
　1971.5.6.~5.9., 국립극장

　신라의 상인 안지온은 상해로 가게 된다. 그곳에서 두 쌍둥이 아들을 낳고, 버려진 말뚝이 쌍둥이 형제를 데려다가 하인으로 부린다. 이들이 신라로 귀향하던 중 풍랑을 만나 이산가족이 된다. 아버지는 작은 아들(안후달)과 작은 말뚝이와 함께 구조되고, 어머니는 큰 아들(안선달)과 큰 말뚝이와 함께 구조된다. 이들 두형제가 서로를 찾아 헤맨다. 무대는 백제의 기벌포, 여기서 일어나는 것은 제목 그대로 주인 쌍둥이들과 하인 쌍둥이들로 해서 일어나는 요지경의 대소동 속에서 이산가족이 재회하는 로맨스다. "언어, 습관, 의상의 엄격한 고증은 무시됐지만 우리말의 리듬과 색깔을 잘 살려 관객의 귀에 거침없는 즐거움을 전달할 수 있었다." 이러한 열매는 "광대(윤문식)의 두 말뚝이(박경현, 기운희), 대사와 연기가 함께 빛을 내고 있다."[289]는 구희서의 따스한 비평이 있었다.

■ <몇일 후 며칠 후>[290] (작 송성한)

　1975년 동국대 연극학보에 소개된 송성한 작 <몇일 후 며칠 후>(전 2막 3장)는 셰익스피어의 비극 <오셀로>에서 모티브를 얻어 원작의 주인공들과 유사한 성격과 이름을 그대로 따왔으나 내용은 판이하게 다른 창작희곡이다. 이 작품에 대한 설명은 제4장 2. 오셀로의 수용 2) 다양하게 변형되는 <오셀로> 편을 참조하기 바란다.

■ 동낭레퍼토리 극단 (번안/연출 안민수) <리어왕>
　1973·11.18.~11.28., 드라마센터

　안민수는 광대에 각별히 중점을 두어 <리어>를 번안했다. 비평가 얀 코트(Jan Kott)는 "<리어왕>의 주제는 세계의 해체와 붕괴이다"[291]라고 주장했으며, 또한<리어왕>의 세계와 똑같이 모든 사회적 지위도 인격으로서의 가치도 마치 "양파의 껍질을 벗기듯이"[292] 벗겨지는 인간의 모습을 발견하여, 아무리 정의를 구하며 신(神)을 구해도 아무런 해답도 얻지 못하는 가운데 "인간의 잔해가 신을 구해 부르짖는 모습은 얼마든지 어리석고 우스꽝스럽다"[293]고 <리어왕>의 세계를 지적하였다. 이 우스꽝스러움을 간파하여 이 광기의 세계를 있는 그대로 받아들이는 광대를 이 극의 인물들 중에서 가장 높이 평가하고 있다. 따라서 안민수의 <리어왕>은 코트가 주장하는 광대의 맥락에서 연관시켜 볼 수 있다.

　연출자 안민수는 <리어왕>의 세계를 바보들의 놀이로 해석하고 현대적 감각을 살린 연출을 보여주었다. 무수한 '바보들' 세계의 축소판294)으로 불리는 1973년 번안극 <리어왕>은 자신이 바보인 줄 모르는 '가짜바보'와 사신이 진짜 바보임을 인식하고 처음부터 바보로 행세하는 '진짜바보'의 세계로 나눠진다. 대부분의 등장인물들은 자아를 직시하지 못하고 가짜바보로 살아가며, 광대바보만이 오직 진짜바보로 자신의 내면세계를 진실의 눈으로 바라본다. 그러나 가짜바보였던 사람들 중 글로스터나 에드가, 그리고 리어만이 맹인과 광인이 되어 진짜바보로서 자신을 인식하고, 고행의 길을 통해 깨달음을 얻고 자신들의 과거에 속했던 잔혹성과 난폭성을 극의 주조로 삼은 부조리한 세계를 인식하게 된다. 그리하여 우리 시대의 <리어왕>을 클로즈업시켜 준다.

광대의 세계와 일반의 세계를 대위법적으로 분리, 미치지 않은 세계의 광적인 현상을 선명히 드러내면서 보다 높은 차원에서의 예술의 합치를 유도해 갔다.295)

이상에서 볼 수 있는 바와 같이 이 작품은 어떤 면에서 각색이라기보다는 셰익스피어가 그린 본질을 그대로 보이면서 부조리의 세계를 확대시킨 것이다.296) 그런데 "<리어왕>의 세계에 가득한 '바보'들의 놀이는 권력과 탐욕을 향한 갈등으로 펼쳐지며, '리어'나 '글로스터'처럼 진짜로 미쳐버리거나 장님이 됨으로서 광대의 세계를 나타낸다. 그런데 우리가 그렇게 밖에 살아갈 수 없는 부조리의 세계"297)라는 것이다.

■ 동낭레퍼토리 극단 (번안/연출 안민수) <하멸태자>
   1. 1976.10.20.~10.27., 드라마센터
   2. 1977.2.22.~2.24., 시민회관 별관
   3. 1977.3·13.~5.23., 해외순회공연

동낭레퍼토리 극단으로 명칭을 바꾼 드라마센터는 <하멸태자>를 공연하였다. 1977년에는 해외 순회공연을 하였다. <하멸태자>는 원작 <햄릿>을 우리나라의 옛 배경을 바탕으로 우리 정서에 맞게 각색된 것이다. 이 작품 구성은 원작과 거의 다를 바 없으나, 동양이 배경이 되며, 특히 한국적인 번안이 특색으로 꼽힌다. 먼저 등장인물 중 주요인물의 이름을 원작과 비교할 때, 햄릿은 하멸태자, 클로디어스는 미휼 왕, 거트루드는 가희왕비, 폴로니어스는 파로, 호레이쇼는 호려쇼, 오필리아는 오필녀, 레어티즈는 대야손, 선왕은 지달 왕, 그리고 오즈릭은 정신(廷臣) 등으로 대체시켰다. 장소에 있어서는 덴마크는 아살, 영국은 타사도로로 표현하며, 생선장수는 포대장, 곤자고의 살인은 서초왕의 시역, 수녀원은 절간, 배우는 사당패, 천당은 열반, 무덤 파는 광대는 상도꾼으로 각각 비쳐지는 냄새를 풍기기도 한다.

<하멸태자>는 장과 막의 구분이 없는데, 원작과 차이를 보이는 것은 오필녀와 가희왕비를 보다 한국적 여성으로 나타내고 있는 점이라 하겠다. 정작 무대공연에서 결투장면은 일본무사들과 같은 동작을 한다거나, 일본 '노'극에서처럼 하얗게 얼굴에 칠하는 분장을 하는 등의 일본극을 따라 하는 어처구니없는 요소들이 삽입되었다.

해외공연에서는 일본의 '노'에서처럼 얼굴은 하얗게 칠하는 분장과 일본식 의상도 고쳤을 뿐 아니라 광대의 탈춤과 오필녀의 승무 등을 삽입했다.[298]

그러나 이런 혹평에도 불구하고 <하멸태자>는 셰익스피어극의 새로운 시도로 극찬을 받기도 했고, 동양의 여러 가지의 연극형태와 우리 전통형식을 맞춰본 시도인 것은 분명하다.

■ 극단 은하 (번안 민촌, 연출 서민) <팔자 좋은 중매쟁이> 1978.6.4.~6.6., 드라마 센터

1978년 극단 은하는 셰익스피어 원작 <십이야>를 번안한 <팔자 좋은 중매쟁이>를 공연했다. 출연진은 서정일, 이근후, 이일섭, 김정희 등[299]이다. 원작 <십이야>의 무대를 우리나라의 작은 항구도시로 옮겨와 6·25 전쟁으로 헤어진 쌍둥이 남매의 상봉 이야기로 재구성한 것이다. 작품에 대한 설명은 제4장 6. 비극과 희극의 개별적 수용. 희극 7) <십이야> 편을 참조하기 바란다.

■ 극단 76극장 (편극/번안/연출 이길재)
이길재 모노드라마 <해믈리트>
1. 1979.10.2.~10.16, 하나방 소극장
2. 1979.11.29.~12.8., 공간 사랑

연극배우 이길재가 셰익스피어의 <햄릿>을 각색·연출하여 모노드라마로 만들어 자신이 출연한 <해믈리트>를 공연하였다.

이야기는 햄릿 앞에 선친의 망령이 나타나 숙부와 왕비와의 탐욕스런 흉계에 의해 독살됐음을 알리는 것으로 시작된다. 망령으로부터 복수의 임무를 부여받은 햄릿은

광기를 가장한다. 왕의 본심을 알아내기 위해 햄릿은 유랑극단을 이용하여 <곤자고의 살해>를 공연케 한다. 숙부인 클로디어스에게 복수를 가할 기회를 넘나들다 보니 불행이라는 비극의 이름은 고리를 물고 잇따라 일어나 결국 햄릿 당사자는 물론이요, 그가 사랑한 어머니 왕비, 오필리아, 그리고 왕, 폴로니어스, 레어티즈 모두 죽고 광대만 남아 허무의 노래를 부르며 막이 내린다.

사랑이니 연애니 젊은 시절에 즐거운 시절이었지
세월이 가면 아-세상만사 허사로다.[300]

3) 1980년대 억압과 개화

연극은 어느 예술장르보다도 정치상황과 밀접한 관계를 지닌다. 연극은 직접적인 행동의 예술이기 때문이다. 이 말은 1980년대의 정치변동 상황에 따라 우리 연극이 적지 않게 영향을 받았다는 것이다. 제5공화국은 군사독재였고, 연극도 사회적 문화적으로 탄압을 받게 됐으니, 경박한 희극이나 애정물 같은 것이 판을 칠 수밖에 없었다. 그 무렵 서머셋 모음(Somerset Maugham)이나 노엘 카워드(Noel Coward) 등의 작품이 무대에 오른 것도 그런 시대상황과 무관치 않을 것이다. 그러다 보니 저항이 생기게 마련이었다.

세계의 역사는 문화의 고양이다. 그 조류를 타야하는 한국도 개화를 멈출 수는 없었다. 이러한 세대가 1980년대이다. 셰익스피어는 계몽과 개화를 넘어서 그 수요는 파도처럼 물결친다. 셰익스피어에 대한 새로운 해석이 일기 시작한 것도 그때였다. 그것이 <햄릿> 공연이었고 연극이었다. 1981년에 3개의 <햄릿>이 무대에 오른다. 극단 맥토의 <마로윗츠 햄릿>의 재공연, 현대극장의 <햄릿>, 그리고 극단 76 기국서의 <햄릿> 공연이다.

맥토의 <햄릿>은 전통적인 <햄릿> 무대와는 거리가 먼 작품 해석을 바탕으로 영상화면을 사용하여 무대에서 볼 수 없는 많은 장면을 보여주었고, 현대극장의 <햄릿>은 간단한 의상과 일상적인 어휘를 사용하며 관객과의 접근을 시도하였고, 광기의 가면 속에 붕괴되는 인간감정의 처절상을 잘 표현하여, 폭력감을 전달하려고 하였다. 기국서의 <햄릿>은 절대권력구조에 대한 혐오를 풍자형태로 묘출하는 반정치적, 반사회적 저항이었다. 그리고 <햄릿 1>에 이어서<햄릿 2>, <햄릿 3>, <햄릿 4>, <햄릿 5> 등을 연작으로 발표하였다. <햄릿> 공연은 한결같이 러시였으며 위의 세 작품은 그 대표선수감이고 성공적으로 햄릿을 연기한 배우들은 우리나라의 명배우들이었다. 김동원, 최불암, 김동훈, 정동환, 유인촌 등이다.

셰익스피어 공연에서 잊지 못할 연극인은 이해랑이다. 그는 <오셀로>의 이아고 등으로 널리 알려진 연기자이다. 1980년대에 셰익스피어의 작품을 10회 연출하였고 83년에 <리어왕>과 85년, 89년에 <햄릿>을 연출하여 최고의 극찬을 받은 바 있다. 필자는 지금도 셰익스피어의 연극적 수용에 있어서 유치진, 이해랑, 김동원을 선각자라고 치부하고 있다.

<햄릿> 공연 이외에도 1981년에 <멕베드>(유혜련 역/각색, 김승수 연출), 1986년에 <막베드>(이태주 역, 무세중 각색/연출)의 공연이 있었다. 유혜련은 "등장인물들을 그대로 두고 상황과 내용을 현대로 옮겨 각색한 이색연극"[301]이요, "권력 찬탈자의 인간적인 고뇌와 불안과 파멸에 이르는 극적 설정 이전에 인간의 야망에 대한 정치연극의 핵심은 숨겨진 진실을 드러내는데 있다"[302]라고 각색 의도를 밝힌 바 있다.

1980년대라는 시대에 상응하는 번안 작품으로는 안민수의 <리어왕>을 꼽을 수 있다. 유민영은 "인생을 한바탕 어릿광대들의 짓거리로 보려고 애쓴 연출의 스펙터클한 점"[303]이 탁월한 솜씨라고 평하였다.

셰익스피어의 수용은 거의 비극이 주류였지만, 극단 가가(구명 거론)는 '한일 셰익스피어 연극제' 참가작품으로 <한여름 밤의 꿈>(A Midsummer Night's Dream, 주백 편저, 김용수 연출)을 삼일로 창고극장 무대에 올렸다. 주백은 편저의 목적을 "시대의 현대화와 무대의 한국화 그리고 등장인물의 수를 줄이기 위한 작업일 뿐이다."[304]라고 밝혔으며 종막이 무언의 굿으로 끝나는 것이 이색적이었다.

극단 거론은 1987년에 <한여름 밤의 꿈>을 <사랑앓이 대소동> (주백 번안, 권영근 연출)이란 제목으로 공연하였는데, 극의 구조를 단순화시켰거니와 우리시대에 맞게 번안함으로써 셰익스피어의 한국적 대중화[305]를 시도하였다.

1980년대의 대학극 공연은 희극의 공연이 활발해졌으며, 희극이 27회, 비극이 26회로 전대에 비해서 희극에 많은 관심이 모아졌다고 할 수 있다. 그리고 대학다운 특징으로 원어극이 성행하였다. 연세대가 6회, 전주대가 5회 공연을 하였으며 연고대가 두 번째로 맞대결하는 연극공연은 흥밋거리였다. 80년대의 직업극단의 공연이 59회였는데 대학극이 53회였으니 대학공연이 셰익스피어의 수용붐 조성에 공이 크다고 할 수 있다.

이에 비하여 직업극단은 자랑할 만한 실적이 보이지 않는다. 그리고 직업극단의 레퍼토리는 여전히 비극 위주였으니, 비극이 36회, 희극이 23회였다. 직업극단이 자랑할 만한 일은 85년과 89년에 공연한 이해랑의 <햄릿>이다. 이들 공연은 기존의 공연에 비하여 엄청난 제작비를 투입하였고, 화려한 무대에서 셰익스피어극을 상당 수준 향상시켰으며, 그 때까지의 <햄릿> 공연을 능가한 수작이였다.

<오셀로>와 비극이 아닌 <뜻대로 하세요>와 <말괄량이 길들이기> 등의 공연은 비교적 좋은 평을 받은 것은 수용사에 기록할만하다.

우리나라 연극계가 영미와 일본과 교류를 하게 된 것은 뜻깊은 일이다. 선진국화와 영국의 BBC TV에서 제작한 셰익스피어 작품의 방영, <Romeo & Juliet>의 변용 영화인 <West Side Story>의 종합 예술화된 Musical 영화 등은 인기몰이도 되었거니와 문화의 대중화이며, 셰익스피어의 이해와 감동으로 크게 기여한 것이다. 또 세계연극계의 중진 얀 코트(Jan Kott) 등의 내한, 변용극의 도입과 공연 등도 80년대의 수확물이다. 그러나 직업극단은 앞으로도 발전할 수 있을 것이다. 다만 우리나라 연극계의 재정적 부담능력이 공연 횟수나 질적 향상에 하나의 선을 긋고 있으니, 나라와 사회의 동참의식이 필요하다. 필자가 항상 주장하듯이 셰익스피어 전용극장이나 로렌스 올리비에 같은 탁월한 연극인의 탄생이 이루어지면, 문화선진국에 못지 않게 우리도 우리나라의 문화수준에 자긍심을 갖게 될 것이다.

이상 80년대의 연극개황을 기술하였으니 연극계의 수용내용을 살펴보기로 한다.

4) 연달은 <햄릿> 공연

<햄릿>은 셰익스피어의 대표적 비극의 하나이다. 공연회수도 특일등이다. 우리나라도 <햄릿>은 번역에서나, 연극공연에서나, 또 학문적 연구에서도 절대다수의 자리를 지키고 있다. 아버지를 살해하고 어머니를 유린한 숙부에 대한 복수를 맹세한 왕자 햄릿은 주위를 기만하기 위해 광기를 가장하지만 복수를 했을 때 그 자신도 검에 묻은 독 때문에 죽는다. 추악함과 정의의 틈새에서 갈등하는 청년상을 묘사한 4대 비극 중의 한 작품인 <햄릿>은 한 인간의 인생역정이 아니라, 전 인류의 것을 가리키려 한 것이다. 이는 마법의 거울인 셈이며 그 안에서 우리 인간은 반사된 자기 자신을 보는 것이다. 그래서 해롤드 C. 고다드(Harold C. Goddard)는 <햄릿>을 "폭 넓은 거울"[306]이라 하였다. 햄릿은 사실상 모든 시대의 햄릿이다. 우리나라에서 <햄릿> 공연사상 햄릿을 멋지게 창조해낸 김동원, 최불암, 정동환, 유인촌, 등의 햄릿 연기는, 그들의 <햄릿>을 관극한 사람들의 심금에 아직도 깊게 자리잡고 있을 것이다. 1,2차 세계대전을 겪으면서 햄릿은 부패한 궁정의 이질적 지성인의 환상을 거부하는 전후세대들에게 우상이 될 수 있었다. 지금도 <햄릿> 무대의 주인공 햄릿

왕자는 이제 과거의 서정적인 햄릿, 로맨틱한 햄릿, 변화무쌍한 성격의 햄릿에서 이 시대의 보편적인 불안과 부조리를 보여주는 것으로 바뀌고 있다.

셰익스피어의 작품, 그중에서도 <햄릿>을 우리식으로 수용하려는 시도가 1970년 후반부터 제기되었고, 안민수의 <하멸태자> 이후인 1980년대부터도 다시 계속되어 왔다. 연출가는 <햄릿>의 비극이 단순한 궁정비극이 아닌 정치사회적 비극의 전형임을 제시한다.[307] 얀 코트가 지적했듯이 <햄릿>에는 다양한 주제가 내포되어 있다.[308] 우린 거기에서 어떤 주제라도 택할 수 있고, 꿈을 먹고 사는 젊은이, 건달, 비겁자, 우리들의 자화상 등. 우리가 생각하기에 따라서 가지가지의 인물상으로 구현되는 것이, 시공을 초월하여 관객들의 인기를 끄는 것이리라.

■ **극단 맥토 (역 김윤철, 연출 이종훈) <마로윗츠 햄릿>**
　　1981.1.2.~1.15., 운현극장

1981년에 3종류의 이색적인 <햄릿>이 공연되었으며, 극단 맥토의 <마로윗츠 햄릿>(the Marowitz's Hamlet)의 재공연과 극단 현대극장의 <햄릿> 그리고 극단76의 기국서의 <햄릿1> 공연이라고 진술하였는데, <마로윗츠 햄릿>은 1974년 때의 김효경으로부터 이종훈으로 연출이 바뀌었고, 그 공연은 성공한 무대였다. 영상화면의 사용으로 무대에서는 볼 수 없는 많은 것을 보여주었으며, 왕은 오필리아와 키스하는 등 유명한 장면들을 희화화하며 영화화했다. 광대가 햄릿에게 사리 판단을 가르치며, 활동사진을 통해 햄릿에게 왕에 대한 복수심을 자극시켜 준다. 이 극에서 햄릿은 왜소하며, 수다쟁이이고, 골치 아픈 존재이다. 유약한 햄릿은 복수도 하지 못하고 무덤 속에 묻힌다. 복수하고자 하는 염원은 무덤 속에서 메아리칠 뿐이다. 죽은 시체들은 햄릿을 조소하고 야유할 뿐이다. <마로윗츠 햄릿>은 영국공연에서 햄릿이 무기력한 지성인이며 실제로 손 하나 까딱 못 하는 우유부단한 인물로 파악되어, 젊은 관객들로부터 환호를 받은 바 있다.[309] 그러나 정작 공연을 올리는데 있어서는 원작의 인물 햄릿과 다른 면으로 "연기자들은 작품의 난해성 때문에 고개를 흔들었다. 원작과의 이질감이 모두를 혼란시키고 있었다."[310]고 이종훈은 회고했다. 의식의 흐름을 중심으로 이루어진 <마로윗츠 햄릿>은 인물성격의 해부라는 면에서 오필리아는 클로디어스왕과 햄릿 사이를 오가는 정치적 재물로, 햄릿은 오이디푸스 콤플렉스적 해석으로 정작 부왕의 귀에 독을 붓는 손을 가진 인물로 그려냈으며, 행동적인 포틴브라스는 햄릿의 변호인으로 그를 옹호하려 하지만 결국 실패하고 마는 특징들을 그려내고 있다. 특히 마지막 장면에서 햄릿의 죽음에 대해 시체들조차 모두 경멸과 조소를 보냈다고 하였는데, 이 또한 햄릿을 모멸화한 재평가이다.

■ '제3세계 연극제' 참가작품
현대극장 (역 이근삼, 연출 표재순) <햄릿>
1981.03·16.~3.28., 101스튜디오

현대극장 대표 김의경은 "서양연극의 고전인 셰익스피어극을 워크숍 형태로 장기 공연함으로써 극단 단원들의 연기 훈련도 쌓고, 연극의 본질도 재인식해보려 한다."[311]고 공연의도를 밝혔다. 이 공연에서 유인촌이 햄릿 역을 맡아 정열적이고, 행동적이며, 그리고 냉혹한 햄릿으로 두각을 나타내 1985년과 1989년에 있었던 <햄릿>의 두 차례 연속공연의 시발점을 만들었다. 그는 간단한 의상과 일상적인 어휘로 관객에게 접근을 시도했으며, 광기의 가면 속에 붕괴되는 인간감정의 처절상을 잘 표현하였다. 이 공연에 대해 이태주는 "이 시대의 관심사에 눈을 돌린 싱싱한 역사 감각의 소신"[312]이라고 칭찬하였다.

■ 기국서와 <햄릿 1~5>

1980년대 연극계는 불우한 시절이었다. 밖으로는 국제화를 외치고 1988년 서울 올림픽대회를 맞이하는 등, 보다 개발되고 현대화된 모습을 보이기는 했지만, 국내 정치사정은 자유로운 기운과는 거리가 멀었다.

이러한 우리나라 실정에 정치적 문제를 염두에 둔 연극을 시작한 사람이 기국서였다. 탄압감을 느낀 기국서는 세계의 고전극, 셰익스피어의 <햄릿>의 이름을 빌어 직접적이고 직설적인 표현으로 정치적 성향의 극을 탄생시켰으며, 1981년부터 1990년 사이에 <햄릿 1~5>라는 연작을 내놓아 극계의 주목을 받았다. 이 작품들은 셰익스피어의 <햄릿>을 개작한 정치적 실험극이다. 줄거리는 원작 <햄릿>을 그대로 가져오면서 극의 마지막에서 정치적 대결로 압축시켜놓고 있다.

■ 극단 76 (역 김재남, 각색/연출 기국서) <햄릿 1>
1981.4.16.~4.21., 국립극장 소극장

<기국서의 햄릿>이라고도 부른다. 기국서는 청바지를 입은 70여명의 젊은이들(동국대, 서강대, 연세대의 대학연극인들)을 무대에 세우고, 평상적인 궤도를 벗어나 새롭고 실험적인 무대로 만들었다. 일종의 절대구조에 대한 혐오와 풍자의 형태가 그려졌으며 장엄해야 할 무대 위에 폭죽이 터지고 총성이 울리고 한 무리의 인형들이

어울리는 등 괴팍하였다. <햄릿>은 <황량한 현대> 바로 그것이었다.[313]

다음은 정중헌과의 인터뷰에서 연출가 기국서가 밝힌 말이다.

실험을 위한 실험, 혹은 가난한 연극이라는 이유로 도외시 되어온 실험극을 젊은 연극의식으로 다져볼 생각입니다. 특히 한국 실험극의 왜소한 여건을 벗어나 보다 나은 여건 아래서 마음껏 표현양식을 펼쳐보자는 것이 이번 무대입니다.[314]

기국서는 한국 연극계의 빈곤한 여건에서 보다 자유롭고 재정적인 구애를 받지 않는 실험극으로 역사적 맥락에서의 <햄릿>이 아닌 오늘의 이 시대의 <햄릿>을 만들었다.

그 옛날 덴마크 왕가의 피로 물든 비극적 역사, 무서운 음모의 역사를 그린 원작의 재현이 아니라 역사 곁을 무감각하게 맴도는 방관자들에게 초점을 맞춰보았습니다. 커다란 역사가 바로 자기들 곁에서 바뀌어도 이기적인 내면을 드러내는 어리석은 인간들의 모습, 그들에 대한 분노와 비웃음을 셰익스피어의 <햄릿>을 통해 고발해 보자는 것이지요.[315]

<햄릿 1>에서 레어티즈는 삼판 승부에서 햄릿에게 패배하여 죽지만 독약을 바른 검 끝에 햄릿도 죽어가면서 왕을 살해한다. 왕비는 독배를 마시고 숨져 있었다. 그러나 이야기는 여기서 끝난 것이 아니다. 조명이 밝아지면서 결투는 다시 시작되고, 이번에는 햄릿이 레어티즈의 검에 찔려 죽고, 이를 구경하던 호레이쇼, 길덴스턴, 로젠크란츠 등 햄릿의 친구들이 달려들어서 왕과 레어티즈를 검으로 난자한다. 이런 상황은 또 다시 반복되는데, 상황의 반전, 연습처럼 되풀이되는 장면 등이 리허설의 요소로 보이며, 정치적으로는 철저한 음모극 내지 모반극으로 가져간 이 끝장면의 새로운 해석이야말로 매우 충격적이며 "황량한 현대"[316]라고 할만하다.

▣ 극단 76 (역 김재남, 각색/연출 기국서)
<햄릿 2> 부제 : '광기와 테러의 역사'
1982.11.20.~12.1., 문예회관 소극장

시대배경은 현대이며, 정치현실은 우리나라이다. 형을 죽이고 왕이 된 햄릿의 숙부와 왕의 하수인 로젠크란츠와 길덴스턴을 극중에서 마약중독자, 동성연애자로 설정, 부도덕한 지도층의 정신적 퇴폐성을 묘사하고 있다. 기국서는 <햄릿 2>에 대하여 다음과 같이 연출의 의도를 밝혔다.

> 우선 정통의 〈햄릿〉을 줄거리로 하되, 오늘의 우리현실과 연결시켜 "혼란스런 한 국
> 가의 정치적 몰락이 아련처럼 광기와 테러로 번져 파멸되어가는 과정"으로 극 흐름을
> 처리했다.[317]

이 극의 부제를 '광기와 테러의 역사'라고 명시하고 있듯이 모든 사건은 개인의 문제에서 사회문제로 그 주제를 옮겨놓았다. 따라서 '광기와 테러'는 역사를 조명했고 "사느냐 죽느냐, 이것이 문제로다"에 대해 연출은 "참이냐 거짓이냐, 이것이 문제로다"로 바꾸어 극의 전체적 주제를 달리했으며, 그 어느 누구에게도 일어날 수 있는 현상으로 보게끔 해석하고 있다. 〈햄릿 2〉는 〈햄릿 1〉에 비해 등장인물을 13명으로 압축시키고, 단순한 실험적 구성이 아닌 역사적 실험성을 지향하는 성숙된 연극을 보여주었다. 그러나 구히서는 로젠크란츠와 길덴스턴을 동성연애자로 꾸민 것에 대해 "올해 무대에 새로운 해석이었던 셈이지만 서양 연극무대 유형의 하나를 어설프게 들여왔다는 인상일 뿐, 진정한 우리의 필요로 느껴지지 않았다."[318]고 평가 절하했다. 송동준은 정치극으로서의 〈햄릿〉의 원작의 주제를 사회문제로 변형시켜 '테러와 광기의 역사'[319]라고 평하였다.

■ 극단 76 (각색/연출 기국서) 〈햄릿과 오레스테스〉-햄릿 3
1984.5.19.~5.24., 문예회관 대극장

셰익스피어의 〈햄릿〉(김재남 역본을 토대로 약간의 개작을 함)과 사르트르의 〈파리떼〉(The Flies)가 합쳐진 것이다. 이 작품은 정치상황을 바탕으로 하여 〈햄릿〉은 나약한 지성의 좌절을, 〈파리떼〉는 순수한 정신의 극복[320]으로 이 두 작품을 합하여 보여주고 있다. 문예회관 대극장 무대에서는 셰익스피어의 〈햄릿〉을, 사르트르의 〈파리떼〉는 극장 로비에서 연속 상연됐다. 연출가 기국서는 "'방황하는 젊은 지성'이라는 동일주제 밑에 〈햄릿〉은 현대의 젊은 지성이 정치적 현실 속에서 어떻게 참여하고 좌절하는가에, 〈파리떼〉는 이 좌절을 어떻게 극복하고 행동과 실천으로 옮기는가에 중점을 두어 4시간 연속공연이 일관적인 흐름으로 이끌어진다."[321]고 설명했다. 같은 주제하에서 이루어진 작업이기 때문에 〈햄릿〉의 연기진이 그대로 〈파리떼〉의 연기진으로 역을 바꾸기도 하였다. 그러나 이 연작공연은 정부의 공연중지 명령으로 인해 단 하루밖에 공연을 못하고 그 후 부득이 〈햄릿〉만을 공연하게 되었다.

연출가 기국서는 연출노트에서 첫째, 현대에 있어서 진정한 의미의 비극정신이 가능한가, 둘째, 연극을 창조하는 과정과 공연이 종래의 인습적 태도를 벗어날 수 없는가, 셋째, 연극이 단순히 관객으로 하여금 오락 및 교양의 일회적 체험이 아닌 축제나 제의적 공감대를 형성할 수 있겠는가 하는 것을 의도하고 있다고 했다. 공연 장소로서 로비를 택한 것은 관객의 충분한 참여를 의도하고, 공감대를 형성할 수 있도록 도와주려는 뜻이라고 해석할 수 있다. <햄릿 3>에 대한 언급은 극단 76의 기국서 연출로 <햄릿과 오레스테스>라는 제목으로 1984년에 문예회관 대극장에서 공연되었다는 사실 외에는 신문과 잡지 모두에서 찾을 수 없는 실정이다. 이는 1984년 공연 당시 50여명의 경찰이 문예회관 대극장을 가득 메운 사태로 미루어 볼 때 다분히 정치적 성향을 가지고 있었으리라 추측된다. 이 당시는 김영삼 단식투쟁과 버마 아웅산 사건의 시대적 상황과 맞물려 있던 시기였다.

<햄릿 3>에서 기국서의 절실한 소원은 연극을 통한 현실의 전복이었을 것이다. 그러나 공연 때 500여명의 경찰이 문예회관 대극장을 가득 메우는 등의 사태로 미루어 보아, 다분히 정치적 성향을 가지고 있음을 정부당국이 알아차려 조치를 취한 것이리라. 이처럼 정치적 주제의 공통성은 그 다음 작품인 <햄릿 4>에서도 지속적인 작업으로 이어진다.

기국서가 그 간에 작업한 <햄릿 1~3>은 찬탈과 부패에 대한 <햄릿>의 위장된 공세라 할 수 있다. 기국서는 <햄릿>을 쓴 동기와 관련하여 "80년 광주사태 직후 문득 햄릿이 떠올랐습니다."[322]라고 지극히 소박하게 밝히고 있으며, "학살을 통한 정권 수립과정이 햄릿의 숙부가 햄릿의 아버지를 시역하고 왕이 되는 과정과 너무 흡사하다."[323]라고 말을 이었다.

■ 극단 현대극장 (각색/연출 기국서) <햄릿 4>
1990.1.25.~2.29., 대학로 극장
복수극이 아니다. 지성인의 방황과 좌절을 묘사한 것으로 우리 사회의 고뇌하는 지성인에 초점을 맞추고 있다. 이 작품에 나오는 햄릿은 부왕을 살해하고 왕이 된 숙부에 대해 복수심을 불태우는 덴마크의 왕자가 아니라 현대의 한국사회 속에서 살아가는 젊은 지성인이다. 이 주인공은 권력의 횡포, 부패정치, 성적타락, 근로자 문제 등 우리 사회의 암울한 현실에 격분하여 고통을 겪는다. 이연재는 한국판 <햄릿>을 이것이야말로 번역극이 나아갈 길이라고 다음과 같이 평했다.

우리 입장에서 재구성·재해석을 시도했다는 데서 번역극의 나아갈 현황을 제시하고 있다. 또한 90년대의 한국문화가 단절되어온 전통과의 재회, 그리고 이를 토대로 한 주체적인 한국적 성격의 정립이 요구된다는 점에서도 눈길을 끌고 있다.[324]

그러나 이상일은 <햄릿 4>는 "사색과 우유부단한 영원한 전형으로 되돌아 갈 수밖에 없을 것 같은 징조를 안으로 간직하고 있다."[325]고 평하였다.

<햄릿 4>는 줄거리 없이 3부 6장으로 구성되어 있다. 1부는 리허설, 2부는 6장으로 꾸며 있으며, <꿈-유령과의 만남>, <사랑과의 만남>, <폭력과의 만남>, <연극과의 만남>(집권자의 의중을 헤아리는 끝없는 모색), <어머니와의 만남>, <무덤장면-철학과의 만남>(생과 사에 대한 철학적 접근을 다루고 있다)이다. 3부 에필로그에서 죽음과의 행렬을 통해 모두들 죽는다. 왕은 호레이쇼가 쏜 총에 맞아 죽고, 햄릿은 고문 받다가 죽지만 곧 이어서 이들이 또 다시 살아나는 장면을 보여주고 있다. 이 극은 사회고발극의 형식을 띠고 1980년대라는 현대 상황, 가진 자와 못 가진 자의 대립, 정치권력의 횡포, 성도덕의 문란, 청소년 문제 등 우리사회의 어두운 현실들은 젊은 지성인들이 당하는 고뇌의 표현이다. 청바지를 입고 코카콜라를 마시는 현대의 흔한 청년인 햄릿은 자신이 사는 어두운 상황에서 탈피하기 위해 끊임없이 회의하고 방황한다. 특히 <햄릿 4>는 아버지와 여러 유령들(광주사태를 연상시키는 억울하게 죽은 영혼)과 욕조에 얼굴을 묻고 죽어가는 햄릿의 모습에서 그 세대의 정치권력을 비판하는 소리를 높였다.

■ '제14회 서울연극제' 출품작
   극단 신협 (각색/연출 기국서) <햄릿 5>
   1990.9.15.~9.20., 문예회관 대극장

'제14회 서울 연극제' 출품작으로 <햄릿4>와 공통된 부분이 많고 형식에 있어서도 별로 다른 점이 없다. 먼저 주제에서 광주사태의 희생자들과 현 정치세력의 비판, 그리고 고문치사사건이라는 맥락으로 보아서 그렇다. 다만 <햄릿 4>보다 강도 높은 비판, 즉 노골적인 음담패설을 동반한 욕설, 그리고 "햄릿 부친의 유령은 광주 희생자들의 망령으로, 어머니는 퇴폐적 자본주의의 화신으로, 삼촌은 권력찬탈자로, 암살자들은 수사당국의 고문관들로, 무덤 파는 인부들은 민중으로"[326] 나타내는 작업을 통해 사회각층을 비판한 것이다.

이 극은 뮤지컬 형식으로 디스코풍의 춤과 노래, 토크쇼, 인형극, 노골적인 음담패설 등의 해체적 기법에 의해 산산이 부서진 장면들 속에서 1980년대의 사회의 현실을 담았다. 무덤 파는 인부들(광대들)을 다양하게 활용하여 시체의 운반, 노르웨이 왕에 관한 풍설, 오필리아의 수녀원 장면, 테러리스트가 되는 등 역할을 한다. 또 햄릿이 유령을 따라갈 때 호레이쇼가 일격을 가해 햄릿이 정신을 차리는 것 등의 색다른 특징을 보여준다. 그러나 이는 <햄릿>을 지나치게 단순한 해석과 파괴하는 실험으로 인해 원작이 갖고 있는 예술적 훼손감도 크다.

5) 이해랑의 셰익스피어

■ 이해랑의 <리어왕> 연출
'한·영 수교 100주년 기념공연'
극단 사조 <리어왕> (역 이태주, 연출 이해랑)
1983.9.8.~9.15., 세종문화회관 별관

<리어왕>은 극단 현대의 <베니스의 상인>과 함께 한·영 수교 100주년 기념공연으로 1983년 9월 8일 동시에 무대에 올랐다. <베니스의 상인>은 로열 셰익스피어 극단 등에서 연출을 맡아온 영국의 패트릭 터커(Patrick Tucker)와 무대디자이너 젬마 잭슨(Gemma Jackson)이 연출과 무대장치를 담당하여 원전을 충실히 살리는 공연으로 만들었고, <리어왕>은 그간 셰익스피어극 연출을 열 두번이나 맡았던 이해랑[327]의 13번째 연출인 작품이다. 이해랑은 셰익스피어극 연출의 체험을 통해 "종래에 보아왔던 관념적이고 형식적인 셰익스피어극이 아닌 인간적인 체취가 물씬 풍기는 피부에 와닿는 셰익스피어 무대"[328]를 창조하고자 하는 의도를 가지고 있었다. 그러기 위해서 그는 허위와 진실, 충성과 망은, 미덕과 악덕의 갈등을 표출하는 데 주안점을 두었다. 이 공연에서 영화나 TV를 통해 낯익은 인물들이 새 성격을 창조했다. 그 중에서도 박근형은 타이틀롤인 리어왕을 깊이 있고 설득력 있게 표현하여 폭넓은 연기력을 가진 중견배우임을 보여주었고, 리어왕의 큰 딸 거너릴로 분한 김용림은 눈앞에 보이는 자기의 이익을 위해선 아버지도 남편도 버리는 탐욕의 여인상을, 극단 사조의 대표이자 극단 산울림의 무대를 통해 묵직한 연기를 보여 왔던 김인태도 출연하여 지참금을 받아야만 리어왕의 셋째 딸 코딜리아와 결혼하겠다고 나서는 약삭빠른 인물을 훌륭히 표출하였고, 서인석이 야욕에 불타는 글로스터 백작의 서자 에드먼드 역을 저돌적으로 해낸 것도 인상 깊다.[329] 이 외에도 이신재, 김인태, 김미숙 등 27명의 탄탄한 배우들의 연기력도 이해랑의 연출에 맞게 돋보였다.

■ 이해랑의 <햄릿> 연출

▣ 호암아트홀 개관기념 공연 (역 여석기, 연출 이해랑)
1985.5.16.~5.22., 호암아트홀

1980년대 공연 중 최고의 것이라고 할 수 있는 것은 이해랑이 연출한 두 차례의 <햄릿> 공연이다. 호암아트홀 개관기념공연은 여석기 역, 중앙일보사 주최로 1985.5.16.~22 공연하였고, 다시 KBS와 중앙일보 주최로 1989년 4.15.~23.에 호암아트홀에서의 재공연되었다. 1985년 공연에서는 34년 전 6·25 피난시절 신협이 대구, 부산 등지에서 공연한 <햄릿>에서 주인공 햄릿 역을 맡았던 김동원이 클로디어스왕 역을, 1981년에 극단 현대극장에서 햄릿 역을 맡았던 유인촌이 햄릿을 열연했다. 유민영은 "그동안 <햄릿>은 국내무대에 10차례 여러 번 올렸지만 이번만큼 정제(整齋)된 공연은 일찍이 없었다."고 평하며 "<햄릿> 공연은 연극이 연극다움을 보여준 것이고 한국연극이 성숙한 단계에 접어들었다는 신호탄"[330]이라고 극찬을 아끼지 않았다. 우선 크게 세 가지 요소를 들었는데 첫째 배역진이 호화로움을 넘어 매우 잘 짜여졌다는 점, 이들 중 유인촌과 오현경의 팽팽한 연기대결은 작품을 이끌어나가는 근간이 되고, 주인공 유인촌은 단조로운 연기를 정열로써 커버하고 있어 인상적이었다. 둘째 리얼리즘에 능한 이해랑의 연출의 원숙성이다. 그는 긍정적 인생관을 바탕으로 인생의 양면성이라 할 진실과 허위, 삶과 죽음, 선과 악, 신의와 배신, 사랑과 증오 등을 조화시켰다. 셋째, 뛰어난 무대장치, 의상, 대소도구 등의 화려함이 연극의 품격을 높여주고 있다는 점이다. 이 공연을 관극한 필자는 지금도 그때 느낀 감회가 새롭다.

<햄릿>을 관극한 구히서의 관극평은 다음과 같다.

> 기대 속에 막이 오른 <햄릿>은 여러 가지 면에서 여유 있는 즐거움을 주는 무대였다. 그 즐거움은 무엇보다도 무대 전체가 지닌 품위와 여유, 전체적인 앙상블이었다. 무대를 진행해가는 여러 가지 방식에서는 오히려 스타시스템을 택한 듯 했지만 이 무대가 품위 있는 얼굴을 가질 수 있었던 것은 연기자들의 안정된 연기-대사들이었다.[331]

몇몇 배우들의 연기에 호평을 보내면서 특히 유인촌의 연기에 대해 다음과 같이 극찬을 보냈다.

> 유인촌의 햄릿은 상당히 건강하고 저돌적이다. 텔레비전의 인기 있는 탤런트로서 그가 가진 연기자로서의 조건을 충분히 활용해서 약간은 들떠 보이는 햄릿의 젊음이

과시됐다. 그의 햄릿은 충돌의 마디, 격정의 순간에 빛을 발했다. 폴로니어스를 살해하는 장면의 느닷없음이 이 무대에서는 그의 격정에 대한 설명이나 구축이 단단한 상태에서 이루어져 훨씬 당위성 있는 부분으로 부각시킬 수가 있었다.[332]

▣ KBS와 중앙일보 주최 (역 여석기, 연출 이해랑)
1989.4.15.~4.23., 호암아트홀

이 공연은 호암아트홀에서의 초연 때와 똑같게 이해랑 연출로 공연됐다. 주인공 햄릿 역은 초연 때와 같이 유인촌이 맡았으며, 주역들은 대거 바뀌었다. 클로디어스 왕은 김동원에서 이호재, 왕비는 황정아에서 김지숙, 폴로니어스는 오현경에서 박규채, 호레이쇼는 강만희에서 이호성, 레어티즈는 유승원에서 이승철, 오필리아는 유지인에서 김미숙 등으로 교체된 호화배역진의 출연으로써, 정통파 리얼리즘 연출을 고수해온 이해랑의 생애의 마지막을 장식하는 예술의 혼을 빛나게 불꽃 피웠다. 영원한 연극인으로 인생을 살다간 이해랑은 이 공연으로 6번째의 <햄릿> 공연[333]에 도전했으며, "마치 연출가가 배우의 연기를 통하여 자기의 모습을 관객에게 보이듯이, 시적 기능도 무대에 직접 얼굴을 내보이지 않고 배우들의 무대생활을 통하여 관객들에게 전달된다."[334]라는 리얼리즘을 통해 셰익스피어의 비극의 진수를 느끼게 하였다. 연출의 뜻은 "이번 무대의 경우 종래와는 달리 햄릿의 성격을 보다 결정적으로 가져감으로써 사색하는 인물이 아니라 행동하는 인물로 그려내는 데 주력한 감이 짙다."[335]고 평소에 낙관적인 세계관을 갖고 있었던 이해랑은 유달리 이 연출을 통해 '죽음'의 세계에 포커스를 맞추어서 무의식적으로 자기 자신의 운명을 예견한 것이 아닌가 하는 생각[336]을 갖도록 하였다.

다듬어진 대사, 관객과 동화되는 연기, 감정의 미로를 다스려나가는 연금술가 이해랑은 4월 3일 <햄릿> 공연을 앞두고 연습장으로 나갈 준비를 하던 중 과로로 쓰러져 혼수상태를 헤매다가 1989년 4월 8일 뇌출혈로 별세하였다. 비록 이 작품의 무대화된 공연은 볼 수 없었지만, 한국연극에서 그리고 <햄릿>의 연출에 있어서, 그를 최후의 리얼리스트로 인식하며 명복을 빌 것이다. "호암아트홀에서 올린 <햄릿>은 이해랑 연극인생의 결정판이자 이 시대 한국연극을 한 차원 높이려는 의욕의 무대였다."[337]는 이 평을 그의 영전에 바친다.

6) 저주받은 권력 찬탈자 <맥베드>와 셰익스피어

유혜련과 무세중이 각색한 <맥베드>는 유별난 공연이다. 이 두 작품은 권력을 찬탈한 자는 저주를 받는다는 메시지를 담고 있다. 즉 칼을 쓴 자는 칼로 망한다는 속담의 무대화이다.

■ 극단 우리극장 (각색 유혜련, 연출 김승수) <맥베드>
　　1981.11.26.~12.1., 문예회관 대극장

작품에 대한 설명은 제4장 4. <맥베드>의 수용 4) <맥베드>의 현대적 시대화 작업 편을 참조하기 바란다.

■ 테아트로 무 (역 이태주, 각색/연출 무세중) <막베드>
　　1986.4.27.~5.20., 문예회관 소극장

작품에 대한 설명은 제4장 4. <맥베드>의 수용 4) <맥베드>의 현대적 시대화 작업 편을 참조하기 바란다.

7) <리어왕>과 <햄릿>의 광대놀이

<리어왕>이 셰익스피어 작품 중에서 최고의 비극임은 누구도 부인하지 않을 것이다. 그렇지만 "<리어왕>은 셰익스피어의 걸작이지만 무대에서는 너무 거대하다."[337]고 브래들리(A.C. Bradley)가 평했고, 램은 "폭풍우가 불어대는 밤, 두 딸들로부터 버림받고 문밖으로 쫓겨나 지팡이에 의지하며 무대에서 비틀거리는 한 노인을 본다는 것은 고통과 혐오감을 줄 뿐이다."[338]라는 비판적인 평가를 하기도 했다. 그런데 램이 관극한 공연은 테이트(Nahum tate)판의 <리어왕>이었다. 브래들리나 램 두 사람 다 <리어왕>을 위대한 시라고 높이 평가하면서도 무대에 형상화하기에는 너무 장대하다고 생각했던 것이다. 그 외에도 톨스토이는 <리어왕>에 대해 "부자연스럽고 부도덕한 졸작"[339]이라고 비난을 퍼부었다.

이들에 반해 <리어왕>을 찬미하는 비평가들이 있다. 존슨은 "<리어왕>의 비극은 셰익스피어의 작품 중에서 정당하게 유명하며 이처럼 강렬하게 주의를 끄는 작품은 달리 없을 것이다."[340]라고 했으며, "리어왕의 감정은 바다처럼 끝이 없고, 희망이 없고, 등대도 닻도 없는 파도가 거칠게 날뛴다. 그리고 리어의 성격은 자연의 틈새로부터 야망의 잔혹성과 자식의 망은에 당당한 기념비를 세운다."[341]라고 찬사를 보냈다.

이와 같이 찬반 양론이 분분하다는 것은 그만큼 문학적 가치를 지닌 작품이라는 이야기도 될 것이다. <리어왕>의 국내 공연에서는 여러 형태의 연출이 진행되었거나 진행될 것이다. 셰익스피어의 원작의 감각을 살려 비극성을 극대화시킨 공연이 있었는가 하면, 주제의 중심을 리어나 그 딸들의 관계가 아닌 광대에 맞추어 세상사에서의 허무함을 표출해낸 작품도 있었다. 또한 노인들이 겪는 소외와 환경, 그리고 자식들에게서 버림받은 고독한 노인 리어를 중심으로 한 공연도 있었다.

■ 동낭레퍼토리 극장 (번안/연출 안민수) <리어왕>
1984.4.13.~4.23., 드라마센터 대극장

이 극은 광대가 부르는 허무한 노래이다. 안민수가 1973년에 이어 10년만인 1984년에 다시 손질하여 내놓은 <리어왕> 역시 1980년대라는 시대에 부응하는 번안으로 현대복장을 한 배우들과 총이나 산소 용접기를 도구로 사용하는 면을 보이고 있으나, 실제의 세계는 현대가 아니라 현대와 또 다른 시대가 혼합되어 있다는 지적을 받았다. 연출가 안민수는 "리어왕과 주변 인물들이 권력·돈·충성·정직·사랑을 놓고 벌이는 우매한 욕망의 세계를 광대 바보의 시각으로 파헤쳐보겠다."[342]고 극의 의도를 밝혔으며, "따라서 이처럼 막대한 희생을 치렀을 때 세상을 다시 볼 수 있는 지혜의 눈이 생긴다는 점에서 비극이 아닌 희극"[343]이라고 강조하였다.

안민수의 <리어왕>(1984)은 원작에 재미를 가미한 점이 돋보인다. 유민영은 "무자비한 정치적 격동을 지켜본 사람답게 권력의 무자비함과 무모성을 부각시키며, 그런 추태를 유발하는 인간의 어리석음과 광기를 신랄하게 고발하고 있는 것이다. 이러한 <리어왕>의 번안의도에 대해 인간의 광기를 희극적으로 극화하여 권력의 무모성을 부각하는 데 있어 재미있게 놀이성을 연극으로 만들었다."[344]고 칭찬한 데 비해 한상철은 "쓸개보다도 더 쓴 가짜바보 얘기"[345]인 <리어왕>을 "번안에 실패한 광대놀이판"[346]이라고 평가 절하하였다.

주요 인물은 리어가 아닌 광대들과 바보들로 정방형의 무대에서 사다리를 놓고 상자 몇 개를 가진 광대들의 놀이판에 불과한 무대를 만들었다. 그러나 폭풍우 속에서 점차 미쳐버리는 리어의 내면적 고통을 표출하는 데는 성공한 것으로 알려져 있다. 이에 반해 유민영은 인생을 한바탕 어릿광대들의 짓거리로 보려 애쓴 연출의 탁월한 솜씨를 다음과 같이 평가했다.

재미있게 하기 위해 놀이성 연극으로 만든 점에서 그렇다. 가령 리어왕과 막내 딸 코딜리아의 만남을 전래의 무속(巫俗) 바리더기와 비슷하게 가져간 점이라든가 음악과 무용을 십분 살려서 스펙터클화한 점 등이 그런 경우이다.[347]

■ **극단 집현 창단공연 (번안/연출 조일도) <리어왕>**

　1982.3.28.~4.1., 인천시민회관

　인천에서 활동하고 있는 극단 집현은 1981년 심평택, 전무송 등을 주축으로 창단된 극단으로 창단공연작으로 <리어왕>을 인천시민회관에서 공연하였다.

　조일도가 번안한 <리어왕>은 소극적이어서 안민수 번안과 비교하기 곤란하다. 원작 <리어왕>의 줄거리를 모두 수용하고, 화법에 있어 간결한 어투를 사용하여 보다 현대적 언어표현에 맞도록 고친 것이다. 또한 광대에 비중을 두고 광대의 기능을 다면화했다. 즉 3막 5장의 끝에서 광대가 원작에도 없는 "오전 중에 저녁을 먹으러 가거든 우리는 점심때 자러가자"[348]라는 말을 삽입한다든가 3막 6장에서 글로스터의 하인 1,2,3의 대사를 한데 묶어서 한 것 등이다.

■ **극단 하나 (각색/연출 이길재) <86 햄릿>**

　1986.6.13.~9.21., 하나방 소극장

　1979년에 공연된 <해믈리트>가 광대놀이[349]와 가면극의 형식을 빌려[350] 형상화된 것이며, 1979년 76소극장에서 이길재 1인극으로 공연했던 작품을 보완한 1986년의 공연은 8명의 배우가 참여하는 무대로 만든 것이다.[351] 이번 공연의 특색은 원작 <햄릿>의 사건을 토대로 하여 팬터마임의 형식을 많이 도입하여 간결한 느낌을 준다. 가령 햄릿과 선왕이 만나는 부분, 오필리아의 죽음과 장례식 장면, 햄릿과 레어티즈의 결투장면이 그렇다. 아무래도 번역극을 소극장에 알맞게 연출하려는 의도에서 비롯된 것으로 보이며, 극 진행에 있어서는 무대 외에 극장 로비·객석·분장실까지 활용한 것이 특징이다.[352]

　이 극은 막과 장의 구분 없이 장면전환은 광대에 의해 이루어졌다. "광대: 지금까지 여러분께선 명배우들이 펼치는 비극을 눈물, 콧물을 닦으시며 감상하셨습니다. 다음은 햄릿 왕께서 직접 쓰신 열여섯 줄의 작품을 감상하겠습니다."라고 부연 설명하고 있다. 연출자 이길재의 연출의도는 한국적인 틀 안에서 원작의 플롯을 벗어나지 않고 햄릿의 독백을 묘미있게 살리는 작업이었다고 보여진다.

8) 패트릭 터커와 한국의 셰익스피어

　영국의 전문 연출가가 펼친 <베니스의 상인>(1983) 및 <한여름 밤의 꿈>(1986)은 값진 문화의 교류였다.

■ 현대극장 (역 이근삼, 연출 패트릭 터커) <베니스의 상인>
1. 1983.4.3.~4.20., 류관순 기념관
2. 1983.5.29.~6.2., 대구시민회관
3. 1983.6.5.~6.7., 부산시민회관
4. 1983.6.19.~6.23., 광주전남대 강당
5. 1983.7.6.~7.16., 류관순기념관
6. 1983.9.8.~9.12., '한·영수교 백주년기념' 국립극장 대극장[353]

현대극장의 <베니스의 상인>은 한·영수교 백주년기념 한·영 공동기획으로 제작된 공연이었으며, 극단 사조의 <리어왕>과 동시에 막을 올렸다. 현대극장은 이 공연을 위해 영국의 연출가 패트릭 터커(Patrick Tucker)와 무대디자이너 젬마 잭슨(Gemma Jackson)을 초청하고, 손진책, 류영균 등을 협력연출로 참가시켰다. 터커는 연출의도를 "공연에 대해 원작에 충실하면서도 셰익스피어 당시 시대의 의상, 소품, 음악 등을 그대로 재현하기보다는 그 특성을 살리면서도 현대에 맞도록 소화하고 또한 한국의 정서에도 어울리는 무대를 연출하겠다."고 했다. 즉 가발문제나 의상, 광대를 만드는 일에 대해 셰익스피어 시대와 똑같이 해야 한다는 법이 없다는 것이요, 다만 관객들에게 친밀감을 줄 수 있고, 그 장면과 목적에 충실하기만 하면 된다는 것이다.[354] 또한 그는 번역 희극에서 잃어버리기 쉬운 대사의 묘미를 연기, 소품, 장치 등으로 표현하겠다는 의도로 작품을 연출했다.[355]

무대 디자이너로 초청된 젬마 잭슨 역시 한국 고유의 자재와 천을 사용하여, 동양적 질감을 연출해내고자 했다.[356] 이와 같이 현대극장의 <베니스의 상인>은 역량 있는 연출가와 무대디자이너와 함께 배우들은 샤일록에 권성덕, 포샤에 손숙, 밧사니오에 유인촌, 앤토니오에 이승철, 베니스 공작에 김길호 등 각자 소속된 극단의 정상급들이 캐스팅된 무대였으므로 관객들의 관심을 불러일으키기에 충분했다.

그러나 공연에 대한 차범석의 시각은, 현대극장의 공연이 우리 연극계에 정통 셰익스피어의 공연에 대한 교훈을 준 것은 인정하면서도 "우리 배우들의 성격창조 노력이 부족하였음"을 지적하며, 정통 셰익스피어극의 해석과 재현에 대한 구체적인 방법론과 무대미학을 우리 연극인과 관객이 경험할 수 있었다고 했다. 그는 무대 전환의 리드미컬하고도 원활한 진행방법과 군중들의 배치와, 그 유동성 있는 생활분위기를 조성해낸 연출력을 높이 평가하면서도 역량 있는 우리 배우들의 인물에 대한 분석과 성량의 부족으로 무대에서 연기의 빛을 발하지 못했음을 지적하였다.[357]

이와는 달리 한상철은 현대극장 <베니스의 상인>의 연출은 듣는 셰익스피어가 아니라 생각하는 셰익스피어로 만들었거니와 관객이 즐겁고 재미있게 연극을 관람할 수 있도록 했으며, 연기면에서는 주연급보다는 고보 역의 윤문식과 같은 조연급들의 연기가 관객의 흥미를 유발시켰으며 샤일록 상을 늙고 추한 인간이 아니라 자신의 신념대로 살아가는 당당한 인물로 묘사했고 중을 등장시켜 절망에 빠진 샤일록을 부축해 나가는 휴머니즘을 보여주는 가슴이 뭉클하게 만드는 최종 장면을 장식하는 공연이었다고 평하였다.[358]

■ 한국연극협회 주최 (역 이태주, 연출 패트릭 터커)
<한여름 밤의 꿈> 1986.4.18.~4.24., 호암아트홀

1986년에는 호암아트홀에서 한국연극협회 주관으로 국내 중견 연기자들이 <한여름 밤의 꿈>의 무대에 등장하였다. 한국연출가협회는 영국인 연출가 패트릭 터커를 초청하여 공개 오디션을 통해 이진수, 황정아, 윤문식 등의 배우들을 캐스팅했다. 국제 셰익스피어센터 자문위원이기도 한 터커는 자신의 무대에 대해서 다음과 같이 언급했다.

> 셰익스피어의 〈한여름 밤의 꿈〉은 여러 가지 해석과 방법으로 연출됩니다. 그러나 나는 어떤 무대에서 극단적인 해석보다는 서구무대의 정통적인 해석을 한국무대에 소개하는 역할을 하려고 합니다. 한국연극계가 먼데서 나를 불러온 뜻이 본고장의 원본을 존중한 뜻이라고 짐작되기 때문입니다.[359]

물론 터커의 의도는 정통성을 존중하면서 그 밑에 깔린 철학적 배경을 중요시하고 영화의 한 장면처럼 인간의 세계는 실질적 크기로 요정들의 세계는 인간의 세계와 비교해 축소된 세계로 보이게 하기 위해서 소도구들을 크게 확대시켜 쓰도록 하는 것이었다. 또한 그는 <한여름 밤의 꿈>의 주제를 다음과 같이 설정하였다.

> 여성과 남성의 대립, 혹은 쫓고 쫓기는 자, 얻고 잃는 자의 숨막히는 대립과 갈등이 전체적인 주제(theme)가 되겠습니다. 즉 사랑, 증오, 질투, 화합 등으로 표현되는 인간적 갈등의 관계를 아름답고 재미있는 환상, 꿈으로 풀려는 겁니다.[360]

이 <한여름 밤의 꿈>은 희극임에도 불구하고 주제를 갈등의 관계로 조명하였고, 현실세계의 갈등을 꿈과 환상으로 풀어나갔다는 점에서 주목을 받았다.

그러나 외국 연출가와 우리나라 배우들, 그리고 스텝들 사이에 일관성 없는 통제

체계 때문에 조명과 음악, 배우의 등·퇴장이 맞지 않는 등의 해프닝이 일어나기도 했으나, 이 공연은 동서양의 접목이요, 공동작업이라는 관점에서 의의가 있다.

9) 대학극과 셰익스피어

1980년대의 대학가에 셰익스피어극 공연에 큰 변화가 일어났다. 과거 비극중심의 공연에서 화려하고 화사한 희극이 활발해진 것이다. 우선 셰익스피어 토착화 2기를 1987년에 집계한 통계로 살펴보기로 한다. 대략 총112회 공연된 것 중, 직업 극단의 공연은 59회요, 대학생극 공연은 53회이다. 이는 대학이 늘어나는 추세 탓도 있지만 대학에서 셰익스피어극의 비중이 커진 때문일 것이다. 직업극단에서는 여전히 비극 위주의 공연인 것에 반해 대학극에서는 비극 26회, 희극 27회의 통계를 보더라도 비극 위주에서 희극과 비극이 같은 위상에 놓인 것이다. 작품별로 분류하면 <한여름 밤의 꿈>이 10회, <햄릿>이 10회로 희극이 많이 상연된 셈이다. 그리고 <맥베스>, <말괄량이 길들이기> 순으로 이어진다. 가장 많은 공연을 한 대학은 중앙대와 연세대이며 각각 8회씩이다.

■ 대학극의 원어극 공연

각 대학에서는 서클이 생겨나고 학문의 차원에서 원어로 공연하다 보니 셰익스피어 드라마에 보다 가까이 접하게 되어, 세계에서 가장 훌륭하다고 일컬어지는 명작품에서 보석 같은 명구절을 익혀보고, 멋진 극작술을 구사하는 셰익스피어의 세계를 찬미하였을 것이다. 대학생극 공연 53회 중 영문학과에서 영어로 공연된 것이 24회인 것을 보아 새바람이 분 것만은 사실이다.

원어로 공연을 가장 많이 한 대학은 연세대의 6회와 전주대의 5회이다. 연세대가 공연한 레퍼토리로는 <한여름 밤의 꿈>(1984), <태풍>(1982), <맥베스>(1983), <말괄량이 길들이기>(1984), <햄릿>(1985), <로미오와 줄리엣>(1986)이 있다.

영어로 공연한 대학의 주역 중 전주대의 윤순영, 고려대의 이현우, 명지대의 이충노 세 사람을 꼽을 만하다. 이현우(현재 순천향대 영어영문학과 교수)의 예리한 인물분석을 거친 연기와 멋진 영어구사, 그리고 <맥베스>(1987)에서 맥베스로 분한 이충노(당시 명지대 영문과 2년생)의 출중한 영어구사에 <맥베스> 공연팀들도 놀랬거니와 최단 시일 내에 맥베스 대사를 거의 한자도 틀리지 않게 암기한 놀라운 노력과 실력은 그 공연을 바라본 사람들이 느낀 미스터리였다.

▣ 전주대 영여영문과 주최 영어연극반 셰익스피어극회의 활약

우선 전주대의 영어영문과가 주최하며, 영어연극빈의 셰익스피어극회가 셰익스피어 작품을 1983년부터 해마다 공연하고 있다. 2000년대에도 한 해도 거르지 않고 이어지고 있으니, 필자로서는 그 학구열과 열정에 숙연해질 수밖에 없다. 이 대학의 셰익스피어극 공연이 30년 넘게 지속될 수 있었던 것은 이 대학의 지도교수 조은영의 정열과 집념의 결실이요, 셰익스피어 극회학생들이 드라마를 사랑하는 학구심과 성성의 결집이라고 여겨진다. 이 극회에서는 <십이야>(1983)로 창단공연을 시작하여 <한여름 밤의 꿈>(1984), <베니스의 상인>(1985), <오셀로>(1986), <말괄량이 길들이기>(1987)로 이어지고 있다. 그 중에서 2회 공연인 <한여름 밤의 꿈>의 연출을 맡은 윤순영의 열의는 가상하다. 멋진 연극공연을 위해 전주에서 서울 영국문화원 영상자료실로 원정을 갔거니와 그곳에서 <한여름 밤의 꿈> 공연준비 중에 있었던 중앙대 연극영화과 학생과 조우, 중대생들과 15일을 같이 생활을 했다고 하니 이들의 예술의 교류와 협동하는 대화가 자못 자랑스럽다.[361]

▣ 국제대(현재 서경대로 개명) 영문과의 <햄릿>
(연출 남육현, 1986, 드라마센터에서 공연)

연출 남육현은 재학시절부터 연극에 지대한 관심을 가져왔고 계속 학과의 과대표로 오닐의 <지평선 넘어>에서 로버트를 데리고 가는 선장 스코트 역을 비롯해, 학생 때부터 손턴 와일더의 <우리 마을>의 연출도 한 학생연출 1호이다. 그는 <햄릿> 공연에서 소요시간 4시간 반이라는 삭제가 없는 원문을 장시간 완주한, 연극에 관한 한 온몸을 불사른 옹고집과 정열의 화신이다. <햄릿> 공연에서 주역인 조영창은 무난하게 햄릿 역을 소화하였다. 그런데 이 공연에는 웃기는 에피소드가 전설처럼 내려오고 있다. 즉 무덤장면으로 네 사람이 오필리아의 시신을 메고 가는데, 연기에 소심한 학생이 강가를 지나가다 쓰러지는 듯 비틀거려 시체가 된 오필리아의 하얀 손이 삐져나오고 스포트라이트로 비추어 이 장면을 관극하던 관객들은 시원하게 폭소를 터뜨렸다 한다. 실수가 가끔 긴 연극에서는 진지하고 피로한 관객에게 청량제가 될 수도 있는 것이다.[362]

■ 연극이 맺은 사랑

현재 영문학과 교수, 연극배우, 번역가, 연극연출가, 평론가 등 다재다능하게 마음껏 기량을 펼치며 비약하고 있는 이현우가 고대 영어교육과 재학 때였다. 1983년

<줄리어스 시저>에서 티티이어스 역을, <피라머스와 시스비>에서 보틈 역을 거쳐, 1984년에는 <햄릿>(송옥교수 연출, 고대 문과대학 강단에서 공연)에서 햄릿 역을 했다. 심혈을 기울여 연극연습을 하다 보면 힘들게 아름다운 사랑의 열매를 맺을 수가 있었나 보다. 그는 <햄릿>에서 오필리아로 분한 김현지(현재 청주교대 영어과 교수)와 열애로 맺어져 캠퍼스 커플이 되는 즐거운 소식의 주인공이 되었다. 연습시간이 3개월 이상이었고, 방학 때 연습을 하였으므로 아침 9시부터 밤 9시까지 강행군이었지만 워낙 빈틈없고 성실한 성격의 이현우는 아침 8시에 등교하여 준비하는 등 맹연습을 하였다. 그런데 로젠크란츠 역을 맡은 남학생이 역을 그만둔다는 말을 듣자 나이 많은 여자 역 배우가 키 큰 남자의 뺨을 후려갈기는 해프닝도 있었다고 하니, 이는 폭력이 아닌 연극열기의 매질인 듯싶다. 이현우는 그 많은 햄릿의 대사를 각별히 운율에 염두를 두며 연습을 하여 명대사를 평생 잊지 않고 암기할 수 있는 계기를 마련했으니, 2001년 2월에 있었던 <셰익스피어 인 뮤직> 공연에서 햄릿 및 리어왕의 명장면을 시적 운율과 정확한 발음으로 낭송을 과시한 것은 모두 그 옛날 암기했던 때의 노력의 결실이었으리라.[363]

■ 1986년의 열풍

대학 캠퍼스에서는 셰익스피어의 열풍이 불고 있었으며 방학동안 갈고 닦은 실력을 과시하려는 듯 9월 개강 첫 주에 이화여자대학교 영어영문학과가 5일과 6일 양일간 <템페스트>를, 연세대학교 영어영문학과가 4일서 6일까지, 그리고 고려대학교가 3일에서 6일까지 각각 <로미오와 줄리엣>을 공연했다. 모두 영어극으로 오른 이 공연들은 연극적 짜임새나 전문성이 결여되었다 해도 전공과목의 특성을 살려 셰익스피어극을 무대에 올림으로써 전공지식을 심화시켰을 뿐 아니라 선후배간의 결속을 다지는 데 중요한 요인이 되었다고 할 수 있다.

이화여자대학교의 <템페스트>는 개교 100주년 기념공연으로 희곡전공 조교, 대학원생들, 동창, 선배들까지 뒷받침해 그 동안 50회의 공연 중 가장 큰 규모였다.[364] 영어영문학과 학생 중 <템페스트>의 주연을 맡은 이인용은 "공동작업을 통해 서로 이해할 수 있는 좋은 기회가 됐다."[365]며 동문의 우의를 다짐했다. 그리고 한 가지 덧붙이자면 이화여대 영문과가 그동안 셰익스피어 전편 공연을 피해왔지만 개교 1백주년 기념이요, 100년 여성교육을 기리는 행사이기에 대작 <템페스트>를 올렸을 것이다. "모든 문예작품 가운데서 가장 완벽한 작품"[366]라고 지적한 콜리지의 평처럼, 이 작품을 걸작으로 만든 요인은 규모의 웅대함, 사상과 비전의 그 심도(深度)에 있다고 하겠으며, 이대가 100주년 기념공연으로 택할 만하다.

<로미오와 줄리엣>은 아름나운 사랑의 비극이나. 비극의 두 주인공은 수려(秀麗)하고 향기로운 영원한 제물이 되어 사랑의 신의 재단에 함께 놓여 있게 된다. 이 작품은 청춘남녀나 어른들 모두의 가슴속에서 영원히 메아리칠 작품이다. 연세대와 고려대의 두 대학이 약속된 바도 없는 우연의 일치[367] 공연이 <로미오와 줄리엣>이다.

연세대와 고려대는 1년 전 즉 1985년에도 맞대결의 사건이 있었다. 이는 개교 1백주년과 80주년을 맞아 연극공연을 한 것이다. 각기 동문과 재학생과의 합동연극 공연을 펼쳐 자축했다.[368] 연세대의 <한여름 밤의 꿈>(김재남 역, 이기하 연출)의 공연은 장관을 이루었다. 김현숙의 공연평을 옮겨보겠다.

> 연극미학적 분석의 접근이 무색한 한바탕의 축제요 스펙터클이었다. 관객은 배우들의 익살과 웃음에 무조건 환호를 보냈고 축제로서 이 극을 본 연출에게는 박수를 보냈다. '날이 저물면 시작한다.'는 개막시간 예고가 암시하듯이 휘영청 뜬 달과 별이 이 연극의 조명이 되고 아름다운 캠퍼스의 수풀이 무대장치가 되었으며 작은 오케스트라에서 흘러나오는 생음악은 셰익스피어극의 낭만과 정취를 한껏 돋우었다. '과학과 자연의 만남'을 시도한 이 연극은 특히 조명(유덕형)의 마술세계를 받아 환상과 동화의 세계로 안내되는 듯했다.[369]

고려대는 아서 밀러 작 <시련>(The Crucible)을 가지고 공연을 하였다. <한여름 밤의 꿈>이 화려하고 환상적인 데 비해 <시련>은 무겁고 심각한 무대여서 좋은 대조를 이루었다.[370] 60~70년대 무대의 큰 배우였던 김성옥이 10년 만에 역시 배우요 아내인 손숙과 함께 부부로 열연하여 사라지지 않은 기량을 과시했는가 하면 여운계, 이수나, 박규채, 김정례, 주진모 등의 현역연기자들로 구성된 화려한 배역진으로 그 위용을 과시했으며 시인 김청조, 성우 성병숙 등도 자기 몫을 훌륭히 해냈다.[371]

10) 가물거린 직업극단의 궤적

대학극에 비하여 비극위주인 직업극단의 공연은 정치적인 영향이 있었다고 하여도 몇몇 극단이나 연출가의 공로를 치하할 만하다. 그러나 현대화의 적극적인 맥박은 찾기가 어려웠다. 그래도 특색 있는 공연이 이어졌으니, 런던 셰익스피어 그룹의 네 번째 내한공연과 한일연극제이다. 이 연극제에는 일본의 실험극단 발견의 회와 한국 측에서 극단 가가가 참가했다. 런던 셰익스피어 그룹은 영국문화원과 국제문화협회 주체로 <베니스의 상인>(피터 포터 연출, 1980.10.30.~31, 숭의 음악당), 극단 발견의 회는 <십이야>(이와다히로시 역, 우리우 리오스게 연출, 1983.4.8.~14, 3·1로 창고극장), 극단 가가는 <한여름 밤의 꿈>(주백 편역, 김응수 연출, 1983.4.16.~30, 3·1로 창고극장) 등이 공연됨으로써 그 무렵 이 땅의 관객들에게 값진 문화의 교류를 경험하게 하였다.

■ 극단 가갸 (편저 주백, 연출 김응수) <한여름 밤의 꿈> 1983.4.16.~4.30., 3·1로 창고극장

극단 가갸(구 거론)의 <한여름 밤의 꿈>은 주백 자신이 편저한 목적이 "시대의 현대화와 무대의 한국화 그리고 등장인물의 수를 줄이기 위한 작업"[372]이라고 밝혔듯이 5막으로 구성된 원작을 서막과 3막 구성으로 작품을 압축했다. 그러나 내용에 있어 원작의 줄거리와 커다란 차이는 없었다. 11명으로 등장인물의 수를 줄여 작품의 틀이 되고 있는 공작 테세우스와 히폴리타의 결혼식 장면을 김덕삼 영감의 생애 일곱 번째 결혼식으로 옮겨놓고, 숲의 요정의 왕 내외인 오베론과 티타니아를 환웅과 웅녀로, 퍽은 초랭이로, 두 쌍의 젊은 남녀 라이샌더와 허미아는 귀동과 꽃님, 테메트리어스와 헬레나는 말동과 추님으로, 막노동꾼들은 와초, 꺼벙이, 두꺼비, 얌전이, 네 명의 거지로 대치시켜 종막에 가서는 이들이 이수일과 심순애의 극을 한국적 운치에 맞게 인물구성을 함으로써 원작의 흐름이나마 관객에게 즐겁게 관극하는 터전을 마련하였다. 여기서 작가는 또 하나의 집념이 몽환과 현실이라는 개념 또는 가상과 실제를 대담하게 대조시켜 이 두 요소의 대립은 극의 후기의 비극들의 내적 본질을 이루는 이중영상, 상징적인 인생관, 자연과 일치시키는 능력들과 표리의 관계를 갖게 된다.[373]하여 성공작이라고 할 만하다.

■ 극단 가갸 (번안 주백, 연출 권영근) <사랑앓이 대소동> 1987.11.24.~12.6., 문예회관소극장

극단 가갸(구 거론)는 1983년에 이어 또 다시 1987년 <한여름 밤의 꿈>을 <사랑앓이 대소동>으로 공연했다. 작가는 이 작품을 '숲의 요정', '두 쌍의 연인', '연극연습을 하는 정비공'등의 세 토막으로 현대적 감각에 맞게 번안했다. 또한 원작의 요정 세계와 현실세계의 이중구조 중에서 요정의 세계는 인물 및 스토리를 그대로 보존하고, 현실세계의 두 쌍의 연인들의 이야기를 한국적으로 바꾸어, 원작의 분위기를 그대로 유지하면서 현대적인 정서와의 적절한 조화를 꾀했고, 극중극에서 시스비와 피라머스의 애절한 사랑을 로미오와 줄리엣의 이야기로 대치시켜, 돌담장면을 극중에서 극의 종결부로 옮겨 놓음으로써 극구조를 단순화시켰다.[374] 심정순의 <사랑앓이 대소동>은 <한여름 밤의 꿈>을 우리의 시대감각에 맞게 번안함으로써 셰익스피어의 한국적 대중화[375]를 꾀했다고 평했다.

■ **극단 가교 (역 이근삼, 연출 마가렛 모어) <뜻대로 하세요>**
  1. 1980.12.10.~12.14., 세종문화회관
  2. 1981.4.16.~4. 22., 문예회관 대극장

이 무대를 접할 기회가 거의 없었는데, 극단 가교가 드디어 공연하였다. 선교사인 마가렛 모어(한국명 모진주)는 1980년 공연에서 가식으로 가득찬 현실과 목가적인 이상향을 대비시켜 꿈과 사랑이 가득한 로멘틱 코미디를 얻겠다[376]는 연출의도를 밝혔거니와 생생하게 살아있는 인물들을 그려보겠다[377]는 의지를 내보였다. 무대에서 살아있는 인물들을 묘사하는 것이며, 엘리자베스 시대의 의상, 예절, 습관의 진면목도 보여주는 데 주력하였고, 김보연, 임정하 등 호화 배역으로 주목을 끌기도 했다. 이 외에 이대로, 김길호, 이호재, 윤문식, 윤주상 등 중견 연극인들이 대거 참여한 공연이었다. 1981년 재공연 때는 원작에 충실하면서도 언어표현이나 몸짓은 한국적인 감각을 살리려고 노력했다. 그 동안 민속극과 창극을 통해 우리 음색을 잘 표현해 낸 김성녀가 여주인공 로잘린 역으로 발탁[378]되었고, 감칠맛 나는 연기를 과시했다.

■ **극단 가교 (역 한노단, 연출 마가렛 모어)**
  <말괄량이 길들이기>
  1. 1982.5.27.~5.31., 문예회관대극장
  2. 1982.6.1.~6.7., 숭의 음악당
  3. 1982.7.8. ~7.12., 세종문화회관 별관

가교는 1977년에 공연했던 <말괄량이 길들이기>를 세 차례나 재공연하였다. 연극계가 전반적으로 불황을 겪던 시기였음에도, 일반 관객뿐 아니라 청소년층으로부터도 호응이 대단하였다. 이 공연에서 페트루치오 역에 이호재를 캐스팅하고 1977년 공연 때에 출연했던 박인화, 최주봉, 윤문식 등을 합류시킴으로써 "좀처럼 모이기 힘든 중견 배우들이 대거 한 무대에서 좋은 앙상블을 이루고 있다."[379]는 평가를 받았다.

■ 극단 가교 (역 여석기, 연출 마가렛 모어) <십이야>
 1. 1983.5.26.~5.30., 세종문화회관 별관
 2. 1983.6.2.~6.4., 숭의음악당

극단 가교는 '제20회 동아연극상' 참가작품인 <십이야>를 1983년 두 차례에 걸쳐서 세종문화회관에서 그리고 숭의음악당에서 공연하였다. 캐스팅은 박인환, 최주봉, 양재성, 김호태, 정완식, 김남철, 박향석, 임홍식, 한진섭 등이었다.

이대 교수였던 김갑순이 서양인 연출가 마가릿 모어(한국명 모진주)를 "동서양을 초월한 진정한 연극동지"라고 칭하며 모어의 무대를 보고 "희극적인 재치와 풍부하고도 지성적인 작품해석"[380]에 찬사를 보냈었다.

■ 호암아트홀 기획공연 (역 신정옥, 연출 박용기) <오셀로>
 1985.10.16.~10. 22., 호암아트홀

1985년에는 중앙일보사가 문화사업의 장으로 활용해 오던 호암 아트홀에서 <오셀로>를 무대에 올려 명무대를 창조했다. 김성원, 금보라, 장용 등 호화배역으로 관심을 끈 이 공연에 대하여 유민영은 다음과 같이 평가했다.

이번에는 박용기의 정석적 해석으로서 셰익스피어의 높은 문학성과 무대 위에서의 예술성을 만끽케 해주었다. 이번 연출의 긍정적 측면은 우선 캐스팅에서 나타났다. 즉 김성원의 이미지가 오셀로에 맞고 장용의 이아고도 독특한 개성을 풍겼다. 대체로 이아고는 음산할 정도로 선병질적인 이미지의 배우들이 맡아 왔는데 이번에는 평범하면서도 유들유들한 장용이 색다른 이아고를 창출했다. 특히 이 공연에서 셰익스피어가 구축해 놓은 인간의 애증, 분노와 용서, 잔혹과 연민, 슬픔과 기쁨, 공포를 만끽할 수 있었던 것은 꾀를 부리지 않은 건실한 연출과 배우들의 정확한 발성, 그리고 화려한 의상 덕분이다.[381]

그러나 부정적인 시각도 없지 않아 있었는데, 서연호는 "전반적인 불안정한 연기와 부조화가 눈에 띄었다."[382]고 예리한 비판을 가했다.

11) 서구작가들의 변용과 공연

이 시기에 서구작가들의 변용과 공연은, <햄릿>에서 변용한 <로젠크란츠와 길덴스턴은 죽었다>, <맥베스>에서 패러디한 <우부왕>, 그리고 (로미오와 줄리엣>에서 번안된 <웨스트사이드 스토리>, 로널드 하우드가 <리어왕>을 변용한 <분장사>이며

세계적으로 인정된 극작으로서 번안물, 소극, 뮤지컬로 서구는 물론이고 아시아에서도 널리 보급되어 온 것인바, 우리나라에서의 공연은 셰익스피어의 번용사상 커다란 혁신이요, 약진이라고 할 수 있다.

■ 톰 스토파드 작 <로젠크란츠와 길덴스턴은 죽었다>
  1. 서울시립대 극예술연구회 (역 노윤갑, 연출 정길원)
     1986.9.4.~9.6., 3·1로 창고극장
  2. 극단 76, 10주년 기념공연 (역/연출 노윤갑, 윤색 이길환)
     1986.12.13.~12.21., 3·1로 창고극장

우리나라 초연공연인 톰 스토파드(Tom Stoppard)의 <로젠크란츠와 길덴스턴은 죽었다> (Rosencranz and Guildenstern are Dead)는 1966년 8월 24일 에딘버러 페스티벌에서 옥스퍼드 시어터 그룹이 초연[383]에 이어서 1967년 4월 11일 올드 빅 극장으로 진출, 극립극단에 의해 공연되었다.[384] 동년 10월 16일에는 뉴욕의 올빈 극장(Alvin Theatre)의 무대에도 진출하여 문자 그대로 출세작이 되었다.[385]

이 제목은 <햄릿>의 5막 2장의 거의 끝 부분에, 영국에서 덴마크로 귀국한 외교사신이 보고하는 말의 한 부분을 그대로 사용[386]한 것이며 작품 전체가 <햄릿>을 뒤집어 놓은 형태로 되어 있다. 그 외에는 시간도 장소도 물론 제3막의 선상인 것을 제외하고는 아무런 지정도 없다.

이 작품이 무대에 오르자 매스컴에서는 성공적인 공연이라고 대서특필했다. 뉴욕 데일리 뉴스에서는 "매우 자극적이요, 재미있으며, 상상에 넘치는 희극"이라고 했고, 뉴욕 포스터 지에서는 "최고의 연극이다. 위대한 상상과 아름다움을 야기한 공연"[387]이라고 절찬을 아끼지 않았다.

원래 셰익스피어의 <햄릿>에서는 로젠크란츠와 길덴스턴은 그림자가 엷은 단역에 지나지 않았으나, <햄릿>의 틀을 넓힌 이 스토파드의 극에서는 이들 두 사람이 주역이며, 밝은 스포트라이트 속에 로젠크란츠와 길덴스턴이 우뚝 서있다. 따라서 둘은 무척 선명하고 명확하게 묘사되어 있다. 하지만 이들은 시공적으로 인식이 매우 흐릿하며, 자타의 아이덴티티도 애매하고, 자신의 행동에 대한 의식도 없다. 스토파드가 두 사람에 대해서 묘사하면 할수록 점점 두 사람의 그림자는 흐릿해지는 것이다. "자연을 있는 그대로 비추어주는 거울[388](Hamlet III.ii,20~22)이라고 햄릿이 순회극단 배우들을 가리킨 것은 널리 알려져 있다. 거울에 비춘다는 것은 현실을 허상화(虛像化)하는 것에 지나지 않는다."[389]고 하는 맥베스의 신음소리에 무겁게 가슴이 조인다. 스토파드는 그 연극에 거울을 들고, 자기의 연극을 바라본 것이다. <로젠크란츠와 길덴스턴은 죽었다>고 하는 스토파드의 연극은 셰익스피어의 <햄릿>을 거울에 비춘 연극이라고 할 수 있으며, <햄릿>의 로젠크란츠와 길덴스턴의 그림자 즉, 거울 앞에 거울을 놓고 그림자 상의 그림자 상을 만들어내는 것이다. 두 사람을 세밀히 묘사하려고 하면 할수록 그림자는 희미해지는 것이다.

스토파드는 <로젠크란츠와 길덴스턴은 죽었다>에서 이들의 죽음이 과연 스스로의 함정에 걸려든 것인지, 아니면 신의 뜻인지를 묻고 있으며, 무엇보다도 셰익스피어의 '우연한 판단'이나 '어쩌다'식의 세계에서 주인공에 비해 늘 단역 밖에 맡지 못하는 보잘 것 없는 사람들을 대변해 주고 있다. 결국 스토파드는 신의 없고 질서가 없는 혼돈의 인간 세상에서 아무런 의미도 없는 인생의 부조리에 직면한 단역들은 '우리는 누구인가?'라고 반문하면서, 비록 왕자나 주인공이 아니어서 비극적 존재로 미화될 수도 없는 처지이긴 하지만, 종국에 가서는 죽음을 맞이한다는 의미로 볼 때 그들의 죽음이 햄릿의 그것과 한가지인 진실하고 결정적인 것임을 시사해주고 있는 것이다. 스토파드는 <햄릿>을 부조리극으로 바꿔 놓으면서, 여기에서 한 걸음 나아가 질서와 이성의 힘으로 그 부조리를 극복하려는 노력을 이 작품을 통해 보여주고자 한 것이다.

■ 극단 현대극장 (작 알프레드 자리, 역 한상철, 연출 이영주)
<우부왕> 1985.12.13.~12. 22., 공간사랑 극장

프랑스의 극작가이자 소설가인 알프레드 자리(Alfred Jarry)는 1873년 라발(Laval)에서 유복한 농민의 자식으로 태어났으며, 18세에 파리에 가서 문인들의 사롱에 다니며 작가생활을 시작하였으나, 폐결핵으로 1907년 11월 1일 34세에 자선병원에서 사망한 불운한 작가이다. 1896년 12월 10일 파리의 제작극장에서 <우부왕>(Ubu Roi)이 초연[390]되었는데, 부조리극의 하나의 전설이 된 작품으로서, 셰익스피어의 <맥베스>를 패러디로 야유한 상징적 소극이며, 찬부양론으로 비판의 격돌이 일어난 바 있다. 작품의 내용은 폴란드 왕의 신임을 얻고 있는 뚱보인 우부는 그의 아내의 농간에 넘어가, 왕의 열병식에서 왕을 시해하고 옥좌에 올라, 귀족들을 차례로 처형, 백성들로부터 과중한 세금을 착취하며 부를 축적하는 데 타고난 재능을 보이며, 그를 거역하는 자들을 잔인하게 처형한다. 살아남은 왕의 막내아들이 러시아의 도움을 받아 군대를 이끌고 공격해오자, 우부왕은 돈을 쓰지 않고 군대를 소집하라는 명을 내리고 곧장 우크라이나로 출정을 한다. 그 사이 우부의 아내는 남편이 모아놓은 재산을 가로챈다. 그러나 성으로 습격해 온 왕자의 군대를 피해 동굴로 피신한 그녀는 그곳에서 러시아군에게 패주하여 혼자 동굴에 피신해 있던 우부왕과 만난다. 아내의 행실을 알게 된 우부왕은 그녀를 처참히 죽이려나 곧 들이닥친 러시아군을 피해 이들 부부는 배를 타고 본국 프랑스로 돌아간다.

자리는 소극 <우부왕>에서 인간의 보편적 폭식, 무지, 탐욕, 이기심, 사기, 잔인함 등을 풍자하는데 있어서 복잡한 장면변화와 상징을 사용하고 흉물스런 실물크기의 피와 살아 있는 마네킹을 사용, 등장인물들의 외모와 성격을 희화화하는 인물로 묘사하는 등 당시까지는 볼 수 없었던 광대의 전형을 창조해냈다. 현대극장의 <우부왕> 공연은 우리나라 부조리극의 하나의 시범을 보인 것이다.

■ 현대극장 (작 아더 로렌츠, 역 신정옥, 연출 김상열)
　<웨스트사이드 스토리>
　1. 1987.3.30.~4.2., 세종문회회관 대강당
　2. 그 후 3개월 간 6월 24일까지 지방 순회공연

뉴욕의 중앙공원의 서쪽 편에 위치한 이른 바 웨스트사이드 지구를 무대로 하여 펼쳐지는 뮤지컬, <웨스트사이드 스토리>는 미국의 꿈을 찾아 뉴욕 뒷골목으로 온 푸에르토리코 출신의 젊은 패거리들로 구성된 샤크파와 이민 2세 이탈리아계 마피아 제트파가 주역으로 이들은 혜택 받지 못하는 사람들이 사는 웨스트사이드에서 벌어지는 불꽃 튀는 갈등과 대결이 테마의 주류를 이루고 있다. 이 뮤지컬에는 인종 문제 등이 표면에 깔려 있으며, 젊은이들의 절망감이 분출되어 있다.

이 뮤지컬은 셰익스피어의 <로미오와 줄리엣>의 번안이다. 다시 말해 이탈리아의 북쪽에 위치한 베로나 도시에서 전개되는 명문 몬테규 집안과 캐플렛 집안 사이에 피비린내 나는 투쟁과 그 틈새에 끼어 사랑의 아픔을 겪다가 마침내 죽음으로써 영원한 결합을 맹세하는 로맨스가 웨스트사이드의 빈민가로 옮겨져, 앵글로색슨계의 젊은이들과 스페인계통의 젊은이들 사이의 인종적 갈등의 형태로 탈바꿈 되었을 뿐이다.

따라서 이 뮤지컬은 단순히 젊은 남녀간의 사랑에 초점을 맞췄다는 것보다는 한 걸음 나아가서, 소수민족 간의 대립과 갈등이란 현실적인 사회문제에 그 작품의 주제성을 집약시킨 점에서 일반 뮤지컬과는 달리 높은 평가를 받고 있다.

1957년 9월 26일 브로드웨이의 윈터가든 극장에서 초연된 이 작품의 아이디어 발상은 안무가인 제롬 로빈스에서 비롯된다. 물론 그의 원안과 현재의 작품과는

주제상으로나 구성상에 있어서 다르다. 그 원안을 아더 로렌츠가 폭넓고 깊이 있게 변형시킨 것이다. 즉 슬픈 사랑의 이야기를 두 인종집단 사이의 증오와 대립으로 몰고 갔다. 집단과 집단 사이의 갈등이 개인의 삶이나 그 감정을 잔인하게 뭉개버리고, 처절한 비극으로 휘몰아 간다는 사실을 우리 앞에 제시해주고 있다.

번스타인이 작곡한 <웨스트사이드 스토리>는 고전음악으로서는 전위음악이다. 토니가 마리아를 그리워하며 애잔한 멜로디를 부르는 발라드 <마리아>라든가, 구름 사이로 달빛이 쏟아지는 밤, 남의 눈길을 피해 비상계단을 통해서 사랑을 맹세하는 토니와 마리아의 이중창 등은 우리 가슴에 뜨겁게 와닿는다.

우린 한 몸, 우린 한 마음, 죽음만이 우릴 가르리, 영원히 한 생명
우리는 한 생명, 영원한 사랑아, 맹세한 한 마음을, 죽음이 가르리.

복수와 증오와 적개심을 뛰어넘고 영원한 사랑을 다짐하는 이 '오늘밤'은 뮤지컬의 가장 감동적인 장면이다.

작가는 이 작품에서 마치 여러 갈래의 산골짝 물이 하상(河床)에 이르러 하나의 커다란 물줄기를 이루듯이, 마리아가 샤크파의 패거리에게 다시 복수를 당해 죽은 시체를 얼싸 안고, "모두의 증오, 그것이 오빠와 토니를 그리고 나의 사랑을 죽였다"고 피를 토하듯 외치는 대목에 주제를 응결시켜 놓고 있다. 무의미하게 서로 미워하고 물어뜯는 적대적인 갈등이 그 얼마나 처절한 비극을 가져오는가 하는 사실을 우리 앞에 리얼하게 제시해주고 있다.

■ 극단 춘추 (작 로널드 하워드, 역 김영자, 연출 문고헌)
<분장사> 1984.6.22.~6.28., 문예회관 대극장

로널드 하워드(Ronald Harwood)는 1934년 11월 9일 남아프리카에서 태어났으며 1951년 영국으로 건너가서 연극예술 국립학교에서 면학하였다. 1953년에는 도널드 월휫(Donald Wolfit)의 분장사(Dresser)로 1년간 일하게 되어 지방순회공연에 참여도 하였고, 그 경험을 토대로 <분장사>(Dresser)가 탄생하게 된 것이다.

<분장사>는 맨체스터의 국립교류극장과 런던의 여왕극장에서 공연된 후 연극상을 받았으며 1981년 미국 브로드웨이에 수입된 후 200회의 장기공연 기록을 수립하였다.[391]

<분장사>의 내용은 다음과 같다.

2차 대전 때 공습이 진행되던 영국에서의 얘기다. 셰익스피어 전문극단의 저명한 원로배우가 <리어왕> 공연을 앞두고 공습 속에서 밤거리를 외투도 모자도 던져, 껑충 껑충 뛰며 상의를 벗고 타이를 풀고 셔츠의 단추를 뜯는 등 반미치광이의 소행을 하는 것을 분장사 노만이 병원으로 데려간다. 마치 폭풍우 속에서 방황하는 리어왕의 모습 그대로이다. 그러나 17년간 그의 분장사로 일해 온 노만의 뒷받침으로 무대에서 <리어왕> 공연을 마친 후 그는 관객에게 "전쟁 속에서 정의를 위하여 싸우는 용사들처럼 보잘것없는 저희 배우들도 최선을 다해 싸우고 있습니다."라고 인사한다. 그리고 분장실에서 분장사인 노만에게 "셰익스피어 선생이 오늘밤을 기쁘게 생각하기를 바랄 뿐이다."라고 참된 배우의 의리를 일러주고 결국 죽음을 맞이한다. 이 노배우는 피로에 지쳐 허탈상태에서도 결국 연기자라는 도리를 마치고 허무하게 세상과 작별한다. 리어왕과 많은 셰익스피어 작품의 주인공 역을 맡은 배우와 그 분장사의 이야기는 <리어왕>의 길을 자신들의 길인양 살아온 그들의 이야기인 셈이 된다.

5. 셰익스피어 학문의 수용

셰익스피어에 대한 사회적 문화적 인식이 고양됨에 따라 셰익스피어와 그의 작품은 영문학계와 대학과 대학원의 영문학과가 계속 증가하고 보강되는데 일조하였으며 학문적 공헌도 크게 이루어지게 되었다. 학계나 대학에서 많은 논문이 발표되었고, 강연, 토론회, 세미나 등은 학구적 욕구의 발산처로서 전공 학자나 연구하는 학생층이 참여하였다. 그래서 대국적으로 보아 셰익스피어에 대한 학문적 수용은 계속 발전의 길을 밟아왔다.

그러나 본 저술에서는 명시적으로, 지속적인 학술자료인 논문을 필자가 수집 보관하고 있는 범위 안에서 검토하고자 한다. 또한 이들 논문은 셰익스피어의 학문적 수용에 절대적인 업적을 쌓아올렸다.

학술적인 논문의 효시는 학위논문이다. 우선 학사논문을 제외하면 석사·박사 학위논문은 전문성의 수준으로 보아 학문적 수용에 있어서 높은 평가를 받을 만하다. 수용의 시기별로 나눈 제3기에서 살펴보면 석사학위논문의 팽창도는 비약적이다. 이는 바로 셰익스피어에 대한 학문적 수준의 정립과 발전의 모델이 될 수 있다. 1970년대와 1980년대를 비교해 보면, 70년대에는 석사학위논문이 39편, 80년대 셰익스피어 한국수용 3기에서는 153편이니 4배로 증가했다. 비극 100편, 희극 30편, 사극 10편, 시 3편, 기타 10편 등이다. 그리고 연구 분야도 다양해졌다.

셰익스피어는 1920년대에 서구문명이 도입되는 개화기에서부터 하나의 주류로서 크게 우리나라의 문화에 공헌하였다. 1980년에는 토착화의 제2기로 문학이나, 연극이나, 학문에서 그 기반의 발전의 틀이 되었으며, 1990년대와 2000년대에서는 비약을 하다 보니 범람의 시대를 맞이하게 된다.

1) 1920년대, 개화의 물결이 트다

셰익스피어와 그의 작품은 고증기를 지나 개화기에 접어들 무렵부터 논의되기 시작하였다. 1920년대에는 잡지, 일간신문 등이 상당수 등장하여 문명의 개화기에 어울리게 서구문화가 소개되고, 문인들과 그들의 작품도 수용되며, 1910년대와는 현저한 차이를 보여주었으니, 논문, 전기, 작가론 등이 나오는 시기였다. 단순한 논문뿐 아니라, 본격적인 연구서도 발표되었다. 일찍이 <조선문학사>를 쓴 안자산은 '세계문학관'을 논하는 중에 '영문안의 현세(現世)'를 언급하였는데, 그는 영국의 극단은 공연에 있어서 보수적이고, 독일과 프랑스에 급하지 못한다고 하면서 셰익스피어 등 각본은 구주대륙에 열한점이 있다고 셰익스피어의 가치를 처음으로 인정하였다.

> 영국의 논단은 독불에 비하면 대손색이라…영국의 극장은 셰익스피어 등 각본을 연 함가튼 것은 호말(毫末)도 구주대륙에게 열한점이 업스나 신공기를 현(現)하는데는 극히 보수적으로 독불이 급치 못한다. 이브센 것 같은 것도 독불에서 성행함을 불구하고 영국에서는 촬영치 안하는지라.[392]

같은 시기의 근포 신태악(槿圃 辛泰嶽)은 셰익스피어를 포함하여 단테(Dante), 유고(Hugo) 등 10대 문호를 선정하여 세계십대문호전(世界十大文豪傳)이라는 저서를 내놓았는데, 당시로서는 진귀한 작품이었다. 그는 셰익스피어의 약전, 저작시기와 작품경향, 그리고 에드워드 다우덴(Edward Dowden)의 고증을 거친 전작 목록을 하나하나 들면서 4대 비극을 열거하고, 셰익스피어의 전부를 알려고 하면 4대 비극은 물론, 기타 그의 희극·비극 및 서사시와 서정시 몇 편쯤은 읽어야 한다고 셰익스피어를 흠모하여 그의 책을 읽으라고 다음과 같이 언급하였다.

> 이제야 참 대천재(大天才) 사옹(沙翁)을 쏙사기고 잇는 것이 아니고 무엇일가요! 아! 바라노니, 인간의 성(聲), 예언자의 성(聲), 신의 성(聲)을 들으려는 자여! 이 쉑쓰피어의 작품을 일독할지어다. 일혈(一頁)의 문자가 제군의 교과됨에 넉넉하리

라!393)

반광생(본명 김한규)은『신천지』1922년 1월호 "세계문호평전"에 실린 것 중의
하나로 셰익스피어의 평전을 다루었다. 그 차례를 보면 1. 사옹과 시대, 2. 사옹의
생지, 3. 사옹의 부모, 4. 사옹의 생년(生年), 5. 사옹의 유시(幼詩), 6. 사옹의 상경,
7. 사옹의 지우(知遇), 8. 사옹의 귀향, 9. 사옹의 작품 등의 항목으로 나누어져 있고,
문학작품에 대한 언급은 약간 있을 뿐이다.

현금 전하야 오만 37편 중 그 17편은 彼의 생존 중에 상재되고 여타 20편은 후에
상재된 적이라 한다. 그리고 彼의 걸작은 임이 쉐익스피어 4대걸작이라. 흑야 우리들
입에서 회자되는 〈리어 왕〉, 〈하믈릿트〉, 〈베니스의 상인〉, 及 〈로미오와 줄릿트〉
등 4편이 시(是)니라!394)

반광생은 1년 후에 본명으로 <세계문호평전>에서 다루었던 셰익스피어의 내용을
약간 개정하여 『신천지』에 "8대 문호약전" 이라는 제목으로 다시 게재하게 된다.
반광생은 4대 걸작에 대해 셰익스피어의 4대 비극을 예로 든 것이 아니라 <리어왕>과
<햄릿>에 우리나라의 1920년대 초 독자들을 무한히 매료시켰던 <로미오와 줄리엣>
등 비극 3편과 희극 <베니스의 상인>을 포함한 것이다. 그리고 셰익스피어 생존 시에
간행된 G.B.해리슨(G.B. Harrison)의 책에 의하면 셰익스피어의 작품이 14편395) 이
었고 데이비드 데이치스(David Daiches)는 16편396)이라고 하였으며 R.M.프라이
(R.M.Frye)는 18편397)이라고 하였는데, 반광생은 17편398)이라고 소개한 것이다.

<햄릿>을 번역한 현철은 "아라 두어 필요한 연극 이야기"라는 글에서 셰익스피어
의 극을 낭만극399)으로 단정하였는데, <햄릿>을 번역한 현철이기는 하나 낭만주의라
고 하는 것은 이해하기 어려운 일이다. 아마도 셰익스피어에 대한 지식은 별로 갖추
지 못했던 것 같다.

1925년 1월호의 『조선문단』에서 눈길을 끄는 것은 H.S.크롤리가 쓴 역자 미상의
"셰익스피어극의 교훈"이라는 글이다. 제목에 밝혔듯이 셰익스피어의 위대성400)을
세 작품 즉 <줄리어스 시저>, <햄릿>, <맥베드>에서 예증을 들어, 인간의 성격에
있어서는 아니 될 탐욕적 야심과 욕기로 인해 인간은 파멸된다는 권선징악의 교훈을
펼친 글이다. 1910년까지의 경우 교훈 중심으로 셰익스피어가 소개되어 온 흐름이
1920년대에 영문이기는 하나 크롤리의 글에서 셰익스피어의 극작가의 면모가 드러
난 것이다.

영문학에는 문외한인 소설가 최학송(崔鶴松)은 <근대영미문학(近代英美文學)의

개관>에서 셰익스피어에 대하여 "그의 필봉(筆鋒)은 시대를 초월하엿섯다. 고왕금래(古往今來)에 그와 같이 모든 형식을 벗어나서 시대를 뛰어넘은 이는 아직 한사람도 없다한다. 의고주의(擬古主義)의 시대에 낫스되 붙잡히지 않고 과거를 벗어나서 미래의 새 세계를 개척하였다. 엄격한 성격묘사며 세밀한 심리묘사는 이금(而今)까지도 많은 경앙(敬仰)을 밧는다."[401]고 그의 시대를 초월한 탁월한 식견(識見)을 높이 평가했다. 이 글에서 보듯 처음으로 셰익스피어의 비전문가에 의해서 문학적인 측면에서 피상적이나마 성격묘사나 심리묘사에 탁월한 작가로 우리나라에 소개되었던 것이다.

그리고 영문학 전공의 극작가 김우진에 대하여는 문학적 수용의 김우진의 란에서 이미 설명한 바 있으나, 부언을 하면, '사옹의 생활'과 '맥베드가 본 유령과 햄릿이 본 유령'이라는 글에서 상당히 심층적으로 셰익스피어를 다루었다. '사옹의 생활'은 김우진이 1925년경에 쓴 글이다. 경구교훈에 중점을 두었거나 셰익스피어의 위대성을 밝히기 위해 그의 생애를 알리는 글 등이 주류를 이루는 물결 속에서, 영문학을 전공한 극작가 김우진의 출현으로 비로소 셰익스피어가 연구과제로서 구체적으로 다루어졌다.

그는 셰익스피어에 대하여 맹렬하게 공격을 퍼부은 톨스토이나 쇼처럼, 그의 가치에 대해서는 부정적이었다. 그러나 언어의 마술사요, 탁월한 셰익스피어의 상상력에 대해서는 다음과 같이 긍정적으로 평가했다.

> 물론 쇼가 천재의 가치가 없다고 하면서도 그 시적 운율의 기재에 감심(感心)한 것 같이 나도 그의 언어에 대한 풍부한 운율과 환상력의 광장(廣壯)함을 탄상(歎賞)은 하나, 도무지 카라일이 져만큼이나 치워준 까닭을 몰으겠다.[402]

그는 셰익스피어를 일컬어 "영원무궁한 사옹(沙翁)"이라고 절찬을 아끼지 않았던 괴테 및 "인도를 잃으면 잃었지 우리 사옹을 잃어버려서는 못 되겟다"[403]고 셰익스피어를 신격화한 카라일을 도무지 이해할 수 없다고 하면서, 셰익스피어는 단지 한때, 즉 엘리자베스시대를 반영한 작가일 뿐, 그 이상을 초월한 극작가는 아니었다고 평가했다. 그는 셰익스피어의 언어에 탄상을 하면서도, 그의 가치는 낮게 치부하고 있었다. 그 무렵 애니 크루즈(Any Cruse)는 셰익스피어의 전기를 읽은 것이 계기가 되어 엘리자베스 시대의 영국이라는 거대한 역사적 배경을 알게 되었다고 했다.

김우진은 '사옹의 생활'을 썼으며, 그의 '맥베드가 본 유령과 햄릿이 본 유령'은 일어로 쓴 미완성의 논문이다. 그는 이 글에서 유령에 관한 주목할 만한 분석을 심층적으로 다루었다. 셰익스피어에 있어서 유령은 그의 비극에 나타난 초자연적인 요소들 중에서 가장 단적이며, 가장 연극적이다. T.S.엘리옷(Eliot)은 그에 대해서 "유령보다 더 연극적인 것은 없다."[404]고 말한 적이 있다. 같은 유령이라 하여도 세네카(Seneca)의 경우는 소위 "서막적 유령"으로 극의 서막에 나타나, 사건의 설명을 하고 플롯과는 유리된 존재에 지나지 않지만, 엘리자베스 시대에는 유령이 플롯과 관계가 있다는 것이다. 김우진은 <햄릿>에 있어 유령은 극의 발단이 된다는 것까지 전개시켰으나, 그 이후의 원고는 미완으로 끝난다. 그래도 김우진의 논문이 부분적이기는 하나, 20년대를 대표할 만한 셰익스피어론 이라고 볼 수 있으며, 1920년대의 셰익스피어의 연구도 그 이상 깊이 있는 진전이 없었다. 그러니까 그의 출현은 셰익스피어의 위대성을 밝히는 글이 주류였던 시절에 셰익스피어를 비교적 연구과제로 다룬 게재가 되었으며, 그는 이미 설명한대로 톨스토이나 쇼처럼 그의 가치에 대해서는 부정적이었다.

김우진은 <맥베드>에 있어 가장 흥미를 야기한 것은 무엇보다도 마녀와 유령이라고 다음과 같이 논했다.

> 마녀와 유령은 비극이 갖는 초자연적인 것을, 환상과 신비의 단순한 간결함에 있어 나타난 의미에 있어 가장 주목할 만한 것이다.[405]

셰익스피어의 다른 비극 <줄리어스 시저>에서는 간결하게 묘사되면서 극의 액션에 중대한 영향을 주는 유령을 볼 수 있으며, <맥베드>에 있어서도 남다른 유령을 보게 된다. 즉 뱅쿠오(Banquo)의 유령이다. "실체 있는 유령이 아니라 맥베드의 눈에만 보이는 유령인 것이니, 공포심의 근본이 되어 야심한 향연장의 구석구석 뻗치어 나타난 맥베드의 회한(悔恨)의 숨결이다. 이 유령은 맥베드의 마음 속에 깃들어서 환상과 신비를 공포심으로 하여 단단히 뿌리 박혔으니까."[406]

<햄릿>의 유령은 줄거리를 만들며, <줄리어스 시이저>의 유령은 극을 지배하지만 <맥베드>의 유령은 다만 맥베드의 마음에 사무친 회한과 공포의 화신이다. <햄릿>이 본 유령은 다르다. 호레이쇼에게도 보이고, 마셀러스와 버나드에게도 보인다. "처음 망대에 나타난 유령은 그들 세 사람에게 보이는 위구(危懼)와 고독과 모색에 가득 찬 마음의 대상으로 나타난 것이다."[407]라고 그는 피력하고 있다.

영어에 능통한 수주 변영로(樹洲 卞榮魯)의 <쉑쓰피어의 생애>[408]에서는 셰익스피어의 위대성을 인물상에 두었으며, 생애를 두 부분으로 나누어 소개하였다. 한정된 범위에서 조금은 구체적으로 설명하였으며, 과거의 셰익스피어 소재로부터는 진일보하여 사무엘 존슨(Samuel Johnson), 마콜리 경(Sir. Macaulay)의 셰익스피어론을 소개한 것이다.

셰익스피어의 소개는 해를 거듭할수록 점차 확대되어 갔다. 정인섭의 셰익스피어 옹호론이라 할 수 있는 '社翁과 沙翁'[409]이 그것이라고 할 수 있다. 근대의 셰익스피어 공격자 중에 가장 극렬한 작가는 버나드 쇼와 톨스토이라 하며 정인섭은 다음과 같이 셰익스피어를 부정한 톨스토이를 비판했다.

> 근대의 사옹 공격 중에 가장 심한 자는 버너드 쇼오와 톨스토이라고 할 수 있다. 톨스토이의 '사옹(沙翁)론'은 모든 가운데 가장 심하게 사옹을 비난한 대표적인 것이다. 쇼오의 논은 예각적 절규이요 준열한 것 같아 기실 단편적이요 조직적이 아니다 … 사옹의 희곡은 열악한 역사이다. 그리고 천속(賤俗)하다. 그의 성격은 부정(不定)하고 그의 작품은 모두 말할 수 없는 암울에 쌓여있다.[410]

셰익스피어의 사후 10년 후 태어난 가십기자 존 오브리(John Aubrey)가 전하는 바에 의하면 크리스토퍼 말로(Christopher Marlaue)는 셰익스피어는 백정[411]이었다고 하였다. 그리고 셰익스피어의 작품을 희극, 사극, 비극, 시의 네 종류로 나누어 예를 들었다. 그 중 한 예를 들면 "<리처드 3세>는 말로라는 작가와 합작한 것"[412]이라는 착오를 범하고 있다. 말로는 먼저 같은 소재를 다룬 <에드워드 2세>(Edward the Second)를 썼다. 전설적인 인물이자, 세계에서 흠모하며 존경하는 극시인이 된 셰익스피어의 인물, 또 그 주변 등을 소재로 한 글들이 나오기 시작하였다. '학창신화 쉑스피어와'[413]와 '세계 문호역방 쉑스피어 (1564~1616)'[414] 등이 그 예라 할 수 있다.

같은 해, 1926년에 조용만(趙容萬)은 셰익스피어를 졸라(Zola)와 비교해서 설명하였다. "절대의 대시인 절세의 대희곡가(大戲曲家)인 영국의 <쉑스피어>는 실로 일일이 매거하기 난(難)하다."[415]고 셰익스피어를 소개하였다.

1920년대 말에 이종수(李鐘洙)가 '<맥베드>의 문화적 가치-쉑스피어의 위대한 점'이라는 논문을 발표하였다. 1929년 12월 7일『신흥』지에 실렸으며, 맥베드를 역사주의 비평의 접근방법으로 분석한 것이다. 그는 셰익스피어극의 올바른 평가기준으로 엘리자베스시대, 셰익스피어의 비극, 당시의 극장에 대하여 알고 있어야 가능하다는 입장에서, 엘리자베스시대는 지적배경(Intellectual Background)이 갖추어졌던 시대이며, 셰익스피어가 유럽에 그 이름을 떨칠 당시는 "마치 국민사상의 절정이고 문화의 황금시대였다."[416]고 하면서 "그들의 상상력에 적합한 예술은 극이다. 극에서 그들은 참으로 살아서 움직이고 고생을 맛보고 항상 기분이 변하고 태도가 변하는 남녀를 볼 수 있다."[417]고 엘리자베스시대 사람들의 성향을 짚어낸 에드워드 다우든의 말을 인용하여 셰익스피어와 같은 위대한 극작가의 탄생이 우연이 아님을 밝혔다. 이종수의 글은 기본적으로 우리나라에 셰익스피어가 아직 보급되지 않은 시점에 그에 대한 심도 깊은 연구라기보다는 소개의 차원에서 셰익스피어의 삶을 소개하고, 셰익스피어의 20년간의 극작생활을 4기로 구분하여 수업시대인 청춘의 향락과 열정의 시대, 공상보다는 사실추구시대, 희극에서 비극으로 전환한 4대 비극 저작시대, 비애의 심연에서 희열의 고봉(高峯)에 올라 세계를 달관하고 세상사에 관대한 태도를 가진 시대로 나누었다.

이종수는 서정적 요소가 풍부한 것이 극 발달의 특징이라고 하는 본(Vaughan)의 말과, 그 반대로 감정 요소가 적어지고 사실적 요소가 우세한 것이 극 발달의 특징이라고 하는 아쳐(Archer)의 주장을 비교하면서, "코러스 시의 혁신, 배우의 동작 등의 서정적 요소가 모방을 억압하는 희랍극과는 달리 엘리자베스시대극에 무운시가 사용된 것은 서정적 요소가 감소한 하나의 발전이었으므로, 셰익스피어는 대체로 서정적이고 과장적이나 일상 언어를 사용하여 사실적 표현을 요하는 인물을 많이 묘사하였는데, 이는 희곡이 생활현상의 반영이라는 측면에서 시대변모에 따른 자연스러운 결과"라고 하였다.

결국 이종수는 <맥베드>의 문학적 가치를 보다 효율적으로 설명하기 위해 엘리자베스시대, 셰익스피어시대의 비극, 당시의 극장 순으로 문학적 가치를 고찰한 것이다. 피상적이나마 셰익스피어의 역사적 배경을 첨가하였으며, 그 무렵으로서는 셰익스피어 수용에 기여를 한 셈이다.

2) 1930년대-아직도 개화의 단계

1930년대에도 마찬가지였으며, 셰익스피어를 소개하는 생애 중심의 글들이 잇따랐다. 그러나 그의 작품, 그 중에서도 <햄릿> 해설이 나왔다. <대시인 셰익스피어頌>[418], <세계 역사상으로 본 위인의 片影 영국문호 쉑스피어>[419], <위인의 目不識丁의 사생활 商買의 子로서 세계 대문호가 된 沙翁>[420], <이달의 문호 윌리암 쉑스피어>[421], <요염의 여왕 클레오파트라 양웅을 장상(掌上)에 희롱>[422], <사옹의 이태리인>[423],

등에서 볼 수 있듯이, 어느 정도 셰익스피어가 대중에 알려지게 되었으며, <쉑스피어의 하물레트 : 세계명저소개(3)>(동아일보 1931.2.2.)도 그 중의 하나가 될 수 있다. 그 이후에도 셰익스피어에 관한 단편적인 글들이 신문·잡지에 계속 실렸다.

레비도포의 글을 김대균이 번역한 <3인의 셰익스피어>에서 셰익스피어의 3면, 즉 스타일리스트, 정치적 아첨인, 투쟁인으로서의 셰익스피어를 볼 수 있다고 하였지만, 역점을 둔 것은 바로 투쟁하는 셰익스피어였다.[424]

정인섭(鄭寅燮)은 <괴테와 셰익스피어>에서 일찍이 셰익스피어의 <햄릿>, <맥베드>등에 매혹되어 <파우스트> 등을 쓴 괴테가 셰익스피어를 예찬한 후, "천태만화하는 사옹극의 장소, 사건, 시간학은 물론, 인물의 성격의 풍부하고 심각한 묘사로서 대규모의 명작을 구상하였으니 <파우스트>는 셰익스피어의 <햄릿>, 그의 사극 <괏츠>에서는 사옹극의 <안토니오와 클레오파트라>, <맥크베스>, <로메오와 쥬리엣트> 등의 여러 가지 영향이 명백"[425]하다고 밝혔다.

1933년에 박상엽(朴祥燁)이 '윌리엄 쉑스피어' 논문을 발표하였다. 셰익스피어 생애에 대해 자세히 소개하고 세계적으로 각광을 받은 작품인, 4대 비극과 <로미오와 줄리엣>, <베니스의 상인>을 설명하였다. 그러나 착각인지 셰익스피어의 희곡이 44개[426]라고 잘못 언급하였다.

불문학자 이헌구(李軒求)는 "<사옹작<베니스의 상인>의 재인식>에서 극악의 전형적 인물 샤일록, 돈만 아는 유태인을 참다운 인간으로 즉 기독교적 사랑의 정신과 또 자녀를 사랑하는 인간의 애정을 갖춘 양심 있는 인간을 창조하는데 있다."[427]는 숨겨진 영원한 교훈을 주고 있는 연극이라고 하였다.

일본의 셰익스피어물 홍수는 조선에도 넘어와서, 셰익스피어의 선전포스터는 각 주요도시 서점에는 붙지 않은 데가 없고, 이것이 영향을 끼쳐 글 읽는다는 사람은 누구나 일종의 호기심으로라도 이것을 보고 싶은 마음이 생기게 되어, 셰익스피어를 보는 사람이 증가하는 현상을 일으켰다.

김윤석(金尹錫)은 <셰익스피어의 비극 인물론>에서 <햄릿>을 조명하며 "햄릿의 성격을 이론적·사색적·소극적인 면과, 무모 대담한 용자라고 할 수 있는 적극적인 면인 양면을 가졌다고 보지만, 그는 실행에 있거나 계획에 있거나 주지적 태도를 취하얏다고 볼 수 있다."[428]라고 그의 햄릿관을 피력하였다.

소설가 이무영(李無影)이 셰익스피어 연구의 수용사에 있어 흔치 않은 논문 '셰익스피어의 제작은 과연 자작인가?-사옹, 빼-콘 양파의 논쟁보고서'[429]를 번역해 내놓았다. 사실 셰익스피어는 초등학교밖에 나오지 않는데 그가 대작을 썼다하여 구구한 설이 있어왔다. 즉 희곡을 쓴 사람은 셰익스피어가 아니라 엘리자베스 여왕이요, 옥스퍼드 백작이요, 크리스토퍼 말로요, 프랜시스 베이콘 등이라는 설이 있어왔다. 이 논문에서는 셰익스피어가 아닌 베이콘을 가장 유력시한다는 주장이다.

김송은 <대서문호들의 일화-셰익스피어의 술집>에서 "사실 셰익스피어는 그래머 스쿨(Grammer School)밖에 나오지 않았다. 그래도 위대한 작품들을 쓰게 되었으니 의심도 할 만하다. 그러나 위대한 작품을 쓰게 된 배후에는 바로 문인들, 재사들, 귀인들이 자주 드나들던 머메이드 주막에서 이들과 사귀어 진귀한 작품을 썼을 것"이라고 풀이하였다.

김운석이나 이무영의 번역, 김송 등의 글은 그 무렵 셰익스피어에 관하여 전해지던 풍문들의 하나였다. 그리고 서구에서 공연된 셰익스피어 축제라든가, 셰익스피어와 그 주변이야기 등, 전해지고 있었던 그리고 짤막하지만 셰익스피어 연구에 관한 글들이 나오는데, <셰익스피어의 비극인물론>, <셰익스피어 작품의 인물론>[430], <셰익스피어의 제작은 과연 자작인가?>등이며, 수필가요, 시인이요, 전기작가이며, 셰익스피어 학자인 존슨 박사가 셰익스피어론을 펼친 논설도 <셰익스피어 작품의 인물론>에 기술되었다. 셰익스피어 수용의 개화기를 맞이한 것이다.

1920년대를 이종수의 '<맥베드>의 문학적 가치'가 장식했듯이 1930년대의 마지막은 아마도 이윤식(李潤植)의 <햄릿트와 막베스>[431]가 장식한 듯하다.

이윤식은 지엽적인 셰익스피어론에서 벗어나보려는 일면을 보여주고 있다. A.C. 브래들리(Bradley)의 <셰익스피어 비극론>과 아서 시몬스(Arther Symons)의 <맥베드론>을 바탕으로 하여 구조와 범위를 논하고. 주요인물들을 비교 분석해보려고 하였다. 그러나 아쉬운 점은 브래들리와 시몬스의 글이 순전히 일어에서 중역한 것이다. 이윤식은 등장인물들에게 보이는 유령을 객관적 유령, 특별한 인물로서 주인공에게만 보이는 유령을 주관적 유령으로 구분하는 것이 일반적 평가라고 했고, 햄릿의 성격에 대하여는 인간의 두 유형 중 실천형이 돈키호테형이라면. 햄릿형은 사고 내지는 반성형인 것으로 인식하였다. 햄릿의 성격은 실로 이해하기 어려운 복잡 미묘하고, 그의 반성은 너무나 심각하다는 것이다. 햄릿이 복수를 지연하는 등의 행위는 셰익스피어의 비극의 주인공들이 선악을 불문, 인간을 초월하고 있다는 것이 하나의 예가 되고, 햄릿이 오필리아를 거부하는 이유는 왕비에 대한 그의 불신이 여성 전체에 대한 것이 되었기 때문이지만, 그렇다고 햄릿이 모자의 정을 져버리는 것은 아니라고 하였다. 왕비는 죽기 전에 자신의 잘못으로 독배를 마신 것을 인정하고도, 자기의 비운을 개탄하지 않고, 그저 햄릿의 신상을 걱정하고, 그동안 자신의 행동을 후회하는 인물로서, 본성이 악하지 않는 여성으로 치부하면서, 용서할 여지가 전혀 없으며 잔인한, 거기에다 여성으로서 최악의 인간성을 가진 맥베드 부인과는 대조를 이룬다고 하였다. "피는 씻으면 없어진다고 남편을 敎唆한 그 여자가 최후에는 아라비아 향수로 써도 이 작은 손에서 악취는 지울 수가 없다고 하였는데 이것이 함레트 왕후와는 다른 그 여자의 말로이다."[432]라고 하였다. 또 "오필리아는 천진난만하고 순진무구한, 일견 촌 처녀 같은 태도와 심정을 가진 여자"[433]라고 하였다. 클로디어스는 선왕을 시해한 점에서 맥베드를 연상시키지만, 그가 기도로서 자신의 죄를 뉘우치는 것은 가능한 한 악을 선으로서 상대해보고자 하는 노력을 보여준다는 점이 피로서 피를 씻어내려는 맥베드와는 달리, 잔혹성은 없는 인물임을 알게 해준다고 하였으며, 반면에 맥베드는 모든 일이 순조로울 때나 남에게 아첨을 받을 때에는 용감하더라도, 역경에 처해지거나 큰일을 앞두고는 대단히 비겁해지는 인물이며, 욕망추구에 누구보다도 집착하는 성격이라고 보았다. 뱅쿠오는 쉽사리 유혹에 이끌리고 소극적이고 수동적 성격이나, 대역무도한 일에 가담하지는 않는 인물이며, 호레이쇼는 충실근면한 충신으로서 맥다프와 유사한 점이 있으나, 맥다프는 차라리 국왕에게 충성을 다하기보다, 가족의 사랑보다, 스코틀랜드를 사랑한 인물이라 하였다.

이윤식은 <햄릿>과 <맥베드>를 통해서 세익스피어 극 안의 등장인물을 처음으로 비교분석한 것이다.

3) 1940년대-김동석이 주도적 역할

1940년대에 들어서면서 한노식(韓路植)의 <쉑스피어 소론>이 나오는데, (상)은 연극인으로서의 사옹이요, (중)은 배우로서의 사옹이며, (하)는 연출가로서의 사옹으로 편저되었다. 이 책은 세익스피어를 3면으로 고찰한 것으로 세계적 이원(梨園)에 만세불류의 금자탑을 건축해놓은 천재 쉑스피어야말로 스펜서의 말과 같이 "그의 본대는 무대"[434]라고 밝히고 있다.

세익스피어를 논함에 있어 6·25 한국전쟁 전까지 단행본으로 출간된 것은 오직 김동석(金東錫)의 <뿌르조아의 人間像>[435]정도이다. 이 책에서는 세익스피어를 '시극과 산문-쉑스피어의 산문'과 '폴스타프론'으로 나누어 더 논하였다. 그리고 김동석은 이 글에 앞서서 '쉑익스피어의 연구-주로 그 산문을 중심으로 하야'[436]라는 논문을 발표하고, 후에는 <쉑익스피어의 주관(酒觀)>이라는 문학수필을 쓴 바 있다. 후자의 경우 수필이긴 하지만 그의 해박한 지식이 도처에 나타난다. "쉑익스피어는 술 취한 사람에게는 시를 인정하지 않고, 산문으로 말하게 하여 자기의 의도와 태도를 명백히 했다는 것"이며, 조선의 위시동이선(魏志東夷傳)과 비교해서 "조선의 시가는 술과 더불어 우러나온 것처럼 쓰여 있는데, 위대한 시인 <쉐익스피어>는 정반대로 시는 술과 상극이라는 것"437)이라고 논리를 펼치고 있다.

본격적으로 셰익스피어를 이론적으로 연구하기 시작한 것은 김동석이다. 논문 '시극과 산문'에서 셰익스피어극이 근본적으로 약간의 무운시가 주된 형식이 되는 시극이라는 원칙하에, 셰익스피어 희곡 중 <헨리 6세> 1부와 3부, <리처드 2세>, <존 왕> 등 네 작품을 뺀 나머지 33편의 작품에는 모두가 한결같이 산문이 섞여 있으며, 이들 33편 속에 들어 있는 산문이 차지하는 비율을 따져볼 때 전체 26퍼센트에 해당되고, 나머지 7퍼센트가 시로 쓰였는데, 이러한 시와 산문의 혼용에는 본질적으로 셰익스피어의 숨은 뜻이 담겨 있을 거라는 가정 하에, 셰익스피어의 비밀을 푸는 열쇠로서 산문이 갖는 의미를 연구 분석했다. 그는 "언어는 톨스토이의 언어에 비할 수 없을 만큼 음악적이다. 그러므로 톨스토이가 셰익스피어의 언어를 이성에 꼭 맞는 <말>이 아니라 해서 예술이 아니라 단정한 것은 확실히 산문에 입각하여 시를 판단한 아전인수의 오류이다."438)라고 셰익스피어의 본질은 산문이 아니라 시에 있음을 분명히 하고, 톨스토이의 산문, 리어왕의 산문, 그리고 이아고의 산문 세 부분으로 나누어 셰익스피어가 산문을 사용한 의도가 무엇인지를 설명했다.

또 다른 논문 '폴스타프론'에서는 셰익스피어의 <베니스의 상인> 속에는 귀족계급과 신흥세력 부르주아와의 대립에서 본질적 이데올로기와 자본적 이데올로기의 대립이 분명히 드러나 있다고 보고, 엘리자베스조의 귀족사회에서는 악한으로 괄시와 비난의 대상이 된 샤일록이 현대 자본주의 사회에서는 오히려 자본가로서 당연히 요구할 것을 요구하는데도 억울한 일을 당하는 인물 즉 동정의 대상으로 시각이 변했다고 지적했다. 이러한 관점에서 그는 현대에 와서 가치가 가장 뚜렷이 전도된 폴스타프를 예로 들어 셰익스피어에 부정적이던 것이 어떻게 현대에 와서 긍정적으로 변모하였는가를 밝히며, '셰익스피어는 불편부당한 작가다', '셰익스피어는 주관이 없는 작가다', '셰익스피어는 영원·비밀이다'라고 주장하는 영미의 부르주아적 학자들을 비판하는 것이 연구의 목적이라고 하였다. 콜리지는 폴스타프를 재미없는 인물로 보았다. 톨스토이와 몇몇은 셰익스피어를 부정적인 시각으로 보았다. 그러나 김동석은 이들에 비하여, 셰익스피어와 폴스타프를 긍정적으로 부각시킨 모오건(Morgan), 브래들리(Bradley) 등을 예로 들어, 역사는 부정의 부정으로 발전하므로 셰익스피어에 있어서 부정적인 폴스타프가 부정을 부정하여, 긍정적인 부르조아 학자들이 자유의 우상으로 받드는 폴스타프는 자본주의의 운명을 같이 할 수밖에 없는 인물이라고 하며, 폴스타프에게 돈이 주어지면 모두 쌍탕, 음주, 간음, 폭식과 안일에 빠질 것이고, 결국 부정을 위해서만 소비될 것이기에 부르조아의 인간상은 인류의 부정적 면을 대표하는 것으로 변했다는 것이다.

그는 폴스타프를 예로 들어 이데올로기를 논하면서 한편으로는 문학적인 측면에서의 폴스타프는 "셰익스피어에 있어서 부정적이던 산문이 긍정적으로 된 것이 부르주아적 문학인데, 이 산문을 다시 부정하여-셰익스피어의 시와 산문을 아울러 지양해서-새로운 가치를 표현하는 리얼리즘이 장래할 문학이다."[439]라고 프롤레타리아적 논술을 폈다. 그러나 셰익스피어를 단적으로 반대한 톨스토이를 반박한 것은 특이한 일이며, 1940년대 후반 셰익스피어의 수용에 있어서의 주도적 역할은 김동석이 한 셈이다.

이상에서 살펴본 바로는 개화기 때부터 6·25 동란 때까지 셰익스피어에 대한 연구는 극히 빈약하였다. 그 가장 큰 이유는 적어도 해방 전까지는 영문학도는 많이 있어도 셰익스피어 전문가는 없었다는 점을 들 수 있다. 따라서 대학에서 영문학을 전공한 젊은 문학도, 가령 김우진을 위시해서 정인섭, 최종우, 설정식, 권중휘, 김동석, 한노단은 이들이 겨우 연구를 시작한 정도였던 것이다. 그러다가 전후에 와서야 최재서와 같은 뛰어난 셰익스피어 학자가 등장하게 되는 것이다.

이처럼 6·25 한국전쟁 전까지 이 땅위에 셰익스피어 이식은 소개의 차원에서 머물러 있었으니. 그만큼 셰익스피어가 이 땅에서는 대중과 밀착되지 못하고 성인군자처럼 겉돌았다. 더욱이 셰익스피어극이 공연되지 않았기 때문에 어느 모로 보아도 착근이 불가능했던 것이다.

4) 1950년대-셰익스피어 학문의 발전

6·25 한국전쟁이 일어나고 남하하였을 때 극단 신협이 대구·부산에서 셰익스피어의 비극들(리어왕을 제외한 4대 비극)을 공연한 것은 셰익스피어 수용의 물길을 튼 것으로, 그들의 공을 치하하지 않을 수 없다. 전쟁이 끝나고 대학이 급성장하면서 상황이 달라지는데 대학마다 영문학과가 생기고, 셰익스피어가 상설과목으로 편성되었으며, 이러한 풍조는 전국적으로 퍼졌다. 셰익스피어를 전공하는 학자들이 늘어났고, 셰익스피어 연구도 해방 전처럼 저널리즘에 머무는 것이 아니라, 대학을 중심으로 아카데미즘으로 급전환하였다. 그리하여 논문이 나오기 시작하였고 대학원에는 석사과정, 박사과정이 생겼다. 이러한 현상은 1950년대 중반부터였다. 일제시대

에 문학평론가로 이름을 떨쳤던 영문학자 최재서(崔載瑞)가 해방직후, 셰익스피어 연구로 방향을 바꾸었고, 1955년부터『현대문학』,『사상계』,『영어영문학』등 지식인 잡지에 본격적으로 논문을 발표하기 시작하였다.

그리고 때를 맞추어 서울대, 이화여대, 고려대, 연세대, 동국대 등에서 셰익스피어를 연구한 석사논문이 하나 둘 나오기 시작하였다. 이는 그곳에 셰익스피어를 전공한 학자, 또는 관심 있는 교수들이 있었기 때문이다. 즉 서울대에는 동경대 영문학과 출신인 권중희 교수가 있었고, 연세대에는 최재서 교수, 고려대에는 여석기 교수, 동국대에는 김재남 교수, 그리고 이화여대에 우형규 교수와 대학원시절 필자의 은사이셨던 김갑순 교수가 재직하고 있었다. 1953년 이화여대에서는 나영균이 '로미오와 줄리엣의 이미저리'라는 논문을 제출하여 우리나라에서 처음으로 셰익스피어를 연구한 석사가 되었으며, 1957년에는 필자가 영어로 된 논문 'Philosophy of Love in Shakespearean Tragedy-셰익스피어 비극에서의 사랑의 철학'을 제출하여 석사가 되었다.

50년대의 셰익스피어 연구는 최재서를 정점으로 전개되었다고 할 수 있다. 그의 셰익스피어에 대한 열정적 연구의 성과는 1961년 동국대의 박사학위 논문인 '셱스피어'[440]로 일단락되었으며, 그 무렵까지 나영균을 포함해서 총 17명의 셰익스피어 석사가 배출되었는데, 그 대부분은 절수(絶秀)한 교수들의 본격적인 연구의 방계에 불과하였던 것이다.

그러나 셰익스피어의 수용은 점차 폭 넓게 진척되었다. 셰익스피어가 우리나라에 소개된 지 어언 반세기가 되는 1950년대에는 이제 셰익스피어라는 작가가 우리 대중에게도 낯설지 않은 이름이 되었다. 셰익스피어나 그의 작품에 대한 부분적인 소개에 그치던 과거와는 달리 그의 희곡들이 제대로 된 모습으로 우리 앞에 나타나기 시작하였다. 당시의 지식층은 단순히 작품을 번역하는데 그치지 않고, 그 작품을 쓴 작가에 관한 것 뿐 아니라 작품 전반에 대한 관심을 갖게 되었다. 그리고 셰익스피어에 관한 글을 잡지나 신문에 게재함으로서, 단순한 호기심을 가진 사람으로부터 깊이 연구하고자 하는 사람에 이르기까지 다양한 계층의 갈증을 부족하나마 해소시켜주었다.

그 예로서 설정식과 한노단, 그리고 최재서, 여석기를 들 수 있다. <햄릿>을 번역한 설정식은 1950년 5월『학풍』에 '<햄레트>에 관한 노우트'라는 글을 올려 "<햄레트>를 충분히 감상, 비평하여 내 문학에 좋은 거름을 삼는 것이 사용학도의 제1차적인 임무일 것"[441]이라고 연구에 임하는 자세를 제시해 주고 있다. 1952년 신협이 공연하였던 <오셀로>를 번역한 한노단은 그 공연을 앞두고 '오셀로 정묘'라는 제목의 글을 1952년 3월에 3회에 걸쳐 경향신문에 연재하였다. 이 글에서 셰익스피어의 극작술을 높이 평가하여 "셰익스피어의 비극의 위대성은 등장인물이 타고 날 때부터 가지고 있는 성격적 결함 때문"[442]이라고 단정하였다.

최재서는 50년대에 셰익스피어를 연구하여 1961년에 학위논문을 발표한 학자였는데 셰익스피어의 전 작품을 질서의 개념으로 분류 파악하였으며, 그 내용은 최재서의 란에서 설명하게 될 것이다.

1954년에 여석기는 『신천지』에 '햄릿 성격해석의 변천'[443]에 관한 글을 게재하였는데, 무릇 시대에 따라 햄릿의 성격해석이 차이를 보여 준다는 예를 보여주었다. 기존의 셰익스피어에 대한 연구가 그 작품의 내용이나 그 배경을 다루었던 것과는 달리, 셰익스피어의 작품수용의 흐름을 일목요연하게 정리한 점에서 의의가 있다.

셰익스피어와 그의 작품이 짤막하게 신문지상에 발표되었다. 1956년에 이르러 전문 학술지에 논문형식을 갖춘 글들이 실리기 시작한 것이다. 그 첫 번째가 1956년 6월 『영어영문학』지에 실린 권중희의 'William Shakespeare의 일면'[444]과 김재남의 'Introducing Textual Criticism of Shakespeare-셰익스피어 극본에 대한 소고'[445]이다. 이 두 논문을 시작으로 학술지에서 셰익스피어를 다룬 논문들이 계속 등장하였으며, 『사상계』, 『지성』 등 잡지에도 그러한 논문들이 등장하였다.

학위논문도 셰익스피어에 관한 제목의 것이 증가하였음은 이미 설명하였다. 1959년부터 각 대학에서 자체 발행하는 논문집에 셰익스피어에 관련된 것이 실리기 시작하였다. <연세대학교 문과대학 인문학과 논문집>, <숭실대 학보> 그리고 <청구대 논문집> 등이 그 예이다.

1960년에 정인섭은 여러 나라의 문학적 연고가 있는 지역을 직접 기행한 후 쓴 글들을 모아 <세계문학산고>라는 책을 선보였다. 그는 이 책에서 '셰익스피어의 고향을 찾아'라는 장에서 셰익스피어 출생지인 스트래트포드 어폰 에이번에서 셰익스피어의 생가를 둘러보고, 본고장에서 셰익스피어의 극을 본 소감을 적고 있다. 셰익스피어가 아주 먼 서양의 어느 나라의 대문호라고만 여겼던 시절이 있었던가 싶게, 이제 그 고향을 직접 방문하여, 그곳의 분위기를 마음껏 호흡할 기회를 예전에 비해 쉽게 얻을 수 있는 시기가 도래한 것이다.

이상에서 본 바와 같이 흥미로운 것은 셰익스피어가 한국에서도 어느 정도 정착하게 되었는데, 그 수용에 있어서 큰 역할을 한 공로자는 셰익스피어의 연구가나 지식인, 그리고 학자나 교수 등 교육자였다는 것이다. 생동하는 무대에서 대중과 함께 호흡한 것이 아니라, 활자로서 개별적으로 대중과 만났던 것이다.

셰익스피어는 대문호다. 배우고 극작가였고 왕실극단의 전속작가이기도 하였다. 연출도 하였고 극장경영도 하였다. 그러나 그는 한마디로 말하면 연극인이다. 그런데 우리나라에서 그의 수용은 연극인이 아닌 자들이 큰 역할을 한 것이니 아이러니컬한 일이다. 다른 나라도 그럴 것이다. 그가 대문호라는 것, 그것이 이유이리라. 셰익스피어는 연극으로보다는 학문으로서 가치가 커진 셈이다. 연극기반이 취약한 것도 그 근본 원인일 것이다. 그렇다고 셰익스피어가 한국연극에 미친 영향을 과소평가하는 것은 아니다. 선구적 작가 유치진을 비롯해서 수많은 극작가들이 셰익스피어의 작품에서 드라마트루기를 익혔던 사실은 아무도 부인 못할 것이다. 특히 <마의태자>나 <별> 등을 비롯한 많은 역사극들은 셰익스피어의 드라마트루기에 상당히 의존한 것이다.

그만큼 셰익스피어는 이 땅에서 음으로 양으로 절대적인 영향력을 행사하였다. 그러면 셰익스피어를 이 땅에 이식하는데 가장 큰 공로가 있는 자를 열거해 보겠다. 이는 필자의 주관적 견해임을 밝혀둔다.

번역의 경우 김재남이고, 공연의 경우는 연출과 배우로서 이해랑, 연구한 학자로는 최재서를 꼽는다. 그래서 필자는 언제나 이들에게 감사하고 있다. 아쉬운 것은 우리나라에 셰익스피어 전용극장이나 전문극단이나 전문배우가 없다는 것이다. 셰익스피어가 연극인으로 정착하려면 무엇보다 활발하고 수준 높은 무대공연이 있어야 한다.

5) 1960~70년대의 경향 – 셰익스피어 연구의 성숙기

최재서는 박사학위 논문을 다시 확장 정리하여, 1963년에 <셰익스피어 예술론>으로 출간하였다. 이는 셰익스피어 연구에서 하나의 이정표(里程標)가 되었다. 이 책은 저자의 서문에서 밝힌 대로 셰익스피어의 전 작품을 질서의 이념[446]으로 분석한 것이다.

이러한 최재서의 논술은 이 땅에서 시작된 셰익스피어 연구의 기점이 되었고, 전향적으로 발전하게 되었다. 그 동안의 개괄적 연구는 분석적 연구로 바뀌었고, 셰익스피어 학도들에 의해 한 작품씩 개별적으로 연구되기 시작하였다. 그러니까 연구의 방향과 양상이 크게 달라진 것이다. 주로 주제나 사상탐구에서 셰익스피어 작품의 구조분석이라든가 등장인물의 성격분석 또는 작품 속의 시간문제까지 연구의 대상이 되니, 셰익스피어 연구의 범위가 확대되고 내용이 세밀하고 충실해지며,

셰익스피어 세계의 비밀을 가리던 창구가 하나하나 벗겨지게 된 것이다.

1960년대에 와서는 과거 아마추어들에 의한 저널리즘 일변도의 경향은 거의 지양되는 듯 싶다. 이는 아무래도 최재서를 비롯한 권중희, 이종수, 우형규, 여석기, 김재남, 김갑순 등 선구적인 셰익스피어 학자들의 본격적인 연구 때문인 듯 하다. 대학에서도 뿌리를 내리기 시작하였고, 대학중심으로 하나의 에콜로지를 형성하는 듯 보였던 것이다.

■ 최재서의 셰익스피어 예술론

최재서의 셰익스피어에 대한 연구와 학문에 대한 열정 그리고 진지한 탐구자세는 높이 평가할 만하다. 그가 있었던 시대는 많은 사람들에게 외로움과 괴로움을 주었던 6·25의 세대이다. 시대의 급류에 휩싸인 최재서에게는 더욱 그러했을 것이다. 그러나 그는 학문에 대한 탐구력이 있었고, 학문의 미래를 내다보는 안목도 대단하였다. 일제시대는 학문에 대한 잠재력을 펴나가기에 너무 잔혹했고, 우리나라에서는 이론적 체계를 세울 수도 없는 과도기적 수난의 세대였다. 이러한 시대적 배경에서 최재서가 할 수 있었던 몸부림은 자신의 붓을 놓지 않는 것이었다. 붓이 꺾인다면 삶의 종언과 같으리라. 최재서는 우리나라 영문학계에 더할 나위 없이 귀감이 되었는데, 57세라는 아직 이른 나이에 사망한 것은 아쉬운 일이다. 그러나 그는 그때까지 『사상계』, 『현대문학』, 『새벽』 등의 잡지와 대학의 전문지 등에 셰익스피어에 관한 논문을 수십여 편 발표하였다. 최재서는 일제시대와 우리나라가 불운하였던 시대에 살았던 불운한 학자였다. 그러나 자신의 불운함을 그대로 받아들이지 않고 비평문학의 체계를 세우며, 자신만의 문학세계를 열어간 선구자요, 본격적인 한국 비평가의 한 사람이 되어, 그 학문적 체계를 확립하였다. 최재서는 시대에 부응하며 살 수밖에 없었으니, 괴로운 삶을 살아온 학자였고 문인이었다. 그의 생애는 삶의 여정이라기보다는 문학자의 여정이라고 보아야 할 것이다.

최재서의 업적은 서구의 문학을 국내에 소개하였으며 자신의 논문을 통하여 모더니즘 비평의 근거를 확고히 하였을 뿐 아니라, 전문적인 비평가로서 문학에 대한 과학적이고 분석적인 비평을 시도하였다. 그는 이러한 방법으로 우리나라 비평계의 전문성을 키웠으며, 격조 높은 비평의 한 예로서 1963년에 <셰익스피어 예술론>을 내놓았다. 그에 앞서 그는 미국 켄트 주립대학에서 발행하는 <셰익스피어 뉴스레터>에 그의 학위논문을 요약 게재하였는데, 뉴욕에 있는 출판사 벤테지 프레스의 눈에 띄어 동 출판사 심사위원회는 "최박사의 논문은 셰익스피어 비평에 흥미롭고도 자극적인 한 기여가 될 것이다."[447]라고 지적하고, "생명에 질서를 부여한다." 는 관점에서 세익스피어의 전 직품을 김토하였다하여, 1965년에 최재서의 '셰익스피어 예술론'을 '생명질서로서의 셰익스피어의 예술(Shakespeare Art as Order in Life)'이라는 제명으로 영문판을 간행하였다. 셰익스피어에 관한 국내판 비평서가 미국에서 영문판으로 간행된 것은 아마도 처음일 것이며, 그 후에도 들은 바가 없다.

'셰익스피어 예술론'과 '생명질서로서의 셰익스피어 예술'은 1961년에 발표한 학위논문을 보완 개정한 발전적 논문이기 때문에, 1961년을 시한으로 논급한 '셰익스피어 예술론'을 살펴보기로 한다. 최재서는 1950년 6·25사변 당시 대구로 피난 갔을 때부터 셰익스피어에 대한 연구를 계속하였는데, 문학의 기능이 질서 확장용에 있다고 해석하여 완성한 저작이 '셰익스피어 예술론'이다. 그 내용은 8장으로 구성되어 있으며 서론 1은 비평적 연구로서 권위 있는 여러 학자들이 연구한 셰익스피어의 비평을 언급하였고, 서장 2는 최재서의 특출한 문학관을, 그리고 본론 1장은 정치적 질서로서 사극을, 본론 2장은 사회적 질서로서 희곡을, 본론 3장은 인생비평으로서의 비희극을, 본론 4장은 도덕적 질서로서 비극을, 본론 5장은 초월적 질서로서 로마사극을, 본론 6장은 질서로서 로맨스극을 각각 다루었으며 결론에서 예술의 본질로서 완전한 인간성을 추구했다. 예술의 원리로서 작용하는 셰익스피어 작품들에서 나타난 질서의 개념이 사극에서는 무질서한 영국의 정치적 투쟁을 통한 질서이념의 추구였고, 희극에서는 사회생활에 구현되는 질서 속에서 행복의 조건을 탐구한 것이었고, 비극들은 도덕적 질서의 파괴와 회복으로 그려졌다. 또한 셰익스피어는 문제극들에서 질서를 기준으로 불완전한 인간성을 비판하고, 로마극과 로맨스 극에서는 비극을 초월한 영원한 이념의 세계와 유구한 자연계로 질서의 탐구를 연장하였는데, 이와 같이 질서의 개념이 서로 다른 모습으로 나타났다고 할지라도, 근본적으로 질서는 하나인 것이라고 설명하였다.

최재서는 혼란 속에서도 끊임없이 자신을 가다듬었고 냉혹한 시련 속에서도 심혈을 기울여 '셰익스피어 예술론'에 정성을 쏟았으며, 셰익스피어가 그랬던 것처럼, 자신의 질서를 위해 내재되었던 예술혼을 불사른 이 시대의 진정한 학자로 기억될 것이다.

■ 셰익스피어 연구의 전성기
셰익스피어에 관한 연구는 인간과 작품뿐 아니라, 극장이나 무대구조까지 분석대상이 되었다. 셰익스피어의 <소네트의 집>도 피천득, 이창배 등 영시 전공학자들에 의해 진지한 연구대상이 되었다. 1960년대 후반에는 연구대상이 산발적이 되면서 저널리즘과 아카데미즘으로 양분되었고, 연구가들은 양쪽을 병행해가는 보람도 있었으며 고민도 있었을 것이다. 이렇게 다양성을 보인 연구도 1966년 원로교수 권중휘의 회갑기념 논총[448]으로 한번 마무리 되는 느낌을 주기도 했다. 이 논문 중 셰익스피어에 관련된 논문을 열거하면 다음과 같다.

김재남, 〈Macbeth 의 세계-심상과 성격〉.
김종출, 〈As You like It 의 희극성〉.
여석기, 〈Lear 의 최후〉.
이경식, 〈An Examination of the Consistency of Shakespeare's Presentation of Prince Hal, King Henry V〉

그러면서 소규모나마 간간이 주석본들이 나오기 시작했다. 무엇보다도 1970년을 전후해서 셰익스피어 연구의 특색은 비교문학적 또는 비교연극학적 관점에서 셰익스피어를 다루기 시작한 점이라 볼 수 있다. 소포클레스라든가 라신느, 몰리에르, 엘리엇 등과 같은 서양 작가의 작품과 비교하는 논문으로부터 한국 내지 중국작품들과 비교한 논문도 나와서 주목을 끌었던 것이다.

가령 <로미오와 줄리엣>과 중국의 고전소설 <西遊記>를 비교 고찰한 정내동의 이색적인 논문[449]으로부터 시작해서 윤정은의 <심청전>과 <리어 왕>을 비교 고찰한 '운명에의 복종과 도전'[450]이란 논문은 충분히 흥미를 끌만하다.

그 외에도 셰익스피어의 작품의 주인공과 한국고전작품의 주인공들인 방자(춘향전)와 비교한 것[451]이 있는가 하면, 송강 정철과 비교한 논문[452]도 있고 가면극, 판소리 무대와 셰익스피어 무대를 비교한 김우탁의 유니크한 논문[453]도 나왔다. 이런 것은 셰익스피어에 대한 주체적 연구라 부를 수 있을지 모르겠다. 그러나 분명히 이러한 연구경향은 셰익스피어 연구의 새 경지(境地)를 연 것으로 볼 수 있고, 개별 연구의 심화(深化)에서 파생된 하나의 소득이라 볼 수 있을 것 같다.

그리고 1970년대에 와서는 최재서, 권중희, 우형규 등과 같은 선구적 셰익스피어 학자들이 제2선으로 물러서고 젊은 학자들이 중진인 최준기, 김재남, 여석기, 이경식, 오화섭, 김주현, 김갑순 등과 함께 셰익스피어 연구를 이끌게 된다. 주도권이 완전히 소장층으로 옮겨진 것이다. 그리하여 1970년대에는 셰익스피어 박사만도 5명이나 배출되기에 이르렀다.

즉, '셰익스피어 희극의 희극성'을 쓴 김종출(부산대)을 위시해서 '셰익스피어 비극의 연구'의 최준기(한양대), '한국창극의 고유무대구성을 위한 연구'의 김우탁(성대), '셰익스피어 비극의 아이러니'의 문상득(서울대), '몰리에르의 극 발전에 미친 셰익스피어의 영향'의 진용우(경희대) 등 5명이다. 해마다 쏟아져 나오는 5~6편의 석사논문과 함께 가히 셰익스피어 연구가 하나의 전성기에 접어든 느낌마저 주는 것이다.

셰익스피어 연구는 대략 60년 동안 발표된 논문만도 무려 652편이나 되는데, 이들을 연구대상으로 분류해 보면 셰익스피어의 인물됨과 셰익스피어 작품 전체를 포괄적으로 다룬 논문이 전체 논문의 3분의 1을 차지할 정도로 많고, 작품별로 보면 <햄릿>에 대해서 다룬 논문이 91편으로 단연 으뜸이며, 그 다음이 46편의 <맥베드>, 29편의 <리어왕>, 28편의 <오셀로>의 순으로 4대 비극 연구가 압도하고 있다. 이 4대 비극의 뒤를 따르는 것이 14편의 <베니스의 상인>이 그런대로 연구대상이 되었음을 알 수 있다.

그런데 1960년대 까지만 해도 우리들에게 익숙한 4대 비극과 <로미오와 줄리엣>, <앤토니와 클레오파트라>, <베니스의 상인> 등 10여개 작품만이 연구대상이 되었으나, 70년대에 들어서는 25개 작품이 연구대상이 되었다. 물론 4대 비극이 70년대에도 압도적으로 많이 연구대상이 되었던 것은 한결같다.

그러나 60년대에 볼 수 없었던 연구영역의 확대가 눈에 띄는 것이니, 70년대에는 희곡작품뿐만 아니라 셰익스피어의 시(Sonnet)에 대한 연구, 비교연구, 비평연구, 언어학적 측면에서의 연구 등 다양하다. 또한 60년대에 별로 없었던 신화비평방법의 원용이라든가 연구방법론에 관한 논문도 나왔다. 그런데 주제연구가 여전히 많은 속에서 번역이나 공연에서 보였듯이 희극보다는 비극 연구가 배 이상이 되고 인물성격 분석이 급속히 늘어나는 추세이다. 인물의 경우 햄릿이 역시 많고 욕심꾸러기 샤일록과 간신배 이아고의 성격분석이 뒤따른다. 이들 주인공이 연구하기 좋은 성격인 것만은 확실하나 너무 정형화(定型化)된 인물을 집중적으로 연구해서 진부한 느낌도 없지 않다.

이는 전자가 고뇌의 인물이고 후자 둘이 증오의 대상이 될 만한 인물이었기 때문에 학자들의 평소의 취향과 감정에 따라 그렇게 흘러갔던 것이 아닌가 싶다. 36년 동안 악독한 식민통치를 겪은 한국인으로서는 충분히 이해가 감만하다. 비극 쪽의 번역, 비극 쪽의 공연, 그리고 비극 편중의 연구도 그러한 역사적 맥락과 무관하지 않을 것이다.

기성학자의 글과 석사논문 이상을 조사대상으로 삼아서 통계를 내본 결과, 셰익스피어가 이 땅에 발을 붙인 이래 652편의 논문이 발표되었는데 이 중 박사논문이 6편이고 석사논문만도 80편이다.

매우 기이하리만치 셰익스피어 연구는 활발한 상태이다. 그리고 셰익스피어에 관한 글을 발표한 학자와·전문가 등이 2백 명이 넘고 있으니, 가히 셰익스피어는 우리나라에서 연구항목의 최대의 거물인 셈이다.

셰익스피어 박사를 배출한 대학은 동국대학을 비롯해서 부산대, 한양대, 성균관대, 서울대, 경희대 순이다. 석사논문의 경우는 고대가 16편으로 가장 많이 배출했고, 다음이 15편의 서울대이며, 이대와 연세대의 7편순이다. 셰익스피어로 석사가 많이 배출된 대학을 보면 대체로 저명한 전공학자가 버티고 있었다. 가령 고대의 여석기 교수라든가 서울대의 경우 권중희, 이경식 교수, 연세대의 경우 최재서, 오화섭 교수 등에서 알 수 있다. 이대의 경우 1950년대서부터 60년대까지 단연 압도적이다가 70년대 이후 거의 없어진 것은 우형규 교수의 전직(고교장으로)과 무관하지 않을 것이다. 이처럼 대학에서 전공교수에 따라 배출되는 인재의 과다를 알 수 있다.

그 동안 셰익스피어에 관한 논문을 가장 많이 발표한 학자는 42편의 최재서이고, 그 다음이 38편의 김재남이며, 24편의 이경식이 그 뒤를 따르고 있다. 지역적으로 볼 때 대학이 집중되어 있는 서울이 단연 압도하지만, 16편의 이석윤, 13편의 권세호 등이 있는 영남세력도 만만치 않다.

물론 논문의 질이 문제되겠지만 양도 그에 못지 않게 중요한 것이다. 그렇게 보았을 때, 그 동안의 최대 셰익스피어 학자는 최재서라는데 이의를 제기할 사람은 없을 것이다. 최재서의 업적은 1963년에 출판한 <셰익스피어론>으로 집대성되었고 그 후 작고했다. 따라서 여석기, 김재남, 오화섭 등이 그 뒤를 이어 왔으나 1970년대부터 이경식, 최준기, 권세호, 문상득, 정인덕, 김주현 등이 주도권을 잡게 되었다.

그들 중에서 이경식이 단연 주역이다. 그는 본고장에서 셰익스피어를 연구한 학자답게 최재서와는 또 다른 각도에서 천착(穿鑿)해 들어가고 있다. 셰익스피어의 서지에서부터 비평, 작품연구 등 다각적 측면에서 셰익스피어에 파고들고 있다. 그는 현재도 몇 편의 저서와 깊이 있는 여러 편의 논문으로 주목을 끌고 있다. 분명히 전반기의 최대 봉우리라 할 최재서를 잇는 후반기의 봉우리라고 할 수 있을 것 같다.

이상과 같이 셰익스피어 연구자가 늘고 따라서 연구논문도 급속도로 팽창했지만 연구경향에서의 문제도 없지 않다.

우선 많은 연구가 잘 알려진 작품에만 쏠리고 있는 점과, 연구방법에 있어서의 언어학적 접근 등 다양해진 것도 사실이나, 희곡은 무대에 오를 때 비로소 완성되는 문화형식이므로, 연극학적 방법으로 어프로치하는 것도 반드시 바람직할 것이다. 그리고 그의 사상연구도 중요하지만 그에 못지않게 구소분석노 필요하다. 따라서 앞으로의 연구는 다양성의 추구와 연극학적 방법의 수용에 두어져야 할 것이다.

셰익스피어의 수용은 성숙기에 접어들었다. 앞으로의 과제는 발전의 계속이다. 필자가 발전이라고 함은 문학적 영역으로 시공(時空)과 관중의 시대정신에 알맞은 연극적 번역으로 정착하는 것이고, 연극은 문화수준과 셰익스피어에 대한 인식이 강화되고 있으니, 셰익스피어의 전문극장, 전문연출가와 연기자, 그리고 무대구성과 진행의 전문가의 양성으로 전문화된 직업극단의 창설과 운영이고, 학문적으로 비극과 일부 희극이 중심인 대상을 역사물, 기타로 확대하면서 셰익스피어의 창작의도가 관객의 혼란을 초래하려고 한 것이 아니니, 고답적이기보다는 일반 문화인·관극인이 셰익스피어 연극 감상을 깊이 있게 즐겁게 할 수 있는 연구결과 발표를 기대하는 것이다. 현재도 막중한 수용사의 자료부담은 일정기간이 지나야 알맞은 기준의 취사선택으로 수용사가 적립될 것이다. 그 답은 1980년대에서 기대해본다.

1960년대부터는 소극장운동이 전개되어 연극중흥에 큰 역할을 하였으며, 특히 극단 드라마센터와 극장 드라마센터의 개관은 연극인이나 문화인들의 욕구를 만족시켜주었다. 작품선정과 번역, 번안 그리고 연출과 연기진의 노력과 향상은 연극애호가나 영문학이나 셰익스피어 전공학자들도 만족의 심도가 깊어졌다. 특히 드라마센터를 개관한 유치진 및 중진연출가·연기자는 괄목할 만한 업적을 남겼다. 셰익스피어 탄생 400주년 기념행사에 참여한 직업극단과 대학생극단은 셰익스피어와 그의 작품이 우리나라에서 연극전반에 걸쳐 중흥의 큰 계기가 되었으며 직업극단의 활동은 셰익스피어극의 보급 발전에 기여한 바 크다. 번안하는 변용수용의 경우도 같은 평가를 받을만하다.

번역도 학구적 연구도 홍수를 이루어 질과 양의 향상이 돋보였으며 비극이 주류가 되고 희극이 뒤따르며 역사극이나 다른 작품은 전집에는 포함이 되었어도 단행본 출판은 거의 없으니 이는 아쉬운 점이다.

학문적인 탐구와 논문도 많으며 대학과 교수들과 석·박사학위의 논문들이 작품자체는 물론이고, 등장인물의 성격이나 인간관계, 무대 그리고 연극진행까지로 확대되어 대량 생산되고 있으니, 이제는 논문의 질의 향상을 기대해야겠다.

6) 1980년대-풍성한 셰익스피어학

셰익스피어와 그의 작품은 사회적 문화적 인식이 고양됨에 따라서, 이미 논술한

대로 영문학계와 대학과 대학원의 영문학과가 계속 확장, 증가하고 보강됨으로서, 괄목할만한 학문적 공헌이 이루어지게 되었다. 학계나 대학에서 많은 논문이 발표되었고, 강연, 토론회, 세미나 등은 학구적 욕구의 발산처이며, 여러 학자와 연구하는 학도들이 참여하였다. 그래서 대국적으로 보아 셰익스피어에 대한 학문적 수용은 계속 발전의 길을 밟아왔으며, 풍성한 셰익스피어 학문의 뜰을 구축하였다.

많은 사람들이 글을 썼고 많은 학자가 논문을 발표하였으나, 유감스러운 것은 필자가 이러한 노력의 근거를 모두 자료로서 수집하고 논평한다는 것은 불가능하다. 다만 정성어린 노력을 하였으나 현재 수집, 보관하고 있는 범위 안에서 논급하고자 한다. 이들 논문은 셰익스피어의 학문적 수용에 절대적인 업적을 쌓아 올린 대목이 될 것이다. 또 포함이 안 된 부분의 학자에게는 진심으로 송구스럽게 생각한다.

학술적인 논문의 효시는 학위논문이다. 우선 학사논문이다. 이 부분을 제외한다면, 석사박사 학위논문은 전문성 수준으로 보아 학문적 수용에 있어서 높은 평가를 받을 만하다.

■ 석사학위 논문

수용의 시기별로 보아 80년대 석사학위 논문의 팽창도는 비약적이다. 이는 바로 셰익스피어에 대한 학문적 수준의 정립과 발전의 모델이 될 수 있다.

1970년대와 80년대를 비교해보겠다. 70년대에는 석사학위 논문이 39편이었으나 80년대에는 4배로 증가한 153편이었으며, 연구 분야도 다양해졌다. 비극은 100편, 희극은 30편, 사극 10편, 시 3편, 기타 10편이다. 작품별로 세분하면, <햄릿>이 30편, <리어왕>이 21편, <맥베드>가 19편, <오셀로>가 5편이며, 이 통계로 보아 비극이 희극의 거의 3배를 차지하고 있는 셈이다. 전시대와 같게 <햄릿>의 선호도는 사그라지지 않았지만, <리어왕>과, <맥베드>가 많아진 것으로 보아, <리어왕>의 옹고집과 노년의 광기에 초점이 맞춰졌고, <맥베드>는 과다한 욕망이 빚어낸 파멸로 가는 악의 의미와 파국의 공포로 인해 많은 편수를 차지한 듯하다.

셰익스피어의 한국수용에서 80년대에 연극적 접근이 눈에 띈다. 이혜경의 'Shakespeare의 극중극 연구',[454] 임병희의 'Shakespeare's Stage and His Plays',[455] 전희구의 'Shakespeare 희극 속에 반영된 작가와 관객의식',[456] 김미혜의 'Shakespeare 희곡작품에 나타난 의상에 대한 연구',[457] 등을 열거할 수 있다. 두드러진 현상으로서 셰익스피어를 어학적 측면에서 다룬 부문인데, 7편 논문은 전동화로부터 최정숙, 허명혜, 강석종, 허정구, 조혜성, 윤화진[458] 등으로 이어졌으며, 고려대가 5편을 차지한 점은 특기할 만하다.

석사학위 논문들 중 우리나라의 작품과 비교하는 색다른 논문이 있있으니, 김징기의 'Macbeth와 이성계의 비교-권력의 장악과 말로를 중심으로'이다.

이성계가 처한 시대는 국가의 기강이 문란하고 백성이 도탄에 빠졌던 암울한 시기였지만, 맥베드가 처한 시대는 던컨왕이 선정을 베풀어 평화스런 시대였다. 이성계에게는 그의 권력을 유지시켜주는 동지와 추종자들의 세가 있었지만, 맥베드에게는 겨우 레이디 맥베드 혼자 있을 정도였다. 그러나 찬탈자의 비참한 인생은 같다. 찬탈의 권력은 오래가지 못했고, 허망했다. "맥베드의 권력은 정의의 칼 앞에, 이성계의 권력은 아들의 칼 앞에 무너지고 함흥차사(咸興差使)의 일화가 생겼으니 권력의 영고성쇠는 맥베드나 이성계에게나 다 같이 그들을 비참한 인생으로 전락시켰을 뿐이다."[459]

■ **박사학위 논문**

1970년대에 5편이던 박사학위 논문이 셰익스피어의 한국수용 80년대에는 13편이다. 각 대학의 영문학의 풍조가 셰익스피어 작품에 점진적으로 치중되어짐을 알 수 있다. 그 분류는 비극 6편, 희극 1편, 사극 1편, 시 1편, 기타 4편으로 구성되어 있다. <박사학위 논문> 필진은 송현섭으로부터 박세근, 윤정은, 이덕수, 권의무, 김용덕, 김동호, 김광호, 황계정, 이혜경, 강명희, 오인철, 황재호에 이르며 논문 제목은 다음과 같다.

송현섭, 'Shakespeare의 비·희극과 신화-1.Supernatural Beings in Macbeth, 2.Arthur Miller 극의 편모, 3.The Beauty of Searching for Sensual Pleasures in Lady Chatterley's Lover', 경북대, 박사학위논문, 1981
박세근, 'Shakespeare, Donne, Milton의 소네트에 대한 비교와 고찰', 한국외대, 1982
윤정은, 'The Criticism of King Lear : A Historical Survey and Some Patterns', 이대, 1982
이덕수, 'Shakespeare 전기 비극의 비극적 갈등양상', 영남대 1984
권의무, 'Shakespeare 비극과 시간현상', 경북대, 1984
김용덕, '셰익스피어 사극의 제2 사부작 연구-Thematic Structure를 중심으로', 영남대, 1984
김동호, 'A Study on the Sources of Hamlet', 숭전대, 1985
김광호, 'Shakespeare의 로마극에 있어서의 소재취급에 관한 연구', 서울대, 1986
황계정, '셰익스피어 작품에 나타난 Metadramatic Aspects', 연세대, 1986

이혜경, 'Shakespeare 작품에 반영된 극장과 극예술에 대한 작가적 의식', 연세대,
　　1986
강명희, 'Shakespeare의 로만스 극에 나타난 로만스 전통과 자아정립', 계명대,
　　1987
황재호, 'Shakespeare 비극에 나타난 Moral Order', 효성여대, 1987

　90년대 혹은 89년까지 박사학위논문도 비극이 많다는 것을 알 수 있다. 그리고 특이한 논문들은 눈여겨 볼만하다. 셰익스피어를 포함하여 세 명의 작가의 작품을 가지고 신화적 비평을 가한 송현섭의 'Shakespeare의 비·희극과 신화-1. Supernatural Beings in Macbeth, 2. Arther Miller 극의 편모, 3. The Beauty of Searching for Sensual Pleasures in Lady Chatterley's Lover',[460] 박세근의 'Shakespeare, Donne, Milton의 <소네트>에 대한 비교와 고찰',[461] 황계정의 '셰익스피어 작품에 나타난 Metadramatic Aspects'[462] 등을 들을 수 있다.

　김용덕의 '셰익스피어 사극의 제2 사부작 연구-Thematic Structure를 중심으로'와 김광호의 'Shakespeare의 로마극에 있어서의 소재취급에 관한 연구'도 셰익스피어 작품연구의 범위를 넓혀가는 선구자적 역할을 다한 것이다. 그리고 이혜경은 'Shakespeare 작품에 반영된 극장과 극예술에 대한 작가적 의식'으로 셰익스피어와 극장과 극예술을 논저하였는데 셰익스피어의 극장이 우리나라에도 적용될 전문 극장과 그곳에 셰익스피어의 극예술이 이식되는 것으로 범위를 확대하였더라면, 셰익스피어의 적극적인 수용을 기대할 수 있었을 것이다.

■ 학문적 연구와 성과

　19세기부터 20세기 전반까지 영국의 제국주의적인 식민지정책이 성공하여 "영국은 해질줄 모르는 나라"로 일컬어졌다. 그러나 지금은 셰익스피어가 전 세계에서 해질줄 모르고 작품이 공연되는 보석이 되었다. 우리나라도 20세기에 들어와서 셰익스피어의 붐이 점점 빛을 보게 되어, 석·박사학위논문에서도 언급되었듯이 양적인, 질적인 연구에서 괄목할 만한 성과가 있었다.

　이와 같이 셰익스피어가 절대적인 인기를 누리게 된 것은 자본주의·글로벌 상업주의에 의한 정치·경제적인 여러 가지 요인이 있으며, 영국과 미국의 영어가 국제 제1언어로 되어 있음도 크게 공헌하였을 것이다. 더욱이나 그의 작품에는 만인이 통감하는 독특한 매력이 있으며, 시대적, 민족적, 그리고 국경을 넘은 국제적인 문화사적 가치가 있기 때문이다. 셰익스피어를 모르면 인생도 모른다는 말이 나올 만하다.

우리나라에서 셰익스피어의 연구는 이런 추세에 맞게 분야별로 연구와 발표가 잇따르고 있다. 직접적인 연구와 논문의 증가는 기술한대로 대학의 증실과 영문학과 설치에 따른 영문학자와 대학, 대학원의 교수에게 사사하는 자들의 증가와, 경쟁사회에 대한 인식과 자기개발의 노력이라고 할 것이다. 대학에서 발간하는 학보 및 논문집과 학회가 발간하는 학회지의 보급, 연극지, 예를 들자면 한국연극협회의『한국연극』, 드라마학회의『드라마연구』, 한국연극학회의『한국연극학』, 한국영어영문학회의『영어영문학』, 고전·르네상스드라마학회의『고전·르네상스드라마』같은 전문지의 보급이 발표의 기회를 부여한 것도 그 이유이다.

한국 셰익스피어학회가 발간하는 학회지『Shakespeare Review』는 셰익스피어에 관한 양적으로나 질적으로나 높은 수준의 논문들을 싣고 있다. 동 학회는 1963년에 설립되어 학회지가 1971년에 발간되었고, 1976년과 1978~1982년에는 정간된 바 있으나, 1983년부터는 계속 간행되어 2012년 Winter 12월호로 통권 48권 4호가 발간되고 있다. 80년도부터 10년간에 발표된 논문책자는 약 372편이다. 필자가 파악하고 있는 범위에서 연도별로 세분하면 다음과 같다.

년도	1980	1981	1982	1983	1984	1985	1986	1987
편수	36	44	53	44	43	52	48	52

논문의 내용은 여전히 비극부분이 174편으로 많으며, 희극은 69편이고, 사극 21편, 시 13편 등이다. 연구대상도 셰익스피어극 속에 나타나 있는 사실이나 성격, 기원, 동기부터 비교문학적, 서지학적 그리고 셰익스피어 자신과 작품에 대한 연구 등 다종다면이다. 그리고 신화적 연구, 어학적 분석, 시적 분석, 심상적 연구, 기독교적 고찰, 역사적 비평, 구조주의적 분석, 메타드리마 연구, 페미니즘 분석 등 연구범위도 광범위하다. 이와 같이 많은 테마별 작품이 발표되었으니, 작가와 작품별로 그 내용을 밝히거나 소개하지 못함은 아쉬운 일이다.

위에 적은 그 기간 동안에 발표된 논문 이외에도 꼭 기록해두고 싶은 논문집이 있으니, 바로 평생을 대학에 몸담고 있으며 회갑을 맞이하는 경우 또는 정년퇴임을 명예롭게 기념하는 논문집은 비록 논문적 책자의 내용이 전부는 아나, 셰익스피어와 그의 작품에 관한 논문들이 게재되어 있으니, 현학, 후학을 위해서 학술자료로 충분히 활용될 수 있을 것이다.

기간 중에 기념집으로 발간된 논문집은 다음과 같다.

〈전형국 교수 정년기념논문집〉, 연세대 영문과, 1980.
〈여석기 선생 회갑논총-환각과 현실〉, 동화출판공사, 1982.
〈황찬호 교수 회갑논문집〉, 『영학논집』, 서울대 인문대, 1982.
〈벽소 이영철 박사 정년기념논총〉, 충남대, 1982.
〈김재남 선생 회갑기념논총〉, 『Dongguk Review』 10~11, 1982.
〈오보 김병두 박사 회갑기념 논문집〉, 경기대, 1983.
〈유영 교수 정년기념특집〉, 『영어영문학연구』 7, 연세대 영문학회, 1983.
〈김주현 교수 정년퇴임기념논문집〉, 『Pregasus』 7, 숭실대 영어영문학회, 1984.
〈우보 장왕록 박사 회갑기념논문집〉, 탑출판사, 1984.
〈서국영 회갑기념논문집〉, 『시와 극』, 제일문화사, 1985.
〈일봉 최준기 박사 회갑기념논문집〉, 한양대 영문과, 1987
〈진팔근 박사 회갑기념논문집〉, 한신문화사, 1987.

89년까지 가장 많은 연구업적을 남긴 학자는 이경식이다. 이 시기에 출판된 책이 17권인데 그 중 4권은 그의 것이며, 발표한 논문도 13편에 이른다. 특히 서지학 연구에 큰 성과를 올렸으니, 그의 학구적 노력의 결정(結晶)이 단연 돋보인다. 그리고 프랑스 작가와 셰익스피어를 비교분석한 경희대 교수 진용우는 5편의 논문을 발표하였는데, 'The Difference Between Shakespeare and Cormeille'[463] 및 'William Shakespeare와 André Gide'[464]등은 특색 있는 색깔을 들어내고 있으니, 그 열정과 집념은 가상하다.

■ 80년대의 회고

1980년대의 정치상황은 억압과 반항의 세대였다. 연극에 있어서도 셰익스피어의 <줄리어스 시저>를 택하지 않는 등 작품의 선정에 신중을 기해야 했고, 저항적인 <햄릿>의 번안극으로 하루공연으로 막을 내려야 하는 불운한 일도 있었다.

그러나 문명개화의 바람을 누구도 막을 수가 없으니, 성숙기에 접어든 셰익스피어의 수용은 발전을 다짐하는 터전을 마련하고 있다. 문화계는 전업자(專業者), 애호가의 수가 비약적으로 증대하며 셰익스피어의 작품의 연구자나 대학교수 등의 학자들, 그리고 개방적인 신념을 가진 연극인들도 학회나 협회 등으로 활동의 범위를 넓히고 전문화하는 경향이 있다. 80년대에 가름하고 평가할 일들이 있다.

1. 많은 번역서가 출간되었다. 주석본도 나오고, 대역본도 나왔으나 영문학자나 교수들은 그 질에 있어서나 양에 있어서도 자랑할 만하다. 석·박사학위 논문에서 셰익스피어에 관한 논문수가 전기에 비해 몇 배로 늘어났고 일반논문은 이 논문에

전부를 게재할 수 없을 정도로 많다. 372편이다. 그리고 주제나 내용도 작가, 작품별, 등장인물별로, 그리고 우리 작품과의 비교론까지 깊이 있고 폭 넓은 연구의 시야를 집대성하였다. 그러나 여기에 두 가지 문제가 있다. 하나는 독자나 관객에게 인기몰이한 작품들, 〈햄릿〉, 〈리어왕〉, 〈맥베드〉, 〈베니스의 상인〉, 〈한여름밤의 꿈〉 등이 큰 몫을 차지하고, 사극이나 로맨스극들은 편수가 미미하다. 그러니 많은 번역이 많은 작품으로 번졌으면 한다. 그리고 희곡은 공연을 전제로 한 작품이다. 무대화에 맞지 않는 번역이 셰익스피어의 희곡번역의 의의가 있을 것인가, 즉 희곡으로서의 문학작품으로 격이 높은 작품이 되어야 할 것이며, 이들을 깊이 있게 연구하는 학술논문도 결국은 셰익스피어의 작품의 이해와 보편화에 도움이 될 것이다.

2. 공연의 경우도 마찬가지다. 많은 극단이 대극장, 소극장, 실험극장에서 많은 작품을 공연한다. 셰익스피어의 작품도 다른 외국작가들 보다는 많이 공연된다. 특히 〈햄릿〉 공연은 수위를 차지한다. 그러나 〈햄릿〉의 정통적인 예술은 이해랑의 작품 정도이다. 12편을 연출한 이해랑의 작품은 정통성과 예술성 그리고 인기몰이에 큰 공을 세웠으니 찬양할 만하다. 무대장치, 의상, 도구, 어법, 연기자와 스텝의 확보, 준비기간 등, 연출가나 연기자의 예술성에다가 막대한 비용과 시간이 소요된다. 그리고 많은 작품이 간략화 되었다. 또 기국서의 〈햄릿 1~5〉 등의 번안물, 그리고 현대화한 작품 등으로 나열된다. 이들은 셰익스피어의 작품의 스토리를 부분적으로 차용하여 번안한 것이다. 이들은 관객의 선호도와 흥행성, 그리고 예술성이나 오락성 등의 비판을 받는다는 것은 정통극과는 크게 차이가 난다. 셰익스피어가 지향한 예술성은 따질 수가 없다. 오직 공연 당시의 기호에 맞춰야 하고 번안자의 작품의식의 발로(發露)인 것이다. 유치진의 〈마의태자〉나 〈왕자호동과 낙랑공주〉 같은 작품, 작가와 번안자의 의식수준의 시대성과 철학이 함양되면 아마도 셰익스피어도 하늘나라에서 박수를 칠 것이다.

3. 셰익스피어의 작품이 발전의 단계를 맞이하였다고 하였다. 이제는 유치진의 드라마센터나 그의 작품들 그리고 이해랑을 이어갈 연극인의 출현을, 최재서의 학풍을 이어갈 자를 기대할 만한 시기를 맞이하였다고 할 것이다. 과연 누가 유치진이나 이해랑 또는 연기자 김동원의 2세가 될 것인가. 그리고 어느 교수가, 어느 학자가 최재서의 평론을 뒤이었다고 할 만한 최재서의 2세, 3세를 가름할 때가 온 것 같다.

4. 부분적으로 동서교류의 기회가 있었다. 발전은 이러한 교류가 크게 공헌할 것인 즉, 글로벌한 사고를 가진 연극인들의 글로벌한 활동을 기대해야 할 것이다.

7) 1990년대

순천향대 교수이며 연극비평가인 이현우는 '셰익스피어. 셰익스피어. 셰익스피어!!-'90년대 셰익스피어 공연결산' 이라는 제목으로 2001년 1월호에 기고하였으며 다음은 그 글의 초록이다.

◉ 90년대 뜨겁게 번져간 셰익스피어 열기

80년대 까지만 하더라도 셰익스피어를 한다는 것만으로도 세간의 화제가
되었고, 기성극단에서 하는 셰익스피어 공연은 1년에 한편 보는 것도 쉬운
일이 아니었다. 그러나 90년대 들어서면서부터 셰익스피어 붐이라고 할 만
큼 많은 수의 셰익스피어 공연이 이루어지고 있다. 필자가 집계해본 바로는,
전문적인 연극집단에 의한 셰익스피어 또는 셰익스피어 관련 공연물은 90년
대에 들어서 서울에서만도 75편(이 중에는 필자가 미처 파악하지 못해 누락
된 공연이 있을 수 있다)이나 제작되었다.

◉ 우리 연극계에 하나의 모범을 제시해…

그런데 사실 90년대의 셰익스피어 붐은 비단 우리만의 경험이 아니다. 그것
은 세계적인 공통된 현상이라고까지 할 수 있는데, 특히 헐리우드에서의
셰익스피어 붐은 대단한 것이어서, 케네스 브라나의 <오셀로>, <헛소동>,
<햄릿>, 그리고 레오나르도 디카프리오의 <로미오 + 줄리엣>, 이언 맥컬린
의 <리차드 3세>, 알 파치노의 <리차드 3세를 찾아서>, 프랑코 제피렐리
감독의 <햄릿>, 케빈 클라인의 <한여름 밤의 꿈> 등이 90년대에 연이어
제작되더니, 급기야는 셰익스피어 자신을 소재로 한 <셰익스피어 인 러브>
를 만들어내기에 이르렀다.

… 문제는 셰익스피어에게는 셰익스피어 나름의 공연 문법이 있다는 점이
다. 그것을 제대로 파악하고 실행하지 않는 이상, 보편어로서의 셰익스피어
는 제 기능을 다 발휘할 수 없다. 텍스트로서의 셰익스피어 극의 가장 두드러
진 특징은 시적 언어와 영화같은 잦은 장면전환이다.

… 셰익스피어 극이 무대 위에서 효과적으로 형상화되기 위해서는, 시적
언어에 대한 올바른 이해와 구사, 또 그에 따른 배우의 에너지가 충만한
연기, 그리고 무엇보다도 영화처럼 끊어짐이 없는 빠른 장면전환이 전제조
건이 되어야 한다.

아쉽게도 90년대는 거의 80편에 이르는 셰익스피어 공연물들 중에 셰익스
피어의 이런 공연 문법이 인식되고 적용된 공연은 손에 꼽는다. 91년 최형인
의 <한여름 밤의 꿈>, 95년 오태석의 <로미오와 줄리엣>, 95년 김광보의
<오필리어, 누이여 나의 침실로>, 그리고 한국판 햄릿이라고 할 수 있는
이윤택의 <문제적 인간, 연산>(95년), 97년 이승규의 <실수연발>, 99년 김
아라의 <햄릿 1999> 정도를 열거할 수 있겠다.

… 11월 말과 12월 초에 걸쳐 셰익스피어가 은퇴하기 직전에 쓴 두 개의 희비극이 잇달아 무대에 올랐다. 이윤택의 <태풍>과 임경식의 <겨울동화>가 그것인데, 한껏 달아올랐던 '90년대의 셰익스피어 열기를 셰익스피어의 마지막 작품 두 개로 마감한다는 것이 묘한 아이러니를 느끼게 한다. 이 두 개의 프로덕션은 모두 음악을 적극적으로 도입했는데, <태풍>은 문자 그대로 뮤지컬 연극이었고, <겨울동화>는 몇 개의 모놀로그를 노래로 바꾼 정도였다.

◉ 2000년대 셰익스피어 붐을 기대하며

셰익스피어의 37개나 되는 많은 작품들 중에서 몇 개의 작품에 대한 편식증이 강했던 국내 연극계에서 거의 공연이 되지 않던 셰익스피어의 마지막 작품들을 무대화했다는 것 자체가 위안과 희망을 준다. 90년대에 공연된 셰익스피어의 작품들은 <햄릿>이 17편, <리어왕>이 13편, <맥베스>가 11편, <로미오와 줄리엣>이 6편, <오셀로>가 5편, <한여름 밤의 꿈>이 6편 등으로 전체의 77퍼센트 정도를 차지한다. <태풍>은 92년 장수동이 연출한 공연에 이어 두 번째이며, <겨울동화>는 전문극단에 의해서는 처음 공연되었다. 편식증의 치료가 2000년대의 보다 풍요로운 셰익스피어 공연을 전망케해준다.

20세기 말을 정리하는 의미에서 이 글은 90년대의 정리에 도움이 될 것이다. 이현우 교수가 염려한 편식증 치료는 장차 셰익스피어학회외 교수연극인 '셰익스피어 아해들'의 공연, 셰익스피어 상설무대, 각 대학의 연극과 공연 등에서 고쳐질 것이다.

제4장 셰익스피어 희곡의 개별적 수용

서론

셰익스피어는 위대하다. 세계적 문호이다. 그리고 극작가이다. 그의 희곡은 역사에 남는다. 이러한 찬사는 우리의 통념이 되었다. 그의 작품으로 인정된 것은 희곡 39편과 장시 3편으로 총 42편이다. 그의 희곡은 비극, 희극, 로맨스극, 사극, 역사극 등으로 분류되고 있다. 희곡은 문학이다. 그러나 무대공연을 전제로 쓴 대본이다. 셰익스피어를 희곡작가라고 하며, 시인이라고도 한다. 장시 3편은 시이고, 희곡 3편은 산문이다. 그러나 희곡도 시라고도 하고 산문이라고도 하며, 시와 산문의 합작이라고 한다. 희곡에도 시의 감흥이 나고 대사가 허다하기 때문이다. 이것이 학자나 비평가들의 논쟁거리의 하나이다. 극의 분류는 사회적 상식과 일치하나, 사극과 역사극은 비슷한 칭호 같아도 그 내용이 다르다. 사극의 경우는 영국의 역사상의 인물들 다시 말하면 <리처드 2세>, <리처드 3세>, <헨리 4세 1,2부>, <헨리 5세>, <존왕>, <헨리 6세 1,2,3부>, <에드워드 3세> 등이고, 역사극은 이들이 아닌 역사에 나오는 인물들, <줄리어스 시저>, <앤토니와 클레오파트라> 등이다. 그러니까 <리어왕>은 4대 비극의 하나이기도 하고 역사극이기도 하다. <줄리어스 시저>나 <앤토니와 클레오파트라>는 공연도 되고 관중의 인기몰이가 되기도 한다. 아마도 역사에 크게, 뚜렷하게 남은 인간이어서 그런지 모르겠다. 그러나 사극은 괴이한 체격과 성격을 가진 <리처드 3세>를 제외하면 공연 횟수는 많지 않다. 역사극을 좋아한다고 알려진 우리나라 관중으로 보아서는 우리나라 역사와 별다른 관계가 없어서 그럴 것이다.

총론의 서론이나, 문학의 수용, 연극의 수용, 또 학문의 수용에서 누차 기술되었지만 우리나라는 물론이고 세계 각국에서도 셰익스피어의 공연하면, 비극의 공연이 첫째서부터 몇 위까지 차지하고 있다. 그 중에서도 <햄릿>이 단연 으뜸자리를 차지한다.

그래서 본 총론에서는 번역, 공연, 학문대상으로서 빈도가 높은 <햄릿>과 비극들, 그리고 공연 횟수로 보아 그 빈도나 관중의 호의적 반응을 고려해서 비극과 일부를 대상으로 삼았다. 셰익스피어의 전 작품을 완역한 필자로서는 아쉬움이 있다. 그러나 이미 설명한내로 희곡은 공연을 선제로 한 삭품이다. 공연 빈도나 호감을 고려하지 않을 수 없다. 전 작품을 다루지 못한 점, 독자의 이해가 있으시기를 바라고 있다.

또 하나의 문제점은 21세기에 진입하는 전후에 셰익스피어는 번역이나, 공연이나, 학문에서 범람의 세대가 되었다. 서울이나 지방이나 셰익스피어문화는 넘치고 또 넘치고 있다. 지금에 와서 최재서, 설정식의 번역을 찬양하고 유치진의 변용극을 존경하고 있다. 범람한 셰익스피어는 상당한 시일, 아마도 30~40년은 지나야 그 공과를 가름할 수 있을 것이다.

이 무렵부터의 수용은 연극의 공연을 그것도 작품별로 하는 것이 아니고 많은 작품 중 필자가 관여했거나, 관극하였거나, 자료가 수집된 작품을 다루고자 하니, 그 제목도 현대공연사라고 할 수 있을 것이다. 그러나 모든 공연이 다 포함된 것은 아니다.

1. 〈햄릿〉의 수용

셰익스피어의 작품은 읽어볼 가치가 있다. 그의 희곡은 연극으로 감상할 가치가 있다. 큰 감명을 주기 때문이다. 그는 직접 자기의 작품을 통해서는 물론이고, 그의 영향을 받은 그 후의 작가들을 통해서도 오늘날까지 우리 인류를 감동시키고 있다. 우리나라의 유치진이나, 〈햄릿〉을 변용한 마로윗츠 등이 그렇다. 덴마크의 게오르그 브란데스(Georg Brandes)가 셰익스피어를 인류의 왕이라고 한 말은 충분히 이유가 있다. 고대 영국의 리어왕, 스코틀랜드의 맥베드, 흑인 오셀로, 사악한 유태인 샤일록 등은 셰익스피어가 세상에 내놓은 큰 작품의 큰 인물이 되었으며, 그 중에서도 햄릿은 뚜렷하다. 그는 덴마크인이다. 셰익스피어의 작품은 사실에 근거한 것인지, 소설인지 분간하기 어렵게 되었다. 셰익스피어는 우수한 작품을 썼을 뿐인데, 그래도 번역되고, 공연되고, 연구되는 것이다.

셰익스피어는 20년간 극장생활을 하는 동안, 극중인물을 몇 백 명 참조하였다. 몇 작품만 보아도 그 인물들이 얼마나 다양하고 다채로운지 알 수 있다. 저마다 개성을 가지고 있다. 단역들도 하나하나 특성이 있다. 비슷한 건 광대뿐이다. 광대도 바보같지만 꼬깔스러운 말투를 쓴다. 그 말속에 철학이 숨겨져 있다.

〈햄릿〉의 인물들도 십인십색이다. 우리의 상상 속에서는 더욱 다양하고 자기 마음대로 성형할 수 있다. <햄릿>을 분석한 학자나 논문은 천이다 만이다 하고 짐작할 수도 없이 많다.

비단 햄릿뿐만 아니라, 그의 숙부 클로디어스(Claudius)도 성품이 대단하다. 햄릿의 아버지인 왕을 죽이고 왕위를 찬탈한 흉악한 자가 형수인 왕비를 다시 왕비로 삼고, 즉위의 연회에서 햄릿을 설교하고, 끝내 죽음도 맞이하는 무섭고도 차분한 그의 성격은 중국영화 <야연(夜宴)>을 보면 잘 알 수 있게 되리라. 오필리아 (Ophelia)도 마찬가지다. 햄릿을 사랑한 차분한 여성이다. 결국 미쳐서 강물에 빠져 죽는다. <名作 로민쓰 오펠리아 處女>도 있었고, <햄릿 다시 태어나다>, <하멸태자>에도 태어났으니 말이다. 그래서 <햄릿>은 상황의 한 단면이 아니라 인간이 처할 수 있는 여러 상황의 특성을 드러내는 인류의 많은 표본거리라고 할 수 있다. 이는 인류를 비추는 마법의 거울과도 같은 것이다.

그러니까 우리에게 가장 널리 알려진 제일의 문호를 꼽으라면 셰익스피어이고, 제일의 공연을 따지려면 <햄릿>인 셈이다. 공연 횟수로 보아도 세계에서나 우리나라에서 가장 많이 무대화되는 작품이고, 지구 둘레로는 24시간 어느 곳에서든지 공연되고 있다.

유명한 대사가 있다. "To be, or not to be, that is the question" (III.i.56). 이 말의 해석하는 방법과 철학은 모든 번역자나 연구가들이 다르다. 자기 나름의 대사로 표현된다. 흔히 "죽느냐, 사느냐, 그것이 문제로다"가 일반적인 용어이기는 하지만, 필자는 "살아남느냐, 죽어 없어지느냐, 그것이 문제로다."[465]라고 번역하였다. 우리나라에서는 일찍이 정치가 장덕수(張德秀)의 수필에도 인용된 것이 흥미로운 일의 하나이다.

햄릿이 우리에게는 친숙해졌다. 그러나 그의 성격과 행동의 철학은 이해하기 어렵고, 일반적인 용어로 표하려 하여도 쉽지 않다. 까다롭다. 저명한 학자들 사이에서도 논쟁거리가 되고 있을 정도다. <햄릿>은 명배우의 경연장이다. <햄릿>의 주인공은 공연마다 명연기가 화제가 되고, 그 배우는 명예와 인기의 보람을 차지하게 된다. 김동원, 정동환, 유인촌, 근자에는 김석훈이 그러한 명예의 전당에 입성한 셈이다. 김동원은 <오셀로>에서 이아고를 연기하였고 명연출가이기도 한 이해랑과 더불어 우리나라 연극사를 영원히 빛내준 연극인으로 기록될 것이다. 햄릿이 폴로니어스에게 "do you see yonder cloud that's almost in shape of a camel?"(III.ii.378-79)[466](저기 구름이 보이오, 꼭 낙타 같지 않소?) 묻는 말은 바로 우리 자신들에게 묻는 말이다. 둘의 대화는 낙타가 됐다. 족제비가 됐다. 고래가 된다. 곤혹감마저 느끼게 된다. 이것이 햄릿이다. 문학의 모나리자처럼[467] 오늘날까지 풀기 어려운 불가사의한 힘을 내포하고 있으니 말이다. 그러니 비극이라고 보기보다는 문제작이라고 불리어야 할 것 같다. 사람이란 기묘하다. 문제가 있어야 도전한다. 오늘날까지 <햄릿>이 왜 그렇게도 뚜렷한 존재인가? 본질적으로 인간의 본성 문제를 풀어보려는 욕망 때문이다. 무한한 해석의 가능성이 있으니 누구나 다 참견해보려 한다. 그래서 서구문명의 이입(移入)에서 차지하는 셰익스피어의 영향이 <햄릿> 연구로 대표가 될 만하다.

이번 장에서는 다양한 <햄릿> 공연을 통해 한국적 토착화를 이루는 과정을 살펴보고자 한다. 그 형태는 주제를 중심으로 하여 시대적 맥락에서 접근함으로써 구시대와 현대에서 변모한 모습을 보여주게 될 것이다.

1) 신구형태가 혼효(混淆)된 <햄릿> 공연

■ '第1回 豪華의 演劇콩쿨大會' 참가작
낭만좌 (역 진우촌, 연출 김욱) <함레트>(묘지-막)
1938.2.11.~2.14., 부민관 대강당

우리나라에서 처음으로 <햄릿>이 무대화 된 것은 낭만좌의 <함레트>(묘지 1막)이라는 번안극이었다. <햄릿>의 전체공연이 아니라, 묘지장면이라는 일부분으로 연극 콩쿠르에 참가한 것이다. 이때의 콩쿠르는 우리나라에서 처음으로 열린 획기적 성사[468]였으며, 주인공 함레트 역은 박학이 하였다. 이운곡은 이 연극에 대하여 <햄릿>을 번안하여 콩쿠르에 참가한 낭만좌의 연극정신이 가장 예술적이고 양심적[469]이라고 하면서도, 유명한 햄릿의 "살고 죽는 것! 이것이 문제이다."라는 독백에 홀린 문학청년들의 악취미에서 이 극본이 취택되었으리라고 단정한바 있다. 그리고 그 번안이나 연출의 조잡함도 다음과 같이 지적하였다.

이 묘지의 한 장면을 상연하려면 <함레트> 전편과의 관련성을 갖게 만들어 가지고 될 수 있는 대로 <함레트>의 전형적인 성격을 중심으로 내세워서 번안을 햇드면 전형적인 성격의 함레트형을 대개 이해하고 있는 관객들에게 좀 더 효과적이여쓰리라고 생각키웠다. 그우에 김욱씨의 연출도 퍽 조잡한데가 만헛다.[470]

<함레트>(묘지 1막)은 <햄릿>의 5막 1장으로 그 줄거리를 당시의 동아일보는 다음과 같이 쓰고 있다.

이 <묘지>의 장면은 5막 중의 1장으로 개막이 되면 묘굴자 갑, 을의 자미스런 대화가

시작된다. 함레트가 영국으로부터 귀국하야 우연히 오피리아의 장의를 목격하는 것이다. 그래서 오피리아의 오빠 레아디스는 함레트에게 달려 붙는다. 국왕은 두 사람을 갈라서게 하야 비밀히 레아디스로 하여금 함레트의 살해를 도모한다.[471]

낭만좌의 <함레트>(묘지 1막)는 줄거리의 전개가 완전하거나 구성인이 뛰어나거나 하는 장점을 전혀 살리지 못한 극이어서 호평을 받은 것은 아니나 우리나라에서 최초의 <햄릿>의 공연이었다는데 의미가 있다.

■ 중앙대학교 연극부 (역 정인섭, 연출 이해랑) <햄릿>
1949.12.14.~12.15., 시공관

<햄릿>의 전편이 공연된 것은 중앙대학교 연극부에서 공연된 것이 최초로 기록된다. 1949년 12월 14일, 15일 양일간에 걸쳐 정인섭 역, 이해랑 연출로 시공관에서 무대화 되었다.[472] 이때의 남녀 주인공은 최무룡과 박현숙이었다.[473] 이 공연에서는 5막 20장을 17장으로 구성하였다. 이해랑은 다음과 같이 한 말에서 짐작이 가듯, 셰익스피어가 창출한 인물 가운데 가장 햄릿을 선호하고 있다.

> 성격에 이르러서는 실로 별의별 예술적 현상 중 그 어느 인물보다도 영묘하게 창조된 위대한 <하믈레트>의 성격은 너무나 복잡하고 특수하여 <하믈레트> 자신이 통감한 인생의 신비감 그것과도 불가해하다.[475]

이해랑은 중앙대학교가 공연한 <햄릿>의 연출방식에 대해 "셰익스피어 연극하면 곧 연상되는 스펙터클한 무대를 의식적으로 피하고, 등장인물들의 수를 가능한 한 줄여서 연기자를 장면의 유일한 주최로 만들고, 그들의 동작을 자유롭게 하고 그들의 연기를 강조할 수 있게 간결한 방법을 썼다."[476]고 의중을 밝혔다. 이해랑의 이와 같은 연출 의도는 학생극으로서는 부담스러운 장대한 셰익스피어극보다는 실질적인 공연의 운영을 기도하여, 볼거리에 치중하기보다는 주제적인 면을 드러내기 위한 작업이었다고 평가할 수 있다. 이진순은 중앙대학교의 <햄릿> 공연을 관극하고 이해랑의 연출이 아담한 무대를 창조하기는 하였으나 햄릿의 심리적 변화가 "가슴을 찌르는 감보다도 아름다운 한 폭의 그림"으로 끝난 것 같은 감이 없지 않았다고 하면서, 그러나 이 공연은 한국연극사에 상기했듯이 "영원한 기념비"가 될 것이라고 하였다.

■ 극단 청춘극장 (역/각색 한노단, 연출 박상진) <함열왕자전>

1950.3.31.~, 국도극장

1950년에 진통직인 <햄릿>이 아닌 <함열왕자전>이 상연되었다. 극단 청춘극장이 '세계문호 셰익스피어 서거 334주년 대공연'으로 이 작품을 평화신문사의 후원을 받아 국도극장에서 3월 31일에 막을 올렸다.[477] 이 공연은 원작 <햄릿>을 한노단이 번역·각색하였고, 박상진이 연출하였다. <함열왕자전>은 <햄릿>이 신파조로 공연된 최초의 작품인 것이다. 해방 후에도 신파극의 인기는 누그러들 줄 몰랐고, 일반 대중들을 상대로 하여 셰익스피어극을 공연하는데 심각한 주제와 정통성을 주장하기보다는 당시 유행하던 극의 틀에 맞추어 재미나게 공연하는 것이 흥행성을 높이는데 성공하는 비결이었다. 따라서 <햄릿> 이외에도 <로미오와 줄리엣>, <여왕 클레오파트라> 등이 악극으로 공연되었는데, 역시 흥행 위주의 상업주의를 발판으로 한 것이었다. 당시 이 공연을 관람하려는 사람들로 극장은 초만원을 이루었고, 학생부터 노년층에 이르기까지 관객층도 다양하여, 관객들이 인산인해(人山人海)로 몰려들었다.

■ **극단 신협 (역 한노단, 연출 이해랑) <햄릿>**
  1951년 9월, 대구문화극장
  1951년 10월, 부산극장
  1952년, 마산, 대전, 전주, 광주, 목포, 군산 순회공연
  1953년 9월, 시공관
  1953년 10월, (편극 유치진) 동양극장

극단 신협(新協)이 1951년에 피난지에서 <햄릿>을 공연했다. 1951년 9월에 한노단 번역, 이해랑 연출로 대구 문화극장에서 공연하였고, 같은 해 10월에 부산극장에서 재공연했다. 이처럼 신협이 재공연까지 하게 된 것은 전시 중 국방부 정훈국의 물심양면에 걸친 적극적인 지원이 있었기 때문이다. 이진순이 지적한 대로 "전시체제 아래서도 과감히 셰익스피어를 들고 나올 수 있는 연극정신"[478]이 있었기에 실현될 수 있었다. 신협은 다시 1952년에 마산, 대전, 전주, 광주, 목포, 군산 등지에서 <햄릿>을 순회 공연하였다.[479]

1952년 이후, 후원단체의 소관이 국방부 정훈국으로부터 공군본부 정훈감실로 바뀌었고, 신협의 공연활동도 활성화되었다. 신협의 <햄릿>에 이어 <오셀로>를 대구, 부산에서 공연하였고, 그 후에 <맥베스>를 부산에서 공연했다. 그 공연도 <햄릿>의 후광을 입어 대성황을 이루었다. 피난민이 부산에 몰려있었고 피난중이라 할

일도 없이 무료하게 지내는 사람들이 많았고, 어려운 생활여건이어서 대중들은 무엇인가 위안을 얻을 수 있는 관람에 열중한 것이었다. 서울에 환도한 후 신협도 활동무대를 서울로 옮겨서 1953년 9월 시공관에서 <햄릿>을 재공연했으며,[480] 10월 1일부터는 동양극장에서도 상연했다.[481] 당시의 이 공연은 이해랑의 연출이었으나 유치진이 편극한 것이었다.

신협은 4대 비극 중 <리어왕>을 제외한 세 가지 작품 공연 외에 <줄리어스 시저>도 공연하였다. 이 작품은 혁명과 비분, 간계 또는 음모와 암살 등으로 장렬한 비극성을 보여준다. 당시 셰익스피어의 레퍼토리를 택한 것은 창작극이 부족하였고, 박진감 넘치는 내용의 연극 주제가 피난시절 대중을 매료시킬 수 있었으며, 또 하나의 이유는 부산에 생활근거를 둔 영문학자 한노단이 적극적으로 협조하였기 때문이다. 번역극의 경우는 역시 연극을 잘 아는 노련한 번역자가 필요한데, 신협이 다행스럽게도 한노단을 만났던 것이다. 한노단은 3편의 비극 <햄릿>, <오셀로>, <맥베스>를 한데 모아 <쉑스피어 3대 걸작선>을 출간 하였으며, 이 책이 나오게 된 동기를 그 자신도 신협과 관련시켜 다음과 같이 회고하고 있다.

> 그 후 6·25 피난 시절에 부산에서 극단 신협의 요청으로 <오셀로>와 <맥베스>를 번역 상연해서 좋은 성과를 거둔 것이 오늘날 셰익스피어 작품 상연에 자신을 얻은 한 자극이 되었을 줄 안다. 이 두 작품에다 전기 <햄릿>을 가해서 <셰익스피어 3대 걸작선>이란 이름으로 동문사에서 출판한 것이 지금으로부터 꼭 십년 전인 1954년 7월이었다.[482]

또 한 가지 신협이 셰익스피어극을 지속적으로 공연할 수 있었던 것은 셰익스피어극을 정확하게 해석하고 소화해낼만한 노련한 연출가와 명배우가 있었기 때문이다. 연출가로는 유치진과 이해랑이 있었고, 명배우로는 이해랑, 김동원, 박상익 등이 있었다. 그 때문에 신협은 잘 짜인 극단으로서 셰익스피어 작품을 성공적으로 이끌어 갈 수 있었다.

1950년대에는 신협의 <햄릿> 공연 이외에도 통영고교, 부산대학교, 이화여고, 이리여중고와 신무대의 <햄릿> 공연이 있었다.

■ 신무대 실험극회 (연출 이철향) <햄릿>
1. 1959.6.7., 삼일당
2. 1960년 1월, 경북지역 순회공연

비교적 신선했던 공연은 신무대 실험극회의 창립3주년기념 3회 공연으로, 이철향 연출, 심재형 조연출의 <햄릿>을 1959년 6월 7일 삼일당(三一堂)에서 한 것이다. 극작가 차범석은 연기한 배우들이 신협식 연기에서 벗어나지 못했다고 아쉬워하면 서도 최불암이 맡았던 햄릿이 당시로서는 그때까지 우리나라에서 가장 연소한 햄릿 이었음을 다음과 같이 지적하였다.

연기면에 있어서는 단연 이채를 띤 신진(최영한 햄릿분(扮))을 볼 수 있었는데 우리 나라에서 가장 연소자(21세)로서 〈햄릿〉을 분역(扮役)해냈다는 점도 있겠으나 무엇 보다 더 그의 열의와 능숙한 연기가 좋았다.[483]

차범석은 최불암의 햄릿은 심리적 갈등을 잘 표현하지는 못했으나 장래가 촉망되 는 연기를 했다고 고무적인 평을 썼다. 그리고 신무대 실험극회는 <햄릿>을 가지고 1960년 1월 경북 지역을 순회공연하였다.

2) 드라마센터의 개관과 <햄릿>

일제치하에서 우리나라의 <햄릿> 공연은 꽃봉오리를 맺고 있다가 해방이 된 후부 터는 개화를 시작하여 1950년대에 이르러서야 꽃망울을 맺기에 이른다. 연출가와 배우, 그리고 번역가의 열정이 한데 뭉쳐 이루어낸 셰익스피어의 공연은 전막공연으 로, 때로는 번안극으로 공연되면서, 한국적 풍토에 맞게 정착되어가며, 1960년대에 드라마센터의 개관을 맞아 만개하기 시작한 것이다.

■ 드라마센터 (역 여석기, 연출 유치진) <햄릿>
1962.4.12.~ 5.31., 드라마센터

1950년대에 비해 1960년대에는 열의 있고 성숙한 <햄릿> 공연이 다섯 차례나 있었다. 가장 기념적인 공연은 극단 드라마센터가 1962년 4월 12일부터 5월 31일까 지 51간 <햄릿>을 우리나라에서는 처음이라고 할 수 있는 최장기 공연을 가졌던 것이다.[484] 이처럼 장기공연을 할 수 있었던 여건을 요약해 보면, 첫째, 극단 드라마 센터가 전용극장 드라마센터를 가졌다는 것, 둘째, 이 공연에 즈음하여 각 일간지들 이 열띤 홍보를 하였다는 것, 셋째, <햄릿>은 『開闢(개벽)』에 실린 것을 비롯하여 몇 개의 단행본이 있었고, 번안, 그리고 수차례에 걸친 전막공연 등을 통해 일반 대중에게 널리 알려진 작품이었다는 것, 넷째, 우수한 번역본이 있었다는 것, 다섯째,

유치진, 이해랑 등 탁월한 연출가와 우수한 연기진이 있었다는 것 등을 들 수 있다.

사실 유치진의 소원이었고 간절하게 기도한 것은 연극전용극장을 가져보는 일이었다. 아일랜드 문학에 심취하였던 그로서는 아일랜드 연극인들의 간절하며 소박한 소망으로 건립된 애비극장(Abbey Theatre)이 그의 연극활동의 모델이 되었으며 드라마센터는 미국 록펠러재단의 재정적 협조로 1960년 10월에 남산에 착공되었다. 3년 후인 1963년 봄에 준공되었으며, 4월 12일에는 여석기 역, 유치진 연출의 <햄릿>으로 역사적인 개관기념공연을 가졌다. 드라마센터가 생겨남으로서 한국의 연극 활동에 하나의 전환점이 생긴 것이다. 왜냐하면 그 곳에서 <햄릿> 공연을 비롯하여 후속한 공연들이 한국의 연극사상 처음으로 장기공연을 예고해주었기 때문이다. 유치진이 "당시로 보아서 동양에서 으뜸가는 소극장으로 만들어낸 것이었다."[485]라고 현대적 규모의 드라마센터를 소개했듯이 당시로서는 우리나라에서 최고의 시설을 갖추었으며, 이는 세계의 첨단적 연극흐름에 발맞추자는 의도에서였다.

<햄릿>의 공연평을 보면, 칭찬과 비난이 엇갈리고 있으며, 주인공 역을 맡은 김동원이 모든 면에서 관객을 매료시켰으나, 장치, 조명, 의상부문에서는 실패[486]였다고 했다. 그렇다고 해도 침체한 연극계에 새바람을 불게 한 것은 드라마센터였다. 드라마센터의 주축이 된 인물은 신협 멤버인 유치진, 이해랑, 김동원, 오사량, 황정순 등이고, 여기에 대학극 출신들인 김동훈 나영세, 양광남, 천선녀, 권영주, 박명희 등의 발랄한 신인들이며, 이 모두가 연극계의 혁신에 참여한 것이다. 그리고 이곳을 통해서 오현주, 권영주, 김성옥, 김동훈, 김성원 등의 다섯별이 탄생되었다.[487]

오현주와 권영주를 "살아있는 오필리아", 로젠크란츠(Rosencrantz)와 길덴스턴(Guildenstein) 역을 한 김성옥과 김동훈을 "풍만한 연기력의 콤비요", 김성원을 "박력 있는 시인"[488]이라고 예찬했었다.

■ '셰익스피어 탄생 400주년 기념행사'
　　드라마 아카데미 (역 여석기, 연출 오사량) <햄릿>
　　1964.4.30.~5.5., 드라마센터극장

1964년 4월 23일은 셰익스피어 탄생 400주년이 되는 날이었다. 셰익스피어 탄생 400주년 기념행사의 일환으로 드라마 아카데미는 4월 23일부터 28일까지 한노단 역, 이원경 연출의 <오셀로>, 4월 30일부터 5월 5일까지 여석기 역, 오사량 연출의 <햄릿> 등 두 편의 작품을 드라마센터극장에서 공연하였다.[489] 이날을 기념하기 위해 각국에서는 호화로운 행사를 준비하였다. 우리나라에서도 한국셰익스피어협회와 영어영문학회가 주축이 되어 셰익스피어 축전위원회가 결성되었고, 셰익스피어 작품의 공연, 연구세미나와 강연, 사진 전시회 등을 마련했다. 또 축전 공연으로 국립극단의 <베니스의 상인>, 신협의 <오셀로>, 실험극장의 <리어왕>, 동인극장의 <앤토니와 클레오파트라>, 산하의 <말괄량이 길들이기> 그리고 민중극장의 <좋으실대로>가 잇따라 무대에 올려졌다. 이 행사들은 독자적으로 한 것이었으나, 셰익스피어극 공연의 활성화를 위하여 앞장선 기념비적인 것이었다.

드라마센터의 개관은 셰익스피어극의 공연을 촉진시켰으며, 셰익스피어 탄생 400주년인 1964년, 다른 극단들도 셰익스피어극 공연을 할 수 있는 한 모델이 되었다. 제대로 현대화된 극장하나 갖추지 못한 한국 연극계의 열악한 환경 속에서 가장 현대적인 극장이 설립됨으로써 본격적인 공연 문화를 시도할 수 있게 되었으며, 이로 말미암아 자각심이 생긴 연극계는 하나씩 새로운 극장의 설립을 추진하는 계기를 마련한 것이다.

■ 동낭(東朗)레퍼토리 극단 (번안/연출 안민수) <하멸태자>
　1. 1976.10.20.~10.27., 드라마센터
　2. 1977년 해외순회공연

동낭레퍼토리 극단으로 명칭을 바꾼 드라마센터는 안민수가 원작 <햄릿>을 우리나라 옛 배경을 바탕으로 우리 정서에 맞게 각색한 <하멸태자>를 공연하였다. 그 작품 구성은 원작과 거의 다를 바 없으나, 동양적이고 한국적인 배경의 번안이 특색이며, 등장인물을 살펴보면, 햄릿은 하멸태자, 클로디어스는 미홀왕, 거트루드는 가희왕비, 폴로니어스는 파로, 호레이쇼는 호려쇼, 오필리아는 오필녀, 레어티즈는 대야손, 선왕은 지달왕, 그리고 오즈릭은 정신 등으로 원작의 이름을 연상시켜준다. 한편 로젠크란츠와 길덴스턴은 등장인물에서 삭제되고, 이 역할은 파로가 대신하며, 포틴브라스도 제외된다. 따라서 <햄릿>에서는 왕권을 포틴브라스에게 양위하나 하멸태자는 말없이 죽어버린다

장소도 고대조선의 부락 같으며, 덴마크는 아사라, 영국은 다사도이다. 곤자고의 살인은 서초왕의 시역, 수녀원은 절간, 배우는 사당패, 천당은 열반, 무덤파는 광대는 상도꾼으로 변용되니, 불교의 냄새가 풍긴다.

<하멸태자>의 여성들은 동양적이다. 오필녀는 그 원인을 자신의 잘못으로 돌리며 보다 순종적이다. 지고지순한 사랑으로 승화시켜, 하멸태자에게서 받은 실연의 아픔으로 미치게 된다. 가희왕비는 하멸태자의 다그침에 자신이 일부종사하지 못한 잘못

을 반성하는 대사와 행동이 보인다. 보다 한국적 여인상에 가깝다. <하멸태자>는 셰익스피어극의 한국화라는 관점에서 논란의 대상이 되었다.

고승길이 다음과 같이 지적하였다.

<하멸태자>는 셰익스피어적 인간과 상황이 한국화가 어느 정도 가능한가하는 의문과 아울러 표현수단의 국제성 문제에 대해 많은 논란을 불러일으킨 공연이었다.[490]

<하멸태자>에 대한 긍정적인 시각은 "동양 여러 나라의 연극 형태와 우리 전통형식을 접합, 새로운 무대형식을 시도하고 있다."[491]는 것이었으며, 부정적인 시각에 있어서는 너무도 일본화되었다고 다음과 같이 비판을 가했다.

실제로 무대에 나타난 결과를 볼 때 탈춤과 승무가락을 제외하고는 한국 전통 연극양식을 찾아 볼 수 없는 형편이라고 지적했다.[492]

서연호도 일본극의 영향을 부정할 수 없다고 하였다.

솔직히 말하자면 일본 풍토에 딱 들어맞는 작품이다. 그것이 문제될 것이 아니라 한 예술가의 작업태도가 그처럼 기만적이어서는, 오리무중이어서는 바람직스럽지 못하다는 뜻을 전하고 싶을 뿐이다.[493]

해외공연에서는 일본의 <노>에서처럼 얼굴을 하얗게 칠하는 분장과 일본식 의상도 고쳤을 뿐 아니라 광대의 탈춤과 오필녀의 승무 등을 삽입했다.[494]
그러나 이런 혹평에도 불구하고 셰익스피어극의 새로운 시도라는 긍정적인 평도 있다.

셰익스피어극을 안민수씨가 다루고 싶은 대로 동양의 전통 속에 옮겨다 놓고 거기서 생겨나는 독특한 극적 재미를 형상화시켰다.[495]

안민수의 <하멸태자>는 동양의 여러 가지 연극형태와 우리 전통형식을 접한 새로운 무대형식을 시도한 것만은 분명하다.
안민수의 부인이자 연극인인 유인형이 왕비 역을, 서울대 강사이며 무용가 이애주가 오필녀로 연극무대에 첫 선을 보였고, 양정현이 하멸태자 역, 이 외에 정동환,

김동환, 김기주 등이 출연하였다.

3) 대학과 직업극단의 <햄릿> 공연

<하멸태자>의 긍정적 시도에 앞서 1960년대 말부터 1970년대까지 각 대학과 직업극단들의 공연이 <햄릿>의 명맥을 유지해 왔다.

대학의 경우 1969년에 중앙대학교 연극영화과에서 이성영 연출로 <햄릿>을, 1974년 동국대학교 연극영화과가 졸업기념으로 김효경 연출로 <마로윗츠 햄릿>을, 같은 해에 중앙대학교 연극영화과에서 <햄릿>을 이동재 연출로, 그리고 1976년에 경남대학교 연극부가 안민수 번안의 <하멸태자>를 이종일 연출로 무대에 올렸다.

직업극단의 경우, 1967년에 동인극장이 여석기 역, 정일성 연출로 <햄릿>을 공연하였고, 1970년 런던 셰익스피어 그룹(London Shakespeare Group)이 피터 포터의 연출로 <베니스의 상인>(The Merchant of Venice), <겨울 이야기>,(The Winter's Tale), <오셀로>(Othello), <십이야>(Twelfth Night), 그리고 <햄릿>(Hamlet) 다섯 작품의 하이라이트를 가지고 <환희를 위한 모든 것들>(All for Your Delight)라는 제목으로 원어극으로 국립극장에서 공연하였다.

1971년 실험극장과 1975년 가교의 공연이 있었다. 특성 있는 공연이 1971년 9월 9일부터 13일까지 국립극장무대에서 공연되었다. 실험극장이 여석기 역, 표재순 연출로 <햄릿>을 무대화하였는데, 햄릿에 김동훈, 클로디어스에 이낙훈, 폴로니어스에 오현경, 레어티즈에 이정길 등 호화배역으로 구성된 캐스팅에, 흑과 백으로 구성된 무대, 그리고 공연의 핵심인 햄릿의 성격 등이 특색이 있는 것이었다. 연출가 표재순은 포틴브라스를 제외시키고, "햄릿은 될 수 있는 한 인간화시켰다. 고전 중에서도 고전 속의 전통적 왕좌에서 좀 더 인간화시켰다."[496]고 인물에 대한 구체적인 해설을 했다.

1975년 5월 8일부터 12일까지 예술극장에서 가교 창립 10주년 및 광복 30주년 기념공연으로 여석기 역, 김상열 연출의 <햄릿>이 무대화되었다. 이 공연에서는 <햄릿>의 주제의 측면에서 새로운 것을 시도했다.

> 작품의 주제를 죽음에 두었다. 묘지광대의 비중을 높이고 전통적인 셰익스피어 무대를 과감하게 파괴, 비극의 무대를 회전무대로 바꾸었다. 또 극의 템포를 빠르게 하고 원작이 가지고 있는 스펙터클한 요소를 대폭 줄였다.[497]

이처럼 보다 현대적인 시각에 맞춘 가교의 공연은 1977년 이후 연속적으로 나오는 번안, 파괴된 <햄릿> 공연의 전주곡이 되었다.

4) 전통극으로서의 <햄릿>공연

<햄릿>은 5막 20장의 희곡이다. 그 원작자는 셰익스피어이다. 이것이 <햄릿>의 원조이다. 무대화하면 연출자가 있게 마련이다. 연출자마다 연출방법이 다르다. 오직 하나인 셰익스피어의 <햄릿>이 무대에서는 가지가지로 변한다. 어떤 햄릿은 우스꽝스럽고, 어색한 광대의 모습이다. 때로는 그로테스크한 형상의 햄릿이 관객들에게 공포감을 준다. 한국화된 <햄릿>도 있으니, 그 좋은 예가 <하멸태자>다. 그러나 모양은 다를지언정 햄릿의 본색을, 본래의 모양을 저버릴 수는 없다. 천박한 듯하면서도 고결하고, 우스꽝스럽지만, 슬프고도 피로 얼룩진 무질서 속에서도 질서가 있기 때문이다. 실험적인 연극도 있고 변용된 연극도 있다. 그러나 그 본바탕은 전통극이다. 그래서 전통극은 언제나 진주처럼 빛나는 보석 같은 것이다.

런던 셰익스피어그룹과 현대극장의 공연을 통해 살펴본다.

■ 런던 셰익스피어그룹 (연출 피터 포터)
<환희를 위한 모든 것들>(All for your Delight)
1970.11.23.~11.27., 국립극장

1970년대, <햄릿>의 전통극으로 부분적이기는 하나, 피터 포터(Peter Potter)가 이끄는 런던 셰익스피어그룹의 공연을 꼽을 수 있다. 이 그룹은 1970년 11월에 내한하여 <겨울 이야기>, <오셀로>, <십이야> 그리고 <햄릿>의 하이라이트를 가지고 11월 23일부터 27일까지 5일간 국립극장에서 공연하였다. 이 공연 제1부에서는 <베니스의 상인>에 나오는 "바람기는 어디서 나오나"[498]의 노래가 삽입되며 다섯 작품을 선보였다. 사이사이 각 희곡마다 노래가 삽입되었다. 이 공연에서는 전통연기와 엘리자베스조의 의상을 한국관객에게 선보였는데 고전의 정수를 보여주었다는 평을 받았다.

> 5인의 연기인으로 구성된 셰익스피어 그룹은 연극팬들에게 고전의 정수를 부분적으로나마 보여줌으로써 문화교류를 위한 정부당국의 보다 적극적인 시책이 촉구되는 계기가 되었다.[499]

본시 연출가 피터 포터는 "셰익스피어극에 대해서는 깊은 조예와 장년의 경험을 살려서 소편성그룹의 공연과 각국 연극인의 지도에 열의를 쏟고 있으며, 그 업적은 높이 평가"되고 있는 탁월한 연출기량이 있는 사람이다.

■ '청소년을 위한 청소년 극장 시리즈' 참가작
　현대극장 (역 여석기, 연출 김효경) <햄릿>
　1977.4.12.~4.17., 류관순 기념관
이 작품에 대한 설명은 제3장 3. 극단들의 발전 1) 직업극단 편을 참조하기 바란다.

■ '제3세대 연극제' 참가작
　현대극장 (역 여석기, 연출 이해랑) <햄릿>
　1981.3·16.~3.28., 101 스튜디오 오픈 기념공연
이 작품에 대한 설명은 제3장 4. 변용적 수용과 공연 4) 연달은 <햄릿> 공연 편을 참고하기 바란다.

■ 호암아트홀 개관기념공연
　호암아트홀 기획 (역 여석기, 연출 이해랑) <햄릿>
　1985.5.16.,~5.22., 호암아트홀
이 작품에 대한 설명은 제3장 4. 변용적 수용과 공연 5) 이해랑의 셰익스피어 편을 참고하기 바란다.

■ 호암아트홀 기획 (역 여석기, 연출 이해랑) <햄릿>
　1989.4.15.,~4.23., 호암아트홀

이 작품에 대한 설명은 제3장 4. 변용적 수용과 공연 5) 이해랑의 셰익스피어 편을 참고하기 바란다.

5) 대학극과 아마추어의 공연

이러한 직업극단의 공연 외에도 정통성을 지닌 <햄릿> 공연에 대학들과 아마추어들도 참여하였다. 1962년 이화여자대학교에서는 셰익스피어 작품 중에서도 우리나라에서 잘 알려진 <햄릿>을 비롯하여 <로미오와 줄리엣>, <베니스의 상인>, 그리고 <말괄량이 길들이기> 등 네 작품 중에서 한 장면을 택하여 <셰익스피어 극중 4장면>

이라는 제목으로 필자의 스승이신 김갑순 교수의 연출로 원어로 공연하였다. 이근삼은 대체로 귀여운 공연이라는 인상을 받았다고 하며, "빠른 템포로 진행"된 것에 호감을 표명하고 특히 햄릿을 연기한 송민자에 대해 "잠시나마 관객의 마음을 동하게 하여 좋은 연기를 보여 주었다. 좋은 발음이며 발성에 앞서 송양은 산 연기를 이해하고 있었다."[500]고 칭찬하였다. 그 후 20년 뒤에도 다시 한번 같은 레퍼토리로 공연한 바 있다.

이 후 마산대학(1984) 및 국제대학교(현재는 서경대학교)의 영문과에서는 <햄릿>의 전막(5막 20장)을 원어로 공연하게 되었다.[501] 이것은 열성적인 성의와 노력을 다 바친 연극 관계자와 대학이나 과의 적극적인 공헌이 있었을 것이니, 가히 칭찬할 일이다. 국제대학의 경우 선후배 합동공연이었으며, 연출은 남육현으로 동대학 30회 졸업생이었다. 1997년 부산대학교 영어영문학과에서는 <햄릿>[502]을 원어로 공연하였다. 이 극본은 이전의 각 대학에서 사용한 대본과 달리 쉬운 영어로 쓰여 있어서 일반 학생들이 셰익스피어의 원본은 아니지만, 어렵지 않게 대할 수 있다는 특징을 지녔다. 아무리 대학교의 영어과나 영어영문학과라고 하여도 원어의 이해는 쉬운 일이 아니다. 세 대학 모두 무한히 노력에 노력을 다했었을 것이다.

중앙대학교는 1949년 12월에 <햄릿> 전막공연을 시도하였다. 1984년과 1989년 두 차례에 걸쳐 <햄릿>을 공연한 바 있으며, 1989년의 공연은 연극학과 창설기념 및 1989년 졸업축하를 위한 것이었고, 10월 1일에서 6일까지는 국립극장에서, 10월 13일과 14일에는 부산 경성대 콘서트홀에서 공연하였다.[503]

이색적인 것은 이화여자대학교 중문과의 중국어 공연을 들 수 있다. 1992년 9월 2일부터 9일까지 8일간, 강성해 연출로 꾸민 <햄릿>이 동 대학의 동창회관 소극장의 무대에 올려졌으며, "생존환시훼멸 저시일개득로적문제(生存還是毀滅 這是一個得盧的問題)"[504](사느냐 죽느냐 그것이 문제로다)라는 문구가 선전포스터에 실려 눈길을 끌었다. 글로벌 시대의 식자는 기억해둘만한 명언의 중국어이다.

때로는 '직장인 연극동호회' 등과 같은 단체에서도 셰익스피어의 작품을 레퍼토리로 선택하여 공연하였는데, 1986년 10월에 <맥베스>로 창립공연을 가진 후, 1987년에 <리어왕>과 <템페스트>(연출 이경미), 1988년에는 <햄릿>(연출 한영식)과 <한여름 밤의 꿈>을 신촌 시민소극장에서 공연하였다.

영국의 대학극단인 케임브리지 셰익스피어 극단(Cambridge Shakespeare Theatre)이 1995년 9월 25일에서 10월 1일까지 6일 동안 이화여자대학교 대강당에서 사이먼 고드윈(Simon Godwin) 연출의 <햄릿>을 공연하였다 이 공연에서는 원어를 감상할 수 있었고, 5막 모두를 무대화하여 정통 셰익스피어극을 기대하게 하였으며, 연출자 고드윈은 다음과 같이 연출의도를 밝혔다.

> 이번 공연은 셰익스피어가 의도했던 시대, 중세 덴마크를 배경으로 한 것이다. 동시에 엘리자베스시대의 영국의 유랑극단이 가졌던 영어의 전통형식을 반영할 것이며, 배경과 소품은 소규모이고, 햄릿이 살았던 그림자처럼 어둡고 음산하며 비밀스런 세계를 보여주기 위해 노력할 것이다. 위대한 문학작품이 지니는 문제점은 아무것도 손대지 않는다는 것이다. 이번 〈햄릿〉 공연의 목적은 문학적 장식을 벗겨내고 〈햄릿〉의 진수를 찾는 것이다.[505]

이 설명처럼, 대학극답게 배경과 소품, 그리고 의상까지 소규모였으며, 원작의 순수성을 찾는 것을 공연의 목적으로 삼았다. 등장인물 9명으로 구성된 배우들은 광대 역을 중복해서 연기하는 등 인원을 최소화하였으며, 익살스러우면서도 젊은이다운 기질의 햄릿은 치밀하기보다는 20대의 사색적이면서도 장난기어린 왕자로 연출하였고, 클로디어스의 인물유형도 악인으로서의 왕이기보다는 그의 인간적 고민에 초점을 맞추었다.

이 극에서 2차 플롯이 되는 폴로니어스와 레어티즈와의 관계를 상대적으로 부각시켰고, 특히 오필리아의 천진난만한 모습, 그리고 레어티즈와의 친밀한 오누이 관계를 클로즈업시켰다. 햄릿의 친구인 로젠크란츠와 길덴스턴은 음흉하면서도 약간은 바보스럽게 묘사했는데, 마치 광대의 역할을 대신하는듯한 인상을 주었다. 그러나 노르웨이 왕자 포틴브라스는 등장하지 않는다. 의상도 각 인물의 특성을 살려 간결하게 표현하고, 흰색과 검은색의 조화, 벨벳과 황금색으로 고귀한 신분이라는 분위기 등의 효과를 살렸으며, 보다 평민적이면서도 순수한 의상으로 관객으로 하여금 친근감을 느끼게 하였고, 벨트나 꽃 등으로 인물의 특성을 적절하게 표현하였다. 분장이나 무대장치는 특별한 주안점을 두지 않았는데, 서구적 외모에서 풍겨 나오는 이미지와 키와 몸매에서 서로 비슷한 등장인물을 택함으로써 시각의 안정감을 기도하였다. 무대장치는 배경전환이 불충분하긴 하였지만, 의자의 활용으로 성당이나 옥좌를 만드는 순발력을 보여주었다. 그러나 발성량의 부족이나 너무 큰 무대의 사용으로 인해서 연기의 밀도가 떨어지는 등의 사전 준비의 부족은 대학극에서나 볼 수 있는 아마추어리즘이라고 할 수 있을 것이다.

이렇듯 정통파적이면서 이색적인 외국극단의 공연이 있었는가 하면, 1970년대를 넘으면서 셰익스피어극의 무대화는 서구작가들의 각색, 번안 등 그리고 우리 손에 의해서도 각색된 공연들이 줄을 이었다.

6) 정치극으로써의 <햄릿>

1980년대의 연극계는 불우한 시절이었다. 나라는 문화권이 개방되었고, 1988년의 올림픽은 더욱 국제화의 기틀을 마련하였으며, 현대화된 모습을 보이기는 하였지만, 국내의 정치상황은 자유로운 기운과는 거리가 멀었다. 이념적 대립, 학생운동과 시위와 진압, 고문하는 자, 고문받는 자, 등 등 어렵고 부자유스러운 표현의 방식과 분위기로 어눌하게 말할 수밖에 없었던 시대였다. 연극을 비롯한 각종 문화계는 물론 출판마저도 나리들의 눈치를 보느라고 조심하고, 하고 싶은 말도 삼가고 있었다.

웅변자가 나타났다. 기국서다 기국서는 <햄릿>의 이름을 빌어 1981년부터 1990년 사이에 <햄릿> 1~5 라는 연작품을 탄생시켰다. 이들 작품의 대한 설명은 제3장 변용적 수용과 공연 4) 연달은 <햄릿> 공연편을 참조하기 바란다.

■ 소련 유고자파드 극단(연출 벨리아코비치) <햄릿>
  1. 1990.7.4.~7.8., 서울 문예회관 대극장
  2. 1990.7.16., 부산문예회관

기국서의 <햄릿> 1~5가 한국의 정치상황을 강하게 반영한 것이라면, 소련 유고자파드 극단의 <햄릿>은 악과 폭력이라는. 크게는 세계 질서의 적 또는 공산주의 체계에 맞선 정치적 주제의 작품이다. 소련 모스크바 유고자파드 극단 수석 연출가인 발레리 벨리아코비치가 연출을 맡았던 이 공연은 영국과 유럽, 일본 등지에서의 공연으로 이미 명성을 얻은 바 있는데, 셰익스피어의 <햄릿>을 위대한 고전에 현대적 감각을 도입하여 새롭고 역동적으로 표현한 실험연극으로 평가받았다.[506]

연출가 벨리아코비치는 <햄릿>의 특징을 빛과 어둠의 대조로 보고 무대전면을 빛과 암흑의 측면에서 조명연출을 시도하여, 극의 빠른 진행과 리듬이 충만한 무대를 만들었다. 어둠이 상징하는 테마는 '악'으로, 그 악이 팽배한 세계의 체제와 폭력에 항거하는 햄릿상을 만든 것이다.

> <햄릿>의 주된 테마를 무대의 어둠이 상징하는 '惡'이라고 해석하는 연출가는 이 작품을 통해 '어두운 정열을 안고 체제의 폭력에 항거하는' 새로운 햄릿상을 제시한다.

이 때문에 평론가들은 유고자파드 극단의 공연을 〈검은 햄릿〉이라고 부르고 있다.[507]

이런 빠른 템포와 리듬은 기능적인 면에서 영화같은 수법을 이용하여, 한 인물에게 조명을 클로즈업시킨다던가, 무대에서 '쇼트' 기법을 사용하여 박진감을 조성하는 등의 기법을 보여주었다. 리듬감은 조명으로 통제하지만, 신시사이저한 현대적 음악, 즉 록 음악이나, 타악기 소리와 같은 음향효과로 배우들이 어둠속에서 이 음률에 맞추어 등장하며, 무대장치에 있어서는 전체적 장면전환 없이 다섯 개의 검은 기둥을 세워 기본 틀을 형성하였고, 소품을 거의 사용하지 않음으로써 집중되는 효과를 거두기도 하였다.

> 나는 소품을 거의 사용하지 않는다. 소품은 필요 없이 관객의 시선을 분산시키기 때문이다. 나는 관객의 시선을 배우에게 집중시키기 위해 무대 전체를 어둡게 하고 배우에게 조명을 집중시킨다.[508]

벨리아코비치는 윗글에서처럼 관객의 시선집중을 위해 소품의 사용을 없애고 무대를 어둡게 한다고, 중앙일보와의 인터뷰 기사에서 밝히고 있다. 5개의 기둥장치는 무대를 분할하거나 인물의 활동공간을 규제하기도 하고, 거대한 스포트라이트의 역할로 어둠속에서 빛의 공간을 창조해낸다. 뿐만 아니라 기둥을 움직임으로써 슬픔이나 능동적인 율동을 보이기도 한다. 오필리아의 장례장면에서는 기둥을 좌우로 흔들어 슬픔을 한층 더 강하게 표현하기도 하였다. 햄릿 역을 맡은 빅토로 아빌로프는 전형적인 햄릿의 모습에서 탈피하여 괴기한 모습으로 고뇌하고 고립될 뿐 아니라, 상황과 인물의 대조에 역점을 두게 했으며, 오필리아 역의 나다에다 바다코프는 서정적인 연기를 펼침으로써 욕정과는 거리가 먼 로맨틱한 여인상을 보여주었다. 유고자파드 극단의 〈햄릿〉은 셰익스피어의 진부하거나 편협한 것으로 보이기도 하는 양식에서, 현대적인 감각에 맞는 새로운 극적 변형[509]의 연출시도에 심오한 매력과 다양성을 보여주었다고 할 수 있다.

7) 한국화로 변용된 〈햄릿〉

셰익스피어의 〈햄릿〉은 나라마다 수용방식이 다른 특성된 틀을 가지고 있다. 동양권에서 중국은 경극(京劇)과 결합한 형태로, 일본의 노(能)극과 결합된 형태로 수용되기도 한다. 우리나라도 예외는 아니다. 우리나라에서 〈햄릿〉의 한국화로 변용되는 작업은 '광대놀이'라는 큰 틀 속에 옛 언어의 사용, 한국적 춤사위와 가락, 굿과 불교라는 종교의 색채, 그리고 한국적 의상과 색채감각이라는 요소들을 적절하게 이용한다.

한국화 수용의 첫 시도는 1976년 안민수의 <하멸태자>이며 이미 논급한 바 있다.

1979년에 공연된 이길재의 모노드라마 <해믈리트>는 광대놀이와 가면극의 형식을 빌려 형상화된 것이었다. 1976년에 공연된 원작 <햄릿>의 사건들을 토대로 하여 팬터마임의 형식을 많이 도입하였다고 할 수 있다. 극중극과 '결투'장면 모두가 팬터마임이었다.

■ 극단 하나 (번안/연출 이길재) <86 햄릿>
　　1986.6.13.~8.31., 하나방 소극장

이 작품에 대한 설명은 제3장 4. 변용적 수용과 공연 7) <리어와>과 <햄릿>의 광대놀이 편을 참조하기 바란다.

■ 부산의 연희단거리패 (재해석/연출 이윤택) <햄릿>
　　1. 1996.6.14.~6.16., 부산 경성대 콘서트홀
　　2. 1996.6.26.~6.30., 서울 동숭아트홀 대극장

1986년 부산에서 창단된 연희단거리패의 창단 10주년 기념공연이자, '제 20회 서울 연극제' 공식참가작, '제12회 러시아 아씨테지 대륙연극제' 공식참가작이라는 여러 개의 타이틀이 붙는 <햄릿> 공연을 6월에 부산에서 선을 보인 다음 서울에서 재공연하였다.

이 작품의 연출가는 이윤택이다. 극단 특성에 맞게 무속적 냄새가 물씬 풍기는 공연이었다. 이윤택은 "<햄릿>은 무수한 해석을 가능케 하는 복선의 구조이다. 이중에서 내가 선택한 해석은 삶과 죽음, 그 사이에서 인간들의 카니발적 연극이다."[510] 라고 작품을 분석함으로써 다양한 시도로 극을 이끌어가고 있다. 특히 셰익스피어의 언어적 미학에 중점을 두기보다는 인간의 몸을 통해 만들어내는 이미지와 율동에 새로운 해석을 부여하였다. 따라서 연출자는 관객들로 하여금 연기하는 배우들의 몸동작을 통해 이미지를 발견하도록 의도하였으며 자유로운 상상력으로 공연 자체를 축제로, 더 나아가서 한 판의 살풀이굿으로 발전시킨 것이다.

그렇다면 과연 연출자의 의도대로 관객은 자유롭게 상상할 수 있었을까? 이것은 어느 공연이든 불문하고 공연평에 있어서 가장 주안점이 되는 항목일 것이다. 드라

마트루기를 맡은 셰익스피어 전공의 성균관 대학교 김동욱 교수는 연출자의 <햄릿> 해석에 길맞게 번역투의 대사를 손본 것 외에는 원전에 충실한 대본작업을 히었디고 하였다. 먼저 유령과 햄릿이 만나는 장면은 접신을 하는 것으로 해석하고, 극중극은 영어로 대사를 처리해 극중극의 의미를 살리고, 연약한 오필리아의 모습 대신 활동적인 모습으로, 그리고 미친 모습 역시 무당의 접신이라는 해석을 내리고 있다. 그리고 거트루드의 침실에서 햄릿의 행동은 어머니와의 관계를 뛰어 넘어 오이디푸스 콤플렉스가 극에 달하는 면을 보여주고, 마지막으로 무덤 파는 일꾼들과 떠돌이 배우들을 통해 남사당 패거리와 같은 놀이문화를 보이고 있다. 남사당이나 무당의 역할을 하는 광대와 떠돌이 배우들은 어느 의미에서 극의 재미를 더해주는 역할을 한다. 그러나 그 동작과 춤, 그리고 노래와 음악은 국적불명인 것 같다. 광대들의 입담은 걸쭉해서 듣는 관객의 정서를 우리가락으로 돌려놓은 반면, 떠돌이 배우들의 음악은 20세기 초 일본에서 신극을 들여와 공연하고 다니던 유랑극단의 분위기를 야기한다. 그러나 무대장치는 무덤을 중앙에 둠으로써 삶과 죽음의 경계를 넘나들면서 인생의 고뇌를 느낄 수 있도록 의도한 점은 가장 높이 평가할만한 것이며, 전체적으로 간소화된 듯 하면서 적절한 도구의 사용은 극을 무리 없이 이끌어가기도 하였다.

■ **유흥영·임도완 공동창작/공동연출의 가면마임 <햄릿>**
   1992.6.5.~6.17., 공간사랑 소극장

셰익스피어의 고뇌의 극 <햄릿>은 마임극으로 다시 태어났다. 마임 연기자인 유흥영과 임도완이 공동 창작하고 연출도 맡은 이 작품은 총 13장으로 구성되었다. 마임극의 특성을 살려 한마디의 대사도 없이 오직 탈과 꼭두만을 이용해 여섯 명의 등장인물들, 즉 햄릿, 숙부인 클로디어스 왕과 왕비, 재상 폴로니어스, 그의 딸 오필리아와 그녀의 오빠인 레어티즈가 극을 전개해나간다. 궁중연회에서 즐거워하는 숙부인 왕과 왕비의 모습을 보고 괴로워하는 햄릿의 모습을 시작으로, 왕과 왕비의 애욕을 뱀의 교미로 상징화시킨 장면에 이어 죽은 선왕과 대면함으로써, 아버지의 죽음에 대한 비밀을 알게 된 햄릿의 고뇌는 극으로 치닫는다. 왕의 암살을 비유한 극중극과 폴로니어스와 오필리아의 죽음, 레어티즈와의 결투 등이 차례대로 펼쳐지게 된다.

이 공연에 대하여 임도환은 "가면극의 상징성에 마임을 결합, <햄릿>에 내재돼 있는 인간의 본성과 잠재의식을 형상화하려했다."[511]고 말하고 있다. 그의 말대로 흰색과 검정의 강한 대비로 이루어진 이 무대에서 배우들은 표정 없는 하얀 가면을 쓰고 간간이 흐르는 신서사이저 음악과 침묵을 배경으로 원작에서 크게 벗어나지 않고 가면과 마임의 장점을 살려, 강렬하면서도 절제된 연기를 보여주었다.

- **■ 극단 자유 (구성/연출 김정옥) 〈햄릿〉**
  1. 1993.3·13.~3.21., 예술의전당 토월극장
  2. 1993.4.20.~4.25., '한국문화 소개의 달'초청공연 프랑스 롱뿌리엥 극장
  3. 1993.4.28., 독일 본 샤우스피엘 극장

1990년대의 〈햄릿〉의 한국화 공연은 극단 자유가 국내외에서 빛을 보여주었다. 극단 자유는 4월 28일 독일 샤우스피엘 극장에서 공연하였다. 우리나라 극단이 셰익스피어의 작품을 유럽에서 공연하였으니, 소중한 경험이고 우리나라 문화를 유럽에서 과시할 수 있는 기회였다.

김정옥이 연출하였으며, 이 공연은 "셰익스피어를 배반하지 않으면서 한국적인 햄릿상을 보여주겠다."[512]는 연출의도 하에 원작이 가진 보편성에 한국적 정서와 전통을 가미한 실험적 작품이다.

> 〈햄릿〉은 원작의 막이나 장의 구분을 없애고 16개의 장면들을 몽타주 기법으로 배열하는 독특한 구성을 취하고 있다. 줄거리도 따로 없다. 첫 장면에선 광대들이 햄릿이란 인물에 대해 떠들어대고 다음 장면은 오필리아의 장례로 이어진다. 세 번째 장면에선 햄릿이 아버지의 유령과 만나고, 다음엔 죽을 것이냐, 살 것이냐 …〉는 햄릿의 그 유명한 대사와 함께 오필리아가 등장하는 신이다. 특히 광대들은 처음부터 등장하여 연극속의 연극이란 2중극으로 꾸며간다. 그 중간 중간에 〈무덤 파는 노래〉, 〈상여 노래〉등의 소리가 끼어든다. 햄릿의 왕관은 우리의 옛 관모를 연상시키고, 마녀는 무당을 연상시키는 등 등장인물들의 의상(무대미술 이병복) 역시 우리의 냄새를 물씬 풍긴다.[513]

윗글은 권혁종의 평으로 조선일보에 게재되었다. 또한 연출가는 이 공연의 주제를 "죽음 앞에 선 인간의 광기로 새롭게 해석해 한국의 굿판과 서구적 연극의 충돌을 시도했다."[514]고 밝힘으로써 시대를 초월한 한국적 〈햄릿〉으로 만들려는 의도를 알 수 있다. 특히 햄릿 역을 맡은 유인촌은 이 작품의 특징을 "햄릿을 '광대'로 해석, 최소한의 줄거리만으로 장면 장면을 이어가면서 원작을 우리 굿판 속에 끌어들인 것이 이번 공연의 특징"[515]이라고 언급함으로써 이 작품에서 주안점을 광대와 한국적 놀이로 축약시켜 갔다. 무대미술과 의상에서는 보다 한국적인 질감과 색채를 사용했는데, 꽉채운 무대보다는 여백의 미를 살린 시각적 이미지화를 통해 무대미학

을 창출하였다. 샤머니즘, 굿, 상여꾼의 소리, 그리고 아리랑의 가락으로 이어지는 한국적 색채는 옷감으로 사용한 삼베의 질감으로 무대와 객석에 한과 서정성이 한껏 배어나오게 한 무대였다.

1993.3.5. 경향신문은 "극단 자유가 추구해온 집단창조 작업과 외국작품의 한국화 작업이 만나는 이색적인 무대다. 집단창조는 출연자 전체가 일정 배경과 코러스를 겸하며 극을 이끌어 가는 극단 자유의 독특한 연극형식. 이번 공연에서도 유인촌 (햄릿 역), 김금지(왕비 역), 박정자(무당 역), 권병길(왕 역)씨를 비롯하여 가수 윤복희(왕비광대 역), 한영애(오필리아광대 역)씨가 집단창조무대에 참여한다. 햄릿, 왕비, 오필리아 등은 각각의 본성을 관객에게 전달하는 광대 역과 함께 1역 2인으로 표현된다."고 하였다.

■ 극단 띠오빼빼의 3인극
(번안/각색 조광화, 연출 에카테리나 오브라스토바) 〈햄릿〉
1995.6.2.~6.15., 문화일보홀

조광화가 번안·각색하였고, 러시아의 연출가 에카테리나 오브라스토바가 연출한 3인극이다. 이 극은 기본적 사건은 셰익스피어의 〈햄릿〉과 일치시키면서, 햄릿과 오필리아, 그리고 레어티즈라는 세 사람이 겪는 관계에 대해 조명을 맞춘 것이다. 다음은 연출가의 말이다.

> 이 연극은 한국 작가인 조광화가 쓴 극으로 셰익스피어의 〈햄릿〉을 매우 기발한 아이 디어로 각색한 것이다. 3인의 배우들은 무대 위에서 햄릿, 레어티즈, 그리고 오필리 아와의 복잡하고 이해가 뒤섞인 삼각관계를 이해하려고 노력한다.[516]

사색하며 갈등하는 햄릿, 결단하며 행동하는 레어티즈, 그리고 순결한 영혼인 오필리아! 세 사람의 비극적인 운명을 그 누구도 구할 수 없다는 것이다. 햄릿과 오필리아의 두 연인 사이, 남매간인 오필리아와 레어티즈의 근친상간적인 사랑을 다루어, 이 세 명의 삼각관계가 기본 골격을 이룬다. 이들 세 명을 제외한 인물들은 직접 무대에 등장하지 않으나, 기본적 사건은 원작 〈햄릿〉과 일치한다. 원작은 5막 20장으로 구성된데 비해 번안물은 서장에서 시작하여 9장으로써 전체 10장 구조이다. 햄릿의 비극은 인간의 순수성이나 사랑보다는 야망이라는 속성 때문에 일어나는데, 햄릿의 우유부단함이 고뇌가 되고, 오필리아에게 영향을 미친다. 서장에서 오필리아의 죽음을 암시하는 가운데 불교적·민속적인 제망매가(祭亡媒歌)를 부른다. 이

것은 레어티즈의 오필리아에 대한 근친상간적인 사랑의 암시가 되기도 한다. 1장에서는 샤머니즘 사상을 내포한 장면들이 보이는데, 햄릿과 이야기하는 오필리아의 몸속에 선왕의 유령이 들어가 햄릿에게 복수를 강요하게 된다. 마치 무당이라는 영매를 통해 죽은 자의 영혼이 들어가게 되고, 이승에서 다하지 못한 말과 하고 싶은 말을 전한다는 점에서 우리나라의 무속적(巫俗的) 세계관을 보여준다. 원작에서는 아버지의 죽음으로 실의에 찬 오필리아이나, 조광화의 번안은 햄릿에 대한 실연에서 그녀가 미치게 되는 직접적 원인으로 작용한다. 그러니까, 부녀간의 윤리보다는 이성과의 연정을 주제로 한 것이다. 그러나 햄릿의 복수는 원작에서보다 더 고뇌에 찬 모습으로 나타나는데, 3장에서 "죽느냐 죽이느냐. 이것이 문제로다"[517] 라는 자신의 목숨을 건 필사의 고뇌로, 목숨을 버려서라도 부친에 대한 '효(孝)'의 실천으로 복수하려는 모습을 보인다. 레어티즈와 오필리아의 근친상간적 사랑의 모습은 1장에서 레어티즈가 그녀의 머리를 빗겨주는 것으로부터, 3장에서 오필리아가 진정으로 햄릿을 사랑하는 모습을 보고 질투를 느끼고, 5장에서 그녀가 다리를 드러내는 모습을 보고 성적 감정을 느끼는 것 등으로 표현된다. 이 작품에서 특기할 만한 것은 4장에서 원작 3막 2장에서 나오는 극중극을 레어티즈와 오필리아가 왕과 왕비의 모습이 되어 팬터마임으로 진행한다는 것이다. 또 하나는 아직 클로디어스에 대한 복수가 종결되지 못하고, 이승에서 저승으로 또 다른 복수를 가져가며, 햄릿에게 영원히 따라다니는 혼돈과 무질서를 대변한다는 점이다. 조광화의 <햄릿>은 그의 말처럼 처음부터 싸움으로 해석한 것이기도 하다.

> 셰익스피어가 이루어낸 위대한 형식과 밀도 높은 드라마가 아니라 그것들을 있게 한 원형에의 관심입니다. 레어티즈, 오필리아, 햄릿은 싸우고 있습니다. 싸우는 자의 정열이 가능한 원시적이고 샤먼적으로 드러나길 바랐습니다.[518]

이 작품의 문제점은 우리나라 말을 모르는 외국인이 연출하였다는 것이다. 연출가 오브라스토바는 다음과 같이 그 해법을 제시하고 있다.

> 나 자신이 이 극을 연출하면서 느낀 가장 큰 문제점은 언어의 장벽이었다. 그러나 우리에겐 '연극언어'라는 특별한 언어가 있었기에 영어로서 커뮤니케이션이 가능했다고 본다. 물론 '영어'보다는 앞서 말한 '연극언어'가 더 지대한 힘이 되었다.[519]

실제적 언어장벽보다는 감정적으로 일치하는 '연극언어'에 의해 어려운 점을 극복할 수 있었다는 것이다. 이 공연에서 햄릿과 오필리아, 그리고 레어티즈의 대조적인 성격이 그들과 주변사람들의 삶에 어떤 영향을 주는가에 초점을 맞추어서 희생되어가는 모습 앞에서 인간으로서는 어쩌지 못하는 나약함을 보여주었다.[520]

■ 극단 청우 (작 조광화, 연출 김광보)
  <오필리아> 부제 : '누이여 나의 침실로'
  1995.11.23.~1996.1.14., 대학로 울타리 소극장

극단 청우(조광화 작, 김광보 연출)의 <오필리어>[521]는 극단 띠오빼빼가 공연했던 <햄릿>와 이야기가 같은 점에서 동일 작품이 아닌가 싶다.

◆ 1995.11.24. 경향신문 조운찬 기자
…조광화 작, 김광보 연출의 〈오필리어〉는 〈햄릿〉에 등장하는 인물가운데 햄릿, 레어티즈, 오필리어에 수도승 3명을 덧붙여 다시 창작한 작품이다.
〈누이여 나의 침실로〉라는 부제가 암시하듯 이 작품은 오빠인 레어티즈가 오필리어와의 근친애적 사랑을 하며 햄릿과 3각 관계에 놓인 구도로 설정된다.
셰익스피어의 원작과는 달리 햄릿은 실제로 미칠 수밖에 없는 인물로 그려진다. 아버지의 복수와 오필리어에 대한 사랑 중에서 복수를 택하는 햄릿은 결국 오필리어를 떠난다. 레어티즈 역시 누이를 사랑하지만 아버지 폴로니어스의 복수를 위해 오필리어를 멀리한다. 오필리어는 두 사람에게 버림받고 자살하게 된다.
작품의 배경은 원시의 힘이 넘치는 샤먼의 세계, 원작에 없는 수도승은 박수무당과 같은 존재로 햄릿 아버지의 유령을 불러오는가 하면 때로는 극의 진행자로, 때로는 음악 연주자로서의 역할을 수행한다.

■ 극단 유(YOU) (작/연출 이윤택) <문제적 인간 연산>
  1995.6.16.~6.30., 동숭아트센터

1995년 6월 16일부터 30일까지 동숭아트센터에서 극단 유(YOU)는 창단기념작품으로 <문제적 인간 연산>[522]을 공연하였다. 연출자는 이윤택이다. 그는 끊임없이 해체주의적 연출로 우리의 현실에 대해 냉소적 풍자를 하여왔으며, 비교적 사실주의적 연기를 주로 해왔던 유인촌이 주인공이다. 이질적인 이윤택과 유인촌의 만남이다. 이윤택은 이 시대를 희망이 보이지 않는다고 보고 오히려 끊임없이 절망으로써 그 해결책을 찾고자 했다. 이러한 그의 인식의 연장선상에서 절망적인 주변 환경에 의해 허물어져가는 햄릿형 인물 '연산'을 우리 역사 속에서 끌어내었다. 셰익스피어의 <햄릿>과 <문제적 인간 연산>은 유사한 구조를 가지고 있다. 햄릿이 아버지의 죽음에 대한 복수로 괴로워하면서 죽음으로 생을 마감하는 것과 같이 이 극에서

연산도 자신의 어머니인 폐비 윤씨의 죽음에 대한 복수를 하기 위해 피바람을 일으키고 결국 죽게 된다. 한스럽게 죽은 어머니의 넋을 달래기 위해 연산 스스로 왕무당이 되어 초혼굿을 벌이고, 그의 연인 녹수의 몸을 빌려 죽은 어머니는 자기를 대신해 복수해줄 것을 요구한다. 이에 연산은 어머니를 죽게한 자들에게 철퇴를 내리치고 당파싸움에 여념이 없는 부패된 세상을 개혁하려다 신하들의 반대에 부딪혀 폐위되고 결국 죽음을 맞게 된다.

연출자 이윤택은 "연산은 과거를 극복하는데 실패함으로써 미래로 나아가지 못한 인물이다. 과거에 대한 분명한 청산과 씻김이 이루어지지 않는 한 제대로 된 미래는 펼쳐지지 않는다. 그런 의미에서 이 연극은 490년 전 이야기이자 아직 청산되지 않은 지난 시절의 문제인 동시에 앞으로 우리시대가 풀어가야 할 숙제이기도 하다."[523]라고 연출의도를 밝혔다. 이러한 의식은 죽은 자들을 무덤에서, 숲에서, 연못에서 혹은 천장, 혹은 침상에서 모두 불러내어 살리고 그들로 하여금 지난 시대의 역사를 투시적 재현시키면서,[524] 그리고 청산해야할 과거에 해당되는 폐허를 연상케 하는 무대세팅을 통해 나타내고 있다. 관객으로 하여금 시·공을 초월한 현실인식을 가지게 한다. 이 극에서 이윤택이 말하고자 하는 것은 연산의 모친 콤플렉스이다. 그의 행위의 동기는 철저하게 폐비 윤씨에 대한 사랑이며, 녹수와의 육체적으로 합하는 것은 이상적 여성인 어머니와 합하기를 원하는 그의 의식이 표출된 형태이다. 그 어머니에게 다가가고자하는 그의 소망을 가로막는 것은 이성적인 대신들의 당론이며 이는 보이지 않는 아버지의 잔재이고, 이를 피하려는 그의 행동은 바로 아버지 살해인 것이다.[525]

"이윤택은 운율화된 대사와 양식화된 연기동작, 상징화된 세팅과 같은 경극의 원리로 이러한 몸체에 옷을 입혀 현실과 꿈 사이를, 현재와 과거를 넘나들도록 하고 있다. 이렇게 모든 것들과의 경계가 모호해진 순간 배우들의 실없는 한마디, 행동 하나가 긴장에 구멍을 내버린다. 이 순간 대부분의 관객들은 허탈하게 되고 때로는 배신감을 느끼기까지 한다."[526]는 이혜경의 평이 있다. 그렇지만 이윤택은 '공포'와 '웃음'의 공존[527]을 시도했다고 밝히고 있다. 즉 인식을 위해 공포의 감정은 웃음의 이성으로 식혀져야 한다는 것이다. 바로 관객의 시각을 객관화시키는 장치이며 그의 치밀함이 엿보이는 대목이다. 우리 고유의 굿, 태평무, 전래동요를 주제로 삼아 무거움과 가벼움을 한데 녹여낸 이윤택다운 수작의 무대였다고 할만하다.

8) 다양하게 실험된 <햄릿>

<햄릿>의 번안이나, 각색 또는 개작은 전세계 각국에서 다양하게 진행되었다. 우리나라의 한국화 경향도 전항에서 설명하였다. 원작 <햄릿>을 파괴하고, 그 주제를 확대하고, 줄이고, 바꾸기도 하지만, 다른 나라에 전래되어온 셰익스피어의 <햄릿>은 변용된 것을 도입하기도 하였다. 그리고 현대화된 <햄릿>의 모습으로 다시 태어났던 것이다. 이렇게 다양한 모습으로 변용된 <햄릿>의 공연은 전세계에서 공연되어 성공을 거둔 것이 허다하다. 우리나라에서도 성공을 거둔 공연들이 있다.

우리나라에서 가장 먼저 공연됐고, 가장 많이 공연된 <햄릿>의 실험극이 찰스 마로윗츠(Charles Marowitz)의 <마로윗츠의 햄릿>이다. 지금의 <마로윗츠의 햄릿>이 완성되는 데는 "<햄릿>이 이렇게 콜라쥬로 재구성되기까지 많은 과정을 거쳐야만 했다."[528]고 마로윗츠가 밝혔듯이 콜라쥬 형식으로 재구성된 이 작품은 원작 <햄릿>의 줄거리를 따르고 있지만, 구성면에서는 크나큰 차이를 보이고 있다. 이 현대판 <햄릿>의 초연은 김윤철의 역본으로 1974년 12월 27일에서 29일까지 3일간 극단 맥토가 국립극장에서, 그리고 재공연은 1981년 1월 2일에서 15일까지 14일간 운현극장에서 무대화하였다. 그리고 90년대에는 세 차례 공연이 되었는데, 작품의 내용을 살펴본 다음 공연별로 다루어볼 것이다. 이 작품은 셰익스피어 원작을 전위예술가이며 극작가인 마로윗츠가 현대적 시각에서 재구성한 작품이다. 이 작품의 등장인물들은 햄릿, 포틴브라스, 레어티즈, 오필리아, 로젠크란츠, 길덴스턴, 광대, 유령, 왕, 왕비 등으로 제한되고, 진행은 햄릿의 의식의 흐름에 따라 구성된다. 부왕의 암살과 왕비의 조혼이라는 사건 속에서 햄릿은 광기와 정신착란을 일으키고, 유령의 복수종용으로 고뇌하는 햄릿의 모습을 오필리아는 연민의 정으로 지켜보는 반면, 레어티즈는 복수와 원한의 시선을 던진다. 한편 오필리아에 대한 햄릿의 의심과 로젠크란츠와 길덴스턴을 학대하는 모습, 포틴브라스가 준 장난감 칼을 가지고 복수하는 모습 등은 기존의 햄릿의 성격에서 벗어나, 현대인의 신경질적이고 정신분열적인 모습을 단적으로 보여주는 것이다. 극의 중간에서는 무성영화형식을 도입하여 팬터마임으로 왕과 왕비의 부정을 나타내고, 유령을 등장시켜서 영화에서나 볼 수 있는 오버랩수법을 쓰기도 한다. 마로윗츠는 이와 같이 현대적인 의식과 감각이라는 두 가지 명제를 염두에 두고, 잡다한 사건들을 의식의 흐름이라는 수법으로 재구성함으로서, 20세기의 보다 자유분방하고, 다원적인 인성을 나타내고 있다.

심오한 철학보다는 무의식 속에 살아 있는 기존 관념들을 파괴하는 이 극은 원작 <햄릿>이 가진 낭만성을 배제하고, 인간 내면의 부정적인 측면을 통찰한 것이다. 마로윗츠는 관객들이 이미 알고 있는 인물들에 대한 새로운 해석과 비판을 가한 각색으로 인물성격의 변화를 표현하고, 또 등장인물들의 삭제도 과감하게 실천하는 과단성을 보였다. 원작에서 오필리아는 정숙하고 지순한 여인이었다. 그러나 이 작품에서는 클로디어스와 내연의 관계가 있는 것으로 보이게 하는 복선을 깔고 있으며, 그녀를 보는 햄릿을 욕정에 사로잡힌 비천한 인물처럼 보이게도 하였다. 인물을 삭제한다고 하였는데, 삭제한 인물 호레이쇼에게 보낸 서한으로 그 이유를 풀이하였다.

> 세상 사람들은 자네를 훌륭한 친구라고들 평가하네만 난 자네를 타락한 인간이라고 생각하네. 훌륭한 친구는 자기의 친구가 스스로를 기만하도록 내버려 두지 않는 법이네 … 호레이쇼군, 자네는 셰익스피어의 작품에 나오는 햄릿에게 아첨하면서 출세의 길을 엿보는 기회주의자란 말이야… 나는 자네를 나의〈햄릿〉에서 없애버렸네. 자네는 쓸데없이 햄릿에 붙어다니면서 현학적인 지껄임만 조잘대고 있으니 내 자네를 빼버리지 않고 어쩌겠나…529)

이처럼 <마로윗츠의 햄릿>은 포스트모더니즘적 기법을 보여주는가 하면, 새로운 역설적 해석으로 시대적 의미를 부여하여, 현대감각에 맞는 작품으로 형상화시킨 것이다.

■ 극단 맥토 (원작 찰스 마로윗츠) <마로윗츠 해믈릿>
  1. 1974.12.27.~12.29., (번역 김윤철, 연출 김효경) 국립극장
  2. 1981.1.2.~1.15., (번역 김윤철, 연출 이종훈) 운현극장
이 작품에 대한 설명 제3장 4. 변용적 수용과 공연 1)서구에서의 변용과 공연(1974년 공연) 편 및 4) 연달은 <햄릿> 공연(1981년 공연) 편을 참조하기 바란다.

■ 연희단거리패 (연출 김경익)
  <마로윗츠 햄릿> 부제 : '신세대 연극'
  1995.9.22.~10.29., 가마골소극장
부산의 연희단패거리가 가마골 소극장에서 김경익 연출로 1995년 9월 22일부터 10월 29일까지 <마로윗츠 햄릿>을 공연하였는데, '신세대 연극'530)이라는 이름으로 무대화하였다. 특히 이 공연을 현실과 환상의 빠른 극전환을 토대로 한 연극적 표현방법을 쓴 실험극으로 평가할 수 있다.

다양한 장면전환, 꿈과 현실을 넘나드는 구성으로 연극적 재미를 강화하고 숨가쁘게 돌아가는 극의 흐름을 신세대들의 예측 불가능한 사고와 결합시켜 〈신세대 연극〉이라는 부제를 붙였다.[531]

또한 우리 시대의 햄릿이 갖고 있는 갈등과 번뇌에 가치를 둠으로서 그 모습을 무대 위에 형상화하는데 중점을 두었다. 따라서 이 작품은 현실과 환상이 혼재하여 나타나고, 빠른 극 전환과 다양한 연극적 표현 방법이 시도되는 실험적인 현대연극의 형식을 갖추고 있다.

■ 극단 은행나무 (연출 윤우영) 〈마로윗츠 햄릿〉
　　1996.12.10~1997.2.28, 은행나무 소극장
'환상을 실체화시킬 능력이 없는 무력한 인간 햄릿'[532]을 재구성하기 위한 시도로, 이주은, 김윤철의 역본을 가지고 극단 맥토가 초연한 이후 20년만의 일로 〈마로윗츠 햄릿〉은 실험적인 극을 대하는 관객의 수준이 나아진 이 시대에 걸맞은 공연이라고 평가될만하다.

1970년대에 공연된 〈마로윗츠 햄릿〉은 그다지 빛을 보지 못했는데, 당시로서는 전통적인 관념을 깬 실험극이고, 포스트 모더니즘적 경향인 이 작품은 관객들이 받아들이기가 어려운 주제였다. 그러나 1990년대 관객들은 현대화된 감각에 이미 익숙해졌으니 친숙한 극이 될 수 있었다. 그래서 1990년대의 〈마로윗츠 햄릿〉은 시대의 흐름을 읽은 극이라고 할 수 있다.

실험극 정신이 높이 평가된 〈마로윗츠 햄릿〉 공연은 셰익스피어 작품해석의 새로운 지평을 여는 또 하나의 해석방법으로 평가해주어야 할 것이다.

이 작품은 한국연극평론가협회(회장 구히서)로부터 '96 올해의 연극 베스트 3'에 선정되기도 하였다.

■ 극단 사계(四季) (원작 장 사르망, 역 이창구, 연출 정진)
　　〈햄릿 다시 태어나다〉 1977.9.8.~9.12., 세종문화회관 별관
이 작품에 대한 설명은 제3장 4. 변용적 수용과 공연 1) 서구에서의 변용과 공연편을 참조하기 바란다.

■ 극단 76 (원작 톰 스토파드, 윤색 이길환, 역/연출 노윤갑)
　　〈로젠크란츠와 길덴스턴은 죽었다〉, 1986.7.4.~7.20., 예공간

이 작품에 대한 설명은 제3장 4.변용적 수용과 공연 11) 서구작가들의 변용과 공연 편을 참조하기 바란다.

■ 극단 반도 (작 하이네 밀러, 역 윤시향, 연출 채상훈)
　〈햄릿머신〉
　1. 1993.8.30~10.30., 성좌 소극장
　2. 1993·10.16~10.17., 부산 KBS 홀

〈햄릿머신〉은 햄릿, 오필리아, 왕(클로디어스), 왕비(거트루드), 유령을 기본 등장 인물로 하여, 플롯과 사건의 전개보다는 부조리적 상황과 언어에 그 초점을 맞추고 있다. 언어를 시적 이미지로 나타냄으로써 이 작품은 한층 더 초현실적이고 표현주의적인데, 독백이 주가 된 제1막의 '가족앨범'이나 제3막 '죽은 자들의 대화'에서 표현되는 격렬한 속도감의 '스케르쪼 구조' 소개의 지문 등이 그런 본보기가 될 수 있다. 기이한 의식과 행위들로 가득찬 이 극은 햄릿과 거트루드의 근친상간의 묘사, 극단적 행위의 지문과 묘사들이 난해성을 가중시킨다. 4막에서 "부다페스트, 그린랜드를 둘러싼 전투, 오필리아에 의해 파괴된 제2의 공간, 텅빈 갑옷, 투구에는 도끼가 꽂혀 있다."[533]는 장소의 묘사들은 시적 이미지의 예가 된다.

이와 같이 원초적인 말초신경을 자극하는 듯한 언어의 표현, 창녀와 같은 오필리아, 본능적인 몸짓 등 거부감을 낳게 하는 행동은 난해한 이 작품을 한층 더 어렵게 만들고 있으며, 송동준은 이 작품에 대하여 다음과 같이 평했다.

　　이렇듯 여러모로 난해한 작품이 그것도 난해하기로 악명 높은 〈햄릿기계〉가 우리나라 무대에서 공연되고 있으며, 연일 관객이 초만원을 이루고 있다는 사실에 감히 놀라지 않을 수 없다.[534]

한편 한겨레신문에 게재된 기사는 혹평으로 가득차 있다.

　　채씨가 번안한 메시지는 관객들에게 전달되기 어렵다. 심철종씨의 대사는 불명료하고 대사를 보완하는 신체연기들은 성희묘사 쪽으로 집중되어 있다.[535]

〈햄릿머신〉이 대담한 묘사 덕분으로 이상과 같은 비난을 받기도 했지만, 다른 시각에서는 연출가 채승훈이 한국적 〈햄릿기계〉[536]를 만들고자 했다는 긍정적 평가도 있었다. 연출 채승훈의 의도는 "햄릿은 부패한 기존의 역사, 서양 남성과 관련을

맺고, 오필리아의 세계를 새역사, 동양 여성과 관련을 맺고 있다."[537]고 보고 이러한 의도에서 관객에게 다가서려 했지만, 원문 번역의 어려움이나 난해성에 의해 햄릿이 가진 회의와 고뇌에 대하여 올바른 방향으로의 접근 노력이 부족했고, 햄릿과 오필리아의 관계보다는 햄릿의 세계만을 조명하고 있다는 인상을 주었다. 잔혹과 외설의 시비 속에서 <햄릿 머신>은 현대 유럽, 나아가서는 세계사조의 또 다른 한 획을 긋는 실험적 부조리극의 한 정형이었다고 말할 수 있다.

이 극의 작가인 하이네 밀러 (Heine Miller)는 동독 출신의 현대의 베케트[538]라고 불리는 극작가로 1977년 작 <햄릿머신>을 통하여 동독 사회주의의 문제제기, 독일의 역사비판, 혁명, 그리고 체제에 대한 문제를 다루고 있는데, 부조리적 기법을 사용하여 압축된 상징성이나 시적 이미지, 비유적 표현들을 난해하게 표출해내고 있다. 따라서 <햄릿머신>에 대한 시각은 "밀러는 자신이 살고 있는 사회와 밀접하게 관계를 맺고 있으며, 좁게는 동독사회, 넓게는 세계의 시대상황을 교묘하게 작품의 배경으로 깔고 있다."[539]는 것이며, 이런 복잡성으로 말미암아 해체나 포스트모더니즘이라는 이야기를 듣게 된다. <햄릿머신>은 자유나 평등을 상실한 한 시대의 억압받는 지식인으로 더 이상의 고통과 무기력을 원치 않으며, 생명력이 있고 발전이 없는 '기계'이기를 원하여, 공산주의 치하에서 자기 성찰에 빠져버린 현대적 인물을 매우 시니컬하게 '햄릿'으로 대변하고 있다 . 수수께끼 같은 상황과 공격적이며 야수적인 언어(살덩어리, 피, 오물, 살육 등) 전통적 가치를 해체하는데 따른 공포감을 무의식의 차원에서 이끌어낸 밀러의 <햄릿머신>은 잔혹성을 통해 고착된 사고를 붕괴시키고 다시 새로운 모델을 제시하려 하고 있다.

◆ 연극평론가 이미원
그러나 투철한 실험정신으로. 우리극계 <충격>의 기복한계를 신선하게 도전하여 실험극의 새로운 장을 열었음은 이번 공연의 공로이다. 근대극의 해체와 패러디-이는 <햄릿머신>공연이 가시화된 성과로 우리극계에 본격적인 포스트 모던한 실험의 시각을 예고하기도 한다.[540]

이처럼 <햄릿머신>은 원작 <햄릿>의 또 다른 차원에서의 실험적이며, 해체와 재구성, 그리고 패러디에 이르기까지 포스트 모더니즘적인 새로운 방식의 시도라고 할 수 있다.

■ 연우무대 (작 윤영석, 연출 채승훈)

<떠버리 우리 아버지 암에 걸리셨네>
1996.11.22.~12.31., 대학로 연우소극장

1996년의 대미를 장식한 연우무대의 <떠버리 우리 아버지 암에 걸리셨네>(윤영선 작)는 그해의 주류였던 셰익스피어 원작의 <햄릿>을 패러디한 일련의 작품의 하나이다.

이 작품은 "비관적 세기관이 깔린 희극적 묵시록"[541]이다. 현대화된 햄릿, 주인공 '나'는 외국유학에서 돌아오면서 폐암에 걸린 아버지에게 말보루 담배 한보루를 선물로 내민다. '나'도 그리고 폐암에 걸린 아버지도 자신들이 처한 환경을 극복하려는 의지도 노력도 보이지 않는다. 오히려 썩어가는 이 사회를 인간의 힘으로 개선시키는 것은 역부족이라는 인식 아래, 현실에 순응하고 자포자기 해버린다. 수세기 전의 비극적 인물, 햄릿이 이 시대를 살아가는 우리의 모습으로 다시 태어난 것이다.

◆ 1996.11.9. 한겨레신문 박민희 기자

…작품을 쓴 윤영선씨는 미국에 유학 갔다 돌아온 '나'를 주인공으로 세워 우리사회를 삐딱하게 본다. 아버지는 암에 걸려 죽음을 기다리고 있고, 식구들은 '나'를 내세워 돈과 지위의 상승을 얻으려 한다. 오랜만에 이 땅에 돌아온 내가 보기에 세상은 변했다. 가족도 돈만이 최고인 정글같은 사회에서 다른 사람 위에 군림하기 위한 냉혹한 집단일 뿐이다. '떠벌이 아버지'는 진실이 억눌리기에 쓸데없는 말들을 떠벌리며 살아야 했던 기성세대. 시대에 적응할 수 없는 지식인인 나는 자아분열해 신화 속 오레스테스와 햄릿처럼 아버지의 암을 없앰으로써 복수하려 하지만 그것은 불가능하다. 연출가 채승훈씨는 "자기 살이 자신을 갉아먹는 암은 골육상쟁의 상징, 우리의 역사와 현실을 상징한다."며 "이 문제들을 끌어안고 다음 세대로 갈 수밖에 없는 우리의 비관적 상황을 솔직하게 전하고 싶다."고 말한다. 관을 연상시키는 죽음의 장처럼 꾸미는 무대에서 심청, 맥베스 등 과거 연극 속 인물들이 코러스로 등장해 유령같은 현대인들을 상징하는 것도 그런 맥락이다.

■ 극단 자유·공연집단 행동 공동제작 (각색/연출 임재찬)
<초대>-1997 봄
1997.4.30~5.12., 문예회관 소극장

이 작품의 제목은 <초대>이지만 셰익스피어의 <햄릿>의 변용극이다. <초대>는 <햄릿>을 현재의 시각으로 되돌아보기를 시도한 것이며, 일종의 재판극으로 재구성되었고, 원작에서의 햄릿과 레어티즈의 결투장면에서 모두가 죽음을 맞이하는데서부터 극은 시작된다. 이 비극적 상황에서 모든 권력을 넘겨받은 포틴브라스는 오즈리 재상에 의해 국부살인죄 및 국가모함죄로 기소된 햄릿에 대한 재판을 주관한다.

이 재판의 피고나 참고인의 대부분이 이미 고인이 되어 있는 관계로 그들과 닮은 배우들이 니외 상황재현을 하게 된다. 그 일환으로 광대들이 벌이는 극중극과 마임은 햄릿이 처했던 상황과 그의 내면적 갈등을 잘 표현해주고 있다. 햄릿의 무죄를 주장하는 호레이쇼와 유죄를 주장하는 오즈리 재상 간에 가열되는 설전은 무대를 더욱 뜨겁게 달군다. 이와 더불어 속도감 있는 진행, 효과적인 조명과 음향 등이 관객의 긴장을 늦추지 못하게 하는 데 일조를 한다. 이제 판결을 내려야할 시점이다. 피고들의 형량을 결정하는 것은 이 재판의 배심원으로 초대된 관객들의 몫이다. 정해진 형량이 영상기법으로 스크린에 비춰지고, 기둥 속에 갇힌 왕과 왕비, 어둠속으로 사라져가는 햄릿의 모습들이 시각적이며 강한 여운을 남긴다.

1996년 여름, 뉴욕에서 공연된 오스카 와일드를 피고로 세워 그의 사생활과 문학세계를 변호할 기회를 준 재판극(Gross indecency : The Three Trials of Oscar Wilde)처럼, <초대>에서도 원작에서 운명의 피해자로만 묘사되었을 햄릿을 다른 시각으로 볼 수 있는 기회를 제공해준 의미있는 공연이었다.

■ 청주대학교 (번역 신정옥, 각색 동 대학 연극부, 연출 윤주호) <햄릿 이야기>
　　1997년 5월, '제5회 젊은 연극제' 참가작
　　1997.9.17, '세계대학연극축제 97' 참가작, 연강홀,

젊은 연극인들의 창의와 실험정신으로 셰익스피어의 <햄릿>을 새롭게 재해석한 이 작품은 "햄릿의 개인적인 고뇌보다는 주변 인물들로부터 파생되는 상황 속에서 햄릿의 비극성"[542] 즉 기성세대와 권력층, 가진 자들의 횡포와 암투 속에서 파멸되어가는 햄릿을 그린 것이다. 이 작품에서는 광대에게 해설자의 역할을 맡기고 시대를 현대화시켜 우리의 10·26 사태와 유사한 상황으로 원작을 재구성한 것이다.

선왕의 사인에 의혹이 있다는 소문이 나도는 가운데 거트루드 왕비, 현왕 클로디어스, 재상 폴로니어스 사이에 햄릿의 왕위계승 문제로 긴장감이 감돈다. 햄릿의 왕위계승을 위해 시동생과 결혼하고, 심지어 폴로니어스와 동침하는 것도 마다하지 않는 왕비는 왕의 심복 로젠크란츠와 길덴스턴마저 자기편으로 끌어들이는 수완을 발휘한다. 왕비가 욕정에 이글거리며 폴로니어스를 덮치는 찰나 햄릿은 어머니의 침대에서 폴로니어스를 살해한다. 햄릿은 어머니에 대한 사랑, 그녀의 물불을 안 가리는 권력욕에 대한 회의, 아버지의 죽음에 복수해야 하는 등 중압감으로 괴로워하다가 충동적으로 오필리아를 강간한다. 그 후 오필리아의 임신사실을 알게 된 왕비는 이를 비밀에 붙이고, 그녀가 낳은 아이도, 그녀도 죽음으로 몰고 간다. 군사령

관 레어티즈가 왕의 사주를 받아 원수를 갚기 위해 햄릿과 결투를 벌이고 왕, 왕비, 햄릿, 레어티즈는 모두 죽게 된다. 이때 호레이쇼가 무장병을 이끌고 권력을 장악한 후, 레어티즈가 역모를 꾸며 왕가를 몰살시켰으므로 당분간 질서유지를 위해 비상계 엄령을 선포한다고 하는데서 막이 내린다.[543]

원작에서 아버지의 죽음에 대한 복수문제로 갈등하는 햄릿을 묘사하고 있는 것과는 달리, <햄릿 이야기>에서는 권력에 강하게 집착하는 인간군상들의 모습과 그 소용돌이 속에서 '순수한 영혼의 파괴과정'[544]을 그렸다. 무대 중앙의 대형 스크린과 양쪽에 놓인 여러 대의 TV를 통해 보여주는 화면들과 철로 된 구조물들이 그가 처한 삭막하고 살벌한 상황을, 그리고 그 속에 서서히 침몰해 가는 햄릿의 의식을 강하게 표현해내고 있는 극이다. 대학극으로서는 과감한 시도라고 할 수 있다.

■ '1997 세계연극제' 참가작
아이슬란드 반다멘극단 (각색/연출 스와인 에너슨)
<암로디 영웅담> 1997.9.11.~9.13., 문화일보홀

그동안 대하기 쉽지 않았던 아이슬란드의 연극을 모처럼 대할 기회가 있었다. '1997년 세계연극제' 기간 동안 아이슬란드에서 반다멘 극단(Theatre Groups Bandamenn)이 내한하여 <암로디 영웅담>(스와인 에너슨 각색·연출)을 공연한 것이다.

주로 신화에서 소재를 따온 작품을 선보여 왔던 연출자 스와인 에너슨(Sveinn Einarsson)은 이번에도 역시 북유럽에 널리 알려진 <암로디 왕자>설화를 그 소재로 삼았다. 이는 아이슬란드판 <햄릿>[545]이라고 알려져 있으며, 셰익스피어의 <햄릿>과 유사한 플롯을 가지고 있으면서도 "야망과 배신, 탐욕과 권력, 잘못된 법적용과 정의감 등이 <햄릿>과 달리 희극적으로 풍자"[546]되는 작품이다. 선왕의 사인(死因)이 밝혀지지 않은 채, 그의 동생 호웬들이 왕위를 계승한다. 그 축하연에서 선왕의 아들이자 현왕의 조카인 왕자 암로디(Amlodi)가 파티를 망쳐버린다. 암로디는 현왕이 아버지를 죽이고 자신의 어머니인 암바(Amba) 왕비를 탐하고 있다는 사실을 알면서도, 아버지의 복수를 하는 대신 미친 사람처럼 행동하면서 현실을 외면하는 티를 낸다. 얼마 후 여성 예언가가 나타나 깨어나지 않는 자가 오랫동안 잠을 잘 것이라는 수수께끼 같은 예언을 한다. 이때 왕이 개선하는 가말리엘(Gamaliel)을 맞느라 그녀에게 소홀히 하자, 분노한 예언가는 그가 여성과의 성생활에 문제가 있을 것이라고 말한다. 또 암로디에게 그가 온화함과 잔인함을 동시에 지녔음을 일깨운다. 현왕과 총리 가말리엘은 암로디가 눈에 가시지만, 그를 처치하기에 앞서 왕비와 결혼해 정통성을 인정받으려 한다. 드디어 결혼식이 서행되고 왕과 총리는 암로디를 해외에 보낼 계략을 꾸민다. 결혼식 내내 자신의 불쾌한 감정을 숨기지 못하는 암로디에게 어릿광대가 그리스의 가면을 주고 '암로디'라는 이름이 '유복한 한량' 즉 자기 아버지의 명예를 더럽히는 미친개라는 뜻이라며, 현실도피적인 그의 행동을 비꼰다. 이에 왕자는 이제 행동하는 자신의 모습을 보여 줄 것이라고 천명한다. 왕비의 침실에서 작별인사를 나누기로 되어 있던 암로디는 자신의 어머니를 성폭행하려다 죽음을 맞는다. 그의 죽음으로 왕과 가말리엘은 수세에 몰린다. 드디어 정의를 실현하려는 자들의 쿠데타가 일어나고 또 다른 모습의 암로디가 비극적 결말을 예언하면서도 정의의 편에 서서 싸우다 장렬한 죽음을 맞는다. 인간의 권력에 대한 허망한 집착과 애욕, 이 모든 신기루들이 사라지고 정적만이 남는다. 이제 예언가는 '희망적일지, 허망한 꿈일지 알 수 없는 새 세상'의 도래를 예언코자 한다. 비장함을 느끼게 하면서 끝이 나는 이 공연에서 반다멘 극단은 고대 북유럽 특유의 샤머니즘적 요소와 랩으로 된 대사, 신나는 전통적 비키바키 춤 등을 선보이면서 비극적이고 가라앉은 분위기를 살려내고 관객들에게 다양한 볼거리를 제공해주었다. 북유럽의 분위기의 연극을 맛본 귀한 무대였다.

■ **극단 작은신화 (구성 작은신화 식구들, 연출 박무섭) <햄릿>**
  1997.11.28.~12.6., 장충동 여해문화공간

1997년 11월 28일에서 12월 6일까지 극단 작은신화는 고전 넘나들기 기획시리즈로 <맥베스>에 이어 <햄릿>(작은신화 식구들 공동구성, 박무섭 연출)을 공연했다. <햄릿> 공연 역시 <맥베스>와 마찬가지로 "결국 셰익스피어가 하고자 하는 이야기를 현시대에서 가장 정확하게 할 수 있는 방법은 현시대에 걸맞게 표현하는 것"[547]이라는 시각으로 현대의 시청각적 무대장치를 짜임새 있게 활용하여, 장면과 대사의 효과를 한층 더 끌어올리고자 한 것이었다. 신화의 극구성은 성곽이나 묘지의 광대 장면 등을 과감히 생략하고, 원작의 장면을 극도로 단순화하면서도, 전체 내용은 원작과 크게 다르지 않게 재구성한 것이다. 막장에서 포틴브라스의 등장을 없애고, 햄릿이 클로디어스를 죽인 후 자신도 죽는 장면에서 단순히 극을 종결시켰다.[548] 즉 원작의 결말과 다르게, 지도자가 없는 길 잃은 국가에 대한 구원의 메시지가 생략된 것이다. 작은신화는 이러한 방식으로 원작의 등장인물의 수를 줄여, 전부 10명의 배우가 16명의 역할을 소화해내도록 하였다. 특이한 것은 몇 장면에서 왕과 왕비 폴로니어스가 가면을 쓴다는 것, 아버지의 시신을 찾으러 레어티즈가 왕을 찾아 왔을 때 죽은 폴로니어스의 혼령이 나타나 아들에게 행동에 신중을 기하라고 당부하는 것을 예로 들 수 있다. 작은신화는 관객들로 하여금 별다른 비판 없이 수용되던 것으로부터 자신을 관조할 수 있도록 유도해 보자는 측면에서, 왕과 왕비 폴로니어스 등이 미친 척하는 햄릿의 행동을 훔쳐보거나 극중극이 진행되는 동안 왕의 반응을 지켜보는 햄릿 등의 장면에서 볼 수 있는 소위 지켜보기와 보여주기의 행위, 이 두 행위의 교차와 대비 대립을 부각시켰다.

무엇보다도 더 이들의 연극이 새로운 햄릿의 해석은 아니지만, 이제껏 우유부단한 전형으로서 올바른 판단을 하고서도 실행하지 못하는 햄릿보다는 수많은 행동을 저지르는 햄릿, 그로 인해 고뇌하고 사색하는 햄릿을 보여주려고 했고, 햄릿의 행위가 어떻게 복수를 할 것인가에 대한 단순한 고뇌가 아닌 복수의 이면에 내재된 무엇인가가 있을 것이라 보고, 햄릿을 통해 삶에 있어서 끊임없이 이상적 방향으로의 극복을 모색해가는 가장 인간적이고 가장 이상적인 인물의 모습에 역점을 두면서도, 결국 그러한 이상적 시도들이 한계란 상황에 부딪혀 실행하지 못하게 됨으로서, 원치 않는 비극에 직면하고 만다는 관점에서 작품을 해석할 수 있다.

2. 오셀로의 수용

1950년 여인소극장이 셰익스피어의 <오셀로>를 국내에서 초연하였다. 그 후에 <오셀로>는 전통극 공연과 더불어 베르디(Verdi)가 작곡한 오페라, 여성국극단의 창무극, 국립무용단의 춤극 등 다양한 공연 양식으로 소개되어 왔다. 많은 셰익스피어의 작품이 현대적으로 변용, 개작되어 왔으나 <오셀로>의 경우는 대개 공연 양식을 변화함으로서 서양의 고전을 한국화하는 시도였다. 이러한 경향은 우리나라뿐 아니라, 세계 각국에서도 4대 비극 중 <오셀로>의 현대화된 공연을 찾기가 어렵다. 셰익스피어의 작품 중 4대 비극의 공연회수가 가장 많으나, 그 중에서 <오셀로>의 공연 빈도는 낮은 편이다. 아마도 그 이유로는 <오셀로>에는 셰익스피어의 다른 작품들과 비교해 볼 때, 희극적 요소나, 환상적·초자연적 요소가 거의 없으며, 남녀 주인공에 대한 흑백의 인종적 특이성이 원작의 해석과 공연에 장애가 되었을 수도 있었을 것이다.

자주 공연되지는 않으나 꾸준히 공연이 이어졌으며, 1950년대와 1960년대에는 극단 신협이 <오셀로> 공연의 주도적 역할을 했고, 1970년대에는 서울대학교, 동국대학교, 중앙대학교 등에서 원어극이나 번역극으로 공연되었다. 1980년대를 대표하는 공연으로는 중앙일보사가 주최한 전통극 <오셀로>와 국립오페라단의 오페라공연이었다고 할 수 있다. 실험극단의 고 이해랑 추모공연과 차범석이 한국 전통극으로 번안한 국립무용단의 춤극이 1990년대를 대표하는 공연이라고 하겠다.

　<오셀로>의 주연은 물론 오셀로장군이나, 데스데모나와 이아고도 주연이라고 할 수 있다. 특히 이아고의 간교한 계략이 이 비극의 시종을 장식하니, 연극인이나 관객이나 비평가들의 관심에는 이아고가 일등주자다. 그래서 우리나라에서는 이해랑이 이아고의 <오셀로>의 대표선수감이고, 그리고 김동원과 최은희를 주역으로 꼽을 수 있다. 흔히 <오셀로>를 오셀로와 데스데모나의 비극적 사랑의 묘사라고 하지만 이아고의 간사하고 악랄한 성격묘사를 어떻게 소화하느냐가 공연의 성패를 좌우할 수 있다는 것은 익히 알려진 일이다. 이해랑이 연출가이면서도 이아고 역을 뛰어나게 연기하였고, 그 뒤를 이은 역량있는 배우들은 허장강, 오현경, 홍순기, 장용, 송영창 등을 손꼽을 수 있다.

1) 주연은 오셀로인가 이아고인가?

　<오셀로>는 셰익스피어의 4대 비극에 속하면서도 다른 세 작품에 비해 가장 단순하며 우리에게 매우 친근미를 준다. <햄릿>처럼 신비적으로 보이는 복잡함도 없으며 <맥베드>처럼 초자연적 공포감이 야기되는 것도 아니요, <리어왕>처럼 장대하고 비통한 고뇌도 없다. 그러나 작품의 공간은 다른 세 비극이 국가나 우주라는 거대한 무대에 펼쳐지는 운명의 비극이라고 하는 양상을 가진 것에 대해 <오셀로>는 작은 문제점이 있다고 하여도 극의 구성이 잘 짜여진 비극이라 할 수 있다. 영국의 배우이며 셰익스피어 학자인 로버트 스페이트(Robet Speaight)는 <오셀로>가 친근감이 가는 작품이라고 하면서 다음과 같이 평했다.

> 〈오셀로〉는 〈리어왕〉이나 〈앤토니와 클레오파트라〉와는 다르며, 〈햄릿〉이나 〈맥베드〉처럼 옥내극이며 과도한 것은 적으며, 장면들을 재미있게 하는 전투나 의식도 없다. 또 마녀들이나 유령 등의 초자연적인 힘의 존재를 느끼게 하는 것도 없고, 그 우주도, 그의 세계도 우리들의 마음을 환기시키지 않는다. 그의 무대는 우리들의 주변의 난로이며, 그의 주제는 인간의 혼이다.[549]

　그러나 극의 주제에 관한 견해는 반드시 일치하지 않는다. 캠벨(L.B. Campbell)

은 <오셀로>의 주제를 '질투'[550]라 하고, 윌슨 나이트(Wilson knight)는 '정사의 이야기'[551]라 하였으며, 로젠버그(M. Rosenberg)는 '배신'[552], 얀 코트(Yan kott)는 '타락'[553]이라고 했다.

서양의 <오셀로> 공연의 등장인물에서도 오셀로 역과 이아고 역에 초점이 맞추어졌다. 그중에서도 19세기 영국의 명배우 에드먼드 킨(Edmund Kean)은 그의 천재성을 오셀로 역을 통해서도 유감없이 발휘했다. 허즐릿은 "킨의 오셀로야말로 세계 최고의 절묘한 연기"[554]라는 절찬을 하였으며 "현명하게 사랑해야 할 것을 모르는 채 너무도 데스데모나를 사랑했다."고 말하는 오셀로의 최후의 대사는 "언어라기보다는 심장으로부터 쥐어 짜낸 핏방울"[555]이었다는 평으로 이어졌다.

■ 여인 소극장의 <오셀로> 초연 (역 오화섭, 연출 박노경)
1950.4.20.~4.23., 시공관

20세기 초 셰익스피어의 작품이 우리나라에 소개된 것은 찰스 램의 <셰익스피어 이야기들>을 통한 것이었는데, 셰익스피어의 4대 비극 중의 하나인 <오셀로> 만큼은 상대적으로 무대화된 시기가 늦었다고 할 수 있다. 그 초연은 6·25 전쟁이 발발하기 두달전인 1950년 4월 20일부터 23일까지 극단 여인소극장이 오화섭 역, 박노경 연출로 시공관에서 공연되었다. 이 공연에서는 김형로가 오셀로 역을 맡았고 특이한 점은 데스데모나의 노래를 직접 연주로 반주를 했다는 것이다.[556] 여성들로 구성된 여인소극장은 1948년 10월에 최초의 본격적인 신극단체를 출범시켰다.[557] 이 극단에서 주도적인 역할을 한 박노경은 1934년 도쿄 유학생들이 조직한 예술좌의 회원으로 활약하였으며, 서구연극으로는 <고향>, <인형의 집>, <라인강의 감시>, <깊은 뿌리>, <오셀로> 등을 공연하여 관객들로부터 좋은 반응을 얻었다. 박노경은 셰익스피어의 <오셀로>를 공연한 이유를 다음과 같이 설명하였다.

대시인 셰익스피어의 무궁무진한 예술에 대해서는 씹으면 씹을쑤록 맛이 나고 공부하면 공부할쑤록 그 심오한 인생관에 머리가 수거진다. 이번 그의 334주기 4월 23일을 기념하여 그의 최대비극 <오셀로>를 상연함에 있어서 수박 겉핥기나마 그의 일생을 더듬어 보는 것도 뜻깊은 일이 아닐 수 없다.[558]

그런데 1950년 6·25 전쟁과 박노경의 죽음으로 여인소극장의 연극소극장운동은 무산되고 만다. 참고로 여인소극장의 공연 이전에 있었던 셰익스피어극의 공연형태들은 대부분 부분장면이나 악극, 신파극 등 대중연극적인 것이었다.

■ 6·25 전쟁과 신협의 <오셀로> 공연 (역 한노단, 연출 유치진)

1952.3·15.~, 부산극장

국립극장 전속으로 있던 신협이 6·25 전쟁이 발발하자 피난지인 대구, 부산 등지에서 몇 작품을 무대에 올렸으며, 신극운동의 맥을 이어나갔다. 1951년 9월과 10월에 한노단 역, 이해랑 연출로 <햄릿>을 대구와 부산에서 공연하여 셰익스피어의 붐을 일으킨 신협은 1952년 3월 15일부터 유치진 연출로 <오셀로>을 부산극장[559]에서 공연하여 성공을 거둔다. 주요 배역은 오셀로 역에 김동원, 데스데모나 역에 최은희, 이아고 역에 이해랑이 열연했다.[560]

이 작품을 번역한 한노단은 1952년 3월 15일부터 22일까지 경향신문에 "<오셀로->절묘"라는 제목으로 셰익스피어의 <오셀로>에 대해 연대, 출처, 기교, 성격희극, 상반하는 주인공 3인의 성격을 구분하여 기고하였다. 그는 이 글에서 <오셀로>는 '등장인물들의 성격으로 인해 발생되는 비극'이면서도 특히 '이아고의 성격'[561]으로 인해 비극이 발생한 것이라는 견해를 피력하면서 당시 공연의 성패는 이를 얼마나 잘 나타내느냐에 달려 있다고 하였다. 이해랑이 이아고 역으로 출연 중 새총으로 당한 일[562]은 이미 설명한 대로이니 번역자와 연출자 간에 충분한 논의를 하고 등장인물의 배역을 정했을 것으로 추정된다.

■ 이아고의 악마성

콜리지(Coleridge)는 이아고를 "악마적 성격을 가진 동기 없는 악의를 가진 악당"[563]이라고 하였다. 이는 너무나 유명한 말이 되었다. 반면에 로버트 스페이트(Robert Speaight)는 "이아고의 악은 콜리지가 상상한 것 같은 동기 없는 것이 아니라, 그의 동기는 눈에 보이지 않는 곳에 숨어있다. 극의 대부분에서 판단하여 그는 그 자신이 깨닫지 못하는 악마주의자이다."[564]라고 판단하였다.

그러니까 이아고의 증오는 지위를 탐내는 것이 아니라, 이아고 자신도 모르고 있었던 동성애가 깔려 있다는 것이다. 이러한 내용을 지니고 있는 <오셀로>의 공연(1938년, 영국 올드비극장)이 있으니, 그것은 햄릿 역으로 유명한 로렌스 올리비에(이아고 역)와 랄프 리처드슨(Ralph Richardsen)(오셀로 역)의 제3막에 절정이 되는 서약의 교환을 하면서 러브신으로 처리한 것이다.

부산에서 화려하고 대담한 공연으로 인해 그렇지 않아도 열악했던 부산의 연극계는 큰 감동을 입을 수밖에 없었다.[565] 신협은 서울이 수복된 후, 피난을 떠났던 많은 시민이 다시 서울로 돌아오자 부산에서 공연하였던 <오셀로>를 1953년 11월 28일

부터 동양극장에서 재공연하였다.[566]

　직업극단 신협의 공연으로 침체에 늪에서 헤어나지 못했던 부산에서의 연극이 동아대학교, 수산대학교, 부산대학교 등의 대학극을 중심으로 다시 살아나기 시작했다. 그중에서도 부산대학교는 셰익스피어의 작품을 여러 번 다루었는데, 1957년에는 이해랑 연출로 <오셀로>를 공연하였다.[567]

■ 다양하게 공연되는 <오셀로>

　여인소극장이 초연한 이래 대중과 친숙해진 <오셀로>가 급기야 영화로 상영되었다. 오손 웰스가 제작, 감독, 주연을 맡은 영화 <오셀로>가 시네마 코리아에서 1959년 2월 13일부터 상영되었던 것이다.[568]

　다음해인 1960년에는 12월 9일부터 15일까지 시공관에서 <오셀로>가 오페라로서는 처음으로 상연되었다. 한 오페라단의 주축이 되어온 박용구가 오랫동안 일본에서 음악, 오페라, 무용 등을 연구하고[569] 돌아와, 그의 연출로 화려한 막을 올렸던 것이다. 베르디가 말년에 작곡한 오페라 <오셀로>에는 당시 정상의 성악가 이인범(李仁範), 김자경(金慈暻), 황병덕(黃炳德)등이 출연했다.[570] 이 공연에 대해 한규동은 기존 공연에서 "늘 눈에 거슬렸던 출연자, 특히 주역들의 의상이 훨씬 좋아 보여 기획면에서 그 무언가를 암시해주는 듯했고, 출연진이 성악계의 베테랑 싱어들[571] 이어서 노래도 손색이 없었다고 평하면서도 단지 극중 인물들의 실생활을 좀 더 표현해주었으면 하는 아쉬움을 표했다.

　1961년 한국외국어대학교에서는 <오셀로>를 원어극으로 공연하였는데, 셰익스피어의 다른 작품들과 달리, 원어극이 직업극단이 먼저 공연한 후에 대학극으로 탄생하게 된 것이다. 오화섭은 다음과 같이 평하였다.

　　영어로 한 연극 중에 인상적이었던 것은 외국어대학생들의 <오셀로>였는데 이아고 역을 맡은 학생의 블랭크 버스는 발음이나 화술이 우수하다.[572]

　이처럼 셰익스피어가 우리나라에 소개된 이래 그의 작품들은 여러 단체들을 통해 다양한 형태를 선보였고, 상업적 공연에서나 대학극에서도 고정 레퍼토리로 자리매김을 해갔던 것이다.

■ 셰익스피어 탄생 400주년 행사와 그 이후

1964년은 셰익스피어 탄생 400주년 되는 해로 우리나라 셰익스피어 작품공연사상 일대 전환기가 되었다. 선 세계적으로 그의 업적을 기리고 작품들을 공연하는 행사가 줄을 이었다. 우리나라도 '셰익스피어 축제'를 개최하여 다채로운 행사를 하였는데, 국립극단, 신협, 민중, 실험, 동인, 산하 등 6개 극단들이 4월 22일부터 5월 23일까지 한 달간 국립극장에서 셰익스피어의 작품을 공연하였다.[573] 특히 신협은 오화섭 역, 한노단 연출의 <오셀로>를 4월 28일부터 5월 3일까지 선보였는데, 11년전 시공관에서 공연으로 큰 인기를 끌었던 신협의 김동원과 장민호가 오셀로를, 태현실과 오현주가 데스데모나를 그리고 예전 멋진 연기를 선보였던 이해랑이 이아고로 캐스팅되었다.[574]

이 행사에서 직업극단이 화려한 공연을 한 것과는 달리, 드라마센터 부설 아카데미 연기과 학생들이 셰익스피어 탄생 400주년을 기념하는 독자적인 행사로 <햄릿>과 <오셀로>를 공연하였다. 4월 23일부터 28일까지 드라마센터에서 공연된 <오셀로>를 연출한 이원경은 이아고의 성격을 "이제까지 그려온 간사하고 영악한 성격이 아니고, 탐욕적이고 정욕적"[575]으로 그려내었다고 연출의도를 밝혔다.

이처럼 셰익스피어의 탄생 400주년과 관련된 다채로운 행사와 공연은 우리나라에 셰익스피어의 붐을 일으키는데 일조를 하였으리라.

그 후 '신극 60년제'가 열렸던 1962년에 최은희가 단장으로 있는 배우극장이 <오셀로>를 공연하였다. 당시의 유명배우로 구성된 배우극장의 창립공연으로 1월 1일부터 7일까지 국립극장에서의 공연은 한노단 번역, 이해랑이 연출하였고, 오셀로에는 박노식, 데스데모나에는 신협에서 여러번 이 역을 맡았던 최은희, 그리고 이아고는 허장강이 맡았다.[576]

1970년대에 넘어와 1972년 3월 15일부터 21일까지 실험극장이 오화섭 번역, 김동훈 연출의 <오셀로>를 국립극장에서 공연하였다. 이는 1971년에 공연한 <햄릿>에 이어 고전극의 한국적인 정착화를 위한 일련의 작업으로,[577] 주요배역은 오셀로 역에 이낙훈, 데스데모나 역에 김영희, 이아고 역에 오현경 등이 열연했다. 이제까지 주로 연기를 해왔던 김동훈의 첫 연출작품이기도 했던 이 공연에 대해 김동훈은 "열악한 무대여건으로 인해 세트를 단순, 최소화시켜 조명의 변화를 주면서 연기에 의존해서 작품을 만들고자 했고, 특히 이아고보다는 오셀로의 내부갈등에 초점을 맞췄다."[578]고 언급하였다.

1974년에 서울대학교에서 한태숙 연출로 원어극이 공연되었고, 이어서 동국대학교 영어영문학과가 11월 29일, 30일 양일간 연극인회관에서 <The Theory of

Othello>라는 제목으로 원어극을 공연한 바 있다. 진재경과 채일균이 공동 연출한 이 작품의 공연 당시 400년 전의 무대를 현대로 전환하는데 어려움이 있어 4시간 정도의 공연시간을 2시간 반 정도로 줄였는데,[579] 이는 상대적으로 보다 좋은 여건에 있던 직업극단들과는 달리 재정, 배우 등 열악한 환경에서 공연준비를 해야 했던 학생들의 어려운 상황을 짐작하게 하는 대목이다.

중앙대학교 연극영화과에서는 1978년 11월 4일, 5일 양일간 김재남 역, 김응태 연출로 동 대학교 루이스홀에서 <오셀로>를 공연하였는데, 1970년대 전반에 걸쳐, 대학극이 상당히 활성화 된 듯하다.

그 해 연말에는 극단 시민극장이 오화섭 역, 김영환 연출로 <오셀로>를 공연하였다. 1983년 3월 문화와 예술을 통해 대중의 영혼을 살찌우겠다는 기치 아래, 극단 시민극장을 위시하여 6개 문화단체가 한데 모여 C-VIP(Cultural Very Important Person)라는 모임을 만들었는데, 윤주상, 김혜옥, 홍순기 등이 주요 배역을 맡은 이 공연은 그러한 취지 아래서 이루어진 것으로, 단순히 연극공연으로 그치는 것이 아니라, 셰익스피어를 포함한 다양한 문화강좌와 함께 병행되었다. 또 세종문화회관 별관(11.30~12.4), 무지개극장(12.5~8), 문예회관 대극장(12.9~15) 으로 이어지는 공연장소와 일정에서도 알 수 있듯이 장기공연을 시도했던 것이다.[580]

1960년대에 <오셀로>가 우리나라에서 처음으로 오페라로서 등장한 이래, 국립오페라단이 1985년 4월 18일부터 23일까지 국립극장 대극장 무대에서 공연하였다. 오셀로 역에는 박성원과 정광이, 데스데모나 역에는 이규도와 송광선, 그리고 이아고 역에는 박수길과 김성길이 열창하였다. 연출을 했던 미국인 제임스 E. 루카스는 "오셀로의 자기 파멸에 이르는 과정을 통해 위대한 인간미를 구현시켜보겠습니다."[581]라고 연출의 변을 남겼다.

■ **호암아트홀(역 신정옥, 연출 박용기) <오셀로>**
   1985.10.16.~10.23., 호암아트홀

이 작품에 대한 설명은 제3장 4. 변용적 수용과 공연 10) 가물거린 직업극단의 궤적 편을 참조하기 바란다.

■ **실험극장의 이해랑의 추모공연 <오셀로>**
   (역 이태주, 연출 김동훈)
   1991.12.12.~12.19., 실험극장

1985년 공연 이후 좀처럼 <오셀로>를 무대에서 볼 수 없었다. 1991년 '연극영화의 해'에 와서야 실험극장이 오랜만에 <오셀로>를 이해랑 추모공연으로 무대화하였다. 12월 12일부터 19일까지 문예회관 대극장에서 공연되었으며, 이태주 역으로 실험극장의 첫 <오셀로> 공연 때 연출을 맡았던 김동훈이 다시 연출을 맡아 원작에 충실한 정통 셰익스피어극을 선보이겠다는 의욕을 불태운 무대였고, 오셀로에 윤승원, 데스데모나에 이휘향, 이아고에 송영창 등이 캐스팅 되었다.[582] 그러나 한상철은 이 공연이 비극이라기보다는 멜로드라마에 가깝다고 하면서, 질투에 불타는 오셀로의 모습을 보기 힘든데다가 자유롭고 현대적인 이아고의 모습에 대해 다음과 같이 평했다.

이아고는 과거 이해랑 선생님의 기념비적 역이었다. 이번 송영창의 그것은 혈관에 피가 돌고 있는 살아있는 인물로서의 이아고가 아니라, 데드 마스트의 이아고였다. 그는 하나의 정형을 창조하는 대신 아주 프리한 이아고로서 그것이 현대적인 이아고일지는 모르나, 보편적인 아키타이프는 아니었다.[583]

또한 무대, 의상, 음악 등이 시대적 통일성을 갖추지 못했다고 아쉬워했다.[584]

■ 1997년 단국대학교(역 이태주, 연출 박준용) <오셀로>
'젊은 연극제'와 '세계대학연극축제' 참가작

1997년 5월 19일부터 9월 7일까지 단국대학교 연극영화학과는 현대화한 <오셀로>(역 이태주, 연출 박준용)로 '젊은 연극제'와 '세계대학연극축제'에[585] 참가하였다. 원작 <오셀로>는 셰익스피어의 작품 중에서 극의 전개이자 비극의 발단이 부부의 사랑과 질투에서 비롯하는 가정 비극에 해당되며, 다른 비극들보다는 현대적 해석이나 독특한 작품해석의 예를 찾기가 어렵다.

우리나라에서는 1961년에 임춘앵 여성국극단이 <오셀로>라는 작품을 우리나라 식으로 변용하여, 천민이 양반출신의 처녀와 결혼하여 질투와 오해로 아내를 죽이고 회개하게 되며 두 사람의 넋이나마 천상에서 재회한다는 내용으로, 서양의 고전을 한국의 정서로 풀이한 창무극 <흑진주>의 경우가 있기는 하다. 그 이후 <오셀로>는 새로운 해석과는 거리가 멀었는데, 이는 원작과의 문화적 차이나 흑백간의 인물 등의 특이성의 탓으로 여겨진다. 또 원작의 <오셀로>는 다른 작품과 비교하면 코믹적 요소나 환상적, 초자연적 요소가 거의 없다는 것도 이유가 될 수 있다. 이러한 의미에서 단국대학교의 <오셀로>는 동서고금을 막론하고 영원한 테마인 '사랑'을 부각시켜 현대인들이 공감하게 하였고 원작의 시·공간적 배경을 현대화하고, 불필요하다고 여겨지는 몇 장면은 과감하게 삭제하고, 음악의 효과를 크게 하였다. 세트, 의상, 조명 등을 볼거리로 삼았고 '현대적 연극언어'로서 비극의 원인이 이아고의 성격보다는 오셀로의 개인적인 콤플렉스와 그로 인해 부딪치는 인간들의 충돌에서 비롯되는 것으로 무대화하여, 비극의 주인공들의 모습이 오늘의 우리 현대인들의 모습일 수 있다는 점을 보여주고자 하는 것이었다.

2) 다양하게 변형되는 <오셀로>

셰익스피어극이 점차 다양화된 형태로 공연되었다고 하였는데 그 중 몇 작품의 내용을 살펴보기로 한다.

■ 임춘앵 여성국극단(편극 조건, 각색 이진순) <흑진주>
1961.9.16.~??, 시공관

1950년대와 1960년대에 대단한 인기를 끌었던 여성국극계에서도 셰익스피어 작품을 다루었으며, 그 중 하나가 임춘앵 여성국극단이 <오셀로>를 번안해서 만든 창무극 <흑진주>이다. 조건 편극, 이지촌(본명 이진순) 각색으로 1961년 9월 16일부터 공연된 <흑진주>는 모두 4막 7장으로 구성되어 있으며 이 공연의 의의는 "세계명작을 번안한다는 것은 보다 더 내용의 진실성과 그 예술성을 추구하여 국극이 지닌 특성을 십이분 발휘하려는데 있다. 그리하여 셰익스피어의 <오셀로>를 번안 편극하여 재래의 만네리즘에서 탈피하려한 시도이다."[586]라고 밝히고 있다.

이 극에서는 무어인 오셀로의 검은 피부의 이미지를 흑진주로 대체하고 있는데 대강의 줄거리는 다음과 같다.

병부령 백충 대감의 외동딸 다미다루의 생일날 연희패의 인형극이 상연된다. 그 내용은 오셀로가 아내 데스데모나에게 손수건의 행방을 추궁하고 그녀는 캐시오의 복직을 부탁하는 것으로, 앞으로 진행될 사건을 암시하고 있다. 원래 천한 뱃사공의 아들인 흑진주는 무과에 장원을 했음에도 불구하고 한직에 임명되자 뜻을 꺾고 악공 행세를 하면서 산적이 되어 권세가들에게 분풀이를 하며 지낸다. 그러던 차에 다미다루의 생일날 다미다루는 악공인 흑진주를 보고 반하게 된다. 그날 저녁 다미다루의 패물을 훔치러 왔다가 우연히 오랑캐를 잡은 그에게 그녀는 감사의 표시로 흑진주를 선물로 주고, 다미다루의 이러한 행동에 감명 받은 흑진주는 다음날 포도청에 가서 자수하는데, 그녀에 의해 무죄로 판명되고 백충대감은 그를 청룡장군에 제수하여 전쟁에 내보낸다. 전쟁에서 대승하고 돌아온 흑진주는 다미다루와 결혼한다. 그러나 다미다루를 흠모하던 마로리가 흑진주를 짝사랑하던 정화와 공모하여 다미다루가 백호장군 의림과 간통한 것처럼 꾸민다. 질투에 눈이 먼 흑진주는 사랑하는 아내를 죽이고 자신도 자결한다. 그러나 서로를 그리워하던 이들은 저승에서 다시 만나 못다한 사랑을 나눈다. 이와 같이 <오셀로>와 흡사한 구조를 가진 <흑진주>는 시종 무거운 분위기를 자아내는 원작과 달리, 하인 각돌과 제비의 사랑이야기를 부차적 플롯으로 삼아 희극적 요소를 가미시키고 있다. 이는 천상의 장면을 만들어 해피엔딩으로 끝을 맺고 있으니, 즐거운 결말을 원하는 우리나라 정서에 맞추려는 의도가 풍긴다. 이렇게 하여 흥행에 성공을 거두었던 이 극은 시공관에서 공연된 이후 전주, 부산, 대구 등에서 순회공연도 하였다.

■ 극단 창고극장 (역 이태주, 연출 이원경) <오셀로>
1977.10.7.~10.30., 3·1로 창고극장

한편 1964년 드라마센터에서 <오셀로>를 연출한 경험이 있는 이원경이 1977년 10월 7일부터 30일까지 극단 창고극장의 배우들과 함께 직접 편극·연출을 맡아 3·1로 창고극장에서 공연하였다. 역자는 이태주였다.

■ 국립무용단(극본 차범석, 안무 국수호) 춤극 <오셀로>
1. 1996.11.26.~12.1., 국립극장 대극장
2. 1997.9.18.~9.21., '세계연극제' 공식초청작, 국립극장 대극장

1980년대와 1990년대에 전 세계에서 고전작품, 특히 셰익스피어극을 재해석하고자 하는 시도가 있었다. 우리나라에서도 셰익스피어극을 재구성하거나 한국화시키려고 하였고 무용계에서는 새로운 모험을 시도했다.

우리 춤의 문화화 작업과 세계화라는 의의를 가진 '춤극'을 우리 고유의 장으로 무대화한 국수호는 "<오셀로>라는 명작을 통해 세계적 보편성을 가진 작품을 개발하고 우리 춤극을 세계 속에 자리매김한다는 목표로 이 공연을 기획했다."[587]고 밝혔다. 춤극 <오셀로>는 작품의 주제를 그대로 차용했지만, 상고시대의 해안 부족국가를 그 배경으로 삼아 오셀로를 무어랑, 데스데모나를 사라비, 이아고를 가문비라는 이름으로 바꾸는 등 배경과 인물을 한국화시키고, 승무, 탈춤, 처용무, 무속춤 등 전통적 춤들을 그 원형으로 삼았다. 한국평론가협회 최우수상을 수상하기도 했던 이 공연은 1997년 우리나라에서 열린 '세계연극제'에 공식 초청되어 1997년 9월

18일부터 21일까지 국립극장 대극장에서 재공연되었다.[588]

■ 송성환의 <몇일 후 며칠 후>

송성환의 <몇일 후 며칠 후>는 서막과 전2막 3장[589]으로 구성되었고, 셰익스피어의 비극 <오셀로>에서 모티브를 얻어 원작 주인공들과 유사한 성격과 이름을 그대로 따왔으나, 내용은 판이하게 다른 창작희곡이며, 우리나라에서 개작된 이 연극은 충분히 검토해볼만한 작품이다.

이 연극은 장 사르망 작, 이창구 역 <햄릿 다시 태어나다>에서 햄릿이 죽고, 다시 비천한 모습으로 태어난 햄릿처럼, <오셀로>에 나오는 몇 인물들이 죽어, 천국의 문 앞에서 다시 만나 전개되는 이야기이다. 서로가 원수지간인 원작의 남성 주인공들이 모두 죽어서 천국의 문 앞에서 다시 만난다. 또다시 오셀로의 보복을 피하려는 이아고의 간계로 오셀로, 캐시오, 이아고 세 사람이 서로가 자신들의 여자를 농락했다는 혼란스런 말다툼을 벌이지만 이번에는 그들의 연인들이 나타나 데스데모나는 오셀로를 버리고 캐시오에게, 에밀리어는 이아고를 버리고 오셀로에게, 비앵커는 캐시오를 버리고 이아고에게 구애함으로서 그녀들 마음대로 남자들을 선택하자, 세 남자들은 딜레마에 빠지게 되는 상황이 전개된다. 이 문제를 해결하고자 천국에 와있는 주정뱅이 셰익스피어와 추위와 더위를 분간 못하는 주님에게 간청을 해 보지만 그들이 원하는 해답을 얻지 못한다. 주 무대는 천국과 세상의 중간에 해당하는 한가로운 곳으로 극이 시작되면 기독교나 천주교의 장례식에서 불리는 찬송가 '낮빛보다 더 밝은 천국'의 '며칠 후 며칠 후 요단강 건너가 만나리'가 익살스럽게 들려오고 극 중 천국의 문이 열릴 때마다 성가의 멜로디가 나온다. 남녀의 사랑이란 불륜 같은 사랑일지라도 누구도 막을 수도 해결할 수도 없는 것이며 언제나 인간에겐 풀리지 않는 수수께끼와 같은 것임을 희화적으로 보여주는 작품이라 생각된다.

서막에서는 이아고가 천국으로 가게 된다. 이아고가 캐시오에게 사형을 당할 때 죽으면서 "오셀로"라고 소리친다는 것이 칼에 찔리는 아픔 때문에 '셀'을 빼먹고 '오-로'라고 한 것을 '오-로드'로 잘못 알아들은 주님의 오판으로 저승세계에서 이아고는 천국으로 가게 된다. 이아고는 세상으로 통하는 문 앞의 돌 위에 앉아, 천국 문 앞에서 천국으로 들어가지 않고 그를 기다리고 있는 오셀로의 보복을 피하려고 고심하던 중에 천국으로 가게 된 거지를 만난다. 이승에서 연극을 보다가 바나나 껍데기로 이아고의 낯짝을 갈겨준 것이 거지 평생 유일한 선행이었음을 주님으로부터 인정받은 거지는 천국으로 가는 길목에서 공교롭게도 이아고와 마주치게 된다.

이아고는 거지에게 로터리라고 하는 이름을 지어주고 그에게 미인 셋을 준다고 매수하여 오셀로와 마주치면 오셀로가 이아고의 아내 에밀리어를 꼬여 잠자리를 함께했다는 말을 들었다고 말해달라고 한다.

1막이 시작되면 무대는 천국과 세상 사이의 한가로운 분위기이며 무대 왼쪽에는 세상으로 통하는 문에 '세상'이란 푯말이 붙어있고, 오른쪽에는 천국으로 통하는 문에 '천국'이라는 푯말이 붙어 있다. 천국 문 앞에 앉아서 졸고 있는 오셀로에게 천국의 시종이 다가와 천주님이 기다리고 있으니 어서 들어가자고 재촉하지만 오셀로는 기다리는 놈이 있다면서 화를 낸다. 겁을 먹고 천국문 안으로 시종이 달아나자 오셀로는 다시 졸음에 빠진다. 이윽고 이아고와 거지가 세상으로 통하는 문을 빠끔히 열고 오셀로가 졸고 있음을 발견하고 발소리를 죽이며 천당 문 쪽으로 다가간다. 천국의 시종이 나와 이들의 신원을 확인하느라 실랑이를 벌이는 사이 눈을 뜬 오셀로가 이들을 발견한다. 이아고를 움켜잡고 오셀로가 "날 웃음거리로 만들어 세상을 준대도 안 바꿀 내 사랑을 내 손으로 죽이게 하고 나까지 죽게 한 악마 중에서도 제일 지독한 악마 놈아"[590]라고 분노를 터뜨린다. 다급해진 이아고는 거지 로터리를 불러 캐시오가 에밀리어를 오셀로가 빼앗았다는 소문을 퍼뜨리고 다니는 것을 듣고 보았다는 사실을 털어놓게 한다. 거지의 말이 끝나자 이아고는 도리어 오셀로를 몰아붙인다. 그사이 세상으로 통하는 문이 열리고 캐시오가 등장한다. 사태가 불리하게 돌아갈 것을 짐작하고 이아고는 위기를 벗어나려고 계속 오셀로를 추궁하고 오셀로는 캐시오에게 욕을 퍼붓고 캐시오는 이아고가 비앵커와 동침했다고 이아고에게 욕을 한다. 한바탕 세 사람이 서로에게 욕설을 내뱉는 혼잡한 상황이 연출되다가 잠시 주춤하는 사이 오셀로가 갑자기 일어나 사태를 해결해줄 유일한 인물은 셰익스피어뿐일 것이라는 생각에 천국의 시종에게 셰익스피어를 만나게 해달라고 한다. 곧 이어 술주정뱅이 셰익스피어가 나타나 아마도 주님이 이 문제를 풀어 주실 수 있을 것이라는 말을 하고 사라진다. 세 사람은 세상으로 통하는 문을 바라보며 주님이 오시길 눈 빠지게 기다린다.

2막 1장이 시작되면 천국 쪽에서 데스데모나, 에밀리어. 비앵커의 노랫소리가 들려오고, 곧 그녀들이 모두 등장한다. 데스데모나는 캐시오에게 안기고, 비앵커는 이아고에게, 에밀리어는 오셀로에게 안긴다. 어리둥절해진 사내들에게 에밀리어는 이아고에게 가짜만 선물해주는 말라깽이라 싫고, 고릴라 같은 오셀로에게 매료됐다 하고. 데스데모나는 오셀로에게 힘만 센 야만스러운 짐승같다면서 고상하고 우아하며 멋진 캐시오에게 반했다고 말하며, 비앵커는 캐시오에게 점잖고 상냥함에 싫증이

나서 귀엽고 지혜의 샘을 소유한 이아고가 좋아지게 됐다고 말한다. 화가 난 이아고
가 여자들을 버리고 가버리자고 하자, 오셀로는 "그럼 사랑은 어떻게 하고 이 우라질
놈의 천지에서 우리가 할 수 있는 게 뭐요? 사랑 밖에 더 있소?"[591]라며 주님을
기다리자고 한다. 답답한 나머지 캐시오와 이아고가 세상 밖으로 나가자, 데스데모
나와 비앵커도 그들을 따라 나간다. 무대에는 오셀로와 에밀리어가 마치 다정한
연인이 된 것처럼 앉아 있다.

2막 2장에서 세상문 밖으로 잠시 나갔던 이들이 돌아온다. 머리가 춥다고 해서
모자를 벗어주고 온 이아고와, 노인이 발이 춥다고 해서 구두와 양말을 벗어주고
온 캐시오는 그 노인이 그들이 있는 곳으로 오니 안 오니를 놓고 실랑이를 벌인다.
세상 문을 통해 시종이, 머리에는 이아고의 모자를 쓰고, 한손에는 구두 한쪽과 양말
을 들고 늙어 꼬부라진 데다 머리는 하얗게 세어 우스꽝스러운 차림의 주님을 부축하
고 들어온다. 오셀로가 주님에게 문제를 해결해 달라고 하자 주님은 "사랑, 세상에
사랑밖에 뭐 할게 있나. (사이) 그럼, 좋아하는 사람끼리 조화를 하지 그래"[592]라고
말한 뒤 천국으로 들어가려 한다. 주님의 무책임한 말에 속았다는 생각에 화가 난
오셀로가 주님의 목을 조르다가 주님을 밀어버린다. 앞으로 어떻게 해야 할지 난감
해 하는 오셀로에게 이아고가 "우리 이 엉터리 같은 곳을 떠나자, 그리고 처음부터
다시 한 번 생각해 보는 거야"[593]라고 하면서 세상으로 통하는 문 쪽으로 가자, 오셀
로도 이아고를 따라 나선다. 비앵커가 이아고를 따라가다 멈춰서고 막이 내린다.

3) <오셀로> 수용의 개요

<오셀로>가 1950년 여인소극장에 의해 처음으로 우리나라 무대에 선보인 후,
직업극단의 레퍼토리로 자리 잡았음은 물론이요. 1970년대에는 학생극에서도 자주
접할 수 있는 작품이 되었다. 이는 <오셀로>가 셰익스피어의 4대 비극 중에서도
가장 사실적이고 등장인물들도 왕족이 아닌 신분이며, 질투나 야심 등으로 인해
비극으로 치닫게 되는 보편적 문제를 원인으로 삼고 있기 때문에 극중 인물과 관객이
공감할 수 있는 성격을 묘출하고 있다는데 원인을 찾을 수 잇을 것이다. 여인소극장
의 공연은, 오화섭 역, 박노경이 연출한 직업극단의 처음 공연이었으나 셰익스피어
의 다른 비극에 비해 공연이 늦어진 셈이다. 그 연유로는 오셀로라는 인물이 백인도
황인도 아닌 흑인이었으며, 데스데모나는 이유 없는 불행을 당하였으니, 그 안타까
움이 우리의 정서와 맞을 수는 없었을 것이다.

연극은 정통성이 중요하다. 그러한 전통이 수립되고 나면 다양한 공연 형태와

변용이 따라야 할 것이다. 우리나라에서 <오셀로>의 정통성은 직업극단과 대학극에서 찾을 수 있다. 대학극으로는 부신대학교, 한국외국어대학교, 중앙대학교, 단국대학교 등의 공연이 그 중심이 되었다.

정통성을 지닌 <오셀로> 공연의 성공 여부는 인물의 성격을 어떻게 표현하느냐에 달려 있다. 신협과 배우극장의 <오셀로> 공연은 스크린에서 유명세를 탄 당시의 배우들을 캐스팅하여 화제를 모았고, 실험극장은 고전극의 정통화라는 주제하에 열악한 환경에서도 공연을 감행하였으며, 시민극장은 <오셀로> 공연이라는 단순함에서 벗어나, 셰익스피어를 포함한 다양한 문화강좌를 병행함으로서 이론적 뒷받침을 마련해주었다. <오셀로> 공연의 수작으로 꼽을 수 있는 것은 1985년 중앙일보사가 후원한 호암아트홀에서의 공연이었는데, 많은 제작비와 화려한 의상, 김성원, 금보라, 장용 등을 캐스팅함으로서 무대 위의 예술성, 문학성, 그리고 이미지즘이 한데 어우러짐으로서 성공을 거두었다.

<오셀로>의 실험적 작업은 다른 셰익스피어 비극에 비해 활발하지 못했는데, 이는 단순한 극의 구성과 한쪽으로 치중된 주제 때문이었다고 추정된다. 그러나 1960년대에 우리나라에서 선풍적인 인기를 끌었던 임춘앵 여성국극단이 한국적 <오셀로>를 선보였다. 흑인인 오셀로라는 인물에 정서와 공감대를 느끼지 못하는 우리나라 관객을 위해 오셀로를 비천한 신분의 인물인 흑진주로 각색함으로써 보다 친밀감을 느끼도록 하였으며, 비극이라는 난점을 극복하여, 천상에서 해후하는 장면으로 더욱 인기를 끌었다.

대중과 친숙해진 <오셀로>는 위에서 설명한 국극이나 오페라, 그리고 무용극 등 다양한 공연 형태로 무대에 올려지게 되었는데, 1960년 한국 최초의 오페라 공연과 1985년 국립오페라단의 두 번째 공연이 있었다. 그리고 무용이라는 새로운 장르로 태어난 <오셀로>는 원작의 내용을 그대로 살리면서 상고시대 해변의 어느 부족국가를 배경으로 삼았으며, 인물들을 한국화시키고, 승무, 탈춤, 처용무, 무속춤 등 전통적인 춤사위로 세계속에 한국화된 <오셀로>로 하려는 새로운 모델이었다.

<오셀로>에서 모티브를 얻은 창작극 <몇일 후 며칠 후>는 원작의 주인공들과 유사한 성격을 유지하면서, 이름도 그대로 수용하였다. 그러나 그 내용은 원작과 판이하게 다르다. 죽어서 천국에 가게 된 인물들이 겪는 이야기를 본능적인 인간의 모습과 병리시켜 나타내는 새로운 작품이다.

<오셀로>는 셰익스피어의 작품이며 4대 비극의 하나이다. 그러나 이젠 고전작품의 새 해석이라는 현대문명의 경향에 따라 변형된 한국화한 작품으로서 만인의 <오

셀로>로 새롭게 태어나고 있다.

3. 〈리어왕〉의 수용

셰익스피어는 후세에게도 많은 명작을 남겨 주었다. 영국에서는 자국의 역사인 사극이 소중할지 모르나, 세계 각국에서는 대체로 문학에서나, 연극에서나 그의 비극이 선호도가 가장 높은 편이다. 비극의 끝맺음은 언제나 슬프다. 〈리어왕〉은 그러한 셰익스피어의 4대 비극 중에서도 가장 웅대한 비극이고, 가장 처참한 작품이다.

18세기 영국문단의 대표적 비평가 사무엘 존슨(Samuel Johnson)은 "〈리어왕〉의 결말은 두 번 다시 읽을 용기가 없다."[594]고 평했으며, 연극에 조예가 깊었던 로망파의 비평가 찰스 램(Charles Lamb)도 그 작품의 격렬함, 참혹함을 이유로 "리어를 무대에서 재현하는 것은 본질적으로 불가능하다."[595]라는 말을 하였으니 이 작품의 처절한 비극성을 짐작하고도 남을 것이다.

리어는 서민도 아니고 귀족도 아니며 왕이고 절대 권력자다. 왕이라고 해서 위대하거나 고결한 인격자로 생각되지도 않는다. 오이디푸스(Oedipus) 왕처럼 누구도 풀 수 없었던 스핑크스(Sphinx)의 수수께끼를 푼 뛰어난 지혜의 소유자도 아니며, 맥베스나 오셀로처럼 용감한 군인도 아니고, 이아고처럼 간악한 인간이 되지도 못한다. 왕으로서 권한은 막대하나 인간으로서는 오만하고 고집불통인 노인이다. 그러니까 그가 받은 고통은 너무도 균형이 잡혀있지 않은 것 같다.

많은 학자들이 리어왕의 진정한 가치에 대하여 논의해 왔는데, 그 결론은 대체로 둘로 나뉘어져 있다. 하나는 브래들리(A.C.Bradley)를 축으로 하는 오소독스(orthodox)한 해석의 태도이다. "이 작품의 연출의 주안점이 리어의 고뇌, 그 정신적 죽음과 재생을 가리키는 것"[596]이라고 하는 그랜빌 바커(Granville Barker)의 말에 단적으로 표현되어 있다. 또 하나는 이러한 주장과 대립되는 것이며, 피터 브룩(Peter Brook)이 1962년에 연출한 부조리적 해석의 〈리어왕〉이다. 사무엘 베케트(Samuel Beckett)의 〈고도를 기다리며〉(Waiting for Godot)의 영향을 받은 이 공연에서 폴 스코필드(Paul Scofield)는 허무적인 현대 세계를 노정(露呈)함으로서 명연기를 펼쳤다. 그리고 이 공연은 영국 극단에 강력한 충격을 주어 〈리어왕〉 공연사는 새로운 역사의 장을 열었다. 그 후에도 트레버 넌(Trever Nann)의 두 번(1968년과 1976년)에 걸친 탁월한 시각적 연출[597]이 있었고, 러시아 영화의 거장 그리고리

코진체프(Gregori Kazintsev)가 1970년에 감독한 역작이 금상첨화(錦上添花)의 역할을 다하였다. 이로써 램이 <리어왕>의 무대 상연이 불가하다고 단정한 것이 과오라는 것이 명백하게 된 셈이다.

1) 초연인 여학생극

한편 우리나라에서는 1952년 경남고녀(현 경남여자고등학교)의 <리어왕> 공연[598]이 초연이었으며, 직업극단으로서는 1964년 실험극장의 공연이 초연이었고, 1973년 안민수의 광대 중심의 공연을 거쳐, 1980년대의 정치적 공백기가 지난 1990년대에 이르러 <리어왕>의 새로운 역사가 시작되었으니, 이는 현대적 문제와 주제를 다루었다는 점에서 각광을 받았다.

애당초 <리어왕>은 회한의 비극이었고, 한 노왕의 너무나 애달픈 인생이라고 하여 우리나라 관객이나 공연단체가 경원시하는 경향이 있었으나, 점차 화려하게 수용하게 된 기록은 흥미로운 주제가 될 수 있을 것이다.

■ 회한과 절망의 <리어왕>

<리어왕>은 셰익스피어의 작품 중에서 최고의 비극이다. 그렇지만 평가에 있어서는 긍정과 부정의 시각이 공존한다. 가령 브래들리는 "<리어왕>은 셰익스피어의 걸작이지만, 무대에서는 너무 거대하다."[599]고 했고, 램은 "폭풍우가 불어대는 밤 두 딸로부터 버림받고 문밖으로 쫓겨나 지팡이에 의지하며 무대에 비틀거리는 한 노인을 본다는 것은 고통과 혐오감을 줄 뿐이다."[600]라고 비판하였다. 그러나 램이 관극한 것은 테이트 판의 <리어왕>이었다. 이 둘은 <리어왕>을 위대한 시라고 높이 평가하면서도 무대화하기에는 너무 장대하다고 생각한 것이다. 또 톨스토이는 <리어왕>을 "부자연스럽고 부도덕한 졸작"[601]이라고 비난하였다.

이들에 반해 찬미하는 비평가도 있다. 존슨은 "<리어왕>의 비극은 셰익스피어의 작품 중에서 정당하게 유명하며 이처럼 강렬하게 주의를 끄는 작품은 달리 없을 것이다."[602]고 했고, "리어왕의 감정은 바다처럼 끝이 없고, 희망이 없고, 등대도 닻도 없는 파도가 거칠게 날뛴다. 그리고 리어의 성격은 자연의 틈새로부터 야망의 잔혹과 자식의 망은에 당당한 기념비를 세운다."[603]고 찬사를 보낸 자도 있다. 이와 같이 찬반양론이 있다는 것은 그만큼 문학적 가치를 지닌 작품이라는 이야기도 될 것이다.

<리어왕>의 국내공연에서는 여러 가지 형태의 연출이 진행되었다. 원작의 감각을

살려 비극성을 극대화시킨 공연, 주제의 중심을 리어왕이나 딸들이 아닌 광대에 맞추어 세상사에서의 허무함을 표출해낸 것, 노인들이 겪는 소외와 불후한 환경 그리고 자식들에게서 버림받은 고독한 노인 리어를 중심으로 한 공연 그리고 한국적 리어왕, 공상과학소설 같은 <리어왕> 등 변용되었거나 실험적인 작품들도 있다.

우리나라에서는 <리어왕>이 4대 비극 중 가장 늦게 공연되었다. 너무나 시적이며, 지나칠 정도로 비장함이 있는 작품이라 그 무대화는 늦어진 듯하다. <리어왕>의 초연은 1852년의 경남고녀라고 이미 밝혔지만, 그 뒤를 이은 것이 1958년 5월 29일부터 31일까지 이화여중고 연극부[604]가 이 극을 동교 노천극장에서 무대화한 것이다.

원작의 정통성을 살렸거나, 엿보이는 공연은 우선 이화여중고의 것이 그 초연이라고 할만하다. 그리고 1964년의 실험극장, 1983년의 극단 사조, 1987년의 극단 시민, 그리고 대학극을 꼽을 수 있다.

■ <리어왕과 그 딸들>의 번안

1958년 이화여중고의 공연에 앞서, 여학생용으로 번안된 <리어왕과 그 딸들>이라는 제목으로 번안된 작품이 1924년 『신여성』 8월호에 게재되었는데, 이 작품이 우리나라에서 최초의 번안물이 아닌가 싶다. 이는 제1면에서 밝혔듯이 학예회, 동창회, 실연용으로[605] 개작된 여학생극으로서 효(孝)라는 주제를 중심으로 이야기가 엮어졌다. 원작처럼 비극으로 끝나는 것이 아니라, 리어왕이 세 딸의 아버지에 대한 효심을 시험하다가 그의 우매함을 통감하는 가운데 결국 코델리아의 지순한 효성을 받는다는 해피엔딩으로 원작과 다른 점이다.[606] 이 번안 희곡은 우리나라의 고전소설 <심청전>과 그 주제면에서 매우 유사하다. 심청은 시련을 겪다가 결국에는 일국의 왕비가 되어 그녀의 아버지 심학규는 안락하게 노후를 보낸다는 행복한 결말과 같은 맥락으로 볼 수 있을 것이다. <심청전> 말고도 강원도 지방에서 <리어왕과 그 딸들>과 매우 흡사한 <황부자이야기-양자의 효성>이라는 전설이 구전되어 오고 있다.[607]

원작은 비극이고 명작이다. 명작을 번안하여 과감하게 적극적이고 모험적인 실험이 된다면 원작의 품위를 손상하지 않는 좋은 작품이 될 것이다. 그러나 <리어왕과 그 딸들>은 셰익스피어의 원작과는 거리가 먼 안이한 번안이었다. 여학생을 위한 교육용이어서 그랬는지 모르나 원작의 중핵이나 진수는 느껴보지 못하고 막이 내린다. 주제면에서 사회상, 우리네 시대상, 그리고 관객의 취향에 맞춘 번안이었다.

서구에서는 셰익스피어의 모국인 영국에서도 왕정복고시대에서부터 셰익스피어의 희곡은 변용되거나 개작되어 상연되어 왔다. 계관시인이며, 극작가인 나험 테이트(Nahum Tate)는 센티멘털리즘을 좋아하던 왕정복고시대의 취향에 맞춰 <리어왕>을 달콤한 희곡으로 만들었다는 혹평을 받았다.[608] 그에 의하면 셰익스피어의 원작은 "끈이 끊기며 갈지 않은 보석의 산"[609]에 지나지 않는다. 개작되어 1681년에 초연된 테이트의 <리어왕>[610]에서는 대사가 대폭 바뀌어졌을 뿐 아니라, 구성도 바뀌었다.

<리어왕과 그 딸들>이 그 이후에 실제로 공연되었는지에 대한 여부는 문헌상 기록된 바가 없다. <리어왕>을 여학생극으로 번안했다든가, 경남고녀와 이화여중고에서 왜 셰익스피어의 작품 중 그 해석이 가장 난해하다는 <리어왕>을 공연했는가는 의문점을 가질 수 있다. 추정하건대, <리어왕>은 도덕적으로 효와 불효를 다루고 있으며, 등장인물들 중 여성의 배역이 다른 셰익스피어의 비극에 비하여 많고, 또 그 비중이 높은 것이어서 여학생들이 공연하기에 적당하리라고 생각할 수 있었을 것이다.

즉 에드거와 코델리아의 사랑의 장면을 보탰고, 프랑스 왕은 등장하지 않는다. 또 광대도 너무 야비하다는 이유로 삭제되었다. 최후에 리어는 왕위에 복귀하며, 에드거와 코델리아가 맺어진다. 둘이 사랑하는 상황을 설정하면 전체 줄거리에 무리가 안간다는 것이 테이트의 생각이었기 때문이다. 엘리자베스시대의 관객은 현실과 허구의 상호연관에 흥미를 가졌던 탓으로 무대가 세계인 동시에 온 세계가 무대[611]라는 생각이 자연스러운 것이었다. 따라서 셰익스피어는 의도적으로 극을 단순화 또는 애매하게 표현하여 일상성을 초월한 의미를 극에서 표현하려 했지만, 테이트는 진실다움을 추구하여 일상성의 차원에서 극을 되돌리려 했던 것이다.

2) 본격적인 <리어왕> 공연

우리나라에서 본격적인 <리어왕>의 공연은 1964년에 시작되었다. 1964년은 셰익스피어의 탄생 400주년이 되는 해다. 세계 각국에서 호화스러운 행사가 진행되었으며, 우리나라에서도 그 대열에 끼게 됨으로서 셰익스피어의 공연을 통한 연극중흥을 시도하였다. 4월 22일부터 한 달 동안을 셰익스피어의 달로 정한 우리나라에서는 셰익스피어협회와 영어영문학회, ITI 한국본부, 영국대사관, 한국연극협회, 한영문화협회 등이 주최가 되고, 공보부, 문교부, 서울특별시, 예총, 각 일간지와 각 방송국의 아낌없는 후원을 얻어 축제공연을 하였다. 기념행사로는 강연회, 연구발표 및 세미나, 전시회 등이 다채롭게 진행되었다. 학생극에서는 5편의 셰익스피어극, 즉 드라마센터 연극 아카데미의 <햄릿>과 <오셀로>, 부산대학교와 중앙대학교의 <줄

리어스 시저>, 그리고 서강대학 연극학회에서 마련한 9편의 셰익스피어극을 뮤지컬로 만든 작품 등이 6개 직업극단과는 별도로 무대에 올려졌다. 그런데 중앙대학교 연극영화과는 계엄기간 중 연습을 계속하다 무허가 집회로 연행되기도 했었다.[612]

6개 직업극단은 희극 3편, 비극 3편을 공연하였다. 국립극단 <베니스의 상인>, 민중극단 <뜻대로 하세요>, 산하 <말괄량이 길들이기>의 희극 3편, 신협 <오셀로>, 실험극장 <리어왕>, 동인극장 <앤토니와 클레오파트라>의 비극 3편 등 총 6편을 공연하였다. 32일간 셰익스피어의 작품 6편이 연속 공연됨으로서 셰익스피어가 한국연극사상 가장 화려한 각광을 받아, 영국의 셰익스피어가 아니라 한국의 셰익스피어 무대가 되었던 것이다.

■ 극단 실험극장 (역 최정우, 연출 허규) <리어왕>
1964.4.9.~4.13., 국립극장

장엄함에 있어서나 난해함에 있어서 첫손에 꼽히는 <리어왕>이 직업극단에 의해서는, 비로소 초연되었다. 리어왕 역으로 출연한 이낙훈이 열연하여 관객들의 뜨거운 갈채를 받았고, 김동훈이 에드먼드 역을, 그리고 나영세가 글로스터 역의 연기로 주목을 받게 되었으며, 성공적인 무대였다고 경향신문이 평하였다.

> 실험극장의 무대는 가급적이면 손질을 않고 원작에 충실하려고 한 것 같다. 그리고 이러한 생각이 이 연극성과에 크게 영향을 준 것 같다.[613]

이 공연은 3시간 10분이나 걸렸으나, 연출가의 탁월한 작품해석으로 시종일관 관객을 긴장하게 하였는데, 이는 국립극장사상 드물게 보는 초만원[614]을 이루는 생기 넘치는 멋진 무대였다. 실험극장은 이 <리어왕>을 가지고 '제1회 동아연극제'에 참가하여 9개 작품 중에서 연극대상을 수상했다.[615]

■ 극단 사조 (역 이태주, 연출 이해랑) <리어왕>
1983.9.8.,~9.15., 세종문화회관 별관

극단 사조의 <리어왕>은 극단 현대의 <베니스의 상인>과 함께 한·영 수교 100주년 기념으로 1983년 9월 8일 동시에 상연을 시작하였다. 작품에 대한 설명은 제3장 4. 변용적 수용과 공연 5) 이해랑의 셰익스피어 편을 참조하기 바란다.

■ 극단 시민 과 대학극

극단 사조의 공연 이후 직업극단의 정통성을 지닌 공연으로 1987년 극단 시민의 <리어왕>(역 이경미, 연출 한영식)을 들 수 있다. 그러나 그 이후 <리어왕> 공연은 정통성을 살린 것이 아니라 실험적 경향이 많이 내포되었고 대학극에서만 정통성의 명맥을 유지하게 되었다.

대학에서 공연된 <리어왕>은 1971년 중앙대학교 연극영화과(연출 유병기), 1976년 12월 8일과 9일 양일간 드라마센터에서 서울예술대학 연극영화과의 졸업공연(역 김재남, 연출 정종화), 1978년 6월 15일부터 17일까지 중앙대학교 대학극장에서 중앙대학교 연극영화과(역 김재남, 연출 최종일), 그리고 1979년 3월 7일부터 10일까지 동국대학교 연극영화과(역 김재남, 연출 박장순)가 무대에 올린 공연 등을 꼽을 수 있다.

그러나 다른 셰익스피어의 비극에 비해 <리어왕>의 학생극 공연회수가 적은 이유는 <리어왕>의 비장미를 극대화하기 어렵고, 배역들의 개성에서도 완전하게 역할을 소화해내기 힘들기 때문이며, 광풍과 번개를 동반하는 무대효과도 수월치 않은 면이 있기 때문으로 보인다.

1970년대 종종 다루어지던 <리어왕>은 1995년에 가서야 캠퍼스 무대에 오르게 된다. 1995년 연세대학교와 고려대학교가 동교 창립공연을 위한 축하공연으로서 우연하게도 동시에 셰익스피어의 작품을 공연하였다. 그리하여 이들 공연은 5월 캠퍼스 축제라 연극무대에 신선한 화제를 불러 일으켰다.

연세대학교 동교 창립 110주년 기념으로 극예술연구회과 동문들의 합동 공연인 <한여름 밤의 꿈>을 1995년 5월 23일부터 25일까지 연세대학교 노천극장에서 공연하였다. 예술총감독은 이기하, 연출은 김태수였다.[616] 연세대학교는 1985년에도 <한여름 밤의 꿈>을 공연하였는데, 10년 만에 다시 한 것이다.

반면 고려대학교는 창립 110주년 기념으로 4대 비극의 하나인 <리어왕>을 공연하였다. <리어왕>의 타이틀롤을 주진모가 맡아 열연하였다. 주진모는 다음과 같이 <리어왕> 공연의 의도를 표명했다.

> 우리는 전통적으로 비극을 선호합니다. 막말로 〈악악〉대며 음침한 분위기를 연출하지요. 관객의 반응이 중요한 것이긴 하지만, 저희는 그것만이 전부라고는 생각지 않습니다. 분명 눈·귀 밝은 관객들은 저희 연극의 맛을 듬뿍 느낄 겁니다.[617]

<리어왕>의 공연은 전통적이든 실험극이든 간에 배우와 관객, 연출가에게도 고난의 작업이다. 절망과 회환에 고통스러워하는 한 노인의 역은 아무리 배우라고 하여도 감성으로 표현한다는 것이 지극히 어려운 일이고 받아들이기 어렵기 때문이다.

3) 바보와 광대가 부르는 허무한 노래

<리어왕>을 번안한 작가들 중에서 안민수와 조일도는 각색을 하는데에서 광대에 각별히 중점을 두었다. 비평가 얀 코트(Jan Kott)는 "<리어왕>의 주제는 세계의 해체와 붕괴이다."[618]라고 주장했으며, 리어왕의 세계와 똑 같게 모든 사회적 지위도 인격으로서의 가치도 마치 "양파의 껍질을 벗기듯이"[619] 벗겨지는 인간의 모습을 발견하여, 아무리 정의를 구하며 신(神)을 구해도 아무런 해답을 알지 못하는 가운데 "인간의 잔해가 신을 구해 부르짖는 모습은 얼마든지 어리석고 우스꽝스럽다."[620]고 <리어왕>의 세계를 지적하였다. 그러기 때문에 이 우스꽝스러움을 간파하여 이 광기의 세계를 있는 그대로 받아들이는 광대를 이 극의 인물들 중에서 가장 높이 평가하였다. 안민수와 조일도의 <리어왕>도 코트가 주장한 광대의 맥락에서 지켜볼만하다. 조일도의 광대는 독특한 광대로 창안된 것은 아니지만.

■ 안민수의 번안극
   동낭레퍼토리 극단 (번안/연출 안민수) <리어왕>
   1. 1973·10.1.~10.18., 드라마센터
   2. 1984.4.13.~4.23., 드라마센터
   안민수는 <리어왕>을 1973년과 1984년 두 차례에 걸쳐 번안하였다. 1973년 공연은 제3장 4. 변용적 수용과 공연 2) 한국에서의 변용과 공연 편을, 1984년 공연은 7) <리어왕>과 <햄릿>의 광대놀이 편을 참조하기 바란다.

■ 조일도의 번안극
   극단 집현 (번안/연출 조일도) <리어왕>
   1982.3.28.~4.1., 인천시민회관
   조일도 번안의 <리어왕>은 안민수의 번안과는 차이가 나는 소극적인 것이었다. 작품에 대한 설명은 제3장 4. 변용적 수용과 공연 2) 한국에서의 변용과 공연 편을, 1984년 공연은 7) <리어왕>과 <햄릿>의 광대놀이 편을 참조하기 바란다.

■ 이윤택 각색의 <리어왕>

동숭레퍼토리 (각색 이윤택, 연출 유재철) <우리시대의 리어왕>
1995.4.1.~5.31., 동숭동 왕과시 소극장

정치극 범주에 속하는 이윤택 각색의 <우리시대의 리어왕> 역시 광대를 통한 사회적 부조리와 독재하는 정치형태의 말로를 우스꽝스럽게 풍자한 작품이다. 셰익스피어의 <리어왕>을 배경으로 가스통 살바토레가 <스탈린>이라는 정치극을 쓴 바 있는데 이를 다시 이윤택이 현대에 맞게 개작한 <우리시대의 리어왕>은 동시대에 사는 한 독재자의 이야기를 정치풍자극의 형식으로 담은 것이다.1995년 4월 1일에서 5월 1일까지 우리극연구소와 동숭레퍼토리 극단이 왕과시 소극장에서 장기간 공연한 이 연극은 <스탈린>이라는 정치극을 텍스트로 하여 극작가이며 연출가인 이윤택이 동시대의 감각으로 재구성한 작품이다. <우리시대의 리어왕>은 원작 <스탈린>처럼 현재 연금된 독재자가 <리어왕>을 연기하기로 되어 있던 예술감독을 불러 <리어왕>을 연기하도록 시키고 독재자 자신이 함께 연기를 하게 되면서 둘의 만남이 시작된다.

등장인물은 실각당해 연금상태에 있는 독재자와 설 땅을 잃고 고뇌에 찬 연극배우, 극중에서 리어왕의 딸이나 그 밖의 역할을 해줄 간병인과 경호인이 고작이다. 총 2막으로 구성된 이 극의 1막은 연금상태에 있는 전직 대통령인 독재자가 무료함을 달래기 위해 <리어왕>의 연극공연 중 끌려온 배우와의 만남으로 시작되는데, 서로의 입장을 이야기하거나, 자신을 합리화시키고 현실에서 자신의 의견에 따라, 독재자는 리어로, 리어왕을 맡고 있던 배우는 광대가 된다. 2막에서는 리어가 된 독재자와 광대가 된 배우는 서로의 역할을 연기한다. 내용은 우리나라의 정치현실이며, 간병인으로 하여금 리이건의 역할을 맡게 하여 리어가 된 독재자와 연기를 하게 된다. 그러나 리이건의 부당한 처사에 화가 난 독재자는 연기도중 간병인의 입을 물어뜯고 화가 난 간병인은 독재자에게 대항하며 자신이 독재자를 감시하는 감시요원임을 알리고 권총을 빼들자 독재자는 오히려 그녀의 팔을 비틀어 자신의 총에 죽도록 한다. 경호원이 죽은 간병인을 끌고 나가는 동안 그의 입에 돈다발을 물려준다. 이 모습을 보고 있다가 화가 난 배우는 자신의 아들도 광주에서 이런 식으로 학살을 당했다며 독재자를 비난하고, 독재자는 여기에서도 자신을 합리화시키려 한다. 언쟁을 중단하고 독재자와 배우는 글로스터의 자살장면을 연습하다가 배우는 권총이 불발되고 독재자에게서 실감나는 연기라는 칭찬을 듣게 되며, 독재자는 자신이 하겠다며 자살연기를 하다가 방아쇠를 당겨 그만 죽고 만다. 죽으면서 독재자는

"내…연기…좋…았어?"[621]라는 말을 남기고, 광대를 맡은 배우는 "불행한 시대의 어두운 짐은 우리가 짊어지고 갑시다. 이제 있는 그대로 말하는 세상이 와야 합니다."[622]라는 대사로 막을 내린다.

독재자 역의 김학철과 광대 역의 정순규 등은 탁월한 연기를 하여 관객의 호응을 받았다.[623]고 조선일보가 평하였으나, 이영미는 공연의 성과에 대하여 다음과 같이 지적하였다.

> 작가 이윤택과 연출자 유재철, 배우 김학철이 합심하여 만들어낸 〈독재자〉는 잔인하고 추하면서도 우스꽝스럽고 불쌍하고 때로는 귀여워 보인 것에 비해 독재시대를 헤치고 살아남은 국민인〈배우〉는(극작·연출·연기 모두) 일관된 흐름을 만들어내지 못하고 있었다.[624]

공연을 본 관객은 통렬한 정치풍자가 담긴 그 내용을 통해 폭소를 자아냈고 통쾌함을 만끽했던 것으로 알려졌다.

시대적 수용에 맞는 정치풍자극의 성격을 가진 〈우리시대의 리어왕〉은 '정치'라는 호재에다가 실험정신을 가미한 작품이라 하더라도 일관성 없는 극의 진행이나 상업성이 다분한 요소는 원작이 가진 리어의 고뇌와 보편적 비극의 맛을 느낄 수 없게 하였다. 시대흐름에 부합한 연극이라고 해도 새로운 형식에 맞는 문학적 작품으로 재창조할 때 그 의미가 있을 것이다. 그러나 이윤택은 지루하지 않게 〈우리시대의 리어왕〉을 구성하여 독재자라는 인간의 문제를 통렬히 풍자하여 희극화하였다.

■ 한국화한 중앙대의 〈리어왕〉
1997년 '젊은 연극제'와 '세계대학연극축제'의 참가작품
(각색 김관·엄국천·권정희·하순희·하덕부, 연출 김관)

1997년 '젊은 연극제'와 '세계대학연극축제'의 참가 작품이었던 중앙대학교의 〈리어왕〉(김관·엄국천·권정희·하순희·하덕부 각색, 김관 연출)은 외국의 고전작품의 한국적 수용이라는 측면에서 셰익스피어시대의 무대정서와 기교를 한국의 신화적, 무속적 원리로 표현하는 데 초점을 맞추고 있다. 따라서 우리의 고전극을 보는듯한 느낌을 줄 정도로 리어를 제외한 등장인물들의 우리식 이름, 신관의 등장, 우리 고유의 창과 악기사용 등으로 원작의 분위기를 완전히 한국화한 것이었다.

차기 왕을 결정하는데 신관의 역할이 컸던 아주 오래전 시대를 그 배경으로 하고 있는 이 작품은 객석으로부터 등장한 신발이들이 행하는 시작 굿으로 시작된다.

리어는 성급함 때문에 사랑하는 셋째딸 아사를 쫓아내고, 원작대로 두 딸의 배신에 분노하여 광야에서 울부짖는다. 리어에게 추방당한 신관 청부루(글로스터 백작)도 자신이 서자 구름의 계략으로 장님 신세가 되고, 리어의 세 딸과 대모 수리(콘월) 구름의 죽음으로 이 극은 종국으로 치닫는다. 신받이들이 이들의 상여를 둘러메고 그들의 혼을 달래려 씻김굿을 올리면서 막이 내린다.

이와 같이 중앙대학교 <리어왕>은 원작을 많이 손상시키지 않으면서 굿으로 시작하고 굿으로 끝맺음하는 극으로서 하나의 통일성을 보여주었다. 더불어 주목을 끌 수 있는 것은 원작의 광대를 대신하는 해, 달, 물, 불, 흙 이라는 신받이들이 공연 내내 무대의 양쪽에 자리잡고 앉아, 창이나 장구, 북 등을 이용해 극의 내용을 설명하고, 노래, 춤 등을 보여주는 희랍극에서의 코러스 기능을 넘어서, 등장인물들과 대거리를 하면서 관객의 입장에서 대변해주는 적극적인 역할을 함으로서 무대와 객석간의 거리를 좁혔다는 점이다.

"첫번째는 리어의 세계, 즉 모든 것을 잃고 나서야 깨달음을 얻게 되는 리어가 겪고 있는 상황의 부조리성, 두번째는 우리시대 아버지의 모습, 세번째는 리어의 세계를 구성하고 있는 각 인물들의 욕망"[625]을 표현하는데 역점을 두어 <리어> 원작이 주는 극의 현재성을 연출해내고자 했다는 연출의 글에서도 이 극이 주고자 하는 메시지를 충분히 이해할 수 있다. 나아가 사랑하는 딸의 시신을 부여안고 탄식하는 리어에게서 아버지로서의 회환과 혼자 살아남아 그 모든 것을 감내해야하는 비참한 고통을 느낄 수 있는 무대였다. 1997년 '젊은 연극제'와 '세계대학연극축제'의 가장 눈부신 공연 중의 하나라고 해도 좋을 것이다.

4) 리어는 고독하고 미친 노인이다.

<리어왕> 공연에서 1990년대 이후의 해석은 더욱 다양해졌는데 그 중에서도 사회문제로서 100세를 바라보는 노인문제를 다룬 작품이 현저한 추세로서 등장하였다. 의학의 발달과 노년에서 건강에 대한 인식이 달라졌으며, 젊은이들의 출산기피 현상 등은 노령인구의 증가수치가 올라가는 원인이 되었다. 전세계적으로 노인들은 가족과 자손들에게서 소외당하고 있으며, 고독병은 사회적 문제로 되고 있다. 원인불명의 노인성 치매가 이러한 스트레스가 원인이라고 하는 학자들의 이견도 있고, 죽음보다 더 괴로운 고독감은 광기로 변하고 그 광기는 현대사회의 비극이 되는 것이다. 옛날이야기이지만, 리어왕의 경우도 현대적으로 보아도, 고독감이 광기가 된 경우가 될 것이다.

■ 극단 76단 (연출 기국서) <미친 리어>
1995.8.16.~9.24., 예술의전당 자유소극장

<미친 리어>는 셰익스피어 연극제의 참가작품으로 세계 명작 시리즈의 첫 번째로 '연극계의 이단아' 기국서가 대표를 맡고 있는'연극계의 언더그라운드'로 불리며 실험적인 연극작업을 이끌고 있는 극단 76단 기국서 연출의 작품이다.

<리어왕>을 패러디한 이 <미친 리어>는 "미쳐가니까"[626] <미친 리어>로 개명했다는 기국서의 설명처럼 "걷잡을 수 없는 파국으로 가는 과정, 충동적으로 행동하는 실수를 돌이키지 못하고 파탄에 치닫는 비극이 <미친 리어>가 담고 있는 내용"[627]이다. <미친 리어>는 셰익스피어 원작에서 크게 벗어나지 않는 줄거리와 플롯을 가지고 있으며, 코델리아를 '코디'로 켄트백작을 '각도'로 부르는 것이 외에는 등장인물을 모두 원작과 동일한 인물로 설정하고 있다. 연출가 기국서는 '연출노트'에서 다음과 같이 의도를 밝혔다.

> 이 작품의 화두처럼 떠오르는 생각은 '권력을 상실한 자의 광기'이다. 권력을 빼앗긴 노인은 점점 세계의 폭풍우와 싸우게 되고 자기 자신과 싸우게 되는 처절함 속에 빠진다. 노인들은 죽음을 눈앞에 두고 자신을 증명해야 한다. 그러기 위하여(알츠하이머병에 걸리지 않기 위해서라도) 인간의 가장 생산적 창조의 근원인 광기에 휩싸이게 되는 것이다… 현대의 마치 망망한 바다에서 침몰해 가는 배 위에서 울부짖는, 불안에 떠는 인간들이 판치는 세상인 것 같다. 그 중에 기도를 드리는 자들도 있겠지만 결코 웃을 수 없는 상황에서 노래까지 부를 수 있는 인간을 만나고 싶은 것이다.[628]

수많은 항해를 한 후 난파된 배를 무대의 모습으로 설정한 이 공연에서는 난파선을 리어 또는 그의 왕국과 같은 모습으로 그려내고 있는데, 여기저기 꺼져버린 갑판과 그 밑에서 새어 나오는 음산한 빛, 피로 물든 최후의 모습을 예언하는 듯한 붉은 조명, 꺾여버린 돛대가 더 이상 되돌릴 수 없는 인간의 침몰을 의미하고 있다. 권력을 상실한 리어의 광기는 연출가 기국서의 동생인 기주봉에 의해 처참한 슬픔과 고독의 몸부림으로 표현되었다.

별다른 소품이나 장식없이 꾸며진 이 극은 의상에서 강렬한 색감이나 배우들의 분위기에 어울리는 시대를 초월한 의상으로 선택해, 고전적 미는 반감시키고 있으나, 불안한 공포를 조성하거나 극을 진행하는데 있어 반작용적 요소로 가해지지는 않았다.

이 공연이 어떤 특별한 감각이나 감성을 지닌 무대라고 보기는 어렵지만, 리어

내면세계와 그 고통, 인간의 몰락이라는데 초점을 맞춘 연출가의 의도답게 절규하는 처절한 리어의 몸부림 속에서 절제와 함께 진실한 인간의 한 면을 볼 수 있었던 면에서는 수긍이 갈만하다.

기국서 연출의 동생 기주봉이 리어왕 역을, 기국서의 부인 허태경이 둘째딸 리건 역으로 출연하였다.

■ 극단 뮈토스 (작/연출 오경숙·박장렬) <리어 그 이후>
1996.12.2.~12.8., 오늘 소극장

이 공연은 1992년 극단 뮈토스가 "리어를 미래시점에서 해석"[629]하여 <타임리스 리어>라는 제명으로 초연하였다. 1992년 공연에 대하여는 다음 항 '5) 특이성 있는 <리어왕>의 공연'에서 다루고자 한다.

1996년 <리어 그 이후>는 셰익스피어의 원작 <리어왕>과는 전혀 다른 것이며, 셰익스피어 작품이 시대를 불문하고 항상 현재적인 가치를 가진다는 점에서 'timeless'라는 단어를 선택한 새로운 창작극이다. 이 작품의 구성은 프롤로그, 케첩과 마요의 사랑, 에필로그로 되어 있고, 프롤로그와 에필로그는 오경숙이 구성·연출하였으며, '케첩과 마요의 사랑'은 박장렬이 작·연출한 것으로 되어있다.

프롤로그는 왕조의 몰락 이후, 시간이라는 유배지에서 잠들어 있던 리어가 문명이라는 폐허에서 아직 치유되지 못한 정신분열상태에서 다시 깨어나고, 조명이 바뀌면서 무대는 현대의 주유소 옥상으로 이어진다. 케첩과 마요의 사랑에서 할아버지, 사장, 그의 아들인 안경이 함께 사는 주유소에서 전전하는 연인 케첩과 마요가 등장한다. 이들의 일상은 결코 만족할 수 없는 것이어서, 각자의 욕망을 왜곡시키며 살아간다. 노인은 온종일 주유소 옥상에서 자살을 꿈꾸며, 사장은 여직원과 불륜관계에 있고, 케첩은 영화 시나리오를 쓰며, 마요는 케첩에 대한 광적인 사랑으로, 이 두 사람의 이상과 현실이 얽혀져 일탈적인 행위들을 유발시킴로서, 그리고 말더듬이임에도 불구하고 영화배우를 지망하는 안경이 아버지의 돈을 훔쳐 안경의 이상인 케첩과 마요, 두 사람과 함께 떠나려하는 것으로 자신들의 욕망을 채워간다. 그러나 케첩과 마요는 안경의 제안을 거부하고 떠나버리며, 안경은 옥상에서 뛰어 내리고, 노인은 언제나 자살을 꿈꾸며 살아간다. 에필로그에서는 주유소 옥상을 배경으로 리어가 다시 등장하고, 초인간적인 모습으로 변모한 리어는 문명이라는 폐허를 헤매다가 고난을 초월한 광대처럼 이 시대를 조소하는 것으로 끝맺는다.[630]

결국 케첩과 마요를 둘러싼 현대인들의 욕망은 분출구가 없는 것이니, 그러한 꿈은 공상이나 하고 자살을 꿈꾸는 일 밖에 없다는 것으로 귀결되고, 만약 리어가 이 시대까지 살아남았다 하더라도 비극으로부터 탈출할 수 있는 길은 치유될 수도 없는 광증 밖에 없다는 것으로 결론을 맺고 있다. 따라서 오경숙과 박장렬은 "불행은 발전되지 않고 다만 시간의 수치만 쌓여 간다"는 견해를 공유하며 이 작품을 완성시켰다. 이 작품은 우리들의 비극은 무한의 불행으로부터 삐져나가고자 하는 몸부림에서 비롯되고, 그 몸부림은 단지 부조리의 앙상한 뼈만을 끝없이 추스른 채, 결국 비극은 부재하다는 역설"[631]을 작품 속에 담았다.

■ 극단 무대에서 바라본 세상
(각색 김철홍·문상윤, 연출 김달중)
<거꾸로 가는 리어 - 아,부,지!>
1997.4.10.~5.11., 하늘땅 소극장

셰익스피어의 리어를 통해 부권을 상실한 '우리시대의 아버지를 조명하고자'[632] 하는 시도가 있었다. 각색을 맡은 김철홍, 문상윤은 이 공연에서 리어의 광기를 현대적 의미의 치매로 "400년 전 리어의 권력은 1997년 지금 돈의 가치로 환산하여 대체한다."[633]고 했다.

작은 서점을 운영하면서 세 딸을 키워 온 민국은 이제 다 커버린 딸들의 장래와 결혼문제를 걱정한다. 돈 때문에 고민하던 그는 달력의 그림을 팔면 큰돈이 될 것이라는 광대의 말을 반신반의하면서 자신의 생일날 그림을 팔기 위해 거리에 나선다. 꿈속에서 그림을 팔아 큰돈을 마련한 민국은 그 돈을 딸들에게 나눠 주지만, 아첨할 줄 모르는 셋째딸의 말에 노해, 가장 사랑하던 삼순이를 내쫓는다. 가진 돈을 전부 딸들에게 주고 난 후 일순과 이순의 집을 오가던 그는 이제 빈털터리가 된 아버지를 치매환자로 몰아 요양소에 집어넣으려는 딸들의 의도를 알아차리고 가출을 한 뒤 거리의 부랑자와 함께 어울린다. 이제 현실 속에서 민국의 생일날 없어진 그를 찾으러 나선 삼순과 마주친 그는 자신을 왕으로, 그리고 삼순을 리어왕의 셋째딸 코델리아로 혼동한다. 현실의 중압감에 못 이겨 정신이 혼미해져버린 것이다. 연출을 맡은 김달중은 "유아시절 우리는 아버지란 존재가 '슈퍼맨'이라고 믿는다. 시간이 흘러 더 이상 아버지가 슈퍼맨이 아니라는 것을 깨닫게 돼도 아버지들은 슈퍼맨처럼 행동을 해야 된다. 셰익스피어의 '리어왕'이 갖고 있는 성격적 결함을 '우리시대의 아버지들이 갖고 있는 슈퍼맨이 되고 싶은 성격적 결함'으로 재해석, 아버지들의 비애를 그렸다."[634]고 하며, "자유는 타국에 있고 이 땅이야말로 유배지입니다."[635]라고 한 대사에서 벗어나고자 해도 벗어날 수 없고 평생 무거운 짐을 지고 가야하는 이 땅의 아버지들의 운명에 측은함을 느끼게 하는 무대였다.

5) 특이성 있는 <리어왕>의 공연

이 장에서 다루는 <리어왕> 공연은 획기적이고 실험적이어서 <리어왕> 무대의 무한한 연출의 가능성을 보여주었으며, 관객의 즐거운 호응을 얻은 작품들이다. 1980년대에는 격동의 시대였고, 정치적·사회적·문화적인 현상에 두드러진 지각변동이 도래한 바 있다. 이 험난한 세파를 겪으며 탄생한 셰익스피어의 <리어왕>의 특이한 공연들이 있었다.

■ 뮈토스 (각색 김은미, 연출 오경숙) <타임리스 리어>
1992.10.20.~11.29., 동숭아트센터 소극장

뮈토스는 서울예전 출신으로 구성된 극단이다. 뮈토스의 <타임리스 리어>는 셰익스피어의 원작을 여성적 시각, 또는 미래적 시각에서 새롭게 조명한 이색적인 작품이다. 극의 구성도 셰익스피어의 <리어왕>을 따르면서, 인물이나 극적 분위기는 올더스 레너드 헉슬리(Aldous Leonard Huxley)의 <브레이브 뉴 월드>에서 많은 영향을 받았으며, 각색자 김은미가 미래적 비극으로 가미하여, 원작 <리어왕>에 미래 세계의 공상을 포함한 것이며, 어느 특정한 시대적 배경을 설정하지 않았음에도 불구하고, 현대사회의 모순과 부조리함을 고발하고 있다.

이 작품은 신(神)이 창조해낸 인간은 남자든 여자든 그 성(性)에 상관없이 공통점과 차이점을 가질 수 있다고 전제하면서 남성의 성을 바꾸었다. 아마도 타임리스에 변성(Sex Converted)이 제목에 포함되었어야 할 것이다. 따라서 이 극의 가장 큰 특징은 남자와 여자의 배역의 성이 바뀌어 있다는 점이다. 리어왕은 어머니 리어로, 세 딸은 세 아들로, 세 딸의 남편들은 세 며느리로, 글로스터 백작과 두 아들 역시 모두 여성으로 바뀌어져 있으며, 변하지 않는 인물은 켄트와 오즈왈드, 그리고 광대 역할을 하는 복제인간 아담뿐으로 이들은 남성 그대로다.

<타임리스 리어>는 막의 구분 없이 16장으로 구성되었고, 극의 처음 시작은 암전 상태에서 리어의 프롤로그로 출발한다. 공상과학의 이야기가 소재인만큼 공연양식에서도 표현주의적 기법을 택하였는데, 극이 시작되면서 등장인물들이 1장에서 펼치는 군무가 바로 그것이다.

원작에서 리어왕이 광야에서 폭풍우를 맞으면서 광증을 나타내는 것과는 다르게

고장난 텔레비전, 스피커, 고철이 되어 버린 전자제품 등이 즐비한 거리에서 리어왕이 광증을 나타내는데, 이것은 산업문명의 발달로 황폐화된 세계를 나타내는 것이다. 12장에서 고철이 된 기계들이 쌓여있는 거리에 프란스와 코델리온이 오토바이를 타고 등장하거나, 16장에서 코델리온이 엘바의 총에 맞아 죽는 것 등은 <타임리스 리어>가 현대라는 포괄적 상황을 물질문명이나 기계화된 문명 속에서 인간의 폭력성을 다루고 있음을 극명하게 나타내는 것이라 볼 수 있다.

"셰익스피어의 리어는 인간이 '운명'에 순응하여 살 수밖에 없는 인간 굴레의 숙명에 전면적으로 대항한 반면, 리어(Timeless Lear)는 인간세계가 문명사회로 변모됨에 따라 신의 권능에 대항하여 순리에 역행함으로서 이데아로의 향연이 아닌 퇴락으로의 인간 부조리상을 조명하고자 했다."는 작품해설처럼, 오늘날의 인간세계가 고도화된 문명사회로 변모함에 따라 인류의 창조자인 신의 고유영역에 도전하지만, 이미 타락해가고 허물어져가는 모습을 보임으로써 특정한 세대에 구애받지 않으면서도 미래의 비극을 예견하고, 우리시대를 재조명했다는 점에서 특이한 작품으로 평가된다. 이는 고정관념에서 탈피해 기교적인 면에서 새로운 가능성을 시도한 연출의 의도라고 볼 수 있으며, 셰익스피어 작품에서 유행처럼 번진 실험적 시도의 극대화로도 볼 수 있을 것이다.

■ 극단 반도 (각색 오은희, 연출 주요철) <킹 리어>
1993.2.12.~2.24., 문예회관 대극장

줄거리는 셰익스피어의 <리어왕>을 근간으로 하고, 정확한 대사만으로 압축하여 맛깔스런 말투로 만들었다. 시공을 초월하여 동양적 정서가 물씬 풍기는 작품으로 재조명한 것이다. 주제에 있어서는 각색·연출 모두 리어의 고뇌와 광기에 맞추려 하였으나, 그보다는 불쌍하고 어리석은 노인 리어에 대한 동정심을 불러일으킬만한 연출이라는 평가를 받았고, 공연의 관점에서 <킹 리어>를 해석한다면, "개혁의 시대에는 늘 새로운 셰익스피어가 있었다."[636]는 극단 반도의 변처럼 새로운 무대로 꼽을 수 있다. 연출을 맡은 주요철은 다음과 같이 작품해석의 의도를 밝혔다.

> 우선 무대의 의자, 탁자 등 소도구를 모두 치워버렸고 배우들의 의상을 최소화, 간소화 했다. 동양연극의 기법인 그림자극을 주요 효과로 등장시키고 지루한 전개과정을 음악이나 조명을 사용해 축약시켰다.[637]

연출가는 이 공연에 동양연극의 장점을 도입하여, 연기, 음악 그리고 무대미술 등에서 다각적 효과를 기도(企圖)하였다. 연기에 있어서는 등장인물의 등·퇴장, 서열에 따르는 인사법, 걸음걸이, 그리고 대사의 처리를 양식(樣式)화 시켰는데, 이것은 마치 중국의 경극이나 동양연극에서 볼 수 있는 절도에 해당하는 문제가 된다. 음악에 있어서도 동양음악과 서양음악의 적절한 배합으로 음향효과를 높이고, 단절음 등으로 극의 속도를 조절하고, 신비로운 음악적 묘미를 살렸다. 이처럼 절도 있는 대사와 연기는 배우들의 의상에도 영향을 주어, 극히 간소화, 단순화된 무대의상으로 관객의 시선을 집중시켰고, 배우들의 연기로 인물의 성격을 나타내려 노력하였다. 이런 방법으로 많은 부분들을 축약하고 상징화시키는 작업을 하였는데, 그것은 공간을 고정화시키지 않고, 도구도 일절 사용하지 않아, 동양화(東洋畵)에서 중시되는 여백이라는 점을 강조한 것과 같은 효과를 내게 한 것이고, 그림자극을 도입하여 중요한 사건에 대한 인식을 높이게 하였다. 이러한 시도는 왕관의 양위를 천으로 크게 형상화시켜 특수장치에 의해 왕관 모양으로 보이게 했고, 딸의 요구로 호위병을 감축시키는데 그림자를 이용해 깃발이 꺾이는 모습, 그리고 빛 효과를 살리려고 한 것 등이다.

그러나 이런 연출 의도와 다르게 대형무대를 사용함으로서 그림자극의 효과가 반감되고, 단절음의 효과도 대사 전달수단으로 사용하고자 했지만, 절제되지 못한 양식화로 배우들의 연기가 산만해졌다는 평을 들었다. <킹 리어>의 공연은 수많은 새로운 시도 속에 시행착오를 겪었지만, 그래도 동양의 노·장 사상을 많이 가미시킨[638] 연출 의도에 의해 동양적 시선의 셰익스피어극 재해석이라는 점에서 높이 평가할만한 작업이었다.

■ 해외극단의 <리어왕> 공연
▣ 호주 멜버른 플레이박스 극단 (연출 레츠 맥키워츠) <리어왕>
1993·12.2.~12.5., 예술의전당 자유소극장

1976년에 창단된 호주 멜버른의 민간극단 플레이박스의 이번 공연은 폴란드계의 레츠 맥키워츠가 연출하였으며 과장없는 연기를 통해 극의 통일성을 유지하였으며, 사다리, 막대, 선 등을 사용한 동물우리와 미로를 상징하는 무대의 가능성과 실험성을 지성과 감성으로 충족시킨 공연으로 평가받았다. 또 극중극 형식, 즉 포스트모더니즘의 한 방법인 메타연극으로 이루어진 특징을 갖고 있는데 "기존의 고전극에 대한 선입견을 통렬히 비난하게 하면서 신선한 극적 감동과 시각적인 미"[639]를 선보인 작품으로 평가되었다.

셰익스피어의 원작을 회상극의 형식으로 바꾼 이 작품은 리어가 죽는 원작의 마지막 장면을 처음 장면으로 설정하고, 리어로 하여금 자신의 부당한 처사로 말미암은 비극을 돌이켜보게 함으로서 자신의 실수를 확실하게 깨닫고, 다시 죽음으로 이끄는 순환적 구조를 갖는다. 이러한 순환적 구조는 인간이 처한 부조리, 하지만 실존할 수밖에 없는 상황을 그리기 위한 것으로, 나이 먹은 학생인 리어가 인생이라는 교실에서 관객이면서도 동시에 등장인물로 자신의 모습을 투영한다. 무대는 교실로 꾸며져 있으며, 등장인물들은 무대를 떠나지 않고 리어의 회상이나 상상에 의해 필요에 따라 배역을 바꾸어가며 연기하게 된다. 배우들의 분장은 동양연극에서 도입한 양식화된 것이었으며, 극의 처음부터 끝까지 동일한 인물로 연기하는 자는 리어와 글로스터뿐이다.

<리어왕>의 주제의 중심을 '고통을 통한 인식'[640]으로 볼 때 그 효과를 극대화시키기 위한 폭풍우가 몰아치는 광야에서 리어가 표현하는 광기를 같은 동굴 속에서 한방울씩 떨어지는 영롱한 물방울 소리로 대체시킴으로서 리어의 내면세계에서의 더할 수 없는 아픔과 고뇌를 '역동적인 <억제의 미학>'[641]을 통해서 보여주었다.

■ '제1회 베세토 연극제' 참가작품
일본 스코트 극단 (연출 스즈키 타타시) <리어왕>
1994.11.17.~11.20., 예술의전당 토월극장

"베이징(北京), 서울, 토쿄(東京)의 첫 음절 알파벳을 따서 명명한"[642] 베세토 연극제는 중국, 한국, 일본의 현대연극 교류를 목적으로 하였으며, 일본 스코트(Scot) 극단의 <리어왕>은 '제1회 베세토 연극제'의 일본측 참가작품으로 1994년 11월 17일에서 20일까지 예술의전당 토월극장에서 공연되었다.

이는 일본 현대연극의 선두주자로 알려진 스즈키 타타시에 의해 연출되었는데 일본의 평론가인 와타나베 토모츠는 이 작품에 대해 "쓸데없는 부분은 과감히 삭제한, 그러나 다이제스트판과는 엄연히 다른 스토리의 전개"[643]라 평하면서 일본인들이 가진 절제의 미학에 초점을 맞추고 있다고 설명한 바 있다.

연출가 스즈키는 "주인공은 가족 간의 연관이 붕괴돼 고독 속에 죽음을 기다리는 노인이다. 나는 셰익스피어의 작품 속에서 노인의 고독감과 정신적 평형을 잃은 인간의 나약함에 초점을 맞췄다."[644]고 공연에 대하여 설명하고 있는 것으로 보아, 이 작품을 시공을 초월함은 물론 민족의 정서를 넘어 인간이라면 보편적으로 소유한 진실에 호소하고 있음을 알 수 있다. 스즈키는 두가지에 역점을 두었는데 하나는 의상이나 무대장치의 변화를 보다 일본화 시킨 것이고, 다른 하나는 주제에 맞추어 정신병원으로 설정된 무대 속에서 단절과 붕괴를 보여주었다는데 있다.[645]

스코트 극단의 <리어왕> 공연에서는 모든 배역을 남자들이 맡고 있으며, 리어왕의 세 딸마저도 모두 남자배우들이었다. 이것은 일본의 가부키(歌舞伎)와 고대 희랍의 연극전통을 계승하였음을 의미하는 것으로 해석된다. 가부키다운 부분을 다분히 취한 이 공연은 배우들의 움직임과 긴 호흡, 발을 구르는 듯한 움직임에서 '노(能)'의 분위기를 느낄 수 있으며, 무대미술에 있어서도 일본의 신사(神社)를 연상시키는 공간, 미닫이문과 기둥으로 꾸며 놓은 무대, 빛을 이용한 공간의 조형미 등이 일본다운 모습을 유감없이 보여주었다. 그러나 음악에 있어서는 일본다운 것이기보다는 서구적인 느낌이 나도록 하여 일본화로 치우치는 폐쇄성을 교묘하게 피하고 있다. 셰익스피어의 일본적 수용은 배우들의 잘 훈련된 기본기와 탄탄한 연기력에 힘입어 대단히 일본적이면서도 보편성을 추구하여 세계적인 공연수준으로 이끌었으며, 우리나라의 셰익스피어 연출가들이 눈여겨볼 만한 무대라고 생각된다.

■ 세계연극제 '97 참가작품
한국 극단 자유 및 극단 유 (연출/구성 김정옥) <리어왕>
1997.9.10.~9.15., 예술의전당 오페라극장.

'세계연극제' 기간중에 극단 '자유'와 극단 '유'의 단원들을 중심으로 김정옥이 무대화한 <리어>(김정옥 연출·구성)는 '세계연극제'에 걸맞게 우리나라, 미국, 독일, 일본, 멕시코, 불가리아, 아이티의 배우들이 함께 참여한 다국적 연극이었으며, "7개국의 배우들은 각자 자신의 언어로 대사"[646]를 읊는다. 그리고 우리 민속연회의 연극적 요소를 극 속에 삽입하였는데, 경험이 풍부한 연출자 김정옥이 "시대배경을 2천년 전으로, 공간배경을 한반도와 만주일대, 일본으로 설정해 한국적 굿판과 서구의 정서가 함께 어우러지는 작품을 만들겠다."[647]고 의도했던 바대로 원작의 틀에서 크게 벗어나지 않고 서양과 동양의 조화를 이뤄낸 <리어왕>으로 탄생시켰다.

리어왕과 그의 세 딸들, 사위들이 등장하여 시작되는 극의 초반부에는 팬토마임을 통하여 앞으로 전개될 사건들을 미리 보여준다. 리어는 두 딸들에게 실권을 넘겨주고 셋째딸 코델리아와 충신 켄트를 추방한다. 그리고 다섯명의 광대가 등장, 방금 전에 일어난 일들을 풍자하며 인간들의 우매함과 독선 그리고 광대들의 간언을 묵살한 리어에 대한 원망 등을 늘어놓는다. 이때 다른 광대들이 리어, 고네릴, 리건,

코델리아, 에드먼드의 시신을 메고 등장한다. 이들이 시신을 가운데 두고 영혼을 달래는 살풀이굿이 벌어진다. 극의 마지막에 있음직한 일들이 미리 나타나는 것이다. 결국 질투에 의해 죽음을 맞는 고네릴과 리건, 에드거와의 결투에서 숨을 거두는 에드먼드, 그의 계략에 의해 죽게된 코델리아를 부둥켜안고 울부짖다 최후를 맞는 리어, 이렇게 피로 얼룩진 이 극의 마지막에 광대들이 이들의 시신을 묻고 무대를 떠난다.

이 극이 공연되기 전 다국적 배우들에 의한 공연에 대해 일각에선 우려의 소리도 없지 않았으나, 극의 초반부에 팬토마임으로 사건이 전개되며, 후반부에 있을 광대들의 살풀이굿을 미리 보여주었으니, 관객의 이해를 돕고자 하는 연출의 세심한 배려를 엿볼 수 있다. 이 공연에서 특이한 점은 기존의 <리어왕>의 공연들에서는 한 명의 광대가 등장, 극의 청량제 역할을 하고 있으며 전체적으로 보아 그 역의 비중은 미미한 편이었으나, 이 공연에서는 광대의 수를 늘리고 광대가 원작에서 늘어놓는 우스꽝스럽지만 가시 있는 대사는 그대로 살리면서, 그들이 펼치는 춤을 통해 시종 무겁고 비극적일 수 있는 극에 숨구멍을 터놓은 것이다.

6) <리어왕> 수용의 개요

<리어왕>은 셰익스피어 작품 중 가장 처절한 비극이다. 우리나라 문화에는 '효(孝)'라는 동양적 근본사상이라는 큰 바탕이 있으며, 리어왕이 당하는 고뇌와 광기는 두 딸의 불효의 결과이며 어렵게 수용되었으나, <햄릿> 다음으로는 가장 활발하였다.

셰익스피어의 작품은 원형이 정통적이나 세계 각국에서 다양하게 변용도 되었으며 우리나라의 경우도 문학적 수용에서 보았듯이 <리어왕>은 정통 번역보다는 번안이 먼저 이루어졌으니, 1924년에 <리어왕과 그 딸들>이라는 변형된 제명으로 축소 번안되어 여학교 학생용으로 쓰인 것이 최초였다. 그런데 흥미로운 것은 가장 배반의 미학이라 할 <리어왕>의 원작과는 반대로 딸들의 효심으로 결말을 맺고 있다는 사실이고 그리고 <리어왕>의 완역은 해방 후에나 가능했다.

<리어왕>은 1960년대 동인제극단시대에 와서야 제대로 무대화되었다. 1964년 셰익스피어 탄생 400주년 기념공연을 계기로 비로소 무대를 꾸밀 수 있었으며, 대학극에서 <리어왕>의 정통성이 유지되었다. 정치적 암흑기라 할 1970년대와 1980년에 들어서서 <리어왕>은 실험적 차원에서 번안극이 공연되었다. 아르토(Artaud)나 그로토프스키(Grotowski)의 영향을 받은 안민수가 1979년에 드라마센터에서 <리

어왕>을 번안, 공연한 것이 시발점이었는데, 그것은 절대권력에 대한 혐오와 풍자로 나타난 것이라고 볼 수 있다. <우리시대의 리어왕>이 그와 같은 공연에 속한다.

1990년대 이후 현대사회에서 부각되는 노인들의 고독과 소외를 리어라는 등장인물이 겪는 것으로 한 공연이 두각을 나타냈다. 노왕의 고독함을 주제로 한 <미친 리어>, 현대사회의 인간성 상실을 삼은 <리어 그 이후>, 그리고 치매에 대한 공포와 평생 무거운 짐에 시달리는 아버지의 운명을 그린 <거꾸로 가는 리어 아, 부, 지!> 등을 꼽을 수 있다.

<리어왕>을 미래의 시각과 동양적 세계관에 입각해서 번안한 공연, 미래비극은 <타임리스 리어>로, 중국의 경극과 그림자놀이를 도입한 <킹 리어> 등은 실험정신이 극대화된 것이다. 외국극단의 내한공연과 우리나라와 외국극단의 합동공연에서 <리어왕>의 국제화를 찾아볼 수 있다. 호주의 플레이박스극단의 메타연극적 공연, 베세토 연극제의 일환으로 공연된 일본 스코트 극단의 일본다운 색채가 짙은 공연, 그리고 우리나라를 포함한 6개국이 한 무대에서 각자의 모국어로 공연한 것 등이 그러한 경우가 될 것이다.

4. 〈맥베드〉의 수용

셰익스피어는 고전적 문호이다. 16세기의 작가로서 그의 작품은 박물관에 비치되어도 알맞을 것이다. 그러나 셰익스피어는 지금도 우리 곁에 있다. 20세기에 우리나라가 개화될 무렵, 그는 성인군자로, 위대한 사상가로[648] 소개되다가 현채[649], 신채호[650], 조언식[651], 정연택[652], 유승겸[653] 등에 의해 점차 문인으로 불리며 그의 영향을 받게 되었다. 우리나라의 신극운동은 서양문화와 밀접한 관계가 있다. 그 중에서도 셰익스피어는 극작가로서 지대한 영향을 주었으며, 이채우는 4대 비극중에서 <오셀로>를 <倭的盧>, 햄릿을 <咸列特>[654]과 같이 한자음으로 표기하며 극작가로 인식하였으니 지금에 와서는 흥미로운 일에 속한다.

4대 비극 중 <맥베드>는 가장 권력 지향적이다. 우리나라의 다난한 정치현실과도 예민한 관계가 있으니, 36년 동안의 일제 식민지 통치기간에 <맥베드>가 희곡으로 소개된 이래 해방이후의 굴곡과 파란의 정치사 속에서 <맥베드>라는 권력풍자 성향의 희곡이 1980년대 중반까지는 무대화에 심한 탄압을 받았다. 문학이나 영화, 심지어는 조형예술까지도 권력의 통제하에서 자유로운 호흡을 하지 못했다. 더욱이 연극은 대중을 상대로 직설적인 호소력이 있기 때문에 금제의 사슬에 묶이게 되었다. 물론 창작극에서 극히 심했고 주제에 따라서는 번역극도 그런 범주에 속하나 예를 들면 <햄릿>, <맥베드> 등이 그러한 예에 속한다. 셰익스피어극이 전형적인 고전작품임에도 불구하고, 권력층 비위에 맞지 않는다고 배타되고 제척된 바 있다.

본고에서는 <맥베드>의 그런 수용과정을 살펴보기로 한다. 따라서 자연스럽게 실증적이고 역사적인 방법으로 하게 되고, 한국의 근·현대 연극사의 흐름도 점검하게 될 것이다.

셰익스피어가 시라든가 문학이념으로 소개된 것이 아니고, 인생훈, 처세훈, 경구 등으로 입신출세의 미담으로 소개되다가, 가인(假人) 홍명희(洪命憙)가 독서에 관한 격언집 속에 셰익스피어라는 인물을 소개한다고 하면서 개화기에 흔치 않았던 주까지 붙여서 <맥베드>가 처음으로 4대 비극으로 다른 작품들과 함께 거명된다.

> … 최닝 박사 말속에 <밀튼>과 <쇠익스피야>라난 일홈이 잇난데 이 두 사람을 누군지 모르시난 분은 조금 의미를 통치 못하실듯 그 두 사람은 본인이 본지에 자세히 소개하여 드릴 날이 잇사올 듯 하기에 이번에는 어느나라 어느 째 사람이라고 간단히 말삼하고 그만 두겠삽내다. <쇠익스피야>는 영국인인데 서기 1564년 4월 26일에 세상에 나와서 Hamlet, King Lear, Macbeth, Othello 등 4대 비극과 기타 수다걸작을 이 세상에 온 標的으로 남겨두고 1614년 4월 23일에 白玉樓中에 잇슬 사람이 되어 갓삽내다.[655]

셰익스피어는 4대 비극을 쓴 작가로 소개되었다. 그러나 신파시대에 이르기까지 한두번 거명될 뿐이었다. 일본은 우리나라보다 서구문명의 도입이 약 30년 앞서 있었다. 일본의 신파극단이 한국에 있는 일본 거류민들을 위하여 내한공연을 가진 것은 1908년부터였다. <햄릿>과 <베니스의 상인>의 한장면을 공연하였는데, <햄릿>은 5막 20장을 11장으로 구성하였고[656], <베니스의 상인>은 <인유질인재판(人肉質人裁判)>[657]이라고 소개되어 있는 것으로 보아 4막 1장의 법정장면을 연출한 것 같다.

1917년 7월 12일부터 3일간 <맥베드>가 유락관(有樂館)에서 영화로 상영되었으며, 필름을 통해 대중이 셰익스피어의 작품을 접할 수 있었다.

> 영국 대문호 사옹 만년의 대저, 사극 마구베스 전9권.
> 活動之世界日에 <명우출연의 활동사진극>으로 특히 성공흔 모양이난 此 마구베스쓴은 스라의 白銑白磨 공으로 成흔者만 다 장면에도 진실로 人을 魅흔 자 有흐니

특히 其 연출볼의 辛味와 장면변화의 공부에 대ᄒ야 本邦劇界에 대호 絶好의 참고품
이오 右沙翁劇硏劇者에 대ᄒ야 稀世의 寶典玲어이라 일반의 人人에도 如何히 마구베
스극이 명작이 有ᄒ다는 事를 흥미중심으로 촬영되야 비상호 인기를 傳ᄒ얏다더
라.[658]

이 영화 상영과 관련하여 연극평론가 유민영 단국대학교 교수는 "<맥베드>가
비록 영화로 소개되지만 연극인들에게도 참고가 될만한 가치가 있다."고 하면서 "셰
익스피어가 저명한 극작가로서 작품과 함께 알려지기 시작한 것이다."[659]라고, 영화
<맥베드>가 대중들의 서양문화에 대한 안목도 넓혀 주었다고 부언했다. 결국 셰익스
피어의 영화가 들어옴으로서 최초로 대중과 친근해질 수 있었다. 명연출 명연기로
수많은 이야기가 기록되어 전설적인 인물로[660] 정평이던 비어보흠 드리(Beerbohm
Dree)는 그가 등장하는 작품이 한국에서 상연되기 직전에 세상을 떠났고, 한국관중
은 전후 사정을 모른 채 영화를 통해 드리의 연기를 보게 되었던 것이다.[661]라고
총론에서 이미 설명한 바 있다.

1919년에 램의 작품인 <셰익스피어의 이야기>에서 처음으로 셰익스피어의 작품
인 <태풍>(Tempest)[662]이 번역되었고, 기미년 3·1운동을 거쳐 1920년대에는 우리
나라의 문화가 각 분야별로 지각변동이 일게 되는데, 셰익스피어의 수용도 증폭하여
그의 희곡이 16편이나 번역 소개되었다. 셰익스피어는 원작으로부터의 번역, 전막
번역, 줄거리 소개, 찰스 램과 메리 램이 합작한 <셰익스피어의 이야기들>을 통한
번역, 그리고 번안 등의 방식으로 소개되었다. 그러나 이들은 문화적 소산이지, 연극
의 공연은 아니다.

<맥베드>의 경우 양하엽이 번역한 '泰西悲劇 막쎄스'는 총론에서 논하였으나,
<맥베드>의 수용을 다루는 본고에서도 반복하여 설명하고자 한다. 이 작품은 희곡이
아니라, 그 원본의 출처를 알 수 없는 산문체로 쓰여진 것이며, 셰익스피어 원작의
1막 2장부터 시작이 되고, 인명과 국명을 일본식으로 한 것이 특징이다. 코더 영주가
고도루후로, 노르웨이 왕이 낙위왕으로 호칭되고, 원문에 없는 이야기가 포함되는
데, 노왕 던컨이 전지로 출정하는 것이다.

스코쯔란드란 나라에, 왕으로 <당싼>이란 寬厚하고도 인자하신, 대군주가 잇섯다.
엇너 한 히에 그의 신하 <고도루>侯가 <낙위>국왕에게 내통을 하여 가지고 叛軍을
일으키여 이 스코쯔란드를 되리치고자 하얏다. 이 쩨에 당싼왕은 고도루侯의 행동을
짐작하고 즉시 막쎄스와 방코의 두 장군으로 하여금 반군을 토벌코자 하야 여러 만명

의 군병을 따르게 하며 왕도 친히 〈프레쓰〉란 땅 부근섟지 출진하야 자기의 군병들을 독려하얏다. [663)]

이 〈태서비극 막쩨스〉는 1막에 비중을 두고 있으며, 산문체이긴 하지만 원작이 희곡이어서인지 독백이 많이 나온다. 맥베드 부인을 강렬한 이미지를 가진 여성으로 묘사하고 있다. 셰익스피어의 무대에는 선과 악, 미와 추 그리고 인간생활이 사실적으로 표현되어 있다. 그렇기 때문에 셰익스피어의 무대를 보는 관객은 극중 인물을 통해서 삶의 의미를 반추게 된다.

1) 〈맥베드〉 공연의 저주를 풀다

〈맥베드〉는 셰익스피어의 대표작의 하나이다. 우리나라에서 〈맥베드〉가 연극으로 초연된 것은 1952년에 가서야 비로소 성취될 수 있었다. 6·25 사변 후 남하한 극단 신협이 대구, 부산 등지에서 〈햄릿〉[664)]을 공연함으로서 셰익스피어의 작품이 제대로 공연되기 시작하였다. 이진순이 지적한 대로 "전시 체제 아래서도 과감히 셰익스피어의 작품을 들고 나올 수 있는 연극정신"[665)]이 있었기 때문에 실현될 수 있었다. 같은 해 10월에는 한노단 역, 이해랑 연출의 〈오셀로〉[666)]를 대구 문화관에서 공연하였다. 〈햄릿〉과 〈오셀로〉로 셰익스피어의 붐을 일으킨 신협은 1952년에 〈오셀로〉[667)]와 〈맥베드〉[668)] 등을 연속적으로 공연했다. 〈맥베드〉는 마산에서 초연[669)]을 하고 부산에서 공연하였다. 〈맥베드〉는 셰익스피어의 4대 비극 중 가장 심리묘사가 뛰어나다는 평을 들으면서도 그간 공연이 되지 못한 이유는 두 가지로 추정할 수 있다. 하나는 〈맥베드〉가 번역되지 않아서, 또 하나는 〈맥베드〉의 공연은 저주와 불운이 뒤따른다는 이상한 전설이 400년간이나 이어진 탓[670)]으로 치고 있다. 신협의 공연[671)]은 한노단이 번역해 놓았고, 미신을 무시하는 이해랑의 장인(匠人)의식과 투철한 연극정신에 의해서 이루어진 것이다.

〈맥베드〉는 1606년 초연했을 당시 왕비 역을 맡았던 소년배우 할 베리지(Hal Berridge)[672)]가 갑자가 열병에 걸려, 결국 셰익스피어가 그 역을 맡았던 일이 있었고, 셰익스피어가 애초에 스코틀랜드 출신으로 주술에 심취한 왕을 기쁘게 하겠다는 뜻과는 달리 왕은 이 극을 보고 대노했으며, 이후 5년간 상연이 금지된 바도 있었다.[673)] 그래서 초연했을 때부터 불행을 초래하는 작품이라는 악평을 얻게 되었고, 그 후 〈맥베드〉의 저주는 꼬리에 꼬리를 물고 일어났으니, 연출가가 심장마비로 죽고, 배우들의 즉사, 병고, 사고 등의 여러 가지 징크스가 잇따랐다. 우리나라에서도 이러한 이야기가 전해졌으니 <맥베드>의 공연이 지연될 수 있었으리라고 짐작된다. <맥베드>의 저주의 벽을 허물고 상연한 이해랑의 연출에서 세마녀를 여성으로 하지 않고, 박상익, 고설봉, 장민호[674] 등 세남성으로 분장시켰으며 가면을 사용했던 것이다.[675]

이해랑의 연출포커스는 예술적인 분위기를 조성하는 것이며 마녀들과 헛것이 구성하는 초현실적이고 공포의 분위기를[676] 창조해야 한다는 것이다. 이해랑의 생각으로는 이러한 분위기 조성에 여성보다는 남성배우들이 더 적절하다는 독창적인 의도로 남성들을 마녀로 분장시킨 듯하다.

독일 퀼른에서의 <맥베드> 공연에서는 이러한 분위기를 극대화시키기 위해 맥베드 부부와 마녀를 전라(全裸))로 출연시킨 일이 있었는데 "공연이 끝난 후 관객과 비평가들은 공포와 전율로 몸이 굳어버린 것 같았다."고 하였다. "공연의 성공여부는 더 있어봐야 알겠지만, 배우들을 과감히 나체로 등장시켜 적나라한 탐욕과 적나라한 불안의 상징으로 표현한 것은 놀랄만한 시도"[677]라고 비평가들은 평가하였다. 이해랑도 연출계획에서 맥베드의 공포와 그러한 연기에 대해 다음과 같이 설명하였다.

> 무대를 장식하고 구성하여 연기의 장소를 지시해주는 것만이 장치가 아니다. 장치도 연기를 해야 한다. 연기자와 같이 분위기의 연기를 해야 한다. 맥베드의 공포에 질린 감정을 표시해야한다. 맥베드에는 직선으로 그려진 정지한 물체가 존재할 수 없다. 모든 것은 맥베드의 공포에 질리어 곡선적으로 떨고 있지 않으면 안된다. 그밖에 효과에 있어서도 공포의 심상을 같이 호흡하여 천지를 진동하는 우레(雨雷)! 하늘이 깨지는 듯한 번개불, 까마귀의 목쉰 소리와 떡부엉이의 음산한 울음소리로 불길한 밤의 공포가 더욱 짙어가게 해야 한다. 이리하여 나는 맥베드를 창조하는 연극의 일절 구성요소가 마치 한 사람이 숨을 쉬듯 한 호흡으로 공포의 심상을 표현하고 이 연극의 핵심적인 공포의 숨소리로 예술적인 분위기를 양성(釀成)하여주기를 요구하였다.[678]

그의 연출의도는 정확하였고 높이 평가할 만한 공연이었음에도 불구하고, 관객의 열렬한 호응은 없었고 흥행으로도 실패하였다고 하는데, 특히 초연인 마산에서의 공연은 형편이 좋지 않았다고 한다. 그러나 실패작이 아닌 것은, 그 당시는 입석까지 꽉 차야 한다고 간주했기 때문이지 관객이 아주 없었던 것은 아니다.[679] 당시 출연배우로는 이해랑이 던컨, 김동원이 맥베드, 오사랑이 뱅쿠오, 황정순이 맥베드 부인 역을 맡았다.[680]

신협은 전쟁 중이라, 반공적인 창작극을 공연하였으며, 틈틈이 셰익스피어의 작품을 공연하였을 뿐인데, 그래도 대중은 거기에 매료되었다. 특히 스펙터클하고 박진감 넘치는 내용-특히 음모와 복수, 사랑과 고통이 뒤섞여 있는 주제-으로 대중을 매료한 것이며, 피난생활의 어려운 여건을 위로하는데 셰익스피어가 한 몫을 한 것이다. 환도 후에 국립극장에서 <햄릿>[681], <오셀로>[682]를 재공연하였고, 1954년에는 <줄리어스 시저>[683]를 시공관에서 공연하였다.

신협이 이처럼 성공적인 공연을 할 수 있었던 것은 유치진이나 이해랑 같은 노련한 연출가, 그리고 김동원, 이해랑, 박상익, 황정순, 장민호 등 탄탄한 연기를 자랑하는 배우들이 있었기 때문이다. 그 후부터 각 극단이나 연기자들에게 셰익스피어는 하나의 전범(典範)으로 각인(刻印) 되어 갔다. 여기서 주목해야할 사실은 해방 이후의 현대연극 운동사에 있어서 1960년대에 고전에 속하는 셰익스피어극이 그전까지는 미흡하였으나 대표적인 번역극 레퍼토리로 굳어졌다는 점이다.

2) 학생극단의 <맥베드> 공연

1950년 6·25 전쟁으로 서울에서 부산으로 옮겨온 신협이 부산에서 <햄릿>, <오셀로>, <맥베드>를 공연하여 1950년대 전반기는 극단 신협의 셰익스피어극에서 전성기를 누렸다. 그러나 "극단 신협의 연이은 공연은 부산연극을 위협하는 결과가 되어 화려하고 대담한 신협공연과 '자생력을 갖추지 못한 부산연극' 사이에서 갈등과 방황이 시작된다."[684]는 김동규의 글을 판별해 보면, 한동안 부산연극이 위축된 듯하다. 1950년대 후반기에 들어서 부산연극이 위세를 찾아서 차분히 <함열왕자>(1955년)[685], <오셀로>(1957)[686], <햄릿>(1958)[687], <베니스의 상인>(1960)[688], <줄리어스 시저>(1964)[689] 등의 셰익스피어극을 공연하게 되었다. 4대 비극의 하나인 <맥베드>는 신협이 1952년 초연한 후, 1959년 10월에 경희대학교 연극부가 이종수 역, 정건우 연출로 무대화하였다.[690] 이 공연은 대학내의 행사였기 때문에 일반대중에게는 알려지지 못했다. 그 후 1960년에 이리 남성고교가 유광채 연출의 <맥베드>를 전남일보사 주최 전국 학생경연대회에서 공연하여 최우수상을 받았다.[691]

그리고 다음과 같이 <맥베드>의 대학공연이 있었다.

대학	번역자	연출자	시기	장소	비고
중앙대학교 연극영화과[692]	이종수	이성주	1966.12.8.~9 1966.12.13.~14	대학극장 국립극장	연극영화과 제5회 졸업기념

고려대학교 극예술연구회[693]	김우탁	이제창	1976.5.27.~29	고려대 대강당	개교 71주년 기념공연
동국대학교 연극영화과[694]	오화섭	박장순	1979.9.10.~15		154회 공연

그러니까 <맥베드>를 공연한 대학은 1959년 경희대를 시발점으로 1976년 고려대학교를 거쳐 1979년 동국대학교 연극영화과, 그리고 가장 최근에는 1997년 동국대학교가 기존의 틀에서 벗어나, 새롭게 구성한 성숙함을 보여줌으로서 관객들에게 신선한 감을 주었다.

3) 실험극장과 런던 셰익스피어 그룹의 공연

학생극 이외에도 1960년대와 1970년대의 공연으로 실험극장과 런던 셰익스피어 그룹의 <맥베드> 공연을 꼽을 수 있다.

■ 실험극장 (역 이종수, 연출 나영세) <맥베드>
1969.12.24~12.29., 명동 국립극장

실험극장은 창단 10주년을 마무리 짓는 레퍼토리로 <맥베드>(이종수 역, 나영세 연출)를 1969년 12월 24일부터 29일까지 명동 국립극장에서 공연하였다. 난해성과 시대성, 그리고 제작상의 난점으로 <맥베드> 공연은 신협 이후 실험극장에 이르기까지 없었다.[695] 그러나 유민영 교수는 공연되지 못했던 까닭을 군사정권시대의 상황에서 허용되지 않은 레퍼토리라고 다음과 같이 논했다.

권력찬탈이라는 주제가 권위주위시대에 좀처럼 손대기 어려웠다고 하겠다. 적어도 <맥베드>는 식민지시대나 1970년대 이후 군사정권시대에 레퍼토리로 삼을만한 작품이었지만 시대상황이 그것을 허용키 어려웠다고 볼 수 있다. 따라서 대학극에서도 <맥베드>만은 엄두를 못냈던 것 같다.[696]

실험극장은 1964년 셰익스피어 탄생 400주년 기념공연행사중의 하나인 <리어왕>에 이어 <맥베드>를 무대에 올림으로서 셰익스피어극을 두번째로 공연하게 된 것이다. 이 공연의 경우 제작비는 다른 공연의 두배로 책정했고, 중요배역은 연극계를 주도해 나갈 30대의 연극인들이 거의 더블캐스팅으로 참여했다. 이 공연은 서울신문 사고(社告) 그대로 1960년대의 빅 이벤트였다.[697] 크리스마스 이브에 올려져 축제 분위기 속에서 시작되었다. 그러나 공연 3일째 되는 날에 희극장면이 벌어졌다고 총론에 설명하였다. 의상의 색깔을 잘못 판단한 사고였다. 심심풀이로 그 경위를 다시 한 번 새겨보자.

색깔에 착각을 일으킨 던컨(崔佛岩)은 붉은 색깔의 뱅쿠오를 찾기에 바빴다. 이때 눈에 띈 것이 귀족들 속에 있던 레녹스(朴圭彩)의 붉은 의상이 눈에 보인 것이다. 던컨왕은 서슴지 않고 "오! 방코우" 하며 레녹스를 안으려 달려 내려갔다. 이에 당황한 레녹스는 "내가 뱅쿠오가 아니다." 하며 도망치듯 비켜서고 던컨은 당혹하여 주춤하는 듯하였다. 이때 무대에 출연했던 전연기자들은 약속이나 한듯 일제히 객석 쪽으로 등을 돌리고 웃음을 참느라 진땀을 빼기도 했다.[698]

출연진은 김성한, 김순철, 송재호, 여운계, 최불암 외 40명이었다.

■ 런던 셰익스피어 그룹 (London Shakespeare Group)
(연출 피터 포터) <맥베드>,
1973·12.11.~12.15., 명동 예술극장

또 다른 공연의 경우는, 연출가 피터 포터(Perter Potter)가 이끄는 런던 셰익스피어 그룹 (London Shakespeare Group)이 1970년 11월 내한하여 <햄릿>, <오셀로>, <십이야>, <겨울이야기> 등의 셰익스피어의 하이라이트를 1주일간 공연하며, 정통연기와 엘리자베스조의 의상을 보여준 바 있다.[699] 런던 셰익스피어 그룹은 고전의 정수를 부분적으로나마 보여줌으로서 문화교류를 시도했다.[700] British Council(영국 문화원)의 예술사절이기도 한 런던 셰익스피어 그룹은 1973년 3월에 개원한 주한영국문화원의 개원기념으로 그 해 12월에 2차로 내한하여 <맥베드>[701]를 명동 예술극장에서 공연하였다. 이 공연은 맥베드를 거대한 비극적 인물로 승화시켰고, 만인에게 숭앙받은 맥베드가 마녀들의 사주를 받아 야망에 사로잡혀 끝내는 왕에 대한 시해를 자행하고, 갈등하는 죄의식 속에서 멸망의 수렁에 빠지는 인간상을 처연하게 부각시키는 무대이었다.

이전 공연에서는 셰익스피어 작품의 하이라이트를 공연한 것에 반해, 이 공연의 특징은 <맥베드> 전막을 모두 공연한 것으로 맥베드, 맥베드 부인, 던컨왕, 뱅쿠오, 맥더프, 맬콤 등 20명이 넘는 등장인물을 4명의 남자배우와 1명의 여자배우 총 5명의 배우가 모두 소화하였기에 가능하였다.

1973·12.10. 동아일보 보도내용이다.

지난번에도 그랬지만 이 그룹은 단출한 차림새로 世界의 이곳저곳에서 연극을 보여주어야 하기 때문에 配役뿐 아니라 裝置, 기타를 극히 單純化시키고 있는데 셰익스피어극의 경우 현실적 필요에서 오는 단순화가 오히려 劇의 眞味를 돋우고 있다는 사실을 주목할 만하다 …

그리고 셰익스피어극이 보는 연극이자 동시에 듣는 劇이라는 것이라는 새삼스런 느낌을 外國人 觀客의 경우 의미의 傳達을 가로막는 불가피한 要因에도 불구하고 거의 音樂的이라 할 수 있는 그 대사의 리듬이 보상해준다. 번역을 통해서는 아무리 버둥대도 다짐할 길이 없는 詩劇의 매력이다.

이번 레퍼토리에 〈맥베스〉가 選定된 이유는 한국관객의 立場에서 볼 때 잘 알려진 작품이라는 점이 있을 것이고 劇團自體의 입장에서는 셰익스피어의 잘 알려진 悲劇 가운데서 이 작품이 少數의 인물 사이의 劇的緊張을 가장 두드러지게 나타내기 때문이라고 한다. 그러니까 全幕公演이 가능하다는 이야기도 되겠는데 어떻게 그것을 處理해 나가느냐에 흥미의 焦點이 있다…

연출자는 케임브리지에서 시작한 사람이고 演技者 중에는 옥스퍼드 出身이 있는가 하면 명문 왕립셰익스피어劇團에서 활약하던 女優도 끼어있다.

4) 맥베드의 현대적 시대화 작업

연극은 어느 예술장르보다도 정치상황과 밀접한 관계가 있다. 연극이 직접적인 행동의 예술이기 때문이다. 1980년대의 정치변동만큼 우리연극에 적잖은 변화가 있었다는 점과 연결시켜 볼만하다. 제5공화국은 유신시대 못지않은 억압을 가해왔는데, 정치비판적 내용이나 정부시책에 대한 내용을 연극으로 표현하려면 검열의 대상이 되었다.

셰익스피어극에 대한 새로운 해석이 일기 시작한 것도 그때를 전후해서였다. 이는 시대적 배경으로 보아서, 과거에 전통적으로 무대화하였던 것에 대하여 일종의 반성으로 볼수 있지 않을까 싶다. 셰익스피어의 작품들 중 〈햄릿〉을 우리식으로 재창조해내려는 시도가 1970년대부터 시작되었는데 안민수의 〈하멸태자〉가 공연된 이후 1980년대부터 그 작업은 또 다시 지속되었다. 한 연출가는 〈햄릿〉의 비극이 단순한 궁정비극이 아닌 정치사회적 사건임을 제시한다.[702] 얀 코트(Jan Kott)가 지적했듯이 〈햄릿〉에는 다양한 주제가 내포되어 있다.[703] 연출가와 관객은 거기서 어떤 주제라도 택할 수 있고, 꿈을 먹고사는 젊은이, 건달, 비겁자, 우리들의 자화상 등 우리의 생각에 따라서 갖가지 인물로 부활시킬 수가 있다. 그러니까 1980년대의 우리나라 극작가, 연출가들은 〈햄릿〉을 정치사회적 비극의 전형이라고 보았으며 절대권력구조에 대한 혐오로 풍자를 해보려고 했던 것이다. 기국서의 연작 〈햄릿〉 1~5 등은 우리 것으로 창조해낸 대표적인 경우이다.

암울하고 불운한 시대에 권력을 찬탈한 자는 저주를 받는다는 메시지를 담아서, 칼로 일어난 자는 칼로 망한다는 <맥베드>가 당연히 등장하게 되는데, 이들이 곧 우리극장과 무세중의 전위예술단, 그리고 극단 서강의 <맥베드> 공연이었다. 이들은 콜라주형식으로 하며 이를 현대화시키고 있다. 이들과는 다르게 셰익스피어의 <맥베드>를 뒤엎어서, 원작의 비극적 감동과는 반대되게 희화하여, 냉소하고 야유하거나 패러디화하여 현대화시키고 있는 작품들, 즉 외국의 작가들인 외젠 이오네스코(Eugene Ionesco)가 쓴 <막베트>(Macbett)와 알프레드 자리(Alfred Jarry)의 <우부왕>(King Ube)이 희곡으로서 소개되며 공연되었다. 이러한 실험극 공연 이외에도 1980년대에 <맥베드>의 정통극 공연이 없었던 것은 아니다. 직장연극동호회(1989.10), 중앙대학교(1984), 경극연(1986.11),[704] 부산레퍼토리시스템(1988) 등의 공연을 열거할 수 있다. 이 공연들 중 경극연은 경남극예술연구회의 약칭이며, 주로 실험극과 비중있는 작품들을 공연함으로서 마산연극을 실질적으로 주도해 왔다.[705] 이 극단이 주목을 받게된 이유는 "학문적으로 연결되고 있는 큰 맥이 있기 때문"[706]이다. 그것은 다름 아닌 셰익스피어 학자 배덕환과 그의 제자 한기환, 연출가 한하균, 그리고 한기환의 제자 이상용과 이종영 등으로 이어지는 흐름 때문이다.

이제 몇 작품을 시기에 따라서 살펴보기로 한다.

■ 극단 현대극장 (작 이오네스코, 역 전채린, 연출 표재순)
<막베트> 1976.9.14.~9.18., 시민회관 별관

작품에 대한 설명은 제3장 4. 변용적 수용과 공연 1) 서구에서의 변용과 공연 편을 참조하기 바란다.

■ 극단 우리극장 (역/각색 유혜련, 연출 김승수) <맥베드>
1981.11.26.~12.1., 문예회관 대극장

극단 우리극장(대표 고금석)은 연출가 고금석이 프라이에 뷔네 선배들과 1979년에 창단한 극단이다. 프라이에 뷔네는 1967년 12월 독일희곡작품을 연구하고 무대에 올리기 위해 독문과 학생들이 주축이 되어 결성된 전국독어독문학과 연극회다.

극단 우리극장의 <맥베드>는 맥베드가 경험하는 영광과 몰락의 삶 속에서 전개되는 사건의 추이를 봄·여름·가을·겨울의 자연현상의 순환구조로 파악하고 대주제를 순환의 주제로 설정하였다.

맥베드 : 한 시대는 갔습니다. 사람도 젊음을 누리면 늙어 마지막을 기대하게 되고
　　　　자연 또한 여름이 푸르름을 자랑하는가 하면 어느새 가을이 되고 모든 생명
　　　　이 땅 속으로 숨어드는 겨울이 되기 마련입니다.(4막 1장)[707]

위의 인용문에서 알 수 있듯이 각색자의 의도는 "Fair in foul, and foul in fair"[708] (아름다운 것은 더러운 것, 더러운 것은 아름다운 것)라는 주제처럼 그 내용이 모순덩어리요, 복잡하고, 암흑이고, 수수께끼요, 혼돈스럽듯, 자체 내의 이중성의 의미와 함께 순환의 주제에 맞추어 젊고 아름다운 봄이 있다면, 추하고 퇴락하는 겨울이 오기 마련이라는 것을 부각시켜주고 있다. 또 원작의 무대를 현대문명세계로 옮겨와 음향, 의상, 소도구 등에서 현대적 분위기를 살렸고, 시간대는 눈내리는 겨울에서 시작해서 역시 눈내리는 겨울로 끝을 맺는다.

원작과 비교해 볼 때 마녀들은 여인1, 2로 등장시키고, 맥베드 부인이 사산(死産)으로 죽으며, 맥베드는 맥더프에 의해 살해당하지 않고 재판을 받게 되는 맥베드로 변화되었다. 이 공연을 관극한 이상일 연극평론가는 정치극으로서 <맥베드>의 주제를 "권력찬탈자의 인간적인 고뇌와 불안과 파멸에 이르는 극적 설정 이전에 인간의 야망에 대한 정치연극의 핵심은 숨겨진 진실을 드러내는 데 있다."[709]고 주장하면서 우리극장의 <맥베드>에 대해 다음과 같이 혹평하였다.

물론 이 현대판 〈맥베드〉에서 노리는 것은 고전적인 비극미가 아니므로 이 패러디에서 우리는 차라리 정치적 동물로서의 권리편집광이 벌이는 우스운 작태에서 현대적인 우의를 느끼게 될 수도 있었을 것이다. 그러나 그러기에는 번안도 개작으로 너무 자기중심적이고 너무나 비창조적이다. 단순한 창작 하나만으로 우리의 현대사에 도전한 〈우리극장〉팀의 무모한 실천력은 어떤 의미에서이건 낭비적이다. 극명한 호소력도 없고 가슴에 와닿는 전율도 없고 그러면서 눈에 보이지 않는 거대한 힘에 지레 겁먹고 그래서 비판력을 흐트러뜨리기 위해 장면의 집중력을 일부러 깨거나 고조되는 분위기를 억누르거나 흐름을 중단시키고 늦추는 작태를 부리기까지 한다면 그 상연에 무슨 의의가 있는가.[710]

즉 억지로 꾸민 듯한 극의 흐름이나 지나친 원작의 각색은 오히려 관객들을 혼란스럽게 하고 연출의도를 드러내지 못했다.

출연진은 최고령 연극계 원로 고설봉 옹을 비롯 이호재, 이주실, 전무송, 김주영, 고금석, 김경진. 이경진 등이었다.

극단 우리극장에 대한 재미있는 일화를 소개하자면 극단 우리극장 오디션에서

지금은 김동원을 이은 우리나라 제2세대 햄릿이며, 연극계 원로이며, 문화체육부 장관을 지낸 그 당시 막 배우로 입문하려던 청년 유인촌을 떨어뜨렸다는 것이다. 후에 고금석 대표는 자신이 배우를 보는 안목이 없었다며 땅을 치고 후회했다는 것이다.

■ <객석>통권13호 (1985.3·1.)-신정옥 기고
　'사라 시돈스의 레이디 맥베스 역'

한태숙의 <레이디 맥베스>는 <맥베스> 공연의 대표주자를 바라보고 있다. 그럴 만한 좋은 작품이다.

셰익스피어의 본고장 영국에도 레이디 맥베스 역의 공연으로 세기적인 호평을 얻은 배우가 있다. 영혼의 불꽃 사라 시돈스라고 불리는 명배우다.

우리나라에도 명배우는 2014년 작고한 황정순을 비롯하여 최은희, 박정자 등 열 손가락을 써도 될 만큼 존재한다. 그 중에는 윤석화가 있다. 윤석화는 예능잡지 <객석>을 발행하고 있다. 필자가 <객석> 통권 13호(1985.3·1.)에 영국의 대표적인 여배우, 레이디 맥베스도 하는 만큼 칭찬 받은 사라 시돈스를 소개하는 글을 발표한 일이 있다. 한태숙의 <레이디 맥베스>를 관극하고 그 주인공 사라 시돈스와 견줄만 하다고 생각하며 그 내용을 전재한다.

명배우 명연기 1
◉ '영혼의 불꽃, 사라 시돈스'

사라 시돈스는 영국이 낳은 가장 위대한 비극배우이다 그녀의 신비한 연기에 관객들은 무아지경에 빠져들어 열광했으며 그녀가 남긴 숱한 에피소드는 그대로 무대 위의 전설로 내려오고 있다. 비극이라면 외면하던 국왕도 그녀의 연기를 보러 한달에 다섯번이나 극장을 찾았으며 그때마다 눈물을 흘렸다. 지금까지 가장 뛰어난 '레이디 맥베스'로 기록되고 있는 그녀는 '연극의 여신 시돈스'로 영국인들의 가슴에 남아 있다.

◉ 떠돌이 유랑극단 가족에 태어나 아역배우로 성장

일찍이 시인 바이론은 영국이 낳은 위대한 여배우 사라 시돈스(1755-1831)에 대해서 "그녀의 연기는 아름다움의 이상(理想)이다. 나는 그녀와 같은 세기적인 여배우를 일찍이 본 일이 없었다."라고 쓴 적이 있다. 이러한 사라 시돈스지만 그녀가 정상에 올라 이름이 한낮의 태양처럼 눈부시게 빛나게

되기까지에는 상당한 시련을 겪었었다.

위대한 배우 중에는 첫 데뷔에서 일약 성공으로 말미암아 사람들이 온갖 찬사와 명예를 한몸에 받게되는 경우도 있지만, 사라 시돈스는 그와는 달랐다. 그녀는 오랜 기간에 걸쳐 피나는 노력을 하는 동안 비탄과 우수, 그리고 눈물과 기다림 속에서 그녀의 꿈과 이상, 그리고 야망을 달성할 수 있었던 것이다.

사라 시돈스는 영국의 각 지방을 떠돌아다니는 유랑극단의 하찮은 배우부부의 몸에서 태어났다. 그녀의 아버지는 유랑극단의 단장이자 배우였지만, 생활은 몹시 가난했으며, 올망졸망한 자녀가 열두명이나 되어 좀처럼 가난함에서 벗어나기가 어려웠다.

사라 시돈스는 유랑극단의 포장마차에서 잔뼈가 굵었다. 그녀의 어머니는 감상적이고 정에 끌리기 쉬운 천성에다가 위엄있는 몸가짐, 그리고 참을성이 강한 여인이었다. 부모들의 유랑극단 생활은 시돈스를 한 곳에 정착시켜 교육을 받게 할 수가 없었다. 그리하여 그녀는 주로 어머니한테서 교육을 받았다. 어머니는 시돈스의 감정을 풍요하고 심오하게 발전시켜 주려고 했을 뿐 아니라, 연극을 통해 예술적 감성을 일깨워주려고 애를 썼다. 싹싹하고 부지런하고 고분고분하고 항상 붙임성 좋은 미소를 띠는 사라 시돈스는 포장마차 생활을 좋아했다. 공연이 끝나면 포장마차는 마을의 어귀에 있는 호숫가 아니면 숲 속에서 밤을 지새우기가 일쑤였다. 그때마다 그녀는 아스라이 들려오는 물새 소리에 빠져들었고, 말들의 워낭소리를 들으며 환상의 날개를 펴곤 했다. 그뿐 아니라 고전시인 중에서도 특히 밀튼을 좋아했던 사라 시돈스는 <실락원>을 손에서 떼어놓지 않았고, 날이 갈수록 그녀는 연극에 대한 크나큰 희망으로 가슴이 뿌듯해졌다.

사라 시돈스는 어렸을 때부터 아역으로 연극적 재능을 발휘하여 사람들의 이목을 끌었지만, 그녀가 역다운 역을 맡게 되고, 그늘 속에서 숨겨있던 연극적 가능성들이 겉으로 들어나기 시작한 것은 스무살이 되면서부터였다. 그녀가 열여덟살 때 같은 극단에 있던 배우와 결혼한 후, 시돈스의 미모는 더욱 사람들의 마음을 사로잡았다. 그녀의 윤기있는 흑갈색 머리칼, 신령스럽게 광채를 내는 커다란 검은 눈, 우윳빛 살결과 아름답고 날씬한 몸매, 여신과 같은 고상하고 우아함은 타의 추종을 불허했다. 그리고 건강과 박력과 열정을 좋은 냄새처럼 발산시키고 있었다. 사람들은 그녀의 미모가 무대

밖에서보다도 무대 위에서 더욱 아름답다고 입을 모았다.

별로 알려지지 않았던 사라 시돈스의 이름이 명성의 햇빛 속으로 걸음을 옮기게 된 것은 셰익스피어 작 <뜻대로 하세요>에서였다. 셰익스피어와의 첫 접촉은 사라 시돈스에게 강렬한 감정을 불러 일으켰고, 영혼을 팽창시켜 주었다. 그녀는 그 작품을 읽으면 읽을수록 셰익스피어의 경이스러우면서도 위대한 예술에 빠져들어 갔으며, 여주인공 로잘린드에게 매혹되었다. 물론 로잘린드 역은 그녀에게서 엄청난 정열과 이해력과 민첩성을 요구하는 것이 었다. 그러나 그녀는 그동안 닦아온 연기술의 숙달과 연극적인 정열의 조화로 로잘린드의 극적인 개성의 새로운 차원을 보여주어, 공연초야부터 관객들을 감동적으로 매료시켰다.

◉ 셰익스피어의 명배우 데이빗 개릭과의 만남

그녀의 연기를 보고 크게 감탄한 그 당시 모닝포스트의 편집장 해리 베이트는 "나는 그처럼 대사를 혼으로 말하며, 그처럼 폭넓은 연기를 하는 여배우를 본 일이 없습니다. 올란도와의 마지막 장면은 신기(神技)라 할 수 있을 정도의 명연기였습니다. 아마도 그녀는 요람때부터 무대에 섰었나 봅니다." 라는 편지를 명배우 데이빗 개릭에게 보낸 일까지 있다. 그 편지는 결국 데이빗 개릭과 사라 시돈스로 하여금 예술적인 유대관계를 맺게 했으며, 그녀에게 축복되고 영광스러운 새 장을 열어주는 계기를 만들어 주었다. 개릭의 예리한 관찰력은 시돈스의 빼어난 연극적 자질을 놓치지 않았다. 결국 그녀는 개릭에게 발탁되어 드루리 레인 극장에서 <베니스의 상인>의 포샤로 출연하게 되었다.

그 당시만 해도 지방을 순회하는 소위 유랑극단의 배우가 런던무대에 진출하기란 그리 쉬운 일이 아니었다. 시돈스는 모든 피가 흥분과 기쁨으로 들끓는 듯했다. 그녀 자신이 하늘로 날아오르는 것 같은 빛의 다발 속을 가로지르고 있는 기분이었다. 얼마나 갈망하고 동경해 왔던 무대였던가. 그녀는 포샤 역에 신명을 바칠 것을 맹세했다. 사실 그녀는 그때까지 자질구레한 역에서부터 비중이 높은 많은 여주인공의 무대 체험을 겪어왔지만, 그처럼 강렬한 느낌을 가져본 적은 없었다. 말하자면 불붙는 밀짚처럼 그녀의 모든 것이 불꽃으로 화하는 듯한 느낌이었다. 그러나 한편 그에 못지않게 불안감도 컸다. 말하자면 그녀의 감정은 흥분과 기쁨과 불안감 사이를 오락가락 했다. 공연 첫날 시돈스가 분장실에서 포샤의 의상으로 갈아입는 동안에 흥분은 초조함과 두려움으로 바뀌었다. 막상 무대에 등장하려는 찰나, 발이 휘청거리고 온몸이 떨렸다. 눈앞이 아찔하고 가슴이 조였으며 땀이 맺혔다. 사라 시돈스는 단단히 마음을 굳히며 성호를 세번 그은 다음에야 등장했다. 그러나 <베니스의 상인>의 공연은 참담한 실패로 막을 내리게 되었다. 사라 시돈스는 여주인공 포샤의 모든 극적인 뉘앙스의 구현을 이룩하지 못했고, 그녀의 연기의 정확한 창조적 표현이 부족했기 때문에 감동적인 무대가 되지 못했다. 그녀가 연기하는 동안 이야기를 하는 사람들이 있는가 하면, 심지어 어떤 사람은 휘파람을 불거나 소음을 내기도 했다. 신문마다 실린 관극평은 한결같이 비판적이었다. 어느 신문에서는 그녀의 불안한 연기를 매섭게 꼬집었고, 또 어느 신문에서는 순수하고 힘찬 정열의 목소리가 필요한 무대에서 그녀의 약한 음성은 2,200명을 수용할 수 있는 대극장에서 극적인 진실을 창조하지 못했음을 지적했으며, 포샤의 의상은 너무나 보기 흉하다는 등 혹평을 퍼부었다. 모든 평은 글자 그대로 장송곡(葬送曲)같은 비판이었다.

고배를 마신 그녀는 모든 야망과 기대감이 눈사태가 나듯 한꺼번에 허물어지는 듯 했다. 런던무대의 첫 데뷔는 그녀에게는 실로 악몽과 같은 쓰라린 경험이었다. 마음의 상처를 겉으로 내비치지 않는 점이 그녀에게 가장 두드러진 슬기의 하나였으나, 누구나 그녀의 커다랗고 검은 눈의 그 밝은 빛에서 그늘처럼 스쳐가는 고뇌를 읽을 수가 있었다. 그리하여 그녀는 홀로 있기를 바랬고, 사람들을 피해서 멀리 떠나 쉬고만 싶었다.

그녀가 깊은 좌절감으로 슬픔에 빠져 있던 어느 날, 개릭이 그녀의 거처로 찾아왔다. 그는 부드러움이 가득찬 눈으로 미소지으며 다정한 말로 그녀를 위로해주며 용기를 북돋아 주었다. 사실 개릭의 격려의 말을 들었을 때 사라 시돈스는 행복감과 감격으로 몸이 떨릴 지경이었다. 두말할 나위 없이 개릭의 출현은 그녀의 심허(心虛)를 달래주었고 휘청거리던 자존(自尊)을 꼿꼿이 세워주었으며, 새로운 열망과 활력을 불러일으켜주었다.

사실 그녀의 연극세계와 장래에 끼친 그의 영향은 컸다. 더 많은 연극적 경험을 위한 그녀의 투쟁에 있어서 개릭은 새로운 모험, 새로운 감각, 새로운 발견의 세계를 열어 주었고, 그의 지도와 영향 아래서 그녀의 연기가 영성화(靈性化)되어간 것도 사실이었다. 개릭은 시돈스에게 의식 속에서 셰익스피어의 예술이 지닌 위대성과 찬란함을 깨닫게 만들었다. 때로는 특별

관람석을 마련해주어 자기의 무대연기를 지켜보게도 했다. 그녀는 개릭의 연기를 볼 때마다 그의 천재적인 감각이 그녀의 뇌리에서 떠나지 않았고, 이상한 영적풍모를 지닌 이 사람이야말로 내가 발견한 신과 같은 존재라는 단정을 내렸다. 사실 개릭은 그녀의 스승일뿐 아니라, 길잡이요, 영감이었고, 다정하고도 헌신적인 비평가이기도 했다.

◉ 전설적인 무대가 된 〈맥베드〉 공연

참을성과 집요한 의지력과 집념이 강한 시돈스는 연극에 다시 몰두하여 마음의 상처를 아물게 하려고, 도전적 기분으로 단단한 각오를 했다. 오랜 기간에 걸친 자기와의 투쟁 끝에 그녀의 승화된 예술적 진수를 보여주게 되었으며 기성적인 표현영역을 일굴 수 있었다. 그리하여 그녀는 다시 사람들의 관심을 끌기 시작했고, 그녀의 존재는 서서히 빛을 발하게 되었다. <운명적인 결혼>의 이사벨라가 훌륭한 예술의 향연으로 각광을 받았고, 그 뒤를 이어 셰익스피어의 작품 <존왕>의 콘스탄스, <헨리 8세>의 캐서린 왕비, <오셀로>의 데스데모나, <코리올라누스>의 볼룸니아 등에서 그녀는 정열의 덩어리가 되어 몸짓과 동작은 예언자처럼 무대를 휘저었다.

그녀의 연기가 지닌 신비한 힘에 관객들은 무아지경에 빠져들어 열광했다. 특히 <운명적인 결혼>의 공연에서 그 반응은 충격적이었다. 공연이 끝나자 관객들은 극도로 흥분하여 비명과도 같은 환호성을 지르면서 자꾸만 그녀를 불러댔다. 어느 극평가는 "사라 시돈스야 말로 영국 최초의 비극배우다."라고 절찬했다. 영국의 국왕도 열렬한 팬이 되었다. 실은 비극공연을 싫어했던 국왕이 1783년 1월 한달 동안 <운명적인 결혼>을 5회나 관극하며 남몰래 흐르는 눈물을 닦아냈다. 눈물을 흘린 사람은 왕만이 아니었다. 왕자도 그랬고, 런던시의 명사들도 손수건을 적셨으며, 사라 시돈스에게 경의를 표했었다. 왕비도 감정을 억제할 수 없어 무대와 등을 돌렸다.

그러나 뭐니뭐니해도 그녀의 전설적인 공연은 <맥베드>의 맥베드 부인이었다. 사라 시돈스의 이름이 신격화되고 사람들이 '연극의 여신 시돈스'라고 부르게 된 것도 맥베드 부인 역의 대성공이 가져다 준 선물이었다. 예술의 위대한 계시가 그녀에게 내린 것이 바로 그 맥베드 부인 역에서였다.

맥베드 부인 역은 시돈스의 심미적 감각을 충족시키기에 충분했다. 그녀는 <맥베드>를 읽을수록 상상력이 불타오르고 번쩍이는 것을 느꼈다. 그녀는 투시력이 예리했다. 만약 그녀에게 대사 뒤에 숨어있는 진실한 의미를 보는 눈이 없었더라면 그처럼 불같이 충동적이며 생동감이 넘치는 연기를 무대공간에 재창조하지 못했으리라.

시돈스의 탐구심 또한 남달리 끈질기고 유난했다. 그녀는 몽유병 장면을 보다 깊이있고 설득력있는 것으로 만들기 위해 정신병원에 입원까지 했다. 그 정신병원에는 몽유병 환자가 입원하고 있었기 때문이다. 시돈스는 병원장에게 허락을 얻어 몽유병 환자의 방에 들게 되었다. 그러나 입원한지 꼬박 일주일이 지나도록 그 환자는 좀처럼 발작하는 징후가 보이지 않았다. 그녀는 초조하고 지루했다. 어깨 참에서 기력이 쭉 빠져나가는 듯 했고, 공연히 시간만 낭비하는 것 같아 후회가 되기도 했다.

섬뜩하도록 푸른 달빛이 창문에 밀려드는 밤, 그녀는 좀처럼 잠이 오지 않아 공상을 하고 있을 때였다. 옆의 침대에서 자고 있던 몽유병 환자가 잠에서 깨어나 주섬주섬 잠옷 매무새를 수습한 후, 고개를 깊숙이 숙이고 앉아 있다가 머쓱한 얼굴로 사라 시돈스를 멀거니 바라보는 것이 아닌가. 이윽고 그녀는 어깨를 들먹이며 실쭉 웃고는 창가로 다가가는 것이었다. 어떤 예감이 사라 시돈스의 뇌리를 스치고 지나갔다. 시돈스는 재빨리 수첩을 꺼냈다. 그리고 그녀를 유심히 관찰했다. 그녀의 움직임과 제스처와 표정을 놓치지 않겠다는 심사에서다. 그녀는 눈을 치뜨고는 달을 유심히 바라보다가 두 손을 천천히 치켜 올리더니 들뜬 소리로 흥얼거렸다. 이윽고 그녀의 양미간에 당혹한 그늘이 덮이더니, 흡사 샛바람에 산파래 떨듯 온몸을 떠는 것이었다. 얼굴에서는 물거품처럼 자잘한 땀방울이 배어났다. 그녀가 몸을 돌려 유령처럼 방문을 열고 두 손을 치켜들고서 복도로 나가자 시돈스는 그녀의 뒤를 밟았다.

바로 그때였다. 누가 사라 시돈스의 덜미를 낚아채는 바람에 그녀는 폭삭 주저앉고 말았다. 한 여자가 사라 시돈스의 어깨를 꼼짝 못하도록 찍어 누르자 또 한 여자가 모둠 발길로 사라 시돈스의 배를 모질게 걷어찼다. 그 바람에 시돈스는 외마디 비명을 지르면서 그만 정신을 잃고 말았다. 사라 시돈스는 의식을 되찾고서야 예기치 않았던 몰매를 당한 이유를 알게 되었다. 한방에 있던 여자들이 그날 밤의 사라 시돈스의 소행을 못마땅히 여겨 화가 꼭두까지 치밀어 그런 행패를 저질렀다는 것이었다.

<맥베드> 공연은 끝없는 환호와 열띤 호평을 받았다. 특히 맥베드 부인의 몽유병 장면은 관객에게 충격적인 반응을 일으켰다. 관객들은 마지막 대사

가 사라지기도 전부터 환호성을 올리고 박수를 치기 시작했다.

● **사라의 강력한 눈빛에 압도된 상대배우가 대사를 잊어버려**

막이 내리자 박수가 십분이상이나 계속되었고, 꽃들이 빗발치는 동안 관객들은 그녀의 이름을 외쳐댔다. 한 사람이 격정에 사로잡혀 앞으로 달려 나오자, 관객들은 그를 따라 무대 앞으로 몰려들었다. 심지어 무대 위에까지 올라 온 관객들은 시돈스와 악수를 하고 꽃을 던졌다. 그들의 눈에서는 한결같이 감격의 눈물이 반짝였다. 시돈스의 분장실은 팬과 사진기자와 극평가들로 붐볐고, 그녀는 이 성공에 너무나 기쁘고 황홀해 두 볼에서는 눈물이 흘러내렸다.

극작가 세리단 노웰즈는 "무덤의 차디차고 싸늘한 기운이 우리의 주변에 감도는 것 같았다. 관객들은 그녀의 연기를 보자 온 육신이 움츠려들었고, 숨소리도 제대로 내지 못했다."라고 평했는가 하면 극평가 레이놀즈는 "사라 시돈스야 말로 비극의 여신이다."라고 절찬했다. 그리고 미국의 어느 배우는 인터뷰에서 "글쎄요, 뭐라고 말해야 좋을지, 처절한 피의 냄새를 맡았다! 맹세할 수 있다."라고 딱 잘라 평했다.

그러나 나중에 사라 시돈스는 은퇴한 후 이렇게 말한 적이 있다. "맥베드 부인은 여성다운 아름다움을 지닌 여인이다. 그녀는 고곤(머리가 뱀 모양이며 보는 사람을 돌로 변화시켜 버린다는 세자매의 괴물을 가리킨다.)이 아니라 오히려 나약한 편이다. 행동도 심성도 모두가 매력적이다. 강렬한 욕정으로 가득차 있는 남편을 그녀는 깊이 사랑했다. 야심에 불타며 여자의 본능을 억제하는 여성인 것이다."

그러나 그녀의 이러한 맥베드 부인관은 무대화되지 못했고, 그녀의 맥베드 부인은 악마의 왕비에 그치고 말았다.

시돈스에 관한 에피소드는 수없이 많다. 그중에서도 <맥베드> 공연 때의 에피소드는 흥미있는 일이 아닐 수 없다. <맥베드>의 1막 5장에서 맥베드 부인은 남편이 보낸 편지를 읽으며 등장한다. 그때 사자 한사람이 국왕폐하의 행차가 있다는 전갈을 가지고 등장한다. 그런데 그 사자가 맥베드 부인의 얼굴을 쳐다보자, 그녀의 두 눈에는 사람을 압도시키는 눈빛이 이글거리고 있었다. 그녀의 눈은 열기를 뿜어내고 있었고, 그 열기는 사자 자신을 태우고 녹여버릴 것만 같았다. 그만 사자는 첫대사가 떠오르지 않았다. 사자의 전갈을 기다리던 시돈스는 그것을 재빨리 알아차리고 얼굴을 돌려 무대를 이리저리 거닐며 편지를 속으로 읽는 척 하면서 관객의 시선을 자기에게로 돌리게 했다. 그때서야 사자는 대사가 떠올라 극의 흐름의 맥을 이을 수 있었다. 극이 끝나자 사자 역을 맡았던 배우가 시돈스에게 다가와서 "당신의 눈을 바라보자 난 마치 화산의 분화구 속에 들어가는 듯한 느낌이었어요."하고 자기의 실수를 고백하며 용서를 구했다고 한다. 시돈스의 눈은 아름다웠을 뿐 아니라 천재의 불꽃이 이글거려 사람들은 그 위압에 눌려 눈길을 떨구기가 일쑤였다.

사라 시돈스의 맥베드 부인 역은 그로부터 30년 후에 가진 고별공연에서도 눈부신 호평을 받았다. 그러한 그녀도 일흔여섯 살인 1831년에 죽음의 사자를 따라가지 않을 수 없었다. 아마 임종의 순간 그녀는 지난날 세 남동생들과 공연했던 감격적인 <헨리 8세>와 <운명적인 결혼>에서 국왕과 왕비가 눈물을 흘렸던 그 광경을 떠올리면서 눈을 감았을는지 모른다.

■ 전위예술단 테아트로무(巫世中 前衛藝術團)
(역 이태주, 각색/연출 무세중) <막베드>
1986.4.27.~5.10., 문예회관 소극장

무세중은 전위적인 공연예술가이다. 1978년 독일 서베를린 체류시절에 극단 무몽드(Mumonde)를 창단하고 1981년에 극단명을 전위예술단 테아트로무(Teatromu)로 개칭하여 공연활동을 해왔다. 그가 표현한 연극 속의 짙은 사회성[711]으로 말미암아 종종 비판의 도마 위에 오르는 수난을 겪기도 하였는데, 그는 스스로가 자신의 예술세계를 '전통과의 충돌'[712]이라고 말하며, 기존사회에 대한 비판적 시각을 담고 있음을 나타내고 있다.

무세중은 셰익스피어의 <막베드>가 갖고 있는 도식화된 사실의 모방이 아닌 공간의 자유로운 활용 가능성, 인물에 대한 다각적 해석의 여지를 남겨주는 상징성 등이 연출의 입장에 따라 다양한 변모와 시공을 초월하는 무대표현을 가능케 하고, 작품의 주제가 너무나도 선명하므로 작품에 대한 표현양식-의상, 음악, 상황 등-이 시도되어도 원작의 짜임새가 흐트러질 염려가 없다고 판단하였다. 셰익스피어시대의 정치적 음모와 복수, 살상의 배반적 사회풍토가 오늘날까지도 변형되어 반복된다고 <막베드>에 현대성을 부여하여 무대도 현대로 옮겨 전위적 현대적 실험극으로 공연한 것이다.

따라서 그는 원작 <막베드>의 바닥에 흐르고 있는 양극성을 부각시키기 위하여 무대를 세 공간으로 구분하고 그중 오목무대를 상하부로 나누어 상부는 맥베드의 정치현실, 하부는 사회현실로서의 마녀들의 세상으로 설정하여 운명을 거스르는 맥베드와 운명을 다스리는 마녀들 간의 충돌로 보여줌으로서 맥베드를 지성과 야성의 이중적 갈등을 겪는 인물로 상징화하기 위해 두 명의 맥베드, 즉 권력을 추구하는 용장인 맥베드, 비겁한 배신자로서 소극적이고 변명만 늘어놓는 맥베드를 등장시켰으며, 의상은 흑·백색으로 대비시켜 이중적으로 갈등하는 양면을 극명하게 보여주려고 하였다. 무세중이 두 명의 맥베드를 무대에 등장시킨데 대하여 연극평론가 김문환 서울대 교수는 "그 의도는 일단 사둘만하다."고 하면서도 "두 인물에게 적합하도록 대사와 연기가 나뉘었다고 보이지는 않는다."[713]고 아쉬워했다. 던럽(Dunlop) 프로덕션에서는 이미 1974년에 세 명의 맥베드를 등장시킨 공연을 한 바 있는데, 그중 하나는 아내의 지배를 받는 음모자요, 또하나는 살인을 한 후 어두운 목소리를 내는 거대한 존재, 마법에 걸려 장중하게 보이는 자, 그리고 세번째는 제관식 만찬 후 희망이 없는 저주받은 영혼으로 처신하게 했다.[714] 아마 셰익스피어는 한 배우에게 이런 세가지 인물상이 다 나타나기를 바랐을 것이다. 그러나 후일 이 프로덕션에서의 연출은 한 인물이 제각기 다른 세 인물상을 확연히 표현하는 것이 무리라고 하여 그렇게 하였다고 생각된다. 무세중이 이러한 전례를 참고로 하였는지는 알 수 없다.

무세중은 공연에서 현장감을 갖게 한다는 의도로 작품명 <맥베드>를 <막베드>로 바꾸어 부르게 하였는데, 그는 그 의미를 다음과 같이 설명했다.

> 지금 막 일어나고 있다는 막, 막무가내 고집불통의 막, 흑막 속에 가리워진 막, 마구 때려부수고 해치우기, 해먹기 깡패식의 막, 막강하다는 막 등으로 막의 의미는 맥베드라는 서양이름에 비하여 어감이 갖는 다양한 성깔을 내포시켜주고 있기에 시도해 본다.[715]

그러나 이 공연은 대체적으로 강한 실험성과 난해성 때문에 긍정적인 평가를 받지 못했다. 연극평론가 이상일 성균관대 교수는 비록 전위예술이 정열적이며 좋은 의도와 올바른 취지를 가졌다 해도 작품 자체가 제대로 성숙하지 않으면 그 예술성의 가치를 평가받기 어렵다고 했다.

> 나는 김세중(金世中)을 좋아하고 안타까워하고 그의 작업을 유의한다. 그러나 무세중(巫世中)의 예술은 작품으로서는 제대로 되어있지 못하다. 언제나 어리고 미숙하

다. 정열만 가지고 예술은 되지 않는다 … 아무리 의도가 좋고 정열적인 前衛예술이라고 해도 작품이 제대로 성숙하지 않으면 자칫 일종의 〈해프닝〉으로 끝날 위험성마저 있다.[716]

한편 연극평론가 심정순 숭실대 교수와 김문환 서울대 교수는 거의 같은 시기에 공연된 무세중의 해체적인 <막베드>와 연극협회 주최, 패트릭 터커(Patrick Tucker) 연출의 <한여름 밤의 꿈>(1986)을 비판하는데 있어서 시각을 달리하고 있다.

심정순은 터커의 단순화시킨 의상, 전자음악 등 실험적 요소를 가미, 자유로운 연출가의 의식세계를 보여준 것을 높이 평가한 반면, <막베드>의 경우는 "원작 <맥베드>가 갖는 내용적 의미가 서로 유기적으로 조화를 이루지 못하고 유리된 채로 남아 있다."[717]고 평가절하하였다. 이와는 정반대로 김문환은 "터커의 연출은 노력한 흔적은 인정되나, 신파연극을 연상시키는 무절제한 연기로 인해 연극의 품위를 떨어뜨렸으며, 의상에 있어서 중국풍과 일본풍, 거기에다 어정쩡한 서양풍이 뒤범벅이 되어 아무런 기여도 하지 못하였다."[718]고 평가절하 하였으며, 조명에 있어서는 1985년에 연세대학교 100주년 기념공연인 <한여름 밤의 꿈>에 훨씬 못 미친다고 비판을 하였지만, 무세중의 <막베드>에서는 "한 무대에 지성과 양성의 이미지로 상징시키기 위해 한 작품에 두 인물을 등장시키는 연출의도의 기발함에 공감했다."[719]고 하였다.

■ 극단 서강 (역 한상철, 연출 김철리) <우부대왕>
1991.3·19.~4.17., 바탕골 소극장

극단 서강은 <우부왕>을 현대극장(1985.12.13~22), 연세대학교 극예술연구회(1990)에 이어 세번째로 <우부대왕>(한상철 역, 김철리 연출)이라는 제목으로 1991년 3월 19일부터 4월 17일까지 바탕골 소극장에서 공연하였다.

연출을 맡은 김철리는 1953년생으로 서강대학교 신문방송학과를 졸업하였으며 이 당시는 30대 후반의 젊은이였지만 이후 1991년 '제15회 서울연극제' 번역상, 1993년 '제29회 동아연극상' 연출상, 1997년'제33회 한국백상예술대상' 연출상, 2001년 '제7회 한국뮤지컬대상' 연출상, 2010년 '제3회 대한민국 연극대상 특별상'을 수상하고, 극단 서강 대표(2002~2003), 국립극단 예술감독(2002~2003), 한국연극협회 이사(2002~2003), '제8회 수원화성국제연극제'예술감독(2004), '서울국제

공연예술제' 예술감독(2005), 서울시극단 단장(2011~2013)을 맡게 되는 한국 연극계의 거목으로 성장하게 되는 인물이다.

<우부왕>은 프랑스의 극작가이자 소설가인 알프레드 자리(Alfred Jarry, 1873~1907)의 작품으로 1986년 12월 10일, 파리의 제작극장 (Théatre de l'Qeuvre)에서 공연하였다. 흔히 최초의 부조리극으로 일컬어지는데 <맥베스>를 조롱·야유한 상징적 소극으로 지칭되기도 하는 작품이다. 작품의 내용은 폴란드의 빈세스라스 왕의 신임을 얻고 있는 소심한 겁쟁이이며 구두쇠인 아버지 우부가 매력적인 우부 부인의 농간에 넘어가 왕의 열병식에서 왕을 시해하고, 두 왕자마저 죽이고 왕좌에 올라 백성들에게 과중한 세금을 부과해서 부를 축적하며, 그에 거역하는 자들을 잔인하게 처형한다. 살아남은 전왕의 막내아들 부그로라스가 러시아 왕의 도움을 받아 군대를 이끌고 복수하기 위해 공격해 오자 우부왕은 돈을 쓰지 않고 군대를 소집하라는 명을 내리고 곧장 우크라이나로 출정한다. 그사이 우부 부인은 남편이 모아 놓은 재산을 착복한다. 한편 우부왕은 성으로 습격해온 왕자의 군대를 피해 동굴로 피신하게 되고, 우부 부인 역시 그곳에서 러시아군에게 패주하여 혼자 동굴에 피신해 있던 남편 우부왕과 극적으로 조우(遭遇)하게 된다. 아내의 행실을 알게 된 우부왕은 그녀를 죽이려고 하지만 그 순간 들이닥친 러시아군으로 말미암아 우부 부부는 배를 타고 본국 프랑스로 돌아간다는 것이다.

<우부왕>을 공연한 극단 서강은 비교적 장면전환이나 소도구 설정에서 효과적인 연출을 보여 주었다. 연극평론가 김윤철 한예종 교수는 김철리의 연출기량을 다음과 같이 비교적 높이 평가했다

연출자 김철리는 상상력을 십분 발휘하여 현상화하기 어려운 작품을 쾌속하게 이끌어갔다. 수세식 변기를 왕조로 선택한데서도 알 수 있듯이 정치권력의 본질에 대한 그의 비판의식을 장난스럽게 표출하면서 원작의 정신에 충실했다. 가면을 쓴 것 같은 배우들의 분장도 재미있었고 이동식 상가를 다양하게 활용한 장면처리도 효과적이었다.[720]

연극평론가 김재석 경북대학교 교수도 분장만큼 무대장치의 뛰어난 표현력에 대해 관객들의 상상력을 충족시켜 주어 연극의 재미를 느끼게 해주었다고 평가했다.

옷걸이로 사용되다가 우부대왕의 역할까지 하는 마네킹, 의자에서부터 식탁회의용 탁자로 사용되는 수세식 변기, 식탁, 동굴, 관뿐만 아니라 심지어 전쟁터로까지 사용되는 커다란 상자 등의 무대장치들은 연극이 관객의 상상력과 결합하여 이루어지는 예술임을 제대로 보여주었다. 특히 커다란 상자를 이용해서 표현해낸 격렬한 전투장면은 근래의 연극에서는 보기 힘든 극적 표현의 묘를 거둔 장면이었다. 인형의 사용도 주목할 만한 것이다. 인형들은 주로 죽음을 보여주기 위해 사용되었는데, 머리가 떨어져 나가거나 몸통이 그대로 찢어지도록 만들어져 있어서 죽음의 공포를 잘 표현해주었다.[721]

반면에 연극의 재미를 관객에게 느끼게 해주긴 했어도 전반적으로 극의 강렬함과 내용의 응집력이 약했다는 평도 있었다.

진흙은 충분히 잔혹스럽지 못했고, 혼돈과 무질서가 시청각적으로 충분히 파괴적이지 못했기 때문에 아르또가 갈망했던 바의 〈관객들의 육체적 감수성에 직접 작용하는〉 연극도 그로토프스키가 추구했던 〈관객을 교란시키는〉 연극도, 또는 이오네스코 등의 부조리 극작가들이 시도했던 〈인간실존의 시적 이미지 만들기〉도 모두 그 가능성만을 보여준 채 미완의 작업으로 그친 느낌이었다.[722]

이 작품공연에 대해서는 찬반논의가 활발했던 것이다.

5) 개방화 정책과 <맥베드> 공연

1988년 서울올림픽을 계기로 셰익스피어극의 공연은 변화의 조짐을 보여주었다. 동구권이 붕괴되었고, 정부도 개혁정책을 폈으며, 그러한 개방화 추세 속에 세계 각국의 실험극 경향의 극단들이 우리나라로 들어와 공연을 하게 되었다. 여기에 자극을 받은 젊은 극작가들과 연출가들이 셰익스피어의의 작품을 새롭게 형상화하는 작업에 착수하였으니, 극단들의 실험작업을 모방하는 경향과 셰익스피어극의 우리화작업 등이 활발하게 전개된 것이다. 여기에 주목해야 할 일은 이때에 포스트모더니즘 운동과 해체주의 문학도 왕성해졌다는 사실이다. 셰익스피어의 실험극 운동도 독자적으로 일어난 것이 아니라 그런 작업에 보조를 맞춘 것이다. 1990년대에 우리나라에서 해외의 <맥베드>가 공연된 것은 일본 류잔지 컴퍼니의 <맥베스>, 대만 당대전기(當代傳奇)극단의 중화판 맥베드 <욕망성국(慾望成國)>(The Kingdom of Desire:Chinese Macbeth), 영국의 잉글리시 셰익스피어 컴퍼니(English Shakespeare Company)의 <맥베드> 등을 꼽을 수 있다.

연극영상의 시기의 국내공연으로는 부산 연기자협의회와 미추, 그리고 동국대학교 학부의 <맥베드> 등을 들 수 있다. 이들은 모두 각색되었거나 원작을 해체했다는 공통적 특성을 가지고 있다.

1980년대의 셰익스피어 공연은 76편이며 1990년대에는 87편이다. 앞에서도 서술한 대로 1988년 올림픽 개최를 시발로 한 본격적인 개방화와 1990년대 중반기의 세계화 정책으로 인해 문화패턴이 크게 달라져서 셰익스피어극은 상류층이나 궁중 비극이 아니라, 민중의 극, 현대에 사는 우리들을 그린 자화상으로 바뀌어져서 새롭게 탄생하는 식으로 되기 시작하였다. 그것은 비극뿐 아니라 희극도 달라졌는데, <한여름 밤의 꿈>이나 <실수연발> 그리고 <십이야> 등도 과거의 공연방식에서 벗어난 공연이 되었다.

1990년대에는 <맥베드> 공연이 많았다. <맥베드>가 권력과 야망, 그리고 폭력의 주제로 인해, 우리나라는 물론 세계 각국의 정치정세와 맞물려, 여러 나라에서 수용되고 있는 것 같다. 또 외부의 적이 아니라 내부에서 일어나는 갈등으로 번민하는 것을 속도감 있게 새겨주니 선호되었을 것이다.

■ 여인극장 (역 신정옥, 연출 강유정) <맥베드>
1991.2.27.~3.5., 문예회관 대극장

우리나라에서 다수의 <맥베드>가 공연된 것은 여인극장의 <맥베드>(신정옥 역, 강유정 연출)가 그 단초(端初)를 연 것이 아닌가 싶다.

극단 여인극장은 창단 20주년과 100회 기념공연으로 1991년 2월 27일부터 3월 5일까지 문예회관 대극장에서 <맥베드>를 무대화하였다. 이 무렵 부권을 상실해 가는 <리어왕>, 가족의 문제와 권력의 구조를 다루는 <햄릿> 등이 왕권찬탈에 이어지는 비극인 <맥베드>와 현대적 상황과 대중적 욕구를 반영하며 취택되었을 것이다. 그동안 정통적인 <맥베드> 공연은 1952년의 신협과 1969년 실험극장 등이 원작의 스토리를 추려서 공연했던 데 반해서 여인극장은 막대한 제작비를 투입, 음침하고 웅장한 석조건물의 분위기를 조성·강조한 송관우의 미술, 화려하고 묵직한 궁정의상 등으로 구색을 갖춘 장중한 무대를 만들어낸 것이다.[723] 강유정은 뱅쿠오의 성격을 고결한 인물로 보기보다는 그도 왕이 되고자 하는 음흉한 야욕이 있어 옥좌에 앉아 보려고 하였고, 마녀들로부터 그의 자손이 왕이 된다고 하는 예언을 곱씹을 때는 음침한 낮은 소리를 내는 등 뱅쿠오의 마음 속에 흐르는 권력의 욕망을 세세하게 묘사함으로서 그 효과를 극대화시켰다. 그러니까 <맥베드>를 인간의 속 깊은 심리의 묘사에 초점을 맞추었다. 그래서 어떤 비평가는 이번 공연에서 "피의 냄새가 풍기지 않는다."고 아쉬움을 표하기도 하였다. 얀 코트(Jan Kott)가 "<맥베드>에서 세계가 피의 바다가 되어버린다는 느낌이 없다면, 이 공연은 '실패작'[724]이라"고 했고, A.C. 브래들리 (Bradley)는 "그것(피)은 마치 시인이 스토리 전체를 피투성이가 된 짙은 안개를 통해 조망한 듯한, 그리고 마치 그것이 바로 밤의 장막을 물들인 듯한 것이다."[725]고 이 공연 자체를 피의 이야기라고 설파한 바도 있으니, 그런 아쉬움도 있을 만하다. 그러나 강유정은 인터뷰에서 "원작의 문학적 의미를 무대언어로 실감나게 살려 인간의 내면 속에 흐르는 권력에의 욕망을 파헤치겠다."고 밝혔듯이 얀 코트나 브래들리와는 다르게 각 인물들의 대사 속에 이미 피의 냄새가 짙게 깔려 있으므로 여인극장의 공연에서는 피를 절제하는 방식을 취한 듯하다. <맥베드> 공연의 배역은 맥베드 역에 이호재, 맥베드 부인 정경순, 던컨왕 이진수, 맥더프 전광열, 맥더프 부인 박승태 등 호화 연기진이었다.

　강유정은 필자의 가장 친한 친구다. 그러나 애석하게도 그녀는 2005년 친구의 곁을 떠났다. 이 글을 쓰면서 친구가 새삼 더욱 그리워진다. 아마 그녀의 연극에 대한 열정은 천국에서도 천사들을 모아 놓고 셰익스피어 작품을 연출하면서 큰 소리를 치고 있을 것이라…

■ **일본 류잔지 컴퍼니 <맥베드>**

(역 오와지마 유시, 대본구성 타카쿠와 메이, 연출 류잔지 쇼)

1. **1991.8.22.~8.23., 문예회관 대극장**

2. **1991.8.24.~8.26., 서울교육문화회관**

　광장 창단 25주년 기념 초청으로 내한한 일본 류잔지 컴퍼니의 <맥베드>는 원작의 기본구조와 유사하나 많은 부분에서 상이한 요소를 갖고 있다. 우선 전체적인 극구성은 원작이 5막 29장이나, 프롤로그를 제외한 14장으로 되어 있다. 배경은 베트남전쟁 당시 메콩강 델타의 한 전쟁터로 설정되었으며, 등장인물들의 의상도 마치 야쿠자나 현대의 군인들의 복장이다. 프롤로그에서 세 명의 마녀는 쇼핑백을 들고 전장을 한가하게 거니는 현대여성 세 명으로 등장한다.[726] 그들은 새로운 권력자의 출현을 이야기하면서 맥베드를 기다린다. 1장이 시작되면 굉음(轟音)과 함께 롤링 스톤스(Rolling Stones)의 노래 'Paint in Black'이 흘러나오고, 가죽점퍼를 입은 맥베드가 헬기를 타고 등장하여 기관총을 마구 쏘아댄다. 전투 중 적군의 칼에 찔린 맥베드는 마녀들에 의해 살아난다. 그녀들은 맥베드가 환영의 단검을 잡으려고 하는 장면에도 나타난다. 마녀들은 한 번씩 칼을 휘두르며, 그것을 맥베드의 눈앞에 들이댄다. 세 번째 마녀의 손에 든 단도는 피로 빨갛게 물들어 있다. 이는 맥베드의 환각(幻覺)까지도 그녀들에 의해 조정된다는 것을 암시한다. 한편 참살당한 뱅쿠오 는 연회장에 망령으로서 목에 밧줄을 걸고 매달려 있다. 재등장 할 때도 맥베드가 앉을 자리에 뱅쿠오는 피가 범벅이 된 모습으로 맥베드 앞에 매달려 있다. 이를 보고 맥베드는 공포에 질려 신발을 벗어던지며 덤벼들어 큰 소동을 벌인다. 이후 원작과 같이 진행이 되다가 14장 끝에서는 맥베드를 죽인 맥더프가 왕자 맬콤마저 죽이고 스스로 최고 권력자가 된다. 그러나 그 역시 맥베드의 부하장교인 시턴의 칼에 쓰러지고 무대에서는 살인기계를 암시하는 톱니바퀴가 계속 돌아가며, 마녀들 은 "요번에는 누가 맥베드가 될까?" 라고 하며 새로운 권력자를 찾아 헤맨다. 연출가 류잔지는 이 작품의 공연에 대해 '현대적 인식과 대중적 메시지'를 담아내려하고 공연을 통해 재미나는 현실적 감각을 보여주고자 했다.[727] 이 작품이 우리에게 친숙 하게 느껴지는 것은 자신의 존재를 단념한 맥베드를 보여주었기 때문일 것이다. 일본에서 이 공연을 관극한 연극평론가 김문환 서울대 교수는 뱅쿠오가 살해된 후 만찬회 장면에서 뱅쿠오의 망령과 싸우며 미쳐 날뛰는 맥베드, 이를 지켜보다가 하객들에게 신경질적으로 해산을 명령하는 맥베드 부인의 태도, 또 부인의 몽유병 장면에서 씻기지 않는 피를 지워버리려고 애쓰는 장면 등을 가리키면서 "짜임새 있고 숙련된 공연"[728] 이었다고 회고했다.

■ '제1회 아시아태평양연극제' 해외초청작
　　당대전기극단 (當代傳記劇團) (각색 리 후이밍, 연출 우 싱크오)
　　<욕망성국(慾望城國)>
　　1991.10.24.~10.26., 국립극장 대극장
　　1991년 '제15회 서울연극제'의 일환인 '제1회 아시아태평양연극제'는 '91 연극의 해'를 기념하여 창설되는 국제적 규모의 연극축제로 6개국 7개 극단이 참가하였으 며, 대만의 당대전기극단(當代傳記劇團)은 이 행사에 참가하여 셰익스피어의 <맥베 드>를 각색한 <욕망성국(慾望城國)>을 공연하였다. 이 작품은 원작의 스토리에 동 양적 사고와 중국의 역사성을 끼워 넣은 것으로 춘추전국시대에 치나라의 재상 웨이 리보가 왕을 시해하고 권력 찬탈을 한다는 이야기로 중국 전통무용과 경극을 가미하 고 영상매체까지 동원한 특수효과를 씀으로서 현대화된 경극의 면모를 보여주었다. 이 작품을 연출하고 주인공인 맥베드 역을 맡아 열연한 우 싱크오는 "경극의 새로운 발전을 위해 현대적 의식을 수용해야 한다."며 "특히 경극은 의자 하나만 놓고도 궁전, 민가, 상점 등 여러 상황을 표출할 수 있어 현대적 연출기법을 무리 없이 접목시킬 수 있다."[729]고 하였다. <욕망성국>의 한국공연에 대한 평가는 매우 긍정적이었다. 연극평론가 이태주 단국대학교 교수는 이 공연에서 최대의 성과는 연기의 성숙미와 다이내미즘에 있다고 평가하면서, 기량이 뛰어난 배우들의 개인적인 연기와 앙상블이 고도의 예술적 완성미를 보여 주었으며, 특히 맥베드 부부의 풍성하고 탁월한 연극적 기량을 높이 평가했다.[730] 이밖에도 이 공연을 "정형화된 손동작, 몸놀림, 눈짓에 맞춰 가늘고 고운 미성으로 맥베드를 파멸의 길로 몰고 간다."[731]는 맥베드 부인 역의 워이 하이밍의 연기가 무척이나 인상적이었다. 김창화는 "<전통적 연극유산>을 현대적 감각으로 <개량>한 극단 당대전기의 화려하고 풍성한 연극적 기량의 과시는 우리에게 귀감이 된다."[732]고 평했다.

■ ESC (English Shakespeare Company)
(연출 마이클 보다나프(Michael Bodanov)) <맥베드>
1992.3·19.~3.20., KBS 홀

영국에는 셰익스피어극만을 전문으로 하는 극단이 둘 있는데, 그 하나는 국내공연단체인 로열 셰익스피어 컴퍼니(Royal Shakespeare Company)이고, 다른 하나는 해외공연만을 하는 잉글리시 셰익스피어 컴퍼니(English Shakespeare Company)이다. ESC는 KBS 창사 10주년 기념 초청으로 KBS홀에서 1992년 3월 19일과 20일에 <맥베드>, 3월 21일과 22일은 <십이야>를 공연하였다.

이 극단의 <맥베드> 공연은 고전극 <맥베드>에 현대적 작업의 옷을 입힌 무대였으며, 현대적 무대효과는 전쟁의 황폐함을 보여주듯이 무대중앙에 종이쓰레기가 산재해 있고, 우측에서는 마녀들이 춤을 추고, 좌측에는 높은 철제사다리가 놓여 있다. 이러한 간소한 무대장치 속에서 장면이 시작되면 황야에서 어두운 분위기의 스산함보다는 밝은 조명이 강하게 객석을 향해 비춰지고, 고정화된 셰익스피어의 의상을 파괴하듯 현대적 트렌치코트 차림의 군인들이 시체를 실은 들것을 들고 지나가고, 맥베드와 뱅쿠오가 마녀들을 만난다. 철제 사다리는 던컨의 왕조, 뱅쿠오의 유령을 태우고 연회장을 지나가고, 전쟁 시 지휘대 등으로 사용된다. 이 사다리는 극이 진행되면서 상징적으로 무대 후면에 위치해 있고, 왕이 된 맥베드는 높은 철제사다리왕좌가 아닌 무대평면에 놓인 왕좌에 앉는다, 음향효과는 전쟁 중의 기관총 소리, 멀리서 들려오는 헬기의 프로펠러 소리 등으로 현대전의 분위기를 연출한다. 극단 ESC는 셰익스피어의 극을 보다 현대적 시각에서 재해석하며, 일반대중에게 친숙하게 접근하면서도, 극의 수준에 있어서는 높은 완성도를 보여주고 있다는 평가를 받은 바 있다.

　마이클 보다나프(Michael Bodanov)의 특출한 연출은 주인공 맥베드 역의 마이클 페닝톤(Michael Pennington)의 기품 있는 풍채와 예쁜 목소리와는 다르게 지적이며 내성적인 맥베드임을 보여 주었다. 맥베드 부인의 경우 이 극에 처음 등장하는 것은 1막 5장에서이다. 남편으로부터 온 편지를 읽고 그 후 켜진 촛불에 편지를 태운다는 의도에서이다. 그리고 왕이 되고자하는 야심을 가졌음에도 "너무나 인정이 많으십니다."라고 남편의 심성을 두려워하며 촛불의 불빛을 되받으면서 "자 어서 빨리 돌아오세요. 저의 강한 정신을 당신 귓속에 퍼부어드리겠어요."라고 강한 의지를 보여준다. 덧붙여 맥베드 부인은 유약한 맥베드를 가슴에 껴안아 두 사람을 모자상으로 해석하게 한다. 그러면서 그녀는 남편에 대한 그녀의 큰 지배력과 압도적인 영향력이 있음을 보여주었다.

　그들의 <맥베드> 공연은 역시 원작의 스토리를 유지하며 정통성을 지키며 연기자들의 풍부한 성량이나 명확성 등으로 셰익스피어극의 언어적 묘미를 한층 살리면서도 형태의 변화라는 점에서, 한국연극이 셰익스피어극 공연에서 지향해야 할 본보기를 보여주었다고 할 수 있다. 오병상 중앙일보 기자는 이 연극을 다음과 같이 긍정적으로 평가하였다.

　　이들의 공연은 영국전통의 깊이에 적절히 가미된 현대적 해석, 마녀와 유령·악몽 등으로 이어지는 음습한 분위기를 보여 주는 환상적 무대메커니즘 등으로 매우 대중적인 인기까지 모으고 있다.[733]

　그러나 김진나 작가는 무대가 지닌 세련미에 대한 통일성 결여와 극적 강렬함의 부족을 지적했다.

　　현대의상을 입고 조형적이고 미래지향적인 장치를 지니고, 절제와 절도의 움직임을 시도한 이번 공연은 <맥베드> 작품전체가 응당 표현해야할 선과 악의 강렬한 공존/대립 상태를 무대화하지 못했다. 작품의 현대화를 표방했지만 현대인을 자극 못한 현대인처럼 파편적이고 소극적인 공연이었다.[734]

■ 부산연극연기자 협의회와 연희단거리패 합동공연
　　(재구성/연출 이윤택) <맥베드>
　　1992.2.15.~2.20., 부산시민회관 소극장

오늘날 여러 나라에서 공연되는 셰익스피어의 작품들은 다양하게 변용되고 있다. 옛날의 일에서 차용한 새로운 작품으로 구성되기도 한다. 셰익스피어 사후 10년 뒤에 존 드라이든(john Dryden)이 <앤토니와 클레오파트라>를 차용해서 1677년에 거의 다른 작품, 즉 자기의 창작극으로 만든 <All for Love>[735]가 바로 그런 작품이다. 원작의 등장인물을 1/3로 줄이고, 시간도 최후의 하루로 압축하여 고전주의 비극으로 완성한 것이다.

<맥베드>의 개작도 여러번 있었다. 특히 윌리엄 다베넌트(Willian D'Avenant)[736]의 <맥베드>가 좋은 작품으로 평가받았다. 첫째로 마녀들의 장면을 중심으로 노래와 춤을 늘려서 전체를 오페라로 꾸몄고, 둘째로 맥베드 부인을 확대하여, 맥베드 부부와 맥더프 부부를 대조시킨 점이 특이했다. 이 작품의 경우 원작의 진수는 빠져나갔지만 관객의 반응은 좋았고, 적어도 18세기 중기까지 이 극은 다베넌트 극본으로 상연되었었다. 이후 <로미오와 줄리엣>을 현대적으로 뮤지컬화한 <웨스트사이드 스토리(Westside Story)>[737], 그리고 1966년 미국 신문에 알려지기 시작한 통렬한 풍자극 <맥버드(Macbird)>[738] 등 셰익스피어극은 여러 형태로 세계의 연극사를 풍요롭게 해주었다.

그렇다면 이윤택이 재구성한 <맥베드>는 어떤 것일까? 1992년 2월 15일부터 20일까지 부산연극연기자 협의회와 연희단거리패가 부산시민회관 소극장에서 합동 공연한 <맥베드>에서 그는 '정치극 혹은 정치판놀이'[739]라고 부제를 붙여놓고 있다. 이 극본의 줄거리는 다음과 같다.

연극의 서두는 원작의 마녀들에 해당하는 요승과 무녀, 기생이 등장하면서 던지는 화두(話頭)로 시작되는데, "이 시대에는 영웅이 필요하지만 이십세기는 영웅이 없는 시대야. 그래서 가짜 영웅이라도 만들어야 해."[740]라고 이야기 하고, 그 대상을 맥베드로 하자고 굿판을 벌인다. 이때 맥베드 소장과 뱅쿠오 대령이 등장한다. 그리고 요승과 무녀와 기생들로부터 원작과 같은 예언을 듣게 된다. 대권을 잡겠다는 야망을 가슴에 품고 있던 맥베드는 코더 대장의 쿠데타를 진압한 공으로 국가보위부 부장이 된다. 그 후 그의 아내와 함께 던컨왕을 살해할 계획을 세운다. 던컨이 그의 집에 오게 된 날, 맥베드는 여가수와 탤런트까지 동원해 여흥으로 흥을 돋우고, 취한 던컨을 총으로 쏜다. 뱅쿠오까지 합세하여 던컨의 비서실장도 죽이고, 그가 던컨을 살해한 것으로 꾸민다. 드디어 맥베드가 권좌에 오르고 뱅쿠오는 이제 소장이 되었다. 뱅쿠오의 자손이 대권을 쥔다는 예언을 떨쳐 버리지 못하는 맥베드는 자객을 시켜 뱅쿠오를 살해하나 그의 아들을 체포하지 못한다. 맥베드의 취임을 축하하는 연회에 뱅쿠오의 유령이 나타나 소동이 벌어지고 반대세력들과 충돌하게 된다. 결국 맥베드는 맥더프와 마주치게 되고, 둘이 짐승처럼 맞붙어 싸움을 벌일 때, 맥베드의 비서실장 로스가 맥베드를 향해 총을 쏜다. 그가 바로 새 시대의 통치자로 권좌에 오를 사람이다. 그는 아무런 내적 갈등도 겪지 않는다. 셰익스피어의 〈맥베드〉에서 맥더프는 정의를 구현하는 강인한 군 장성이지만, 이윤택의 맥더프는 뚱뚱한 몸짓에 흰 얼굴에 붉은 볼을 한 광대 같은 모습이니, 강인한 장수의 모습이 아닌 겁쟁이에 불과하다. 맥더프에게 넘어간 대권은 맥베드 때보다 더 악화되었으며, 신뢰할 수 있는 구석은 하나도 없고, 더욱 상실감을 느끼게 한다.

주유미 월간『객석』연극담당 기자는 이윤택의 부산공연을 보고 이윤택의 연극관을 소개했는데, 그는 인터뷰에서 말하기를 "절망의 시대에는 철저하게 절망하자. 썩을 것은 썩을 대로 썩어서 새싹이 나게 하자."는 의도에서 "충격의 시대에는 충격의 문화로 응해야 한다는 것이 제 생각입니다. 다소 파괴적이고 무정부주의적이고 표현주의적인 제 연극방법론은 어쩌면 이 시대에 당연한 것입니다."[741]라고 하였다. 이 작품의 절정은 맥베드와 맥더프의 두 진영이 서로 처절한 싸움을 벌일 때 맥베드의 병사들이 진격해오는 맥더프의 병사들에게 밀가루를 뿌리는 장면이다. 이 장면에서 맥더프도 밀가루를 뒤집어쓰게 되는데, 권력자의 우스꽝스러운 모습을 보여 주려는 연출가의 의도를 엿볼 수 있다.[742] 이윤택의 〈맥베드〉에서 가장 흥미로운 부분은 마녀들에 대한 독창적 해석과 결말의 반전이다. 필자가 보아온 많은 〈맥베드〉 공연 중에서 무대를 눈부시게 하는 연출가의 의도는 마녀 조형의 창조에서 나타난다. 그는 세 마녀를 롤러스케이트를 타고 까만 선글라스를 낀 요승, 무당 옷에 큰 머리를 얹은 무녀(여장 남자), 요사스런 옷차림의 기생[743]으로 등장시켜 맥베드의 운명을 점치며 춤과 노래로 신명을 돋우게 함으로서 연극을 경쾌하게 이끈다. 이윤택은 세 마녀를 요승, 무녀, 기생으로 대치한 것에 대해 "혼란의 시대에는 현실적으로 불안감을 가진 사람들이 확신을 갖기 위해 문화적 힘을 얻으려 했지요. 그들은 역중 인물인 동시에 이탈인물로 서사적 인물로서의 광대라고 할 수 있지요."[744]라고 설명하였다. 그는 1980년대를 긴장의 시대로 보았던 것 같다. 반면에 1990년대를 권태와 무기력, 환멸의 시대로 보고, 그의 〈맥베드〉도 이런 환멸의 이야기를 표출한 것이라고 했다.

연극은 다른 예술형태보다 정치와 사회적 환경의 영향을 가장 많이 받으며 순응도 하고 저항도 한다. 그리고 비판하는 힘이 강하다. 이 작품은 우리나라의 30여년의 최근세사를 반영하고 있다. 한국에서 셰익스피어의 희곡을 해체한 그 어느 작품보다 더 희곡이나 공연의 측면에서 보아 가장 참신한 맛이 있다. 큰 북소리와 어우러져 시작하는 이 연극은 마치 건축공사장을 연상시키는 황량한 도시의 이미지다.[745] 현대세대의 흔적을 탐구하는 것이다.

■ 미추 (역 허순자, 연출 크리츠토프 바비츠키) <맥베드>
1994.5.24.~5.30., 문예회관 대극장

1986년에 손진책이 설립한 극단 미추는 극단명을 도올 김용옥이 지었다. 그 뜻은 '아름다움과 추함을 동시에 표출하는 우리 몸의 느낌을 일컫는 것'이라고 한다. 극단 미추의 <맥베드>는 셰익스피어극의 전통적인 형식을 탈피하여 원작내용을 빌려서 현재 우리의 삶에서 일어나고 있는 사건과 감정 등을 표출하는 형식을 취했다. 이 공연은 폴란드의 젊은 연출가로 각광을 받고 있는 크리츠토프 바비츠키(Kriztof Babicke)가 연출을 맡아 화제가 되었다. 바비츠키는 과거 두 차례나 내한한 바 있는 데 까뮈(Camus)의 <칼리굴라>(Caligula, 1991)와 스트린트버그(Strintberg)의 <미스 줄리>(Miss Julie, 1993)를 연출하여 독특한 해석과 연출기법으로 연출기량이 탁월하다는 인정을 받았다. 뛰어난 음악과 마녀들의 세계가 특출하였다. 마녀들은 원작과는 다르게 황야에서뿐만 아니라, 맥베드의 궁정에도 등장한다. 마녀들은 초현실적으로 표현되나, 때때로 사실적이기도 하다. 마녀들의 이미지는 황야에서 시체를 물어뜯는 하이에나(Hyena)와도 같았다. 처음 등장할 때에는 임신한 상태였는데, 전쟁을 치르는 동안 성폭력을 당했다고 가정할 수도 있다.

크리츠토프는 자신의 연출노트에서 작품의 전체적 톤이나 스타일에 있어서 유럽연극이나 한국연극을 넘어서는 보편성을 추구하였으며, 공연은 상당히 현대적 관점에서 접근한 것이고, 극의 기본개념은 맥베드라고 하는 한 영웅이 자신의 악마적 욕망으로 인해 스스로 괴멸하는 보편적인 인간의 모습을 보여주려 했다고 말했다. 의상의 경우는 고전과 현재의 것을 절충한 것이었다.

미추의 공연은 호평이 이어졌으며, 연극 평론가 유민영 단국대학교 교수는 다음과 같이 창조의 예법을 보여준 공연이라고 평했다.

> 특히 등장인물의 심리추이와 분위기의 변이를 적절한 <음악>과 <조명>으로 뒷받침한 것이라든가, 상징과 암시 메타포를 동물인형과 어항 등 오브제로 활용함으로써 현대극이 추구하는 현실과 환각의 갈등을 잘 창출했다.[746]

그러나 김방옥 동국대학교 연극학부 교수는 주인공인 이호재(맥베드 역)와 김성녀(맥베드 부인 역)의 연기가 연출, 미술, 음악에 의해 창조된 특색 있는 공연에 거의 적응하지 못하고 정상급 연기의 한계를 보여주었다고 하면서 다만 무대미술과 음악의 음울한 분위기를 살려준다는 점에서 그 창의성만은 높이 평가했다.[747]

■ '제5회 젊은 연극제' 참가작
동국대학교 (연출 성종훈) <맥베드>
1. 1997.5.17, 국립극장 소극장
2. 1997.5.22.~5.25., 동국대학교 학술문화회관 소극장

전국대학 연극학과 교수협의회가 주최하고 한양대학교 연극영화과가 주관한 1997년 '제5회 젊은 연극제'가 국립극장 소극장무대에서 열렸다. '젊은 연극제'는 셰익스피어 페스티벌로서 각 대학교 연극영화과 학생들이 각기 새로운 시각으로 셰익스피어의 비극 4편, <햄릿 이야기>, <리어>, <오셀로>, <맥베드>와 희극 2편, <리허설 말괄량이 길들이기>, <십이야>를 공연했다. 1993년에 발족한 '젊은 연극제'는 젊은 연극인들이 연극에 대한 창의와 실험정신을 높이 평가하는 연극제로서 '전통과 현대의 만남, 충돌 그리고 상호존중의 자리'[748] 라고 할 수 있다.

이 행사에 참가한 동국대학교의 <맥베드>는 컴퓨터 게임의 양식으로 재구성했다. 이 <맥베드>는 성종훈 연출, 이윤환 드라마트루기로, 동대학 연극영화과 3학년 학생들이 1997년 5월 17일 국립극장 소극장에서 공연하였다. 그리고 5월 22일부터 25일까지 동국대학교 학술문화회관 소극장에서 재공연하였다. 이 공연을 원작과 비교하면 줄거리는 원작과 같은 흐름으로 진행되다가 컴퓨터 게임으로 재정비, <맥베드>는 게임이라는 거대한 시스템에 의해 억압받는다. 마치 인간이 형식과 법칙의 노예가 되어 있는 것과 같은 것으로 일종의 회의나 야유 같은 것이다.[749] 맥베드가 왕이 된 후에 뱅쿠오의 자손들이 왕이 될 것이라는 예언 때문에 권좌에 앉아 있는 맥베드는 뱅쿠오를 시샘하며 불안해한다. 그래서 뱅쿠오를 총살한다. 사회자가 마술쇼를 진행할 때 머리에 치명상을 입은 던컨과 뱅쿠오의 망령이 나타나고, 맥더프가 맥베드를 처참히 살해한 후 맬콤이 권좌에 오른다는 내용의 작품이다. 에필로그에서는 맥더프가 왕좌에 오른 맬콤을 죽이고 다시 반역으로 왕좌를 차지하는 것으로 끝을 맺고, 다시 컴퓨터 오락게임을 처음 시작하는 부분의 장면으로 막을 내린다. 피비린내 나는 섬뜩한 분위기가 극을 압도한다. 등장인물은 게임자키, 맥베드, 맥더프, 뱅쿠오, 맬콤, 레이디 맥베드, 세 자녀, 코러스 6명 등이고 극의 구성은 프롤로그와 에필로그를 합하여 총 20개의 장면, 다섯 번에 걸친 게임자키의 등장으로 작품설명

과 장면을 연결 진행하게 된다.

작품 속에서 맥베드와 맥더프가 반역을 저지르기 전 한순간 주저하는 모습을 보일 때 게임자키는 그들을 위협하며 프로그램대로 살인할 것을 강요한다. 자신의 의지와는 상관없이 이미 프로그램 되어있는 오락게임의 공식대로 왕을 시해하는 반역은 예정된 운명처럼 뒤바꿀 수 없으며 끊임없이 오늘날까지도 악순환 된다는 것을 보여줌으로써 오늘날 현대사회의 냉혹함과 잔인함을 조롱하고 있는 연극이다.

■ 극단 작은신화 (구성 김동현·김해연·선종남, 연출 김동현)
　　<맥베드> 1997.11.19.~11.26., 여해문화공간

1986년에 창단된 극단 작은신화(대표 최용훈)는 '고전 넘나들기'의 기획 시리즈를 선정하여, 이미 명작으로 고정 관념화된 원작을 시공을 넘어 시대변화와 호흡을 같이하는 연극으로 만들고자 했다. 1997년 11월에 <맥베드>와 12월 연말에 <햄릿>을 잇따라 공연했다.

<맥베드>(1977.11.19.~26)는 김동현, 김해연, 선종남 등이 작품을 구성하고, 김동현의 연출로 여해문화공간에서 무대화하였다. 또한 외국에서 예술감독 에릭 둥헨을 초빙하여 의상/조명/무대의 디자인 등을 맡겼으며, 에릭 둥헨은 무대 양옆에 핏물과 녹슨 갑옷과 같은 이미지의 녹슨 윙들을 걸어놓고, 그것들을 왕권으로 대치하여 최고의 가치를 소유하고자 하는 맥베드의 피비린내 나는 외로운 경주를 개별적인 작은 조명으로 처리하였으며, 이러한 외로운 조명을 받는 각 인물이 때론 하나의 섬이 되기도 하고, 때론 다른 전쟁의 어둠을 비추는 작은 빛이 되기도 한다고 하였다.

배우 일곱명이 1인 2~4인 역으로, 15명의 역을 소화해 내고 있는 이 공연은 원작과 마찬가지로 5막으로 되어 있으나, 고전이 오늘의 시대변화와 호흡을 같이하는 것을 보여주는 것임을 보여준다는 취지로 '소리'라는 청각적 요소로, 각 막의 제목으로 통일하여

- 여는 막　　　　: 소리의 숲
- 1막　　　　　　: 내면의 소리
- 2막　　　　　　: 분열의 소리
- 3막　　　　　　: 떠도는 소리
- 닫는 막　　　　: 사라지는 소리

욕망의 소리를 뒤쫓는 맥베드와 맥베드 부인의 심리에 초점을 맞추었으며, 현대

의 세계 속에서 저마다 소란스레 역할놀이를 하다가 결국 사라지는 허무한 인간의 모습이 맥베드가 텅 빈 무대에 혼자남아 읊조리는 독백 속에서 베어 나오게 했다. 허무한 인생이다.

1997.9.18. 동아일보는 "<맥베드>는 에로틱스릴러 같은 분위기. 마음속에 꽈리를 틀고 앉은 '욕망의 소리'를 쫓다 파멸하는 맥베드가 악인이라기보다는, 그 또한 불쌍한 사람으로 그려진다. 맥베드 부인은 도덕과 질서를 어겨서라도 욕망을 성취하려는 '남성성'의 소유자. 마녀들은 맥베드 내면의 분열된 소리로 표현된다."고 하였다.

■ '99 춘천국제연극제(99 CITF)' 1999.9.8.~9.12.

호반의 도시 춘천시가 세계적인 문화, 예술도시로서의 부상을 위해 문화관광부, 한국문화예술진흥원, 강원도의 후원을 받아 1993년 시작된 '제1회 춘천국제연극제(CITF:Chunchon International Theatre Festival)'는 3년마다 개최되어 1999년 3회째를 맞았다. '99 CIFT'에는 우리나라를 포함하여 미국, 영국, 일본, 독일, 헝가리, 루마니아, 덴마크, 벨기에, 스페인, 크로아티아, 폴란드, 네덜란드 등 13개국 15개 팀이 참가하였다.

1997.9.7. 매일경제신문은 "대부분의 국제페스티벌이 국내팀을 위주로 공연되는 것에 반해 이번 '춘천국제연극제'에는 국내팀이 2개만 참가하였다. 그리고 전문극단보다는 각국 아마추어극단이 많이 참가해 실험적이고 참신한 무대를 볼 수 있었다는 것이 특징이었다."고 보도하였다.

개막작으로 공연된 네덜란드 코요테 극단의 <맥베드>가 동서양 연극스타일을 결합한 것이었다면, 영국(웨일즈) 플레이어스 시어터의 <맥베드>는 셰익스피어 본고장의 정통극이었다. 독일 THAG는 <한여름 밤의 꿈>을 뮤지컬로 개작한 <달빛의 열기>를 무대에 올렸고, 한국의 백제앙상블은 셰익스피어의 4대 비극을 모두 합쳐놓은 실험극 <남가일몽(南柯一夢)>을 공연하였다.

극단들이 각국의 특색에 맞추어 재해석하고 비교하는 무대가 될 수 있을 것이라고 기대하였고, 회원국 간의 문화적 다양성과 차별성을 부각시키려 하였지만, 높은 수준의 공연이 기대되었던 베네수엘라와 불가리아팀이 불참하고, 일부 몇몇 단체의 공연은 학예회 수준이나 아동극 수준을 벗어나지 못하는 등 공연 수준부터가 실망을 안겨주었고, 간혹 무대공연에 대한 착상은 좋았지만 탁월한 무대 감각이라든가, 독특한 개성 등의 부재를 보여주는 등 눈길을 끌만한 수작의 공연이 없었다는 평을 받았다.

■ 네덜란드 극단 코요테 (연출 H. Mayer) <맥베드>
   1999.9.8., 춘천문예회관

1989년에 창단된 네덜란드의 코요테 극단은 아마추어와 전문가가 함께 일할 수 있는 연극프로덕션으로 잘 훈련된 연기그룹과 그 외 연출, 음악, 춤, 디자인, 전문극작가들로 구성되어 있다. COYOTE 연극의 특징은 육체적인 방법으로 접근하며, 이를 위해서 일본 무예인 아이키도(AIKIDO)로 신체훈련을 꾸준히 하고 있다. 동양과 서양이 결합된 새로운 연극형태를 만들기 위해 연구, 노력하고 있다. 1993년 국제아마추어연극협회(IATA) 멤버 가입과 동시에 헝가리, 아루바, 일본 등의 연극제에 참가했다.

그러나 이번 공연에서는 일본 사무라이 복장과 칼을 사용한 공연이었지만, 칼을 쥐는 법이나 사용법에 대해서 일본 전문가에 의하면 전혀 맞지 않다는 지적이 있는 등 동서양의 문화를 결합한다는 연극을 만든다는 시도는 높이 살만하지만 세세한 부분이 대체적으로 부족했다는 평을 받았다.

■ The Players' Theatre (플레이어스 시어터) (연출 마비스 깁스)
   <맥베스> 1999.9.9., 문예회관

플레이어스 시어터는 영국내 웨일즈의 남동쪽에 위치한 극단으로 1977년에 창단되었으며 1977년, 1982년, 1986년 3차례나 영국의 배우상을 수상한 기록이 있다. 1983년 캐나다, 1985년과 1997년 모나코 등과 같은 세계연극제와 캐나다, 자마이카, 미국 등에 초청되어 공연하여 왔다. 셰익스피어의 <한여름 밤의 꿈>, <겨울이야기>, 몰리에르의 <수전노>, <The Imaginary Invalid>와 같은 작품은 이 극단의 주요 레퍼토리이다. 배우와 기술진이 15명을 넘지 않는 아주 작은 극단이지만, 런던의 '아마추어 무대'라는 연극 잡지에서 영국에서 가장 활발히 활동하고 있는 극단으로 선정되기도 했다.

이번 공연은 셰익스피어의 본 고장에서 온 작품답게 정통적 접근법을 보여주었다.

마비스 깁스(Marvis Gibbs)가 연출한 작품내용은 다음과 같다.

맥베드는 악의 야망에 의해 타락해가는 한 선한 남자의 이야기다.
극중에 나오는 마녀들은 맥베드를 교묘히 조종하고 그들 악마들의 게임도구로 이용한다.
연극의 시작부분에서 마녀들은 점수판을 준비한다. 시간은 1050년, 장소는 스코틀랜드, 담보물은 맥베드의 목숨. 게임은 마녀들이 승리를 하고 돌아간다.

마녀들은 뱅쿠오와 맥베드를 만나서 "맥베드가 카우도 호족이 되고 후에 왕이 될 것"이라고 예언하면서 극은 시작된다. 그들은 뱅쿠오가 많은 왕들의 아버지가 될 것이라고 말한다. 맥베드와 부인이 레드왕과 여왕의 왕위를 이어받게 되어 첫번째 게임에 승리한다. 마녀들은 점수판에 "화이트 왕은 죽고, 저당물이 첫 게임을 이겼다."라고 적는다.

맥베드는 뱅쿠오의 순수함을 믿지 않고 뱅쿠오와 그의 아들 플리언스를 죽일 것을 명한다. 뱅쿠오는 죽지만 플리언스는 도망친다. 또 맥베드는 흉악한 전제군주로 변모하면서 맥더프를 죽이겠다고 결심한다.

반면에 맥베드 부인은 남편과 함께 저지른 수많은 악행에 대한 죄책감으로 매일밤 몽유병에 시달린다. 끝내 그녀는 자살을 선택한다. 마녀들은 매우 기뻐한다. 마녀들은 두번째 게임의 결과를 표시한다. "레드여왕 죽음. 저당물 맥베드는 두번째 게임에서 지다."

세번째 게임은 맬콤의 군대에 의해 던시네인 성이 포위되면서 시작한다. 그리고 세번째 점수판에는 다음과 같이 쓰여진다. "레드왕 죽음. 저당물 맥베드 지다. 한 차례에 두 번의 게임(Two Games to one)"

스포트라이트는 맥베드의 몸을 비춘다.

■ 1999 '제23회 서울연극제' 공식초청작
극단 물리 (연출 한태숙) <레이디 맥베스>
1999.10.2.~10.15., 문예회관 소극장

1998년 극작가 정복근. 한태숙 등 중견 여성연극인을 중심으로 창단된 극단 물리의 뜻은 '물질과 이치'라는 뜻으로 순한 마음으로 자연스런 연극을 지향하는 마음에서 이름을 지었다고 한다. 극단대표를 맡고 있는 한태숙은 1978년 <덧치맨> 연출로 연극계 활동을 시작하여 1981년 <자장 자장 자…>로 중앙일보 신춘문예에 당선되었다. 1994년 <첼로>로 '백상예술대상' 연출상을 수상하였고, 이번 공연으로 1999년 '제23회 서울연극제'에서 작품상과 연출상을 수상하였다.

연출자 한태숙은 이번 공연에서 맥베스의 왕위 찬탈 과정에서 막후 조정자 역할을 하였던 '악의 그림자' 맥베스 부인에 초점을 맞추어 원작의 내용을 뒤집고 극 전체를 시청각(視聽覺)화하는 시도를 하였다.

1998년 1월 15일부터 28일까지 대학로 문예회관 소극장에서 창단작품으로 초연 당시의 <레이디 맥베스>가 물체극에 가까웠던 반면, '제23회 서울연극제'의 공식초청작으로 문예회관 소극장에서 10월 2일부터 15일까지 공연된 1999 <레이디 맥베스>는 드라마를 보강하고 오브제에 변화를 주었다.

밀가루 반죽은 맥베스 부인을 꿈의 세계로 인도하는 환상의 길이 되기도 하고, 어느 순간 뱀이 되어 레이디 맥베스의 몸을 휘감기도 하고, 뱀은 서서히 죄의 무게로 변해가기도 한다. 살해된 던컨왕은 진흙덩이로 되살아난다. 지난 초연 때와 마찬가지로 소리와 빛, 밀가루와 진흙 등 물체(오브제)로 맥베스 부인의 심리변화를 효과적으로 보여준 오브제 아티스트 이영란이 시종 역으로 출연하고, 영화음악, 국악창작 및 연주가로 활동 중인 원일이 직접 연주하면서 시종 역을 맡아 연기자의 역할도 하였다. 이번 공연에는 정동환이 레이디 맥베스를 무의식의 세계로 인도하는 궁중전의 역과 최면이 걸린 레이디 맥베스 앞에서 맥베스로 분하는 1인 2역을 맡았다. 레이디 맥베스 역은 '1993년 신춘문예' 연기상, '1996년 한국연극협회 평론가 선정 여자 연기상', '1997년 백상예술대상' 연극부문 여자 연기상 등을 수상한 서주희가 맡아 정동환과 앙상블을 이루었고, 소프라노를 구사하는 김영민이 가세하였다. "새로운 장르가 만나서 빚어내는 인체적인 힘을 보여주겠다."는 연출자 한태숙의 설명이다.

[작품내용]
오브제 연극 〈레이디 맥베스〉는 셰익스피어의 〈맥베스〉를 새롭게 구성한 작품으로 예언에 의한 인간의 운명과 권력에 대한 욕구가 결국 왕을 살해하게 되고 드디어는 자신도 죽음을 맞는다는 운명적인 비극을 〈레이디 맥베스〉의 시각에서 풀어보았다. 남편을 선동해 왕을 시해하고 왕위를 찬탈하지만, 그로 인해 고통 받고 몸부림치는 여인 레이디 맥베스. 맥베스 부부의 범죄행위는 맥베스 부인의 이상한 증세를 관찰하는 과정에서 궁중전의에 의해 밝혀지게 된다. 극의 흐름은 궁중전의가 몽유병이 있는 레이디 맥베스의 병을 고치기 위해 기억을 더듬어 끌어내는 과정을 축으로, 과거와 현재를 오고가는 구성이 된다. 레이디 맥베스는 이미 모든 일이 기억 속으로 돌려진 자기자신의 죄를 재현하게 되면서 형벌과도 같은 죄의식의 고통을 경험하기 시작한다. 궁중전의가 최면으로 레이디 맥베스의 기억을 하나하나 실타래처럼 풀어내기 시작하자, 레이디 맥베스는 인간이 누구나 가지고 있는 죄의 속성인 은폐하려는 욕구, 또 드러내고자 하는 본능으로 갈등을 보이게 된다. 결국, 자신의 살인행위에 대한 기억을 떠올리게 되자 마침내 여태까지 자신을 그토록 고통스럽게 하고 두려움에 떨게 했던 것들이 비로소 자신의 양심이라는 것을 알게 된다. 그 후, 레이디 맥베스는 자신의 죄의식을 깨닫고 속죄함을 갈구하며 마지막 생을 다한다.

연극평론가 호서대학교 안치운 교수는 1999년 〈레이디 맥베스〉 프로그램에서 다음과 같이 이 작품을 설명하였다.

…셰익스피어가 쓴 원본의 입장을 바꾸는 것은 이른바 작품을 전복하는 태도일 것이다. 뒤집기는 현대예술의 특기이다. 재창작이 창작을 거꾸로 보여주는 것처럼. 그렇다면 맥베스를 제거하겠다는 뜻인가?

맥베스에서 레이디 맥베스로의 입장과 시선의 전이는 무엇보다도 미학적으로 정당성을 인정받아야 한다. 작품의 주조였던 맥베스의 태도보다 레이디 맥베스의 태도가 더 큰 힘을 지녀야 한다.

맥베스 부인을 여성도 아닌, 무성, 중성이라고 해석하는 이도 있다. 마녀와 닮았다고 말하는 이도 있다. 맥베스 부인으로부터 남성이 지닐 수 있는 잔인함을 발견하는 이도 있다.

이처럼 현대예술이 역사적 방향을 뒤집고 추동하는 경향처럼, 현대연극이 지금까지의 전통을 벗어나려는 모습은 그리 어려운 일도, 드문 일도 아니다. 극단, 연출가의 의도는 분명하다.

새로운 해석이 필요하다는 것. 지금까지 맥베스를 중심으로 한 해석을 거부하겠다는 것…

◆ 1999.10.15. 스포츠서울
연극 '레이디 맥베스' 대박 터졌다
99서울연극제 최고 인기-대학로 연일 관객 매진
… 이영란의 오브제와 원일의 음악은 이런 연기와 더불어 극의 세 축을 이루며 여느 연극에서 볼 수 없는 재미를 더해준다. 밀가루가 얼굴마스크로 뱀으로 변하고 진흙덩이가 살해된 던컨왕이 돼 긴장을 고조시키는가 하면 자일로폰, 인디언 플루트, 피리, 공(현대악기로 개량된 인도네시아 전통악기), 북 등을 혼자 요리하며 묘한 구음까지 토해내는 원일의 능력도 빛난다. 예쁘장한 외모의 김영민이 들려주는 소프라노 음색의 파리넬리적 미성은 보너스처럼 색다른 맛을 선사한다.

◆ 1999.10.5. 문화일보
프로이드는 인간의 죄의식은 은폐와 표현의 본능적 갈등을 지닌다고 했다. 〈레이디 맥베스〉는 '가해자 콤플렉스'와 '죄인 콤플렉스' 속에서 갈등하는 인간의 정신세계를 심도 있게 조명했다.

6) <맥베드> 수용의 특이성

셰익스피어의 작품 중에서 본토박이라고 할 영국은 물론이고, 세계 각국이나 우리나라에서도 독서층이나 관극자인 대중이나 연극인 그리고 학계에서는 가장 선호도가 높은 것은 4대 비극과 <로미오와 줄리엣> 이었다. 그런데 유독 <맥베드>는 당초의 공연에서 저주스럽다고 낙인찍히게 되었으며 극 수용과정도 다른 작품들과 차별된 험난한 길을 밟아 왔다는 점에서 특이하다. 우리나라에서는 애초에 문학작품인 희곡이나 연극을 통해서가 아니라, 영화로 대중에게 알려지게 되었다는 것은 다행한 일인지도 모르겠다. 그것은 비록 필름이긴 했어도 작품 전체를 사실적으로 전달한 것이기 때문에 연극평론가 유민영 교수가 언급한대로 일반대중이나 연극인도 셰익스피어의 비극세계의 하나인 <맥베드>를 어렴풋이나마 알게 되었다. 그러다가 3·1운동 이후 개방되기 시작하여 지식사회의 성장에 따라, 셰익스피어의 작품인 <맥베드>도 희곡이란 문학작품으로 소개되기 시작하였는데 그것도 서술형태의 소실형식이었다. 그러나 해방될 때까지 일세치하의 사정에서는 <맥베드>나 셰익스피어의 작품을 무대화할 극단이나 연극인도 없었다. 식민지시대 우리연극의 취약함을 단적으로 보여준 것이다.

해방 후는 문화보다 정치의 혼란이 극심하여 연극상황이 나아진 것도 아니었다. 그러나 6·25 사변이라는 불운한 사태 하에서 피난이라는 비극 가운데 국립극단의 해체로 자유연극인이 된 극단 신협의 이해랑과 김동원 등은 부산의 영문학자 한노단의 번역으로 마산에서의 공연을 기점으로 <맥베드>를 드디어 연극으로 등장시켰다. 6·25 전쟁 중에 가능했으니, 아이러니컬한 일이었다. 그러나 그럴만한 이유가 있다. 그 하나는 국립극장 전속이었던 신협이 전쟁발발로 부산으로 피난가면서 사설단체로 바뀌었고, 배우이면서 연출가인 이해랑이 주도하였으며, 그와 절친했던 극작가이며 영문학자인 한노단이 <맥베드> 등 셰익스피어 작품을 번역하였고, 전시 중에 창작극이 나올 수 있는 형편도 아니었는데 셰익스피어라는 대작가의 작품이 번역되었으니 이에 운좋게도 <맥베드>가 공연되었으며, 또 하나는 시대분위기가 처참한 <맥베드>의 음산하고 모반과 배반과 암살 등에 대중이 카타르시스를 느낀 것이 그 이유일 것이다.

60년대의 동인극제 시스템 등 공연분위기는 <맥베드> 등도 번역극 작품의 하나로 자유로운 공연이 가능하고, 셰익스피어 탄생 400주년 기념행사는 셰익스피어 공연의 붐이 조성된 후 실험극장에 의해 공연되었다.

그러나 70년대 중반 이후에는 소위 군사독재가 강화되면서 권력쟁탈을 암시하는 <맥베드>는 기피 레퍼토리가 되었다. 누가 강제한 것은 아니나 군사체제하에서는 자연스런 분위기가 그러하였으며 이런 분위기는 제5공화국 때까지 지속되었다. 이런 암울한 시대분위기는 연극의 침체기를 이끌었다. 그럼에도 창작극이 아니며, 셰익스피어의 번역극인 <맥베드>가 공연되었다. 권력찬탈의 비참한 결말을 보여준 메시지를 담은 실험적인 극을 공연함으로서 다음 시대를 개방화로 이끄는데 <맥베드>가 한쪽의 초석이 되었을 것이다.

1988년 서울에서 올림픽이 열리게 되고 개방의 물길은 거세졌다. 동구권 사회국가도 무너지기 시작했다. 해외문화의 교류도 개방된 사회의 흐름이었다. 해외극단의 내한공연도 다양하게 이루어져 <맥베드>도 다양하게 연출된 공연이 이어졌다. 셰익스피어의 본고장인 잉글리시 셰익스피어 컴퍼니를 비롯하여 대만의 당대전기극단(當代傳記劇團), 일본의 류잔지 컴퍼니, 이들은 원작을 해체하면서도 정통성을 잃지 않는 최고수준의 공연을 하여 우리나라의 셰익스피어극 공연이 지향해야 할 바를 보여주었다.

우리나라도 젊은 연극인들이 <맥베드>를 공연하며 정치사회의 갈등, 부패와 연결시켜 마음껏 변용하였다. 특히 실험극을 선호하는 몇 소장 연출가들은 당시 유행한 모더니즘과 해체주의에 자극되어 거의 마구잡이식으로 <맥베드>를 해석하였다. 패러디한 작품들도 현실 풍자용으로 무대에 올려지기도 하였다. 그러나 정통성을 갖춘 고전적인 <맥베드>도 여러 측면에서 우리나라 신극사를 풍요롭게 하는 데 한 몫을 한 것은 사실이다. 그러나 <맥베드>는 <햄릿>과 같이 시대적 상황에 따라서 험난한 수용의 길을 밟아온 것도 사실이다.

5. 〈로미오와 줄리엣〉의 수용

한국 신극 발전에 서구연극의 영향은 절대적이었다. 서구연극도 매우 광범위하고 수용과정도 다양하다는 것은 전장의 <햄릿> 수용에서 이미 밝힌 바 있다. 그중에서도 셰익스피어는 개화기부터 성인군자의 서열에 서서 우리의 정신문화에도 중요한 역할을 하였고 3·1운동 이후부터는 문호로서, 극작가로서, 그의 작품이 번역되기 시작했고, 점차 문학에서도, 연극에서도 서구문화의 한 전범(典範)으로 각인(刻印)되어 갔다. 그의 작품이 우리 신극에 어떻게 수용되고 영향을 미쳤는가를 밝히는 것이 본고의 뜻이기 때문에 일반적으로 그의 대표작으로 인식되는 <햄릿>에 이어서 우리나라에서 대중들의 인기가 최고에 달하고 있으며 비련극의 백미(白眉)라고 할 수 있는 <로미오와 줄리엣>의 수용을 다루어볼 것이다.

이 작품의 수용과정은 번역, 차용, 그리고 공연의 순으로 할 것이나 특히 차용에 역점을 둘 것이다. 차용 규명은 영향 정도를 가늠할 수 있는 척도(尺度)가 되기 때문이다.

1) 초기의 문학적 수용

셰익스피어의 번역은 1919년 1월에 나온 램의 작품을 통해 번역된 <템페스트>로부터 시작된다. 그 이후에 직역된 것과 램의 <셰익스피어의 이야기들>을 번역한 것, 줄거리를 소개한 것, 번안한 것들을 합하면 1930년 이전까지 11년간 16종류가량이 소개되었다. 이는 셰익스피어의 작품에 내재되어 있는 사상과 사건이 당시의 한국의 근대화에 공통된 정신적 작용이 있었을 것이다.

셰익스피어의 작품에는 왕이 있고 지배계급이 있으며, 착한 왕도 있고 악랄한 왕도 있다. 왕족이 있고, 귀족도 있고, 기사도 있다. 반면 광대가 있고, 묘지기가 있고, 뚜쟁이가 있고, 주모도 있고, 하녀가 있고, 하인도 있다. 고상한 얼치기 폴스테프도 있다. 피지배계급은 다양하지만, 셰익스피어의 작품에는 거의 다 있다. 사랑도 있다. 로미오와 줄리엣 같은 비련도 있다. 개방된 문학이다. 누구나 좋아할 수 있는 요소를 누구든 즐길 수 있으니, 개방되는 사회에도 충분히 적응할 수 있는 작품이고 작가다. 연극의 줄거리의 재미나 유머는 말할 것도 없고, 인간심리나 성격도 세밀하게 묘사하는 사실적인 판단과 사건전개는 뭇사람의 심금을 울리게 하니 그의 작품수용은 문단뿐만 아니라 지성계를 계몽시켰으며, 대중과도 친숙해지는 계기가 되었다.

1920년대를 맞으면서 그의 작품이 활발하게 번역되면서 문학적 수용이 시작된 것이다. <로미오와 줄리엣>은 1921년 9월 5일에 웅계(雄界) 정순규 역으로 <연애소설 사랑의 한>[750]이라는 제명으로 초판이 나왔고, 같은 해 12월 5일, 즉 3개월 만에 재판된 사실로 보아, 당시에 얼마나 대중의 인기가 대단했었는지 짐작할 수 있다. 이 사실을 김병철 교수가 밝혔다.

> 당시로는 증정이나 그 표지의 그림이 아담하여 소위 미려본(美麗本)이 있었겠는데 불과 3개월 만에 재판이 나온 것을 보아도 당시의 독서계에서 인기가 대단했던 것으로 생각된다.[751]

<사랑의 한>은 애절한 연인들의 슬픈 이야기여서 아마 책도 예쁘게 만들어 독자들의 구입충동을 자극했을 것 같다. 그러나 이 번역은 원본에서가 아니라 램의 <셰익스피어의 이야기들>에 수록되어 있는 <로미오와 줄리엣> 이었다.

> 본편은 영국문학사(文學史)에 황금시대(黃金時代)라고 이르는 엘니사쎗왕조의 문화(文華)를 찬란케 한 일대텬재(一代天才)인 세계문학에 패왕 윌니암, 쉑쓰피어의 결작을 산문대가(散文大家) 촬쓰, 램씨가 청년 독셔가를 위하야 그 개요를 선술한

것 중에 일편이니 그 너용은 이탄니의 츈화방염(春華方艷)한 청년남녀가 열열슌결한 애정의 희생이 된 것을 데목으로한 연애비화(戀愛(悲話)로 구미학쟈계에 크게 칭예를 밧는 명져중에 한아이다.[752]

그런데 <사랑의 한>에는 램의 <로미오와 줄리엣>에도 없는 목차가 삽입되어 있다.

〈로미오와 쭐늬엣〉 목차
一. 로미오의 번민
二. 캐풀넷집의 무도회
三. 월하(月下)의 연인
四. 사원의 가약(佳約)
五. 가샹에 격투(格鬪)
六. 한(恨)의 눈물과 연(戀)의 지환
七. 사원의 로미오
八. 연창(戀窓)의 종달새소리
九. 죽었느냐? 살앗느냐?
十. 고성(孤城)에 비보(悲報)
十一. 묘전에 비극[753]

정순규는 세익스피어의 명작인 희곡을 소개하고 싶으나, 영어실력이 충분치 않기 때문에 램의 <로미오와 줄리엣>을 역술하였다고 밝혔다.

적막이 극하든 반도 문단(文壇)에는 여러 신진기계(新進氣銳)의 문사들의 열셩(熱誠)과 심혈(心血)의 결졍(結晶)으로 다수의 셔물(事物)이 발생되여 잇스나 아주까지 세계덕 명져(名著)라고 할 만한 것은 차져보기가 극히 드물다. 이에서 역쟈(譯者)는 아즉 슉련치 못한 붓이나마 혹 우리 문단에 척후(斥候)의 희생이라도 될가하야 세계덕 명져중 일편을 역슐한 것이다.[754]

그리고 등장인물들의 이름이 지금 일반적으로 쓰고 있는 것과 다르게 캐퓰렛이 캐풀넷, 벤볼리어가 벤볼늬오, 로잘린이 로쌀닌, 머큐쇼가 머커슈, 줄리엣이 쭐늬엣으로 표기되는 등 원작의 이름과 약간 동떨어진 등장인물들의 이름이 잘못 표기되어 있다. 또 원래의 내용은 사랑하는 두 연인의 죽음 이후, 영주의 중재로 비로소 두 집안은 적대감을 풀고 화해하게 되는 것인데, 정순규의 <연애소설 사랑의 한>에서는 이 부분이 생략되고 단지 두 연인의 죽음으로 다음과 같이 대단원의 막이 내린다.

로미오의 목을 안고 쓰러진 쓮늬엣의 몸에서는 림림한 적혈(赤血)이 흘은다. 야월공산(夜月公山) 침음한 무덤 속에 정남애랑(情男愛娘)의 두 넉부(魂)은 자최업시 살아젓는데 먼-사원(寺院)에서 은은하게 을녀 오는 밤종소래만 구슬푸게 들닌다.[755]

이상과 같이 인물의 호칭도 다르고 종말도 다르고, 역자가 램의 <로미오와 줄리엣>에서 역술하였다고 하였지만 세밀히 검토해보면 번안했다는 것을 알 수 있다. 세익스피어 원본이나 램의 저술과는 크게 다르다. 로미오가 로잘린을 연모하여 사랑의 번뇌를 되씹는 것을 다음과 같이 과장했다.

오날도 로미오는 자기집 후원에서 홀노 방황하며 연인 로쌀닌을 싱각하고 실연(失戀)의 감회를 늑기며 잇섯다. 이째에 진동하는 꽂밧헤는 잇꽃덧곳 꽂송이마다 춘광(春光)을 희롱하는 나비들이 가벼운 날개를 춘풍에 나붓쳐 자유로 안고 자유로 키쓰(接吻)한다. 이것을 보는 로미오는 더욱 심회가 산란하야 〈아-꽂아, 나비야 나는 너희들을 부러워한다. … 자연의 열닌 연애의 길은 저와갓치 평탄하고 화려한데 우리 인심의 연로(戀路)에는 웨 이리 험악한 파도, 만연(蔓延)한 가시덤불이 얽히어 잇노!! 꽂갓흔 청춘시대에 정남애녀(情男愛女)가 연애의 붉꽃에 가삼을 태운은 인간사회의 모든 비극중에 가장 심한 비극 … 아, 나의 사랑 아, 로쌀닌이여!!〉[756]

독자들은 구슬프며 안타깝지만 풋풋하고 정열적인 <로미오와 줄리엣>을 이런 유려하고 아름다우며 정감이가는 애절한 필치에 매료되지 않을 수 없었을 것이다. 역자가 무작위로 원문에 없는 보충한 서정적인 글을 인용해 보겠다.

그 아릿짜운 용모는 그윽한 골작이에 연연하게 피인 백합꽂(白合花)갓기도 하며 그 은근한 자태는 서은하날에 구름병풍을 헷치고 소리업서 써오르는 보름달 갓기도 하다. 야광(夜光)에 빗최이는 그 새앗씨의 얼골은 맛치 흑인(黑人)의 귀에 달닌 금강석과 갓흐며 여러 숙녀들 가운데 셕기여잇슴은 맛치 흰비닭이 한 마리가 묵가마귀쎄 가운데 셕기여 잇는 것과 갓다. 그럿케 사랑하고 사모하던 로쌀닌은 벌셔 어대로 갓는지 로미오의 뇌(腦)속에는 그 그림자도 차져볼 슈 업게 되었다. 로미오의 눈에는 그 묘녀(妙女)를 사랑하기가 너무 앗가운것 갓치 보인다. 그럿틋 절묘한 선녀가 이 세상에 나려와 잇는 것은 너무 앗가운 일이라고 로미오는 싱각하였다.[757]

다음의 문장에서도 알 수 있듯이 셰익스피어의 작품이 이 시대에 유행하던 구슬픈 신파조의 문체로도 인기가 있었을 것이다.

오래동안 음울한 무덤 속에 누어있는 쓮늬엣은 그 아릿다운 자태가 변하지 안앗다. 움지기도 안코 고요하게 누어잇는 그의 양협(兩頰)에는 오히려 홍도화색이 연연하게 어리위잇고 꼭담은 입슐은 아침이슬에 갓피인 뱃꼿과 갓치 희고 어엽부다. 무정무애한 사(死)의 신(神)도 그러틋 요조한 쭐늬엣의 젤세미용(絶世美容)은 참아 업시하는 것이 앗가워셔 그대로 두고 져들의 노리개를 삼으려는 것 갓다.[758]

<로미오와 줄리엣>은 셰익스피어가 살아있을 때부터 인기가 있었던 작품이다.[759] 청춘의 불타오르는 사랑의 서정적 비극으로서 뛰어난 문학작품이기 때문이다.[760] 세계의 문학사상 비련이 깃든 찬가(讚歌)가 바로 <로미오와 줄리엣>이며 이미 램도 이야기로 저술했지만, 차범석과 성결도 소설을 풀어 쓴 작가다. 차범석은 이미 총론에서 설명하였으나[761] 다시 되풀이 할 것 같으면, 이들은 원작자의 어휘는 되도록 많이 살려 순결하고 처절한 슬픈 사랑을 전하였다. 성결 편저의 <로미오와 줄리엣>은 차례가 20항목으로 되어 있는 부피가 상당량이 되는 두꺼운 단행본으로 된 소설이다.

<로미오와 쥬리엘> 차례
一. 베로나 광장(廣場)의 결투(決鬪)
二. 로미오의 짝사랑
三. 파리스 백작의 청혼(請婚)
四. 참사랑이 싹튼 날 밤
五. 살그머니 만난 순정(純情)
六. 굳고 굳은 언약
七. 결투장(決鬪狀)
八. 사랑의 열매는 맺다
九. 살인사건(殺人事件)
十. 불길(不吉)의 전조(前兆)
十一. 사형(死刑)보다 더한 형벌(刑罰)
十二. 뻗어오는 검은 그림자
十三. 이별(離別)은 슬프다
十四. 무서운 선고(宣告)
十五. 스림의 꾀
十六. 운명(運命)을 하늘에 맡기고
十七. 결혼식 날의 이변(異變)
十八. 악몽(惡夢)
十九. 마지막 결투(決鬪)
二十. 비련(悲戀)에 진 꽃송이들[762]

편자는 "희곡 작품과 낯선 독자 여러분을 위하여 여기에 소설로 옮겨놓아 보았다.

각본을 소설로 옮겨 써놓았지만 원작자의 어휘는 되도록 많이 살렸다."[763]고 말하고 있듯이 그의 <로미오와 쥬리엩>에는 셰익스피어 원작의 대사가 많이 삽입되어 있는 것이 눈에 띈다.

<로미오와 줄리엣>의 번역이 활성화된 데에는 1958년 이후의 세계문학전집 간행의 붐과 무관치 않다. "불모지와 같았던 이 나라의 번역문학이 세계 명작의 번역출판으로 활기를 띠게 된 것은 늦은 감이 있으나마 우리나라 문학사상으로 볼 때에도 커다란 의의가 있는 것이다."[764]라는 경향신문의 기사에서도 볼 수 있듯이 셰익스피어의 희곡은 이 때를 기점으로 해서 개화된 것이다.

1957년에 한양문화사에서 나온 셰익스피어 작, 김재남 역의 <로미오와 줄리엣>[765]이 이 땅에서 첫번째로 셰익스피어의 원작에서 번역된 것이다. 이 시기에 정음사에서는 김재남 번역의 <로미오와 줄리엣>을 포함하여 <햄릿>, <리어왕>, <맥베스>, <오셀로> 등을 출판하였고, 1964년 셰익스피어 탄생 400주년을 맞으면서 <로미오와 줄리엣>의 번역물이 정인섭, 김재남 번역으로 2종류나 출간되어, 셰익스피어가 최고의 문호로서 각광받기 시작하였다. 그에 따라 대중도 셰익스피어를 아는 것이 지식인이라는 인식이 보편화되면서 1960년대에 셰익스피어 전집이 출판된 이후에는 셰익스피어의 각 작품들이 개별적으로 단행본 형식의 책으로 수없이 출판되었다. 그 중에서 단연 <햄릿>이 가장 많았고 그 다음으로 <로미오와 줄리엣>이 가장 많이 반복하여 출판되었다. 김재남의 번역이 대략 10개 출판사에서 나왔으나, 개정판은 나온 것이 없고, 재판·중판되어 나오는 경향이어서 아쉬운 점이 있다. 그 다음은 정인섭 번역이 7개사에서 출판되었다. 1990년까지 출판된 <로미오와 줄리엣>의 역자 수는 25명 안팎이었으나 지금에 와서는 그 두 배나 세 배가 넘을 것으로 추정된다. 소위 범람시대가 온 것이다.

2) 유치진과 <로미오와 줄리엣>

우리나라의 근대 연극사에 거대한 족적(足跡)을 남겨놓은 사람 중의 한사람이 유치진이다. 그가 남겨놓은 많은 작품들은 당시 우리 연극계뿐만 아니라 사회적으로도 많은 영향을 끼쳤던 것이 사실이다. 그가 극작 활동을 하는데 아일랜드의 영향은 지대한 것이었으며, 셰익스피어도 그에 못지않게 중요한 부분이었다. 그는 셰익스피어극을 번역한 것이 아니라, 소재나 플롯을 차용하여 하나의 새로운 작품을 창작한 것이다.

유치진의 작품이 투영된 셰익스피어의 작품은 <햄릿>, <맥베스> 그리고 <로미오

와 줄리엣> 등을 꼽을 수 있다. <햄릿>에서 원용(援用)된 것은 <개골산>이며, <맥베스>에서는 <원술랑>, 그리고 <마의태자와 낙랑공주>(다음 공연에서는 <마의태자>)는 <햄릿>과 <로미오와 줄리엣> 두 작품에서 원용된 것이다. 그리고 다른 작품들, <대추나무>, <자명고>, <왕자 호동과 낙랑공주>, <별> 등은 <로미오와 줄리엣>에서 원용되었다.

이 작품들에 대한 설명은 제3장 1. 초기의 수용과 학생극 2) 유치진과 셰익스피어 편을 참조하기 바란다.

3) <로미오와 줄리엣>의 공연

■ 대학극의 초연-연희연극회

우리나라에서 <로미오와 줄리엣>공연은 학생극에서부터 비롯되었으며, 연희전문의 연희연극회가 1932년 12월에 최초로 공연하였다. 이 극에서 남학생인 신동욱이 줄리엣 역을 맡아 긴 머리를 땋아 가마를 타고 등장하는 등 진풍경을 보여주었다.

> …셰익스피어의 <로미오와 줄리엣>을 계속 공연하였다. 그 때는 여자 역을 남학생이 담당하여 자못 희극이 되는 경우가 없지 않았다. 줄리엣 역을 신동욱이 맡았는데, 가마가 등장하고 삼으로 머리를 따았으며 치마를 아주 어색하게 입고 등장하였기 때문에 때아닌 관객의 환성을 산 일도 없지 않았다.[766]

이 공연이 학생층 관객들에게 폭소를 자아낸 원인은 아마도 남학생 신동욱이 줄리엣을 맡았으며, 긴 머리를 늘어뜨리고 긴 치마를 입고 나타나는 기상천외의 모습과 서양극에 때아닌 가마를 타고 등장하였기 때문이었을 것이다.

연희연극회를 시발로 이화여자대학교의 영문과, 이리 남성여고, 덕성여자대학교 영문과, 그리고 1986년에 가서 중앙대학교의 연극영화과, 연세대학교와 고려대학교 영문과의 공연이 뒤를 이었다.

■ 이화여자대학교의 전통

이화여자대학교는 1939년 <베니스의 상인>[767]을 원어로 공연한 이래 실로 오랜만인 1962년 5월 28일부터 31일까지 국립극장에서 <Four Scenes from Shakespeare>를 공연하였다. 이화여자대학교 문리대 영문과에서는 연중행사로 영어극을 공연해왔는데 <로미오와 줄리엣>을 위시하여 <햄릿>, <말괄량이 길들이

기>, <베니스의 상인> 등 4편의 극에서 잘 알려진 장면을 하나씩 무대에 올렸다.

그에 대하여 이근삼은 "전체적으로 영어로 대사를 암송한다는 사실에서 한 걸음 더 나아가 연기를 해보고자하는 의욕이 보이는 공연이었다."[768]고 전체적으로 평가하고 또한 <로미오와 줄리엣>의 장면에 대해 "줄리엣 역을 맡은 박봉숙도 지나친 의상으로 해서 본래 줄리엣이 갖는 외견상의 청려(淸麗)한 맛을 잃었지만 자유스러운 동작과 정확한 발음으로 힘든 장면을 무난히 요리해냈다."[769]는 공연평을 보냈다.

1년간 교실에서 연구해 온 셰익스피어를 무대에서 실연하는 전통을 세우려는 것이 그들 영문과 학생들의 공연목적이었다. 따라서 참가 학생들은 셰익스피어극을 영어로 공연함으로서 실제로 무대를 통해 맛볼 수 있는 귀중한 연극적 체험까지 터득할 수 있었다. 그리고 1982년에 재공연을 하였다.

■ 계속된 학생극들

이리 남성여고는 1963년 11월 광주시 동방극장에서 있었던 광주학생운동 기념 제8회 전국남녀 중.고 연극제[770]에 유광재 연출의 <로미오와 줄리엣>을 가지고 참가했다. 덕성여자대학교 영문과에서는 1983년에 <로미오와 줄리엣>의 3막 2장을, <앤토니와 클레오파트라>, <십이야>, <뜻대로 하세요> 그리고 <햄릿>을 낭독 공연하였다.[771]

1986년 9월에 세 대학 영문과에서 셰익스피어극을 공연하였는데, 이화여자대학교는 <태풍>을, 고려대학교와 연세대학교는 <로미오와 줄리엣>의 레퍼토리로 공연 대결을 벌여서 화제가 되기도 했다.[772]

■ 직업극단의 공연

<로미오와 줄리엣>의 공연의 경우, 전통 번역극의 공연에 앞서 그 이외의 다른 형태, 즉 악극이나 창무극 또는 방송극 등으로 먼저 선을 보이다가 1962년도에 와서야 비로소 정통극으로 드라마센터가 <로미오와 줄리엣>의 공연을 하였다. 그 후로는 극단 일월, 현대극장, 하나, 민중, 뮈토스, 목화 등에서 같은 작품을 무대에 올렸다.

이 시기에 셰익스피어의 전문극단인 런던 셰익스피어그룹(London Shakespeare Group)이 내한해 새로운 무대를 꾸미기도 했다.

대체로 <로미오와 줄리엣>의 경우 다른 작품에 비해 연극공연에서는 그리 활발하지 못했다. 그러나 출판에서는 다른 작품들보다 여러 출판사가 간행한 사실로 미루어 보아, 많이 읽혀지고 있는 것도 사실이다. 중.고등학교 학생들은 물론 초등학교 학생들까지도 <로미오와 줄리엣>의 이름은 회자되어 있다.

직업극단의 <로미오와 줄리엣> 공연을 1950년대부터 살펴본다.

■ 악극단 KPK 오페레타 <로미오와 줄리엣>
　　1. 1950년 4월, 시공관(각색 서항석, 연출 서항석· 김정섭)
　　2. 1954년 1월, 시공관(윤색 이난영, 연출 서항석)

1950년 4월 악극단 KPK 가 악극형식으로 오페레타 <로미오와 줄리엣>(전2부 14장)을 시공관의 회전무대에 올렸다. 김해송이 KPK를 만들고 이끈 작곡가이며, KPK 악단의 지휘자였다. KPK는 최고의 악극단이었고, 이 공연은 뭇사람의 환영을 받았다. 김해송은 그 당시 국민가수라고 할 <목포의 눈물>을 부른 이난영의 남편이고, 한미양국에서 크게 활약한 김시스터스의 아버지이다. 미군위문공연도 하였으나 6·25사변 때 납북되고 말았다. 이 무대에는 음악에 김해송, 장치에 김정항, 서항석 각색, 서항석 · 김정섭 공동연출773)로 지금도 기억할만한 문예계의 인재들이 참여하였다. 이 작품은 1954년 1월 시공관의 무대에 이봉용 윤색·음악, 이난인 연출로 다시 시공관에서 무대화되었다.774) 이 당시에 KPK의 김해송은 대중의 인기를 독점할 정도였다.

그러나 공연평은 그다지 좋지 못하였다. 1950.4.14. 경향신문의 이 공연에 대한 관극평을 전재한다.

…대중의 구미에만 아첨하는 악극계의 풍속에서 일약 벗어나 〈칼멘〉과 〈로미오와 쥴리엩〉같은 대작을 소화시키기에 노력한 KPK의 대담성에 우선 박수를 보내야겠다. 그러나 이번 〈로미오와 쥴리엩〉은 각색과 연출의 폐도 있었을 것이나 동악단의 실력으론 벅찬 것이다. 전체로 지루하고 따분하게 된 원인은 어데 있는 것일까? 연출은 박력이 부족했고, 무대상의 인물배치가 고르지 못해 무대의 파란스를 잃었고 전체적인 극적 앙상블이 결여된데 또 하나 실패의 원인이 된지 모르겠다. 칼멘에서도 그랬지만 원인 외에 유행가조의 창작곡이 튀어나옴은 창의성을 받들기보다 대중에 아부했다는데 더 책꺼리가 생긴다. 악극계의 앞장을 선 KPK는 앞으로 이 방면에 연마가 있기를 바라며 연기자들이 일층진지한 태도로 정진하기 축원한다. 고언만을 한 것은 발전할 동단에 대한 아기는 마음에서임을 부언한다.

<로미오와 줄리엣>의 악극이 상연된 후 악극단 희망이 <앤토니와 클레오파트라>를 <여왕 클레오파트라>(2부19경)라는 제목으로 바꾸어 공연하였는데, 서항석 각색

과 이진순 연출이었다.[775) 이들 두 공연은 셰익스피어의 작품이 악극으로 공연된 전부인 것 같다.

▣ 임춘앵 여성국극단 <청실 홍실>

1956년 임춘앵 여성국극단이 <로미오와 줄리엣>을 번안한 창무극 <청실 홍실>을 공연하였다. <로미오와 줄리엣>의 달콤하고 애절한 낭만적 서정시가 3.4조의 우리 가락과 잘 맞았으며, 세계명작에 시선을 돌린 것이 그 이유일 것이다. 그 점은 <오셀로>를 번안한 당시 여성국극단의 <흑진주> 대본의 머리글에서도 확인할 수 있다.

> 세계명작을 번안한다는 것은 보다 더 내용의 진실성과 그 예술성을 추구하여 국극이
> 지닌 특성을 십이분 발휘하려는데 있다. 그리하여 셰익스피어의 <오셀로>를 번안
> 편극을 하여 재래의 <만네리즘>에서 탈피하려한 시도이다.[776)

<청실 홍실>을 <로미오와 줄리엣>과 비교하면, <청실 홍실>에서는 등장인물들의 이름을 이두(吏讀)식으로 바꾸어 사용하고, 원본의 1막 5장의 가면무도회 장면이 마을의 잔치로 처리되고 있다. 전체적인 구성은 원작과 유사하나, 마지막 장면은 두 연인들의 죽음으로 끝나지 않고, 천상장면을 만들어 재회하는 것으로 되어있다.[777) <오셀로>를 번안·각색한 <흑진주>에서도 유사한 결말을 보여주고 있다. 이것은 매우 중요한 차이점으로 서양의 비극정신이 한국의 긍정적이고 낭만적인 세계관과 관객들의 기호를 위해서 해피엔딩으로 바뀌는 것을 단적으로 보여주는 것이다.

■ 연극과 연극이 아닌 <로미오와 줄리엣>의 공연

<로미오와 줄리엣>은 셰익스피어의 희곡이다. 그래서 당연히 연극으로 공연이 된다. 그러나 연극이 아닌 방법, 영화와 방송 그리고 창무극, 오페라의 공연도 있으니, 소개되는 일자의 순서대로 다루어볼 것이다.

우선 <로미오와 줄리엣>은 영화를 통해 1920년대부터 영화팬들의 사랑을 받아왔으며 대중과 친숙해졌다. 창무극은 임춘앵 여성국극단 공연에서 이미 설명하였다. 또한 <로미오와 줄리엣>은 HLKY 기독교 방송국에서 셰익스피어의 탄생 393주년을 기념하여 방송극으로 1957년 4월 23일부터 매주 화요일에 4회에 걸쳐 30분간 방송되었다. 로미오 역에 김동원, 줄리엣 역에 최은희, 그 밖에 극단 신협의 단원과 CBS 극 회원이 출연했으며, 연출은 민구였다.[778)

드디어 1962년에는 <로미오와 줄리엣>의 번역극이 무대화되었다. 드라마센터 개관기념으로 <햄릿>을, 6회 공연에서는 <로미오와 줄리엣>(이해랑 연출)을 무대화한 것이다. 이 공연에 영화 스타들과 동국대학교 학생들이 대거 출연하였지만 관객들의 반응은 대체로 저조했다. 로미오 역은 남궁원은 대사 전달이 제대로 되지 않았으며, 동작 또한 전주의 도보(徒步)를 연상케 하였으며, 따라서 공연 광고문이 타이틀 그대로 한자가 모자라는 <로묘>구실 밖에 못되었다[779]는 혹평이 따랐다. 반면에 오화섭은 몇 가지 미흡한 점은 있지만, 작품 자체가 친밀감을 주는 쾌조[780]라는 긍정적 평가를 하기도 했다. 1960년대의 마지막 해인 1969년, 이 작품은 김자경 오페라단에 의해 오페라 무대에 오르기도 했다.[781]

1972년에는 극단 일월의 공연이 있었다. 민동원 연출로 2월 9일부터 15일까지 국립극장에서 공연되었는데, 극단 일월은 <로미오와 줄리엣>을 "동심의 세계 아름다운 꿈과 낭만"[782]을 부각시키고자 젊은 층의 배우들로 구성하여 출연시켰다. 그 의도는 과거의 <로미오와 줄리엣> 공연은 청순한 이미지를 풍겨야 할 터인데, 노련한 연기자를 등장시켜 비극의 순수성이 부각되지 못했기 때문에 젊은 세대를 기용했다는 것이다. 그러나 이러한 참신한 시도에도 불구하고 아마추어로서의 티를 벗어나지 못하고 대사 전달에도 문제가 있었다는 지적이 있었다.[783]

극단 드라마센터는 동랑레퍼토리 극장으로 체질을 혁신하여, 1962년에 공연했던 <로미오와 줄리엣>을 1972년 9월 30일부터 10월 9일까지 재공연하였다. 초연 때 이해랑 연출이었던 것을 오태석 연출로 바꾸어 정적인 무대보다 동적인 형상화에 치중하여 전혀 다른 낭만과 활기를 불어넣어보려는 의욕으로 시도된 무대였다.[784] 이때 영화계의 스타 윤정희를 줄리엣으로, 미국에서 영화, 텔레비전에서 활약하던 오순택을 로미오로 출연시켰다. 오태석은 "이 연극의 서정적이며 운율적인 대사에 의한 재래식 비극성보다 두 가문의 반목, 갈등에 초점을 두고 그것을 극단적인 <행동>으로서 첨예화시키고 연출의 면에서도 대화에 의한 언어의 묘미는 '힘껏 버티기'로 했다."[785]고 하였다. 그는 또한 스피드감을 주는 무대를 시도하였는데 이를 구도 원작이 가진 언어의 묘미를 경시함으로서 이 극의 비극적 차원의 승화가 불가능했고, 행동 위주의 공연으로 두 가문이 천박하게 표현됨으로서 당시의 분위기 전달에 실패했으며, 기대를 모았던 주인공들의 대사전달의 문제점이나, 윤정희가 청순한 줄리엣의 모습을 표현하는데 미흡한 점이 있었다는 평도 있었다.

1976년에는 김자경 오페라단의 오페라 <로미오와 줄리엣>의 공연이 있었다. 독일의 문호 괴테 작 <파우스트>를 작곡한 바 있는 구노 작으로 1976년 11월 3일부터

5일까지 국립중앙극장에서 공연된 바 있다.[786]

1970년대의 이색적인 공연은 런던 셰익스피어극단의 내한 공연이다. 1977년 10월 31일과 11월 1일 이틀간 시민회관 별관에서 <로미오와 줄리엣>이 공연되었다. 동아일보사와 동아방송 그리고 주한 영국문화원의 후원으로, 피터 포터(Peter Potter) 연출인 이 레퍼토리는 7명의 배우들이 매우 현대적인 무대를 창출해냈다. 이 셰익스피어 전문 극단은 1970년에 <십이야>, <오셀로>, <겨울 이야기>를, 1972년에는 <맥베스>를 내한 공연한 바 있다.[787]

극단 현대극장은 <로미오와 줄리엣> 공연으로 1970년대의 대미를 장식하였다. 이는 현대극장의 10회 공연으로 1978년 4월 6일부터 10일간 황은진 연출로 시민회관 소극장 무대에 올려졌다. 두 젊은이의 비극적인 사랑을 그린 서정 비극 <로미오와 줄리엣>을 '로미오와 줄리엣에 대한 열정적인 사랑의 호소, 아기자기한 밀회, 애절한 이별, 비극적인 죽음'[788]에 포인트를 맞춘 연출의도를 내세운 공연이었고, <에쿠우스>의 주연배우로 인기를 모았던 강태기와 문지현이 타이틀롤을 맡았다.

1980년대에는 <로미오와 줄리엣>이 발레로 공연되었는데, 우리나라 초연의 발레 무대였다. 국립발레단이 국립중앙극장 창립 30주년을 기념해 만든 이 공연에서는 로미오 역을 백의선이, 줄리엣 역을 김명순이 맡았다.[789]

극단 민중극장은 1989년 7월 1일부터 10일까지 강태경 역, 정준택 연출 <로미오와 줄리엣>을 세종문화회관에서 공연했다. 이는 젊은이들의 박진감 넘치고 현대적 감각이 어우러진 젊음의 무대였다. 이 공연에 송승환이 미국유학 4년 이후 첫 무대로 로미오 역을, 하희라가 연극무대에 줄리엣으로 첫선을 보였다. "암전(暗轉)없고 소박한 서민극의 분위기를 최대로 살려 엘리자베스시대의 극장 관습에 충실하면서도 현대 감각이 살아있는 연극을 보여주겠다."[790]는 연출의 변대로 우리에게 있어서 셰익스피어의 공연사상 새 장을 연 획기적 공연[791]이었다. 그러나 최정일은 "결투장면의 섬세하고 치열한 설정, 장면 전개에 있어 유동적이고 박진감 있는 처리, 등장인물의 연기 영역의 다채로운 구성에서는 젊은 연출가답지 않게 유감없이 기교를 발휘하고 있으나, 각 등장인물의 성격 구축에는 구체적인 배려가 없음은 유감"[792]이라고 평하였다.

1990년대에 들어와 고전 작품의 해체를 통한 재해석의 바람을 타고 극단 뮈토스가 1994년 윈스턴 10주기 <로미오와 줄리엣> 공연을 하였다. 셰익스피어의 <리어왕>의 영향을 받아 미래세계의 공상을 올더스 레너드 헉슬리(Aldaus Leonard Huxley)의 작품을 섞어 1992년 <타임리스 리어>(Timeless Lear)라는 작품을 무대에 올린 적이 있는 뮈토스가 이번에는 <로미오와 줄리엣>과 조지 오웰(George Orwell)의 소설 <1984>(Nineteen Eighty Four)를 혼합한 하나의 새로운 록 뮤지컬(Rock Musical)로 무대화한 것이다. 다시 말하면 <로미오와 줄리엣>에서 소재를 따왔지만 <1984>에 바탕을 둔 이 작품의 공연에서 전 출연자들이 라이브로 모든 악기와 노래를 소화해내고 있다. 연출가 오경숙은 <1984>를 택한 이유를 전통적인 방법으로 접근하기가 여의치 못해 형식적인 면을 고려했다고 하며, 이 극의 배경은 분명히 <1984>이고, 정신적인 요소로도 <1984>를 차용했고, 극의 전반적인 흐름이 문명 비판적인 요소를 담고 있어 취택했다고 하였다. 록 뮤지컬을 취한 것은 메시지 전달을 위한 방법적인 면을 고려하다가 선택했다는 이야기다.[793] 뮈토스의 <로미오와 줄리엣>은 현대문명에 대한 확고한 증언, 전쟁으로 인한 전 인류의 비인간화, 고문과 세뇌로 인한 기계적 인간화를 그린 인류의 미래에 대한 가정적 미래소설인 <1984>[794]와 셰익스피어의 <로미오와 줄리엣>을 토대로 하여 접목시킨 뮤지컬 형식의 음악극이다. 1984년의 10년 뒤인 1994년 3월 12일부터 4월 17일까지 바탕골 소극장에서 공연된 이 작품은 프롤로그와 에필로그 외에 다섯 장면으로 구성되어 있고, 등장인물로는 윈스턴(Winston), 로미오(Romeo), 줄리아(Julia) 그리고 다수의 밴드 겸 코러스 등이다. 획일적이고 비인간적인 사회에 살고 있는 밴 윈스톤은 <로미오와 줄리엣>의 환상 속으로 빠져들어 사랑을 갈구하나 꿈에서 깨어난 그는 차가운 현실 속에 내동댕이쳐진다. 다소 무겁고 철학적인 주제나 내용을 록 음악으로 이미지화함으로서 '생각하기'보다는 자연스럽게 '느끼는' 무대를 만들겠다[795]던 연출 오경숙이 윈스턴을 통해 절망적인 현실 속에서 희망의 메시지를 틔운 무대였다. 극단 뮈토스는 셰익스피어의 작품으로는 <리어왕(Timeless Lear)>에 이어 <로미오와 줄리엣>은 두 번째가 된다.

목화극단의 <로미오와 줄리엣>은 연출가 오태석이 운율적 대사에 굿판 같은 흥겨움을 선사함으로써 관객들에게 재미를 주고 더 나아가 신선미를 준 공연으로서, 호암아트홀 개관 10주년을 기념해서 1995년 10월 5일부터 23일까지 공연했고, 11월에는 예술의 전당으로 옮겨서, 셰익스피어 명작시리즈의 마지막 공연을 장식했으며 눈길을 끄는 무대였다. 1972년 드라마센터에서 공연 당시 두 집안의 갈등을 부각시킨 연출로 화제가 되었던 오태석은 이번에도 그 강도를 더 높였다고 할만하다. '러브스토리'가 아니고 증오(Hate)의 이야기였고, "싸움이란 무의미하며 진저리가 나는 것이라는 사실을 철저히 보여줌으로서 화해를 더욱 갈망토록 하는 계산이었다."[796]는 역설적인 전개이다. 오태석은 원수 간의 두 집안인 캐플렛가와 몬테규가가 사랑하는 그들의 외동딸과 아들을 모두 잃고난 후에도 화해하지 않는 결말 부분이 우리 사회의 남북간의 갈등, 대립, 반목 등을 상징하고 있다는 것이다. 또 극 중에서 로미오와 줄리엣의 사랑을 맺어주고 양가 화해를 시도하는 신부가 두 집안의 칼부림으로 쓰러지고, 지긋지긋한 싸움이 다시 시작되는 것으로 막이 내린다.[797] 신부의 처리는 원작과 다르고 극의 결말은 원작의 거꾸로다. 오태석이 톡톡히 셰익스피어의 원작을 파괴한 것이라 볼 수 있다. 이 공연은 원작의 반목을 돋보이게 함으로서, 동시에 인간성 회복과 화합이라는 주제를 나타내고 있다. 이는 무대의 빛깔과 의상을 통해 나타나기도 하는데, 배경이 되는 이탈리아 국기의 색깔 중의 벽돌색은 몬테규가, 초록색은 캐플렛가로 설정했고, 영주나 패리스 백작 등은 흰색으로 처리해 두 집안의 반목을 시각화했다.[798]

인천시립극단이 1996년 12월 7일부터 24일까지 <노미오(盧美(吾)와 주리애(朱利愛)>를 서연호·이승규 번안, 이승규 연출로 인천 종합문예회관에서 공연하였다. 이는 셰익스피어의 <로미오와 줄리엣>의 시대배경을 당쟁이 심했던 우리나라 조선조 후기로 하여 장소는 수원, 안성 또는 강화도로 옮겨와, 우리식의 전통 연회와 민속놀이 등을 곁들여, 서로 원수지간인 노진사네와 주진사네의 자녀들인 노미오와 주리애의 비운의 사랑 이야기로 꾸며, 한국적 분위기를 한껏 연출해낸 작품이다. 정재왈은 이 작품을 고전을 패러디한 '풍습희극'으로 표현했다.

> 연출가 이승규는 영국 엘리자베스시대와 조선 후기의 봉건적 유습이 비슷한 점에
> 착안, 배경을 당쟁이 심했던 조선후기로 옮겼다. 남녀의 사랑이 당시의 세시풍속과
> 결혼식·장례절차 등 시각화를 통해 '풍습민화극'으로 새롭게 탄생했다.[799]

이 극은 서막을 비롯하여 2막으로 꾸며졌고, <노미오와 주리애>[800]는 격렬한 풍물 소리에 맞춰 막이 오르면 무대 위에 모여서 쥐불싸움을 하다가 모두 쓰러지고 광대 도창이 무대 가운데로 걸어 나와 이 작품의 스토리가 비운의 연인에 대한 것임을 밝힌다.

1막에서 노진사의 외아들 노미오가 친구들과 탈을 쓰고 몰래 주진사의 환갑잔치에 갔다가 주리애를 보고 사랑에 빠진다. 두 남녀는 그날 밤 별당에서 결혼을 맹세한다. 노미오는 다음날 은적암의 무광스님께 주례를 부탁하고 시월 초파일 법회에서 불교의 의식에 따라 도둑 결혼식을 올린다. 수원 장터에서 마주친 주진사의 조카의 칼에 맞아 노미오의 친구가 죽자, 노미오는 친구에 대한 보복으로 주진사의 조카를

살해하고 달아난다. 사또는 달아난 노미오에게 추방령을 내린다. 2막에 이르자, 광대 도창이 지금까지의 사건들과 닥쳐올 운명을 노래한다. 무광스님은 노미오에게 강화도로 피신해 있으면, 사건을 수습한 후 다시 불러 오겠다고 타이른다. 떠나기 전날 밤 노미오와 주리애는 결혼초야를 함께하고 둘은 헤어진다. 주진사가 주리애를 다음날 사또 친척 박양수에게 혼인시키려 하자, 주리애는 결혼을 하지 않으려고 무광스님으로부터 몽환약을 받아와 자살을 가장하여 칠성각에 안치된다. 길이 막혀서 자초지종을 써놓은 무광스님의 전갈을 받지 못한 노미오는 주리애가 죽었다는 하인의 말에 수원으로 돌아와 칠성각에 나타난다. 노미오는 박양수에게 들켜 칼싸움 중에 박양수를 죽이고, 그 역시 주리애 옆에서 극약을 먹고 자살한다. 잠에서 깨어난 주리애는 노미오의 죽음을 보고 그가 죽었음을 알게 되자 자결한다. 아들의 추방소식에 상심하여 노씨 부인마저 자결을 하게 되고, 주씨네와 노씨네는 무광스님으로부터 그동안 있었던 사건의 전말을 듣고 서로 화해하며, 죽은 자의 영혼을 비는 영산제를 거행한다. 영산제가 진행되는 사이 노미오와 주리애의 혼령이 나타나 저승에서나마 사랑을 꽃피우는 것으로 결말이 난다.

영국의 무대에서는 <로미오와 줄리엣>이 <햄릿> 다음으로 인기 있는 레퍼토리였지만 우리나라의 경우 반드시 그렇지 않았다. 아마도 <로미오와 줄리엣>은 보는 연극이 아니라 읽혀지는 희곡이 아니었나 생각된다.

<로미오와 줄리엣>은 황홀하고 애석한 비련의 서정시다. 눈으로 관극하면 사랑의 아름다움이 마음 깊이 각인될 것이니, 앞으로 연극으로서 전통성이 무르익어 갈 것이다.

6. 비극과 희극의 개별적 수용

셰익스피어의 비극에는 역사극이 있다. <줄리어스 시저>(Julius Caesar)와 <앤토니와 클레오파트라>(Anthony and Cleopatra)이다. 학창시대의 서양사 과정에서도, 또 일반적으로도 독자들이 많이 듣고, 읽고 하는 친숙한 이름인데, 셰익스피어의 이들 작품의 공연은 저조하였다. 극의 성격이 뚜렷하면서도 이들을 자주 무대에서 접할 수 없었던 이유는 1970년대와 1980년대 우리나라 정치권력의 핍박이 있었고, 작품이 가진 장중함과 무대화의 난점, 그리고 극단의 입장에서는 공연의 성공여부에 대한 불확실성 등을 들 수 있다.

이 두 작품의 공연 현황을 살펴보면, <줄리어스 시저>의 경우 1925년 경성고등상업학교 어학부의 영어극 <줄리어스 시저>의 공연이 우리나라에서 최초로 공연된 셰익스피어의 작품이며, 이 땅에 셰익스피어극 공연 활성화의 밑거름이 되었다. 직업극단의 경우, 신협이 1954년에 공연한 후, 1980년대에 와서야 극단 고향, 극단 마당으로 이어질 수 있었던 것은 1970년대 군사정권 체제하에서 정치적 성향의 작품을 공연하기 곤란한 당시의 연극계의 실상을 실감하게 하는 것이다. <줄리어스 시저>가 우정과 배신의 주제 외에도 독재에 대한 저항, 개인적 선택과 암살이라는 이데올로기를 강하게 풍기기 때문일 것이다.

<앤토니와 클레오파트라>의 경우, 지금까지 우리나라에서는 단 2회, 1964년 극단 동인극장과 1990년 실험극장의 공연이 전부이다. 이렇듯 공연이 저조한 까닭은 이 작품이 무대화에 두 가지 큰 어려움이 따르기 때문이다. 첫째는 전 42장면의 전환과 셰익스피어가 묘사한 만화경(萬華鏡)처럼 천변만화(千變萬化)하는 클레오파트라의 절묘한 연기를 감상할 수 있는 여배우가 흔치 않으며, 이설(異說)이 있기는 하나 비너스를 능가하는 세기적인 절세미인 클레오파트라 상을 살려내는 것이 쉽지 않기 때문이다. 영화에서는 엘리자베스 테일러가 주연이었다. 거기에다 웅장한 무대장치, 화려한 의상, 소도구 등을 마련하기에는 아직 우리나라 연극계의 여력이 충실하지 못한 것도 중요한 원인이라 하겠다.

서양의 경우도 <앤토니와 클레오파트라>의 공연은 관심을 끌었으나 성공여부는 항상 문젯거리였다. 그만큼 이 극의 공연은 연출뿐 아니라 극중 인물을 담당할 배우에게도 부담스러운 것이다. 주인공의 역할을 맡은 배우는 앤토니의 용(勇), 장(壯), 정(情)을 클레오파트라의 미(美), 기(技), 지(智)를 모두 표현해야 하는데, 참으로 어려운 일이며, 이러한 요건을 갖춘 연기자의 출현을 기대하거나 배우를 찾는 것도 용이한 일이 아니다. 명연기를 보여준 서양의 배우들은 안토니 역에 발리올 홀로웨이(Baliol Holloway), 존 길거드(John Gielgut), 고드프리 티르(Godfrey Tearle), 마이켈 레드그레이브(Michael Redgrave), 로렌스 올리비에(Laurence Olivier)였으며, 클레오파라 역에 이디스 에반스(Edithe Evans), 페기 아쉬크로프트(Peggy Ashcraft), 비비안 리(Viviene Leigh), 카다린 코넬(Katharine Cornell) 등이 대표적 주자들이다. 근자에 영화에서는 클레오파트라 역을 화사하게 연기한 엘리자베스 테일러(Elizabeth Taylor)가 있다. 우리나라에서는 앤토니 역에 최지민, 이호재, 클레오파트라 역에 김난영, 이혜영이 열연했고, 극단 실험극장의 공연이 유례없이 많은 제작비를 투자하여 관객들로부터 큰 관심을 끌었으며 이 공연은 클레오파트라의 애욕으로 인한 앤토니의 비극적 사랑에 초점을 맞춘 것이었다.

다음은 희극을 살펴본다. 이화여자전문대학의 <베니스의 상인>을 시작으로 셰익스피어의 희극의 우리나라 공연은 현재까지 해를 거듭할수록 활발하게 이어지고 있다. 그동안 공연된 셰익스피어 희극의 대부분은 다른 여러 나라에서와 마찬가지로 그의 가장 인기 있는 낭만희극 계열의 작품들이었으며 <베니스의 상인>, <한여름 밤의 꿈>, <십이야>, <말괄량이 길들이기>. <태풍> 등 작품은 관객의 호응에 힘입어, 초연 후 꾸준히 공연되어 왔다. 이들 작품의 공연은 각색, 번안, 뮤지컬 등의 형태로 고전의 현대화나 한국화 작업으로 다양한 연극적 해석과 무대 형상화가 시도되었다.

1920년대부터 연대별로 이들 희극의 공연현황을 살펴보면, 1940년대를 제외하고 1929년 이화여자전문대학교의 <베니스의 상인>을 필두로 1930년대, 1950년대 그리고 1960년대를 지나면서 국내에서 공연된 셰익스피어의 희극의 대부분이 초연의 무대를 갖게 되고, 그 후 1970년대부터 1990년대에 이르러 원작의 각색, 번안이 시도되면서 점차 다양하게 재공연되는 추세를 보여왔다.

1930년대에는 이화여자전문대학교의 <말괄량이 길들이기> 초연과 극예술연구회의 <베니스의 상인>(법정장면) 공연이 있었고, 1950년대에는 이화여자대학교의 <한여름 밤의 꿈> 초연과 대학극으로서 <베니스의 상인> 공연이 있었다. 1960년대에는 예그린 악단의 뮤지컬 <한여름 밤의 꿈>과 극단 산하의 <말괄량이 길들이기> 외에 셰익스피어의 희극 4편-<태풍>, <윈저의 즐거운 아낙네들>, <십이야>, <좋으실대로>-이 우리나라에서 초연되었다. 이들 초연무대는 1964년부터 이루어진 것인데, 그 이유는 1964년이 셰익스피어 탄생 400주년 기념 축전을 계기로 셰익스피어 극에 대한 관심도가 높아졌기 때문이었다.

1970년대에는 직업극단에 의한 희극공연이 주류를 이루었는데, 극단 가교의 <실수연발>과 <십이야>, 그리고 <말괄량이 길들이기>, 극단 은하가 <십이야>를 각색한 <팔자 좋은 중매쟁이>. 극단 오계절의 <한여름 밤의 꿈>, 그리고 현대극장의 <실수연발> 등의 공연을 들 수 있다.

1980년대에 들어와서 <십이야>와 <베니스의 상인>을 외국극단이 공연함으로 그들과의 교류가 형성되었고, 극단 가교와 국립극단의 <말괄량이 길들이기> 공연이 각각 관객들로부터 호응을 얻었으며, 학생극내지 아마추어 극으로 <한여름 밤의 꿈>과 <태풍>이 자주 무대화 되었고, 극단 가가(극단 거론의 전신)의 <한여름 밤의 꿈>, 번안극인 <사랑앓이 대소동>도 눈길을 끌었다.

1990년대에는 셰익스피어 희극이 공연횟수 면에서도 공연성과 면에서도 절정에 이른 것으로 보인다. 1980년대와 마찬가지로 1990년대에도 셰익스피어의 희극공연은 연극계가 불황을 겪었던 시기에 극단에 활력을 불어 넣는 촉매제가 되기도 하였다. 극단 가교와 성좌의 <말괄량이 길들이기>, 극단 신시의 번안극 <실수연발>, 인천 시립극단의 세미 뮤지컬 <실수연발> 등이 그러한 예가 될 것이다.

이처럼 1929년 이후 현대까지 셰익스피어의 희극공연이 점점 증가하게 되는 이유는 시대가 변함에 따라 관객들의 기호 역시 어둡고 무거운 대상보다는 연극도 재미가 있으며 자유롭게 웃음을 발산하고 싶은 욕구의 충족으로 변화해왔기 때문이리라. 일제치하의 고통, 해방 후의 기쁨과 혼란, 6·25전쟁, 1960년, 1970년대의 정치적 변혁의 소용돌이, 그리고 1980년대의 민주화 등의 격변기를 거쳐서 살아온 우리 대중들의 억눌린 감정이 고전희극을 통해 자연스럽게 발산될 수 있었을 것이다.

1990년대에 <한여름 밤의 꿈>은 학생극의 레퍼토리로 굳어졌지만 직업극단에서도 연출자들이 다각적인 해석을 시도하였고, 해외극단의 <베니스의 상인>, <십이야> 등의 공연, 극단 두레의 번안극 <태풍>, 국립극단의 <법에는 법으로>(Measure for measure) 초연, 그리고 현대예술극장의 <윈저의 바람둥이 부인들> 등이 연극사에 기록될만한 공연이다.

1) 비극

① 〈줄리어스 시저〉 (J u l i u s Caesar)

<줄리어스 시저>는 극중 인물들의 본성이 정확하게 표출되고 작품의 성격도 뚜렷하여, 셰익스피어의 뚜렷한 성격묘사를 실감케 한다. 시저의 암살 장면, 브루터스와 앤토니의 연설 장면, 그리고 브루투스와 캐시어스의 논쟁 장면이 압권인 이 극

시저의 암살장면

은 전제정치의 옹호자 시저를 암살할 만큼 자유사상의 신봉자 브루투스가 비록 처절한 죽음을 맞이하지만, 그 고결한 품성이 우리를 매혹시킨다. 죽음과 죽음으로 이어지는 이 극은 강물처럼 유연하게 흐르며, 사건들이 전개되는 작법이다.

우리나라에서 최초로 공연된 셰익스피어의 작품이 바로 <줄리어스 시저>이다. 이 작품은 셰익스피어의 4대 비극도 아니고, 해외에서 선풍적 인기를 끈 것도 아니다. 더군다나 일국의 지배자를 살해하고 민심을 움직이고자 한 명연설이 절정을 이루는 <줄리어스 시저>는 당시 일제치하에 있던 우리나라에서는 시대의 불운에 맞서는 극이었다.

■ 1925년 경성고등학교의 <줄리어스 시-저> 초연

1925년 12월 12일 경성고등상업학교 어학부에서 <줄리어스 시-저>를 처음 상연하였다. 동교는 해마다 동서사극들 중에서 작품을 선발하여 공연하여 왔으며, 1925년에는 프랑스 극인 <촌로의 도회구경>, 중국어극인 <완벽귀조>(完璧歸趙), 한국어극인 <벙어리 꿀먹기>, 그리고 영어극인 <줄리어스 시-저>[801] 등을 장곡천정(長谷川町) 공회당에서 '어학과 음악대회'라는 이름으로 무대에 올렸다. 이들 공연은 모두 번역극이 아닌 원어극으로서, <줄리어스 시-저>는 당시 민권사상이 팽배했던 때라, 시저가 살해된 후 앤토니와 브루터스가 벌이는 대조적인 명연설의 장면을 부각시켜 공연한 것으로 추정된다. 김주현은 주역을 맡은 김영원의 초대를 받아 상경하여 이 공연에 관한 이야기를 들었는데 훌륭한 학생극이었다는 회고담을 들었다. 당시 <줄리어스 시저>는 특히 학생층 및 청년들의 인기를 독점하던 작품이었다고 한다.[802] 이 공연은 비록 학생극이었지만, 한국어가 아닌 원어극을 시도함으로써 당시 연극계에 신선한 충격을 안겨주었을 뿐 아니라 셰익스피어극 공연 활성화에 밑거름이 되었다.

■ 1954년 신협 <줄리어스 시저>

그러나 셰익스피어극은 일제치하 36년 동안은 이렇다 할만한 발전을 기대할 수 없는 시대였다. 6·25사변으로 피난 남하하였을 때 신협의 셰익스피어극 공연으로 비로소 숨통을 트게 되었다. 서울을 환도한 후 1954년에 신협은 <줄리어스 시저>를 무대에 올렸다. 전쟁으로 어려운 여건에 처해있었음에도 불구하고 신협은 4대 비극의 작품을, <리어왕>을 제외하고, 공연함으로서 전쟁으로 상처받은 국민들의 마음을 달래주었다. 신협이 4대 비극이 아닌 <줄리어스 시저>를 레퍼토리로 택한 이유는 당시 창작극이 부진하였고, 이 극이 남성적이고 박진감이 넘치는 내용의 연극 주제로 대중들의 마음을 시원하게 해주는 매력 때문일 것이다. 부산에서 공연했던 <햄릿>, <오셀로> 그리고 <맥베드>의 여세를 몰아 서울에서 공연된 <줄리어스 시저>는 앞의 공연들에 비해 관객수가 극히 적었다고[803] 했지만, 당시는 입석까지 메워야만 만원이라고 했기 때문에, 실제로 객석은 다 채워졌으니 관객수가 저조했던 것은 아니다.[804]

■ 영화 <줄리어스 시저>-1953년과 1969년

<줄리어스 시저>가 영화로 제작된 것은 1953년과 1969년이었다. 1953년의 작품은 MGM 제작이고, 브루투스에 제임스 메이슨(James Mason), 캐시어스에 존 길거드(John Gielgud), 앤토니에 말론 브란도(Marlon Brando)였으며, 나치독일을 의식한 것이었고, 영화로 된 셰익스피어의 작품 중에서 높은 평가를 받았다. 우리나라에서 이들 주연의 MGM사의 초기작의 상연이 되었었다.[805] 당시 이 영화를 보기 위해 관객이 쇄도했었다. 1969년의 작품은 영국에서 제작되어 앤토니에 찰튼 해밀튼(Charlton Hamilton), 시저에 존 길거드 등이 배역으로, 후반의 전투장면에서는 엑스트라를 5,000명 이상을 썼다고 하는 장관의 거작이었다.[806]

관객이 <줄리어스 시저>에 매료된 것은 셰익스피어의 탁월한 인간묘사일 것이다. 등장인물 하나하나가 한 시점에서가 아니라, 다면적인 시각에서 묘사되었으니, 시저의 경우도 그는 역사상 가장 명망있는 영웅이었으나 이 작품에서는 간질병을 앓고 있으며, 귀가 부자유스러운 신체의 결함이 강조되고 있으며, 미신을 믿으며 감정을 노골적으로 표시하는 인물로 등장한다. 그러나 캐시어스는 그 시저에 대해 "시저는 로드스섬의 거인상처럼 세상이 좁다는 듯이 버티고 있고요"(Julius Caesar I.ii.135~136)[807]라고 거인상으로 비유한다. 단점이 몇 가지 있으나, 이런 그가 시민을 사랑하는 나머지 유산을 시민에게 돌린다는 감격스러운 유언을 남겼기에 로마시민들이 탄복하여 그를 숭배하기에 이른다. 참으로 절묘한 인간묘사의 수법을 쓰고 있다.

■ 명맥을 이어온 학생극

<줄리어스 시저>의 공연은 직업극단보다는 학생극으로 그 명맥을 유지해 왔다. 1963년 4월 26일부터 28일까지 한국외국어대학교 영어영문학과에서 개교 10주년 기념으로 공연된 <줄리어스 시저>는 데이비 여사가 연출을 맡았었다.[808] 이 극은 단어도 문체도 간결하고, 문장이 어렵지 않으며, 다음절의 단어가 많고 남성적 드라

마에 적합하며, 힘있고 에네르기가 넘치는 희곡이니, 대학극에서 원어극으로 공연하기에 안성맞춤이었을 것이다.

그 후 1964년 10월 20일부터 21일까지 중앙대학교 연극영화과에서 셰익스피어 탄생 400주년 기념과 제4회 졸업기념공연으로 김안호 연출로 <줄리어스 시저>를 국립극장에서 공연하였다.[809] 중앙대 연극영화과는 같은 해 12월 부산, 대구, 전주, 광주 등에서 순회공연을 가졌다. 같은 해에 부산대학교 극예회가 개교 18주년 기념 공연으로 김종출 역으로 1964년 5월 30일과 31일에 공연하였다. 이 공연은 부산의 연극을 주도해온 서국영이 연출을 맡아[810] 화제가 되었다.

그 후 상당기간 <줄리어스 시저>의 공연은 찾아볼 수 없다. 이는 한국의 정치상황의 영향에서 비롯된 것이다. 유신공화국이 집권한 후 이 땅에서 정치상황에 대한 어떤 언급이나 공연은 금지된 상태였으며, 따라서 직업극단에서 이 극을 공연한다는 것은 상당히 어려운 일이어서 대학극에서나 그 명맥을 유지할 수 있었던 것이다.

1971년 서울대학교 총극회와 연극동문회는 제17회 총연극회의 일환으로 김의경 연출로 <줄리어스 시저>를 2월 26일과 27일 이틀간 국립극장에서 공연하였다. 심양홍, 박찬빈 등 50여명이 출연하며 장치만을 기성연극인 장종선씨가 담당하였을 뿐 나머지는 모두 재학생들이 담당하였다. 서울대학교의 연극동문회와 공동으로 주최한 전국 11개 대학의 연극회 모두가 참가한 대대적인 행사로 2월 25일부터 27일까지 <줄리어스 시저>로 경연을 벌였다.[811] 이처럼 같은 극을 서로 다른 대학의 연극회가 공연함으로서, 연출기법의 다양성을 보여주었을 뿐 아니라, 셰익스피어극이 학생극으로서도 무한한 가능성이 있다는 것을 보여준 것으로 평가된다.

■ 직업극단의 공연

학생극으로 그 전통을 이어온 <줄리어스 시저>는 1980년 3월 20일부터 24일까지 극단 고향이 10주년 기념공연을 하였으며, 직업극단의 공연이 시작된 셈이다. 세종문화회관에서 막을 올린 극단 고향의 공연(이영순 역, 이원경 연출)은 군사체제 이후 처음으로 직업극단에서 공연한 것이어서 시대의 변화를 느낄 수 있었다. 이것은 독재에 대한 저항, 개인적 선택과 암살이라는 극의 구조가 당시 시대상황에 맞물려서 직업극단 공연은 큰 의의를 가지고 있다.

<줄리어스 시저>의 공연은 셰익스피어의 다른 작품들에 비해 유행의 흐름을 타지 않았다. 1980년 직업극단의 공연 이후 1984년 극단 현장이 창단기념작품으로 김병재 연출로 문예회관 소극장에서, 1988년에는 극단 마당이 이연순 역, 김호태 연출로

10월 한 달간 마당 세실극장에서 공연하였다.[812] <줄리어스 시저>가 이처럼 장기공
연을 한 것은 극단 자체가 극장을 소유하고 있었고, 이 <줄리어스 시저>의 핵심
주제는 시저의 야망에 대해 브루투스의 애국주의 사상과의 갈등이었다.[813] 그리고
다른 셰익스피어극에 비해 우정, 음모, 암살 등의 다양한 주제가 전개되어 관객들을
매혹시킨 것이다.

셰익스피어극의 한국 초연은 <줄리어스 시저>의 한 장면이 원어극으로 공연되었
으며, 그 후에도 공연은 있었고, 관객은 환영하였지만 특별히 우수하다고 치부할
연출이나 기량이 돋보인 것은 없었다. 그러나 서양의 경우 셰익스피어의 본고장
영국에서는 1972년 당시 젊은 연출가 트레버 넌(Trever Nunn)이 로열 셰익스피어
극단을 이끌고 탁월한 연출감각을 보였으며, 마치 흔들리는 대지를 연상케 하는
공연이었다.[814]

■ 국립극단 (역 신정옥, 연출 정일성) <줄리어스 시저>
   2002.11.29.~12.8., 국립극장 해오름극장

국립극단은 1986년부터 세계적인 고전대작을 소개해온 '세계명작무대'시리즈 참
가작으로 2002년 11월 29일부터 12월 8일까지 국립극장 해오름극장에서 셰익스피
어 원작의 정치사극 <줄리어스 시저>를 공연하였다.

◆ 2002.11.21. 연합뉴스
'브루투스, 너마저'라는 대사로도 유명한 로마의 영웅 시저와 그를 중심으로 전개된
로마 공화정 말기의 역사적 소용돌이가 그려진다. 작품초점은 정치가이자 군인이었
던 시저 개인의 영웅담이 아니라 시저가 암살당한 뒤 공화정과 제정이라는 서로 다른
정치지향을 추구했던 두 집단의 다툼에 맞춰져있다.
특히 시저와 그를 암살한 브루투스, 브루투스를 꾀어 암살음모를 꾸민 카시우스,
그리고 군중을 선동해 브루투스를 몰아낸 안토니우스 등 주요인물은 시대를 초월해
되풀이되는 권력갈등과 정치인의 유형을 읽는 거울 구실을 한다.
브루투스와 안토니우스가 시저 암살 후 군중에게 던진 명연설로도 유명하다.
국립극단은 작품이 전막공연되는 것은 48년만이라고 밝혔다. 국립극단의 전신인 극
단 신협이 1954년 이해랑-박암-장민호-김동원의 캐스트로 올린 이래 전막 공연된
적이 없었다는 것. 이 작품은 이에 앞서 1925년 경성고등상업학교 학생들이 셰익스
피어극으로는 처음 국내에서 공연하기도 했다.
남성 취향의 굵직한 작품에 주로 손대온 정일성(61) 극단 미학 대표가 객원연출한
다. 출연진 60명에 웅대한 무대와 원근감 있는 동선으로 대작다운 작품을 보여준
다는 계획이다.

번역본은 셰익스피어 번역에 매진해온 신정옥(69) 명지대 교수의 것을 썼다. 48년 전 공연에도 참가했던 원로배우 장민호가 '시저'를 맡고, 최상설·오영수·서희승· 이영호·우상전·이문수 등 단원들이 출연한다.

■ 명동예술극장 (역 김종환, 윤색 고연옥, 연출 김광보)
<줄리어스 시저> 2014.5.21.~6.15., 명동 예술극장

명동예술극장은 셰익스피어의 정치극 중 가장 완성도 있는 작품으로 손꼽히는 <줄리어스 시저>를 극단 청우의 대표인 김광보 연출로 2014년 5월 21일부터 6월 15일까지 공연하였고, 12월 동아일보에서 주최한 '제51회 동아연극상'에서 작품상, 연출상, 시청각디자인상 등 3관왕을 차지하는 영광을 누리게 되었다. 이 해에는 대상이 없었다.

◆ 2014.5.28. 문화일보의 최현미 기자

셰익스피어는 시저를 영웅이라기보다는 인간적 약점을 지닌 인물로, 정치가 브루투스는 이상적이고 도덕적 인물로 묘사한다. 이 작품에서 브루투스는 독재를 우려해 신으로 추앙받던 시저를 살해하지만 결국 실패한다. 연출을 맡은 김광보는 이 같은 시저 대 브루투스의 대비를 더 강하게 밀어붙여 시저는 부패하고 권력에 취해 이성적 판단을 못하는 어리석은 인물로, 브루투스는 공화제라는 선을 위해 칼을 드는 이상적 인물로 그려냈다.

브루투스는 결국 혁명에 실패하는데 이는 두 가지 잘못의 결과다. 상대에게 틈을 내준 우유부단함과 낭만적 판단이다. 브루투스는 시저의 부하 안토니우스의 말에 넘어가 그를 제거하지 않는 실수를 범하고, 안토니우스가 시저의 장례식에서 추도사를 할 수 있도록 허락한다.

브루투스는 장례식에 먼저 나와 "내가 시저를 사랑하지 않아서가 아니라 로마를 더 사랑했기 때문에 그를 죽였다"고 대의명분을 밝혀 시민들의 열광적인 지지를 받는다. 하지만 뒤이어 등장한 안토니우스는 격정적 추도사로 시민들의 마음을 되돌려놓고 상황을 역전시킨다.

연극평론가 김옥란은 "아마도 로마 공화정에 대한 이해, 사랑하는 개인 시저를 죽이면서까지 공화주의, 민주주의의 이상을 지키고자 했던 브루투스의 신념이 극 초반에 너무 짧게 지나갈 뿐이어서 브루투스에 대해 충분히 납득하지 못한 상태에서 극이 진행되고, 덕분에 시저나 브루투스보다도 훨씬 압도적으로 눈에 띄는 안토니우스의 기지와 화술, 선동 능력이 도드라지면서 극 전체가 기우뚱한다.… 이 공연이 안토니우스를 중심으로 보는 공연이었나? 극을 보는 내내 혼란스러움"이라는 지적을 하였다.

이 연극에서는 원작과는 달리, 여자배역은 윤색과정에서 삭제되었다.

▣ 광주 셰익스피어컴퍼니 (각색/연출 김강) <줄리어스 시저>
2014.6·25. 영어학습체험관

광주 셰익스피어컴퍼니는 호남대학교 김강 교수가 30여년 전통의 호남대 영문학과 연극반을 2010년에 재조직해 만든 셰익스피어 전문극단으로 <햄릿>, <오셀로> 등을 각색하여 무대에 올린 적이 있으며, 2014년 3월에는 GFN광주영어방송(FM 98.7MHz)과 함께 <베니스의 여상인>을 영어로 공연하였고, 2014년 6월 25일 영어체험학습관에서 셰익스피어 각색 시리즈 두 번째 작품 <줄리어스 시저>를 영어로 공연하였다.

▣ 셰익스피어의 이해들 (연출 안병대) <줄리어스 시저>
2014.9.27.~9.28., 충무아트홀 소극장 블루

'셰익스피어탄생 450주년'을 맞이하여 2014년 6월 20일부터 10월 4일까지 '제2회 한국 셰익스피어 문화축제'를 개최하였고, 이 축제의 일환으로 9월에는 경기대학교, 광운대학교, 서울시립대학교, 대진대학교, 성신여자대학교, 순천향대학교 학생들이 참여하여 셰익스피어의 작품을 원어로 각 30분씩 공연을 한 '셰익스피어 대학생 원어연극제'가 충무아트홀 소극장 블루에서 열렸다.

한국 셰익스피어 학회의 회원으로 셰익스피어를 전공하고 대학에서 가르치는 교수들로 구성된 '셰익스피어의 이해들(KOREA SHAKESPEARE'S KIDS)'이 연출 및 연기자로 참여하여 원어극으로 9월 27일부터 28일까지 <줄리어스 시저>를 충무아트홀 소극장 블루에서 공연하였다.

◆ 연극평론가 박정기

<줄리어스 시저>는 기원전 44년 3월 15일에 발생한 시저의 암살사건을 소재로 삼고 있다. 셰익스피어는 이 극에서 고대 로마의 공화정과 왕정의 두 다른 정치체제를 둘러싼 갈등과 대립을 다루고 있다. 그러나 이 작품은 로마의 역사를 통하여 영국의 엘리자베스조 시대의 현실정치를 조명하고 있다. 셰익스피어 당시에 시저를 왕정주의자로, 브루투스를 반왕정주의자로 보는 시각이 있었는가 하면, 로마의 원로원을 영국의 왕실로, 시저를 왕정의 반역자로 보는 시각도 있었다. 시저를 왕정주의자로 보건, 반왕정주의자로 보건, 셰익스피어는 시저와 브루투스의 죽음을 통하여 한편으로는 왕정수호의 정당성과 다른 한편으로는 절대왕정의 위험성을 다루고 있다. 그러나 <줄리어스 시저>의 백미는 이러한 정치적 주제가 시저, 브루투스, 안토니, 캐시우

스 등의 연설과 행동을 통하여 독자에게 생생하고도 감동적으로 전달된다는 점이다. 이런 점에서 『줄리어스 시저는』 지난 4세기 동안도 그러하였거니와 앞으로도 계속 읽혀지고 공연되어질 것이다.

〈줄리어스 시저〉에서는 시저의 죽음이 작품의 클라이맥스를 이루고 있다. 극의 전반부에서는 브루투스와 캐시어스를 위시한 반시저주의자들이 독재정치에 항거하기 위하여 분연히 일어나 시저의 암살을 모의한다. 캐시어스는 브루투스에게 시저가 왕이될 경우 로마인들이 일인전제정치로 얼마나 신음할 것인가를 웅변적으로 이야기하고 브루투스는 로마의 정의를 위하여 시저를 제거하기로 결심한다. 캐시어스는 캐스커, 트레보니우스, 리가리스, 미텔레스 심버, 시나 등의 인물들을 규합하여 구체적인 암살계획을 추진한다. 브루투스는 부인 포샤의 만류에도 불구하고 자신의 행위가 개인적인 원한이 아닌 로마의 자유를 위한 행동임을 강조한다.

시저는 부인 캘퍼니아, 예언자의 경고에도 불구하고 원로원에 출근을 한다. 때는 기원전 44년 3월 15일이었다. 심버가 동생의 시민권을 복권해달라고 간청을 하는 척하는 사이 시저를 둘러싼 암살자들은 캐스커의 구호에 따라 일제히 시저에 달려들어 그를 난도질한다. 브루투스의 마지막 일격을 받은 시저는 "브루투스 너마저도"(Et tu, Brute?)라는 말을 남기며 쓰러진다. 시저의 죽음 이후 브루투스 일당이 로마를 잠시 장악하나 시저의 장례식 때 안토니는 "저는 시저를 장사하러 왔지, 칭찬하러 온 것이 아닙니다."로 시작되는 명연설을 통하여 로마시민들을 선동한다. 결국 그는 암살자들을 로마에서 축출하고 정세를 반전시킨다.

4막에서는 3막까지의 긴박감과 생동감이 반감이 된다. 제1차 삼두정치의 주인공이 될 안토니, 옥테이비어스, 레피더스가 모여 시저의 암살에 가담한 자 중 처형자 명단을 작성한다. 한편으로는 시저 암살의 주역인 브루투스와 캐시어스가 군자금과 관련하여 감정대립을 하나 곧 화해를 한다. 이어서 브루투스와 캐시어스는 안토니와 옥테이비어스의 연합군과의 전투를 준비한다. 홀로 진영에서 밤새 책을 읽고 있는 브루투스에게 시저의 망령이 나타나 그의 죽음을 암시한다.

5막에서는 브루투스와 캐시어스의 군대가 안토니, 옥테이비어스의 군대와 싸우는 장면으로 시작하는데 브루투스는 옥테이비어스의 군대에 승리를 거두나 캐시어스는 안토니의 군대에 패배한다. 캐시어스는 절망한 나머지 노예에게 자신을 죽여달라고 하고 후에 브루투스도 친구의 도움을 받아 자결한다. 안토니가 등장하여 브루투스가 진정한 로마인이었음을 칭찬하고 시저 암살 후 2년 동안 계속된 로마의 내전이 종식되었음을 선포한다.

교수극단 셰익스피어의 아해들(Korea Shakespeare's Kids)의 공연에서는 원작의 남성 출연자들 중 캐시어스, 디셔스 브루투스, 하인 등을 여성으로 대체시켜 연출된다.

■ TV에서 볼 수 있었던 〈줄리어스 시저〉

'에픽(EPIC)'이란 발흥기, 재건기의 민족이나 국가의 정신을 신이나 영웅을 중심으로 읊은 서사시이다. 케이블 위성TV 영화채널 OCN은 2005년 1월 한 달간 TV용으로 제작된 최대 스케일의 최신 에픽 시리즈만 모아 'OCN 에픽 스페셜'을 방송하였다. '줄리어스 시저'를 시작으로 '아우구스투스', '헬렌 오브 트로이', '스파르타쿠스', '쿼바디스' 등 명작들로 엄선하여 방송하였다.

2006년 1월에는 영국의 방송사 BBC와 미국의 케이블 TV HBO가 공동제작한 12부작으로 제작비 1000억원이 투입된 초대형 에픽 시리즈 '로마'(ROME)을 방송하였다. 2005.12.26. 마디데일리는 "'로마'는 기원 전 52년 오랜 갈리아 전쟁을 끝내고 공화정을 위협할 정도로 막강해진 줄리어스 시저와 폼페이우스의 권력대결 구도하에 평범한 두 병사의 모험을 다룬 작품이다. 기존의 로마제국을 소재로 한 작품들이 대부분 로마시대의 영웅들을 중심으로 이야기를 전개한 것과 달리 이 작품은 평범한 두 병사를 중심으로 이야기를 전개했다는 데서 호평을 받았다. 실존인물인 줄리어스 시저와 안토니우스, 옥타비아누스, 폼페이우스 및 로마 시대의 최하층 노예부터 일반시민, 군인, 귀족, 영웅들의 생활상을 과학적 고증을 통해 정교하게 재현했다는 평가를 받고 있다."고 작품에 대하여 설명하였다. 또한 2007년에는 줄리어스 시저의 암살로 끝나는 로마 1에 이어 안토니우스의 공화정을 다룬 로마 2가 방송되기도 하였다.

2011년에는 평생교육 전문채널 방송대학TV가 영국이 제작한 16부작 TV시리즈 '셰익스피어, 명작의 향연'을 3월 19일부터 매주 토요일 자정에 방송하였다. 17세기 극장을 재현한 런던의 '글로브 극장'을 배경으로 간단한 해설을 통해 셰익스피어의 대표작 16편의 전체적인 흐름을 파악할 수 있도록 했다. 15분이라는 짧은 시간에 셰익스피어의 대표작을 1편씩 소개하였다. 소개된 작품은 <안토니우스와 클레오파트라>, <헨리 5세>, <헨리 8세>, <햄릿>, <줄리어스 시저>, <리어왕>, <맥베스>, <베니스의 상인>, <한여름 밤의 꿈>, <말괄량이 길들이기>, <오셀로>, <페리클리스>, <리처드 2세>, <리처드 3세>, <로미오와 줄리엣> 등이었다.

■ 재미있는 해외기사

2008.1.15. 오마이뉴스는 미 대선 후보와 셰익스피어 인물 짝짓기라는 제목으로 재미있는 해외기사를 소개하였다.

- 오바마 　　　　= 할 왕자 (헨리4세)
- 힐러리 클린턴 　= 줄리어스 시저 (줄리어스 시저)
- 존 에드워즈 　　= 비앙카 (말괄량이 길들이기) (이상 민주당)

- 존 매케인 = 코리올라누스 (코리올라누스)
- 루디 줄리아니 = 안토니 (안토니와 클레오파트라)
- 미트 롬니 = 옥타비아누스 시저 (안토니와 클레오파트라)
- 마이크 허커비 = 팔스태프 (헨리4세) (이상 공화당)

미국 버지니아 주 스탠튼에 위치한 '아메리칸 셰익스피어 센터(ASC)'에서 셰익스피어가 쓴 희곡의 인물과 대통령 후보를 비교한 흥미로운 연구 결과를 내놓아 눈길을 끈다…

- **버락 오바마, 무경험이 문제될 게 없었던 할 왕자**

  '모든 사람을 친구가 되게 하라.'

  지금은 모든 사람에게 호감을 얻고 누구도 그를 나쁘게 말하는 사람이 없는 지도자가 필요한 시대다. 바로 이때 떠오르는 인물이 <헨리 4세>와 <헨리 5세>에 나오는 할 왕자다.

  할 왕자는 헨리 4세의 아들로 나중에 헨리 5세가 되는 인물이다. 원로 귀족들은 선왕의 서거로 왕위에 오른 할 왕자를 두고 그의 무경험을 문제 삼아 통치능력을 의심한다. 하지만 할 왕자는 수적으로 적은 영국군을 이끌고 아쟁쿠르 전투에서 프랑스에 승리를 거두고 영국을 통일한다.

- **선호도가 양극단으로 나뉘는 힐러리 클린턴, 줄리어스 시저**

  힐러리는 <줄리어스 시저>에 나오는 시저에 더 어울린다. 왜냐하면 힐러리에게는 그녀를 아주 좋아하는 유권자들뿐 아니라 극도로 싫어하는 유권자들도 있기 때문이다. 시저를 영웅으로 추앙했던 백성들뿐 아니라 대단히 싫어한 백성들이 있었던 것처럼 말이다.

  "나는 별로 (정치를) 하고 싶지 않지만 (정치는) 국가를 위해서 내가 해야만 하는 일이다"는 식의 태도를 견지하는 것도 시저와 일맥상통하는 면이다.

- **잘생긴 미소년 존 에드워즈, 비앙카**

  <말괄량이 길들이기>에는 두자매가 나온다. 말괄량이인 맏딸 캐서린과 얌전한 요조숙녀인 둘째딸 비앙카다. 에드워즈는 잘 생긴 외모 덕분에 '프리티 보이'(pretty boy)라고 불리며 <말괄량이 길들이기>에 나오는 비앙카에 비유된다. 또한 에드워즈는 정열적이고 힘이 넘치는 끈기를 보여주기때문에 <헨리 4세>에 나오는 해리 핫스퍼 퍼시에 비유되기도 한다.

- **전쟁영웅 존 매케인, 코리올라누스**

해군 조종사로 베트남전에 참전했다가 포로가 돼 고문까지 당한 매케인. 그는 <코리올라누스>에 등장하는 로마의 전설적인 전쟁 영웅 코리올라누스에 비유된다. 코리올라누스는 로마시대의 비극적 영웅으로 귀족의 권력기반이 약화되고 호민관을 앞세운 민중의 힘이 부상하던 전환기를 살았던 인물이다. 바로 그 시대에 로마를 위해 목숨을 바쳐 충성한 용맹한 장군이 코리올라누스다. 그는 사회의 부정과 타협하지 않았고 정직한 인물이었다.

아메리칸 셰익스피어 센터의 마케팅 디렉터인 커렌은 매케인에 대해 이렇게 말한다. "그는 충직한 전쟁 영웅이다. 그는 단순히 베트남전 부상 영웅이라는 점만을 이용하여 대선에 나선 게 아니다. 그는 자신이 생각하고 있는 것을 말할 뿐이다. 그는 언행이 일치하는 인물이다."

◉ 세 번 결혼한 남자 루디 줄리아니, 앤토니

줄리아니는 <앤토니와 클레오파트라>에 나오는 안토니에 비유된다.

안토니는 로마의 2차 삼두정치에 나오는 세 지도자 가운데 하나다. 하지만 클레오파트라에 빠져 자신의 임무를 소홀히 한다. 한편 옥타비아누스 시저는 안토니에게 지도자의 의무를 다하라고 요청하면서 자신의 누이 옥타비아와 결혼할 것을 요청한다. 그렇게 되면 지도자 간의 정치적인 유대가 강화될 거라고 하면서. 결국 앤토니는 그렇게 한다.

이러한 <앤토니와 클레오파트라>의 구성이 곧바로 줄리아니에게 적용된다고 할 수는 없다. 하지만 세 번이나 결혼한 줄리아니로서는 계속 그에게 제기되는 문제에 대해 대답하기 곤란한 처지인 것만은 확실해 보인다. 즉, 그의 사생활이 대통령 후보로서의 행보에 부정적인 영향을 끼치고 있다는 것이다.

◉ 비즈니스맨 미트 롬니, 옥타비아누스 시저

롬니는 <앤토니와 클레오파트라>에 나오는 옥타비아누스 시저에 비유된다.

옥타비아누스는 자제력이 뛰어난 비즈니스맨이다. 그는 세 명의 위대한 지도자 가운데 하나로 그의 모든 움직임은 정치와 비즈니스 측면에서 치밀하게 계산되고 구축되어 있다. 바로 이런 뛰어난 정치적 수완이 있었기에 로마의 초대 황제가 될 수 있었다.

공화당 대선후보 가운데 가장 부자 소리를 듣고 있는 벤처사업가 출신인 롬니. 그 역시 비즈니스맨으로서 뛰어난 감각을 자랑한다. 또한 대단히 정치적이라는 평도 듣는다. 바로 이런 점 때문에 롬니의 진정성에 의구심을 나타내는 사람들도 있다.

◉ 넉넉한 이미지의 목사 마이크 허커비, 폴스태프

대선 후보들의 첫 경선 무대였던 아이오와 코커스에서 복음주의자들의 지지를 받아 예상 밖의 1위를 차지한 허커비. 그는 <헨리 4세>에 나오는 폴스태프에 비유되는 인물이다. 할 왕자의 오른팔이었던 폴스태프는 덩치가 크고 마음이 따뜻한 사람으로 사람들에게 호감을 얻었다.

허커비 역시 지난 2003년 '타입2 당뇨병' 진단을 받고 체중을 54kg이나 줄여야 했던 덩치가 큰 사람이었다. 이런 허커비에게는 뚱뚱한 사람에게서 보이는 친근한 이미지가 아직도 남아 있다.

허커비는 폴스태프에 비유되기도 하지만 다른 점도 많다. 폴스태프는 여자와 술을 대단히 밝히는 등 결점이 많았지만 허커비에게는 이런 결점이 보이지 않는다는 것이다.

한 가지 공통점이 있다면 두 사람 모두 대단히 종교적인 인물이라는 점이다. 셰익스피어 희곡에 등장하는 인물 가운데 성경을 가장 많이 인용하는 사람이 바로 폴스태프다. 허커비 역시 전직 침례교 목사로 폴스태프와 같은 그런 높은 신앙심을 보여주고 있다. 허커비의 신앙은 그가 어떤 사람인가를 그대로 보여주고 있다.

② 〈앤토니와 클레오파트라〉 (Anthony & Cleopatra)

<앤토니와 클레오파트라>는 셰익스피어의 작품 중에서 가장 장대한 무대장치와 웅장한 스케일을 자랑할 수 있다. 우리나라에서는 1964년 셰익스피어 탄생 400주년 기념축전으로 4월 22일부터 국립극장에서 셰익스피어의 <베니스의 상인>, <오셀로>, <뜻대로 하세요>, <리어왕>에 이어서, 극단 동인극장의 <앤토니와 클레오파트라>(이호영 역, 정일성 연출)가 공연되었는데 이는 초연된 것이었다.[815] 이들 다섯 작품 외에도 산하의 <말괄량이 길들이기>의 공연이 잇따랐다.

<앤토니와 클레오파트라>는 셰익스피어의 희곡 중에서 가장 사상이 풍부하고 뛰어난 함축미가 일관되게 흐르는 장대한 작품으로서 주인공의 심리적 갈등보다는 행동성이 강하고, 연극적 가치가 그대로 유지되는 가운데 역사적 사실도 충실한 작품이다. 또한 안토니의 죽음을 초월한 강렬하고 영원한 사랑의 숭고함이 깃든 작품이다. 콜리지(Coleridge)는 <앤토니와 클레오파트라>를 "가장 경이로운 희곡"[816]이라고 칭찬하였다. 그리고 이 작품이 가장 심오하며, 가장 감동적이며, 가장 구성이 잘된

희곡이라는 것이 아니고 "화려한 시미(時美)를 묘출한 작품"[817]이라고 지적하였다.

■ 공연하기 어려운 작품

1964년 셰익스피어 탄생 400주년을 맞아 국립극단(연출 이진순)은 <베니스의 상인>, 신협(연출 이해랑) <오셀로>, 민중(연출 김정옥) <해믈리트>, 산하(연출 이기하) <말괄량이 길들이기>, 실험극장(연출 황운진) <리어왕>을 공연하였다.

그리고 젊고 우수한 학사 연기자들로 구성된 동인극장은 이효영 역과 정일성의 연출[818]하에 당시 촉망받던 배우 최지민, 김난영, 김순철, 이진수 등의 호화로운 배역으로 1964년 5월 14일부터 18일까지 국립극장에서 <앤토니와 클레오파트라>를 공연하였다. 그러나 막상 공연에 들어서자 기대하던 만큼의 극적인 강렬함을 보여주지는 못했다는 것이 일반적인 평가였다. 즉 "산만한 무대요 미숙한 연기"[819] 등으로 신선한 연출에 비해 연기진의 능력이 따르지 못했기 때문일 것이다.

■ 영화 <앤토니와 클레오파트라>

우리나라 관객들에게는 <앤토니와 클레오파트라>가 연극이 아닌 영화, 1963년에 제작된 리처드 버튼과 리즈 테일러가 주인공인 <클레오파트라>[820] 덕분에 전혀 낯설지 않은 작품이었다. 이 영화를 제작하는데 테일러의 출연료가 1,000만불이라는 소문이 나돌았으니, 그 명성은 짐작되고도 남는다. 그러므로 관객들은 무대전환이 자유로운 영화보다는 연극에서 과연 어떻게 유연한 무대전환이 이루어질 것인가에 대한 호기심과, 이집트 여왕 클레오파트라가 어떠한 모습으로 묘사될 것인가, 또 누가 세기의 미녀 클레오파트라 역을 맡을 것인가에 대해 무척 강한 관심을 가질 수밖에 없다. 그러니 공연의 성공을 기대하기는 참으로 어려운 것이며, 그 성패의 요소는 클레오파트라와 작품의 해석에 기대하여야 한다. 서양의 공연에서는 1953년에 클레오파트라 역을 한 기념비적인 여배우 페기 아쉬크로프트(Peggy Ashcroft)의 연기가 돋보였으며 안토니 역은 마이켈 레드그레이브(Michael Redgrave)였다.

> 그녀의 창의성은 인물 해석은 물론이거니와 의상디자인에서도 돋보였다. 그녀는 붉은 망아지 꼬리로 가발을 만들어 썼으며, 연한 오렌지 빛과 보랏빛의 의상을 걸치기도 했다. 관객들은 그녀의 풍부한 상상력과 섬세한 감각, 그리고 훌륭한 언어의 구사에 감탄할 수밖에 없었다.[821]

그녀 공연의 여진(餘震)은 쉽사리 가시지 않고 오랫동안 지속되었다. 그러니 아쉬크로프트의 열연으로 말미암아 그녀가 속한 극단의 영광과 명성에 새로운 역사의 막이 오르게 된 것이다. 이 작품보다 2년 전 1951년 마이켈 벤톤이 연출한 공연에서 남녀 주인공을 연기한 로렌스 올리비에와 비비안 리의 절제된 연기도 주목을 끈 바 있다.[822]

■ 실험극장 (역 김미예, 연출 윤호진) <안토니와 클레오파트라>
1990.10.20.~11.4., 호암아트홀

실험극장 창단 25주년과 중앙일보 창간 25주년 기념공연인 이 공연은 1964년 동인극장의 초연 이후 실로 26년만에 이루어진 국내 두 번째의 공연이라는 것으로도 의미있는 일이다. 이와 같이 <앤토니와 클레오파트라>가 오랫동안 공연되지 못한 이유는 5막 42장 구성에서 장면 전환이 빠르고 많아, 연출상의 난점이 있고, 작품의 규모가 크기 때문에 화려한 무대장치와 의상 등에 들어가는 제작비가 막대하고, 제작기술의 부족도 공연을 하려면 그동안의 영세했던 우리 극단들이 사활을 걸어야 할 정도였으며, 안토니와 클레오파트라라는 두 인물의 복잡한 성격을 소화해낼만한 강렬한 이미지를 소유한 연기자도 찾기가 어려웠던 탓일 것이다. 이외에도 작품해석의 난해성을 들 수 있는데, 앤토니와 클레오파트라와의 운명적 사랑에만 초점을 맞춘 비극이 아니라, 역사적 사실, 줄리어스 시저를 포함하는 로마 격동기의 정치상황을 배경으로 하였으며, 이들 두 남녀의 사랑과 파문, 명예와 용기, 신의와 믿음,

정치적 야망과 인간적 욕망 등 사랑과 인생 그 자체에 대한 허망함이 다각적으로 작품 전반에 흐르고 있기 때문에 극의 포인트를 맞추기 어려웠다.

1990년도에 실험극장이 공연한 <앤토니와 클레오파트라>의 연출가 윤호진은 원작을 그대로 무대로 올리면서 "클레오파트라의 애욕으로 인한 앤토니와의 비극적인 사랑에 초점을 맞추고 따뜻한 사랑과 인간애를 관객이 느낄 수 있도록 연출방법을 설정했다."[823]고 하였다. 특히 실험극장은 이 공연을 위해 세계적인 무대미술가이자 영국 로열 셰익스피어 극단에서 무대미술가로 28년간 셰익스피어극의 무대, 의상디자인을 해온 알제리 출신의 압둘카터 화라(A. Farrah)를 초빙하였다.

> 알제리 출신으로 1955년부터 유럽에서 무대미술가로 활동하여 온 그는 1962년 영국의 국립극단인 로열 셰익스피어 극단의 초청을 받은 이래 수석 무대미술가로서 〈태풍〉, 〈로미오와 줄리엣〉, 〈말괄량이 길들이기〉, 〈좋으실대로〉 등 셰익스피어 연극의 전문가로서 현대미술사에 기록될 세계적인 미술가이다. 그는 〈파우스트〉, 〈발코니〉 등 고전 및 현대극, 오페라 등의 다양한 장르에서도 인정받고 있다.[824]

무대장치에서 화라(Farrah)는 호암아트홀의 오케스트라 피트를 덮어 무대를 넓히고, 기발한 등·퇴장 장소를 설정하면서 구조물마다 조명과의 색감과 양감을 살리는데 신경을 썼다. 의상면에서도 고증에 의한 분석을 거쳐 금색과 암청색으로 이집트의 색채를 내고, 금색과 회색으로 로마의 색조를 살려 극 전체에 절묘한 색조의 대비를 형성했다. 소품 역시 자신이 가진 자료를 이용해서 철저히 고증된 소품을 제작하였다.[825]

이 공연의 타이틀 롤은 고 이만희 감독의 딸로서 어려서부터 늘 연기세계를 접해온 이혜영이 클레오파트라 역을, 간판 배우 이호재가 안토니 역을, 시저 역에 정보성 등 인기도가 높은 탤런트를 배치하였다. 이 극의 배역에는 단연 클레오파트라의 성격창조에 관심이 집중된 것이다. 이는 역사적 사실에 근거한 클레오파트라의 인물에 대한 평가가 각종 문학예술 부문에서 시대가 흐름에 따라 다향하게 묘사되었고, 셰익스피어 원작에서의 클레오파트라 역시 변덕스럽고 신경질적이며, 그녀의 사랑의 진의가 의문스런 점이 많기 때문이다. 2천년전 시저와 앤토니의 애인이었던 클레오파트라, "그녀의 코가 조금만 낮았어도 로마의 역사, 아니 세계의 역사가 달라졌을 것"이라는 말을 쉬이 들먹인다. 7년전 뉴욕 타임즈에 따르면 미국의 여류작가 휴즈할렛은 클레오파트라의 이미지는 그녀를 호색녀로 선전한 옥타비아누스로 인해 왜곡된 것이며, 로마인들은 여성에 의해 지배받는 것을 수치로 생각했기 때문에 세월이 흐름에 따라 클레오파트라는 능력있는 여성보다는 낭만적인 사랑의 화신으로 그려지게 된 것이라면서 "클레오파트라는 전쟁의 신을 굴복시키고 조화를 만들어내는 비너스의 모습을 하고 있다."[826]는 주장을 한 바 있다. 중세의 시인 제프리 초서(Geoffrey Chaucer)도 <훌륭한 연인의 전설>에서 클레오파트라는 앤토니의 아내로서 열녀, 즉 사랑의 순교자로 받아들여졌고, 캘빈과 루터의 엄격한 도덕주의가 나타나면서, 클레오파트라는 두 명의 남편을 가졌다는 이유로 인해 음탕한 여인으로 묘사됐다고 하였다.

18세기에는 그녀의 이야기가 군주체제에 관한 논쟁에 이용되고, 19세기에는 아프리카와 동양을 식민지화한 유럽 국가들이 클레오파트라의 이야기 속에 자신들의 제국주의를 시적(詩的)으로 정당화할 구실을 찾아냈으며, 20세기 이후 그녀는 성(性)에 대한 거북한 느낌을 완화시키는데 이용되었다고 보도하고 있다.[827] 호암아트홀 무대에서 클레오파트라 역을 열연한 이혜영은 공연에 앞서 "화려한 미의 여왕이 아닌 스케일 크고 자존심이 강한 완숙하고 인간적인 여왕을 보여주고 싶다."[828]고 하였다.

많은 제작비를 투자하고 공연준비에 심혈을 기울였던 실험극장의 <앤토니와 클레오파트라>가 막상 무대에 올려졌을 때 공연에 대한 평론가들의 시각은 대개 두 분류로 나뉘었다. 그들은 대부분 그동안 보기 어려웠던 작품의 공연의 의의와 무대미술에 대해서는 긍정적 공감대를 형성하면서도 연출과 연기 부분에서는 서로 다른 관점에서 평가하였다. 김미도와 이미원은 대형 무대와 합작 공연의 문제점을 지적했다. 김미도는 "풍부한 무대변화가 주목을 끌기는 했으나…, 연기면에서도 클레오파트라 역이 열연한 이외에는 각각의 성격이 살아나지 못했고, 대사 외우기에만 급급하였다. 따라서 전체적인 앙상블은 기대할 수도 없었고, 비극적 운명적 사랑의 무게가 제대로 전달되지 않았다."[829]고 했다. 그러나 유민영과 이태주는 작품 전체가 유연한 앙상블을 이루어냈다고 평가하였다. 이미원도 대체적으로 김미도의 견해에 동조하였다. 그는 "애욕으로 빚어진 비극적인 사랑에 초점을 맞추고 따뜻한 사랑과 인간애를 전달하고자 한다는 연출의도부터가 원작의 다양한 해석을 제쳐두고 작품의 전면적인 이해를 처음부터 포기한 것이며, 연기면에서 몇몇 연기자가 부분적으로 중심있는 연기를 보여주긴 했으나, 전반적으로 연기가 외형적인 동작묘사의 모방에 그쳤다"고 지적하면서 "가장 눈에 띈 것은 무대미술이었다"고 했다.[830] 그러나 이미원은 "이러한 공연 전체의 앙상블의 문제점에도 불구하고 이와 같은 대형공연을 통해 우리 연극의 기술적인 능력과 진정한 프로화의 가능성을 점칠 수 있었다"고 언급하면서, "이 공연은 실험극장의 역량을 다시 한 번 과시한 공연이었으며, 정식으로 대형공연에 도전하여 흔치않은 성과를 거둔 것도 사실"이라고 했다.[831]

이들과는 달리 이태주는 "한국 셰익스피어 공연사에 큰 획"[832]을 긋는 공연이었다는 찬사를 보냈다. 그는 연출·연기·무대미술 모두가 순조롭게 진행된 공연으로 보고, 연출면에서 앤토니와 클레오파트라의 사랑과 죽음을 역사적 현실의 공간 속에서 부각시키고 운명과 선택, 지성적, 천상적인 것, 사랑과 권력의 이중구조를 서로 대조시켜 명확히 제시하였고, 주인공의 성격을 주변인물의 배경을 통해 부각시키는 효과적인 방법을 사용한 연출가의 신선한 상상력을 볼 수 있었다고 하였다. 그리고 연기면에서도 박진감 넘치는 대사 처리와 선명한 동작을 보여준 앤토니 역의 이호재와 연인의 질투·분노·슬픔·사랑의 표현에 있어 연기의 한 전형을 보여준 클레오파트라의 연기를 밤하늘의 불꽃처럼 화려하고 폭발적인 것이었다고 하며 찬사를 아끼지 않았다. 또는 공연의 관심과 주목의 대상이 되었던 무대미술 역시 구성·색조·리듬이 살아 있는 디자인이었다고 했다.[833]

유민영은 이 공연을 보고 공연의 성과를 두 가지 면에서 평가하였다. 첫째는 연출의 복잡한 작품 해석의 명료함과 노련한 연기진을 꼽았고, 둘째는 셰익스피어극의 장중함과 시적 아름다움을 충분히 표출할 수 있게 해준 영국에서 온 무대디자이너 화라의 빼어난 무대미술이 우리연극계에 좋은 본보기를 보여준 점을 잊지 않았다.[834]

앞에서 살펴본 것처럼 <앤토니와 클레오파트라>는 웅장하고, 그러면서도 섬세한 두 가지 특성을 가진 극이며, 남성적인 면과 여성적인 면을 동시에 다룬 역사극이다. 작게는 한 인물의 역사요, 크게는 한 시대를 풍미했던 영웅들의 이야기이며, 더 나아가 인류의 역사를 바꾸어 놓은 희대의 사건들이니 셰익스피어의 예리한 시각으로 다룬 <줄리어스 시저>와 <앤토니와 클레오파트라>를 모두 무대화시키는 작업이 어려우나, 끊임없는 노력을 통해 한국관객들에게 널리 알려지게 되었으며, 보다 나은 발전된 양상의 공연을 기대해봄직하다.

■ 1999.12.21. 경향신문

책 <클레오파트라-2000년만의 출현>

(로라 포맨 지음, 프랑크 고디오 탐사대장)

셰익스피어작 <앤토니와 클레오파트라>의 주인공은 클레오파트라이고 앤토니는 클레오파트라를 사랑한 부주인공이다. 앤토니에 앞선 클레오파트라의 주인은 줄리어스 시저였다.

클레오파트라는 왕이었다. 앤토니를 지극히 사랑하였다. 클레오파트라는 시저의 아들에게 패망한 앤토니를 잃자 수절을 위해 뱀에게 물려죽는 자살을 선택하였다. 클레오파트라를 마녀로, 미모로, 엘리자베스 테일러가 연기한 클레오파트라로 가지 가지의 설이 그녀를 감싸고 있다. 과연 클레오파트라는 누구인가? 어떤 왕이었고 어떤 여자였나? 지금도 궁금한 그녀이다.

이런 미로 속에 한가닥 실마리가 보였다. 바로 고디오와 포맨이 함께 쓴 '클레오파트라 2000년만의 환생'이라는 책자가 발행되었다. 경향신문(1999.12.21.)의 보도문을 전재한다.

클레오파트라 '2000년만의 환생'
지난해 10월말 AP, 로이터 등 주요 외신들은 고고학사에 한 획을 긋는 '대사건'을 전 세계에 일제히 타전했다. 프랑스 파리에 본부를 둔 유럽해양고고학연구소가 알렉산드리아 항구의 수중 5~6m 지점에서 1600여년 전 지진과 조류에 휩쓸려 바다 밑으로 가라앉은 고대 이집트의 클레오파트라 궁전터와 앤토니우스의 저택, 스핑크스 등을 발견한 것이다.
알렉산드리아는 기원전 332년 알렉산더대왕이 이집트를 평정한 뒤 자기 이름을 따 건설한 도시. 특히 이집트의 '마지막 파라오'인 클레오파트라가 로마황제 카이사르를 매혹시키고 기원전 30년 이집트가 로마의 속주로 전락하자 독사에 물려 자살한 곳이기도 하다.
프랑크 고디오 유럽해양고고학연구소장과 미국의 저널리스트 로라 포맨이 함께 쓴 '클레오파트라, 2000년만의 출현'(효형출판, 이기문 옮김)은 클레오파트라 7세(기원전 69~기원전 30)에 덧씌워져 있던 '신비의 베일'을 벗기는 데 주력한 책이라는 점에서 주목된다. 포맨은 새로 발굴된 유물들과 방대한 자료를 통해 지략과 미모로 한 시대를 풍미했던 클레오파트라의 파란만장한 생애와 당시 이집트 사회상을 생생하게 복원해냈다.
포맨에 따르면 17살에 왕위에 올라 39살 때 비운의 삶을 마감함 클레오파트라는 로마의 두 야심가 (카이사르와 안토니우스)를 파멸로 몰아넣은 '나일의 마녀'도, 정복욕에 눈이 먼 '권력의 화신'도 아니다. 국민의 조롱 대상이었던 아버지 프톨레마이오스 12세의 실정을 만회하고 이집트의 영화(榮華)를 되찾기 위해 혼신의 노력을 기울인 지략가라는 것이다.
실제로 클레오파트라는 폭정을 일삼는 이집트의 국왕파와 맞서기 위해 로마의 권력자 카이사르를 끌어들일 계획을 세운다. 카이사르와 맺은 정략적 동맹은 사랑으로 발전했고 로마에 입성한 클레오파트라는 카이사르에게 황제가 될 것을 부추긴다. 이를 눈치 챈 공화정파는 카이사르를 암살하고 클레오파트라는 이집트로 피신한다. 클레오파트라가 새 실력자 앤토니우스에게 접근한 것도 '이이제이(以夷制夷)' 전략의 일환이다. 앤토니우스의 두 아들을 낳은 클레오파트라는 확실한 집권을 위해 앤토니우스에게 파르티아 원정을 떠나도록 권유한다. 그러나 앤토니우스는 악티움 해전에서 옥타비아누스에게 패배했고 이는 결국 클레오파트라의 죽음을 불러왔다.

그렇다면 클레오파트라는 왜 후대 사람들에게 '백인의 품을 그리워한 황색 미인'(셰익스피어), '권모술수에 뛰어났던 요부(妖婦)'(버나드 쇼) 등으로 각인됐는가. 포맨은 "로마의 집권층과 가부장적 남성지배사상, 백인 우월주의가 클레오파트라를 '역사의 마녀'로 몰았다"고 지적한다.

■ 2009.12.24. 한국경제 기사

클레오파트라, 의문사 미스터리 풀리나?

최근 한 그리스 고고학팀이 미스터리로 남아있는 클레오파트라의 사망 당시 정황을 밝혀낼 실마리를 찾아내 화제다.

23일(현지시간) 영국 가디언 인터넷판에 따르면 이집트 알렉산드리아 해안에서 해저 발굴을 하던 그리스 해양 고고학팀은 이집트 여왕 클레오파트라 7세가 죽음 직전 자신을 위해 지은 한때 웅장했던 무덤의 입구라고 추측되는 큰 화강암 탑문을 발굴했다.

그들은 15t의 무덤에 속한 7m 높이의 거대한 문이 약 기원전 30년 클레오파트라의 연인 앤토니가 죽기 전 그를 위로하는데 방해가 되었을지도 모른다고 믿고 있다. 그리스 발굴작업을 지휘한 역사가 해리 찰라스는 "이토록 무거운 이중문이 파도에 휩쓸려 왔을 것이라고 생각하지 않는다. 여왕 무덤에 속했던 것이 확실하다. 마케도니아 무덤 문들처럼 한번 닫히면 영원히 열리지 않았을 것이다"라고 단언했다.

고대 로마의 그리스 역사가 플루타크에 따르면 마크 앤토니가 클레오파트라가 자살했다는 비보를 접한 뒤 스스로 목숨을 끊으려 했다. 그의 죽기 직전 소원이 클레오파트라 옆에서 숨을 거두는 것이어서 "쇠줄과 밧줄로 감긴 채" 무덤 위층으로 올려져 창문을 타고 들어갔다고 알려져 있다. 플루타크는 "무덤 문이 닫혔을 때 다시 열 수가 없었다"고 기록했다. 지중해에서 그렇게 큰 조각의 무덤 돌문을 발견한 것은 그(플루타크)의 주장을 뒷받침해주는 증거라고 볼 수 있다.

■ 니나가와 유키오 연출 <앤토니와 클레오파트라>
2011.11.24.~11.27., LG 아트센터

일본의 거장 니나가와 유키오의 첫 내한공연인 <앤토니와 클레오파트라>가 2011년 11월 24일부터 27일까지 LG아트센터에서 공연되었다. 셰익스피어의 동명 비극을 일본의 가부키, 노(能) 등과 접목한 공연이었다. 니나가와 유키오는 희수(喜壽)에 가까운 나이에도 연극, 영화를 넘나들며 현역에서 가장 열정적으로 활동하는 연출가로 일본뿐만 아니라 세계 연극계에 있어서도 전설적인 존재이다. 1999년 비영어권 연출가로서는 최초로 영국의 로열 셰익스피어 컴퍼니와 <리어왕>을 작업했던 니나

가와는 <앤토니와 클레오파트라>를 런던에서 장기간 공연해 큰 성공을 거둔 바 있다

<타이터스 앤드러니커스>, <오델로> 등에 출연한 일본 배우 요시다 고타로가 앤토니 역을, 재일한국인 3세로 일본의 여성가극단 다카라즈카에서 빼어난 연기와 가창력으로 수많은 팬들을 몰고 다닌 아란 케이가 클레오파트라 역을 맡았다.

연극평론가 김옥란은 "중후한 중년남성 앤토니에 비해 클레오파트라를 젊고 발랄한, 때론 사랑스러운 변덕쟁이로 그리고 있는 점이 이 공연을 더욱 젊게 느껴지게 함.(엘리자베스 테일러의 육감적이고 무거운 이미지와는 딴 판) 그런데 세기의 미인 클레오파트라를 경박한 변덕쟁이로 만든 덕에 과연 클레오파트라가 앤토니를 사랑하는 건지, 단지 정치가의 술수에 불과한 가짜 사랑인지 심히 헷갈리면서 마지막 장면의 대부분을 차지하고 있는 종묘장면이 영 이해가 되지 않는다."라는 지적을 하였다.

2) 희극

① <베니스의 상인> (The Merchant of Venice)

■ 교활하고, 웃기고, 슬픈 샤일록과 이 작품의 구조

<베니스의 상인>을 낭만희곡이라고 한다. 우리나라에서는 1929년 11월 1일 처음으로 이화여자전문학교 학생기독청년회에 의해 무대에 올려진 작품이다.[835] 셰익스피어의 희극 중에서 가장 많이 읽히고, 공연되고 그리고 많은 사람이 친밀감과 공감대를 느끼는 작품이다.

이 극에서 가장 흥미를 돋우는 몇 가지 요점이 있으니, 우선 아름답고 현명한 여주인공 포오셔와 생명을 걸면서도 억척스럽게 우정을 지키는 앤토니오, 그리고 제일 중요한 인물은 지나치게 교활하고, 그래서 웃기고 결국 슬퍼지는 샤일록이다. 샤일록은 교활하고, 심술궂고, 음흉하며, 능글맞은 탐욕스러운 모습을 보이면서도 우리를 웃긴다. 어떻게 보면 순박하게 간교스러운 장사꾼이다.

이 희곡의 사단(事端)을 일으키는 밧사니오, 샤일록의 딸 제시카, 포오셔의 시녀 네릿사, 모로코 왕 등 포오셔의 청혼자들도 관객을 즐겁게 한다.

<베니스의 상인>은 극적 감각의 화려함과 매끄럽고 탄력 있는 언어의 풍부함, 그리고 작품 속에 흐르는 시적 서정성이 우리에게 즐거운 감명을 일으키게 한다. 그뿐이 아니다. 플롯의 치밀하면서도 견고한 구성 및 극중 인물들의 인간성을 심도 있게 투시하고 있다.

이런 점에서 볼 때 셰익스피어의 예술에는 두 개의 바퀴가 버티고 있음을 알 수 있다. 하나는 독특한 형식이고, 또 하나는 인간성의 탐구이다. 이러한 양면성의 좋은 본보기가 <베니스의 상인>일 것이다.

이 글은 상업도시인 베니스(Venice)와 '아름다운 언덕'이라는 애칭을 갖고 있는 로맨스 도시, 사랑의 도시인 벨몬트(Belmont)[836]라는 두 곳이 서로 교차되면서 극적 전개가 되며, 두 가지 이야기가 포착되는데, '함 고르기'와 '인육재판'이 바로 그것이다. 삽화적 구성으로 '반지와 분실이야기' 및 유태인의 딸이 기독교도 애인과 도주하는 '사랑의 도피이야기' 등이 얽혀서 두 테마도 흥취를 돋우어 주고 있다.

<베니스의 상인>의 창작 동기는 엘리자베스 시대에 요원(燎原)의 불길처럼 번져 가는 반 유태인 감정을 활용하여 영국인들의 애국심을 고취시키기 위해서였다고 이미 역사적으로 밝혀졌다. 이처럼 당시의 영국 현실에 맞추어 그 시대의 문제를 추적한 셰익스피어가 유태인 배척 기운의 소용돌이 속에서 창조한 것이 <베니스의 상인>임을 알 수 있다. 셰익스피어도 동시대 사람들처럼 유태인에 대하여 대단한 증오심을 품고 있었으며, 따라서 셰익스피어가 샤일록을 엘리자베스 여왕시대의 기독교도의 구미에 맞도록 간악한 유태인으로 형상화한 것은 당연한 일이라고 할 수 있다. 또 한 가지 주목할 것은 괄시만 당하고 모욕과 학대를 받아온 유태인으로서의 응어리진 회한과 기독교도를 향한 적의와 복수심에 찬 샤일록을 무대 위에서 '희극적 인물', '기이한 사람', '비극의 인간' 등 여러 가지 해석을 가능하게 한 것이다.

무대 위에서 표출되는 샤일록은 두 가지로 대변할 수 있다. 하나는 셰익스피어가 처음부터 설정한 조소의 대상이고, 또 하나는 우리로 하여금 비감에 젖게 하는 인물

이다. 그러나 보석처럼 소중한 명작은 언제나 여러 가지로 해석할 수 있는 다양성을 지니고 있기 마련이다.

■ 샤일록의 명연기자

명연기로 샤일록의 역을 한 인물들은 많이 있다. 그 중에서도 지금까지 기억에 남는 찬양할 만한 자로 찰스 맥클린(Charles Macklin)과 에드먼드 킨(Edmund Kean)을 들 수 있다. 찰스 맥클린은 1741년 2월 14일 <베니스의 상인>의 공연에서 전통적인 샤일록상(像)을 타파하고, 흰 넥타이, 붉은 모자, 비뚤어진 턱수염, 느슨한 검은 빛깔의 개버딘(長衣) 차림으로 등장하여, 오직 복수의 집념과 증오의 비수를 품는 '철(鐵)'의 표정(表情)을 노출시켰다.[837] 무대에서 함께 공연했던 배우는 물론, 관객들은 그에게서 공포심을 느꼈다고 한다. 법정에서 식칼을 가는 모습은 어찌나 처절했는지 맥클린은 바로 악마의 화신처럼 보였다.[838] 맥클린의 무대를 관극한 국왕 조지 2세는 그날 밤 공포에 사로잡혀 한잠도 자지 못했다는 일화가 전해지고 있다. 또 한사람 에드먼드 킨의 경우, 그의 연기를 관극한 윌리엄 허즐릿(William Hazlitte)은 "킨의 등장은 암울한 극계를 돌파하여 나타난 천재의 최초의 섬광이다."[839]고 절찬하면서 움직임이 절묘하고 참신하여 빈틈없는 완벽한 연기였다고 평가했다.

샤일록에 대한 이러한 평가가 드디어 연출의 변화를 가져오게 하였으니, 이를테면 조롱의 표적이었던 샤일록은 동정의 중심이 되도록 연출의 초점으로 삼게 된 것이다. 그러한 혁명적인 새로운 장에 맞춘 배우가 바로 헨리 어빙(Henry Irving)이다. 그는 샤일록을 학대받은 유대민족의 대표적 인물상으로 비극화했다는 점에서 커다란 주목을 받은 바 있다.

■ 포오셔의 인성품

<베니스의 상인>에서 샤일록에 대비되는 인물이 여주인공 포오셔(Portia)이다. 한마디로 말하면 포오셔는 르네상스의 여성이다. 맑은 기품과 명랑한 심성, 총명함, 번뜩이는 위트, 사랑의 순수성 등을 모두 갖춘 독창적인 여성이다. 시녀인 네릿사(Nerissa)와 함께 많은 청혼자들을 가늠할 때 포오셔의 대사에는 위트의 불꽃이 튀는가 하면 또한 맑은 시상이 넘친다. 이 극의 클라이맥스인 법정 장면에서 현명하게 재판하는 탁월한 수단을 보여준 포오셔는 르네상스시대 사람들이 동경하는 지성과 양식을 겸비한 이상적 여인상이다. 그러나 밧사니오와의 사랑에 있어서는 순박하

고 어진 다른 측면을 보여주는 여성적인 인간이다.

함 고르기에서 밧사니오 차례가 되어 그가 함을 선택하려 할 때, 소름을 돋게 하는 한 가닥 불안이 그녀의 마음을 주름지게 할뿐 아니라, 온 몸이 저며드는 것 같은 긴장감으로 굳어진다. 그런가 하면 밧사니오가 성공했을 때 포오셔는 얼굴에 환한 미소를 풍기며 기뻐하고 감격한다. 여기서 그녀의 또 하나의 속성인 여성스러움과 사랑의 순박성을 감지하게 된다.

학자들 중에는 포오셔를 전통과 인습 속에서 탄생한 여성이라고 하는 자가 적지 않다. 그 이유는 부친의 유언이니 무조건 고분고분 순종하기 때문에 인습적이라는 것이다. 하지만 부친의 유언을 따르며 부친을 존경하고 밧사니오를 순박하게 사랑하면서도 인육재판에서 보듯이 자기의 의지와 개성을 발휘하는 포오셔는 신비스러운 매력을 느끼게 한다. 이처럼 <베니스의 상인>은 여러 가지 의미로 해석할 수 있으며, 현대적으로 비추어 보아도 셰익스피어의 예술의 다양성과 깊이가 있는 존귀성이 있으니, 이것이 그 불멸의 가치를 말해준다.

우리나라에서 <베니스의 상인> 공연은 주로 법정 장면에 역점을 둔 것으로 포오셔보다는 샤일록의 인물묘사에 초점을 두었다. 원작에 대한 현대적 해석을 한 무대이기보다는 원작을 그대로 무대화하면서 극의 희극성을 강조하며 관객의 흥미를 유발시키는 형태로 이루어졌다. 샤일록에 대한 인물해석은 그를 악한으로, 혹은 희극적 인물로 설정하면서도, 그의 처지가 관객들에게 연민의 공감대를 형성하게 하는, 즉 권선징악적 해설보다는 관용을 베풀도록 자극하는 한국적 정서에 부합시키고자 한 것이 특징이다.

<베니스의 상인>의 대표적 공연단체로는 극단 민중, 현대극장과 내한 공연한 영국의 두 극단, 캠퍼스 극단(Campass Theatre Company)과 런던 셰익스피어 그룹(London Shakespeare Group)을 들 수 있다. 이 중 캠퍼스 극단의 공연은 원작에 현대적 해석을 하여 극을 극도로 압축한 것이며, 샤일록과 그의 딸 제시카에 비중을 둔 것이었다.

■ 1929년 이화여자전문학교의 <베니스의 상인> 초연

1929년 11월 1일 이화여자전문학교 기독청년회는 동교의 '제1회 연극제'에서 <베니스의 상인>을 유료로 장곡천정 공회당에서 우리나라에서 처음으로 공연하였다. 번역자는 명시되어 있지 않으나, "쉑스피어 작 <뻬이(니)스 상인>[840]이라는 예고와 <뻬니스 상인>의 劇의 夕 순서"에 5막까지의 장면 설정이 구성되어 있음을 보아

전막을 번역한 이상수의 극본이었던 것으로 추정된다. <베니스의 상인>은 1920년대에 4종류의 번역본이 나올 정도로 대중의 인기를 차지하였다. 이는 우정과 증오의 갈등이 주요 줄거리이며 사건이 진전되면서 인육재판이 절정이 되는 이 극이 흥미진진한 작품이라 대중들이 선호했을 것으로, 자연히 그 여세를 타고 이화여자전문학교가 공연하였을 것으로 짐작된다. 동교의 공연에 대하여 동아일보는 "리화여전학생 긔독청년회 주최와 본사 학예부후원의 <극의 夕>은 예뎡대로 작일 밤장곡천뎡공회당에서 대성황으로 마치엇더라"[841]고 보도하였다.

■ 1933년 극예술연구회 (작 피란델로, 역 박용철, 연출 유치진)
<베니스의 상인 - 법정장면> 1933·11.12.~11.14., 조선극장

극예술연구회는 1933년 11월 12일부터 3일간 <베니스의 상인-법정장면>(박용철 역)을 <바보>(1막, 피란델로 작, 박용철 역)와 <버드나무선 동리의 풍경>(1막, 유치진 작) 두 작품과 함께 조선극장에서 유치진 연출로 공연[842]한다고 했고, 공연에 앞서 극예술연구회는 셰익스피어에 대한 대중의 인식을 넓히고 붐 조성을 위해 '셰익스피어 전'[843]을 열었다. 극예술연구회의 이 공연은 직업극단으로는 셰익스피어의 작품을 처음으로 공연한 것이었으며 나웅은 이 공연에 대해 극예술연구회가 그간에 노력해온 것과는 정반대의 결과를 가져왔다는 부정적 평가를 내렸다.

> 먼저 5회에 긍(亘)한 긴 동안을 쑤준이 이겨나온 극연제씨의 부단한 정력적 노력에 깁히 감복한다. 그러나 낫타난 바로 보아서 그 노력이 정반대의 결과를 짓게 되였슴을 크게 유감으로 생각한다.[844]

나웅은 연출력의 부족, 샤일록의 신파적이고 익살적인 과장연기, 통일성 없는 혼란스러운 대사와 동작, 연기자의 발성문제 등으로 인해 마치 아마추어극을 연상케 하는 공연이었다고 혹평했다.

> 그것은 연출에도 나타나는 것이니 다른 부분의 제외해 노코 기술적 획득이란 음미에 잇서서도 전연실패에 도라가고 마럿다고 보겠다. 유태인 상인 쏴일록과 베니쓰의 상인 안토니오의 대립에 잇서서 쏴일록의 너무나 과장된 신파적 연기가 전면(前面)에 나왓다. 물론 그러한 사람이 가진 특유한 잔인성을 과장함도 필요하겟스나 결과에 잇서서 그러한 잔인성 대신으로 골계미(滑稽味)를 다분히 발휘한데에 극 전체를 파괴한 모-맨트가 잇다고 보겟다… 뿐만 아니라 대사와 동작에 잇서서 조금도 통일점을 차즐수업섯고 조잡과 혼란으로 일관되엿다. 더구나 공작의 <신파구사이>대사와 동작

에 안토니오의 인형적 연기에는 놀라지 안흘 수 업섯다. 그리고 모든 출연자의 성대연습의 필요를 절감케 한다… 이 극에서 그들의 불통일 되고 〈신파구사이〉한 연기에는 크나큰 증오를 느끼게 하얏다. 그 중에서 포시아 방청인 A, B는 무난하다고 보겟다. 하여간 이 극은 결과에 잇서서 신파나 〈소인극(素人劇)〉을 보앗다는 감 밧게는 더 어든바가 업섯다. [845)]

나웅의 평에 의하면 1930년대의 대표적 지식인 극단인 극예술연구회도 셰익스피어를 소화해낼만한 수준에 이르지 못했던 것이다.

반면에 유민영은 이 〈베니스의 상인〉 공연에 대해 "이 무대는 관중의 시선을 끌만했다. 그럴 수밖에 없는 것이 레퍼토리가 전보다는 비교적 재미있게 꾸며졌기 때문이다."[846)]고 레퍼토리의 신선함을 지적했다.

극예술연구회는 8년 동안이나 활동을 하면서도 다른 셰익스피어 작품을 무대에 올리지 못하였다. 그 후 17년간 〈베니스의 상인〉의 공연은 없었다.

■ 1950년대 학생극으로 부활

1950년대에 〈베니스의 상인〉의 공연은 학생극으로 부활하였다. 1950년 4월에 현 서울대학교 사범대학의 전신인 국립사범대학교 영문학부가 셰익스피어 334주기 기념으로 원어극 〈베니스의 상인〉을 공연했다.[847)]

1958년에는 신흥대학교 연극부가 〈베니스의 상인〉(신흥대학교 영문학회 역, 최영민 연출)을 대학제의 일환으로 시공관에서 공연하였다. 그러나 이들은 학생극으로서 셰익스피어극을 소화해내기엔 부족하였음을 스스로 인정하였다.

이번 상연될 것으로는 획기적인 관념과 주지적인 면에서 고대극을 현대란 실무대에서 매만져보고 싶은 충동에서 섹스피어 작인 〈베니스 상인〉(전오막 십팔장)을 텃취해본 것입니다. 우선 고대극이란 사고와 섹스피어 시대적 고증이 불충분함에 따라 연기력에 충실을 기함에 퍽이나 고달픔이 느껴짐을 어쩔 수 없었습니다. 사고력의 빈곤과 연기력에 자신을 못 가지면서도 오직 하고 싶은 의욕만으로 여러분을 모시게 됨을 부끄럽게 생각하는 바입니다.[848)]

중앙대학교 연극부는 1959년 10월 24일과 25일 양일간 중앙대학교 총장의 회갑기념행사의 하나로 〈베니스의 상인〉을 진명여고 강당인 삼일당(三一堂)에서 공연했다. 이 공연을 관극한 이근삼은 공연을 평가절하하면서도 샤일록의 박근형의 재능을 높이 평가했다. 그는 학생들의 진지한 열의가 눈에 띄기는 했으나, 전반적으로 볼 때 무대 중앙에 설치한 큰 배를 뒤집어 놓은 듯한 플랫폼이 극의 템포를 느슨하게 했고 배우들의 동작을 제한하였을 뿐 별다른 효과를 볼 수 없었고 음향도 타이밍을 맞추지 못했음을 지적했다.

> 밧사니오의 상상 속에 나타나는 포오셔의 등장을 관객이 이해하지 못했다. 그리고 변화도 없고 침침한 조명 또한 템포를 더욱 느리게 만들었다. 그러나 공연의 최대 수확은 샤일록 역을 맡아 열연한 박근형의 잘 다듬어진 배우로서의 역량을 발견한 것이었다. [849]

중앙대학교의 공연에 앞서서 1959년 1월에는 광주학생운동 기념행사로 남녀중고 연극 경연대회가 있었으며, 이 행사에서 광주서중이 <베니스의 상인>을 공연하였다. 그로부터 또다시 5년이 흘렀다.

■ 국립극단 (연출 이진순) <베니스의 상인>
1964.4.22.~4.27., 국립극장

1964년 셰익스피어 탄생 400주년을 기념하여 국립극단 등 6개 극단이 셰익스피어 작품을 4월 22일부터 5월 말까지 국립극장에서 공연하였으며, 국립극단은 이진순 연출로 <베니스의 상인>을 4월 22일부터 27일까지 공연하였다.

■ 극단 민중(오화섭 역, 이효영 연출) <베니스의 상인>
1976년, 시민회관 별관

연출을 맡은 이효영은 남녀의 사랑이야기보다는 베니스에서 벌어지는 법정장면에 초점을 두고 원작에서 보여지는 선과 악이 대립 공존하는 보편적 인간의 갈등상을 재조명해 보고자 하였다. 그는 고전이 주는 생동감과 영원한 의미를 관객에게 전달하고자 원작의 의상과 무대를 충실히 재현하였다.

> 그러나 현실에서 천국을 찾는다는 것은 지극히 어려운 길. 참다운 인간의 체험을 통하지 않고서는 불가능한 것. 그래서 <베니스>법정의 판결 장면은 우리들에게 가장 강렬한 인상을 던져주는 것이다. 그곳에 <벨몬트>의 <포오셔>는 천사와 같은 구원의 옷을 입고 찾아온다. 그리고 천사와 악마는 대결한다. 이 내용에는 추상적인 의미를 부여하고 싶었다. 그리하여 악마의 마음과 천사의 마음이 한 인간의 영혼 속에서 대립하고 충돌하듯이 <베니스의 상인>의 무대에서 그와 같이 고뇌하는 인간들의 모습을 보편화할 수 있다면 이번 무대는 고전 속에서 영원히 살아 있는 새로운 의미를

찾아 볼 수 있으리라고 본다.[850]

그러나 이상일은 연출자가 샤일록을 악한으로 묘사하면서도 은근히 그의 행동에 타당성을 부여하였음으로 고전작품에 대한 현대적 도전이 아쉽다고 하였다.

도전과 대결을 회피하고 무난한 재현의 방향을 설정한 이효영의 연출은 장치의 재치 보다 의상의 화려한 수다에 실려 우리가 익히 아는 도전적인 에피소드들을 〈들려〉준 다. 그것은 우리 굿당에서 겪는 〈풀어먹임〉과 마찬가지다. 그렇게 하여 한 유태인의 고약한 짓거리와 골탕을 먹는 줄거리가 열두 굿거리 쯤으로 펼쳐진다. 노련한 샤일록 역의 최불암의 교활과 좌절을 중심으로 멤버들의 앙상블을 수렴시키는 연출은 샤일 록의 고약함이 타당한 근거에서 나온 것이고 그가 당하는 골탕이 오히려 비리일 수 있다는 관점을 은근히 내세우고 있어서 특히 이런 고전작품에 대한 현대적 도전이 아쉬워지는 것이다.[851]

■ 런던 셰익스피어 그룹 〈베니스의 상인〉
1980.10.30.~10.31., 숭의음악당

1980년 10월 30일과 31일 양일간 런던 셰익스피어 그룹(London Shakespeare Group)이 영국문화원과 국제문화협회 공동주최로 초청되어 숭의음악당에서 〈베니 스의 상인〉을 공연했다.[852] 런던 셰익스피어 그룹은 1968년부터 해외에 셰익스피어 연극소개를 위하여 조직·운영되고 있는 극단이다.

■ 1983년 시민극장 (역 오화섭, 연출 심현우) 〈베니스의 상인〉

시민극장의 〈베니스의 상인〉(오화섭 역, 아성 연출)공연은 시민극장이 서울과 지 방의 보다 본격적이고 창조적인 연극 교류를 목적으로 대구의 극단 원각사(圓覺社) 와 합동으로 공연한 것이다. 연출가인 심현우는 사회·법률적인 것보다는 참된 인간 의 가치회복이라는 인간적인 차원에서 등장인물들을 평가하는데 주안점을 둔 무대 라고 하였다.

〈베니스의 상인〉은 기술문명과 산업사회의 점진적 발전과 변모를 경험한 〈오늘의 우리〉에게 사회·법률적인 것 보다는 인간적인 차원에 관심을 두어 등장인물들을 조명 하고 있으며 그 인물들의 모습을 통해 참된 인간의 가치를 회복하고 생명의 존엄함과 고갈된 정서를 돌이켜 볼 수 있는 기회가 될 것입니다.[853]

■ 1983년 현대극장 (역 이근삼, 연출 페트릭 터커)
〈베니스의 상인〉

이 작품에 대한 설명은 제3장 4. 변용적 수용과 공연 8) 페트릭 터커와 한국의 셰익스피어 편을 참조하기 바란다.

■ 1990년 캠퍼스극단 (Campass Theatre Company)
(연출 Niel Sission) <베니스의 상인>

영국의 캠퍼스 극단은 영국의 문화사절단으로 동남아 순회공연 중 주한 영국문화원 주최로 1990년 10월 9일 <베니스의 상인>(Niel Sission 연출)을 드라마센터에서 공연하였고, 진주 문화회관, 대구, 울산 KBS 홀, 서울 삼풍아트홀 등지로 순회공연을 가진 바 있다.[854]

캠퍼스 극단은 1981년 20~30대의 젊은 연극인들로 창단되어 있으며, <콜렉터>(Collecter)로 명성을 얻은 이후 창작극과 셰익스피어의 <맥베스>, <템페스트>, <로미오와 줄리엣>, <에드워드 2세> 등의 고전을 각색하는데 관심을 가져온 극단이다. 그들이 1990년에 각색한 작품이 바로 <베니스의 상인> 이었다.[855]

캠퍼스 극단의 <베니스의 상인>은 원작의 구성은 같으나, 원작을 극도로 압축하여 현대의상이나 소도구 등을 사용함으로서 현대적으로 극 분위기를 전환시킨 것이었다. 캠퍼스 극단의 연출을 도맡아 온 닐 시손스는 <베니스의 상인>을 연출함에 있어서 3시간 30분 동안의 공연동안 6명의 배우가 1인 2~4역으로 18명의 등장인물을 소화해내게 하고, 무대도 쇠창살 울타리와 4개의 의자로만 꾸며 원작을 극도로 압축, 깔끔한 연출력을 보여주었다.[856] 그리고 특수 조명기재를 이용하여 환상적인 이미지와 미술효과, 그리고 유대교와 기독교 음악, 재즈, 피아노곡 등을 삽입하여 세밀한 음향효과를 연출해냈다.[857] 캠퍼스 극단의 <베니스의 상인>은 샤일록과 제시카에 비중을 둔 것이었는데, 특히 제시카를 부각시켰다.[858]

캠퍼스 극단의 <베니스의 상인>은 기존에 볼 수 있었던 샤일록의 인물 설정, 즉 욕심과 이기심으로 자기 꾀에 자기가 빠지는 희극적인 인물의 샤일록과 관객으로 하여금 인간적인 연민과 공감을 불러일으켰던 샤일록으로 부각시켰던 추세와는 달리 작품에서 잔인하고 거만한 기독교의 자비와 샤일록의 자비는 같다는 시각을 가진 것이었다.

정치적·경제적 힘과 자신감으로 월권을 행사하는 기독교 사회에 속하는 인물들과 그에 대해 소수 약자로서 자기 위치를 갖지 못하는 샤일록의 '정의'와 '자비'라는 개념이 문제가 됩니다. 샤일록의 입장을 한순간에 바꿔놓는 다수의 기독교들의 정의는 올바른 것인가. 그들은 자비를 논하지만 잔인하고 거만합니다. 그렇다면 샤일록은?

그 역시도 자비라는 면에서는 기독교도와 똑같이 행동하지요.[859]

연출가 닐 시슨스는 원작의 각색 포인트를 셰익스피어가 남겨둔 정립되지 않은 문제들을 드러내보이고자 하는 것이라고 했다.[860]

그는 제시카를 부각시킨 이유를 "그녀는 가장 큰 희생자입니다. 샤일록이 유대인 사회의 대표자라면, 그녀는 그의 딸이자 주변 인물로 희생을 치러야 합니다."[861]고 밝혔다. 그리고 마지막 장면에서 앤토니오, 빗사니오, 포오셔, 네릿서 등이 행복하게 웃으면서 떠들썩하게 퇴장하는 순간을 정지시키고, 제시카가 독백하는 장면을 삽입함으로서 대조된 장면을 통해 "남아있는 소수의 슬픔은 어떤 것인가?"[862]라는 질문을 관객에게 던졌다. 닐 시슨스는 겉 장면을 변화시킨 목적을 다음과 같이 설명했다.

이 작품에서는 엔딩부분이 중요합니다. 다수의 행복과 소수의 불운이라는 희비극이 교차하는 지점을 만들었습니다. 그것을 통해 관객들에게 묻고 싶은 것입니다. 안토니오·빗사니오·포오셔 등 기독교 사회를 대표하는 인물들의 행복이 열외가 된 샤일록·제시카에게 어떤 결과를 낳았는가 하는 것이죠. 특히 저는 샤일록 딸 제시카를 큰 희생자로 파악했습니다.[863]

이와 함께 그는 예전의 미와 지성을 갖춘 포오셔가 아닌 아주 강인한 남성적인 인물로 포오셔를 연출했다.

포오셔는 강한 여성의 상징입니다. 비즈니스와 사기·부와 권력 … 이런 모든 것들을 지배하는 남자들의 세계, 그러나 그들이 해낼 수 없는 것을 여자가 해냅니다. 남자들의 세계를 지배하는 한수 위에 바로 여자가 자리하고 있지요.[864]

한편 주유미는 장면전환과 극의 분위기를 살리는데 음악이 크게 기여했고, 소도구의 활용이 돋보이는 참신한 무대이긴 했으나, 1인 다역을 맡은 소수의 배우들만의 연기로 단순화된 무대의 공간을 메우기가 그리 쉽지는 않았다고 했다.

철제창살이 있는 문이 유일한 세트인 무대에서 간단한 소도구를 사용하고 의상도 현대적으로 간소화되었기 때문에 목소리 톤과 연기만으로 변신을 해야 하는 경우 문제는 있었다. 특히 샤일록 역을 맡은 배우가 그의 딸 제시카와 달아나는 젊은 기독교도인 로렌조 역으로 변신할 때는 그전 샤일록일 때 투사된 이미지가 그대로 남아있어 관극의 방해가 되기도 했다. 신비스런 분위기의 유대종교 음악과 기독교 성가·재즈·클래식을 망라한 음악은 장면전환과 극의 분위기를 살리는데 기여했고 암전이 없는 상태에서 절제된 동작으로 배우들이 다음 장면을 준비하게 함으로써 극적 긴장을 놓치지 않은 점, 의자를 금·은·납 상자로 사용한 소도구의 활용 등이 돋보였다. 그러나 전체적으로 템포감은 없어서 대사 많은 원어 연극의 지루함을 면하기는 어려웠다. [865]

구히서는 해외공연단체에 대한 관객들의 민감한 반응에 대해 "외국 공연단체나 무대에 대한 열광적인 환호가 아니라, 같은 평면에 서서 찬찬히 바라보는 시각이 필요한 것 같다."[866]면서 외국 공연단체에 대한 열광적 환호보다는 냉정한 관람 자세가 필요함을 역설했다.

■ 극단 성좌(역 신정옥, 연출 권오일) <베니스의 상인>
  1. 1992.4.16.~4.28., 문예회관 대극장
  2. 1992.6.21..~6.21., 경기문예회관

창단 24주년의 극단 성좌가 대표 권오일씨의 환갑과 그의 50회 연출을 기념해서 마련한 <베니스의 상인>(16~18)을 문예회관 대극장에서 한국일보, 일간스포츠 후원으로 막을 올렸다.[867]

전무송이 밧사니오 역, 윤주상이 샤일록 역, 이승철이 앤토니오 역, 김성령이 포오셔 역으로 발탁되었다. 이번 공연은 전통 리얼리즘 무대로 일관해온 그의 야심적인 무대[868]였으며, 연출자 권오일은 연출 의도를 다음과 같이 밝혔다.

"셰익스피어가 창조해낸 독자적인 인물과 사건들을 섬세하게 엮어 이 작품이 주는 통속적 재미와 교훈을 함께 전달하겠다."[869]

■ 1995년 법학도 안경환의<법과 문학사이>
서울대학교 법과대학 교수 안경환이 1995년 <법과 문학사이>를 출판하였는데 이 책은 셰익스피어의 문학작품을 법학과 접목시켜본 글이다. 이 책에서는 "샤일록의 끈질긴 권리의 투쟁을 극찬하면서 법의 이름으로 그에게 가해진 각종 부정의를 비판"[870]하는 루돌프 폰 예링(Rudolf von Jhering)과 "포오셔의 판결이 법의 입장에서는 정당하지 않을 수 있을지 판사의 정의감을 자유롭게 표현하는 싸인의 기법으로 이해할 수 있다."[871]는 요셉 클러(Joseph Kohler)의 판이한 이론을 주장하고 있다. 이들의 주장이 서로 다르지만 우리나라의 공연은 후자의 이론에 공조하는 공연이었다.

■ 1999년 '서울 셰익스피어축제'

1999년 5월 셰익스피어학회는 '99 서울 셰익스피어축제'를 광운대문화관 소극장과 의정부시민회관 등지에서 개최하였고, 고려대를 비롯한 각 대학 극단과 교수, 영국의 퍼포먼스 익스체인지 등이 출연, <십이야>, <오델로>, <베니스의 상인> 등 셰익스피어의 대표작들을 공연하였다.

■ 2001년 4월 서울시립극단 (역/예술감독 이태주, 연출 채윤인)
　　<베니스의 상인> 세종문화회관

2001년 4월 서울시립극단은 극단장인 이태주 영문학 교수가 직접 번역하고 예술감독을 맡았고, 채윤일이 연출한 <베니스의 상인>을 세종문화회관에서 공연하였으며, 이 공연은 원작을 그대로 보존하려는 의도로 원작대로 무대와 의상을 꾸민 공연이었다.

■ 2002년 '한국 셰익스피어 전작(全作) 공연 추진위원회'
　　서울 셰익스피어 앙상블 <베니스의 상인>

2002년 '한국 셰익스피어 전작(全作) 공연 추진위원회'는 셰익스피어의 희곡 37편을 3년 동안에 걸쳐 연대순으로 공연키로 하고 이를 위해 '서울 셰익스피어 앙상블'극단을 창단하였다. 이 행사의 일환으로 2002년에 8개의 셰익스피어 작품을 공연하였으며 그 중 하나가 <베니스의 상인>이었다.

■ 제2회 '셰익스피어 난장 2005' (예술감독 이윤택)
　　국립극단 (역 신정옥, 연출 박재완) <베니스의 상인>

제2회 '셰익스피어 난장 2005'(예술감독 이윤택)가 국립극장과 한국셰익스피어학회 주최로 9월 6일부터 10월 9일까지 '현대극으로서의 셰익스피어'라는 주제로 국립극장 야외극장인 하늘극장, 달오름극장, 별오름극장, 동국대 예술극장에서 개최되었다. 이 행사에 국립극단이 공식참가작으로 <베니스의 상인>을 국내 최초로 야외극으로 선보였다. 번역은 신정옥, 연출은 박재완이 맡았으며 힙합 리듬이 흐르는 20여 곡의 음악에 맞춰 젊은 배우들이 나와 신세대와 구세대 간의 갈등을 풀어나가는 공연을 보여주었다.

■ 명동예술극장 (각색/연출 이윤택) <베니스의 상인>

2009.12.11.~2010.1.3. 명동예술극장

공연에 대한 설명에 앞서서, 명동예술극장의 역사에 대하여 살펴보자.

◆ 2009.4.9. 연합뉴스
  김희선 기자

명동예술극장은 1934년 지어진 영화관 겸 공연장 명치좌(明治座)로 출발, 시공관(市公館), 국립극장, 국립극장 분관 예술극장으로 이어지면서 우리나라 공연문화의 중심지로 역할을 해왔다. 시공관 시절 오페라 〈춘희〉(1948), 연극 〈햄릿〉(1949) 등을 초연했으며, 유치진, 이해랑 등 쟁쟁한 극작가와 연출가, 김동원, 장민호, 강계식, 백성희, 최무룡, 허장강 등 당대 스타들이 이곳을 중심으로 활동했다.

가수 현인이 '신라의 달밤'을 불렀던 곳이었으며, 일곱살짜리 꼬마가수 윤복희가 데뷔한 무대이기도 하다.

1959년 국립극장이라는 간판을 달고 공연장으로서 본격적인 구실을 하게 됐고, 1973년 국립극장이 명동에서 장충동으로 이전하면서 예술극장으로 존속했으나, 1975년 민간에 매각되면서 대한투자금융, 대한투자신탁 등의 사무실로 사용됐다.

극장 복원사업은 이 건물을 매입한 대한종합금융이 1994년 극장 건물을 헐고 신사옥을 건립한다는 계획을 밝히면서 시작됐다. 당시 명동상가번영회가 문화관련 단체들과 함께 '명동 옛 국립극장 되살리기 추진위원회'를 결성, 사업을 추진했고, 대한종합금융의 파산과 맞물려 2003년 문화체육관광부가 다시 건물을 사들이면서 복원작업이 본격적으로 이뤄지게 됐다.

이 공연에는 포오서 역에 윤석화가, 안토니오 정호빈, 밧사니오 한명구, 샤일록 오현경 그리고 이 당시 폭발적인 인기리에 상영되었던 TV 드라마 선덕여왕에서 국선 문노 역을 맡았던 정호빈이 샤일록에 대적하는 뱃사람이자 상인인 앤토니오 역으로 출연하였다.

연극평론가 김미도 서울산업대 교수는 극찬을 아끼지 않으면서도 다음과 같은 지적을 하였다.

… 이번 공연이 지금껏 우리 무대에서 공연된 〈베니스의 상인〉 중 가장 성공적인 무대의 하나였음에도 불구하고 이윤택의 욕심은 조금 과했던 듯하다. 호화로운 저택과 샤일록의 집이 세워진 베니스에는 커다란 상선과 유람선까지 등장한다. 포오셔의 벨몬트 저택으로 이동할 때는 부분적이지만 무대전환이 불가피하여 어색한 암전이 수반되었고, 특히 포오셔가 남편을 고르는 장면에서는 무대전환이 너무 번잡스러웠다. 무엇보다도 이윤택이 주안점을 둔 무용과 음악의 요소들이 번다한 무대장치에 의해 그 효과가 충분히 살지 못하였다.

호화로운 캐스팅에도 불구하고 조화로운 앙상블에는 도달하지 못하였다. 비중있는 배우들이 각각 빛나는 연기들을 펼쳐 보이고 있지만 하나의 통일된 연기양식 안에 녹아들지 못했기 때문이다. 예를 들어 제시카 역의 주인영은 여전히 '골목길'의 배우로 보이고, 네리사 역의 김미숙은 '연희단거리패'의 배우로 보였다. 전반부에서 보여진 샤일록, 밧사니오, 안토니오 등에 대한 새로운 인물해석이 끝까지 일관되게 유지되지 못했고, 궁극적으로 새로운 작품해석의 차원으로 나아가지 못한 점도 아쉽다. 이윤택의 셰익스피어에 대한 과도한 기대는 우리 연극계에 거장이 된 그에게 지워진 무거운 십자가일 수밖에 없다.

■ 이윤택의 〈베니스의 상인〉
2010.1.23.~1.24., 부산문화회관 대극장

2009년 5월 부산에 가마골소극장을 재개관하고 2010년 영산대 CT대학 학장으로 부임한 연출가 이윤택이 자신의 서울 체류 마지막 연출작 〈베니스의 상인〉을 들고 자신의 건재를 과시하는냥 부산 재입성을 알리면서 2010년 1월 23일과 24일 부산문화회관 대극장에서 〈베니스의 상인〉을 공연하였다.

◆ 2010년 1월 14일 부산일보 김수진 기자

이 작품은 지난해 말 서울 명동예술극장 개관 기념으로 연출된 것으로, 관객 점유율 95%, 유료 관객 점유율이 86%에 달했다. 말 그대로 '대박'이었다. 특이한 것은 관객 가운데 40대 이상이 70% 이상을 차지할 정도로 중·노년층에게서 폭발적인 인기를 끈 것.

이 연극의 백미는 배우들이다. 정통파 리얼리즘 연극배우 오현경은 샤일록 역을 맡아 '연기는 이런 것이다'라고 할 정도의 완벽한 스피치와 제스처를 선보였다. 스타 윤석화는 남장여인 포오셔 역으로 꺼지지 않은 카리스마를 분출했고 '선덕여왕'에서 국선문노 역으로 이름을 알린 정호빈(앤토니오 역)은 안정적 연기로 호평받았다.

사랑의 운명을 가르는 단 한번의 '함 고르기'와 살 1파운드를 앗기 위해 벌이는 '희대의 재판'이 관객들의 시선을 사로잡는다. 하지만 이 연극은 악인 샤일록과 선인 안토니오의 대결 구도 속에서 악하기만 한 악인과 선하기만 한 선인은 없음을 강조한다. 다만 악의가 선의를 넘어서는 순간을 포착해서 정의의 의미를 관객들에게 되묻는다. "원작을 너무 훼손했다"는 비난을 받기도 한 이윤택은 누구나 알고 있는 〈베니스의

상인〉을 통해 독창적인 해석과 표현력이 살아있는 무대를 선보인다. 말 중심에서
벗어나 몸짓과 제스처를 작품의 중심에 올려놓고, 음악을 배우의 감정에 따르는 종속
장치가 아닌 하나의 예술적 독립 장치로 사용했다. 대사도 비트박스와 랩을 곁들여
젊은 세대와의 소통을 유도했다.

이 공연은 영산대 패션디자인학과 조명례 교수가 16세기 르네상스 시대 의상 40여벌
을 제작해 극적 현실성을 높였다.

■ **서울시극단 (역 김정환, 각색**
   기신정, 연출 김광보)
   〈베니스의 상인〉
   2010.12.24.~2011.1.23.,
   세종 M 씨어터

세종문화회관 산하의 서울시
극단은 2010년 12월 24일부터
2011년 1월 23일까지 세종M씨어
터에서 김광보 연출로 '어린이 셰
익스피어시리즈 제2탄 베니스의
상인'을 세종문화회관 M씨어터
에서 공연하였다.

◆ 연극평론가 박정기

…어린이극이라고 해서 원작을 어린이용으로 축소하거나, 아동극처럼 제작한 것이
아니라, 원작의 고전적인 맛을 더욱 살려내고, 원작에 충실했을 뿐 아니라, 해설자
역의 모자 2인을 등장시켜 연극에 한걸음 더 다가가 감상토록 어린이들에게 배려한
수준급 공연이었다.

그러나 셰익스피어 생존당시인 16세기에, 영국과 구라파 사람들의 유태인에 대한
감정을 샤일록이라는 인물을 통해 인색과 무자비와 돈만 아는 냉혹한 인물의 표상으
로 설정해 인종차별을 하고, 유태인의 사유재산을 국가에서 몰수하는 것을 당연시하
는 법정장면까지 그려 넣었을 뿐 아니라, 이슬람교를 믿는 국가의 왕을 겉껍질만으로
사리를 판단하는 인물로 부각시켜, 포오셔의 세 개의 상자 중에서 황금 상자를 선택하
도록 만들어 청혼 실패를 자초토록 하는 등, 기독교인 이외의 타종교나 이교도를
유태인과 마찬가지로 폄훼한 작품이었고, 이러한 인종차별이 20세기 초에까지 이어
져, 나치독일에 의해 유태인 박멸운동이 일어나고, 600만에 이르는 유태인이 학살되
기까지, 영국이나 구라파인들은 물론 천주교의 수장인 교황이나 성직자 대부분이
나치의 유태인 학살에 침묵하고 방관한 역사적 과오를 상기할 때, 〈베니스의 상인〉

같은 인종차별작품이 더 이상 공연이 되어서는 아니 되고, 더구나 어린이극으로 공연되어서는 더더욱 곤란하지 않은가 하는 필자의 생각은 지나친 노파심일까?

■ 강릉 원주대 영어영문학과·2극단 퀸 씨어터
　　원어극 <베니스의 상인>
　　2011.11.5. 강릉원주대 해람문화관 대공연장

영어연극으로 유명한 강릉 원주대 영어영문학과는 2극단 퀸 씨어터와 함께 원어극 <베니스의 상인>을 2011년 11월 5일 강릉원주대 해람문화관 대공연장에서 공연하였다. 강릉원주대 영어영문학과는 국립극장과 셰익스피어학회가 공동주최하는 '셰익스피어 원어연극제-전국대학생 원어극 경연대회'에 참가해 7년 연속 최고상인 작품상을 수상했다.

■ 포항시립연극단(연출 김삼일) <베니스의 상인>
　　2011.11.16.~12.8., 포항시립중앙아트홀

2010년 12월부터 셰익스피어의 4대 비극 <햄릿>, <오셀로>, <리어왕>, <맥베스>를 차례로 장기공연한 바 있는 포항시립연극단(연출 김삼일)은 154회 정기공연이자 셰익스피어 명작 릴레이 무대로 <베니스의 상인>을 포항시립중앙아트홀에서 공연하였다. 김삼일 연출은 "무대 전체에 낭만과 사랑이 넘치도록 했으며 특히 샤일록의 마지막 뒷모습에서 인생의 비애를 느끼도록 했다"고 밝혔다.

■ 2013년 '제21회 젊은 연극제' 참가작
　　우석대학교 연극영화학과 (지도교수 김성옥, 연출 송영일)
　　<베니스의 상인> 2013.7.6.~7.7., 알과핵 소극장

2013년 '제21회 젊은 연극제'는 '각양각색'이라는 슬로건 아래 52개 대학 공연학과 학생들이 참여하였다. 이 중에서 셰익스피어 작품을 공연한 단체는 한국영상대학교 <오셀로>, 평택대 <햄릿>, 동서울대학교 연기예술과 <얼레리 꼴레리 햄릿>, 동양대학교 연극영화학과 <호랑이 담배피던 한여름 밤의 꿈>, 목원대 <한여름 밤의 꿈>, 한동대 언론정보문화학부 공연영상학과 <한여름 밤의 꿈>, 국민대 <헛소동>, 우석대 연극영화학과 <베니스의 상인>, 경희대학교 연극영화학과 <노래하듯이 햄릿>, 용인대 뮤지컬연극학과 <십이야> 이었다.

■ 대전문화예술의전당 (각색/연출 박근형) <베니스의 상인>

2013년 11월 7일부터 14일까지 대전문화예술의전당은 자체 제작한 연극 <베니스의 상인>을 대전문화예술의전당 앙상블홀에서 공연하였다. 이 공연은 박근형이 각색과 연출을 맡고 서편제의 주인공 오정해와 이찬우, 박형준 등의 배우들이 참여하였다.

■ 국립극단 '셰익스피어 탄생 450주년 기념' 공연

2014년은 셰익스피어 탄생 450주년으로 국립극단은 이를 기념하기 위하여 세 편의 셰익스피어 작품을 공연하였으며, 첫 번째로 3월 8일부터 23일까지 이병훈 연출의 <맥베스>를 명동예술극장에서 공연하였으며, 4월 5일부터 20일까지 셰익스피어의 희극 <베니스의 상인>을 정의신 연출이 각색한 <노래하는 샤일록>이라는 제목으로 국립극장 달오름극장에서 공연하였다. 마지막 세 번째로는 셰익스피어의 마지막 집필 작품인 희곡 <템페스트>를 김동현 연출로 5월 9일부터 25일까지 국립극장 달오름극장에서 공연하였다.

■ 국립극단 (극본/연출 정의신) <노래하는 샤일록>
2014.4.5.~4.20., 국립극장 달오름극장

이 작품은 <베니스의 상인>에 등장하는 고리대금업자 샤일록을 새롭게 해석해 원작에 나타난 종교와 인종의 문제를 현대에도 여전히 유효하게 그려냈다.

◆ 연극평론가 박정기

윌리엄 셰익스피어 탄생 450주년 기념공연의 하나로 국립극단이 마련한 정의신 극본 연출의 <노래하는 샤일록>은 <베니스의 상인>에서의 유태인에 대한 셰익스피어의 그릇된 시각과 영국인의 통념을 부각시키고, 샤일록의 인간적인 면모와 고뇌를 그려 내어, 그와 적대관계였던 안토니오를 통해 베니스인들의 유태인에 대한 혐오와 냉대가 얼마나 비인간적인 것인가를 깨닫도록 만들고, 자신의 목숨까지 바쳐 도와주려 했던 절친한 친구 밧사니오를 포함한 베니스인 동료들의 유태인에 대한 그릇된 통념에 실망하여 종당에는 안토니오가 허탈감에 빠지는 것으로 작품에 그려낸다. 대단원에서 샤일록은 딸을 데리고 할아버지와 아버지, 그리고 자신과 딸까지 태어나 성장한 고장, 베니스를 영원히 떠나버리는 장면을 마무리로, 400여 년 만에 <베니스의 상인>에서의 인종에 대한 편견과 단점을 부각시켜, 원작을 극복한 정의신 극본 연출의 <노래하는 샤일록>으로 탄생시켰다.

다만 피부색이 다르다는 이유 하나만으로, 지혜롭지도 않고 분별력도 없는 것으로 묘사된 윌리엄 셰익스피어의 유색인종에 대한 인종적 편견까지는 지적하지 못한 것은 한 가지 아쉬움으로 남는다.

독특한 점은 원작의 남자등장인물을 여성출연자로 대체시키거나, 여성 역을 남성출연자가 대신함으로써 극적흥미를 배가시킨다. 의상 역시 남녀출연자의 바뀐 성별에 맞춘 의상의 변화로, 의상효과 역시 드러나보인다.

샤일록의 재판장면과 포오셔가 몸종과 남성정장으로 등장하면서 익살맞게 보이는 동작과 연기, 그리고 판사 포오셔가 샤일록에게 안토니오의 가슴에서 1파운드의 살을 베어내되 한 방울의 피도 흘려서는 아니 된다는 억지판결이 베니스의 법정에서는 정당하고 정의로운 판결로 인정되고, 유태인에 대한 냉대와 편파적 판결이 샤일록을 법정패소로 몰아가고, 그 장면에서 샤일록의 괴로움과 억울함이 극에 제대로 부각된다.

승소 후 귀가한 포오셔의 결혼반지 이야기라든가, 밧사니오가 앤토니오를 포오셔에게 목숨보다 귀한 친구라고 소개하자, 반지를 친구에게 드리라는 포오셔의 권고에, 반지를 젊은 판사에게 선물한 이야기, 그리고 젊은 판사가 포오셔였다는 사실이 밝혀져 밧사니오 부부의 금실이 더해가지만, 앤토니오는 자신이 어려운 지경에 빠진 친구를 돕기 위해 샤일록에게 돈을 무이자로 빌리고, 대신 장난처럼 가슴살 한 근을 주기로 계약한 것이, 법정에서 유태인에 대한 냉대와 혐오 때문에 엉뚱한 판결로까지 비화한 것에 회의를 품게 된다. 그리고 패소와 더불어 전 재산을 상실하게 된 샤일록의 처지를 되새기면서 동정심을 품지만 이미 엎질러진 물인 것을 어쩌랴? 샤일록의 딸이 베니스 건달에게 버림받고 반미치광이 걸인처럼 된 모습으로 다리 밑에 주저앉은 모습과, 샤일록이 딸을 보고 비탄에 빠지지만, 마음을 가다듬고 딸을 끌어안으며 일어서는 장면은 명장면으로 기억된다.

■ '세계유산 산책-판소리 셰익스피어 시리즈'
　　<흥부와 베니스의 상인>
　　2015.5.9., 5.23., 국회잔디광장

　　대한민국국회와 문화체육관광부가 주최하고 전통공연예술진흥재단이 주관하는 '세계유산 산책-판소리 셰익스피어 시리즈'의 일환으로 <춘향과 줄리엣>과 <흥부와 베니스의 상인> 두 작품이 국회잔디광장에서 열렸다. <흥부와 베니스의 상인>은 두번째 공연으로 2015년 5월 9일과 23일 배우 남명렬, 국립국악원 무용단 등이 출연하였으며, 무능력하고 무책임한 인물로 그려진 흥부를 '베니스의 상인'에 녹여넣어 새로운 캐릭터로 완성했다.

■ 장애인극단 애인과 휠, 비장애인 극단 산이 협업 프로젝트
<제물포 별곡>, 2015.8.4.~8.9.,
도곡2문화센터 오유아트홀

<제물포 별곡>은 윌리엄 셰익스피어의 명작 <베니스의 상인>을 한국인의 정서에 맞게 각색한 작품이다. '권선징악'을 주제로 살 반근을 두고 벌이는 일제 강점기 조선의 악덕 고리대금업자와의 한판 승부와 운명적 사랑을 구하기 위해 희대의 재판을 벌이는 사랑 이야기이다.

■ '제6회 대한민국 국공립극단 페스티벌'

2015.8.26.~9.4., 경주 예술의전당
경주시립극단 <부산상인 서일록>

(재)경주문화재단은 2015년 8월 26일부터 9월 4일까지 경주 예술의전당에서 '제6회 대한민국 국공립극단 페스티벌'을 개최하였다. 여섯 번째로 열리는 국공립극단 페스티벌은 국내 10개 국공립극단이 참여하였고, 이 중 <부산상인 서일록>은 셰익스피어의 <베니스의 상인>을 경상도 사투리로 번안해 제작한 것으로 작품내용은 심장을 담보로 돈을 빌려주는 유대인 갑부 샤일록을 부산에 사는 중국인 갑부 서일록으로 변신시켜 관객들에게 우리 정서에 맞는 친근한 말투로 접근하였다.

■ '제3회 한국셰익스피어문화축제'

중구문화재단 개최하는 '제3회 한국셰익스피어문화축제'가 '나누는 인문학, 함께하는 셰익스피어'라는 주제로 2015년 8월 28일부터 9월 5일까지 충무아트홀 소극장 블루에서 열렸다. 이 행사의 일환으로 8월 28일에는 '셰익스피어 대학생 원어연극제'가 충무아트홀 소극장 블루에서 개최되었고, 경기대 등 전국 7개 대학교 영어영문학과 학생들이 모여 각 대학 단위로 셰익스피어 극 중 1개 작품을 출품하여 원어로 30분 단위의 공연을 진행하였다. 다음날인 8월 29일과 30일에는 교수극단 '셰익스피어의 아해들'이 <베니스의 상인>을 공연하였다. 교수극단 '셰익스피어의 아해들'은 교단에 선 교수들의 셰익스피어 극 아마추어 공연모임으로 2001년에 결성해 <리어왕> 공연을 시작으로 현재까지 12회의 극을 원어로 꾸며 왔다.

■ 교수극단 셰익스피어의 이해들 (연출 임성균 숙명여대 교수)
　　<베니스의 상인> 2015.8.29.~8.30., 충무아트홀 소극장 블루
이 공연에 대한 설명은 박정기 씨의 글로 대체하고자 한다.

셰익스피어의 시대의 반유대주의(anti-Semitism)는 동시대 연극 관람객인 귀족들에게는 공감대가 형성되었다. 당시 젊은 귀족들은 방탕한 생활을 하느라 엄청난 부채에 시달리고 있었고, 그들이 소비하는 돈은 합법적인 상업활동을 해도 엄청난 제약을 당하고 있던 유대인 고리대금업자에게서 차용한 것이었다. 그들은 젊은 귀족 밧사니오에게 심정적으로 동화되면서 샤일록의 파멸에 조소와 갈채를 보냈지만, 현대에 이르러 그 갈채는 인종차별과 반유대주의라는 정치적 흐름에 마주치게 된다. 어찌 샤일록 문제뿐이랴? 포오셔의 초상이 든 세 개의 금, 은, 동 궤를 여는 피부색이 다른 구혼자들을 아둔한 인물로 묘사한 부분도 현재는 비난의 대상이 되는 것을… 이 연극에서는 'Venice 1596'이라는 자막을 통해 역사적 시간공간을 명시하고, 당시 유대인들이 겪었던 경제적 인종적 차별이 2차 세계대전 종결 시까지 계속되었음을 영상을 통해 전달한다. 그리고 원작에는 없는 앤토니오가 샤일록에게 침을 뱉는 장면을 삽입함으로써 유대인이 모멸 당하던 당시상황을 강조하고, 샤일록이 부채의 대가로 요구하는 안토니오의 살 1파운드가 샤일록의 잔인한 취미나 고약한 성미 때문이 아니라, 그가 오랜 세월 영국인에게 당했던 모멸감의 표현임을 극 속에 펼쳐 보인다. 그리고 앤토니오와 밧사니오의 관계가 우정을 넘어선 동성애자가 아닌가 하는 의심스러운 장면이 첨가되기도 한다. 그리고 법정에서의 남장으로 출연하는 포오셔와 수행인 외에 원작에 등장하는 남성역을 여자출연자들이 대신함으로써 오히려 작중인물의 성격이 부각되는 효과를 나타내기도 한다.

■ 광주연극배우협회 (연출 반무섭) <베니스의 상인>
　　2012.12.13.~12.18., 광주 예술의 거리 궁동예술극장
　광주에는 경제적 어려움 등 연극을 하기 힘든 악조건과 환경 속에서도 직접 연출, 각색, 혹은 창작 연극을 통해 관객에게 즐거움과 감동적인 공연을 무대에 올리는 많은 극단들이 존재한다. 제각각 소속된 극단에서 연극을 펼쳐왔던 광주지역 연극계 선·후배들이 한데 뭉쳤다.
　광주연극배우협회가 2016년 창립 10주년 기념작으로 무대에 올린 <베니스의 상인>은 지역 배우들이 극단과 관계없이 함께 무대에 올라 보여주었던 공연이었다.
　이번 작품의 연출은 극단 작은 신화를 이끌고 있는 연출가 반무섭씨가 맡았고, 반씨는 광주연극배우협회와 함께 테네시 윌리엄스의 <욕망이라는 이름의 전차>를 함께 공연한 경험이 있다. 반 연출가는 기존 셰익스피어 작품이 갖고 있는 분위기는 그대로 살리되, '규제에 묶인 운명을 과감히 떨쳐 나가는 당찬 여인 포오셔의 로맨틱

어드밴쳐 코미디'라는 부제를 붙이고 색다른 연출을 시도했다. 반씨는 연출가의 변에서 "이 작품은 정신적 가치와 물질적 가치의 대립을 보여준다"며 "어느 시대든 돈과 사랑이라는 문제가 삶의 의미를 밝히는 데 중요한 동기가 된다"고 말했다.

■ '제16회 밀양여름공연축제' 참가작
　단국대학교 공연영상학부 (연출 김지아) <베니스의 상인>
　2014.8.4.~8.5., 밀양연극촌 스튜디오극장
　단국대학교 공연영상학부는 제16회 밀양여름공연축제에 참가하여 <베니스의 상인>을 밀양연극촌 스튜디오극장에서 8월 4일과 5일 공연하였다.

■ 극단 풍등 (작 전형재, 연출 송미숙) <언더스터디>

2016.11.4..~11.13., 대학로예술극장 대극장

　극단 풍등이 송미숙 연출로 2016년 11월 4일부터 13일까지 대학로예술극장 대극장 무대에 올렸던 <언더스터디>는 2015년 '제1회 대한민국연극제'에 서울대회에 참가하며 낭독공연을 거친 후 수 많은 연극인들의 뜨거운 호평을 받은 바 있는 작품이다. 이 작품은 배우 오현경이 그의 연기 인생을 돌아 볼 수 있는 뜻깊은 무대를 선사하며 동시에 수많은 연극배우들, 오늘도 오직 연극을 하기 위해 고군분투하고 있을 배우들을 위한 헌정무대이기도 하였다.

◆ 연극평론가 박정기

전형재는 배우 겸 작가다… 연출가 송미숙은 경기여고와 중앙대학교 연극영화과 석사, 동국대학교 연극영화과 박사과정을 이수하고, 동국대학교에 출강중인 미모의 여성연출가다.

…무대는 아래 위층 구조로 되어있다. 이층은 〈베니스의 상인〉을 장기 공연한 극장무대이고, 아래층은 그 극장의 분장실이다.

…〈언더스터디(Understudy)〉는 제목 그대로 대역배우의 이야기다. 60여 년 간 셰익스피어의 〈베니스의 상인(The Merchant of Venice)〉에서 샤일록 역을 한 80세의 노배우와 같은 극단에서 함께 출연하던 중견배우가 주인공이다. 관객은 노배우의 경륜 넘치는 연기를 보려고, 〈베니스의 상인〉 공연장에 몰려온다는 설정이고, 그런 노배우를 딸이 항상 공연장까지 동행해 보살피고 연습장에서도 떠나지를 않는다. 물론 아버지와 함께 출연하는 배우들은 물론 스텝들과도 각별한 사이다…

아래층 분장실에서는 대역배우와 노배우의 딸이 모니터로 공연을 살핀다. 노배우가 공연을 마치고 분장실로 내려온다. 의자에 앉은 모습이 무척 피곤해 하는 기색이다. 노배우는 대역배우에게 분장대 아래 서랍에 있는 약병을 달래 약을 복용한다. 후에 그 약은 치매 약임이 알려진다.

마지막 공연을 앞둔 날 노배우에게 치매증세가 심각한 수위로 발생한다. 노배우가 젊은 분장사와 외식을 하고난 다음 돌아가야 할 자신의 저택의 향방을 기억하지 못하는 일이 발생한 것이다. 이 일로 해서 노배우가 증세를 드러내지는 않았지만, 치매증세로 인한 기억력 약화로 암송할 샤일록 대사를 제대로 연기하지 못할 비상사태를 예견하게 된다. 제작자나 연출가는 당장 대역을 할 같은 극단의 중견배우를 지목하지만, 그 중견배우는 스승 같은 대선배의 연기력을 믿고 또 존중하기에 대역하기를 거부한다. 그러나 노배우의 증세가 공연을 계속하지 못할 지경에 이르렀음을 그의 딸도 알고 있기에, 대역이 없을 경우에는 공연을 중지하게 되고, 관객의 예약금을 돌려줘야 할 사태가 발발하게 된다.

공연시각 직전 노배우가 분장실로 들어서고, 중견배우를 대동하고 무대로 나간다. 거기서 관객에게 노배우가 직접 자신의 노쇠와 기억력 약화를 알리고, 60년간 연기를 했지만 더 이상 연기를 계속할 수 없다며 이번 공연부터 자신의 샤일록 역할을 자신보다 더 잘 할 수 있다고 믿는 후배에게 맡긴다는 발표와 함께 후배를 대역으로 지적한 후 관객의 우레와 같은 박수소리와 함께 무대 밖으로 퇴장한다.

② 〈말괄량이 길들이기〉(The Taming of the Shrew)

〈말괄량이 길들이기〉는 우리나라에서 그리 낯설지 않으며, 기묘하고 야릇하기도 한 플롯의 작품이다. 그래서인가 이 극의 학문적인 평가와 무대공연으로서의 평가가 상이하게 나오는 경우가 많다. 셰익스피어의 희극 중에서 이 작품은 많은 결점 때문에, 셰익스피어의 희극을 분석해온 학자들에게서는 그다지 좋은 평가를 받지 못하였다. 그러나 이 작품이 무대에 오르면 압도적인 인기로 성황을 거두기도 했다.[872]

■ <말괄량이 길들이기>는 좋은 작품인가?

이 작품을 희곡 문학적 입장에 낮게 평판하는 비평가들의 견해를 참고로 삼아 이를 개괄적으로 소개하면 다음과 같다.

첫째로, 서극에서 귀족으로 변신한 땜쟁이 슬라이가 서극 후에 두 번 다시 무대에 등장하지 않아 서극과 본 줄거리와의 일관성이 없었다는 점이며, 둘째로는 캐더리너를 정숙한 여성으로 순치시키는데 있어서 식사와 잠을 이용해 여성을 야만적이며 반인간적으로 취급하는 점이며, 셋째로는 사상성과 철학성 그리고 종교성을 찾아볼 수 없고, 마지막으로는 전체적으로 작품에 윤리가 없고 거칠다는 점을 비판의 대상으로 삼고 있다.

반면에 공연의 입장에서 보면, 이 작품은 대중성과 오락성이 농후할 뿐 아니라 활기에 차있고, 극 전체가 신속, 경쾌하기 때문에 조금도 지루한 느낌을 주지 않는다. 부부윤리를 시대사상에 뒤떨어진 한낱 여필종부라는 부덕(婦德)에 두고 있기는 하지만, 말괄량이 기질의 한 여성을 사나이가 강한 의지로 굴복시켜 나아가는 전개과정이 자유분방한 상상력에 의한 것이기 때문에 관객을 감동과 흥분 속에 파묻히게 한다는 점에서 이 작품의 공연이 성공적이라는 것이다.

이 작품은 독특한 희극구조를 이루고 있다. 땜쟁이 슬라이에 관한 이야기가 서극으로 되어 있는데, 그 서극의 극중극 장면이 마치 본막의 한 부분으로 이루어져 있다. 서극을 제외한 본극의 구조는 뱁티스터(Baptista)의 큰딸인 말괄량이 케더리너(Catherina)를 페트루치오(Petruchio)가 난폭한 방법으로 길들이는 본 줄거리와 온순한 둘째딸 비앵커(Bianca)와 루첸티오(Lucentia)와의 사랑의 이야기인 부줄거리가 대조적인 성격을 띠면서 병치(倂置)된 구성의 특색을 지니고 있다.

■ 말괄량이 숙녀가 되다.

밝고 명랑한 이탈리아풍의 소극인 이 작품에서 가장 아이러니컬하고 흥미진진한 것은 세 쌍의 남녀가 한 자리에 모여 혼례 축하연을 벌이는 마지막 대목에서 남편들이 어느 아내가 가장 순종형인가를 가늠하는 장면이다. 이 장면에서 온순한 비앵커가 남편의 말에 순종치 않고, 오히려 말괄량이인 캐더리너가 뜻밖에 나타나서 여필종부의 사상이 담겨 있는 말을 털어놓는 극적 반전에 묘미가 있는 것이다. 결과적으로 세 신부들 중에서 캐더리너가 가장 온순하고 정숙한 아내임이 증명된다.

여기서 "캐더리너는 비교적 연약한 성격을 지닌 사람들 틈에서 부대껴오는 동안 자기도 모르는 사이에 외고집스런 행동거지가 체질화되고 그것이 자연의 이치와

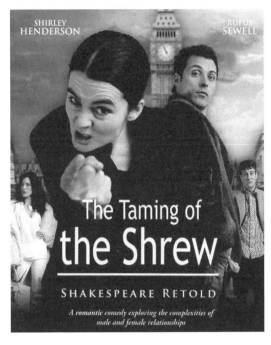

인생의 윤리적 현실에 어긋나는 것이라고는 꿈에도 모르고 있었다.[873)]고 말한 R. 본드의 평에서 캐더리너의 성격의 편견이 드러나고 있음을 알게 된다.

그러나 간과해서는 안될 점은 말괄량이 캐더리너를 싹싹하고 온순한 여인으로 변용시킨 심적 동기이다. 그녀가 끝내는 남편에게 굽혀 들어가는 것이 단순히 배고픔과 수면부족 때문만은 아니다. 그렇다고 페트루치오의 혹독하고 난폭한 행동에 굴복한 것은 더욱 아니다. 그녀의 성격을 변용시킨 가장 중요한 원인은 마지막 장면에서 그녀가 설명하는 대사에서 알 수 있듯이 혹독한 언사와 행동 속에 깊숙이 묻혀 있는 남편의 진의와 아내의 도리를 자각한 것이다. 그녀는 말괄량이이긴 했지만, 인간의 본성과 진의를 성찰하는 슬기로운 여인이었던 것이다.

■ 페트루치오와 캐더리너, 그리고 명연기자

이런 점에서 볼 때 페트루치오가 말괄량이 아내를 길들이는데 상식에 벗어난 야만적이고 비인간적인 행동을 의식적으로 저지르는 것은 안락한 가정생활을 궁극적 목적으로 삼고 있는 그의 위장(僞裝)에 지나지 않는다. 아내를 말괄량이에서 탈피하도록 교육하는 하나의 과정일 뿐이지 그것이 결코 그의 소신이 아니다.

페트루치오 : 악담을 한다구, 그러면 나는 나이팅게일의 노래처럼 아름답다고 해주지, 오만상을 찌푸린다면, 그럼 나는 마치 아침 이슬에 젖은 장미처럼 싱그럽다고 할 거다… 그녀가 청혼을 거절하면 난 결혼예고는 언제하며, 식은 언제 올리는가 날짜를 물을 거구.

그는 캐더리너에 대하여 그녀 자신의 모습을 비추는 거울을 들어주었을 뿐이다.

셰익스피어가 캐더리너를 종래의 설화에서 볼 수 있는 전통적인 여인상에다가, 그 나름대로의 해석을 가미해서 독특한 인간성을 부언했듯이, 페트루치오에게 있어서도 그녀는 무지막지한 인간이 아니라 이해심이 깊고 섬세한 날카로운 예지를 지닌 인물로 부각시켰음을 시적 비유가 담긴 그의 극중 대사에서 엿볼 수 있다.

"서재에서 읽으면 별로 신통치 않으나, 무대에만 올려놓으면 굉장한 것이 바로 <말괄량이 길들이기>이다."[874]고 한 아더 퀄러 카우치(Ather Quiller Couch)의 말처럼 이 작품에는 영원히 풀리지 않는 수수께끼의 신비성이 담겨있는 듯하다.

20세기에 들어와 캐더리너와 페트루치오의 명연기로 길이 기억되는 배우로는 이디스 에반스(Edith Evance)와 벨리올 홀로웨이(Baliol Holloway), 시빌 손다이크(Sybil Thondike)와 루이스 카슨(Lewis Casson), 다이아나 위냐드(Diana Wynyard)와 앤소니 퀘일(Ahthony Quayle) 그리고 페기 애쉬크로프트(Peggy Ashcroft)와 피터 오툴(Peter O'toole) 등을 꼽을 수 있다.

명배우 로렌스 올리비에가 직업극단 배우로서의 처녀무대(1922)가 바로 <말괄량이 길들이기>의 캐더리너의 여자 역이었으며,[875] 그 후 1928년에는 서극의 영주역을 했다.[876] 1966년에는 프랑코 재프렐리(Franco Zaffrelli) 감독, 엘리자베스 테일러(Elizabeth Taylor)와 리처드 버튼(Richard Burton)이 주연한 영화가 명성을 얻었으며, 1980년에는 BBC 텔레비전에서 조나단 밀러(Jornathan Miller) 감독의 <말괄량이 길들이기>가 방영된 바도 있다.

■ 이화여자대학교의 <말괄량이 길들이기> 초연

<말괄량이 길들이기>는 <십이야>, <한여름 밤의 꿈>과 같이 셰익스피어의 낭만희곡 중에서 가장 많이 공연되는 작품 중의 하나이다. 우리나라에서는 극단 가교와 국립극단의 공연이 그 대표적인 예가 될 것이다. 이들 극단이 인기를 누릴 수 있었던 것은, 우리의 정서에 부합하는 익살로 이 작품이 지니고 있는 희극성을 최대한 살리면서도 경쾌하게 극을 이끌어감으로서 관객들의 호응을 얻었기 때문일 것이다.

<말괄량이 길들이기>의 한국초연은 1931년 이화여자전문학교의 <페트루키와 카트리나>(전5막)(최정우 역, 홍해성 연출)였다. 이화여자전문학교는 4개월의 연습과정을 통해 의상, 장치에도 일일이 신경을 썼으며, '제2회 이화여자전문학교 연극제'에서 이 작품을 공연했으며, 공연전에 표가 매진될 만큼 관심을 끌었다.[877]

동극의 연출을 맡은 홍해성은 남존여비, 여필종부의 도덕관이 뿌리박혀있던 시대에 쓴 <말괄량이 길들이기>가 오늘날까지 공연되고 있는 까닭은 남녀의 우열에 관한

문제 때문이 아니라. 작품 전체가 기묘한 구성장면으로 점철되어 장면이 이어질 때마다 통쾌한 폭소를 자아내어 관객들의 흥미를 돋우었기 때문이라고 했다.

> 관객이 환영하는 이유는 이 극본의 근본사상에 치중치 안코 이 극본의 교묘한 구성으로 아마 일장일장 너머갈 때마다 통쾌한 홍소(哄笑)를 일으키어 관객의 흥미를 도다주는대 잇다고 생각한다.[878]

그는 이 극을 연출하는데 있어서 한국의 정서에 맞게 서극과 마지막 5막 2장에서 남편들이 어느 아내가 가장 순종형인가를 가늠하는 내기장면을 삭제하고, 페트루치오가 난폭한 동작과 어조를 구사하나 신사적인 인물로 묘사하고, 캐더리너를 강제가 아니라 자발적으로 순종하는 매력을 가진 인물로 설정하였으며, 캐더리너의 난폭하였던 히스테리를 어머니 없이 자라나면서 후천적으로 형성된 것으로 하였다고 했다.

> 학생극으로 공연함에 잇서 현대 우리에게 얼마간 적응케하기 위하야 서극을 오밋트하고 끗막 2장을 亦 오밋트해 버렸다. 그리고 페트루키오의 성격은 신사적이면서도 그의 횡포한 동작과 어조는 단지 카사리나를 깨닷게 하기 위하야 일종의 방편에 지나지안케 하엿고 참된 말은 한마듸도 아니하면서도 정직한 사나히로 만들엇고 철두철미 노호하면서도 조금도 미웁지안은 사나히의 성격으로 만들엇다. 카트리나는 어머니 업시 제멋대로 방종하게 자라나서 절제업시 감정적으로 난폭하엿든것이 혼기에 이르러 히스테리칼해저서 어쩌케 할 수 업는 인물로 만들엇다. 즉 후천적 한부(悍婦)로 만들엇다.[879]

고영환은 학생극으로서 나무랄 데 없는 공연으로서 페트루치오, 캐더리너, 그리고 그루미오의 연기가 전문배우로서 손색이 없는 것이었고, 의상도 괜찮았는데, 단지 무대장치가 빈약하였다고 꼬집었다.

> 그 출연자의 의상이나 언어나 동작은 대체로 보아서 영업적 상설극장에 직업적으로 출연하는 배우가 아닌 현재학생의 소인극(素人劇)으로서는 과히 나무랄 것이 업는 것 가탓다. 과연 이러한 점에 잇어서는 조선극계에서 최고 권위자중 홍해성씨의 지도적 공로를 부인할 수가 업섯다. 더욱히 그 개인적 연기로 볼 것가트면 이 연극의 주인공인 〈페트루키오〉와 〈캐트리나〉 및 〈페트루키오〉의 하인 〈그루미오〉노릇을 하든 3인은 극계가 영성(零星)한 조선에서는 직업적 배우로 나서드라도 과히 손색이 업슬 것 가탓다.(그 3인 중에서도 〈그루미오〉역자가 더 우수한 것가티 보이엿다.) 그러나 그 출연배우의 의상은 비교적 그럴듯하게 꾸민 반면에 그 무대장치는 아모리 학생색시들의 소인극이라는 견지하에서 특별대할인을 하고 볼지라도 이 살인적 금융

경색 시기에 일금 일원오십전야(也)라는 고액-의 관람료을 밧는 극장의 그것으로서
는 너무나 빈약하엿다.[880]

극예술연구회 동호인들은 이 공연에 대하여 전반적으로 "연출자의 의도는 보이면
서도 연기자의 표현이 맞지 못하는 것이 안타까웠다. 그러나 이런 때에도 연기자의
노력만은 우리를 기쁘게 하였다."[881]고 했다. 그 이유로 이들은 우선적으로 이 작품
이 현대에 적합지 못한 작품이었고, 공연 전에 표가 매진될 정도로 관객들의 관심을
끌기는 하였으나. 그 만큼 공연결과가 성공하지 못했다는 것을 지적하면서, 무대장
치는 무난했고, 의상, 조명, 음향효과는 대체로 좋았으나, 낭독체의 대사를 던지는
배우들 대부분의 연기가 부자연스러웠다고 했다.[882]

그러나 극예술연구회는 서막과 종막의 끝을 삭제하고, 나머지 장면들에서도 간간
히 인물의 등장을 생략하여 조금이라도 극의 분위기를 현대적 정서에 맞추고자 한
점을 인정하였다.

> 그러나 이 극본에 잇서서 서막과 〈라스트·씬〉을 삭제하얏고 쏘 간간이 대사와 어떤
> 인물의 등장을 생략한 것은 이 극본을 조금이라도 현대에 적응케 하려는 노력이엇슴
> 을 인정한다.[883]

특히 연기면에서 그루미오의 연기에 칭찬을 아끼지 않았다.

> 〈그루미오〉 잘했다. 이 극을 혼자서 이끌고 나간 감이 잇다. 이만한 연기자가 업섯드
> 면 이번 극이 실패로 돌아가지나 안핫슬까하는 불안까지를 늣기게 하엿다.[884]

■ 1964년 극단 산하 (연출 차범석) <말괄량이 길들이기>

이화여자전문학교의 <페트루키오와 캐트리나> 공연 이후 <말괄량이 길들이기>
는 오랫동안 공연이 되지 않고 있다가. 33년만인 1964년 셰익스피어의 탄생 400주
년 축전때 우리나라에서는 두 번째로 극단 산하가 공연하였다. 산하의 <말괄량이
길들이기>[885](차범석 연출)에 캐스팅된 배우들은 페트루치오 역에 이순재, 캐더리너
역에 김금지와 강효실이었고, 연출자 차범석은 공연에 앞서 이 작품을 "<템포>가
빠르고 경쾌하게 처리하겠다."[886]고 하였다.

■ 1977년 극단 가교 (역 한로단, 연출 마가렛 모어)

<말괄량이 길들이기>
1. 1977.5.8.~5.12., 시민회관 별관
2. 1977.12.9.~12.19., 코리아극장
3. 1982.5.27.~5.31., 동숭동 문예회관 대극장

이 작품에 대한 설명은 제3장 3. 극단들의 발전 1) 직업극단 편을 참조하기 바란다.

■ 서강대 동문 연극회 (각색/연출 박준용) <말괄량이 길들이기>
1980.12.8.~12.23., 서강대 극장

이 외에도 서강대학교는 자체홍보계획의 하나로 서강대 출신으로 구성된 서강대 동문 연극회의 연극 <말괄량이 길들이기>를 1980년 12월 18일부터 23일까지 서강대 극장에서 공연하게 하고 교복을 착용한 고교생들을 무료로 관람케 하였다. 정한용, 이충훈, 김철리, 유남미, 황민성 등이 출연하였고, 각색/연출은 박준용이었다.

■ '세계명작시리즈'
1986년 국립극단 (역 김재남, 연출 문호근)
<말괄량이 길들이기>

국립극단이 1986년부터 세계명작시리즈를 계획, 실천해왔으며, 1988년 그 세번째 무대로 <말괄량이 길들이기>(김재남 역, 문호근 연출)를 공연하였으며, 1964년 가교의 공연 이후 12년이 되었으나, 역시 대만원을 이룬 장기공연이었다. 국립극단은 2월의 첫 공연에서 객석을 꽉 채울 정도로 관객의 호응을 얻게 되자, 연장공연, 지방순회공연에 이어 연말까지 계속 공연하였다.

> 지난날 26일 국립극장 소극장에서 막을 올린 〈말괄량이 길들이기〉는 공연 첫날 소극장 객석 4백 54석을 거의 다 채운 4백 32명이 관람하는 등 7일까지 총 2천 9백 13명이 지켜봤다.[887]

> 한편 3월 25일부터 30일까지 천안, 충주, 원주, 경주 등 지방순회공연에서도 통로까지 메운 관객들로 대만원을 이루었는데 총관람객 수는 6일 공연에 7000여명을 넘어선 수준이었다.[888]

국립극단의 <말괄량이 길들이기>는 기둥과 연단, 휘장으로 사실적인 무대를 단순화시키면서도 소도구로 장면전환 효과를 살리고, 권복순과 권성덕을 타이틀롤로 하

는 주연배우들의 노련한 연기조화 그리고 빠르고 경쾌하게 극을 진행시키면서도 희극의 재미를 한껏 살린 생동감 넘치는 무대였다. 또 원작의 서극을 생략하고 16세기를 배경으로 극이 주는 재미를 한껏 살려내어 고전이지만 관객에게 친숙하게 하려고 노력하였다.

> 서구의 뛰어난 고전들이 우리관객에게 즐겁게 감상되지 못하는 것이 바로 이 〈친숙하지 못함〉때문이라면, 이 작품이야말로 고전을 만나는 옳은 방법을 우리들에게 보여주는 작품이라고 할 수 있지 않을까? 그렇게 만들려고 노력하였다. 아울러 〈르네상스〉 특유의 활기와 대담한 정신이 작품의 구석구석에 배어들기를 바란다.[889]

국립극단은 비평가들에게서도 좋은 평가를 받았다. 서연호 고려대 국문과 교수는 고른 수준의 연기로 희극적 즉흥성을 살리고 복잡한 원작을 간결하게 압축하여 경쾌하게 처리한 연출자의 솜씨를 강조하였고, 한상철 원로 연극평론가는 "희극적 상황을 몸으로 표현한 배우들의 즉흥성과 전체 상황이 잘 계산돼 재미있는 무대였다."[890]고 했다. 연극평론가 신현숙 덕성여대 명예교수 역시 독특한 무대장치와 효과적인 장면전환, 빠르고 생동감 있는 극적 전개, 재미를 십분 살린 구성, 그리고 배우들의 잘 훈련된 연기[891] 등을 예로 들면서 국립극단의 <말괄량이 길들이기>는 "호흡이 제대로 맞는 연출과 스태프, 캐스트가 삼위일체가 되어 재미있고 살아 움직이는 극을 만듦으로서 두 시간동안 관객을 완전히 사로잡았던 공연이었다."[892]고 평하였다.

연극평론가 단국대 유민영은 다른 평론가들과 같이 생동감 있는 무대, 산뜻하면서도 감미로운 효과음악과 더불어 희극의 분위기를 십분 살린 점 등을 인정하면서도, 관객과 작품 간의 징검다리 역할을 하는 서극을 생략한 것에 대해 다음과 같이 지적했다.

> 무대를 생동감 있게 만들었다든가 산뜻하면서도 감미로운 효과음악으로 처리, 희극의 분위기를 십분 살린 점에서는 성과를 거두었다고 하겠다. 반면에 작품해석과 형상화에 있어서는 미흡한 점이 적지 않았다. 우선 연출에 있어서 서극을 생략함으로써 관중과 작품 간의 징검다리가 제거되어 관중이 연극에 몰입하는 것을 차단했다.[893]

■ 극단 가교 (역 김창화, 연출 김종화) <말괄량이 길들이기>
   1991.7.4.~7.10., 문예회관 대극장

극단 가교는 중견단원들이 대부분 영화나 텔레비전 출연 등으로 바쁘게 활동하는 동안 공연활동의 침체기를 맞이하였으나, 1991년 흩어졌던 기존의 배우들-박인환, 김진태, 최주봉, 윤문식, 양재성 등-이 한데 모인 가운데, 새로운 도약의 계기를 마련하고자 젊은 단원들과 함께 다시 <말괄량이 길들이기>(김창화 역, 정종화 연출)를 공연하여, 또한번의 웃음바다를 재현했다.

가교의 <말괄량이 길들이기> 공연은 "서극 부분을 빼고 두 가지 행동의 축-다시 말해 비앵카에 대한 구혼과 캐더리너를 길들이는 쪽으로 공연의 핵을 잡아간"[894] 것이었으며, 대본은 "변모된 시대의 추이에 알맞게 고친 것"[895]이었다.

■ 인천시립극단 <말괄량이 길들이기>
1993.7.12..~7.15., 인천시민회관

위에서 살펴본 바와 같이 극단 가교와 국립극장의 <말괄량이 길들이기> 공연이 크게 관심을 끌었으며 뒤이어 1993년에는 인천시립극단이 제11회 정기공연으로 세익스피어 작품을 현대적으로 형상화한 <말괄량이 길들이기>를 인천시민회관에서 1993년 7월 12일부터 15일까지 공연하였다.

■ 극단 성좌 (각색/번역 박준용, 연출 민상근)
<말괄량이 길들이기> 1994.3.25.~3.31., 문예회관 대극장

1994년 3월 25일부터 31일까지 극단 성좌(각색/번역 박준용, 연출 민상근)가 <말괄량이 길들이기>의 원작을 현시대 감각에 맞게 각색·공연하여 역시 관객들로부터 호응을 얻게 되었다.

조선일보는 다음과 같이 옥대환의 평을 보도하였다.

> 극단 성좌가 요즘 문예회관 대극장에서 공연중인 세익스피어의 희극 <말괄량이 길들이기>는 오랜만에 고전대작인데다 현대 감각을 십분 살려 부담없는 웃음을 안겨주는 무대[896]

성좌의 공연은 매우 현대적으로 각색한 것으로 시대와 장소를 막연한 옛날의 외국으로 설정하였고, 인명도 원작의 긴 이름을 짧게 줄이고, 의상이나 장치 등도 고전풍에서 현대적 감각을 곁들였다.[897]

각색자는 원작과 비교하여 오늘의 현실을 감안하고 여성관객들을 겨냥하여 원작의 주제를 변형시켰으며, 말괄량이가 자신이 택한 남자를 길들이기 위해 자신이 길들여지는 척 한다는 것으로 정함으로써 원작의 줄거리와 장면, 인물과 대사를 많이 바꾸었다고 각색의도를 밝혔다.

사실 가장 중요한 변화는 주제였고, 새로운 주제의 표현을 위해 줄거리와 장면인물과 대사가 많이 바뀌었는데, 새로운 주제는 원작의 주제를 반박하는 내용이었다. 원작은 남자(페트루치오)가 말괄량이를 무력으로 길들인다는 내용인데, 새로 바꾼 주제는 말괄량이가 자기를 택한 남자(피이터)를 길들이기 위해 자신이 길들여지는 척한다는 (혹은 자의에 의해 길들여지는) 것이었고, 우리가 사는 오늘의 현실에 더 적합한(최소한 여자관객들은 더 좋아할) 것이라고 생각되었다.[898]

그리고 연출자는 이 작품이 세계적으로 꾸준히 관객의 사랑을 받아온 이유를 작품의 구성력, 어휘 구사력, 극적 재미임에도 현대사회 속에서 '남자다움'과 '여자다움'이 무엇인가를 셰익스피어가 극명하게 대비시켜 준다는 극의 특성 때문이라고 판단하여, 남성다움과 여성다움에 연출의 초점을 맞추었다.

'말괄량이 길들이기'가 전 세계에서 셀 수 없을 정도로 수많은 횟수의 공연으로 관객들에게 선보여 왔음에도 불구하고, 여타의 일회성 희곡과는 달리 꾸준한 관객의 사랑을 받아 온 이유는 어디에 있을까? 그것은 세계적 문호인 셰익스피어의 뛰어난 작품 구성력과 어휘구사력 그리고 극적 재미에서도 그 이유를 찾을 수 있겠지만, 무엇보다도 남녀성의 가치가 극도로 혼란되고 남성다움과 여성다움이라는 이치마저도 왜곡되어 버린 현대사회 속에서, 비록 다소의 과장과 무리함은 있을지라도 '남자다움'과 '여자다움'이 무엇인지를 작가 특유의 감각으로 극명하게 대비시켜 준다는 극의 특성에서 그 이유를 찾아 볼 수 있을 것이다.[899]

성좌의 희극적 감각이 돋보이는 공연은 중간 중간 앙상블이 깨져 웃음이 중단되기도 한 흠은 있었으나 "난해하게 여겨지는 셰익스피어 연극을 현대화하여 관객과 친숙하게 접근"[900]시켰다는 면에서 긍정적인 평가를 받았다. 캐스팅은 주인공 말괄량이 케이트 역에 영화 투캅스의 주인공 지수원이 맡았고 남편 피이터 역은 유인촌과 장기용의 더블캐스팅이었다.

■ 1997년 '세계대학 연극축제' 참가작
상명대학교 연극학과 (연출 이지원) <리허설 말괄량이 길들이기>
1997년 5월에 '젊은 연극제'가 있었으며, 같은 해 9월의 '세계대학 연극축제'에 상명대학교 연극학과는 <리허설 말괄량이 길들이기>(이지원 연출)로 참여하여 공연하였다. 상명대학교는 원작의 구성은 그대로 두고, 서막을 재구성하여 원작과의 자연스러운 연결을 이루었다. 즉, 서막의 배경을 1997년의 서울로 설정, 박씨라는 인물이 아들의 연극 리허설을 보러 감으로서 원작의 1막과 연결시켰다. 이 작품의 연출을 맡은 이지원은 리허설이라는 개념을 작품에 시도한 목적이 "극중극의 특징을 살리고 관객들에게 자유로운 상상력의 범위를 확장시켜주는 차원"[901]에서였다고 밝혔다. <리허설 말괄량이 길들이기>는 말괄량이의 길들여짐이 남성과 여성의 근본적인 힘의 우위에 의해서가 아니라 진실한 사랑과 신뢰로 형성된 힘에 의해 이루어져야 한다는 것을 강조하는 무대였으며, 공연 자체가 맑고 경쾌한 분위기를 느끼게 하는 것이었다.

■ 로열 셰익스피어 컴퍼니 (연출 린지 포스너(Lindsay Posner))
　<말괄량이 길들이기> 2000.06.06.~06.10., LG 아트센터

　역사에 기록될 수 있는 일은 반가운 일이다. 2000년 6월에 셰익스피어의 무참한 비극 <타이터스 앤드러니커스>(Titus Androcicus)의 초연이 있었고, 같은 해 6월에 셰익스피어의 본바탕 영국의 로열 셰익스피어 컴퍼니(Royal Shakespeare Company)가 처음으로 <말괄량이 길들이기> 내한공연을 하였다. 줄거리는 생략하고 'On International Tour'란에 소개된 RSC(Royal Shakespeare Company)에 대한 설명 일부를 소개한다.

◉ 예전의 로열 셰익스피어 컴퍼니는 …

　로열 셰익스피어 컴퍼니가 지금의 모습을 갖춘 것은 1961년부터이지만 그 역사는 그 이전으로 거슬러 올라간다. 1875년 지방의 맥주 양조업자이자 자선가인 찰스 플라워(Charles Flower)가 스트라트포드에 영구적인 극장을 짓기 위해 개인적으로 에이븐의 둔덕에 2에이커의 땅을 기증하면서 전국적인 모금 캠페인을 시작했다.

　빅토리아 고딕양식으로 지어진 800석의 셰익스피어 기념극장(Shakespeare Memorial Theatre)은 1879년 여름축제를 계기로 개관하여 이내 정기적인 봄, 여름 시즌을 갖는 페스티벌로 성장하였다. 1925년에는 왕실 착허장의 수여로 45년 동안의 업적을 인정받아 '로열'이란 칭호를 사용할 수 있게 되었고, 이에 '로열 셰익스피어 극단'으로 승격하게 된다.

1년 후 이 오래된 극장은 화재로 거의 전소되었지만 전세계적인 모금 캠페인과 1932년 영국 황태자에 의해 엘리자베스 스코트(Elizabeth Scott)가 설계한 지금의 건물을 개관하게 되었다.

그 후 30년간 비전 있는 예술감독들의 계승으로 셰익스피어 기념 극단은 존 길거드(John Gielgud), 페기 애쉬크로프트(Peggy Ashcroft), 앤토니 퀘일(Anthony Quayle), 피터 오툴(Peter O'tool), 비비언 리(Vivien Leigh), 로렌스 올리비에(Laurence Olivier), 쥬디 덴치(Judi Dench)와 같은 스타들의 활약으로 더욱 공고해져 갔다. 유럽, 아시아, 미국으로의 순회공연과 폴 로벤손(Paul Robenson)과 찰스 래프톤(Charles Laughton)과 같은 해외 스타들의 찬조출연은 이 극단이 세계적인 명성을 확립하는데 한 몫을 담당하였다.

1960년 경영감독(Managing Director) 피터 홀(Peterr Hall)의 임명으로 극단은 도약의 발판에 오른다. 새로운 시대와 잘 맞는 젊은 예술감독 피터 홀은 올드위치 극장(The Aldwych Theatre)을 런던의 본거지로 삼고, 셰익스피어 이외의 다른 고전뿐만 아니라 현대희곡까지도 포함시켜 레퍼토리를 확대하는 등의 변화를 모색하였다. 1961년 로열 셰익스피어 컴퍼니로 개명한 후 지방과 세계공연뿐만 아니라 TV와 영화에도 진출하였는데, 홀의 후임자들인 트레버 넌(Trevor Nunn)과 테리 헨즈(Terry Hends)도 이런 대담한 실험과 새로운 창조를 지속하였고, 현재의 아드리안 노블(Adrian Noble)도 이를 지속해오고 있다.

지난 20년 동안에는 중요한 변화가 있었다. 1981년 극단은 런던의 본거지를 올드위치(Aldwych)에서 바비칸(Barbican)으로 옮긴다. 한편 스트라트프드에서 두 개의 극장을 새로 확보하게 되었는데, 하나는 미국인 사업가 프레데릭 코크(Frederick Koch)가 기증한 쟈코비안 양식의 '스완극장'(Swan Theatre)이고, 다른 하나는 1991년 원래 극장의 자리에 지어진 '디 어더 플레이스'(The Other Place) 극장이다.

◉ 현재의 '로열 셰익스피어 컴퍼니'는…

'로열 셰익스피어 극장'에서 적어도 셰익스피어 두 개 작품, '디 어더 플레이스'(The Other Place) 극장에서는 친숙하지 않은 유럽 고전작품이나 최신 현대극을, 그리고 '스완극장'에서는 400년 동안 묻혀있던 셰익스피어극이나 동시대 극작가들의 주옥같은 작품들을 볼 수 있다. 이와 동시에 다른 작품들은 영국과 해외를 돌며 공연을 한다. 최근 몇 년간 RSC는 유럽과 미국, 남미, 호주, 뉴질랜드 그리고 일본의 열광적인 관객들에게 영국을 대표하는 최고의 극단이었다.

또한 RSC의 많은 작품들 중 어떤 것들은 상업극장에서 오랜 기간 공연되면서 많은 부가수입을 올려주면서 많은 관객들을 모으고 있다. 로버트 린지(Robert Rindsay)의 <리차드 3세>, <리타 길들이기>(Educating Rita), <레 미제라블>(Les Miserables)은 RSC가 제작한 웨스트 엔드의 최근 흥행작들로 14년째 지속적인 사랑을 받아오고 있다.

■ 신시뮤지컬 컴퍼니·예술의전당 <키스 미, 케이트>
2001.7.5.~7.19., 예술의전당 오페라극장

이 공연은 미국 브로드웨이에선 1948년 초연되었으며, 1999년 리바이벌 되면서 폭발적인 인기로 1999년 토니상 5개 부문과 평론가협회상 6개 부문을 석권하였다. 셰익스피어의 <말괄량이 길들이기>를 기본 골격으로 극중극 형식으로 꾸며 1막에선 말괄량이 길들이기, 2막은 무대 뒤를 배경으로 펼쳐지는 출연 배우간의 연애해프닝을 다루었다. 이혼한 부부배우가 "말괄량이 길들이기"에서 남녀 주연을 맡아 재회한 후 갖은 소동 끝에 사랑을 되찾고 재결합한다는 코미디로 무대 뒤 인생들의 이야기 속에 무대 위 '말괄량이 길들이기'가 극중극 형식으로 펼쳐진다.

남경주, 전수경, 최정원, 주원성, 이인철 등 초호화 캐스팅과 제작진도 호화진용이다. 1966년 <살짜기 옵서예>로 국내에 뮤지컬이라는 장르를 처음으로 소개했던 원로연출가 임영웅씨가 연출을, 뮤지컬 <명성황후>의 박칼린씨가 음악을, 영화 <토요일 밤의 열기>의 안무 담당 레지나 알그린이 춤을, 무대미술가 박동우씨가 무대장치를 각각 맡았다.

■ 2002년 한국 셰익스피어 전작 공연 추진위

한국 셰익스피어 전작 공연 추진위원회(위원장 김의경)는 국내 처음으로 2002년부터 3년 동안 셰익스피어의 희곡 37편 전 작품을 공연키로 하고 첫 공연으로 4월 25일 서울 대학로 소극장 알과 핵에서 <실수 연발>을 3주 동안 공연한 뒤, <말괄량이 길들이기>를 역시 3주 동안 서울 광화문 정원 소극장 무대에서 공연하였다. 이 공연에 이어서 같은 해 <헨리 6세> 3부작과 <베로나의 두 신사>를 별다른 무대장치나 소품, 의상 없이 배우들이 무대에서 대사를 읊는 독회(讀會) 형식으로 선보였고, <로미오와 줄리엣>, <베니스의 상인>, <사랑의 헛수고>를 공연하였다.

추진위에는 연출부문에 김철리 국립극단 예술감독, 임수택 소극장 알과 핵 대표, 박장렬 연극집단 반(反) 대표 등이, 이론부문에 오수진 동신대영문과 교수, 남육현 한양대 영문과 강사 등이 참여하였다. 이 공연의 가장 큰 특징은 일본어 중역이 아닌 영어 원전번역에 충실한 대본을 사용한다는 점과, 무대장치보다는 배우들의 연기력 위주로 승부를 냈다는 점이다.

추진위 예술감독을 맡은 김창화 상명대 교수는 "셰익스피어 전작 공연은 1960~70년대에 일본 연극인 오다지마 유지(小田島雄)가 혼자 번역하고 연출해 무대에 올린 후 세계적으로 2번째 있는 일"이라고 하였다.

■ 2002년 '셰익스피어 러브 페스티벌'

'셰익스피어와 함께 사랑 여행을 떠나자.'라는 주제 하에 셰익스피어 연극 중에서 사랑이야기를 다룬 5편을 잇달아 공연하는 '셰익스피어 러브 페스티벌'이 2002년 10월 28일부터 11월 24일까지 국립극장에서 시작됐다.

5개 극단이 참여해 11월 24일까지 국립극장 별오름극장과 달오름극장에서 열린 이 축제의 첫 작품은 극단 숲의 <로미오와 줄리엣>(10월 28일~11월 5일, 연출 임경식)이었고 그 뒤에 극단 가변의 <십이야>(11월 7~14일, 연출 박재완, 별오름극장), 극단 실험극장의 <트로일러스와 크레시타>(11월 13~17일, 연출 김성노, 달오름극장), 극단 주변인들의 <말괄량이 길들이기>(11월 16~24일, 연출 서충식, 별오름극장), 지구연극연구소의 <오셀로와 이아고>(11월 19~23일, 연출 차태호, 달오름극장)가 공연되었다.

■ 루트커뮤니케이션 (각색 양권철·김준용, 연출 양태진) <말괄량이 길들이기>
2002.11.7.~11.2., 정동 제일화재세실극장

공연기획사 루트커뮤니케이션은 서울 정동 제일화재세실극장에서 셰익스피어 원작의 <말괄량이 길들이기>를 한국적으로 번안하여 거친 성격으로 인해 아무도 결혼하려 하지 않는 강대감의 큰 딸 꽃님을 김삿갓이 어떻게 현모양처로 만드는지를 희극적으로 그렸다.

■ '2005 셰익스피어 낭만희극 페스티벌' 초청작

2005년 의정부 예술의전당은 큰 행사를 마련하였다. 행사제목은 '신정옥과 셰익스피어의 만남, 2005년 셰익스피어 낭만희극 페스티벌'이었다.

셰익스피어 작, 필자인 신정옥 번역으로 3개 극단이 이 페스티벌에 참여하였으며 극단별 공연일정은 다음과 같다.

극단명	제목	연출자	공연일
극단 여기	사랑의 헛수고	김재권	8.31.~9.1.
극단 주변인물	말괄량이 길들이기	서충식	9.3.~9.4.
극단 숲	한여름 밤의 꿈	임경식	9.8.~9.9.

〔연출자 서충식의 글〕

원작과 신정옥 선생님의 번역본에 충실하려 노력했지만 장면 구성상 각색된 부분도 있어 신정옥 선생님께 매우 죄송한 마음이고, 서막을 생략하여 더욱더 셰익스피어의 의도를 해하지 않았나 걱정될 따름이다. 대본이 가지고 있는 문학적인 언어를 이번 공연에서 다 채우기는 어렵고 나름대로 시각적인 동작들로 대체하는 효과를 기대해 보고 있다.

두 시간여를 관객과 즐거움을 나누길 공연의 지향점으로 작업했지만 공연에 앞서 작품을 돌이켜 보면 조금은 거칠고 지나치게 시각적인 구성으로 문학적인 아름다움이 약해지지 않았나 하는 우려가 있다. 많이 생각하지 마시고 재미있게 보이는 데로 즐기시길.

■ 2006년 '제9회 서울변방연극제' 참가작
제이티컬쳐 (연출 문화삼) <말괄량이 길들이기>
2006.9.14..~10.15., 대학로 우리극장

2006년 '제9회 서울변방연극제'는 그동안 대학로 내의 극장을 중심으로 공연해오던 것에서 '대안 공간과 창작 공간'이라는 화두로 일상의 어느 공간에서건 공연을 할 수 있다는 젊은 연출가들이 종전 질서나 전통적인 프로시니엄 무대를 거부하고 조명이나 무대의 정격화된 틀을 떠나 대안을 모색하였다. 여성, 장애우, 비주류 예술가 등에 대한 새로운 시선이 담긴 작품들을 모색한 것이다.

이 행사에 공연제작사 제이티컬쳐가 셰익스피어의 희극 <말괄량이 길들이기>를 문화삼 연출로 2006년 9월 14일부터 10월 15일까지 대학로 우리극장에서 공연하였다. 원작의 말괄량이 캐더리너는 외모나 사랑 따위에는 전혀 관심없는 계설희로, 모든 남성이 좋아하는 정숙한 여성 비앵카는 결혼에 목을 매는 계나리로 표현된다.

계나리는 류창한과 결혼하고 싶지만 언니 계설희가 시집가기 전에는 결혼할 수 없다. 류창한은 친구 배태랑에게 설희와 결혼해 달라고 부탁한다. 마지못해 부탁을 받아들인 배태랑도 말괄량이 설희에게 끌린다. 배태랑은 설희보다 더한 괴짜 짓을 벌이며 설희에게 접근한다.

■ **2006년 희극 발레로 만나는 강수진**
　　독일 슈트르가르트 발레단(안무 존 프랑코) <말괄량이 길들이기>
　　2006.10.14.~10.15., 성남아트센터 오페라하우스

<로미오와 줄리엣>의 줄리엣으로, <노트르담의 꼽추>의 에스메랄다로, <지젤>의 지젤로 언제나 청순가련한 배역만을 맡아왔던 한국이 낳은 세계적인 발레리나 강수진씨가 2006년 10월 14일과 15일 성남아트센터 오페라하우스 무대에 오르는 독일 슈트트가르트 발레단의 대부 존 프랑코의 대표작인 희극 발레 <말괄량이 길들이기>에서 말괄량이 주인공 캐더리너 역을 맡았다.

1985년 세계 발레스타의 등용문인 스위스 로잔 국제발레콩쿠르에서 수상한 강수진은 이듬해인 1986년 슈트트가르트발레단에 입단해 19세 나이로 최연소 단원이 되었고, 4년 뒤 주연으로 발탁된 그는 1994년 퍼스트 솔리스트(주역무용수)가 된 이래 불혹을 바라보는 현재까지 왕성한 활동을 펼치고 있다. 강수진은 외국에선 이미 1997년 당시 레이드 앤더슨 예술 감독에 의해 본인이 그렇게도 거부했던 캐더리너 역을 강제로 떠맡은 적이 있다. 강수진은 "이렇게 재미있는 주인공을 맡지 않으려고 한 사람은 나밖에 없었을 것"이라며 "초연 이후 10년 동안 인생이 성숙해지고 여유가 생기면서 캐더리너의 코믹연기도 나만의 것으로 무르익는 것 같다"고 소감을 전했다.

<말괄량이 길들이기>는 60년대 슈트트가르트발레단을 최정상에 올려놓은 작품으로 셰익스피어 원작을 존 프랑코가 안무로 표현한 희극발레의 고전이다. 발레는 모두 2막 10장으로 구성되는데 전반적인 줄거리는 호탕한 신사 페트루치오가 캐더리너를 아내로 맞이하면서 겪게 되는 좌충우돌 해프닝이다. 1막은 돈 많은 밥티스타가 억세기로 유명한 맏딸 캐더리너를 시집보내기 위한 우스꽝스러운 소동을, 2막은 우여곡절 끝에 남편이 된 페트루치오가 좀처럼 마음의 문을 열지 않는 아내 캐더리너에게 진실한 사랑을 전한다는 내용이다

■ **2008년 지방에서 공연된 <말괄량이 길들이기>**

- 2008년 7월 7일부터 10일까지 대전 평송청소년수련원
- 전북 정읍교육청은 2008년 9월 27일 전주 삼상문화회관에서 기초 영재반 400 명에게 서울시극단이 학생들의 눈높이에 맞추어 기획한 <말괄량이 길들이기> 공연을 볼 수 있는 기회를 제공하였다.
- 2008년 10월 9일부터 11일까지 포항 반문화예술회관
- 2008년 11월 7일부터 16일까지 대전문예전당이 자체기획하여 대전문예전당 앙상블홀에서 공연

■ 서울시극단(역 신정옥, 각색/연출 전훈) <말괄량이 길들이기>
2008.9.17.~10.5., 세종 M 씨어터

이 공연에 대한 설명은 2008.9.2. 베타뉴스의 기사로 가름하고자 한다.

이번 공연에서 각색과 연출을 모두 담당한 러시아 정통 유학파 출신 연출가 전훈(서울예대 교수)은 "고전을 해석함에 있어 원문에 있는 대사를 그대로 따라하는 것은 식상한 방법이다. 나는 이번 <말괄량이 길들이기>를 더 재미있게 관객들에게 보여주고 싶다. 인터넷의 영향으로 지금 관객들은 자고나면 새로운 신조어가 판치는 시대에 살고 있기에 이들에게 어필할 수 있는 새로운 각색이 필요했다"라며 이번 공연에 대한 자신감을 나타냈다.

직장 내에서 알파 걸, 골드 미스 등 … 막강 여성들의 등쌀에 떠밀려 남자들이 유일하게 쉴 수 있는 곳은 남자화장실 뿐이다. 흡연실도 요즘은 여자가 많다. 2008년을 사는 대한민국 남자들은 자문한다. "우리나라에 남존여비 사상이 있긴 했던 거야?" 여자 친구와 와이프의 강력한 영향력 아래, 기 못 펴고 사는 대한민국 남성들이 꼭 봐야 할 연극이 바로 <말괄량이 길들이기>이다.

천방지축 개망나니 캐더리너를 오로지 '뻔뻔함'과 '억척스러움'으로 제압하는 페트루치오는 공연 내내 대한민국 남성들에게 짜릿한 카타르시스를 선사한다.

이번 작품을 번역한 신정옥 명지대 명예교수는 "이 장면은 남편이 해야 할 일을 조목조목 예시하며 남편이 얼마나 헌신적으로 아내에 심신을 바쳐야 하는 가를 극명하게 드러내주는 대목이다. 결국 남자들은 책임감에 억눌린 처량한 남편으로 전락해버리고 마는 것"이라고 설명했다. 단순남이여, 잘 생각하자. 길들여진척 순종적으로 따르는 케더리너 덕에, 페트루치오는 더 큰 육체적 고통을 경험할 지도 모른다. 막이 내려간 이후에 말이다.

■ 극단 킴스컴퍼니(Kim's Comfunny) (연출 김대환)
<말괄량이 길들이기>
1. 2009.4.3.~8.30., 소극장 다르게 놀자

2. 2009.11.13.~오픈런, 소극장 다르게 놀자

오픈런이란 끝나는 날짜를 정하지 않고 공연하는 것이다. 이 공연이 언제 끝날런지 필자는 모른다. 하지만 필자가 이 글을 집필하고 있는 2017년 1월도 공연을 하고 있었으니 최소 8년 넘게 장기공연을 하고 있는 정말 놀라운 작품이다.

이번 공연은 관객이 연극에 직접 참여하는 '스펙-액터(Spec-actor)'라는 개념을 도입하였다. '스펙-액터'란 브라질의 연극연출가인 '아우구또 보알'이 개발해낸 연극 형태로 관객이 제 손으로 연극을 독창적으로 재구성하는 것이다. 원작의 내용보다는 멀티 플레이극, 참여극이라는 형식이다. 연극을 시작하기 전 공연장은 마치 카페 같은 분위기를 연출한다. 무대와 객석을 오가며 사진을 찍기도 하고 차를 마시며 도란도란 이야기도 나누며 여유로운 시간을 즐길 수 있다. 조명과 음향, 배우들의 연기에 의존하는 것이 아니라 관객에게 초점이 맞추어져 있다는 게 다른 연극과는 가장 큰 차이점이다. 공연의 내용도 관객의 선택에 의하여 럭비공처럼 어디로 튈지 모른다.

원작의 내용처럼 '여성'을 길들인다는 사실은 지금 이 시대와는 어울리지 않는다는 생각에 원작을 온전히 따르고 있지는 않다. 즉, 받아들이는 관객 역시 '창조적 시각'을 요한다.

■ 극단 신시 뮤지컬컴퍼니 (연출/안무 데이빗 스완)
   <키스 미, 케이트>
   1. 2010.7.9.~8.14., 국립극장 해오름극장
   2. 2010.8.26.~8.29., 대구 오페라하우스

셰익스피어의 희극 <말괄량이 길들이기> 원작을 뮤지컬 코미디로 재구성한 브로드웨이 코미디 뮤지컬의 진수 <키스 미, 케이트>는 지난 2001년 국내 초연 당시 뮤지컬 배우 최정원이 '비앵카' 역을 맡아 객석 점유율 90%를 기록한 바 있다. 또한 2002년 제8회 뮤지컬대상 시상식에서 연출상(임영웅)과 여우주연상(전수경) 두 개 부문을 수상하며 작품성과 흥행성을 입증시켰다.

이 작품은 1948년 브로드웨이에서 초연된 이후 20여 년간 사랑을 받고 막을 내린 뒤 1999년 리바이벌되었다. 토니상 5개 부문을 비롯하여 드라마데스크상, 비평가협회상 등을 휩쓴 작품이다.

2010년 <키스 미, 케이트>는 남경주, 최정원, 황연정 등 10년 전 초연무대에 함께 했던 뮤지컬 배우들과 아이비, 하지승, 한성식, 이훈진 등 새로운 멤버들 위주로

캐스팅을 하였다. 국내의 굵직한 뮤지컬 작품에서 무게 있는 연출을 보여준 데이빗 스완이 연출과 안무를, '2010 뮤지컬 어워드'에서 무대디자인상을 수상한 박동우 디자이너가 2001년에 이어 무대를 맡았다.

<모차르트>, <몬테크리스토>, <삼총사> 등에서 아름다운 시대의상을 보여줬던 한정임 디자이너가 고전적인 르네상스 초기의 의상으로 아름다움을 재현하였고, 우리나라 대표 음악감독 김문정이 이끄는 16인조 오케스트라는 콜 포터의 다채로운 음악을 라이브로 선사하였다.

특히 타고난 춤과 가창력의 소유자로 뮤지컬계로부터 끊임없이 러브콜을 받아온 섹시 아이콘 아이비가 합류하며 작품의 기대치를 더욱 높여주었다. 모든 매스컴의 관심을 한 몸에 받고 있는 아이비는 뮤지컬 <키스 미, 케이트>에서 로아레인(비앵카) 역으로 주연이 아닌 조연으로 뮤지컬 첫 무대에 선다. 아이비가 맡은 로아레인(비앵카) 역할은 나이트클럽 댄서 출신으로 자신의 미모와 재능을 무기로 신분상승을 꿈꾸는 캐릭터. 10년 전 최정원이 맡았던 역할이기도 하다.

뮤지컬 <키스 미, 케이트>(콜 포터 작사작곡, 벨라 스페왹 각본)는 극중극을 이용한 작품이다. 셰익스피어 희곡 <말괄량이 길들이기>를 바탕으로 하는데, 극중극 속 고전과 현실의 이야기가 유사한 흐름으로 병치된다. 시공간 배경은 1940년대 미국 볼티모어의 한 극장이다. 남자 주인공 프레드는 뮤지컬 '말괄량이 길들이기'의 제작자이자 연출가, 배우이고 여주인공 릴리는 프레드의 전 부인이자 유명 영화배우다. 두 사람은 극중극에서 남녀 주인공 페트루키오와 캐서린(케이트)으로 출연한다. 프레드와 릴리가 무대와 분장실을 오가며 티격태격하는 동안 아직 서로를 사랑한다는 사실을 깨닫게 되고, 공연 중 대사를 빌려 본심을 고백한 뒤 해피엔딩을 맞이한다는 내용이다.

■ 대구시립극단 (예술감독 이국희) <말괄량이 길들이기>
　 2010.11.20.~11.21., 대구문화회관 팔공홀

이 공연에 대한 설명은 2010.11.12. 매일신문의 이동관 기자의 기사로 가름하고 자 한다.

원작의 시대적 배경은 400년 전이지만 전혀 식상하거나, 지루함이 없이 전개된다. 인간의 본성을 꿰뚫는 셰익스피어의 힘이다. 원작에 충실하게 복원한 대구시립극단 의 '말괄량이 길들이기'는 현대의 여성들과 남성들이 가지는 이성에 대한 가치관과 비교하여 극을 이끌어 나간다. 이국희 예술 감독은 "제목만 보면 남성의 여성폄하

작품처럼 보이지만 사랑과 신뢰라는 기본 흐름이 바탕이 된 작품"이라고 설명한다…

■ 부산시립극단 (각색 오리라, 연출 김경화)
　　<말괄량이 길들이기> 2012.10.5.~10.6., 부산문화회관 중극장

　이 작품은 셰익스피어와 뮤지컬의 조합으로 뮤지컬과 유사하지만 군무보다는 음악이 중심이 되는 음악극과 더 가깝다고 할 수 있다. 요즘 TV에서 쉽게 들을 수 있는 팝 형식의 노래가 있는가 하면, 랩을 하기도 하고, 또 트로트를 부르기도 한다.

　말괄량이를 길들인다는 원작의 뼈대만 빌리고, 이야기와 등장인물을 한국식으로 번안한 것 또한 오늘날의 생활을 담은 것이다. 반려동물을 키우는 인구가 급증한 것도 반영해 페트루키오를 맹견조련사로 설정하고 말괄량이 주인공을 길들이게 했다.

　부산시립극단의 이번 공연은 원작의 큰 흐름만 빌리고 극에서 일어나는 일화를 현대 한국 사회의 현실에 맞춰 번안의 틀을 뛰어넘는 각색을 했다. 갑부 나회장의 맏딸 최별나는 이름 그대로 별난 여성이다. 35살이 된 노처녀지만 선보는 자리마다 괴팍한 행동을 일삼으며 어머니의 입장을 난처하게 한다. 어머니에게서 언니보다 먼저 결혼할 수 없다는 말을 들은 둘째 딸 달님의 연인 강고수는 나회장에게 별나의 인성순화 계획을 제안한다. 결국 별나는 맹견 조련사인 맹렬한에게 맡겨져 혹독한 인성교육을 받는다.

■ 순천향대학교 재학생 원어 연극 동아리

EDP(English Drama Performance) <말괄량이 길들이기>
1. 2013·10.1., MIT 대 칼리안홀
2. 2013·10.3., 뉴욕 주립대 스토니브룩캠퍼스 왕센터

　순천향대학교 재학생 원어 연극 동아리 'EDP(English Drama Performance)동아리'는 2명의 연출자를 제외한 19명의 이 대학 선·후배 회원들로 영어영문학과(14명)와 연극무용학과(5명) 학생들이 주축이다. 이들은 지도교수인 이현우 교수가 미국 대학 관계자를 통해 공연을 제안해 이들 두 대학이 그동안의 공연과 작품성을 인정하면서 공식 초청됐다.

　공연은 10월 1일 미국 보스턴에 위치한 MIT대 킬리안홀(공연장)과 10월 3일에는 뉴욕주립대 스토니브룩캠퍼스 왕센터(공연장)에서 각각 진행되었다.

　학생들은 이번 해외공연에서 영국이 낳은 16세기 최고의 극작가 셰익스피어의 작품 <말괄량이 길들이기>를 원어로 선보였다.

　이 동아리는 지난 2010년 8월 셰익스피어 연극의 본 고장인 영국에서 '제64회 에든버러 페스티벌 프린지(Edinburgh Festival Fringe)'에 참가해 4회 공연으로 우리나라 전통의상인 한복과 한국무용 등 동양적 요소를 가미하여 현지 외국인들에게 큰 관심을 끈 적이 있다.

　동아리 회원들은 호탕하고 쾌활한 남자 주인공이 말괄량이 여성에게 청혼한 뒤 그 여성을 온순한 아내로 만들어가는 과정을 재미있게 그린 이 작품의 등장인물들에게 한복을 입히기로 하는 등 '한류'를 미국인들에게 소개하였다. 또 북과 소고 등 우리의 전통악기가 만들어내는 음악에 한국무용을 버무려 미국 관객들에게 선사하였다.

　이 동아리의 해외공연은 "순천향대 영어연극동아리 가 미국무대를 정복하고 왔습니다"라고 할 정도로 해외에서 많은 호평을 받았으며, 이에 2013·11.6. 한겨레신문의 보도의 일부를 게재한다.

　"셰익스피어 원작과 한국 문화를 절묘하게 연결한 점이 매우 인상적이다. 학생들이 이렇게 훌륭한 공연을 할 줄 몰랐다."

　미국 셰익스피어학회 회장인 다이애나 헨더슨 교수(매사추세츠공대 영문과)는 지난달 1일 감탄을 감추지 못했다. 한국에서 온 대학생들이 셰익스피어 원작 <말괄량이 길들이기>를 각색한 연극을 보고 난 뒤다. 한 관객은 이들에게 전문 연극배우인지 물었다가 대학생이라는 대답을 듣고 크게 놀랐다고 한다. 이틀 뒤 뉴욕주립대 스토니브룩 캠퍼스에서 열린 공연에도 현지 관객 150여명이 공연장을 채웠다.

■ 서울종합예술학교 주최 2014년 '제25회 싹씨어터페스티벌'

서울종합예술학교는 2014년 5월 8일부터 6월 21일까지 '제25회 싹씨어터페스티벌'을 개최하였다. 연극과, 방송연예과, 뮤지컬연기연출과, 개그시트콤과 등 4개 학과가 참여하여, 연극, 뮤지컬, 개그 발표회 등 10개 작품이 싹아리랑홀, 싹아트센터, 예술관 소극장에서 공연되었다.

첫 작품은 문화관광부 선정 '오늘의 젊은 예술가상'을 받은 이기도 교수가 지도한 뮤지컬 <지하철 1호선>으로 설경구, 황정민, 김윤석, 조승우 등 쟁쟁한 배우를 배출한 작품이다. 그 뒤로 이기도 교수가 또한 지도를 맡은 뮤지컬 <맨오브라만차>, 서울시뮤지컬단 단장을 역임한 김효경 교수가 지도를 맡은 연극 <출세기>, 안톱 체홉 전문 연출가로 유명세를 타며, 동아연극상 작품상, 연출상을 수상한 전훈 교수가 지도한 연극 <숲귀신>, 뮤지컬 <와이키키브라더스>, 연출자 이원종 교수가 지도하는 연극 <말괄량이 길들이기> 등이 공연되었다. 이 외에 남철영 교수 지도 연극 <우리 읍내>, 손대원 교수 지도 연극 <마르고 닮도록>, SBS 공채 1기 개그맨이자, 틴틴파이브 멤버 표인봉 교수가 지도하는 개그발표회는 6월 13일 예술관 소극장에서 공연되었다.

한편 서울종합예술학교는 '하트(H-Art) 드림 페스티벌' 동상, '거창대학연극제' 대상, '춘천국제연극제' 뮤지컬페스티벌 최우수상, '전국대학뮤지컬페스티벌' 무대미술상 등을 수상하며 그 실력을 인정받아왔다.

■ 경북도학생문화회관 <말괄량이 길들이기> 2014.7.9.~7.10.

경북도학생문화회관은 2014년 7월 9일과 10일 뮤지컬 <말괄량이 길들이기>를 무료로 초청공연을 하였다. 이번 공연은 공연예술 체험교육의 일환으로 실시됐으며 영덕여자중학교를 비롯, 도내 28개 학교 4천450여명의 학생 및 교직원이 참관했다.

<말괄량이 길들이기>는 조선시대 신여성을 꿈꾸는 개성 상단 백조경의 두 딸 장이, 송이의 결혼에 얽힌 이야기를 새롭게 각색한 창작 뮤지컬이다. 셰익스피어의 원전에서 나오는 희극성을 그대로 살리면서 한글의 우수성을 알리고 다양한 캐릭터, 화려한 무대 연출과 재미있는 소품효과로 학생들에게 유익한 공연이 됐다.

■ 극단 서울 영어 뮤지컬 <말괄량이 길들이기>
   2014.8.7.~8.10., 꿈의 숲 아트센터 퍼포먼스홀

19년간 영어 뮤지컬만 전문으로 해 온 극단 <서울>은 <한여름 밤의 꿈>, <로미오

와 줄리엣>, <십이야>에 이은 네 번째 셰익스피어 이야기, 영어 뮤지컬 <말괄량이 길들이기>를 어린이의 눈높이에 맞추어 재구성하여 2014년 8월 7일부터 10일까지 꿈의 숲 아트센터 퍼포먼스홀에서 공연하였다.

이 작품은 셰익스피어의 이야기를 즐기면서 영어 공부도 할 수 있는 영어 뮤지컬이다.

■ **국립발레단 (안무 존 프랑코, 예술감독 강수진)**
  <말괄량이 길들이기> 2015.4.29.~5.3., 예술의전당 오페라극장

<말괄량이 길들이기>는 천방지축 캐더리너와 그를 길들이는 약혼자 페트루키오가 만들어내는 요절복통 코믹 발레로, 국립발레단이 아시아 최초로 공연권을 획득해 선보이는 작품이다.

출처 : 국제뉴스

◆ 2015.5.1. 매일경제 전지현 기자

이 작품은 지난해 취임한 강수진 국립발레단 예술감독(48)이 선택한 첫 드라마틱 발레다. 그의 대표작이기도 하다. 1997년 독일 슈투트가르트발레단에서 주인공 카 캐더니러 역을 처음 춤췄다…

김지영은 생애 처음 캐더리너 역을 맡아 완전히 망가졌다. 공연 내내 심술궂은 표정으로 남자를 할퀴고 발로 차며 짜증을 부렸다. 심지어 만돌린으로 사람 머리를 내리쳐 때려 부순다. 거의 동네 깡패 수준이다. 김지영의 변신은 완벽했다. 턱을 쳐들고 뻣뻣하게 춤을 추는 모습이 영락없이 캐더리너였다. 서정적인 고전 발레부터 파격적인 모던 발레까지 폭 넓은 춤 스펙트럼을 보여준 그는 희극 발레에도 한계가 없었다. 페트루키오의 품에서 안간힘을 다해 버둥거릴 때 관객들은 배꼽을 잡았다. 5월의 숲처럼 싱싱한 춤이었다. 캐더리너가 서서히 길들여지면서 그의 몸짓은 점점 낭창낭창해졌다.

김현웅은 야성미 넘치는 페트루키오로 최고 기량을 보여줬다. 앙칼진 캐더리너의 발길질과 주먹질에도 키스를 퍼붓고 손을 뒤로 꺾어 결혼반지를 끼웠다. 말을 안 들을 때는 밥도 못먹게 하면서 말괄량이를 제대로 길들였다. 김현웅은 역동적인 춤으로 무대를 완전히 장악했다. 때로는 경망스러운 골반춤으로 극에 탄력을 불어넣었다.

■'2015 에딘버러 프린지 페스티벌'참가작
　순천향대학교 원어연극동아리
　EDP (English Drama Performance) <말괄량이 길들이기>
　2015.8·15.~8.22., 씨 아우스 메인 씨어터

　순천향대학교 영어영문학과 학생 15명과 연극무용학과 7명으로 구성된 순천향대학교 원어 연극 동아리 'EDP(English Drama Performance)'는 영국의 '2015 에딘버러 프린지 페스티벌'에 참가하여 셰익스피어 원작의 <말괄량이 길들이기>(The Taming of the Shrew)를 영국의 에딘버러 시내에 위치한 씨 사우스 메인 씨어터(C South Main Theatre)에서 2015년 8월 15일부터 22일까지 공연하여 물론 많지는 않지만 240만원이라는 짭짤한 입장수익을 거두었다.

　이번 페스티벌에 참가한 학생들은 단순히 입장수익 뿐만 아니라 현지 비평가와

관객들의 뜨거운 호응과 높은 평가를 받았다.

대학 관계자는 "현지 평론가 팀 윌코크(Tim Wilcock)는 공연평에서 매우 적극적으로 추천하는 공연(highly recommended show), 프린지의 발견이란 표현으로 EDP의 공연을 극찬했다"며 "학생들이 문화, 영어, 마케팅 등 입체적인 경험을 할 수 있는 기회가 됐다"고 말했다.

한편 EDP는 <말괄량이 길들이기>를 지난 2007년 국내에서 초연한 이래 2008년부터 도쿄·나고야·싱가폴·뉴욕 스토니브룩 대학·보스턴 MIT·호주 브리즈번 등에서 순회공연을 진행하여 왔다.

■ 국립발레단 (안무 존 프랑코, 예술감독 강수진) <말괄량이 길들이기>
2016.6.23.~6.26., 예술의 전당 오페라하우스 오페라극장

셰익스피어 서거 400주년을 맞아 강수진 단장이 이끌고 있는 국립발레단은 2006년 강수진씨가 타이틀롤을 맡아 공연한 이후, 2015년 아시아권 최초로 판권을 획득하였고, 2015년 공연당시 약 95%의 판매율을 기록하며 호평을 받았던 작품 <말괄량이 길들이기>를 2016년 6월 23일부터 26일까지 예술의전당 오페라하우스 오페라극장에서 공연하였다. 발레 <말괄량이 길들이기>는 전막 발레로선 드물게 웃고 즐길 수 있는 코믹한 작품으로 '드라마 발레의 대가'로 불리는 전설적 안무가 존 프랑코가 슈투트가르트 발레단 예술감독 재직 당시 안무한 작품이다.

<말괄량이 길들이기>는 고전 발레지만 내용은 로맨틱 코미디 장르다. 천방지축 '캐더리너'와 그녀를 현모양처로 길들이려는 '페트루키오'의 공방을 발랄하게 그려냈다. 남녀 무용수 입장에서는 우스꽝스러운 자세로 목마에 거꾸로 매달리는 등 묘기에 가까운 고도의 테크닉과 연기를 선보여야 하지만, 관객 입장에서는 우아하기만 했던 발레리나들이 망가지는 모습을 유쾌한 이야기와 함께 편안하게 즐길 수 있다. 하지만 발레 <말괄량이 길들이기>에 대해 여성관객들 중에선 공연이 불편하다는 의견이 나오기도 한다.

◆ 2016.6.22. 국민일보 장지영 기자

사실 이것은 발레 자체라기보다는 셰익스피어의 원작 희곡에서 기인한 것이다. 페트루키오가 순종하지 않는 아내 캐더리너를 상당히 가학적으로 굴복시키는 이야기 등은 르네상스 시대에 실제로 존재했던 문화라고는 하지만 현대인에게는 불쾌하기 짝이 없다. 특히 가부장적 이데올로기를 설파하는 대사들은 평등한 남녀관계를 추구하는 요즘 사회에서는 최악이다. 일찍이 영국 작가 버나드 쇼(1856~1950)는 "제대로 된 감각을 가진 남자라면 여자와 함께 공연이 끝날 때까지 자리를 지킬 수 없는 극"이라고 비판을 퍼붓기도 했다.

③ 사랑의 헛수고 (Love's Labour's Lost)

<사랑의 헛수고>는 창작연대는 확실치 않지만 <한여름 밤의 꿈>, <로미오와 줄리엣> 등과 함께 셰익스피어의 초기작품 가운데 하나로 여겨지며, 1590년대에 쓰인 것으로 알려져 있다. 또한 1958년 제1사절판이 처음 출판되었으며, 1597년 또는 1598년 크리스마스 때 초연되었다. 엘리자베스 1세 여왕에게 보이기 위한 궁정희극으로 재미있는 언어의 사용이 돋보이는 작품이다.

그러나 <사랑의 헛수고>는 왕정복고시대 이후 부분적으로 칭찬받은 일이 있으나, 대체로 부정적으로 평가받아왔다. 허즐릿(Hazlitt)은 "만일 셰익스피어의 작품 중에서 한편을 말소하라고 한다면, 이 극을 선택할 것이다."[902]라고 단정하였다. 20세기 전반까지도 대부분의 비평가들이 이 작품을 셰익스피어의 습작 정도로 취급하였다. 그러나 21세기에 와서 이 작품은 많은 학자들과 비평가들의 주목을 받게 되고, 셰익스피어의 주요 작품 중의 하나가 되었다. 그 후 공연이 시도되고, 영화화 되었고, 텔레비전 드라마로서도 선보였다.[903]

■ 서양인학교 학생극 (감독 할튼, 지휘 테인너) <헛수고한 사랑>-국내 최초 공연 1932.3·10.부터 10일간, 교내 모리스홀

우리나라에서 <사랑의 헛수고>는 아쉽게도 2000년대까지는 한 번의 원어극 공연이 전부였다. 서울 정동에 위치한 서양인학교 학생들이 1932년 3월 10일부터 이틀간 교내 모리스홀(Morris Hall)에서 <헛수고한 사랑>이라는 제명으로 할튼 감독, 테인너 지휘로 원어극으로 공연하였다. 이들은 감독자와 지휘자에게 작품 연출을 맡기고, 공연 첫 날은 외국인 관객들에게, 둘째 날은 일반 관객들에게 입장료를 받고 공연하였다.[904]

나바레 공원을 배경으로 4막으로 구성한 이 연극은 진정한 교육이란 환상적 문화가 있는 세상을 만듦으로서 얻어지는 것이 아니라, 기쁨과 슬픔이 공존하는 철저한 수련을 통해 가능할 수 있다는 원작의 주제를 강조한 것이었다.[905]

■ 2002년 한국셰익스피어 전작 공연 추진위원회

이 후 <사랑의 헛수고>의 공연은 볼 수 없었으나, 2002년 한국 셰익스피어 전작

공연 추진위원회(위원장 김의경)는 3년 동안 셰익스피어의 희곡 37편 전 작품을 공연키로 하고 그 일환으로 2002년 <사랑의 헛수고>를 공연하였다.

추진위에는 연출 부문에 김철리 국립극단 예술감독, 임수택 소극장 알과핵 대표, 박장렬 연극집단 반(反) 대표 등이, 이론 부문에 오수진 동신대 영문과 교수, 남육현 한양대 영문과 강사 등이 참여하였다. 이 공연의 가장 큰 특징은 일본어 중역이 아닌 영어 원전 번역에 충실한 대본을 사용한다는 점과 무대장치보다는 배우들의 연기력 위주로 승부를 낸다는 점이다.

■ '세계 국립극장 페스티벌'
영국 글로브 극장 (예술감독 도미닉 드롬굴) <사랑의 헛수고>
2007.10.25.~10.27., 국립극장 해오름극장

2007년에는 한국과 중국, 그리스, 터키, 영국, 이탈리아, 인도 등 세계 7개국 국립극장이 모여서 '제1회 세계 국립극장 페스티벌'이 개최되었고, 셰익스피어 연극의 본고장인 영국 글로브극장은 페스티벌의 마지막 작품으로 코미디 <사랑의 헛수고>를 10월 25일부터 27일까지 국립극장 해오름극장에서 공연하였다.

글로브극장의 예술감독 도미닉 드롬굴은 2007년 시즌 그의 첫 번째 작품으로 <사랑의 헛수고>를 택했고 그 첫 번째 해외공연 도시로 서울을 택했다.

◆ 2007.10.29. 한국일보 극작·평론가 장서희
가상의 나라 나바르 공국의 왕은 그의 충신들과 3년 동안 금욕을 맹세하고 학문에 정진하고자 서약한다. 하지만 매력적인 프랑스 공주와 아리따운 수행원 여인들의 방문으로 금욕의 맹세가 파기된다.
이 소동과 남녀 간 사랑의 줄다리기를 풍성한 언어유희와 성적 메타포(은유)가 가득한 재담으로 펼쳐간다.
세트 없이 의상과 커튼만으로 전막 상연이 가능한 엘리자베스 시대의 연극적 관약(慣約)을 충실히 구현하고 가장놀음, 가면무도회 등 당시 여흥거리와 볼거리를 자연스레 담았다. 얼뜨기, 촌뜨기, 허풍선이 어르신, 재치광대, 양반, 노장, 말뚝이, 쇠뚝이 등 희극의 필수 요소이자 우리에게 익숙한 등장인물 유형들이 낯설지 않다.
그런데 역시 자막이 문제다. 이 재담극의 방종한 리듬과 풍성한 언어유희를 늦된 문자 해독력으로 따라가는 것은 애초에 불가능했던 것일까.
희극의 근원적 가동력인 풍요제의를 한껏 부풀리는 말잔치와 성에 관한 비유적 입담 등은 문어체의 번역과 무대와 자막의 어긋나는 타이밍으로 제대로 전달되지 못했다. 문명의 가면을 벗기고, 야성을 회복하게 하는 희극의 기운이 극장의 액자틀과 자막에 갇혀 자주 웃음이 불발되어 버린다. 극장은 때로 인간과 사회를 배우는 학교일 수 있지만 책을 읽는 도서관은 아닌 모양이다.

■ 유라시아 셰익스피어 극단 (ESTC) (역 신정옥, 연출 남육현)
<사랑의 헛수고> 2008.3·11.~4.6., 북촌창우극장

2002년 창단한 이래 셰익스피어 전문극단을 표방하고 있는 ESTC(Eurasia Shakespeare Theatre Company)는 국내 초연작 <사랑의 헛수고>를 2008년 3월 11일부터 4월6일까지 ESTC 셰익스피어 극장인 북촌창우극장에서 공연하였다. 유라시아 셰익스피어 극단은 2007년 서울 종로 중심부에 국내 유일의 "ESTC 셰익스피어 극장"을 새롭게 마련하고 셰익스피어 전 작품 공연 프로젝트 그 네 번째 작품으로 선보이는 자체 소극장 공연무대이다.

[줄거리]
절대 금욕과 금녀를 맹세하고 학문만 추구한다던 네 명의 젊은 왕과 신하들 … 플라토닉 아카데미를 추구하며 사방 1Km 안에 결코 여잘 들이지 않겠다고 굳게 맹세하는데… 네 명의 아름다운 공주와 숙녀들이 방문을 청하자 하루아침에 그 맹세는 위태로워지고…
나바르 왕국의 젊은 왕 퍼디넌드와 세명의 신하들-베룬, 롱거빌, 뒤멘느-은 오로지 철저한 각오로 그들이 추구하는 플라토닉 아카데미 안에서 학문과 수신에만 정진키 위해 여자를 절대 만나지 말 것 등을 포함해 모든 세속적 쾌락을 금하기로 굳게 맹세한다. 그러나 한없이 아름답고 사랑스런 프랑스 공주와 함께 찾아온 세명의 숙녀들-로잘린, 마리아, 캐서린-을 대하자 그들의 결의는 순식간에 흔들린다. 허세와 환상에 가득찬 스페인 친구인 아르마도는 시공 처녀인 자끄네타와 사랑에 빠져 코스타드를 통해 편지를 전하려 하는데 이 편지는 베룬이 로잘린을 위해 쓴 편지와 뒤바뀌어 주인을 잘못 찾아간다. 맹세 때문에 사랑하는 여인과 함께 할 수 없음을 꿍꿍 앓던 남자들은 결국 애정 고백을 결심한다. 공주와 숙녀들이 이를 미리 알아차려 서로의 신분을 바꾸고 가면을 쓰는 바람에 모스코바이트로 변장한 남자들이 찾아와 각자 엉뚱한 여인에게 절절한 사랑을 고백하게 되는데…
공주 일행은 남자들의 마음이 진심이 아닌 한순간의 호기심이라 생각하여 남자들을 골탕먹일 생각을 한 것이지만, 네 남자의 진심을 알게 되고, 공주 일행은 구혼자들에게 1년 동안 지시한 수련을 쌓게 하여 이를 지키면 남자들의 청혼을 받아들이겠다고 약속한다.

■ '2008 전주시 대학연극축제' 참가작
전주대 영미언어문화전공 셰익스피어극회(지도교수 조은영)
<사랑의 헛수고> 2008.9.19.~9.20., 예술관 JJ아트홀

이 공연은 전주시 연극협회가 주최 및 주관하고 전주시가 후원하는 '2008 전주시 대학연극축제' 참가작으로 전주대 외 3개 대학 5개 팀이 참가하였다.

전주대 셰익스피어극회는 1983년 창단하여 1회 <십이야> 공연을 시작으로 전국에서 유일하게 셰익스피어의 극만을 매년 영어연극으로 무대에 올려왔다. 특히 이번 작품은 사회자와 기획자의 인사말을 제외하고는 모두 영어로 진행되었다.

■ 2009 '아시아 연극연출가 워크숍' 김성노 연출 (각색 조현진) <사랑의 헛수고>
2009.4.14.~4.16., 대학로 아르코예술극장 소극장

아시아의 젊은 연출가 세 사람이 셰익스피어 희곡을 자국 전통과 풍습에 맞게 해석한 '아시아 연극연출가 워크숍'이 2009년 4월 14~26일 서울 대학로 아르코예술극장 소극장에서 열렸다. 한국의 김성노, 중국의 장광티엔, 인도의 라비 차우라베디가 연출자로 참여하여 3인 3색의 셰익스피어를 선보였다. 김성노 연출의 로맨틱 코미디 연극 <사랑의 헛수고>(4월14~16일)는 셰익스피어가 여왕 엘리자베스 1세에게 보이려고 쓴 궁정 희극을 조선시대 이야기로 바꿔 공연한 것으로, 유럽 나바르 왕국의 젊은 귀족 남자들과 프랑스 귀족 여자들의 사랑 이야기가 조선의 젊은 왕족과 양반, 가상의 이웃 나라 공주와 귀족 아가씨들의 사랑이야기로 바뀌었다.

■ 한국연출가협회 (각색 조현진, 연출 김성노) <사랑의 헛수고>
1. 2009.6.9. '통영연극예술축제(TTAF) 스테이지' 참가작
2. 2009.7월 '마산국제연극제'와 '포항바다국제연극제' 참가작
3. 2009. 7.30.~7.31., 국립극장 해맞이극장
4. 2010.12.29.~2011.1.6., '제1회 대학로 코미디페스티벌' 참가작, 대학로 예술극장 대극장

한국연출가협회는 2009년 상반기 연출가협회의 행사 중 아시아연출가전 출품작을 위해 배우 공개 오디션을 통해 모인 팀이다.

◆ 연극평론가 박정기
… 이번 한국연극연출가협회 〈코미디 페스티발〉 공연에서는 시대적 배경을 고대 우리나라 왕실의 세자와 이웃나라 공주가 벌이는 사랑놀이로 만들어, 국경선인 큰 강의 자유왕래 교섭 차 방문한 이웃나라 공주가 우리나라 세자가 친구와 함께 공부를 위해 금욕서약을 하고 3년간의 수행에 들어갔다는 소식을 듣고, 공주와 공주의 친구들이 합심해 사랑의 유혹을 펼쳐 금욕선서를 깨뜨리도록 만들고 강의 자유왕래를 성사시

킨다는 내용이다.

■ 2012 '제20회 젊은 연극제' 참가작
　동양대학교 연극영화학교 (연출 김가영, 지도교수 김성노)
　<사랑의 헛수고> 2012.6.29.~6.30., 노을소극장

　'제20회 젊은 연극제'는 1993년부터 시작된 국내 유일의 전국 대학연합축제로 문화체육관광부, 한국문화예술위원회, 한국연극협회, 한국연극학회, 한국연극교육학회, 밀레21, KGC인삼공사의 후원과 한국대학 연극학과 교수협의회의 주최로 전국 51개 대학의 관련학과가 참여하여 대학로 일대의 8개의 극장에서 진행되었다.

　동양대학교는 이 행사에 참여하여 6월 29일과 30일 노을소극장에서 셰익스피어작 <사랑의 헛수고>를 김성노 지도교수와 김가영의 연출로 공연하였다.

　　[줄거리]
　우리나라에 맞게 각색한 <사랑의 헛수고>는 조선시대를 배경으로 하고 있다. 세자와 함께 동문수학하는 지암과 운고는 앞으로 3년간 속세의 모든 욕망을 끊고 학문에만 전념해 세상의 귀감이 될 것을 맹세한다. 그러나 때마침 바오카타국의 공주와 시녀인 후루르치, 구리찌우뚱이 다물강의 협약을 위해 조선을 방문한다. 그들을 만난 세 명의 남자는 굳은 맹세는 간 곳 없이 각각 바오카타국 공주일행에게 마음을 뺏기게 된다. 그렇지만 체면 때문에 자신들의 마음을 서로에게 들키지 않게 꾸며대며 몰래 각자 마음에 둔 여성들에게 구애하지만 결국에는 다 들통이 나고 만다. 이것이 주된 플롯이다. 부플롯으로 곱단이와 돌쇠, 그리고 마당쇠의 삼각관계가 나온다. 바오카타국의 부왕이 붕어하는 바람에 3년이란 시간 동안 혼인을 할 수 없게 된다. 3년 동안 자신이 사랑하는 님에 대한 마음을 지키며 공부를 하기로 맹세하고 극은 끝이 난다.

■ 제1회 '셰익스피어문화축제' 참가작,
　시민여성극단 '바보들의 무대' <사랑의 헛수고>
　2013.9.26., 충무아트홀 소극장 블루

　이번 축제에서 선보이는 프로그램은 '시민과 함께 하는 셰익스피어 낭송연극제', '셰익스피어 대학생 원어연극제', '교수원어연극공연', '시민여성극단공연' 등 4가지였다.

　여성들로만 구성된 아마추어 극단인 시민여성극단 '바보들의 무대'는 셰익스피어의 작품 <사랑의 헛수고>를 공연하였다.

■ 경기대 (지도교수 손정우, 연출 한성호) <사랑의 헛수고>

1. 2016.5.8., 2016년 수원연극제 '대학연극페스티벌' 참가작 수원 SK 아트리움 소극장

2. 2016.5.13.~5.15., 경기대 서울 캠퍼스 콤플렉스 빌딩 퍼포먼스 홀

2016년에는 세계문화유산인 수원화성의 축성(築城) 200주년을 기념하기 위해 지난 1996년에 시작해 우리나라의 대표적인 공연예술 축제로 자리잡은 '수원연극축제'에 스페인, 프랑스 등 6개 국가의 해외초청작과 17개의 국내공모작이 공연되었고, 도내 12개 대학이 참여하여 열린 '대학연극페스티벌'에서 경기대가 <사랑의 헛수고>를 공연하였다.

[공연관련 블로거의 관람평]

3년간 학문에만 전념하며 금욕할 것을 맹세한 나바르 왕과 신하 비론, 롱거빌, 뒤멘느는 여자와는 만나서도 안된다고 선언했으나, 프랑스 공주와 세 명의 시녀가 외교사절로 방문한다. 맹세를 깨뜨린 것을 서로에게 들킬까 걱정하면서도 각자 사랑을 시작하게 된 남자들. 괴로워하던 그들은 모두가 동시에 맹세를 저버린 것을 알게 되고, 사랑을 성취하기 위해 가면을 쓰고 공주의 숙소에 찾아가지만, 이들의 본심을 오해한 여자들은 가면을 쓰고 이들을 맞이한다.

'사랑의 헛수고'라는 제목처럼 남자와 여자의 사랑이 엇갈린다. 남자들은 진심을 드러내기 전에 쇼를 펼치려 하고, 이를 알아챈 여자들은 남자들을 속이기 위해 선물받은 보석을 바꿔낀 채 가면을 쓴다. 남자들이야 환심을 사려는 쇼였지만, 여자들은 마음이 있음에도 불구하고 오로지 남자들을 골탕먹이기 위한 계략. 그리고는 프랑스 왕의 부고로 귀국하면서 남자들의 부족하거나 과한 행동을 고치기 위해 1년 동안 가혹한 고행을 요구한다. 순순히 응하는 남자들, 엄청 착하구나 싶었다. 1년간 매일 요양원에 가서 사람들을 위로하라는 명령아닌 명령을 수행하겠다는 바론은 특히 더 불쌍했다. 극 속에서 펼쳐진 공주와 시녀들의 도도함과 안하무인 성향은 그 정도 수고로움을 거쳐서 만날 정도로 대단해 보이지 않는데, 이뻤던 건가 … ?

그런데 신선했던 건 주인공이 왕과 공주가 아니라는 것… 시종일관 긴 대사를 재잘재잘 거렸던 바론이 주인공 같았다. 자신이 맹세를 지킬 수 있을지 싸인하기 전 심사숙고하는 모습도 그렇고, 극의 중요한 사건이던 뒤바뀐 러브레터를 보낸 당사자이기도 하고, 네 사람 모두 맹세를 깼다는 사실을 가장 빨리 알아낸 사람이니까 … 그리고 연애 상대인 로잘린마저도 검은 얼굴에 큰 키를 가졌다는 대사를 통해, 다른 시녀와 달리 캐릭터의 특징이 구체적으로 언급되어있고 ….

여하튼 장문의 대사를 외워서 연기하는 바론 역의 배우, 멋져보였다!

포고령이 내린 후 여자와 함께 있었다는 이유로 잡혀인 코스타드는 코믹한 연기로 극적 재미를 선사한다. 바론과 아르마도의 편지를 잘못 전달하는 장본인이면서 화난 여자들에게 사랑의 진심을 전하는 연극의 주인공 영웅으로도 등장한다.

④ 〈한여름 밤의 꿈〉(A Midsummer Night's Dream)

〈한여름 밤의 꿈〉은 희극이다. 그러나 우리의 가슴을 감동적인 정감으로 채워주는 작품이다. 작품명이 은연 중에 암시해 주듯이 한여름 밤의 꿈속에서 한갓 꿈처럼 얽히고설킨 사랑하는 사건과 갈등이, 먼동이 터오면서 실마리가 풀려 사랑과 결혼으로 맺어지는, 전설과 민속적인 풍습을 바탕으로 한 매혹적이고 환상적인 꿈을 안겨주는 작품이다. 그래서 많은 독자가, 많은 관중이, 많은 사람들이 좋아한다.

이 작품을 이해하는데 중요한 단서는 구성의 문제이니, 서로 색조가 판이하게 다른 네 개의 플롯을 갖고 있다. 아테네 공작 디슈스(Theseus)와 히폴리타(Hippolyta)와의 결혼이야기를 위시하여, 두 쌍의 젊은 연인들의 사랑이야기, 요정의 왕 오우버런(Oberon)과 요정의 여왕 타이테이니아(Taitania)와의 불화 이야기, 그리고 보톰(Bottom) 일행의 소인극 이야기 등이 서로 엇갈렸다가 끝내는 한가닥으로 정돈됨으로서 단순한 줄거리들이 복합적인 세계를 형성하고 있다.

■ 등장인물의 대조되는 성품

많은 비평가들이 지적하고 있듯이 〈한여름 밤의 꿈〉에 등장하는 여인들은 매력적이기는 하나, 특별한 개성을 드러내는 소위 입체적인 여인상이 되지 못하고 있다. 그러나 장난꾸러기 요정 퍼크(Puck)보다는 비록 이차적인 위치에 있긴 하지만, 극의 흥미를 돋우어주는 역할을 단단히 하는 무식하고 어리석은 보통이 어느 극중 인물보다도 가장 개성적이며 인간미가 풍부한 인물로 그려져 있다.

극중 인물 중에서 헬레나(Helena)와 허미아(Hermia)가 풍겨주는 멋은 셰익스피어의 극적 기교와 시적 감각, 그리고 인간성의 통찰력을 과시하고 있다. 물론 이 두 여성은 대조적인 형이지만, 꿈과 시에 꼭 알맞은 여성이다. 헬레나는 모질고 매운데가 없는 온화한 성품이며, 드미트리어스(Demetrius)를 사랑하면서도 지나치게 소심하다. 그래도 얼굴빛이 희고 키가 훤칠하며 금발의 이상적인 아름다운 여성이다. 그런가 하면 라이샌더(Lysander)를 사랑하는 허미아는 비록 체구는 작지만, 단단하고 원기 발랄하나, 경박하면서도 자아의식이 강하고 격렬한 감정의 소유자이기도 하다. 그녀에게서 아름다운 로맨스의 이상적인 여성의 자태는 찾아보기 어렵다. 이와 같이 헬레나와 허미아의 대조적인 대조에서처럼 단순히 풍자와 극적인 기교에서 흥미를 안겨준다기보다는 두 여성의 성격과 그녀들의 상황이 극명하게 맞서 부딪치는 소용돌이 속에서 셰익스피어 희곡의 종말이 무한한 재미와 즐거움을 탄생시키는 것이리라. 숲속에서 일어나는 사건들은 달빛이 눈이 시도록 휘영청 밝은 달밤에 벌어지기 일쑤다. 이 작품의 전막을 통해서 달과 달빛은 포괄적인 의미를 지니고 있다. 처음 몇 행의 대사에서는 이 극 전체를 주관하는 신으로서의 달을 넌지시 보여주고 있다. 달은 순결의 상징인 동시에 갈대처럼 흔들리기 쉽고 변하기 쉬운 마음을 말해주는가 하면, 풍요함과 서정성을 상징하기도 한다. 비이상적이고, 직관적인 이해력을 귀띔해주기도 한다. 공상의 세계와 현실의 세계가 완전히 조화되는 극치를 이룬 이 즐거운 희극은 꿈과 아름다움이 서려있는 한편의 서정시임에 틀림없다.

■ 서양에서의 공연

서양에서 <한여름 밤의 꿈>은 어느 세대든지 자주 공연되어 왔으며, 오페라용으로 개작되기도 하고, 보통과 요정의 장면이나 기능공들의 극중극만 분리되어 상연되는 일이 많았다. 사무엘 피피스(Samuel Pepys)는 1662년 9월 29일 국왕의 극단원들(The King's Theatre)이 상연한 <한여름 밤의 꿈>을 보고 "지금까지 본 일도 없었거니와 두 번 다시 보지 않을 것이다. 이처럼 지루하고 엉터리 연극은 본 일이 없었다. 그러나 좋은 춤이 있었고 미녀들이 있었던 것은 즐거웠다."[906]고 시비가 엇갈린 관극평을 하였다. 그는 과연 어떤 연극을 보았을까, 아마도 개작된 작품의 공연을 보았을 것이다. 서양에서는 개작된 <한여름 밤의 꿈>은 많이 공연되었다. 1856년 찰스 킨이 제작한 <한여름 밤의 꿈>이 프린세스 극장(Princess Theatre)에서 공연되었을 때에는 90명의 요정들의 춤이 곁들여져[907] 성공한 무대화가 되었다. 1900년 비어보흠 트리(Beerbohm Tree)의 상연에서는 장치가 화려하였고, 숲의 장면에서는 산토끼를 방생하여 크나큰 화제를 야기시켰다. 1970년 피터 부룩(Peter Brook) 연출의 <한여름 밤의 꿈>은 로열 셰익스피어 극장에서 상연되었다. 나형(裸形)의 무대에서 서커스풍의 그네를 사용하는 대담한 시도[908]로 화제가 되기도 하였다.

■ 1958년 이화여자대학교의 초연 (역 신정옥, 연출 김갑순)

환상의 꿈이라 할 <한여름 밤의 꿈>(A Midsummer Night's Dream)의 우리나라의 최초의 공연은 이화여자대학교의 영어영문학과의 공연이었다. 대학원생인 필자 신정옥의 번역으로 지도교수인 김갑순의 연출인 <한여름 밤의 꿈> 공연을 1958년 10월 17일과 18일 이틀동안 이화여자대학교 대강당에서 여학생들이 정통성을 살려서 연기하였으며, 2일간의 공연이 만원을 이루는 성공한 공연이 되었다. 대부분의 셰익스피어극 공연이 그랬듯이 우리나라 최초의 공연들은 흥행에 대한 부담이 없는 대학극에서 비롯되었다.

우리나라에서 <한여름 밤의 꿈> 공연 단체를 살펴보면 흥미로운 점을 발견할 수 있는데, 학생극이나 직장동호단체들의 공연이 다른 셰익스피어극에 비해 현저하게 많다는 것이다. 1996년까지 <한여름 밤의 꿈>은 총28회 공연되었는데 그중 16회가 아마추어들의 공연으로 1958년 첫 공연이 있은 후 지금까지 과반수가 아마추어들에 의해 공연되었다는 것은 이 작품이 학생들의 극으로 적합할 뿐 아니라, 등장인물들의 특성이 고르게 표현되어 배정이 용이한 때문일 것이다. 또 무대장치가 적고 배경이 숲이나 야외가 대부분이며, 노천극장용으로도 좋은 레퍼토리가 될 수 있다. 학생극 몇을 꼽아보면 다음과 같다.

■ 대학극 <한여름 밤의 꿈>

1971년 서라벌 예술대(김갑순 연출) 국립극장 공연, 1974 연세대학교 영문학과의 원어극 공연, 1980년 중앙대학교 연극영화과(이송 연출) 공연, 1985년 연세대학교 극예술연구회(김재남 번역, 이기하 연출) 공연, 1989년 계원예술고등학교 연극영화관에서 동문·재학생의 합동공연(김재남 역, 송한율 연출), 1991년 한양대학교 연극영화과(최형인 역·연출) 공연, 1995년 연세대학교 극예술연구회(오세곤 역, 김태순 연출) 공연, 같은 해 중앙대학교 연극영화과(김민호 연출) 공연, 그리고 1996년 동국대학교 연극영화과 공연 등이 있다.

이들 공연 중 주목할 만한 것은 1985년과 1995년에 연세대학교가 각각 개교 100년과 110년 기념으로 동대학교 노천극장에서 동문과 합동공연한 작품이다. 1985년 5월 23일부터 25일까지 김재남 역, 이기하 연출로 공연된 <한여름 밤의 꿈>은 같은 해 고려대학교의 <시련>(아더 밀러 작, 이태주 역)과 함께 동문합동공연의 붐을 조성하였다. 10년 뒤인 1995년 5월 25일부터 27일까지 개교 110주년 기념공연에서도 동문합동으로 오세곤 역, 김태수 연출로 무대화되었다. 이 무대는 5월 밤의 환상적인 분위기에 걸맞도록 숲을 무대의 전체배경으로 하였으며, 현대적 감각을 살린 번역과 기능공들이 타고 나온 오토바이 등으로 관객들에게 새로운 감각과 즐거움을 선사하였고, 졸업생과 재학생이 함께 배역을 맡은 것으로도 인기를 끌었다.

대학교들의 동문합동공연 못지않게 "배우는 연구해서 만든 셰익스피어의 무대"[909]라고 소개된 1989년 계원예술고등학교의 동문무대 <한여름 밤의 꿈>(김재남 역, 송한율 연출)도 이색적인 것이었다.

1991년 한양대학교도 역시 동문합동으로 <한여름 밤의 꿈>(최현인 역·연출)을 '사랑의 연극잔치' 참가작으로 공연하였다. 한전 소극장에서 막을 올린 이 작품은 공연에 있어서 다음과 같은 원칙을 가지고 있었다.

이번 한양대학교의 학전공연에서 특히 부가한 텍스트외적 관심이나 해석은 없다. '셰익스피어극은 연극의 대명사다'라고 본 연출의 입장에 따라 '사랑', '연극'에 관해 내재된 극적 재미와 의미들을 텍스트에 충실하게 최대한 표출시킨다는 원칙을 견지하고 있을 뿐이다. 다만 대학 재학생들로 구성된 연기자들의 역할 소화 및 연령층이 젊은 우리 관객들을 의식해서 그리고 셰익스피어극에 익숙하지않은 한국관객들을 의식해서 네 연인들의 대사를 친근감 있는 구어체로 바꾸었으며 요정의 의상, 무대장치에 동시대적 감각을 가미하기로 했다. 번역/연출가가 시도한 일상적 구어체 번역은 그녀의 연출이 지향하는바 텍스트에 겸손하게 의지하면서도 신선하고 자연스러우며 순발력 있는 연기를 이끌어낸다는 의도와 부합되리라고 믿는다.[910]

무대장치와 의상에 있어서는 무대에 "하이테크의 디스코장 분위기를 도입하였고 의상에서도 부분적으로 펑크스타일을 가미하는 등 <파격의 미>를 곁들인 것이 특징"[911]으로 경쾌한 극의 흐름을 나타내면서도 현대적 감각의 <한여름 밤의 꿈>으로 탄생시켰다.

■ 아마추어들의 <한여름 밤의 꿈> 공연

- 1974년과 1975년 대한간호학생연합회 주최(유호진 연출)로 드라마센터에서 공연,

- 1977년 서울 YWCA 청년 오계절클럽이 근로여성회관기금 모금을 위하여 공연,
- 1986년 중고 교사회가 주최하여 공연한 것으로 문화적 혜택이 적은 경기도 일원의 학교들을 돌면서 순회공연을 한 것이었는데, 의자도 조명시설도 제대로 갖추지 못한 어설픈 환경에서의 공연이었지만, 학생들은 읽기만 하던 작품을 직접 볼 수 있어서 즐거워했으며, 서울까지 가지 않아도 연극을 관람할 수 있다는 기쁨으로 큰 호응을 얻었다.
- 1988년 직장인 연극동호회(연출 한영식)의 공연,
- 1988년 한국국제아동청소년협회 주최 '88 아시테지우수청소년연극제'에서 덕소 고가 드라마센터에서 공연,
- 1989년 계원예고 연극영화과 동문회가 송한윤 연출로 세종문화회관 별관에서 공연,
- 1991년 한양대학교 연극영화가가 최형인 연출로 소극장 학전에서 공연,
- 1993년 '제1회 젊은 연극제'에서 단국대학교의 국립극장 공연,
- 1994년 근로복지공단의 공연,
- 1994년 현직 교사들로 이루어진 교사연극협회 창립 10주년 기념으로 예술의전당 토월극장에서의 공연,
- 1994년 경기도 지역 초등교 교사들로 구성된 극단 교국의 국립극장 소극장에서의 공연으로 이들은 〈판타스틱〉 등 10편을 공연해 왔으며, 이번 공연의 연출은 이정래가 맡았으며, 이정석(경복여상), 최승은(청운중), 김정만(봉은중), 이광원(중앙고), 허진희(창동중) 교사들이 배우로 나왔다.
- 1997년 교사극단 연극놀이(연출 이재성)의 서울 새이웃 소극장 공연.

■ 직업극단의 공연은 보다 다양하게 시도되었다. 1962년 예그린악단은 뮤지컬로 <한여름 밤의 꿈>을 공연하였고, 1978년 극단 오계절이 뮤지컬로 재공연하여 드라마센터에서 윤경애 연출, 전명창 작곡으로 공연하였다.

■ '한·일 셰익스피어 연극제' 참가작
  극단 가가(편저 주백, 연출 김응수) <한여름 밤의 꿈>
  1983.4.16.~4.30., 삼일로 창고 소극장
  이 작품에 대한 설명은 제3장 4. 변용적 수용과 공연 10) 가물거린 직업극단의 궤적 편을 참조하기 바란다.

■ 한국연극협회(역 이태주, 연출 패트릭 터커) <한여름 밤의 꿈>
  1986.4.18.~4.24., 호암아트홀
  이 작품에 대한 설명은 제3장 4. 변용적 수용과 공연 7) 페트릭 터커와 한국의 셰익스피어 편을 참조하기 바란다.

■ 극단 거론 (번안 주백, 연출 원영근) <사랑앓이 대소동>

  1987.11.24.~1987.12.6., 문예회관 소극장

이 작품에 대한 설명은 제3장 4. 변용적 수용과 공연 10) 가물거린 직업극단 편을 참조하기 바란다.

■ 서울예술단 야외 뮤지컬 (연출 이종훈, 작곡 김종진)

  <한여름 밤의 꿈>

  1. 1992.9.4.~9.6., 예술의 전당 만남의 광장 앞

  2. 1993.8.2., 8.6.., 예술의전당 서울오페라 광장 앞

예술의 전당은 옥외공간의 무대를 마련하여 야외영화감상회, 명창 판소리 다섯마당, 가무악공연, 통기타들의 라이브 콘서트 등의 행사를 시민들에게 제공하였다. 야외무대는 만남의 광장, 한국정원(詩人의 꽃동산), 도래광장(계단광장), 놀이마당, 연못가, 상징광장, 축제극장앞 극장, 장터 등 8곳이다.

1992년 9월 4일부터 6일까지 서울예술단은 국내 최초로 대형 야외 뮤지컬 <한여름 밤의 꿈>을 예술의전당 만남의 광장 앞에서 공연하였다. 뮤지컬이 야외에서 공연되는 경우는 이번이 처음 있는 일이었다.

1993년에도 서울예술단은 예술의전당 서울오페라 광장 앞에서 재공연하였다. 이번 작품은 사랑의 화살을 맞은 세 쌍의 연인과 요정들의 얘기를 아기자기하게 엮었다. 이 공연에는 모두 40여명의 배우가 출연해 작품 속 요정의 세계를 춤과 노래를 곁들여 보여주었으며, 이와 함께 10인조 악단이 등장해 야외음악을 연주하였다.

연출 이종훈, 작곡 김종진, 성악지도 강대진이었다. 김종진씨가 작곡한 '요정의 노래', '우리의 멋진 밤'등 17개 곡이 야외공연인 만큼 시원한 숲과 함께 제공되었다.

■ 한국연출가협회 주최 젊은 연출가 4人 '4色'의 무대

  1. 1992.12.19.~12.30., 문예회관 소극장

  2. 1993.5.1.~5.2., 국립극장 소극장

1992년 12월 19일부터 30일까지 한국연출가협회는 젊은 연출가들 중 촉망받는 4인(기국서, 김철리, 심재찬, 주요철)을 선정하여 이들이 연출한 4편의 워크숍 무대로 <한여름 밤의 꿈>을 문예회관 소극장에서 공연하였고, 이듬해 5월 1일과 2일 이틀간 국립극장 소극장에서 상연하였다.

문예회관 소극장에서 4무대 연속공연으로 펼쳐진 〈연기자 재교육을 겸한 워크숍〉은 같은 작품의 다른 해석과 표현이라는 다양한 연출의 측면과 같은 배역의 다른 얼굴들이 펼치는 연기라는 비교의 재미가 있었다.[912]

이들의 공연들은 다음과 같은 감각의 특성과 의의를 갖고 있다. 한국적 정서를 창출하려고 무대를 한국의 토속상황으로 바꾼 심재찬, 셰익스피어 언어를 보존하면서 희극의 요소개발에 주력한 김철리, 시각적으로 풍부한 볼거리를 제공한 주요철, 내용보다 표현 방식에 주력해 여러 가지 시도를 한 기국서, 이들의 접근 방식은 서로 다르지만, 공통으로 추구하는 것은 셰익스피어의 희곡에 내포되어 있는 보편타당성을 도출(導出)하여 한국의 현대 관객에게 좀 더 근접한 경험으로 재조명해보려고 했던 것이다.[913]

첫 번째 공연인 심재찬 연출(김혁수 각색)의 <한여름 밤의 꿈>은 번안에 가깝게 재구성하여 한국적 연극으로 하였는데, 가령 디슈수와 히폴리터를 환웅과 웅녀, 라이샌더와 허미아는 이몽룡과 성춘향, 드미트리어스와 헬레나는 이수일과 심순애, 그리고 오베론과 타이테니어는 산신령과 삼신할매로 설정하는 등의 작업을 하였다. 극중극도 토속화하여 <별주부전>으로 바꾸어 공연함으로서 이 공연 전체가 각색이 기보다는 번안에 가까운 면모를 보였다. 한국 토속이야기로 각색된 <한여름 밤의 꿈>은 우리가락의 춤사위 등을 표현함으로서 우리의 정서가 베어 나오게 했던 것이다.

두 번째, 김철리의 연출은 4명의 연출가 작품 중 가장 셰익스피어의 원작에 충실한 것이었다. "재미있고도 의미 있는 작품을 생산해주신 고 셰익스피어님께 누를 끼치는 공연이 되지 않기를 빈다."[914]는 김철리의 말처럼 원작을 생생하게 살리려는 노력이 작품 곳곳에 보이고 있다. 우선 코믹한 요소들을 한껏 살리고, 등장인물들의 동적인 요소와 언어적인 요소가 적절하게 배합된 무대를 만들었으며, 언어가 간결하면서 진행속도를 높이는 재치 있는 말솜씨로 관객들을 매료시켰다. 또 이 공연에서 공간의 개념을 중요시하는 절제된 배경의 무대는 배우의 감수성이 꼭 들어찼으며, 애꾸눈의 디세스, 총잡이 라이샌더와 드미트리어스 등 남자 배우들의 역할이 돋보인 반면, 상대적으로 허미아나 헬레나의 성격이 단조롭게 연출되었다.

세 번째로 주요철 연출(오은희 각색)은 가장 담대한 각색으로 현대에서 전쟁물자를 생산하는 군수공장이 주무대가 되었다. 노동자들이 삶의 의미를 찾기 위해 셰익스피어 연극을 공연하면서, 이야기가 전개된다. 폐타이어가 쌓인 무대에 권력자 디슈수, 무희 히폴리터, 대중가수 라이샌더, 그리고 정치 지망생인 드미트리어스가 등장한다. 그리고 배우들은 이중 역을 맡았으며, 그들의 언어, 행동, 그리고 소품 등에서 현대적 감각이 표현되었다.

네 번째, 고전극의 현대화, 때로는 패러디의 대가로 불리는 기국서의 연출에서는 정치적 패러디가 나타나는데, 운동권 학생들과 같은 분위기의 인물들이 등장한다. 기국서의 연출도 김철리처럼 원작에서 크게 벗어나지 않으면서, 의상과 배경이 현대적이 되었고, 극의 구성보다는 연기 표현에 중점을 두었다. 예를 들면 사진촬영 같은 정지동작의 삽입, 버라이어티 쇼와 랩송, 그리고 뒤바뀐 배역 등이 나타난다.

이와 같이 4명의 연출가들은 <한여름 밤의 꿈>에서 현대성과 고전성, 한국적 표현과 정치적 패러디라는 주제를 가지고 재치 있고 감각적인 연출을 보여주었다.

■ '사랑의 연극잔치' 참가작
한양레퍼토리(번역/연출 최형인) <한여름 밤의 꿈>
1995.6.3.~6.30., 예술의 전당 자유소극장

한국연극협회가 주최하는 '사랑의 연극잔치'가 6월 1일부터 30일까지 서울 전역의 공연장에서 모두 41개 작품이 참여한 가운데 펼쳐졌다. 문예진흥원의 지원을 받아 관객들이 '사랑티켓'을 관객들이 할인가격으로 구입토록 하는 관객지원제도를 시행하는 제도이다.

1992년에 창단된 젊은 연기자들의 모임인 한양레퍼토리는 1995년 6월 3일부터 7월 15일까지 <한여름 밤의 꿈>(최형인 번역·연출)을 예술의전당 자유소극장에서 공연하였다. 이 공연은 셰익스피어의 대사를 최대한 구어체로 바꾸어 새롭게 번역한 신세대 감각의 재치 있는 연기가 돋보이는 것이었다.

이영미는 한양레퍼토리의 공연과 작품성을 다음과 같이 평했다.

> 최형인의 연기지도 아래 성장한 한양레퍼토리의 배우들은 긴장과 고상함이 뒤범벅된 연극스러운 분위기를 일부러 만들어내려 하지 않고 자신의 감정을 움직여 일상의 편안한 목소리로 자연스럽고 외향적으로 행동하며, 신세대 연기자들의 기발함이 연기의 일부가 되어 나타난다. 이 극단의 작품은 종종 연출 부재의 느낌조차 주기도 하는데, 최형인이 연출을 맡은 이 작품 같은 경우에는 안정된 작품 해석력과 작품 전체의 호흡을 흐트러뜨리지 않고 끌고 가는 힘, 배우들의 자유로움을 가로막지 않고서도 조화와 품위를 유지하는 통제력이 보인다.[915]

자유로움과 자연스러움이 조화된 연극, 다분히 과장된 몸짓의 요정 세계이지만 환상을 표현한 것이 이 연극의 장점이었다면, 현실과 환상이 구분되지 않은 채 주제화되지 않은 상황들의 나열이었다는 단점이 있다. 그럼에도 불구하고 젊은 연기자들의 역동적인 무대라는 점에서 주목할 만한 공연이었다.

이 작품에는 한양대 연극영화과 출신으로 한양레퍼토리 단장을 맡고 있는 최형인 교수에게 수업을 받은 첫세대 권해효가 연인들에게 병 주고 약을 주는 오베론 역할을, 서울대 경영학과 출신 김의성씨가 오베론의 약즙 덕분에 사랑에 눈뜨는 드미트리어스 역을 맡았다.

■ 유니버설 발레단 (안무 브루스 스나이블) <한여름 밤의 꿈>
1996.9.5.~9.8., 리틀엔젤스 예술회관

<한여름 밤의 꿈>은 환상과 꿈의 연극이다. 그러나 이 작품은 연극으로서 뿐만 아니라, 발레로도 공연되었다. 1996년 9월 5일부터 8일까지 유니버설 발레단이 리틀엔젤스 예술회관에서 공연하였으며, 셰익스피어의 원작을 토대로 국내에서 초연된 발레였다.

발레 <한여름 밤의 꿈>은 마리우스 프티파와 미셸 포킨에 의해 발레로 만들어진 바 있지만, 최근에는 1962년 조지 발란신이 만든 작품이 더 많이 알려진 이른바 '스토리 발레'이다.

이번 공연은 1995년부터 유니버설 발레단 예술감독으로 활동하고 있는 브루스 스나이블이 안무를 맡았고, 1992년 홍콩 발레단에 의해 초연된 작품이다.

◆ 1996.8.28.매일경제 이영란 기자
셰익스피어 원작에서 플롯을 따오고 멘델스존 음악을 사용한 이 작품은 3막짜리로 우리나라에서는 이번이 첫 공연이다.
셰익스피어 희곡으로도 유명한 이 작품의 구조는 제목이 암시해 주듯 한여름 밤의 숲속에서 한낱 꿈처럼 얽히고설킨 사랑의 사건과 갈등이 먼동이 트면서 실마리가 풀려 해피엔딩으로 끝난다. 낭만적인 음악과 함께 환상적인 분위기가 물씬 풍기는 것이 이 작품의 특징.
조프리 발레단과 홍콩 발레단 등에서 의상 및 세트 디자인을 담당했던 크리스티나 지아니니가 이번 공연에서도 의상 등을 맡아 홍콩 초연때 사용했던 의상과 무대장치를 그대로 날라왔다.

■ '세계연극제' 국내음악극 공식초청작

서울시립뮤지컬단 야외공연 (연출 이종훈) 〈신라의 달밤〉

1997.8.29.~9.7., 세종문화회관 분수대 광장

서울시립 가무단은 서울시립뮤지컬단으로 극단명을 바꾸면서 한국적 전통미를 살린 음악극을 공연하던 기존의 공연방식에서, 보다 폭넓게 대중적인 뮤지컬을 수용한다는 취지로 〈한여름 밤의 꿈〉을 〈신라의 달밤〉 이라는 뮤지컬로 제작하여 공연하였고 이 뮤지컬은 크게 성공하였다. 큐피드의 화살에 맞은 세 쌍의 연인들과 숲속의 요정들이 야외에서 펼치는 원작의 내용을 바탕으로 가을바람 부는 시원한 탁 트인 공간에서, 악단의 라이브 연주가 울리는 가운데 투명바닥을 설치하여 바닥면의 변화를 통해 색다른 무대변화를 추구하고, 분수와 분수대 아래에 별도로 설치된 조명으로 환상적 시각효과를 자아내는 다이내믹한 무대를 연출하였다.[916]

■ **1998년의 〈한여름 밤의 꿈〉 공연**

- 공연기획사 장이가 북촌창우극장에서 4월부터 8월 사이에 매달 한차례씩 셰익스피어 작품을 무대에 올리는 행사를 마련하였고, 극단 사조·비파가 이 행사에 참가하여 6월 2일부터 4일까지 성준현 연출로 〈한여름 밤의 꿈〉을 공연하였다.
- '98 세계 마당극 큰잔치'가 1998년 9월 12일부터 20일까지 과천 정부종합청사 앞 잔디마당과 과천시민회관 대극장에서 열렸고, 경기도립극단이 〈한여름 밤의 꿈〉을 공연하였다.
- 상명대 연극과 출신들이 만든 극단 상명연극실험실이 창단공연작으로 〈한여름 밤의 꿈〉(연출 박재완)을 1998년 12월 3일부터 5일까지 여해문화공간에서 공연하였다.

■ **1999년의 〈한여름 밤의 꿈〉 공연**

- 연세대 노천극장 봉헌기념으로 7천석의 야외무대에서 이 학교 출신 연극인이 총출동한 연세대극예술연구회는 〈한여름 밤의 꿈〉을 5월 27일부터 29일까지 동 대학 노천극장에서 공연하였다.
- 1999년 4월부터 9월까지 계속된 '99셰익스피어 연극 상설무대'에서 극단 反은 박장렬 연출로 7월 5일부터 30일까지 여해문화공간에서 〈한여름 밤의 꿈〉을 공연하였다.
- 서울시뮤지컬단(구 서울시립가무단)은 세종문화회관 옆 분수대 광장에서 1999년 9월 7일부터 16일까지 셰익스피어의 〈한여름 밤의 꿈〉을 한국적으로 각색한 〈신라의 달밤〉(이종훈 연출)을 공연하였다. 박정자씨가 요정의 여왕으로 특별출연하고, '명성황후'의 주성중이 라이샌더 역으로, '포기와 베스'에서 절름발이 역으로 열연한 김범래가 드미트리어스 역으로, 1998년 한국뮤지컬대상에서 여자신인상을 받은 이혜경이 헬레나 역으로 나온다.

■ 축제극단 무천 (연출 김아라) <한여름 밤의 꿈>
  2000.8·15.~8.20., 야외극장 무천캠프

김아라가 이끌고 있는 축제극단 무천은 안성시 죽산면의 야외극장 무천캠프에서 '셰익스피어 가족축제'행사를 주최하여 왔고, 1997년 <오이디프스> 3부작, 1998년 <인간 리어>, 1999년 <햄릿 프로젝트> 등 셰익스피어 4대 비극을 실험극형식으로 공연하여 왔고, 2000년에는 4번째 작품으로 <맥베드 21>과 <한여름 밤의 꿈>을 공연하였다.

■ 서울시뮤지컬단(극본 홍창수, 연출 이종훈) <신라의 달밤>
  2001.8.25.~9.8., 세종문화회관 야외분수대 노천무대

서울시뮤지컬단은 1997년과 1999년 두 차례에 걸쳐 세종문화회관 야외분수대 무대에서 <신라의 달밤>을 공연했었다. 그 제작 노하우를 바탕으로 홍창수 극본, 박병도 작사, 홍동기·계성원·강상구 작곡의 <신라의 달밤>을 2001년 재공연하게 되었다.

이번 공연은 대사를 완전히 우리말 어투로 고치고, 국악 장단과, 화랑 검술무, 광대탈춤, 도깨비춤 등 우리 몸짓을 어우러지게 하여 고대 그리스 요정의 숲을 신라 시대 서라벌 하늘 아래 대나무 숲으로 가져오고, 디미트리어스, 헬레나, 라이샌더 등 원작의 등장인물을 미홀, 옥향, 문창 등 모두 서라벌의 젊은이들로 가져왔다. 닭싸움, 기마놀이, 씨름 등 전통 놀이도 공연에 첨가하였다.

■ 극단 유 (연출 임형택) <한여름 밤의 꿈>
  2001.5.25.~7.1., 유시어터

극단 유는 셰익스피어의 <한여름 밤의 꿈>을 현대 대도시에 사는 갑남을녀의 이야기로 바꾸어 5월 25일부터 7월 1일까지 유시어터에서 공연하였다. '품바'의 정규수, 프리랜서 아나운서 임성민이 연인으로 등장한다.

◆ 2001.5.16. 한국일보
사랑마저 어른의 뜻에 따라야 하는 부잣집 남녀 두 쌍이 숲으로 도망간다. 숲속은 요정의 세계다. 그러나 이 요정들은 천진무구하지만은 않다.
인간세계의 사랑과 결혼, 법과 제도가 어떤 것인지를 알고 있는 요즘 요정들이다. 무대는 한국의 대도시, 어디서나 볼 수 있는 황량한 공간에 달 하나만 둥실 떠 있는 공간이다. 젊은이들의 활기야 예나 지금이나 다름없지만 그들을 둘러싼 부유한 공간

은 오히려 삭막하다.

뿐만 아니라 부자들의 파티를 어두운 색채로 그리거나, 그들의 몸짓에서 활기를 빼고 수동적 색채로 그린 것 등 역시 기존 통념을 배반한다. 보통 3시간 걸리는 상연 시간이 원작의 문학적 표현을 절제, 2시간으로 압축됐다. '명성황후'의 뮤지컬 음악 감독 박칼린이 동서양의 음악 어법은 물론 랩까지 드나들며 작곡했다. 또 청춘 남녀들의 옷차림은 현대적인 일상복, 요정들은 잠옷 차림이다.

연출가 임씨는 "셰익스피어의 성차별주의, 계급차별주가 걸러지지 않은 원작이 도달한 세계가 진정한 해피 엔드인가"라고 반문하며 "이 무대를 통해 계급적 차별이 엄연히 존재하는 우리의 현실을 돌아보게 하고 싶다"고 말했다. 연극이 '우리 슬픈 이야기'라는 부제를 단 것은 그같은 연출의도 때문이다.

■ 극단 미추(번안 박수진, 연출 신용수) <한여름 밤의 꿈>
  1. 2001.7.26.~7.29., 예술의전당 야외극장
  2. 2002.8.3.~8.11., 예술의전당 야외극장

한국적으로 각색한 극단 미추의 2002년 공연은 연극관계자들과 평론가들에 의해 같은 시기에 공연된 공연문화산업연구소가 원작을 거의 변형하지 않고 공연한 <한여름 밤의 꿈>과 여러 면에서 비교대상이 되었다.

미추는 이야기 줄거리는 원작을 그대로 따르되 표현은 순 우리식으로 하여 태백국의 태자가 결혼식을 앞둔 어느 날, 이 나라의 평범한 백성인 알평과 가섭은 유화를 두고 사랑싸움을 벌이다 부관에게 이끌려 태자를 찾아간다. 유화는 알평을 사랑하지만 아버지가 가섭과 결혼시키려 하자 시골로 도망친다. 알평, 가섭, 유화, 아령 등 네 청춘남녀의 사랑을 테마로 극을 이끌어가면서 한국적인 춤과 노래와 함께 만담과 마술까지 삽입하였다. 이 작품은 주무대가 요정들의 숲속이므로 숲속 곳곳을 들락거리며 벌어지는 사건도 많아 야외공연이 제격이다.

이 연극을 관람한 후 '연극이 끝나고 난 뒤'란에 올린 공연관련 블로거의 글을 소개한다.

파키라, 행운목 등의 여러 화초가 어우러진 무대는 정말 숲처럼 느껴졌습니다… 제가 계속 주목했던 건 하늘이었어요. 극 초반부는 회빛 청색… 사랑 때문에 고뇌하는 젊은이들의 마음이 배어서인지 그리고 극이 더해갈수록 계속 변해가는 하늘빛… 짙은 남색이 되었다가 보라색에 검정 물감 한 두 방울 떨어뜨린 것 같은 색도 되었다가 … 아름다웠습니다. 때론 원근감 없이 무대 뒤에 그려진 배경 같다가도 또 어느새 눈을 들어 보면 광활하게 느껴지는 넓은 하늘. 아! 이런 게 야외극장의 묘미이구나… <한여름 밤의 꿈>은 서양적인 분위기가 어울릴 거라 생각했습니다. 원래 그들네 것이

니까요. 신비롭고 환상적인 분위기는 노란머리의 님프들만이 자아낼 수 있을 것 같고
… 야반도주까지 감행하는 청년들의 사랑은… 개방적인 서양인들로만 표현해야 할
것 같았습니다. 왜 그랬을까요? 동양의 신비는 왜 미처 생각하지 못했을까요? 우리네
조상들도 똑같은 사람인데 뜨거운 사랑이 얼마든지 있을 수 있을 텐데… 아이러니하
게도 셰익스피어의 원작에 다시한번 박수를 보냄과 동시에 우리 전통 문화에 대한
애정도 생겼습니다.

■ '온 가족이 함께 보는 셰익스피어' 시리즈 첫 작품
　공연문화산업연구소 <한여름 밤의 꿈>
　(역 김창화, 작곡 허수현, 안무 안애순, 연출 패트릭 터커)
　　1. 2002.7.30.~8.11. 국립극장 대극장
　　2. 2002.8.13.~8·15., 한전 아츠풀센터

　"온 가족이 함께 보는 셰익스피어" 시리즈의 첫 작품으로, 이번 공연을 준비한
공연문화산업연구소는 앞으로도 매년 셰익스피어의 텍스트를 쉽게 풀어 음악극 형
태로 무대 위에 선보인다는 계획이다. 공연문화산업연구소의 뮤지컬 <한여름 밤의
꿈>은 대문호 셰익스피어의 대중화를 위해 온 가족이 즐길 수 있도록 만든 작품이다.
　영국출신의 셰익스피어 전문 연출가 패트릭 터커가 연출을 맡았으며, 터커는 영
국 로열 셰익스피어 극단에서 활동한 것을 비롯하여 독일, 캐나다, 호주, 미국 등에서
130여 편의 셰익스피어 작품을 연출해왔으며, BBC 방송에서 100편 이상의 TV 드라
마를 연출하였고, 현재 영국 오리지널 셰익스피어 컴퍼니에서 활동 중이다. 한편
터커는 1983년 국립극장에서 <베니스의 상인>, 1986년 호암아트홀에서 <한여름
밤의 꿈>, 1988년 세종문화회관에서 <레 미제라블>을 공연하여 국내에서는 이미
관객들에게 익숙한 이름이 된 연출자이다. 모래시계의 히어로 박상원이 출연한 작품
이었다.

■ 제10회 '젊은 연극제' 참가작
　우석대 (지도교수 오경숙) <한여름 밤의 꿈>
　2002.6.30., 문예진흥원 학전블루

　한국대학연극학과 교수협의회와 한국연극협회가 공동 주최하는 '젊은 연극제'는
올해 '실험과 창조'라는 주제로 펼쳐졌으며, 전국 33개 대학 연극학과 학생들이 참가
하였다.
　연극제에서 셰익스피어 작품 <로미오와 줄리엣.com>(중앙대), <오브제 햄릿>(전
주대), <한여름 밤의 꿈>(우석대), <막베트>(동신대)가 공연되엇다.

처음으로 눈에 띈 것은 해변에서 볼 수 있을 법한 튜브나 파라솔이다. 우석대가 '한여름 밤의 꿈'하면 생각나는 숲의 이미지를 바다로 대치시켰으리라는 예감을 할 수 있었다.

아쉬운 점은 배우들이 화법에서 캐릭터를 주기 위해 지나치게 콧소리를 사용한다든가 자기의 음색보다 높은 음색을 사용하여 배우가 힘들어 보이는 면이 다소 있었고 대사도 분명히 전달되지 못했다.

한 가지 의문이 있다면 앞에서 언급되었던 요정으로 보이는 세 배우의 등장이다. 극에는 여신의 하녀가 나오는데 그들은 요정임에도 불구하고 앞치마에 두건에 지극히 사실적이고 평범한 하녀 복장을 하고 있어 다른 배우들에 의상의 느낌과 약간은 동떨어진 느낌이 들었다. 내 생각엔 두 하녀를 없애고 세 요정 배우를 여신의 요정으로 만들어 노래가 나오고 춤을 추는 장면을 보텀에게 향연을 베푸는 식으로 처리했더라면 장면의 타당성도 보완되고 또 원작의 많은 부분이 삭제되면서 비중이 줄어든 보텀의 꿈 장면이 보충될 수 있었을 것 같다. 청소부들의 연극연습 장면인데 아마 원작을 읽어보지 못한 사람들은 청소부들이 연극을 어떤 이유에서 연습하게 되었고 극의 진행상 어떠한 장소에서 그들이 공연했는지 몰랐을 것이다.

마지막으로 개인적으로 아쉬움을 말하자면 극의 중간에 관객과의 대화를 시도하려는 장면이 미흡하게 지나간 것이다. 몇 번 시도되어진 관객에게 던지는 질문은 대화가 아닌 대사의 범위에서 멈추었고 한 번은 "디미트리어스 어디 있는지 아세요?"하고 관객에게 묻는데 순간 애드립처럼 생각되었지만 좋은 느낌으로 다가왔다. 관객과의 대화를 확실하게 시도한 부분이 있었더라면 좋았을 것이라는 생각이 든다.

■ 극단 여행자 (각색/연출 양정웅) <한여름 밤의 꿈>

1. '제2회 밀양연극제'(2002.7.17.~7.28.) 참가작

2. 2002.8·15.~9.1., 연극실험실 혜화동 1번지

2002년 '제2회 밀량연극제'부터 한국문화예술진흥원 지원으로 '젊은 연출가전' 시상제도가 마련돼 총9개 참가 극단 가운데 대상과 연출가상, 연기자상, 무대예술가상 등이 가려지며, 12일간 2만여 명의 관객을 유치하며 성황리에 막을 내린 이 행사에서 극단 여행자(각색/연출 양정웅)의 <한여름 밤의 꿈>이 '젊은 연출가전'에서 대상과 최고인기상을 받았다. 작품에 대한 설명은 2003년 편을 참조하기 바란다.

■ 교육극단 달팽이 (번안/연출 박주영) <한·녀름·밤·꿈>

2003.4.5.~6.1., 대학로 인켈아트홀 1관

교육극단 달팽이는 <한여름 밤의 꿈>을 한국적 정서와 표현양식으로 번안한 작품 뮤지컬 <한·녀름·밤·꿈>을 공연하였다.

아테네가 '가유국'이란 가상국가로, 요정이 도깨비로, 광대들의 극중극은 탈춤으로, 요정의 왕과 왕비는 천하대장군과 지하여장군으로 바뀌어 천상계와 지상계, 평민계를 오가며 네 청춘 남녀의 엇갈린 사랑 이야기로 만들었다. 단순히 설정만 바꾼게 아니라 고유의 신화와 정서, 음양오행과 천지인 등의 세계관까지를 반영해 작품을 완전히 새로 만들었다. 음악도 뉴에이지, 대중음악, 전통음악 등을 두루 썼고 무대나 의상에서도 서구풍과 전통을 융화시켰다.

◆'무대화 객석' 카페에 올려진 공연평

우선 98년 서강극회의 공연으로 거슬러 올라가 봅니다. 그 당시 서강극회에서 한여름 밤의 꿈을 한국적으로 각색해서 올렸었구요. 지금 그 리플렛을 찾아보니 동문, 재학생 합동공연이었군요.

다시 어제 본 공연으로 돌아와서 그 당시 극회에서 연출을 하시던 분이 극단 달팽이의 대표분이라고 들었습니다. 그리고 이번에도 연출을 맡으셨구요. 이런 이야기를 왜 하냐, 추측하셨겠지만, 서강극회에서 올렸던 것을 다시 극단 달팽이에서 그대로 올린 공연이랍니다.

시대적 배경은 우리나라 가야국으로 옮겨와서 정확히 기억이 안나지만 원본에서의 요정들의 왕과 여왕을 우리나라 토속신앙인 천하대장군, 천하여장군으로 바꾸었구요. 요정들을 깨비(도깨비)와 흰까귀로 옮겨왔습니다.

아쉬운 점은 이 작품이 98년 공연과 다른 점이 있다면 뮤지컬 형식을 도입했다는 것인데요. 일단 배우들의 발성이 전혀 되지 않았기 때문에 대사만 하는 데도 잘 안들렸는데. 그 목으로 노래까지 불러서 아주 답답하기 그지없었습니다. 음정도 잘 맞지 않았구요. 그리고 노래가 좀 극의 분위기와는 좀 맞지 않는 부분이 있었습니다. 다른 것들은 다 한국적인데 노래는 서양 뮤지컬 노래였거든요. 그 밖에는 극단 달팽이가 교육연극을 중심으로 해서 그런지는 몰라도 공연 전반의 타겟이 저같은 성인의 수준으로 보기에는 좀 연령층이 낮게 느껴졌습니다. 제가 먼저 달팽이의 정보를 알고서 봐서 그런지는 몰라도 재밌긴 했지만 좀 유치해보이는 부분이 없지않아 있었거든요.

■ 극단 여행자 (각색/연출 양정웅) <한여름 밤의 꿈>

1. 2003.7.4.~7.27., 대학로 리듬공장 소극장

2. 2003.8.8.~8.10.,'2003 남양주 세계야외무대축제'참가작 북한강 다판다 연수원

3. 2003.8.21.~9.5., 학전 블루 소극장

4. 2003·11.5.~11.6., 토교 삼백인 극장

극단 여행자는 1997년 결성되었으며, 특히 신체와 이미지를 강조하는 이미지극을 모토로 최근에는 한국적 연희와 표현법을 추구하며 '제1회 밀양공연예술제', '서울공연예술제', '남양주 세계야외축제', '일본 동경 피지컬 씨어터 페스티발', '오키나와 페스티발' 등 국내외 페스티발에 국내 극단 중 제일 활발하게 참가하고 있는

극단이다.

하야일몽(夏夜一夢)이라는 부제가 달린 극단 여행자의 <한여름 밤의 꿈>은 배경을 과거의 한국으로 옮겼다. 아버지가 정해준 혼처를 거부하는 딸 벽(壁)이 도깨비마을 두두리(豆豆里)로 가서 한판 향연을 벌인다는 내용이다. 2002년 '밀양여름예술제'와 '부산연극제' 등에서 여러 상을 석권하는 등 큰 호응을 받았던 작품이다.

◆ 2003.7.14. 문화일보

나무와 광목, 한지로 만든 무대는 한옥이라기보다는 일본과 중국을 포함한 동양적인 대청마루라는 느낌이 납니다. 배우들의 의상도 광목과 삼베 등으로 만든 한복이지만 길이와 색, 형태가 전통 한복과는 많이 다릅니다. 화장도 한국 스타일이 아닙니다. 그리스 서사극 분위기도 나고, 일본의 부토 무용 또는 게이샤의 느낌도 납니다 … 극작가 겸 연출가 양정웅씨는 이런 퓨전형식에 셰익스피어의 살을 발라내고, 뼈대만 남긴 다음, 거기에 한국적 신화와 구수한 육담을 얹었습니다. 정령들을 장난꾸러기 '도까비'로 바꾸어 놓고, 별자리 28수(宿) 가운데 가장 밝은 동서남북의 별, 항(亢), 루(婁), 익(翼), 벽(壁)을 소재로 다시 살을 붙여 한국 공연예술 특유의 격렬한 감정의 진폭과 해학으로 피를 돌게 한 거지요. 또 한국의 탈춤, 살풀이, 승무 춤사위에 일본의 가부키(歌舞伎), 중국의 경극, 인도와 동남아시아의 동작까지 얹어 재미있으면서도 천박하지 않은 동양적인 움직임을 만들어냈습니다.

■ 극단 미추 (연출 손진책) <한여름 밤의 꿈>
   2003.8.1.~8.3., 양평 용문산 야외공연장

이 작품은 2001년과 2002년 예술의전당 야외극장에서 공연돼 전회 매진을 기록하였던 작품이다.

◆ 2003.7.31. 문화일보 김승현 기자

셰익스피어의 원작을 우리나라 고대국가로 옮겨 요정의 왕과 여왕은 동양적인 강신(降神)과 지모신(地母神)으로 바꾸고, 주인공들도 알평, 가섭, 유화, 아령 등으로 바꿨다. '로미오와 줄리엣'의 근원설화로 꼽히는 시민들의 극중극 '피라무스와 티스베'는 '공무도하가'라는 우리나라 최초의 시가로 번안돼 관객들의 배꼽을 잡게 한다. 시적이고 편안하게 입에 달라붙는 극작가 박수진씨의 맛깔스러운 대사가 트로트, 탱고에서 클래식 아리아에 이르기까지 다양한 장르로 변주된 김태근씨의 음악에 실린다.

■ 공연창작집단 뛰다 (연출 이현주) <상자 속 한여름 밤의 꿈>
   1. 2001.4.20.~4.22., 인사동 경인미술관 야외무대

2. 2001.5.2.~5.26., '남양주 세계양외공연축제' 초청공연

3. 2001.7.24.~8.8., 강원도, 남해안 섬지역 순회공연

4. 2001.8.12., '춘천인형극제 2001' 초청공연

5. 2001.9.7.~9.15., 인사동 경인미술관 야외무대

6. 2003. 7.10.~7.24., 여름순회공연 (광명, 논산, 부안, 강진, 해남, 여수)

7. 2003.8.12.,'춘천인형극제'공식초청작, 춘천인형극장 소극장

8. 2003.8·15.~8.31., 정동극장 쌈지마당

9. 2003·10.3.~10.9., '서울공연예술제' 공식초청작 바탕골 소극장

이 작품은 공연창작집단 뛰다의 첫 창단작품으로 2001년에 초연한 작품으로 지우개와 점토와 골판지로 만든 작은 인형들이 한여름 밤의 꿈같은 이야기를 펼친다. 셰익스피어의 <한여름 밤의 꿈>을 뛰다 만의 스타일로 뒤바꾼 작품으로 엇갈린, 운명적인 사랑에 휘둘린 인간들의 세계는 작은 인형들로 표현되고, 그들 뒤에서 자연의 일부로 존재하는 정령들은 커다란 가면과 인형들이 되어 무대를 압도한다. 이 두 세계를 연결하는 직공들의 연극만들기가 감초처럼 등장하여 복잡한 이야기의 실타래를 풀어간다.

〔줄거리〕

라이샌더와 허미아, 아테네 귀족의 자녀인 이들은 사랑을 이루기 위해 숲속으로 도망친다. 하지만 사랑의 도피는 그리 순탄치 않다. 허미아를 흠모하던 청년 디미트리어스가 그 뒤를 쫓고 이 청년을 짝사랑하는 헬레나도 그 뒤를 쫓아 숲으로 들어간다. 여름날 밤이 되어 숲속에 정령들이 깨어나고 있는 것을 이들은 알지 못한다.

한편 아테네 공작의 결혼식날 공연을 하기 위해 직공들이 숲에 모여 연극연습을 한다. 푸짐한 상품을 준다는 말에 이들은 어설프지만 슬픈 사랑이야기를 가지고 공연을 하나 만들기로 한 것이다. 이들도 유난히도 더웠던 그 한여름 밤 숲에서 그렇게도 이상한 일을 겪으리라고는 상상도 하지 못했다.

숲의 왕 오베론과 여왕 타이테니어가 그날따라 숲의 한가운데서 만나 신경전을 벌인다. 오베론은 타이테니어에게 당한 수모를 되갚기 위해 그의 시종 퍽과 함께 음모를 꾸민다. 천길 낭떠러지 중간에 피어나는 사랑의 꽃을 따오게 하여 그 꽃가루를 타이테니어의 눈에 뿌리게 한다. 눈을 뜨고 맨 먼저 보게 되는 것과 사랑에 빠지게 만든다는 것이다. 그리고 오베론은 디미트리어스를 쫓아다니는 불쌍한 헬레나를 도와주고 싶어서 그 꽃가루를 디미트리어스에게도 뿌리게 한다.

오베론의 명령을 받은 퍽은 타이테니어가 잠깐 잠이 든 틈을 타 그의 눈에 그 꽃가루를 뿌리고 숲속에서 한참 연습중이던 직공의 머리를 괴물로 만들어서 타이테니어와 사랑에 빠지게 한다. 그리고 불쌍한 헬레나를 위해 디미트리어스에게 그 꽃가루를 뿌린다는 것이 실수로 라이샌더의 눈에 뿌리고 만다. 그리하여 사랑의 관계는 꼬이기

시작한다. 허미아를 향한 두 남자의 사랑은 갑자기 그 방향을 바꾸어 헬레나를 열망하게 된다. 헬레나는 갑작스런 변화에 오히려 놀림감이 된 것이라 생각하고 슬픔에 빠진다. 뒤늦게 이 사실을 안 허미아는 분노하여 헬레나와 싸움을 하게 되고 두 남자는 헬레나를 차지하기 위해 결투를 벌인다.

복잡한 사랑의 장난으로 숲은 혼란의 비명으로 흔들거린다. 이를 지켜본 오베론은 퍽을 시켜 두 사랑의 결투를 막게 하고 둘씩 둘씩 짝을 맺어주게 한다. 그리고 타이테니어의 마법도 풀어주어 숲에는 평화가 찾아온다. 직공들도 아테네 공작의 결혼식에 공연을 훌륭하게 해내고 상품을 받아간다. 숲의 정령의 도움으로 다시 새롭게 맺어진 두 연인과 공작의 부부는 신방으로 들고 다시 한여름의 밤은 깊어만 간다.

■ 서울예술단 (대본/연출 홍원기, 작곡 이나리메) <여름밤의 꿈>
  1. 2004.5.8.~5.16., 예술의전당 토월극장
  2. 2004.6.24.~6.25., 노원문화예술회관 대강당

서울예술단은 셰익스피어 원작 <한여름 밤의 꿈>을 한국정서에 맞게 새롭게 창작한 뮤지컬 <여름밤의 꿈>을 5월 8일부터 16일까지 예술의전당 토월극장에서 공연하였다.

◆ 2004.5.8. 문화일보 김영번 기자
셰익스피어가 원작에서 보여주는 현실계, 요정계, 극중극의 플롯을 상고시대, 정령계, '견우와 직녀 이야기'로 대체했다. 원작의 뼈대를 유지하면서 시·공간을 우리 것으

로 풀어낸 것이다. 등장인물들의 이름도 부루마루, 버들마마, 다루, 나누 등 토속적인 정서가 물씬 풍겨난다. 극은 한밝산의 남신령 부루마루와 한가람의 여신령 버들마마의 싸움으로 천둥번개가 치고 강물이 넘쳐흐르면서 시작된다. 백제의 2대 왕 다루와 마한의 여군주 나누의 결혼식인 단옷날을 사흘 앞두고, 백제의 재상인 허고루는, 정혼자인 드미루를 거부하고 나이찬과 결혼하기를 고집하는 딸 허미아의 처벌을 왕에게 간청한다…

뮤지컬 '여름밤의 꿈'은 신선희 총예술감독의 지휘 아래 홍원기씨가 연출을 맡고, 특별히 마임이스트 임도완(서울예술대) 교수를 초빙, '움직임'에 대한 지도를 받았다. 연기자들이 한동작 한동작에서 각자가 맡은 캐릭터의 특성을 적절히 표현해낼 수 있도록 하기 위해서다. 이에 따라 뮤지컬의 시각적 이미지가 무대에서 어떻게 드러날지 주목된다.

■ 극단 여행자 (각색/연출 양정웅) <한여름 밤의 꿈>

1. 2004.5.5.~5.9., 국립극장 하늘극장
2. 2004.5.21.~6.20. 동영아트홀
3. 2004.6.30.~7.1., 폴란드 '말타 국제연극제' 초청작
4. 2004.7.8.~8.16., 대학로 게릴라극장 개관기념작
5. 2004.8.17., 수원화성 국제연극제 개막작
6. 2004.9.4., 복사골 문화센터
7. 2004.9.24.~10.2., '2004 콜롬비아 마니살레스 국제 연극 페스티벌'참가작

극단 여행자의 <한여름 밤의 꿈>은 한국적 셰익스피어 작품이다. 원작의 모티프를 최대한 살리면서도 산삼캐는 아주미, 실수연발의 도깨비 등을 등장시켜 토속적인 냄새를 물씬 풍긴다. 2002년 '밀양여름공연예술축제'에서 대상과 인기상을 수상했으며, 2003년엔 '이집트 카이로 국제실험연극제' 대상을 받은 작품이다.

◆ 2004.10.5. 한겨레신문 정상영 기자

'2004 콜롬비아 마니살레스 국제 연극 페스티벌'이 열렸다. 해마다 작품성과 실험성을 고루 갖춘 실내극단과 거리극단을 엄선해 초청하는데, 2004년에는 스페인권의 중남미 국가를 중심으로 11개국 50여개 극단이 참가했다.

특히 이 행사에 처음 초청받은 극단 여행자(대표·연출 양정웅)는 27일과 29일 밤, 마니살레스 대학 인근 야외 운동장에 설치된 카르파 테아트로 천막극장에서 셰익스피어의 작품을 한국적인 캐릭터(도깨비)와 한국 전통무용과 음악으로 재창작한 연극 <한여름 밤의 꿈>을 무대에 올려 큰 인기를 끌었다.

양정웅의 <한여름 밤의 꿈>은 두 차례의 공연에서 무대 앞까지 점령한 관객들로부터 연극으로는 드물게 "비바!" 합창과 기립박수 세례뿐만 아니라 콜롬비아 4대 유력지인 <라 파트리아>와 <엘 파이스> 등의 30일자 1면 머리기사와 현지방송사인 노티시에로

우노의 주요뉴스와 인터뷰 등 집중적인 조명을 받았다.

특히 라틴아메리카에서 두번째로 많은 발행 부수를 자랑하는 콜롬비아 최대일간지 〈엘 티엠포〉는 1일치 문화면에서 '마니살레스 작은 눈의 셰익스피어'라는 제목으로 두 면을 할애해 "올해 마니살레스 축제에서 소개된 최고의 작품으로 손꼽을 수 있다"며 "마니살레스 이베로아메리카 연극제를 빛낸 한국의 셰익스피어가 날카로운 시각을 가진 마니살레스 연극팬들로부터 10분 이상의 기립박수를 받은 이유에 대해 작품 자체가 답을 주고 있다"고 평가했다.

이에 앞서 극단 여행자는 24일 삼성전자 콜롬비아 지사의 후원으로 콜롬비아의 수도 보고타 파르케 국립공원 내 야외무대에서도 공연을 벌여 현지 공연계의 비상한 관심을 끌었으며, 3일에는 '2004 에콰도르 키토 국제실험연극제'에 참가해 볼리바르 극장 무대에 작품을 올렸다.

"공연이 끝난 뒤 콜롬비아의 유명 극단인 테칼이 콜롬비아의 신화를 소재로 극단 여행자와 공동작업을 문의해올 정도로 한국 연극에 대한 관심이 높아지고 있다"고 덧붙였다.

■ 서울시뮤지컬단 〈신라의 달밤〉
2004.7.15.~7.31., 세종문화회관 야외분수대

서울시뮤지컬단(단장 최주봉)은 1997년, 1999년, 2000년 공연에 이어 2004년 7월 15일부터 31일까지 세종문화회관 야외분수대 특설무대에서 뮤지컬 〈신라의 달밤〉을 공연하였다. 이번 공연은 '쿠웨이트 박'으로 유명한 탤런트 겸 연극인 최주봉씨가 단장으로 취임한 이후 첫 공연으로 뮤지컬의 저변 확대와 시민 공연문화 활성화를 위해 모든 좌석이 무료로 제공되었다.

■ 2004년 제6회 춘천국제연극제, 2004.8.3.~8.8.
이탈리아 말로치 & 프로푸미 〈한여름 밤의 꿈〉

2004년 '제6회 춘천국제연극제'가 2004년 8월 3일부터 8일까지 국립춘천박물관, 명동, 한림대 등 춘천시내 일원에서 펼쳐졌다. 'I Love Theater'를 테마로 내건 춘천국제연극제에는 이탈리아, 네덜란드, 레바논, 체코, 스페인, 일본, 중국, 한국 등 8개국 13개팀이 참가하였다. 이 행사의 개막 공연작은 이탈리아 '말로치 & 프로푸미'의 〈한여름 밤의 꿈〉이었다.

■ 연극 연고전
연세극예술연구회 (연출 임형택 서울예대 연극과 교수)
〈한여름 밤의 꿈〉 2005.5.26.~5.28., 연세대 노천강당

연세대 창립 120주년을 맞아 연세극예술연구회는 <한여름 밤의 꿈>을 2005년 5월 26일부터 28일까지 연세대 노천강당에서, 고려대는 개교 100주년 기념 연극 공연 사업단이 준비한 <당나귀 그림자>를 6월 2일부터 4일까지 국립극장 해오름극장에서 공연하였다.

고려대 <당나귀 그림자> 출연진은 박규채(58학번), 여운계(58학번), 손숙(63학번) 등 연극계의 중견은 물론 박계동, 노회찬 등 현역 국회의원에다 주철환 이화여대 교수, 강재형 아나운서 등 낯익은 사람들이 우정 출연하였고, 김동성(쇼트 트랙), 이천수(축구) 등 스타급 선수, 어윤대 총장 등이 깜짝 출연하였다. 연출은 장두이였다.

연세대는 개교 100주년이던 1985년 교내 노천극장에서 '최단 기간, 최다 관객 동원' 기록을 세웠고, 10년 뒤인 1995년에는 연세 창립 110주년 기념 공연을 가졌고, 1999년에는 노천극장 확장 기념 공연으로 <한여름 밤의 꿈>을 공연한 적이 있다. 배우 오현경(56학번)이 예술감독을 맡았고, 서현석(75학번)이 기획, 85년 당시 재학생으로 출연했던 서울예대 연극과 임형택(82학번) 교수가 연출을 맡았다. 아나운서 임택근, 중견 배우 오현경, 서승현 등이 티시어스, 컨스, 히폴리타 등 주요 배역을 맡았다.

■ 극단 여행자 (작/연출 양정웅) <한여름 밤의 꿈>

1. 2005.7.13., 고양 어울림누리 극장

2. 2005.7.22.~7.23., 양산문화예술회관 대공연장

3. 2005.7.27., 춘천국제연극제 초청작

4. 2005.8.3.~8.29., '에딘버러 프렌지페스티벌' 참가작, 씨베뉴극장,

5. 2005.9.17.~ 9.18., 쿠바 '아바나 국제연극제' 초청작

6. 2005.9.21.~9.22., 엘살바도르 주재 한국대사관 초청작

해마다 여름철 7월과 8월에는 전 세계의 젊은 공연예술가들에게 도전과 기회의 무대를 제공하는 두 개의 연극 페스티벌이 있다. 7월 8일부터 27일까지 프랑스 프로방스 지방의 유서 깊은 역사도시 아비뇽에서 열리는 2005년 '아비뇽 페스티벌'에 이어 8월 7일부터 29일까지 영국 스코틀랜드의 수도 에딘버러에서 펼쳐지는 2005년 '에딘버러 프린지페스티벌'이다.

해마다 국내 공연단체들이 두 페스티벌에 공식·비공식으로 참가하는데 2005년 에딘버러 프린지페스티벌에는 4개의 한국 공연이 있었고, 극단 여행자의 양정웅이 셰익스피어의 원작을 한국적인 언어와 몸짓으로 각색한 <한여름 밤의 꿈>은 8월 3일부터 29일까지 씨베뉴극장 무대에서 공연되었다.

◆ 2005.9.20. 국민일보 장지영 기자

1500석 규모의 1~2층 객석을 거의 메운 관객들은 에어컨이 나오지 않아 실내가 찜통을 방불케 했으나 공연을 끝까지 관람한 뒤 일제히 기립박수를 보냈다. 실제로 전날 같은 극장에서 공연된 프랑스 연극의 경우 관객의 1/4이 도중에 나가버렸다. "대사극인데 자막 없이 진행돼 관객에게 제대로 전달될지 모르겠다"는 극단 측의 우려에도 불구하고 극장을 나오는 관객들은 "재밌다" "뛰어나다"고 입을 모았다. 친구들과 함께 공연을 관람한 조아나 폴라 오바릴은 "매우 훌륭한 작품이다"며 "배우들이 극중 몇 마디 얘기하는 스페인어 외엔 알아들을 수 없었지만 원작이 워낙 유명한데다 배우들의 연기가 뛰어나 이해할 수 있었다"고 말했다. 이날 극단 여행자는 관객들이 배우들을 만나기 위해 극장 앞에 늘어서는 바람에 뒷문으로 빠져나오는 해프닝을 겪기도 했다.
쿠바 국립오페라단의 상임연출가 후앙 R.아망은 공연이 끝난 후 무대 뒤로 찾아와 "셰익스피어를 이렇게 독특하게 해석할 수 있다는 게 너무나 놀랍다"면서 양씨에게 악수를 청했고, 배우이자 쿠바 국립연극학교 교수인 라몽 드라오스는 "한여름 밤의 꿈'을 춤과 노래가 어우러진 즐거운 음악극으로 풀어낸 연출가의 재능에 박수를 보낸다"고 말했다. 축제 조직위인 쿠바 문화부의 국제교류 담당자 이스마엘 암벨로 역시 "최근 몇 년간 아바나 연극제에서 이렇게 성공을 거둔 작품은 없었던 것 같다"며 "연극제 초반이지만 이번 축제에서 가장 주목받는 작품이 될 것 같다"고 엄지손가락을 치켜들었다.

이 작품을 공연한 후 극단 여행자는 쿠바 '아바나 국제연극제'에 초청되어 공연하였고 또 엘살바도르 주재 한국대사관에서 초청되어 공연하였다. '아바나 국제연극제' 역시 우리에겐 낯설지만 중남미에서 멕시코의 '세르반티노 페스티벌', 콜롬비아의 '보고타 페스티벌'과 함께 권위 있는 공연예술축제 가운데 하나이다. 12회를 맞는 2005년 축제에는 프랑스, 스페인, 스위스, 아르헨티나, 칠레 등 세계 15개국에서 39개팀이 참가했으며 아시아에서는 한국의 극단 여행자가 유일하게 초청됐다.

극단 여행자의 <한여름 밤의 꿈>은 문화관광부와 서울아트마켓 주최 '2005 서울아트마켓'에 참가할 해외진출용 우수공연작 '2005 PAMS Choice'에 선정되었다.

■ '제10회 기장갯마을 마당극 축제' 참가작
일본 극단 기가(GIGA) <하룻밤의 꿈> 2005.8.1.

기장갯마을마당극 축제추진위는 7월 29일부터 8월 1일까지 기장군 일광해수욕장 이벤트 광장에서 '제10회 기장갯마을 마당극 축제'를 열었다.

소설가 오영수(1914~79)의 단편 명작 '갯마을'의 무대인 기장군 일광에서 펼쳐지는 마당극 축제다. 이번 공연들은 지역 주민과 아마추어들도 무대에 올라 공연하는 주민참여형 축제이다.

일본 극단 기가(GIGA)는 8월 1일 셰익스피어의 <한여름 밤의 꿈>을 각색한 <하룻밤의 꿈>으로 극단 도깨비와 기장 주민들이 함께 출연해 지역 사투리를 구수하게 표현하는 색다른 무대를 마련하였다.

■ 극단 유 (각색/연출 김관) <한여름 밤의 꿈>
2005.9.2.~9.11., 봉평 달빛극장

강원도 평창군 봉평면 덕거 2리 옛 덕거초등학교의 전나무 숲에 마련된 야외극장 '봉평 달빛극장'에서 연극인 유인촌이 이끄는 '극단 유'가 지난해에 폐교를 손질해 문을 연 봉평 달빛극장에서 9월 2일부터 11일까지 야외연극 <한여름 밤의 꿈>을 공연하였다. 2004년에는 첫 작품으로 <리어>를 공연하였었다.

젊은 연출가 김관이 셰익스피어의 원작을 각색·연출하였고 퓨전 음악가인 박인수와 김민수가 음악을 맡았다.

<한여름 밤의 꿈>은 셰익스피어의 대표적인 희극으로 꿈과 현실, 요정과 사람, 낮과 밤, 사랑과 증오, 빛과 어둠 등 이분법적 상황에서 배우들의 엉터리 노래와 율동, 움직임 등으로 해학과 풍자를 표현한 작품이다.

■ 셰익스피어 '낭만희극 페스티벌'
　극단 숲 (역 신정옥, 연출 임경식) 〈한여름 밤의 꿈〉
　2005.9.8.~9.9., 의정부 예술의전당

　의정부 예술의전당은 '낭만희극 페스티벌'이란 휘장 아래 계절에 어울리는 셰익스피어 코미디 3편을 의정부 예술의전당 소극장에서 공연하였다. 8월 31일~ 9월1일까지 극단 여기의 〈사랑의 헛수고〉(김재권 연출)를 시작으로, 3~4일 극단 주변인물의 〈말괄량이 길들이기〉(서충식 연출), 8~9일 극단 숲의 〈한여름 밤의 꿈〉(연출 임경식)이 공연되었다. 번역은 모두 필자가 맡았다.

　〔연출가 임경식의 글〕
　〈한여름 밤의 꿈〉은 셰익스피어의 많은 작품 가운데 그가 가장 행복한 상황 속에서 창작을 했던 이른바 낭만적 시기의 작품이다. 따라서 극의 내용 역시 사랑이란 모티브에 의해 꿰어져 있다. 이 작품 속에는 총 4계의 인물별 영역이 나온다. 첫째는 테세우스와 히폴리타의 지배자 계급으로 이성적 사랑에 의한 결혼을 추구한다. 둘째는 연인들로서 감성적이고 낭만적인 사랑의 행위자들이다. 셋째는 요정의 세계 지배자인 오베론과 티타니아로 비현실 세계 속에서 서로 질투하고 조롱하며 인간 세계마저 관여하는 그들만의 사랑방식이 나타난다. 넷째는 단순, 무지한 수공업자들로 이들은 직접 사랑하는 것이 아니라 극중극인 '피라모스와 티베스' 이야기로 사랑의 이야기를 펼친다. 물론 이들의 사랑은 각기 색깔이 다르다.
　물론 여기에 숲이란 공간이 작품의 낭만성을 더해준다. 숲은 낮에는 연인들의 밀회장소가 되거나 일상적인 생활의 공간이 되지만 밤에는 공포감이 야기되고 혼동과 혼재가 존재하는 공간이 되기 때문이다. 그리고 밤의 숲은 마법의 세계, 즉 요정의 세계가 전개되어 불가능한 것이 가능하게 되는 공간이다. 이처럼 숲이란 공간이 지니고 있는 욕망과 낭만, 공포, 마법의 세계가 얼마나 아름답게 펼쳐지는가가 이 작품을 풀어나가는 열쇠라 하겠다. 〈한여름 밤의 꿈〉은 이처럼 다원화된 세계의 합일을 사랑으로 대변하며 〈로미오와 줄리엣〉과 더불어 셰익스피어의 사랑극의 가장 대표적인 전형을 보이는 작품이라 하겠다.

　필자는 번역자의 글에서 셰익스피어극의 내용을 일부 소개하였다.

　이번 세 작품은 필자가 완역 출판중인 37편 중에서 현대적 감성과 언어의 흐름에 맞게 새롭게 개역한 것이어서 우리나라 셰익스피어 공연에 하나의 새로운 발자취가 될 것이다.
　셰익스피어의 희곡은 37편으로 알고 있으나 근자에 와서 '에드워드 3세'와 '두 귀족 친척'의 두 작품이 그의 작품이라고 인정되어 39편이 되었다.
　… '한여름 밤의 꿈'은 감동을 돋우며 꿈을 심어준다. 이 극의 공연은 대사에 못지않게

무대의상과 장치가 이 연극을 몽환(夢幻) 속으로 관객을 유도한다. 이 작품은 몇 가지의 고전적 작품 중에서 추려 집대성하였으며 무대의 밀도도 짙다. 그래서 주인공 이 없다고 한다. 아니, 출연자 전원이 주인공이라고도 한다. 보틈의 꿈 세계 탐험이나 아마추어 연극인이 된 직공들의 수다는 꿈과 환상과 대조되는 소박하고 따스한 인정 미가 넘친다. 그래서 관극하고 나면 모두 밝고 즐거운 감성의 주인이 된다.

■ 극단 여행자(작/연출 양정웅) <한여름 밤의 꿈>

1. 2006.6.17.~6.20., LG 아트센터
2. 2006.6.27.~7.1., 영국 바비칸 센터 초청작품
3. 2006년 7월, 브리스톨 타바코 팩토리 공연 및 '독일 셰익스피어 연극제' 참가 공연
4. 2006.8.2.~8.3., '제10회 그단스크 국제 셰익스피어 페스티벌'대상 수상작
5. 2006.8.25., 거제문화예술회관 대극장

극단 여행자의 <한여름 밤의 꿈>은 2005년에는 영국 에든버러 프린지 페스티벌 에서 유료 객석 점유율 80%를 기록하는 등 여러 해외 페스티벌에서 초청돼 호평을 받아 왔다. 2002년 초연된 작품으로 셰익스피어의 희극을 바탕으로 요정을 도깨비 로 바꾸는 등 한국적 색채를 덧칠했다. 극에 등장하는 연인들의 이름은 우리 별자리 28수에서 빌렸다.

미국 뉴욕의 링컨센터와 함께 세계 양대 극장으로 꼽히는 런던 바비칸센터는 외부 에 극장을 빌려주지 않으며 일정 수준에 오른 작품만을 엄선해 기획 공연만을 무대에 올리는 까다로운 극장이다. 이 콧대 높은 바비칸센터가 한국판 <한여름 밤의 꿈>을 보고 반해 초청했다. <한여름 밤의 꿈>은 바비칸에 진출한 한국 연극 1호가 되어 6월 27일부터 7월 1일까지 공연하였다. 이 공연 후 극단 여행자는 8월 2일과 3일 폴란드 그단스크에서 개최한 '제10회 그단스크 국제 셰익스피어 페스티벌'에 참가하 여 공연하였고 폐막식에서 대상을 차지했다.

◆ 2006.6.28. 매일경제 민경현 기자

영국 관객들의 반응은 뜨거웠다. 축구라면 사족을 못 쓰는 영국에서 월드컵 시즌인데 도 공연장 객석은 90% 가까이 찼고 박수갈채가 끊임없이 쏟아질 정도로 관객들의 반응도 뜨거웠다. 특별히 영국 관객들을 위해 한국말 대사 중 일부를 영어로 바꾸는 재치를 발휘한 점도 좋은 평가를 받았다. 배우가 간단한 영어 대사로 사랑 고백을 하고 영국인이 즐겨 먹는 음식인 '피시 앤드 칩스'와 '재킷 포테이토'를 언급하자 관객 들은 박수를 치며 웃음을 터뜨렸다. 한국 전통 가옥의 분위기를 살린 무대는 간결하면 서도 인상적이라는 평을 받았다.

그렇다고 호평만 있었던 것은 아니어서 런던평단에서는 중간정도의 평가를 받았으며, 2006.7.3. 연합뉴스는 다음과 같은 혹평만을 모아서 보도하였다.

영국 런던 바비칸센터 연극 무대에 진출한 국내 극단 여행자의 '한여름 밤의 꿈'이 런던 평단에서 중간 정도 평가를 받았다.

이 작품에 별점 3점을 준 더 타임스 신문은 3일 리뷰 기사에서 슬랩스틱, 춤, 노래, 무술을 뒤섞은 한국판 '한여름 밤의 꿈'이 흥겨운 이야기의 즐거움을 선사하지만, 작품 자체의 어두운 감정적 진수에는 이르지 못하고 있다고 평가했다.

한국의 민속으로 슬쩍 비튼 '한여름 밤의 꿈'은 시가 실종됐고, 서정성과 심리적 복합성을 제공하지 못한다며 웃음 뒤에서 내용을 찾는 관객들은 아무 것도 얻지 못할 것이라고 타임스는 지적했다. 타임스는 그러나 이 작품과 배우들의 역동성은 코미디를 좋아하는 관객들을 즐겁게 했다고 말했다.

앞서 지난달 29일 이 작품에 별점 2개를 준 석간신문 이브닝 스탠더드도 한국판 '한여름 밤의 꿈'에는 셰익스피어 원작의 마법, 모험, 시가 빠졌다며 다음날 아침 일어나 다른 사람들에게 털어놓고 싶은 그런 꿈이 실종됐다고 지적했다.

관객들은 이 작품을 보며 환호성을 지르며 즐거워했지만, 과잉 연출 무대는 크리스마스 팬터마임 같았다고 이 신문은 인색한 평가를 내렸다.

■ '즐겨라 뮤지컬! 페스티벌' 2006.6.22.~7.9., 열린극장 창동
　명지대 <한여름 밤의 꿈>

서울문화재단과 한국뮤지컬교수협의회가 주최하고 뮤지컬을 전공하는 대학생들이 참여해 공연을 선보이는 축제로서 뮤지컬 인재의 등용문이라 할 수 있는 뮤지컬 축제 '즐겨라 뮤지컬! 페스티벌'이 6월 22일부터 7월 9일까지 서울 열린극장 창동에서 개최되었다.

2회를 맞는 2006년 행사에는 서울예술대(와이키키브라더스), 청강문화산업대(그리스), 송원대(레미제라블), 동서대(맨오브맨차), 경민대(갓스펠), 명지대(한여름 밤의 꿈), 여주대(웨스트사이드 스토리), 목원대(더 플레이), 동아방송대(뮤지컬 하이라이트) 등의 뮤지컬 관련학과 학생들이 참여하였다. 행사의 모든 공연은 무료로 관람할 수 있었다.

■ 극단 자명종 (번안/연출 박재민) <한여름 밤의 악몽>
　1. 2006.6.20.~6.28., 예술의전당 토월극장
　2. 2006.7.4.~7.23., 알과 핵 소극장,
　3. 2006.7.28.~7.29.., '제18회 거창국제연극제' 참가작, 거창 수승대 축제극장

4. 2006.8.5.~9.10. 아룽구지 소극장

5. 2007.8.30.~9.1., 대전 CMB엑스포아트홀

6. 2008.10.3.~10.12., 동국대학교 이해랑 예술극장

셰익스피어의 <한여름 밤의 꿈>을 패러디한 코믹 뮤지컬 <한여름 밤의 악몽>은 신생 극단 자명종의 박재민이 번안한 작품으로 셰익스피어의 원작을 100여 년 전 개화기 무렵의 한반도로 옮겨와 꿈과 악몽의 차이를 좁히면서 희극을 약간의 공포가 섞인 귀신 이야기로 바꾸어 숲 속 흉가의 귀신들과 인간들의 옥신각신 사랑이야기로 바꿨다. 원작이 한국의 귀신 이야기로 탈태한 것이다. 이 작품은 2006년에 이어 2007년과 2008년에 계속해서 무대에 오르게 된다.

〔작품의도〕
그 동안 십여편의 한여름 밤의 꿈 공연을 보면서 주로 인물들이 만나는 장소는 숲 속인데 문득 벌레 한 마리 나오지 않는구나 하고 생각해 본 적이 있다. 이번에는 나온다. 원작에서 파크는 오베론 왕의 심복으로 등장하며 해설자 역할을 하는데 이번 작품에서는 상관에게 미움을 받고 벌을 받아 달팽이로 둔갑하게 되고 해설자의 역할에 더 비중을 둔다. 그리고 이 한여름 밤에 일어나는 사건의 시간은 달팽이가 무대를 가로질러 가는 시간과 일치한다.
가만히 들여다보니 얘네들 꾸는 꿈이 악몽이더라. 하나같이 괴로운 꿈이다. 사랑하는 연인들은 서로 사랑하는 제 짝이 뒤죽박죽되고 요정의 여왕 티타니아는 당나귀대갈통과 사랑에 빠진다. 또 보텀은 오베론에 의해 당나귀대갈통이 되고 그리고 나서

요정의 여왕(좋게 말해서이지만 사실은 귀신이 아닌가?)과 사랑에 빠진다. 그리고 내용 중 꿈을 꾸는 인물들을 제외하면 하나같이 요정, 정령 따위들인데 이것은 모두 우리네 정서에서는 귀신이요, 도깨비다. 이런 꿈을 악몽이라고 하는게 아닌가? 그러니 이 작품은 '한여름 밤의 꿈'이긴 하지만 더 정확히 말하면 '한 여름 밤의 악몽'이다.

[작품소개]
숲 속 혼령의 왕 임황과 도당목의 여왕 목푸는 소발라구달라국(인도의 옛 이름)의 아이를 놓고 크게 다툰다. 그런 임황에게 충고하던 임황의 부하 박을 임황은 화가 나서 달팽이로 만들어버렸다. 박은 임황에게 불만투성이다. 임황은 눈에 바르게 되면 사랑에 빠지는 꽃잎을 목후에게 바르기 위해 구해온다. 한편, 길상과 결혼시키려는 아버지를 피해 숲으로 도망친 소선과 그녀의 연인 춘풍은 길을 잃고 숲 속 한가운데서 잠든다. 소선과 춘풍의 야반도주 사실을 알게 된 순진은 이 사실을 사랑하는 길상에게 알린다. 소선을 사랑하는 길상은 그들을 쫓는다. 이런 상황을 오해한 임황은 꽃즙을 엉뚱한 춘풍에게 잘못 발라서 4명의 관계를 엉망으로 만들게 된다. 숲 속 또 다른 한쪽의 목후가 잠든 곳에서는 고종 황제의 결혼식을 축하하기 위해 동춘의 극단원들은 연극연습을 한다. 임황은 허성을 괴물같은 당나귀로 만들어 단원들을 모두 도망가고 연습은 엉망이 된다. 이 때 목후가 잠에서 깨어 당나귀 허성을 사랑하게 된다. 마침내, 임황은 모두를 다시 잠재워 짝을 찾아 꽃즙을 눈에 바른다. 연인들은 제 짝을 찾고 임황과 목후도 화해를 한다. 그리고 마침내 동춘 극단은 고종황제의 결혼식 날 우스꽝스러운 연극을 공연하며 막은 내리게 되는데 …

■ 극단 여행자 (번안/연출 양정웅) <한여름 밤의 꿈>
   1. 2007.1.23.~1.27., 호수 리버사이드 시어터
   2. 2007. 1.31.~2.10., 호주 '아들레이드 페스티벌' 참가작
   3. 2007.2.15.~2.23., 호주 '퍼스국제공연예술축제' 참가작
   4. 2007.5.19.~5.20., 대구 수성아트피아 개관축하 공연
   5. 2007.6.2. 강릉문화예술관
   6. 2007.6.15.~7.8., 아르코 예술극장 대극장 국내 최초 영어 제공 작품
   7. 2007.8.1.~8.10., 인도 '첸나이 연극축제' 초청작품,
   8. 2007.10.21.,'2007 양주 페스티벌' 참가작
   9. 2007.10.26.~10.27., '제9회 타이베이 아트 페스티벌' 폐막작

   30년 전통의 '시드니 페스티벌'에 한국 연극 사상 최초로 초청된 극단 여행자의 '<한여름 밤의 꿈>(A Midsummer Night's Dream)'이 초청되어 2007년 1월 23일부터 27일까지 호주 시드니 서쪽 파라마타 구역의 리버사이드 시어터에서 공연하였다. 여행자는 시드니 페스티벌에 참가한 뒤 1월 31일부터 2월 10일까지는 호주 '아

들레이드 페스티벌', 2월 15~23일에는 호주 '퍼스국제공연예술축제'에서 공연하였다. 5월에는 대구 수성아트피아 개관 축하공연을 하였고 6월에는 외국인을 위한 국내 최초 영어자막 재공연을 아르코 예술극장에서 하였다. 8월에는 인도 힌두신문사가 주최하는 '첸나이 연극축제'에 초청받아 인도에서 공연하였다.

이 작품은 '제9회 타이베이 아트 페스티벌'의 폐막작으로 10월 26일과 27일 공연됐다. 타이베이시에서 주최하는 이 페스티벌은 '개막작은 다함께 즐길 만한 공연으로, 폐막작은 예술적인 이슈를 남겨야 한다'는 원칙에 따라 폐막작 선정에 더 신경 썼고, 일찍부터 <한여름 밤의 꿈>을 폐막작으로 점찍어 놓고 초청에 공을 들였다고 한다. 페스티벌 주제인 '전통을 어떻게 현대적으로 표현하는가'에 부합하면서도 대만 연극에 신선한 자극을 줄 작품이 필요했는데 영국 바비칸센터와 홍콩 페스티벌 관계자들이 <한여름 밤의 꿈>을 추천했고 국제적 명성을 떨치고 있는 대만 무용단 '클라우드 게이트'의 안무가 린 화이민이 공연이 성사되도록 힘썼다고 한다.

◆ 2007.1.30. 연합뉴스
작년 7월 뉴욕 링컨센터와 더불어 세계 공연장의 양대 축 가운데 하나인 런던 바비칸 센터 무대에 올랐고, 8월에는 폴란드 그단스크 페스티벌에서 대상과 관객상을 거머쥐었다는 사실이 소개됐기 때문인지 600여석의 좌석은 일찌감치 다 팔려나갔다. 막이 오르자마자 2번 이상 커튼콜을 허락치 않기로 유명한 콧대 높은 호주 관객들이 무장해제됐다.
중력을 가뿐히 이겨내고 무대 위에서 활개치는 도깨비들의 무술을 방불케 하는 동작이 처음부터 탄성을 자아내더니, 걸쭉한 입담을 가진 바람둥이 도깨비 가비의 능청스런 연기에서 초반부터 웃음보가 터졌다.
떠돌이 약초꾼 아주미가 도깨비를 피하기 위해 산속에서 옷을 내리고 오줌을 누는 장면에서는 비명에 가까운 웃음이 나오더니, 도깨비의 장난으로 인연이 꼬여버린 항(亢), 벽(壁), 루(婁), 익(翼)의 애교 섞인 소동에 객석은 '원더풀'을 연발했다. 배우들은 공연 사이사이 신명나는 사물놀이를 선보이고, 도깨비불을 상징하는 야광 팔찌를 관객들에게 던져주며 호응을 이끌어냈다.
퍼거스 라이언 예술감독은 공연이 끝난 뒤 "원작을 한국 전통미를 살려 아름답게 재해석했다"고 평가하고 "페스티벌 최고의 공연"이라면서 엄지손가락을 치켜들었다. 공연을 보러온 빌 존스스톤씨는 "가슴을 담아 연기하는 배우들이 인상적"이라고 말하고 "사실 별로 기대를 안하고 봤는데, 지금까지 본 셰익스피어의 재해석 가운데 발군이다. 원작보다 더 풍부한 것이 놀랍다"고 찬사를 보냈다.

■ 시그마엔터테인먼터(연출 표인봉) <동키쇼>
　1. 2007.4.28.~6.30., 대학로 동키쇼 전용홀

2. 2007.7.1.~open run, 대학로 동키쇼 전용홀

개그맨 표인봉이 연출하고 김경식이 제작한 클럽 뮤지컬 <동키쇼>가 4월 28일부터 6월 30일까지 대학로 동키쇼 전용홀에서 공연되었고, 7월1일부터 오픈 런으로 시즌 2를 같은 장소에서 공연하였다. 시즌 2에서는 관객 참여도를 더욱 늘리고 인순이의 '밤이면 밤마다', 김건모의 '잘못된 만남' 등을 추가하였다. 그리고 오픈 런으로 계속해서 2010년 2월 7일까지 공연하게 된다.

◆ 2007.5.7. 세계일보 유명준 기자

여성관객들이 공연장에 입장하면서 놀라며 고개를 돌린다. 무대 앞이 아닌 모두들 벽에 붙어서 어쩔줄 몰라 수근대기만 한다. 뮤지컬을 보러 왔는데, 반라의 남녀들이 이곳저곳에서 춤을 추고 있고, 커플로 온 이들은 어색해 한다. 그러나 곧 DJ가 쇼의 시작을 알리고 클럽 직원으로 변신한 배우들이 관객들 사이에서 분위기를 띄우자 배우·관객 구분 없이 쇼를 즐기기 시작한다. 서울 대학로에서 공연되고 있는 브로드웨이 클럽 뮤지컬 '동키쇼'의 모습이다.

미국 브로드웨이를 비롯한 세계 12개 도시에서 매진 행진을 기록한 '동키쇼'는 이번 서울 무대가 아시아에서는 최초이다.

작품은 셰익스피어의 낭만 희극 '한여름 밤의 꿈'에서 중세의 숲을 찾은 연인들의 뒤죽박죽 사랑이야기를 디스코클럽의 해프닝으로 패러디했다. 16세기 고전을 1970~80년대 클럽문화를 주도한 디스코 음악에 접목해 일부 남녀들이 향유하던 클럽공연 문화를 중장년층으로 확대했다.

브로드웨이에서도 이 공연은 '처녀파티용' 공연으로 알려져 있다. 실제 동키쇼가 시작되기 전 극장 앞에는 일반 뮤지컬 공연 때 다수를 점하고 있는 커플 관객보다는 여성 관객이 더 많이 줄지어 기다리는 모습을 볼 수 있다.

■ 인천시립극단 (번안 홍창수, 연출 이기도) <신라의 달밤>
　1. 2007.7.13.~7.22., 인천종합문화예술회관 야외공연장
　2. 2007.7.27.~7.28., '제19회 거창국제연극제' 개막 공연작

<신라의 달밤>은 뮤지컬로 두 차례 공연돼 호평받았던 작품이다. 야외공연인 만큼 누구나 쉽게 관람할 수 있는 열린 공연이고, 음악극에 가까울 정도로 풍성한 노래와 음악이 공연 내내 이어진다. 또 탈춤, 북춤, 도깨비장난 등 다양한 볼거리가 여름밤을 배경으로 환상의 무대를 꾸민다.

원작의 시대 배경인 고대 그리스 아테네가 신라시대로, 서양 요정들이 사는 숲의 세계는 도깨비들이 사는 한국의 숲으로 바뀐다. 아테네의 젊은 청년들은 신라의 화랑들로 대치된다. 또 광대들의 막간극은 탈춤으로 변형돼 신명나는 놀이판을 벌인

다. 그러나 주제는 그대로다.

당대 최고의 화랑인 문창과 미흘은 모두 '수경' 낭자를 사모하고, 수경은 문창을 연모하는 삼각관계를 이루는데 옥향이라는 낭자가 미흘을 사랑하면서 젊은이들의 사랑은 복잡해진다. 게다가 이들의 사랑을 허락하지 않는 관습에 부딪히자 문창과 수경은 사랑을 지키기 위해 성 밖으로 도망친다. 하지만 한밤중에 도망을 간 곳이 하필이면 도깨비들의 놀이터였고, 도깨비들의 싸움에 끼어드는 형국이 되면서 모든 게 거꾸로 바뀐 세상을 만나면서 온통 뒤죽박죽이 된다.

혼란했던 한여름 밤이 꿈처럼 지나자 젊은 연인들은 더욱 절실하고 참된 사랑을 확인하고 혼례를 통해 아름다운 사랑의 결실을 거둔다.

■ 일본 극단 '어린이를 위한 셰익스피어 컴퍼니'
　(각색/연출 야마사키 세이스케) <한여름 밤의 꿈(夏の夜の夢)>
　2007.9.14.~9.16., 동숭아트센터 동숭홀

원작을 쉽고 개성있게 재해석하는 것으로 정평이 난 일본 극단 '어린이를 위한 셰익스피어 컴퍼니'가 2007년 9월 14일부터 16일까지 대학로 동숭아트센터 동숭홀에서 <한여름 밤의 꿈>(夏の夜の夢)으로 첫 내한공연을 하였다. 복잡 미묘한 연애감정에 얽힌 네 남녀가 하룻밤에 벌이는 사랑의 소동을 그린 셰익스피어 원작을 극단 대표인 야마사키 세이스케가 각색, 연출하였다.

1995년 창단된 '어린이를 위한 셰익스피어 극단'은 셰익스피어 작품만을 고수하며 일본 내에서 셰익스피어를 어린이부터 어른까지 누구나 즐길 수 있는 친숙한 극작가로 인식시키는 데 공헌해온 극단이다. 분량이 길어 자칫 지루하게 느껴질 수 있는 셰익스피어 대사를 2시간 내외로 정리하고, 대사는 초등학교 저학년도 이해할 수 있는 쉽고, 정확한 일본어로 전달한다.

한편 이번 공연에는 한국과 일본의 공연 가교역할을 해온 한국 배우 김태희씨가 배우로 참여해 눈길을 끌었다.

■ 극단 연인(각색/연출 박철완)
　<일장하야몽별곡>(一場夏夜夢別曲) 셰익스피어 남녀상열지사(男女相悅之詞),
　<한여름 밤의 꿈>에 관한 모든 것
　1. 2008.6.28.~7.20., 국립극장 별오름극장
　2. 2008.10.4.~10.12., 대학로 소극장 예술정원

셰익스피어의 <한여름 밤의 꿈>을 1996년 창단된 극단 연인의 박철완이 각색하고 연출하여 만든 이 공연의 제목은 참 길다. '<일장하야몽별곡>(一場夏夜夢別曲) 셰익스피어 남녀상열지사(男女相悅之詞), <한여름 밤의 꿈>에 관한 모든 것'이다.

2007년 '오프(off) 대학로 페스티벌'에서 공연된 작품으로, 허미아, 디미트리어스, 헬레나, 라이샌더 네 남녀의 얽힌 사랑과 사랑의 꽃을 두고 요정들이 벌이는 에피소드들이 꿈과 현실, 신화의 시대와 요정의 세계를 자유롭게 넘나들면서 자유로운 공간이동, 마술, 광대극 등 다양한 방식으로 사랑의 본질과 진정한 사랑의 존재 추적이 재미있는 공연이었다.

[시놉시스]
무대가 밝아지고, 배우들이 나와서 자기소개와 함께 공연에 대한 설명을 하고… 각자 스스로가 셰익스피어에 대한 전문가라는 듯 이야기 한다. 그러나 실상 이들의 지식이라는 것은 허상일 뿐이다. 셰익스피어나 사랑이나 아는 척 한다고 알 수 있는 것이 아니다.
이후 〈한여름 밤의 꿈〉의 이야기가 계속된다.
히폴리타의 결혼식 전, 마을의 처녀 허미아는 부친이 정해준 디미트리어스가 아닌 사랑하는 라이샌더와 함께 아젠스의 숲에 몸을 숨긴다. 디미트리어스는 그녀의 뒤를 따라 숲으로 들어가고, 디미트리어스를 짝사랑하는 헬레나도 숲으로 들어간다. 숲에는 많은 요정(妖精)들이 살고 있으며 이 숲을 지배하는 요정의 왕 오베론과 왕비 티타니아(그리스 신화의 아르테미스)가 인간처럼 부부싸움을 한다. 때마침 공작의 결혼식을 축하하려는 마을 사람들이 소인극(素人劇)을 준비하고 있었는데 사랑의 비약을 가진 요정 퍼크가 뛰어들어 갖가지 우스운 일들이 전개된다. 결국 디미트리어스와 헬레나, 라이샌더와 허미아가, 시슈스 공작과 히포리타와 함께 결혼식을 올리고 마을사람들의 우스꽝스러운 비극이 상연되어 모든 일이 즐겁게 끝난다.
다시 배우가 등장하여 한 바탕 꿈을 꾼 것이라 여기라며 끝낸다. 사랑은 '한여름 밤의 꿈'과 같은 것이다.

■ 극단 여행자 (각색/연출 양정웅) <한여름 밤의 꿈>
　1. 2008.7.25.~7.26., 마카오 문화센터 소극장
　2. 2008.7.30.~8.3., 인도 무타 벤카타수바 라오 극장
　3. 2008.8.14.~15., 경기 안산 예술의전당

2002년 초연돼 영국 바비칸센터, 에든버러 프린지 페스티벌, 홍콩 아트 페스티벌 등에서 호평을 받은 극단 여행자의 <한여름 밤의 꿈>(연출 양정웅)은 그 명성을 다시 한번 확인케 하였다. 2008년 7월 25일과 26일 마카오 유일의 정부운영 공연시설인 마카오문화센터 소극장(400석) 무대에 오른 <한여름 밤의 꿈>은 개막 전 일찌감치

전석 매진됐으며 2회 공연 모두 관객 전원 기립으로 끝났다. 그리고 8월에는 힌두 메트로플러스 시어터 페스티벌의 오프닝 작품으로 초청되어 14일과 15일 공연하였으며 역시 전회매진이라는 기록으로 인도도 점령하였다.

안산 예술의전당은 대한민국 연극계의 거목 구자흥이 이끌고 있다. 안산 예술의전당은 그동안 '보고싶은 연극' 관객설문조사를 실시해 관객들이 원하는 공연들만 엄선, 무대에 올리고 있다. 그 일환으로 극단 여행자의 <한여름 밤의 꿈>이 선정되어 2008년 8월 14일과 15일 공연하였다.

◆ 2008.7.28. 한국일보 김소연 기자

대부분의 관객은 공연 이후에도 로비에 남아 배우들과 사진을 찍고 "브라보"를 외쳐댔다. 마카오문화센터의 프로그래머 에릭 쿠옹 와 편은 "마카오 관객에게 오늘 같은 기립 박수나 로비에서 보인 호응은 좀처럼 보기 드문 일"이라며 놀라워했다.

이번 공연은 '현대적이고 독창성이 뛰어난 작품을 마카오 관객과 예술가들에게 소개한다'는 취지로 마카오문화센터가 기획한 시즌 프로그램 중 한 편으로 초대된 것. "특히 젊은 예술가들에게 한국 연기자들의 강렬한 에너지를 전해주고 싶었다"는 게 쿠옹 와 편의 말이다.

문화유산 경영을 전공하는 대학생 조지나 오거스토 데 소자(20)는 "<한여름 밤의 꿈>은 소설이나 다른 예술 장르로도 많이 접했지만 공감하기 어려웠는데 이렇게 관객과 잘 소통하는 작품은 처음"이라고 관람 소감을 밝혔다. 흥분을 감추지 못한 것은 공연 관계자들도 마찬가지였다.

홍콩 유명 극단 '시어터 앙상블'의 짐 침 슈이 맹 대표는 지난해 홍콩 아트 페스티벌에 초청된 이 작품을 놓친 게 못내 아쉬워 극단의 배우들을 모두 이끌고 마카오문화센터를 찾았다. 지난 4월 홍콩에서 자신들의 색채를 반영한 <한여름 밤의 꿈>을 무대에 올린 적이 있는 시어터 앙상블 관계자들은 연출가 양정웅씨에게 "좋은 작품에 감사하다"는 말을 연발했다.

침 슈이 맹 대표는 "언젠가 아시아의 여러 극단이 함께 모여 <한여름 밤의 꿈>을 공연하는 자리가 마련되면 좋겠다"는 제안을 하기도 했다. 문화비평가 저우 판 푸는 "셰익스피어 원작과 한국 전통문화 등 다양한 요소가 현대적인 감성으로 절묘한 조화를 이루고 있다"고 이번 공연을 평가했다.

■ '제19회 광주학생연극제' 참가작
광주동신고 (연출 기수진 교사) <한여름 밤의 꿈>
2008.9.5. 광주 남구문화예술회관

광주지역 고등학생들의 연극축제인 '제19회 광주학생연극제'가 2008년 9월 4일부터 7일까지 남구문화예술회관에서 펼쳐졌다. 이 행사에 광주동신여고가 지도교사기수진의 연출로 9월 5일 <한여름 밤의 꿈>을 공연하였다.

작품의 내용을 보면 수경은 문창과 몰래 만나 사랑을 키워왔지만, 집안에선 미홀에게 시집가라고 한다. 수경과 문창은 결국 야반도주를 결심하고 도깨비 숲에서 만나기로 한다. 한편 미홀에겐 그를 짝사랑하는 옥향이 있었는데, 옥향은 두 사람의 야반도주 계획을 미홀에게 알린다. 한편, 숲에 살던 도깨비왕은 도깨비여왕의 사랑을 의심하다 숲의 옹달샘에 저주를 내린다. 샘물을 마신 등장인물들의 애정관계가 꼬이기 시작한다.

■ 장선희 발레단 (대본 이문재 시인, 연출 송현옥, 안무 장선희)
　　<한여름 밤의 꿈> 2008.9.13.~9.14., 예술의전당 토월극장

이 작품은 발레와 랩, 현대무용, 연극을 결합시킨 크로스오버 발레로 2008년 서울문화재단 무대공연제작 지원사업 선정작이다.

2막 5장으로 구성된 이 작품은 21세기 사랑 풍속도를 보여주기 위해 극 배경을 2008년 서울로 옮겨 왔다. 이 작품은 어릿광대와 다양한 캐릭터가 등장하는 '극중 극' 형식으로 드라마를 강화했다. 또 첨단 조명과 영상을 이용해 무용수들 몸을 크게 확장시킨다.

장선희발레단 수석무용수 지수평, 김지원을 비롯해 김광현 SEO발레단원, 김애리 유니버설발레 단원, 최문석, 류장현 뒷마루무용단 수석무용수 등이 출연하였다.

장선희 교수는 "남녀 간 사랑은 시간과 공간을 뛰어넘어도 언제나 예측 불가능하다"며 "17세기 영국 셰익스피어가 표현한 사랑과 21세기 서울의 사랑을 비교해보면 그 의미를 알 수 있을 것"이라고 설명했다.

여러 분야의 대가들이 참여한 것 또한 이채롭다. 대본은 이문재 시인이, 연출은 연극 연출가 송현옥, 조명은 이상봉 한국예술종합학교 연극원 교수, 그리고 안무는 장선희 세종대 무용과 교수가 맡았다.

■ '제16회 거창겨울연극제' 2008.12.5.~12.20.
　부산 장안중학교 <한여름 밤의 꿈>

경남 거창연극제육성진흥회는 2008년 12월 5일부터 20일까지 거창연극학교 장미극장에서 '제16회 거창겨울연극제'를 열었다. 연극제에는 거창뿐 아니라 부산, 거제, 사천, 진해, 통영, 함양 등지의 초등학교 12개교, 중학교 6개교, 고등학교 3개교를 비롯해 장애우, 공부방, 노인 등 8개 사회단체 연극팀이 참가하였으며 뮤지컬, 창극, 영어연극 등 다양한 장르에서 총 30편이 공연되었다.

이 연극제에 청소년 연극으로는 표현하기 어려운 셰익스피어 작품 <한여름 밤의 꿈>을 부산 장안중학교가 공연하였다.

■ 극단 여행자 (각색/연출 양정웅) <한여름 밤의 꿈>
　1. 2009.4.10.~4.17., '제1회 김해아시아공연예술제' 참가작 김해 대성동 고분굴 특설무대
　2. 2009.7.8.~7. 29., '제1회 정보연극전-다시(多視)' 참가작 대학로 정보소극장
　3. 2009.8.21.~8.22., 옥천군 문화예술회관
　4. 2009.11.13.~11.14., 과천시민회관 대극장

아시아 공연예술가들이 참가하는 '제1회 김해아시아공연예술제'가 2009년 4월 10일부터 17일까지 김해 대성동 고분굴 특설무대에서 진행되었다. 김해시가 주최하고, 극작가 겸 연출가인 이윤택 동국대 교수가 예술감독을 맡았다. 이 행사는 가야문화축제의 한 프로그램으로 2009년에 처음 마련된 행사로 2009년 김해로 배우들의 생활공간을 옮기는 연희단거리패가 아시아 공연예술의 전통성과 원형을 보존하고 21세기 동시대 공연예술을 재창조하기 위해 이 예술제를 제작하게 된 것이다.

이번 축제에는 한국, 일본, 몽골, 인도의 공연예술가들이 참여해 각국 전통에 바탕

을 둔 공연 6편이 무대에 올랐다. 이 행사에 극단 여행자의 <한여름 밤의 꿈>이 마지막 공연으로 피날레를 장식하였다.

극단 골목길, 극단 풍경, 극단 작은신화, 극단 여행자, 극단 백수광부 등 대한민국의 내노라할만한 명함을 지닌 극단 다섯 곳이 정보소극장에 모였다. 정보소극장은 2008년 폐암으로 별세한 배우 박광정이 운영하던 대학로의 소극장으로 극단 파크의 대표였던 박씨의 뒤를 이어 5개 극단이 극장 운영을 자처하고 나서 대표작들로 구성한 '제1회 정보연극전-다시(多視)'를 2008년 5월 27일부터 8월 2일까지 공연하였다. 극단 여행자가 이 행사에 참가하여 <한여름 밤의 꿈>을 7월 8일부터 29일까지 공연하였다.

■ 극단 한양레퍼토리 (연출 최형인 교수) <한여름 밤의 꿈>
   2009.6.27.~8.2., 예술의전당 자유소극장

이 연극에서 TV 탤런트 김효진이 극 중 약혼자 드미트리어스에게 버림받지만 여전히 그를 사랑하는 여자 헬레나로 생애 첫 연극 공연에 출연하였다. 드미트리어스 역에는 한양대학교 예술학부 연극전공에 09학번 신입생으로 입학, 지금은 고인이 된 고 최진실의 남동생 최진영이 최 교수의 제안으로 맡게 되었다. 이 외에 이문식, 조민기, 안내상, 홍석천 등 한양대학교 동문 선, 후배 연기자들이 대거 참여한 무대였다.

■ 극단 서울 어린이 뮤지컬 <한여름 밤의 꿈>
   2009.7.29.~8.2., 대학로 아시스탄홀

14년째 영어 뮤지컬을 무대에 올리고 있는 극단 서울은 어린이 눈높이에 맞춘 어린이 뮤지컬 <한여름 밤의 꿈>을 7월 28일부터 8월2일까지 대학로 아시스탄홀에서 공연하였다.

■ 극단 연인 (각색/연출 박철완)
   <장하야몽별곡(一場夏夜夢別曲), 셰익스피어 남녀상열지사(男女相悅之詞)-햄릿의 한여름 밤의 꿈>
   2009.8.5.~8.20., 국립극장 달오름극장

극단 연인은 8월5일부터 20일까지 국립극장 달오름극장에서 셰익스피어의 대표적인 비극 '햄릿'과 희극 '한여름 밤의 꿈'을 장자의 호접몽(胡蝶夢)으로 묶어낸 <일

장하야몽별곡(一場夏夜夢別曲), 셰익스피어 남녀상열지사(男女相悅之詞)-햄릿의 한여름 밤의 꿈>을 공연하였다.

극단 연인의 대표 박철완은 '일장하야몽별곡(一場夏夜夢別曲), 셰익스피어 남녀상열지사'라는 제목으로 '한여름 밤의 꿈'을 세 차례 번안, 무대에 올렸다. 연출자 박철완은 이번에는 햄릿까지 연결, 언어를 가급적 줄이고 배우의 몸과 무대가 조화를 이룬 절제된 이미지로 희극과 비극을 하나의 작품 속에 얽어냈다.

햄릿은 부왕의 급작스러운 서거 뒤 어머니 거트루드가 삼촌 클로디우스와 결혼하고 삼촌이 왕위를 계승하자 충격을 받고 방황한다. 햄릿은 어머니가 마련한 연극과 펜싱경기를 보다가 사랑하는 여인 오필리어의 무릎을 베고 잠이 든다. 그는 "사느냐 죽느냐 그것이 문제"라고 고민하며 피의 복수극을 벌이는 원작 '햄릿'의 꿈과 참된 사랑을 찾아 헤매는 '한여름 밤의 꿈'을 동시에 꾼다. 문득 잠에서 깨어난 햄릿은 어느 것이 진짜 꿈인지, 현실이 꿈인지, 꿈이 현실인지 몽롱하다.

■ 경희대 연극영화과 출신 배우들 <한여름 밤의 꿈>
　2009.8.26.~8.31., 경희대 평화의 전당

경희대 연극영화과 출신 배우들이 참여하여 8월 26일부터 31일까지 경희대 평화의 전당에서 뮤지컬 <한여름 밤의 꿈>을 공연하였다. 청춘 남녀와 요정들이 어우러져 벌이는 사랑의 소동을 그린 셰익스피어 희극을 더 젊고 톡톡 튀는 분위기로 재해석한 작품이다. 경희대 개교 60주년을 기념한 이 공연에는 FT아일랜드의 보컬 이홍기가 여주인공 허미아를 사랑하는 라이샌더 역을 맡아 키스신을 열연하였고, 이외에 전재형, 정인지, 최은석 등 경희대 연극영화과 출신들이 참여하였다.

■ '2009 셰익스피어 페스티벌(전국 대학생 원어극 경연대회)'
　강릉원주대학교 영여영문학과 뮤지컬 <한여름 밤의 꿈>
　　1. 2009.9.7., 국립극장
　　2. 2009.9.27., 해람문화관

지방 국립대인 강릉원주대학교 영어영문학과 학생들로 구성된 뮤지컬 팀이 국립극장에서 열린 셰익스피어학회와 국립극장이 공동주최한 '2009 셰익스피어 페스티벌(전국 대학생 원어극 경연대회)'에서 뮤지컬 <한여름 밤의 꿈>을 열연해 대상 격인 최우수 작품상을 받았다. 강릉원주대는 대학생 원어극 경연대회에서 6년 연속 최고상을 차지한 대학이다.

국어국문학과, 영어영문학과, 독어독문학과, 중어중문학과, 일본학과, 철학과, 사학과, 유아교육과 등 모두 8개 학과가 설치된 강릉원주대 인문대학은 폐쇄적이고 국한된 전공 연구실, 대학강단에서 벗어나 자연과 지역사회, 대중들과 함께 인문학의 새 지평을 넓혀나가겠다는 각오로 '2009 인문주간 축제'를 9월 21일부터 27일까지 강릉원주대 강릉캠퍼스 및 양양 일원에서 펼쳤다. 특히 마지막 날인 9월 27일에는 해람문화관에서 셰익스피어 비극 <햄릿>과 <맥베스> 중 명장면을 원어극 공연으로 공연하였고, '셰익스피어 페스티벌' 6년 연속 최우수상을 수상한 셰익스피어의 <한여름 밤의 꿈>을 영어 뮤지컬로 공연하였다.

■ 연희단거리패 (각색 이채경, 연출 남미정) <한여름 밤의 꿈>
  1. 2009.10.3.과 10.10., 밀양연극촌 우리동네극장
  2. 2009.10.30.~11.8., 부산 거제 가마골 소극장
  3. 2009.11.26.~12.26., 마마지아트센터 눈빛극장
  4. 2010.1.15.~1.31., 부산 거제 가마골소극장

밀양 주민들은 서울 대학로 '공연촌'이 부럽지 않다. 올해로 개촌 10년째를 맞은 국내 유일의 연극 테마 마을, '밀양 연극촌'이 있어서다. 밀양 연극촌은 '살기좋은 지역만들기' 사업이 진행된 3년간 민·관의 끈끈한 협력 속에 역대 최대 관광 인파가 몰리는 등 밀양의 '랜드마크'로 거듭나고 있다. 노인들만 가득했던 마을에는 젊은 배우들과 주변 지역 주민들까지 어우러져 지역 공동체에 활력이 돈다.

이번 공연은 한겨울에 공연되다보니 이 공연의 명제는 '한겨울 밤을 견디기 위한 한여름 밤의 꿈'이었다.

이 작품은 셰익스피어의 <한여름 밤의 꿈>을 동시대적 상상력으로 풀어낸 판타지 뮤지컬이다. 사랑하나 사랑이 불안한 젊은이들, 꿈을 이루고자하나 배가 고픈 쟁이들, 우주의 종말의 이유를 알지 못하고 여전히 싸우는 우주인들이 등장하는 난장뮤지컬이다. 모든 것이 멸종해버린 빙하기처럼 꿈도 사랑도 부질없어진 21세기 지구 위의 한겨울밤을 견디는 인간들의 꿈과 사랑을 다룬 뮤지컬이다.

[줄거리]
뉴욕을 배경으로 펼쳐지는 한 바탕 꿈의 난장.
21세기, 세기의 중심 뉴욕에는 지구창조의 비밀을 가지고 있는 우주인들이 살고 있다. 끊임없이 싸워대는 금성인 티타나와 화성인 오베론 부부, 그리고 퍽, 결국 오베론과 티타나의 부부싸움은 지구인들이 더 이상 지구 위에 존재하는 사랑을 믿지 못하게

만들고, 지구를 황폐하게 만들어 인간이 우주 밖 미지의 세계로 탈출을 꿈꾸게 한다. 지구의 한 모퉁이 서울에는 결혼식을 앞두고도 더 이상 지구 위에 존재하는 사랑에 대해 믿음을 가지지 못하는 현정과 그녀의 애인 준호가 살고 있다. 그들은 사랑과 꿈의 도시 뉴욕에서 결혼식을 앞두고 있다. 그러나 그들의 결혼식이 이루어지는 뉴욕에는 아버지를 피해 뉴욕으로 도망치는 꽃님과 남훈, 사랑하는 꽃님을 쫓아 지구 끝까지라도 따라갈 강현과 강현을 보면 아파울 정도로 아픈 사랑을 하는 예빈의 엎치락뒤치락 한바탕 사랑의 소동이 기다리고 있다.

꿈과 문화의 중심 뉴욕에는 꿈을 안고 뉴욕으로 유학 온 쟁이들이 있다. 그들은 밥과 꿈 사이에서 배고픔을 느끼며 변기를 뚫고, 소독을 하고, 청소를 하고, 네일아트를 한다. 그들은 준호와 현정이 뉴욕에서 결혼한다는 정보를 입수하고 자신들의 꿈과 그들의 결혼을 축하하기 위한 연극을 준비한다.

파편화된 지구의 도시 뉴욕에서는 서로 다른 존재들이 공존하고 연민하고 결국 하나가 되어가면서 꿈과 사랑과 난장을 한여름 밤의 꿈처럼 펼친다.

필자는 언젠가 한번은 밀양연극촌에 대하여 설명하고 싶었다. 필자의 어설픈 설명보다는 2009.10.14. 서울신문 강주리 기자가 훨씬 잘 설명하였기에 그의 기사를 전재한다.

경남 밀양시 가산리 밀양연극촌 전경. 고령화와 인구 감소로 침체된 마을에 활기를 되찾아주었다.

◉1000석 이상 야외무대 설치

연희단거리패의 연출가인 남미정(41) 밀양연극촌장은 "주말 공연에는 밀양 주민뿐 아니라 부산·마산·창원 등의 주변 지역 주민들도 즐겨 찾는다."고 말했다.

밀양시는 1999년 연극단체인 연희단거리패에 폐교된 월산초교 부지와 건물 36만㎡를 무상임대했다.

입촌 당시 열악했던 연극촌은 1000석 이상의 야외무대를 비롯해 의상제작실, 자료관, 관람객이 숙박할 수 있는 게스트하우스, 배우들의 숙소인 화이트하우스까지 갖췄다. 현재 60여명의 배우들이 상주하고 있는 밀양 연극촌은 손숙 전 환경부 장관이 이사장을, 이윤택 전 국립극단 예술총감독이 예술감독을 맡는 등 유명 예술인들이 대거 참여하고 있다.

고령화와 인구 감소로 침체된 마을의 농가 소득 증대와 활기를 되찾기 위해 우선 밀양시는 연극촌 내 300~400석의 소극장을 정비했다. 막대한 비용이 필요한 '밀양 여름공연예술축제' 예산도 전격 지원했다. 관람객의 편의를 위해 화장실을 새로 짓고 경관조명을 꾸며 마을을 화사하게 만들었다.

시범마을로 지정된 퇴로·월산·청운 등 주변 3개 마을 주민들의 지원도 뜨겁다. 퇴로 마을은 내년 말까지 관광객 200명이 숙박할 수 있도록 민가를 리모델링하고 있다.

◉연간 방문객 13만명 육박

이 같은 민·관의 노력 덕분에 지역의 관광객 수는 크게 늘었다. 지난 여름 열렸던 '밀양여름공연예술축제'는 역대 최다 관객인 3만 1544명이 공연을 관람했다. 특히 신종플루 여파에도 불구하고 1일 관람객 수는 2867명으로 10년 만에 최고를 기록했다.

축제기간 관람객 수도 2006년 2만 4012명에서 시범마을로 선정된 2007년 2만 8010명, 지난해에는 3만 649명으로 늘어났다. 연간 방문객 수는 13만명에 육박한다. 주민과 밀양시, 배우들이 만들어낸 합작품이었다.

■ SM아트컴퍼니 (각색/연출 표인봉) <동키쇼>
2009.11.3.~2010.2.7., 홍대 클럽 코쿤

이런 애들이 10여명이 나옴. 그래서 그런지 유독 여자끼리 온 관객이 많았다나!!!

클럽 뮤지컬 <동키쇼>는 남성들의 총각파티 못지않게 여성들의 스트레스를 날려주는 전 세계적으로 사랑받아온 작품이다. '미성년자 관람 불가'를 표방한 뮤지컬 '동키쇼'가 2009년 11월 13일부터 2010년 2월 7일까지 석달 넘게 서울 홍대 클럽 코쿤에서 앙코르 공연되었다. 개그맨 표인봉이 각색하고 연출한 이 작품은 셰익스피어의 <한여름 밤의 꿈>과 1980년대의 디스코 음악, 춤을 곁들인 쇼로 2007년부터 대학로 동키쇼 전용홀에서 공연되어 왔던 작품으로 제작자와 장소를 바꾸어 새로이 공연되는 것이다.

<한여름 밤의 꿈>이 숲속에서 연인을 찾아 헤매는 내용이었다면 <동키쇼>에서는 <한여름 밤의 꿈>의 숲속이라는 공간이 나이트클럽으로 변모해 연인들이 서로를

찾는 것을 기본 줄거리로 하고 있다.

　이 공연의 가장 진수는 볼거리다. '클럽뮤지컬'이라는 명칭에 어울리게 반라의 연기자들이 섹시하면서도 시원하고 파워풀한 댄스를 선보이고 공연 전후에는 댄스 타임을 가져 관객들이 수동적으로 공연을 보는 것에 그치지 않고 직접 춤을 추며 즐길 수 있도록 했다.

■ 꿈돌이인형극단 (연출 신용우) <한여름 밤의 꿈>
　　2008.11.26.~11.28., 신천초등학교, 쌍용초등학교
　　2. 2009.11.10~11.28., 어린이 전용 소극장 여우

　이제 인형극을 보러 갈 차례이다. 여우 컴퍼니의 꿈돌이인형극단은 셰익스피어 작품을 쉽게 재구성 해 아이들의 눈높이에 맞춘 인형극 <한여름 밤의 꿈>을 2008년 영월군 무대공연작품 제작지원사업으로 선정하여 11월 26일부터 28일까지 공연하였으며, 그 다음해인 2009년 11월 10일부터 11월 28일까지 춘천 교대앞 어린이 전용 소극장 '여우'에서 공연하였다.

　이 인형극은 셰익스피어의 <한여름 밤의 꿈> 원작 중 신비한 요정의 나라와 같은 동화적인 요소를 인형과 인형극 배우가 무대에서 함께 연기를 선보이는 색다른 형식으로 재구성해 50여분간 공연되었다.

■ 액션가면 (연출 김성진) <한여름 밤의 꿈>
　　2010.2.4.~2.7., 나무와 물 극장

　공연예술단체 액션가면은 2월 4일부터 7일까지 대학로 나무와 물 극장에서 "프로와 아마추어 엄마와 아들, 선생님과 제자가 함께 만든"기치 아래 제1회 '경계없는 시민 연극축제'를 열었고, 이 행사에 일반인들과 전문 공연인들이 모여 함께 만드는 무대로, 셰익스피어의 <한여름 밤의 꿈>을 공연하였다.

■ 서울시극단 (연출 이창직) <한여름 밤의 꿈>
　　1. 2010.6.1., 종로구 교동초등학교 강당
　　2. 2010.6.9., 서울 마포구 성산동 나눔교회
　　3. 2010.6.11., 은평문화예술회관
　　4. 2010.6.13., 구로구 가리봉동 외국인근로자 지원센터 강당
　　5. 2010.8.6.~8.8., 번동 북서울 꿈의 숲 '퍼포먼스홀'

　1997년 창단된 서울시극단은 세종문화회관 산하의 전속 예술단체로 위 행사의 일환으로 2010년 6월 1일 종로구 교동초등학교 강당에서 특별한 공연을 하였다. 서울시극단이 이날 선보인 공연은 윌리엄 셰익스피어 원작의 <한여름 밤의 꿈>으로, 세종문화회관 공연용으로 마련한 것이 아니라 학생들을 위해 특별히 준비한 작품이다.

　또한 서울시극단은 6월 9일에는 서울 마포구 성산동 나눔교회에서 마포장애인종합복지관 소속 장애우들 앞에서, 6월11일에는 은평문화예술회관에서 은평구의 초청으로 셰익스피어의 4대 희극 중 하나인 <한여름 밤의 꿈>을 공연하였다. 그리고 6월 13일에는 구로구 가리봉동 외국인 지원센터 강당에서 외국인 근로자 앞에서 공연하여 그들의 노고를 조금이나마 위로해주었다.

◆ 2010.6.6. 한국일보 강철완 기자

세종문화회관이 찾아가는 무료 공연의 일환으로 7년째 진행하고 있는 '함께해요 나눔예술'이 공연 횟수 1,000회를 돌파하며 시민들의 뜨거운 호응을 얻고 있다.
나눔예술 공연은 수준 높은 문화예술을 접할 기회가 없는 소외계층을 직접 찾아가는 현장공연으로, 세종문화회관이 사회봉사 차원에서 실시해온 장수 프로그램이다. 그동안 세종문화회관 산하의 서울시국악관현악단을 비롯해 합창단, 뮤지컬단, 무용단, 극단, 오페라단, 소녀소년합창단, 유스오케스트라단, 청소년국악관현악단 등 9개 예술단이 번갈아가며 서울 구석구석을 방문해 소외된 이웃의 눈과 귀를 즐겁게 해왔다.
공연 장소는 고아원, 병원, 재활센터, 장애인복지관, 학교, 보호관찰소, 구청 문예회관 등으로 현실적인 여건상 문화예술을 접하기 어려운 이웃들과 입시 준비로 심신이 찌든 학생들이 모여 있는 곳이다.
올해부터는 중·고교 대신 초등학교 학생들을 대상으로 한 공연을 대폭 강화해 어린이들의 문화 감수성을 키우는데 주력하고 있다. 최근에는 소외계층이 공연에 직접 출연해 자존감을 높이는 기회를 제공하고 있다. 공연장도 남산과 서울광장 등 야외로 확대하고 있다.

■ '제18회 젊은연극제 참가작'
　수원대 연극학부 학생들 <한여름 밤의 꿈>
　2010.6·25.~6.26., 한국문화예술위원회 마당 야외무대

'제12회 젊은 연극제'에 참가하여 2004년 6월 26일부터 6월 28일까지 대학로 학전블루에서 <한여름 밤의 꿈>을 공연하였던 수원대 연극영화학부는 2010년 '제18회 젊은 연극제'에서도 <한여름 밤의 꿈>을 6월 24일 동숭동 한국문화예술위원회 마당 야외무대에서 공연하였다.

작품에 대한 설명은 자료가 미비하여 기술할 수 없지만, 그래도 필자가 연극학부 대학생들이 배우의 꿈을 갖고 이를 위해 노력하고 공연하는 사실을 너무나도 잘 알기에 이들의 노고를 조금이라도 위로하고 격려하는 차원에서라도 이들의 공연을 짧게라도 언급하는 것이 필자가 해야할 일이라고 생각하여 너무나도 죄송한 마음으로 이들의 공연사실을 올린다.

■ 극단 여행자 (각색/연출 양정웅) <한여름 밤의 꿈>
　1. 2010.7.30.~8.1., '2010 인천펜카포트페스티벌' 참가작 부평아트센터
　2. 2010년 8 ~10월, '센터 스테이지 코리아 호주' 선정작
　3. 2010년 10월, '광주국제공연예술제' 초청작

문화체육관광부에서 주최하고 (재)예술경영지원센터가 주관하는 세계 각국의 주요 공연장, 축제와의 협력 하에 추진하고 있는 국제교류 및 시장개발 사업인 '센터 스테이지 코리아(center stage korea)' 사업의 일환으로 한국현대공연 6개 단체의 7개 작품이 2010년 8~10월 콜롬비아와 브라질, 호주에 진출하게 되었다. '센터 스테이지 코리아'는 공연예술작품의 해외유통구조 개선 및 효과적인 해외진출 지원을 미션으로 2008년부터 본 사업을 주관하고 있다.

'센터 스테이지 코리아 호주(center stage korea in australia)'는 다원 페스티벌, 더 아츠 센터(케네스 마이어 아시아연극시리즈), 오즈아시아 페스티벌과의 협력으로 진행된다. 2010년 8월 20일부터 10월 1일까지 호주 4개 도시, 2개 페스티벌과 2개 극장에서 한국공연단체의 작품이 공연되었는데 참여작으로는 극단 사다리의 <시계가 멈춘 어느 날>, 극단 여행자의 <한여름 밤의 꿈>과 <햄릿>, 극단 예감의

<점프>가 선정되었다.

■ 연희단거리패 (재구성 이채경, 연출 남미정) <한여름 밤의 꿈>
   1. 2010.7.29.~7.31., '제10회 밀양여름공연예술축제' 참가작 성벽극장
   2. 2010.8·15., '제22회 거창국제연극제' 참가작, 거창 수승대

'밀양여름공연예술축제'가 2001년 소박한 동네축제로 시작해 10돌을 맞으며 2009년 국고지원 공연예술행사 평가 15개 연극축제 중 1위로 선정되는 등, 대한민국 대표 공연예술축제로 성장하고 있다. 지역 연극의 메카 경남 밀양에서 펼쳐지는 '2010 밀양여름공연예술축제'가 7월 22일부터 8월1일까지 밀양시 부북면 밀양연극촌에서 막을 올렸고, 이번 축제는 '21세기에도 여전히 연극은 연극이다'를 주제로 영국과 독일, 일본 등 해외 3개국을 포함해 30개 극단, 31개 작품이 57회 공연되었다. 특히 이번 축제에는 국내에서 처음 시도되는 야외 성벽극장이 개장돼 연극촌 운동장 전체가 객석이 되는 초대형 야외극장이 꾸며져 눈길을 끈다.

연희단거리패는 셰익스피어 원작의 감동을 동시대 젊은이의 감성으로 재해석한 뮤지컬 <한여름 밤의 꿈>을 7월 29일부터 31일까지 밀양연극촌에서 공연하였다. 지구 창조의 비밀을 가진 우주인이 뉴욕에 산다는 설정이 재미있다. 우주인은 지구인이 사랑을 믿지 못하게 만들어 지구를 떠날 꿈을 꾸도록 한다. 이런 상황에서 일어나는 두 연인의 한바탕 소동을 그렸다.

■ '2010 전국 대학 뮤지컬페스티벌' 참가작
   영산대 연기뮤지컬학과 <한여름 밤의 꿈>
   2010.8.22., 의정부 예술의전당

뮤지컬스타를 꿈꾸는 대학생들이 실력을 뽐내는 '2010 전국 대학 뮤지컬페스티벌'이 8월 20일부터 30일까지 의정부 예술의전당에서 펼쳐졌다. 6회째를 맞이하는 이 행사는 '젊음의 끼! 젊음의 열정! 렛츠고 뮤지컬!'이 주제로 전국 예선을 통과한 대학 뮤지컬 7개 팀이 참가하여 경합을 벌였다.
참가작은 서경대 연극영화학과의 <굿바이 걸>, 영산대 연기뮤지컬학과의 <한여름 밤의 꿈>, 단국대 공연영화학부의 <숲 속으로>, 세종대 영화예술학과의 <사운드리스>, 명지대 예술종합원의 <맨 오브 라만차> 등이었다.

■ 독일 칼스루에 국립극장 창작발레 <한여름 밤의 꿈>

1. 2010.10.8. ~10.9., '제4회 세계국립극장페스티벌' 참가작 국립극장 해오름극장
2. 2010.10.12., '2010 대구국제오페라축제' 참가작 수성아트홀 용지홀
3. 2010.10.15.~10.16., 안양아트센터

세계 각국을 대표하는 국립공연단체의 대표작을 감상할 수 있는 '제4회 세계국립극장페스티벌'이 9월1일부터 10월30일까지 두 달 동안 서울 중구 장충동 국립극장 해오름극장, 달오름극장, 하늘극장, 별오름극장 등에서 미국, 일본, 헝가리, 이집트, 스페인, 나이지리아, 슬로바키아 등 9개국 30여개 단체가 참가한 가운데 열렸다.

이 행사에는 2개의 셰익스피어 작품이 공연되었다. 헝가리 빅신하즈 극장은 헝가리 현대 예술의 감수성으로 셰익스피어를 새롭게 해석한 <오셀로>(9월 17~19일)를, 독일 카를스루에 국립극장은 창작발레 <한여름 밤의 꿈>(10월 8~9일)을 각각 국립극장 해오름극장에서 공연하였다.

칼스루에 국립발레단은 1662년 창단돼 300여년의 역사를 지니고 있으며 2003년 독일 슈투트가르트발레단의 프리마발레리나 출신인 비르기트 카일이 예술감독으로 임명된 뒤에는 세계적인 발레단으로 도약하고 있다는 평가를 받고 있다.

이번에 공연하는 작품은 셰익스피어의 희극과 멘델스존의 음악을 바탕으로 만들어진 현대적인 발레 <한여름 밤의 꿈>이다. 이 작품은 뉴욕시티발레단의 상임안무가였던 조지 발란신 원작을 유리 바모스(Youri Vamos)가 재안무한 작품으로 국제무대에서 공연되기는 이번이 처음이다.

멘델스존 탄생 200주년을 기념하며 만들어진 이 작품은 현지 공연 당시 전석매진 사례를 기록할 만큼 예술성과 흥행성을 동시에 갖추고 있는 것으로 전해졌다.

■ '제1회 한국국공립극단 연극페스티벌' 개막작,

서울시립극단 <한여름 밤의 꿈>, 2010.10.6., 서라벌문화회관

'제1회 한국국공립극단 연극페스티벌'이 10월 6일 경북 경주에서 막을 올렸다. 경주시가 주최하고 한국국공립연극단 협의회가 주관한 이번 대회는 10일동안 경주예술의 전당 대공연장과 서라벌문화회관에서 열렸고 서울, 경기, 부산, 대구 등 전국 9개 국공립연극단이 참가해 작품을 선보였다. 서울시립극단은 이 행사에 참가하여 <한여름 밤의 꿈>을 공연하였다.

■ MBC 무한궤도 <한여름 밤의 꿈>, 2010.10.9.

정말 희한한 <한여름 밤의 꿈> 공연이 있었다. 아마 지구상에 이번 공연이 유일한 공연일 것이다. 10월 9일 MBC 무한도전(멤버 유재석, 박명수, 정준하, 정형돈, 노홍철, 하하, 길)편은 이번에는 '2011 도전, 달력모델'이었다. 2011년 7월 달력촬영은 이색적으로 연극무대에서 이뤄졌다. 셰익스피어의 희극 <한여름 밤의 꿈>을 주제로 공연과 사진촬영을 동시에 진행한 것이다.

이번 달력 촬영에서 멤버들은 영문도 모른 채 오로지 마음에 드는 이름을 뽑아 역할을 나누고 연인, 여왕, 요정 등 연극 속 다양한 캐릭터로 변신했다. 특히 중세시대 의상과 분장, 헤어 등으로 연극 특유의 환상적인 분위기를 완벽하게 재현했다. 멤버들의 놀라운 변신이 예고됐다. 멤버들의 모델 선생님인 모델 장윤주 역시 여주인공 헬레나로 분해 어설픈 발연기를 펼쳤고 이것이 오히려 예능 퀸으로 등극하게 만들었다.

　사진 촬영 후 탤런트 조민기가 심사위원으로 참석하여 냉정한 평가가 있었고, 그 결과 길이 꼴찌를 했고 꼴찌에게는 누드모델이 돼야 하는 벌칙이 주어졌다. 비밀스런 이야기지만 결국 길의 누드촬영이 이뤄졌고, 이날 길은 미대생들 앞에서 옷을 벗었다. '무한도전' 제작관계자는 "길이 전부 벗었다. 실오라기 하나 걸치지 않았다"면서 "이후 방송에서 공개 수위를 결정할 예정이다. 달력을 통해서도 그 모습을 확인할 수 있을 것이다"고 밝혔다.

　그러나 이번 도전은 실망스러웠다. 토요일 예능의 동시간대 최고로 군림하던 MBC 무한도전이 시청률이 급락하며 SBS 놀라운대회 스타킹에 근소한 차이로 추격을 허용했다.

"무도 멤버들의 연극 분장과 어설픈 연기력으로 잔재미 정도는 간간히 줬지만 큰 웃음은 선사하지는 않았다. 또한 멤버들이 댄스스포츠나 레슬링특집 같이 고단한 연습과정을 통해 무대에 오르는 감동 또한 없었다. 한마디로 오락성이 가미된 재미도 없고, 확실한 주제 의식과 교훈성이 내재된 감동도 없는 두 마리 토끼를 다 놓친 셈이라 아쉬움을 남긴다."는 평가를 받았다.

■ 극단 여행자(역 김지영, 재구성/연출 양정웅)
<한여름 밤의 꿈>
2011.8.3.~8.21., 명동예술극장 10주년 초청무대

　작품에 대한 설명은 생략하기로 하고 연극평론가 박정기 씨의 글을 소개하고자 한다.

　1995년 예술의 전당 자유소극장에서 한양레퍼토리극단 대표인 최형인 교수의 번역과 연출로 보여준 〈한여름 밤의 꿈〉과 2002년 예술의 전당 뒷산의 야외공연장에서의 극단 미추의 〈한여름 밤의 꿈〉이 탁월한 공연으로 필자의 기억에 남아있고, 특히 미추의 공연에서는 공연 중 갑자기 폭우가 쏟아졌는데, 극단이 제공한 비옷을 입고, 필자의 어린 두 딸이 자리를 뜨지 않고 끝까지 공연을 흥미롭게 지켜보던 모습이 잊혀지지는 않는다.

2005년 연세대학고 재학생과 동문 합동공연으로 〈한여름 밤의 꿈〉이 8,000명이 앉아 관람할 수 있는 연세대학교 노천극장에서 공연되었는데, 원로 임택근, 오현경 선생을 비롯해 서승현, 김종결, 박정국, 지영란, 노미영, 이대연 등 연희극예회 동문 연극인들의 열연과, 공연 대단원에 무대 위로 높이 떠오른 하늘의 보름달이 공연효과를 상승시켜, 8,000명의 관객이 환호하며 갈채하던 모습은 큰 감동으로 필자의 기억에 남아있다.

극단 여행자의 〈한여름 밤의 꿈〉은 2005년 영국 에딘버러 프린지 페스티발(Edinburgh Fringe Festival)에서 세계인들의 각광을 받았다. 금년 9월에 중국 지난시(濟南市)에서 개최되는 제18회 베세토연극제 참가 예정작이기도 하다.

■ 광주 푸른연극마을 (연출 오성완) 〈한여름 밤의 꿈〉
   2011.8.10.~8.14., 광주 유스퀘어 문화관 동산아트홀

광주 푸른연극마을은 2005년에 이어 2011년 8월 10일부터 14일까지 광주 유스퀘어 문화관 동산아트홀에서 셰익스피어의 원작에 우리 고유의 설화, 음악, 춤 등을 접목시켜 재창작하여 〈한여름 밤의 꿈〉을 공연하였다. 유스퀘어 문화관 동산아트홀은 이번 공연을 위해 전면 해체, 별과 달, 풀벌레 소리가 가득한 한여름 밤 숲 속을 그대로 옮겨놓은 듯한 무대로 바꾸었다.

이번 공연은 신비로움과 마술적 요소를 지닌 원작의 요정들이 도깨비로 변화해 우리의 전래동화와 접목됐고 고유의 가면극, 마당놀이의 극적 요소가 가미됐다. 이 지어스, 허미아, 라이센더, 디미트리어스 등 등장인물들의 이름을 우리와 친숙한 낭화, 아루, 바우, 비비 등으로 변화시켰고 원작에서 피라므스와 시스비의 처참한 죽음을 다룬 슬픈 희극을 전래 설화 중에서 '아사달과 아사녀'의 이야기를 다룬 '무영탑' 이야기를 소재로 한 극중극으로 재구성했다.

■ '제15회 전국청소년연극제' 초청작
   일본 세이케이고교 〈한여름 밤의 꿈〉 2011년 8월 .

한국연극협회가 주최하는 '제15회 전국청소년연극제' 행사에서는 2011년 5월~7월 전국 180여개 고등학교를 대상으로 치러진 예선을 거쳐 본선에 진출한 18개 고교 연극반이 서로의 실력을 겨루었다.

초청 공연으로는 일본 세이케이고교가 셰익스피어의 <한여름 밤의 꿈>을 공연하였다.

■ 제12회 '영호남연극제'(2011.8.16.~8.22.)
　경북 구미시 원평동 소극당 '공터-다'
　일본 연극팀 비언어연극 <한여름 밤의 꿈>

12회째를 맞은 영호남연극제가 8월 16일부터 22일까지 경북 구미에서 펼쳐졌다. 구미시 원평동 소극장 '공터_다'에서 열린 구미 공연은 지난달부터 경남 진주, 전북 전주, 전남 순천시를 돌며 열려온 연극제의 마지막 순서였다. '문화는 즐거움이다, 도시가 공연장이다'라는 부제를 달고, 구미의 옛 도심 활성화 방안의 하나로 원평동 일대에서 펼쳐졌다.

전국 공모를 통해 뽑힌 5개 공식 참가작품과 초청작이 2편 공연되었는데, 일본 연극팀은 비언어연극 <한여름 밤의 꿈>을 공연하였다.

■ 일본 남성극단 '스튜디오 라이프' (연출 쿠라다 준) <한여름 밤의 꿈>
　2011.11.18.~11.20., 동덕여대 공연예술센터

일본 남성극단 '스튜디오 라이프' 는 <한여름 밤의 꿈>과 <십이야>를 대학로 동덕여대 공연예술센터에서 11월 18일부터 20일까지 공연하였다. 스튜디오 라이프의 한국 공연은 이번이 처음으로 일본의 기성극단이 대학로에서 공연을 펼치는 것은 매우 이례적인 일이다.

이 극단은 모두 남자배우들로만 구성된 특별한 연극단체다. 극중 여성 역할을 모두 남자배우들이 연기해낸다. 이 극단은 도쿄를 중심으로 활동하면서 일본 4대 도시를 중심으로 투어공연을 활발히 하고 있다.

지금의 대표 가와우치 키이치로와 여성연출가 구라다 준이 1985년 결성해 지금까지 26년의 역사를 이어오고 있는데 이번에 공연된 두 개 작품은 모두 구라다 준이 연출했다. <한여름 밤의 꿈>, <십이야>, <말괄량이 길들이기> 등 셰익스피어 작품이 중요 레퍼토리이다.

◆ 연극평론가 김미도 서울과기대 교수
일본에서 이색적인 극단이 한국에 왔다. "셰익스피어 보이즈 인 러브"라는 테마를 가지고 온 극단 '스튜디오 라이프'이다. 모든 배우들이 남자이고 셰익스피어를 공연한다…
…인상적인 것은 공연의 내용보다도 무대의 젊은 배우들과 객석의 젊은 관객들이

함께 열렬히 호응하는 모습이었다. 그동안 김수진, 정의신, 유미리 등 재일교포 연극인들을 통해 주로 일본 연극을 접해왔던 분위기와는 사뭇 다르게 어두운 과거사에 대한 아무 거리낌 없이 연극만을 매개로 함께 열광할 수 있는 젊은이들의 모습은 연극 교류사의 의미있는 한 페이지로 기록될만 하다.

■ 극단 여행자 (각색/연출 양정웅) <한여름 밤의 꿈>

1. 2012.4.18.~4.19., 춘천문화예술회관
2. 2012.4.28.~5.3.., 'Globe to Globe 페스티벌' 초청작 런던 글로브 극장
3. 2012.6.29.~6.30., 이천 아트홀
4. 2012.8.1.~8.26., 명동 예술극장
5. 2012.8.10.~8.12., 경기도 국악당 흥겨운 극장
6. 2012.8.23., 군위군 삼국유사교육문화회관

더 이상 설명이 필요 없는 2002년 초연 이후 이제 11년을 맞이하는 극단 여행자 양정웅의 <한여름 밤의 꿈>이 런던으로 갔다. 2012년 4월 28일부터 5월 3일까지 '글로브 투 글로브(Globe to Globe) 페스티벌'에 초대받아 영국 런던의 셰익스피어 전문극장 글로브 무대에서 <한여름 밤의 꿈>을 공연하였다.

◆ 2012.5.2. 동아일보 권재현 기자

4월의 마지막 날, 극단 여행자의 '한여름 밤의 꿈'(양정웅 개작·연출)이 셰익스피어 연극의 둥지라 할 런던의 글로브 극장에서 공연됐다. 이 극장에서 공연된 한국 연극은 처음이다. 이 공연은 7월 27일 개막할 런던 올림픽을 앞두고 문화올림피아드 행사의 하나로 기획된 '글로브 투 글로브' 페스티벌 초청으로 열렸다.

글로브 극장에서 지붕 없는 1층 무대 주변 관객 최대 700명은 비가 오면 고스란히 비를 맞으며 공연을 봐야 한다. 거의 매일 비가 내리던 런던 날씨는 30일 아침부터 눈부시게 반짝이더니 오후 7시 반 공연까지 비 한 방울도 내리지 않았다.(2막 공연이 끝날 무렵에서야 비가 흩뿌리기 시작했지만) 덕분에 페스티벌 개막 이후 8편의 공연 중 가장 많은 1,300여 명의 관객을 모았다.

관객의 반응도 가장 뜨거웠다. 장면을 간단히 안내하는 자막 서비스만 제공하기 때문에 다른 공연에는 해당 언어권 관객이 더 많았다. 이날 공연에선 서양 관객의 비중이 80%는 되어 보였다. 관객들은 요정 대신에 한국의 도깨비를 등장시킨 한바탕 난장을 콘서트 현장처럼 웃고 즐겼다.

알렉스 황 미국 조지워싱턴대 교수는 "페스티벌 참가작 중 가장 과감한 작품이었다. 그리스 국립극단의 '페리클리스', 중국 국가화극원의 '리처드 3세'와 비교해도 관객과의 교감이 일품이다. 노천극장인 글로브 극장과 가장 어울린다"고 말했다.

이 페스티벌은 세계 37개 언어로 제작한 셰익스피어 연극 37편을 초청했다. 37이란 숫자는 진위 논란이 있어온 '두 귀족 친척'을 빼고 셰익스피어가 남긴 희곡 편수다.

리투아니아 네크로수스의 '햄릿' 등 쟁쟁한 작품은 물론이고 뉴질랜드 마오리어 공연 ('트로일러스 앤드 크레시다'), 남수단의 주바 아랍어 공연('심벨린')에 수화공연('사랑의 헛소동')까지 포함됐다. 1일 한 차례 공연을 남긴 여행자의 '한여름 밤의 꿈'은 지난 10년간 24개국에서 공연을 펼쳐왔다.

■ 극단 퀸 씨어터 (각색/연출 이혜경) <한여름 밤의 꿈>

1. 2012.6.2.~6.3., 여수 시민회관

2. 2012.11.3., 강릉 해람문화관

전남 여수교육지원청(교육장 장재익)과 남해안발전연구소(이사장 이혜란)는 2012.5.17. 찾아가는 감성음악회와 뮤지컬 무료공연 등 문화·예술교육을 위한 교육 기부 협약을 체결하였고, 뮤지컬 정통 극단 '퀸 씨어터'를 초청해 셰익스피어 희극 중 <한여름 밤의 꿈>을 뮤지컬로 각색·연출, 여수지역 학생뿐만 아니라, 엑스포를 맞이하여 여수를 찾는 관광객, 일반시민에게 특별한 문화공연체험을 갖도록 6월 2일과 3일 양일간 여수시민회관에서 무료 공연을 하였다.

여성배우들로 창단된 경운극회 극단 퀸 씨어터는 11월 3일에는 공연제목을 <한여름밤의 열기>로 바꾸어 공연하였지만 내용은 동일하였다. 퀸 씨어터 소속배우들은 전문연극배우들이 아니라 각자 다른 직업을 가진 분들이라고 한다.

■ 제12회 밀양 여름공연예술축제

연희단거리패 (연출 남미정) <한여름 밤의 꿈>

2012.7.31.~8.1.., 숲의 극장

'제12회 밀양 여름공연예술축제'가 경남 밀양시 부북면 밀양 연극촌에서 7월 20일부터 8월 5일까지 '연극이 살아있다'라는 주제로 펼쳐졌다. 이번 축제는 국내외 연극 43편이 총 92회 공연으로 셰익스피어극 8편, 기획공연 5편, 국내 초청공연 8편, 일본연극주간 6편, 해외 가족극 4편, 젊은 연출가 전 12편을 마련했다. 성벽극장을 중심으로 펼쳐지는 다양한 셰익스피어 연극들이 이번 축제의 볼거리 중의 하나였다.

셰익스피어 작품으로는 2012년 콜롬비아 이베로 아메리카노 축제에서 전회 기립 박수를 받은 연희단거리패의 <햄릿>, 2012년 동아연극상 신인연출상 수상작인 윤시중 연출의 <타이터스 앤드러니커스>, 로미오와 줄리엣을 로맨틱 코미디로 각색한 뮤지컬 <로미오를 사랑한 줄리엣의 하녀>와 '젊은 연출가전'에 참가하는 공연들로 <맥베스>를 각색한 <두드려라, 맥베스!>, 햄릿을 각색한 극단 아르케의 <햄릿 스캔

들>, 숲의 극장을 배경으로 공연된 <한여름 밤의 꿈> 등이 공연되었다. 폐막식에서 연희단거리패의 <한여름 밤의 꿈>은 무대예술상을 수상하였다.

■ 순천시립합창단 뮤지컬 (각색 김정숙, 작곡 김대성, 지휘 이병직, 연출 권호성) <순천만 연가>
2012.8.31.~9.1., 순천문화예술회관 대극장

전남 순천시는 2013 순천만국제정원박람회 성공기원과 정원박람회 개최 도시로서 문화적 위상을 높이기 위해 특별 기획공연 <순천만 연가>를 제작, 2012년 8월 31일과 9월 1일 순천문화예술회관 대극장에서 공연하였다.

순천시립합창단 뮤지컬 <순천만 연가>는 셰익스피어의 <한여름 밤의 꿈>을 순천만 배경에 맞게 각색한 아름다운 사랑이야기로 뮤지컬배우 손현정, 안덕용 외 시립합창단원 등 총 66명의 출연자가 열연하였다.

■ '제20회 거창겨울연극제' 샛별초등학교 <한여름 밤의 꿈>
2012.12.14., 거창연극학교 장미극장

거창연극제육성진흥회가 주최하고 거창겨울연극제 집행위원회가 주관하는 '제20회 거창겨울연극제'가 열렸고, 이 행사에 셰익스피어가 쓴 <한여름 밤의 꿈>을 각색하여 12월 14일 거창연극학교 장미극장에서 공연한 샛별초등학교의 <한여름 밤의 꿈>이 폐막식에서 대상의 영광을 누리게 되었다. 필자는 불행히도 이 작품을 관람하지 못하였지만 얼마나 귀엽고 예뻤을까? 셰익스피어 연구에 평생을 바쳐온 필자로서는 초등학생들의 공연을 상상만 해도 뿌듯하다.

■ 한국발달장애복지센터 발달장애인 <한여름 밤의 꿈>
2012.12.18., 한국발달장애복지센터 동산원

경기 광주시에 있는 사회복지시설 동산원에서 살고 있는 발달장애인들이 12월 18일 윌리엄 셰익스피어 원작 <한여름 밤의 꿈>을 성공적으로 연극 무대에 올렸고 공연이 끝난 뒤 모두가 감격의 눈물을 흘리게 한 감동적인 공연이었다.

한국발달장애복지센터가 운영하는 동산원에서는 어린이와 성인 발달장애인 100여 명이 생활하고 있다. 태광그룹은 2009년부터 동산원을 후원해왔고 태광그룹 계열사인 흥국화재 직원 15명이 멘토로 나서 장애우들은 <한여름 밤의 꿈>을 눈물의 바다로 만들었다.

■ 성북청소년자활지원관 학생들 <한여름 밤의 꿈>
2013.2.21., 석관동 한국예술종합학교 소극장

서울 성북구가 한국예술종합학교와 손잡고 연극·뮤지컬을 통해 학생들이 예술을 체험하게 하는 멘토링 사업 '꿈꾸는 담쟁이들'라는 좋은 프로그램을 마련하였다. 성북구에 따르면 '꿈꾸는 담쟁이'는 가정형편이 어려운 청소년에게 예술적 경험과 어려움을 극복하는 내용의 연극을 직접 체험해 창의성과 인성을 갖춘 성인으로 성장할 수 있도록 지원키 위해 마련했다고 한다.

한예종 강사와 대학생 55명이 멘토로 참여해 성북자활지원관 학생과 학업을 중단한 학교 밖 청소년 20명과, 석관중학교 학생 30명을 대상으로 뮤지컬·연극의 기본 교육, 실습을 실시했고, 활동 결과 발표회는 2차로 나눠 석관중학교 멘티들은 2월 7일 석관중학교에서 뮤지컬 <넌센스>를 공연하였고, 성북청소년자활지원관의 멘티들은 2월 21일 한국예술종합학교 소극장에서 연극 <한여름 밤의 꿈>을 공연하였다.

■ 극단 여행자 (각색/연출 양정웅) <한여름 밤의 꿈>
    1. 2013.5.21.~5.22., '2013 광주평화연극제' 참가작 광주 빛고을시민문화관관 주변 야외무대
    2. 2013.6.28., 광양문화예술회관 대공연장
    3. 2013.7.19.~7.20. 아산시청 시민홀
    4. 2013. 7.24.~7.25., '제13회 밀양여름공연예술축제' 개막작, 밀양 성벽극장
    3. 2013.7.31., 에쓰오일 후원, 공덕동 9번 출구 광장
    4. 2013.8·15.~8.31., 남산국악당
    5. 2013.9.28.~9.29., '2013 무룡예술제' 초청작, 북구문화예술회관

광주시와 광주문화재단은 5월 16일부터 6월 22일까지 총 38일간 빛고을시민문화관과 광주문화예술회관에서 '페스티벌 오! 광주-브랜드 공연축제'를 개최하였다. 2013년 주제는 '길 위에서 오월을 보다!'로 정했다. 일본 극단 '좌 레라'를 비롯해 서울·대구·부산·광주 등에서 모두 12개 극단이 참여했다. 이제 셰익스피어가 아닌 대한민국의 <한여름 밤의 꿈>이 되어버린 양정웅의 이 작품은 5월 21일과 22일 광주 빛고을시민문화관 주변 야외무대에서 공연되었다.

사람과 자연이 공존하는 지구의 정원인 2013 순천만국제정원박람회의 동천갯벌 공연장에서 6월 21일 '광양시 문화의 날'이 개최되었고 이 행사에서 양정웅의 <한여름 밤의 꿈>은 6월 28일 광양문화예술회관 대공연장에서 공연되었다.

아산시가 문화체육관광부, 한국문화예술위원회가 주최하고 한국문화예술회관연합회가 주관하는 '지역문예회관 우수공연 프로그램 지원사업'에 (재)아산문화재단과 아산시평생학습관 공동주관으로 두 편의 우수공연프로그램이 최종 선정됐다. 극단 여행자의 한국판 셰익스피어 <한여름 밤의 꿈>이 그 중 하나로 선정되었으며, 7월 19일과 20일 아산 시민홀에서 공연되었다.

'제13회 밀양여름공연예술축제'가 '연극, 전통과 놀다'라는 슬로건을 내걸고 밀양연극촌에서 7월 24일부터 8월 4일까지 펼쳐졌다. 극단 여행자는 그 유명한 <한여름 밤의 꿈>을 7월 24일과 25일 개막작으로 성벽극장에서 공연하였다. 이 공연은 공연 시작 한 시간 전부터 줄을 서 800명이 모두 들어찼고, 그래도 자리가 없어 일부는 무대 뒤에서 서서 관람했다.

에쓰오일은 2011년 공덕동 신사옥으로 입주한 이래 매달 대강당, 로비 및 야외 광장에서 인근 직장인과 지역 주민들에게 문화체험 기회를 늘리기 위한 공연을 열고 있다. 극단 여행자는 문화예술나눔 캠페인을 벌이고 있는 에쓰오일의 후원을 받아 7월 31일 지하철 5호선 공덕역 9번 출구 앞 광장에서 셰익스피어 원작의 <한여름 밤의 꿈>을 공연했다.

극단 여행자는 8월 15일부터 31일까지 남산국악당에서 이 작품을 공연하였다. 이 때까지 극단 여행자의 <한여름 밤의 꿈>은 2002년 초연한 뒤 4개 대륙, 15개국, 65개 도시, 25개 페스티벌에서 약 312회 공연했다.

울산 북구청은 문예회관 개관 10주년 '무룡예술제'에 특별한 공연 2개를 초대하였는데, 하나는 연희단거리패의 <손숙의 어머니>이고, 다른 하나는 극단 여행자의 <한여름 밤의 꿈>으로 9월 28일과 29일 북구문화예술회관에서 공연하였다.

하지만 모든 사람들로부터 찬사를 받을 수는 없는 법, 그동안 양정웅의 <한여름 밤의 꿈>에 대해서 주로 찬사의 글을 소개하였으므로 이번에는 큰 맘 먹고 비난의 글을 소개하고자 한다.

◆ 연극평론가 송경옥

이번 공연에서도 항상 양정웅의 공연에서 거론되는 특징 혹은 문제점들이 고스란히 떠올랐다. 영국 타임스의 평처럼 '웃음만 넘쳐날 뿐 원작의 깊이를 살리지 못했다'는 점도 공감되었다. '배우가 안 보인다' '스토리는 약한 채 시각적 요소에만 집착한다'는 등의 평가들을 확인하는 자리였다.
<한여름 밤의 꿈>이라는 줄거리를 잘 알지 못하면 줄거리가 뚝뚝 끊어져서 유연하지 않다는 느낌 때문에, 내용이 무엇인지 잘 모를 것 같다는 느낌을 받았다.

■ 연희단거리패 (연출 김하영) <한여름 밤의 꿈>

   1. 2013.6.29., '제2회 도요마을 강변축제' 참가작

   2. 2013.7.6.과 7.13. 차성아트홀

   3. 2013.7.26.~7.27.,'제13회 밀양국제공연예술제' 참가작 밀양 성벽극장

   3. 2013.7.31.~8.4.,'포항바다국제공연예술제' 개막작

낙동강변인 경남 김해시 생림면 도요리 옛 도요분교 자리에 조성된 예술창작공간 도요창작스튜디오에서 6월 29일과 30일 '제2회 도요마을 강변축제'가 열렸다. 도요창작스튜디오는 연극연출가 이윤택 씨가 이끄는 1986년 창단된 연희단거리패를 비롯해 작가, 화가, 시인 등 60여 명이 작업하는 공간이다.

연희단거리패는 이 축제에서 6월 29일 셰익스피어 원작의 뮤지컬 <한여름 밤의 꿈>을 공연하였다. 이 작품은 21세기 뉴욕에 살고 있는 우주인들은 지구인들이 더 이상 사랑을 믿지 못하게 만들고 지구 탈출을 꿈꾸게 만든다는 내용으로 2009년, 2010년, 2012년 남미정 연출에 의해 공연된 작품이다. 이번에는 김하영이 연출을 맡았다.

■ 순천시립합창단 뮤지컬 <순천만 연가>

   2013.7.18.~7.20., 정원박람회장 동천갯벌공연장

전남 순천시는 순천만국제정원박람회 붐 조성과 정원박람회 개최 도시로서 문화적 위상을 높이기 위한 특별 기획공연으로 순천시립합창단의 창작뮤지컬 <순천만 연가>를 7월 18일부터 20일까지 정원박람회장 동천갯벌공연장 무대에 올렸다. 이 작품은 셰익스피어의 <한여름 밤의 꿈>을 순천만 배경에 맞게 각색한 아름다운 사랑 이야기로 시립합창단원 등 총 66명이 출연하며 공연비는 무료였다.

이 작품은 2013 순천만국제정원박람회 성공기원과 정원박람회 개최 도시로서 문화적 위상을 높이기 위해 특별 기획공연 작품으로 제작되어 2012년 8월 31일과 9월 1일 순천문화예술회관 대극장에서 공연하였던 작품이다.

■ 극단 에저또 (각색 김지연, 연출 최재민) <한여름 밤의 꿈>
2013.7.22.~7.24., 영도문화예술회관

셰익스피어의 희극 <한여름 밤의 꿈>을 셰익스피어가 이 작품을 쓴 것으로 추정되는 시기인 1594~1600년에 맞게 조선시대로 배경을 옮겨 조선 시대에 펼쳐지는 불꽃같은 사랑을 표현한 1996년 창단된 부산 극단 에저또의 <한여름 밤의 꿈>이 7월 22일부터 24일까지 영도문화예술회관 대공연장에서 공연되었다.

원작에서 숲으로 사랑의 도피를 하는 허미아와 라이샌더의 이름을 미아와 샌더로 살짝 바꿨다. 또 원작에 없는 사또 역을 추가했다. 최재민 연출가는 "그동안 수많은 형태로 만들어진 '한여름 밤의 꿈'을 보면서 셰익스피어가 살았던 시기인 조선 시대로 배경을 바꾸면 어떻겠느냐는 생각을 했고 이번에 시도했다"고 말했다. 작품 각색은 여주인공인 미아역을 맡은 김지연 씨가 담당했다.

■ 극단 서울 <한여름 밤의 꿈> 2013.8.1.~8.4., 소월 아트홀

극단 서울은 18년간 영어 뮤지컬만 전문으로 해온 세계에서 유일무이한 극단이

다. 극단 서울은 어린이의 눈높이로 바라본 셰익스피어 이야기를 영어로 즐길 수 있게 만든 영어 뮤지컬 <A Midsummer Night's Dream>(한여름 밤의 꿈)을 8월1일부터 4일까지 소월 아트홀(왕십리역 9번 출구)에서 공연하였다.

■ **수원여자대학교 연기영상과 (지도교수 정보석, 연출 박소연)**
판타스틱 세미뮤지컬 <한여름 밤의 꿈>
2013·10.30.~10.31., 경기도 문화의전당 아늑한 소극장

'지붕뚫고 하이킥', '대조영', '백년의 유산' 등 많은 작품에 출연한 수원여자대학교 연기영상과 정보석 교수의 지도하에 연기영상과 졸업공연으로 10월 30일과 31일 경기도 문화의전당 아늑한 소극장에서 '판타스틱 세미 뮤지컬'이라는 새로운 형식으로 <한여름 밤의 꿈>을 공연하였다.

<한여름 밤의 꿈>은 네 남녀가 복잡하게 얽힌 사랑의 실타래를 요정이 나타나서 풀어주는 내용으로 <로미오와 줄리엣>의 해피엔딩 판이라 할 수 있다.

■ **영국 브리스틀 올드빅 극장(연출 톰 모리스)**
<한여름 밤의 꿈> 2014.4.25.~4.27., 국립극장 달오름극장

영국 연출가 톰 모리스의 <한여름 밤의 꿈>이 윌리엄 셰익스피어의 탄생 450주년 생일인 4월 26일에 맞춰 서울 국립극장 달오름극장에서 4월 25일부터 27일까지 공연되었다. 2014년 2월 영국 런던 바비칸센터 공연을 시작으로 세계 투어에 오른 <한여름 밤의 꿈> 공연이 이제 대한민국 서울 국립극장에서 공연되는 것이다.

셰익스피어의 대표 희극으로 인간과 요정이 숲에서 벌이는 한바탕 소동을 마법처럼 그리는 이 작품은 남아프리카공화국 극단 핸드스프링 퍼펫 컴퍼니가 합류해 더욱 특별하다. 핸드스프링은 톰 모리스의 연극 '워 호스'에서 살아있는 말을 능가하는 인형(퍼펫) 연기로 찬사를 받았다. 극의 시대 배경은 어느 먼 미래다. 셰익스피어가 원작에서 설정했던 그리스 아테네와는 다르다. 문명이 이미 소멸되고 살아남은 인간들이 새 세상을 만들어가는, 과거이면서 미래인 시대다. 배우들은 그래서 시대성이 흐릿한 의상을 입는다. 청년 라이샌더와 드미트리우스의 사랑을 한 몸에 받는 허미아의 복장이 실은 난감하다. 물 빠진 허름한 청바지에 세탁한지 꽤 된 듯한 점퍼 차림새. 물론, 드미트리우스나 라이샌더, 헬레나 같은 다른 출연진의 의상도 이와 크게 다르진 않다.

요정들이 에워싼 한여름 밤 숲 사이로 엇갈린 사랑에 발을 동동 구르며 서로 쫓고 쫓기는 대소동이 펼쳐지고 있는 이곳. 무대는 점점 알 수 없는 세계로 빠져든다. 요정의 왕 오베론의 부하 퍽의 발은 포크와 숟가락, 몸통은 나무 바구니다. 세 명의 배우는 퍽의 몸통과 발과 손의 형체를 쥐고 3인 1조로 연기했다. 이런 퍽을 상대하는 오베론은 자신의 실제 얼굴 두 배 크기의 조각상을 한 손에 들고, 실제 손가락 두 배 크기의 인형 손을 한 손에 끼고 이 숲의 소동을 지휘하고 진정시킨다. 무대 위엔 그렇게 사람과 요정, 사물과 인형들이 한데 뒤엉켜 있었다.

오베론과 요정여왕 티타니아가 다투는 장면에서 배우들은 환상계의 배역을 상징하는 인형을 손에 들고 연기했다. 신 프로듀서는 "배우들이 인형을 들고 있을 때는 요정 세계의 인물을, 그렇지 않을 때엔 인간을 연기하는 것으로 보면 맞다"고 설명했다.

배우들이 들고 있는 나무판자도 눈길을 끈다. 요정 배역, 인간 배역 모두 판자를 들고 어떤 메시지를 전하는 듯하다. 이에 대해 조세프 웰러스 인형 부문 협력 예술가는 "판자가 세계를 통합시키는 역할도 하고 공간을 바꾸는 도구로도 사용되며 숲, 숨쉬는 벽, 혹은 요정 자체로도 쓰인다"며 "이 연극에서 모든 출연자는 연기하지 않을 때 항상 판자를 들고 있도록 했다"고 설명했다.

하지만, 문제점도 있었다. 26일 공연에서 1막 중간 무대 뒤 커튼을 올리는 기술에 문제가 생겨 30여분 공연이 중단되는 사고가 발생하는 아쉬움도 있었다.

■ 여성시민극단 바보들의 무대와 전문연주단체 카메리타 안티콰 서울(연출 김미예) <한여름 밤의 꿈>
2014.8.30.~8.31., 동덕여자대학교 공연예술센터 코튼홀

윌리엄 셰익스피어(1564-1616) 탄생 450주년을 기념하는 무대로 여성시민극단 바보들의 무대와 전문연주단체 카메리타 안티콰 서울이 8월 30일과 31일 이틀간 국내 최초로 연극과 바로크 음악의 합작 무대 <한여름 밤의 꿈>을 동덕여자대학교 공연예술센터 코튼홀에 올렸다.

셰익스피어의 낭만 희극 중 가장 큰 사랑을 받고 있는 <한여름 밤의 꿈>은 영국 바로크 음악가 헨리 퍼셀(1659~1695)에 의해 '요정여왕 모음곡'(The Fairy Queen Suite)으로 재해석됐다. 해외에서는 셰익스피어의 <한여름 밤의 꿈>과 퍼셀의 '요정여왕 모음곡'을 함께 접목시켜 다양한 형태로 무대에 올리고 있으나 국내 무대는 처음이다.

이번 공연을 기획한 바보들의 무대 김미예 상임 연출(한국 셰익스피어학회 부회장·동덕여대 영문학과 교수)은 "한국에서 최초로 시도하는 공연인 만큼 관객들에게 셰익스피어가 전달하려는 '인간 성숙'의 문제를 음악을 통해 쉬운 언어로 풀어내고자 했다"고 말했다.

헨리 퍼셀의 '요정요왕 모음곡'은 낙천성, 인간적 유머, 화려함 등의 색채를 지닌 르네상스 음악과 함께 바로크 음악이 지닌 우울함, 자유분방함의 특성을 동시에 선사한다.

■ **중부대학교 연극영화학과 (연출 한장훈) <한여름 밤의 꿈>**
　2014.9.15.~9.16., 중부대학교 후생관 앞 야외무대

중부대학교 연극영화학과 여름방학 정기공연으로 9월 15일부터 16일까지 중부대학교 후생관 앞 야외무대에서 <한여름 밤의 꿈>을 무료로 공연하였다. 중부대 연극영화학과는 이 작품을 야외공연으로 각색해 뮤지컬화법을 통해 무대에 올림으로써 일반 프로극단의 모방이 아닌 중부대학교만이 갖는 차별화된 공연을 준비했다.

　[줄거리]
<한여름 밤의 꿈>의 등장인물은 서로 다른 세 개의 집단으로 되어있다. 아테네 사람들이 그 첫째요, 보텀과 그의 동료들이 그 둘째요, 요정들이 그 셋째이다. 셰익스피어의 예술은 이 세상이 한 집단을 하나의 조화된 전체로 만들어 버린다. 구체적으로는 퍽이 이 일을 한다. 퍽은 짓궂은 장난을 잘 치는 요정으로써 여러 가지 면에서 <태풍>의 에어리얼을 방불케 한다.
퍽 다음으로 보텀 역시 이 세상이 한 집단을 연결시키는 데 일익을 담당하고 있다. 그는 타이테니어의 연정의 대상이 됨으로써 요정들을 인간들의 세계에 혹은 인간을 요정들의 세계에 연결시키고 있다. 또 그가 친구들과 더불어 연극을 무대에 올림으로써 티시어스 공작, 히폴리타 여왕 들 아테네의 상류사회 사람들을 여러 가지 면에서 유기적으로 연결시키고 있다.<피라머스와 디스비>연극의 주제 자체가 <한여름 밤의 꿈>의 주된 줄거리를 반영한다고도 볼 수 있다. 불운한 피라머스와 디스비의 사랑제와 같은 것이다. 다만 행복한 결말만이 차이나 피라머스와 디스비의 결말을 그대로 극화시킨 것이 <로미오와 줄리엣>이 되었고 이 결말을 희극의 결말로 만든 것이 <한여름 밤의 꿈>이 된 것이다.

■ **2014.10.17., 대성초등학교 <한여름 밤의 꿈>**

10월 17일 열리는 '1/10 가평 어설픈연극제'에 가평·마장·대성 초등학교를 비롯해, 가평·청평·조종중학교, 가평·청평 고등학교 등 16개교가 그동안 연극반 활동을 통해 준비해온 연극과 뮤지컬 등의 공연을 다수 선보였고, 이와 함께 마장초·조종초·

설악중·설악고 등은 거리극을 펼치는 등 관내 초중고고 연극반 대부분이 각종 문화 행사에 참여하였다.

이 행사에서 대성초등학교는 <한여름 밤의 꿈>을 공연하였다.

■ '제2회 ACE 페스티벌' 참가작,
   대구 북비산초등학교 <한여름 밤의 꿈>
   2014.11.12., 대구 달서구 웃는얼굴아트센터

교육극단 콩나물이 주최하고, 그루 교육문화연구소가 주관하는 '제2회 ACE 페스티벌'(문화예술교육축제)이 11월 10일부터 13일까지 대구 달서구 웃는얼굴아트센터에서 열렸다. 올해 주제는 '꿈'으로 어릴 적 누구나 꿈꿨던 마법과 같은 동심의 세계를 연극, 뮤지컬, 무용, 음악, 미술, 마술 등 다양한 장르로 표현한다.

북비산초, 달성초 학생들은 <한여름 밤의 꿈>과 <리어왕>을 각색해 연극 무대로 꾸몄다. 교육극단 콩나물 관계자는 "올해 셰익스피어의 탄생 450주년을 맞아 학생들이 셰익스피어의 다양한 작품을 접하는 것은 물론, 다채로운 상상력으로 각색해보는 기회를 마련했다"고 설명했다.

■ 현대차그룹 '찾아가는 문화나눔 송년파티' 극단 여행자 (연출 양정웅) <한여름 밤의 꿈>
   1. 2014.11.8. 마산종합복지관
   2. 2014.11.18. 서산문화복지센터
   3. 2014.11.24., 순천시 문화건강센터 다목적홀
   4. 2014.12.2., 동구노인복지회관
   5. 2014.12.3., 전북장애인 종합복지관 강당

현대차그룹은 11월 8일부터 연말까지 약 두 달에 걸쳐 18개 계열사 전국 35개 사업장에서 '찾아가는 문화나눔 송년파티'를 진행한다고 밝혔다. '찾아가는 문화나눔 송년파티'는 현대차그룹이 상대적으로 공연예술을 관람할 기회가 적은 지역 소외이웃에게 품격 있는 공연관람 기회를 제공하고, 경기침체의 여파로 어려움을 겪고 있는 공연업계를 지원하기 위해 마련했다. 공연작은 한국 연극 사상 최초로 런던 바비칸센터 초청 공연을 펼친 바 있는 극단 여행자의 <한여름 밤의 꿈>이 선정되었다.

■ 극단 여행자 (연출 양정웅) <한여름 밤의 꿈>

1. 2014.7.26.~7.27., '제26회 거창국제연극제' 초청작 거창 돌담극장
2. 2014.8.13.~8.14., 천안예술의전당 소공연장
3. 2014.8.30. '연극선집' 초청작 인천종합문화예술회관 소공연장
4. 2014.12.5., 부산학생예술문화회관 대극장

극단 여행자 양정웅 연출의 <한여름 밤의 꿈>은 이제 대한민국의 국가대표 연극이 되었다. 초연한 지 12년째를 맞는 이 작품은 그동안 15개국 65개 도시에서 공연하여 300회가 넘는 공연을 해오고 있다. 2006년과 2012년에는 한국연극 최초로 셰익스피어의 고장인 영국 바비칸센터와 글로브극장에 초청되어 공연하였다.

연극선집(選集)"은 이름 그대로 최고의 연극만을 모은 프로그램이다. 셰익스피어의 원작을 새롭게 한국적으로 재해석하여 풀어내어 국내뿐 아니라 외국에서도 극찬을 받은 작품들과 동시대의 문제 인식을 냉철하게 반영한 작품 그리고 2014년 가을 새롭게 선보이는 신작 등 총 4편으로 구성되어 있다. 첫 무대인 8월 30일에 오르는 작품은 극단 여행자의 <한여름 밤의 꿈>이다. 두 번째는 김재엽 작/연출의 <알리바이 연대기>, 세 번째는 <투명인간>, 네 번째는 극공작소 마방진의 <칼로 맥베스>이다.

■ 극단 현장·자작나무 숲·마임공작소 판 콜라보레이션 공연
  (원작 셰익스피어, 작 찰스 & 메리 램, 구성/연출 고재경)
  움직이는 음악극 <한여름 밤의 꿈>

1. 2014.11.28.~11.30., 경남 사천문화예술회관 대공연장

2. 2014.12.5., 제주도 설문대여성문화센터

이번 작품은 셰익스피어의 희곡을 각색한 찰스 & 메리 램의 <한여름 밤의 꿈>을 모티프로 만들어졌다. 제주지역 클래식 음악그룹 자작나무 숲, 경상남도 사천시문화예술회관의 상주단체인 극단 현장, 서울 마임공작소 판 등 전국 3개 단체가 협업해 제작된 공연이라는 점에서 관심을 모았다. 극단 현장은 주요 제작 시스템과 출연, 구성, 연출을 담당했고, 마임공작소 판은 협력 연출과 작품 자문을 맡았으며, 자작나무 숲은 작곡, 연주 등을 진행했다.

■ '2014년 공연장상주단체 육성지원사업 선정작'
극단 그림연극 (드라마트루기/연출 이현찬) <한여름 밤의 꿈>
2014.12.2.~12.5., 송파구민회관 대강당

송파구는 12월 2일부터 5일까지 송파구민회관에서 지역주민들이 주인공으로 참여하는 시민배우와 함께하는 특별한 연극 <한여름 밤의 꿈>을 공연하였다. 2014년 송파구민회관의 상주단체로 선정된 '극단 그림연극'은 한 해를 마무리하는 특별공연으로 주민들과 함께 하는 연극을 기획한 것이다.

지난 9월에는 오디션을 해 최종 5명을 선발했다. 초등학생부터 주부, 바리스타 그리고 공무원 퇴직 후 인생 2막을 꿈꾸는 어르신까지 경력과 직업도 다양하다.

■ '제7회 경산교육연극제' 출품작
대경대학교 연극영화과 (지도교수/연출 이정환) <한여름 밤의 꿈>
2014.12.11.~12.14., 경산 대학로 판 아트홀

경산지역 유일한 연극창작활동 단체인 경산연극인협회는 경산 대학로 판 아트홀에서 제7회 경산교육연극제 '2014 송년 연극 소나타'를 개최하였고, 이 행사에는 네 작품이 출품되었다.

- 12.4.~12.7. : 고골리 작, 김삼일 연출 <검찰관>
- 12.11.~12.14. : 셰익스피어 작, 이정환 연출 <한여름 밤의 꿈>
- 12.17.~12.21. : 괴테 작, 안민열 연출 <리비도 파우스트>
- 12.24.~12.28. : 투루게네프 작, 장진호 연출 <아버지와 아들>

공연 전부터 이미 경산과학고 210명 예약과 문명고, 경산고 등이 동아리 단위로 관람이 예정되어 있을 정도로 인기가 있었다..

■ 가천대 연기예술학과 (작품지도 이순재, 예술감독 정동환)
<한여름 밤의 꿈>
2014.12.25.~12.28., 가천대학교 비전타워 영상문화관

가천대학교 연기예술학과 학생들이 성탄절에 맞춰 윌리엄 셰익스피어 원작의 <한여름 밤의 꿈>을 전석 무료로 성탄절인 12월 25일부터 28일까지 가천대학교 비전타워 영상문화관에서 공연하였으며 이 공연에는 본교 학생뿐 아니라 교직원과 지역주민들이 관람했다.

<한여름 밤의 꿈>은 셰익스피어의 4대 희극 중 하나로 중세의 서사시, 고전신화 등을 바탕으로 연인들의 사랑을 아름답게 표현한 작품이다. 연기예술학도들에게 교본과 같은 본 작품은 가천대학교 이순재 교수가 작품지도를, 예술감독은 가천대학교 정동환 교수가 맡았다.

■ 인천시립극단 배우, 인천지역 현직교사
(각본 오은희, 연출 주요철) <한여름 밤의 꿈>
2015.4.3.~4.5., 인천종합문화예술회관 소공연장

인천종합문화예술회관 소공연장에서 4월 3일부터 5일까지 창단 25주년을 맞는 인천시립극단이 인천지역 교사들과 함께 뮤직드라마 <한여름 밤의 꿈>을 공연하였다. 이번 뮤직드라마는 예술교육의 일환으로 '교사 연극 워크숍'을 통해 선발된 이영은 가정고 교사, 신용우 인천은지초교 교장 등 현직교사 18명이 배우로 출연하게 됐다.

뮤직드라마 <한여름 밤의 꿈>은 미래 사회의 어느 자동차 공장을 배경으로 이야기가 펼쳐진다. 공장의 생산라인이 점차 기계로 대체되는 상황이 이어지는 가운데, 이 공장의 노동자들은 각자의 앞날에 대해 불안해한다. 어느 날 갑자기 공장 새내기 노동자가 무료하고 초조한 시간을 견디기 위해 셰익스피어의 연극 '한여름 밤의 꿈'을 뮤지컬로 만들어 공연해보자고 제안한다. 하지만 공연 연습이 무르익어 가는 가운데 회사 측은 공장의 전면 기계화를 선언하고 모두 해고하겠다는 입장을 전해온다. 또 공연을 제안했던 새내기는 체포된다. 이제 텅빈 공장에 남은 근로자들은 스스로 <한여름 밤의 꿈>의 마지막 장면을 만들어간다.

이렇듯 이번 작품은 인문학이 죽어가고 자기 처세술과 비즈니스 마인드가 창궐하는 현대에 16세기의 영국작가의 작품을 공연한다는 것이 어떤 의미가 있는지를 관객에게 묻는다. 그리고 노동력을 생산하는 인간이 아닌 보다 나은 것을 상상하고 꿈을

꾸며 놀이하는 존재를 극을 통해 보여준다. 기계화된 미래 사회에서 마법과 요정을 꿈꾸며 자신의 삶을 찾아가는 연인들의 이야기 속에서 우리는 잃어버린 인간의 상상력을 발견하는 것이다.

■ '2015 구미아시아연극제' 공식초청작
　극단 현장 (구성/연출 고재경) <한여름 밤의 꿈>
　2015.5.14. 금오공과대학교 대강당

구미시가 주최하고 (사)한국연극협회 구미지부가 주관, 경북도와 국립금오공과대학교가 후원하는 'Let's Play, 연극의 즐거움'이란 슬로건으로 펼쳐진 '2015 구미아시아연극제'가 5월 2일부터 23일까지 구미문화예술회관을 비롯한 구미시 곳곳에서 펼쳐졌다.

공식공연행사는 5월 8일 (사)문화창작집단 '공터_다'의 <The Muse, 록주>를 시작으로 중국 강소성 인민정부 연극단의 <메이파밍짜(미용명가)>, 일본 극단 세아미의 <피크닉>, 극단 연극공방 무(巫)의 <줄리엣의 유모>, 극단 걸판의 <늙은 소년들의 왕국>, 극단 현장의 <한여름 밤의 꿈>, 극단 골목길의 <경숙이, 경숙이 아버지>가 구미문화예술회관 대·소공연장, 금오공과대학교 대강당, 소극장 '공터_다'에서 진행되었다.

■ 청운대학교 개교 20주년 기념 연극 (연출 이성열 교수) <한여름 밤의 꿈>
　2015.5.18.~5.19., 청운대 홍성캠퍼스 청운야외음악당

청운대는 5월 18일과 19일 이틀간 홍성캠퍼스 청운음악당에서 개교 20주년을 맞아 지역주민들과 함께하기 위해 무료연극공연으로 셰익스피어의 <한여름 밤의 꿈>을 공연하였다.

고등교과서에도 등장하는 <한여름 밤의 꿈>은 청소년 권장도서로 선정될 만큼 문학성이 뛰어난 세계명작 중 하나로 오페라, 멘델스존의 결혼행진곡, 발레 등의 작품으로도 만들어지며 꾸준히 사랑받고 있는 명작이다. 1594년 초연을 시작으로 현재까지 400여 년 동안 전 세계적으로 공연되고 있는 시대를 뛰어넘는 작품인 <한여름 밤의 꿈>은 <베니스의 상인>, <십이야>, <말괄량이 길들이기> 등 셰익스피어의 5대 희극 중 하나이며 고전적이지만 시대를 뛰어넘어 현대에서도 유쾌하고 잔잔한 감동을 선보인다. 또 모든 대사가 시적인 은유로 되어 있어 문학성도 뛰어나며 환상적인 동화 속의 아름다움을 선사한다.

청운대 공연영상디자인대학 6개 학과가 준비한 이번 공연은 방송연기학과 이성열 교수가 연출하고 방송연기학과·뮤지컬연기학과 재학생 50명이 함께 무대에 올랐다. 특히 뮤지컬 배우로 널리 알려진 뮤지컬연기학과 남경주 교수와 박정섭 교수가 직접 출연하였다.

■ 호남대 미디어영상공연학과 <한여름 밤의 꿈>
   2015.6.4.~6.5., 복지관 3층 랄랄라 극장

호남대학교 미디어영상공연학과는 매년 1학기 워크숍 연극·뮤지컬 공연을 실시하고 있으며, 배우·스텝 등 실제 무대에 적용할 수 있는 기회를 제공하고 있다. 5월 26일에는 <혹부리아저씨-비보이도깨비>를, 5월 28일과 29일 이틀간 락 뮤지컬 <햄릿>을, 6월 4일과 5일에는 뮤지컬 <한여름 밤의 꿈>을 복지관 3층 랄랄라 극장에서 공연하였다.

■ 인천시립극단 (각색 오은희, 연출 주요철) <한여름 밤의 꿈>
   1. 2015.8.5. '제15회 포항바다연극제' 개막작, 포항 환호공원
   2. 2015.8.8.~8.9., '제27회 거창 국제연국제' 폐막작, 축제극장
   3. 2015.9.3., '제6회 대한민국 국공립극단 페스티벌' 참가작 경주예술의전당 대공연장

'제15회 포항바다국제연극제'가 8월 5일부터 9일까지 포항시립중앙아트홀, 환호공원의 야외무대인 해맞이극장과 달맞이극장에서 펼쳐졌다. 이번 행사는 '소통의 예술, 행복한 바다'를 주제로 2개국 11개 단체가 참여하였고, 인천시립극단의 <한여름 밤의 꿈>이 개막작으로 공연되었다.

야외무대를 배경으로 펼쳐진 제27회 경남 거창국제연극제가 8월 24일 시작하여

8월 9일 폐막식을 가졌다. 이번 연극제에는 11개국·54개 팀이 참여해 17일간 수승대 관광지 일원 야외무대에서 총 184회의 공연을 펼쳤다. 거창연극제 관계자는 "앞으로 거창국제연극제가 프랑스의 '아비뇽 페스티벌'처럼 전 세계인이 찾는 종합예술축제로 자리매김하기 위해 더 새로워지고 발전된 모습으로 함께 하겠다"고 말했다.

연극제 폐막공연은 인천시립극단의 <한여름 밤의 꿈>으로 셰익스피어 원작을 우리 현실에 각색한 뮤지컬로 배우들이 꾸미는 소리와 움직임, 노래와 춤, 빛과 어둠의 요소들이 어우러져 거창국제연극제의 마지막을 화려하게 장식했다.

신라 천년의 고도 경주가 가을의 서정을 더해 줄 연극의 향연에 젖어든다. 경주문화재단은 8월 26일부터 9월 4일까지 경주 예술의전당에서 '제6회 대한민국 국공립극단 페스티벌'을 개최하였다. 국내 10개 국공립극단이 참여하여 창작극에서부터 판타지극, 뮤지컬까지 다양한 장르의 연극이 공연되었다. 이번 페스티벌에는 셰익스피어 작품 두 편이 선보였는데, 경주시립극단은 <베니스의 상인>을, 인천시립극단은 <한여름 밤의 꿈>을 공연하였다. 이 외에 서울시극단, 광주시립극단, 포항시립극단, 전주시립극단, 목포시립극단, 경기도립극단, 대구시립극단, 부산시립극단이 참여하였다.

〔줄거리〕
인간 대신 점점 기계가 대처해 가는 미래 사회의 어느 자동차 공장.
아직까진 생산 라인이 인간의 힘으로 굴러간다.
허나 그것도 잠시의 희망일 뿐, 글로벌화와 현대화를 기치로 내세워 공장은 어느새 멈추고 근로자들은 앞으로 어떻게 될지 불안한 가운데 회사측의 입장을 기다린다. 헌데 신참이라고 나타난 인물은 셰익스피어의 〈한여름 밤의 꿈〉을 만들어보자고 제시한다. 책이란 것조차 읽어본 적 없는 이들에게 연극은 낯설면서도 불편한 존재다. 하지만 무료하고 초조한 시간을 견디기 위해 차츰 연극에 참여하게 되고 어느새 그들은 연극 속 "한여름 밤의 꿈" 속에 빨려 들어가게 된다. 하지만 연극이 한참 무르익어 끝을 향해 갈 즈음, 회사 측의 일방적인 통보가 오고, 공장은 폐쇄된채, 기계화를 선언하고 근로자들은 일자리를 잃고 공장을 떠나야만 할 입장이다.
더구나 연극을 제안했던 신참은 체포되어 가고, 이제 텅빈 공장에 남은 근로자들은 그들 스스로 "한여름 밤의 꿈"의 마지막 장면을 만들어간다. 결코 기계가 대신 할 수 없는 그들만의 꿈을 위해.

■ '2015 코미디아츠페스티벌' 초청작
　　서울발레시어터 (예술감독 김인희, 재구성 제임스 전)
　　<한여름 밤의 꿈> 2015.8.6., 대전 예술의전당 야외원형공연장
1995년에 설립된 국내 최초의 민간 프로페셔널 발레단 서울발레시어터(단장 김

인희·예술감독 제임스 전)는 신작 <한여름 밤의 꿈>을 대전 코미디아츠페스티벌 초청작으로 대전 예술의전당 야외 원형공연장에서 8월 6일 공연하였다.

서울발레시어터는 "조지 발란신, 유리 바모쉬 등 세계적 거장 안무가가 발레작품으로 선보인 바 있지만 야외공연으로 기획한 것은 이번이 처음"이라고 알렸다. 제임스 전은 원작 내용에 충실하되 연극과 코미디적 요소를 가미해 내용을 재구성했다. 특히 원작자인 셰익스피어를 작품 해설자로 등장시키고, 남남(男男)커플의 우스꽝스러운 춤 장면을 추가했다.

참고로 제임스 전의 경력을 살펴보면 캘리포니아의 Menlo Park Dance Academy에서 발레를 시작한 제임스 전은 1982년 줄리어드 예술대학 무용과에 입학했다. 그는 1984년 유럽의 모리스 베자르 발레단에 입단하면서 프로무용수로 활동을 시작했다. 또한 1985년부터 1987년까지 미국 플로리다 발레단에서 활동했으며 1987년 유니버설발레단의 초청으로 객원무용수로 국내활동을 시작하였고 1988년부터 1993년까지 유니버설 발레단에서 단원으로 활동했다. 1991년 당시 유니버설 발레단의 단장으로 재직하던 로이 토비아스의 권유로 안무가의 꿈을 키우기 시작했다. 1994년 국립발레단에 입단하여 주역 무용수와 안무가로 활동했다. 1995년 서울발레시어터 창단과 함께 그는 상임안무가, 예술감독으로 활동하며 15년 동안 전막 10여 개, 단막 80여 개가 넘는 작품을 안무했다.

작품은 총 9개의 장면으로 구성했다. 대중에게 익숙한 멘델스존, 모차르트, 차이콥스키의 음악을 사용했다. 발레에서 접하기 어려운 멘델스존의 '결혼행진곡' 사용이 눈에 띈다.

■ 문화집단 플랜, (극작/연출 박재민)
조선브로드웨이 뮤지컬 <한여름 밤을 꿈>
2015.8.21.~11.1., 대학로뮤지컬센터 --> 공연불발

안타까운 소식이 전해졌다. <한여름 밤의 꿈> 제작사인 (주)베터리즘은 호소문을 통해서 "조선브로드웨이 뮤지컬 <한여름 밤을 꿈> 공연장 대학로뮤지컬센터와 주채권자 대우조선해양건설(주)의 소송에서 해당 공연장 사용이 불가능하다는 결정이 내려졌다"고 전했다. 당초 조선브로드웨이 뮤지컬 <한여름 밤을 꿈>은 8월 21일부터 11월 1일까지 대학로 뮤지컬센터 대극장 무대에 오르기로 되어 있었다. 하지만 채권단 유치권 행사로 인해서 공연 재개를 할 수 없었던 것이다.

그래도 이 작품에 대하여 설명하고 넘어가고자 한다. 2006년 예술의전당 토월극장에서 초연된 <한여름 밤의 악몽>을 공연명, 대본과 작곡을 새롭게 재창작해 선보인 작품으로 심야 숲 속 귀신들과 인간들의 사랑 이야기와 더불어 대한제국 명성황후의 명으로 고종 황제의 은혼식에서 상영될 영화 '장화홍련전'의 촬영 해프닝을 다룬 작품이다.

이야기꾼 박정현의 꿈으로 시작되는 <한여름 밤을 꿈>은 100년 전 대한제국이 일본과 강제 합방되지 않고, 대한제국을 둘러싼 강대국들의 치열한 알력 속에 독자적으로 서양 문물을 받아들이고 정치, 사회, 경제적 발전과 더불어 독창적인 문화가 발전됐다면 종로거리가 미국의 브로드웨이처럼 되지 않았을까 하는 기대감에서 출발한다.

셰익스피어의 희극성은 유지하되 고전 '장화홍련전'을 가미해 우리의 정서를 자연스레 녹여낸 점이 두드러진다. 작품의 독창성을 인정받아 중국 투어, 일본 투어 및 라이선스 공연 제의를 받고 있기도 하다.

■ 극단 여행자 (각색/연출 양정웅) <한여름 밤의 꿈>
　　1. 2015.8.22., 음성군 문화예술회관
　　2. 2015.11.27., 안동 문화예술의전당
　　3. 2015.12.22.~12.23., 평촌 아트홀

극단 여행자의 그 유명한 한국판 <한여름 밤의 꿈>이 8월 22일 음성문화예술회관에서 공연되었다. 이번 공연은 '2015 문예회관과 함께 하는 방방곡곡 문화공감 민간예술단체 우수공연'으로 문화체육관광부, 한국문화예술위원회, 음성군이 주최하고 한국문화예술회관연합회, 음성군 시설관리사업소가 주관하며 기획재정부 복권위원회의 후원을 받아 공연되었다.

안동문화예술의전당은 '2015 문예회관과 함께하는 방방곡곡문화공감공모사업'의 일환으로 극단 여행자(연출 양정웅)의 <한여름 밤의 꿈>을 선정 11월 27일 안동문화예술의전당 웅부홀에서 공연하였다.

안양문화예술재단은 연말을 맞아 셰익스피어의 원작을 한국적 색채로 그려내 세계적으로 주목받은 연극 극단 여행자의 <한여름 밤의 꿈>을 12월 22일과 23일 이틀간 평촌아트홀에서 공연하였다.

■ 극단 에저또 (극작 김지연, 연출 최재민) <한여름 밤의 꿈>
　　1. 2015.8.22., 쇼케이스 영도문화예술회관 야외공연장

2. 2015.8.25.~8.26., 영도문화예술회관 대공연장(봉래홀)
3. 2016.4.1., '제34회 부산연극제' 개막작, 부산문화회관 중극장

출처 : 아시아뉴스통신

극단 에저또는 2013년 부산 영도문화예술회관 공연에 이어 2015년 8월 25일과 26일 같은 장소에서 뮤지컬 <한여름 밤의 꿈>을 재공연하였다. 2016년 4월 1일에는 부산 최대의 연극축제 '제34회 부산연극제'에 개막작으로 공연하였다.

[줄거리]
대감의 딸 미아는 몰락한 집안의 아들 태하와 사랑하는 사이다. 태하가 탐탁지 않은 대감은 사또로 변장한 화초신을 찾아오는데 … 이에 화초신과 월은 태하와 미아의 사랑에 대한 내기를 한다.
어떠한 역경 속에서도 둘의 사랑이 굳건히 지켜질 것인지에 대한 …
대감의 반대에 못이겨 야반도주하는 미아와 태하.
그들에게 어떤 위기가 닥칠지 … 그들은 극복하여 사랑의 꽃을 피우게 될 것인지
…
한편 대감은 사람을 풀어 딸을 찾기에 혈안이 되고, 월은 주모로 변장하고 화초신은 심마니로 변신을 해서 각자의 내기에 박차를 가한다.
화초신은 비장의 무기 사랑주를 꺼내들지만 일이 꼬여버리고 …
과연 미아와 태하의 영원한 사랑의 맹세는 지켜질 것인가?

■ 대전대 방송공연예술학과 (작/연출 김상일) <한여름 밤의 꿈>
1. 2015.8.30.~8.31., 대전 카톨릭 문화회관 아트홀

2. 2015.10.15., 대전대학교 혜화문화관 불랙박스홀

대전대 방송공연예술학과는 8월 30일과 31일 대전 가톨릭문화회관 아트홀에서 한국판 <한여름 밤의 꿈>을 공연하였다. 공연관람은 전 구성원과 지역주민들에게 무료로 제공되었다.

학과장인 김상열 교수가 현대적이며 한국적인 내용으로 각색, 무대에 올린 작품으로 이 학과 학생들이 출연하였다. 김 교수는 "한여름 밤의 꿈은 많은 연출가들이 한 번은 꼭 해 보고 싶은 작품으로 꼽을 만큼 도전적인 작품이지만 2시간 이상의 공연 시간, 많은 등장인물로 인해 희극코드가 관객들에게 제대로 전달되지 못하는 경우도 많다"며 "희극 본연의 모습을 살리면서도 한국적인 내용으로 과감하게 바꿔 만들어봤다"고 소개했다.

■ 극단 디 캐츠 (연출 홍유진) <한여름 밤의 꿈 사랑의 묘약>
2015.11.14.~11.15., 동덕여자대학교 공연예술센터

동덕여자대학교 출신 연예인들로 구성된 2000년 5월 창단공연으로 <셰익스피어 사랑 메소드>를 공연한 극단 디 캐츠는 대표를 맡고 있는 연기자 출신 방송연예과 교수 홍유진씨의 연출로 2015년 11월 14일부터 15일까지 <한여름 밤의 꿈 사랑의 묘약>을 동덕여자대학교 공연예술센터에서 공연하였다. 내용은 원전과 동일하다.

■ 극단 거울과 등잔 (역/연출 조한신) <한여름 밤의 꿈>
2016.5.11..~5.29., 대학로 스페이스아이

극단 거울과 등잔은 2015년부터 명작 소설은 읽어야 하지만 명작 연극은 보아야 한다는 취지하에 '세계명작연극시리즈 프로젝트'를 진행하고 있다. 그 세 번째 작품으로 셰익스피어의 <한여름 밤의 꿈>을 무대에 올렸다.

극단 거울과 등잔은 원작의 희곡을 거의 각색하지 않고 무대에 올린다. 작품의 원래 의도와 주제를 보여주는 것이 고전극을 공연하는 큰 의미 중 하나이기에 거울과 등잔은 이런 방식으로 작품을 무대에 올리고 있다.

<한여름 밤의 꿈>은 셰익스피어가 습작기를 지나 본격적으로 희곡을 쓰던 시절에 만든 희극이다. 같은 시기에 쓴 작품으로는 <로미오와 줄리엣>이 있다. 대부분의 희곡이 그렇듯이 이 작품도 사랑 이야기를 다루고 있다. 하지만 셰익스피어는 사랑을 낭만적으로만 다루지 않는다. 그에게 진실한 사랑은 고난을 겪고 얻게 되는 최후의 결실이다. 그리고 이 작품에서는 도시의 노동자들이 연극을 만드는 과정이 나온

다. 순수한 상상력으로 연극을 만들어가는 과정은, 없는 것을 보는 예술가들의 면모를 보여주고 있다.

■ 극단 여행자 (각색/연출 양정웅) <한여름 밤의 꿈>
　　1. 2016.6.2.~6.12., 예술의전당 CJ 토월극장
　　2. 2016.6.24.~6·25., 강동아트센터 대극장 한강
　　3. 2016.8.27., 동탄복합문화센터 반석아트홀에서

　　강동아트센터는 예술단체의 안정적인 창작활동을 지원하고 공연장을 활성화시키기 위해 2014년부터 서울문화재단과 공동으로 '공연장 상주단체 육성 지원 사업'을 진행해오고 있다.

　　양정웅이 연출가로 이끌고 있는 극단 여행자는 2016년 강동아트센터의 상주예술단체로 새롭게 선정되었고, 그 첫 작품으로 강동구 강동아트센터에서 자신들의 대표 레퍼토리인 <한여름 밤의 꿈>을 6월 24일과 25일 대극장 한강에서 공연하였다. 이제 강동구 주민들은 대학로나 예술의전당까지 가지 않아도 극단 여행자의 연극을 볼 수 있게 된 것이고, 극단 여행자는 서울문화재단의 강동아트센터에 상주단체로 입주하게 됨으로서 그동안 대학로 연습실의 높은 임대료로 수년간 고민해왔던 것도 해결되고 또 사무실도 항상 지하에 있다 보니까 신선한 공기가 그리웠는데 이제 그런 부분들이 해결됐다고 한다.

■ 노원시민연극공동체 일탈 (연출 정대영) <한여름 밤의 꿈>
　　2016.6.12., 대학로 엘림홀

　　서울시가 후원하고 서울연극협회가 주최하는 '제2회 서울시민연극제'는 서울시 각 자치구에 거주하는 직장인, 주부, 청소년, 장애인 등 다양한 직업과 연령대의 시민들이 직접 연극을 만들고 공연하는 시민주도형 연극제이다. 작년 8개 팀의 참여로 첫 선을 보인 시민연극제는 올해에는 11개 팀이 참가하였다.

　　이 행사에 노원시민연극공동체 일탈이 <한여름 밤의 꿈>을 6월12일 대학로 엘림홀에서 공연하였다. 이 작품은 폐막식에서 '제2회 서울시민연극제 최우수상'을 수상하게 된다.

　　작품 내용은 400년 전의 셰익스피어 생존시대와 공간을 현재의 노원구로 바꾸고, 등장인물인 노원구민이 수락산을 배경으로 연극을 펼치는 내용이다. 노원구청장의 결혼축하 겸 연극대회에 참가하는 당고개 상인회에서 "마들과 당현"이라는 연극을

준비하는 과정과 배역 결정이 소개되고, 구청장 결혼식과 함께 노원구민인 부친이 자신이 정해준 배필과 딸을 결혼시키려는 의사가 펼쳐지고, 그와는 반대로 딸은 자신이 사랑하는 청년과 결혼하고 싶어하는 정경이 극 속에 펼쳐진다. 수락산 산신이 등장을 하고, 산신과 선녀의 부부싸움이 펼쳐지면서 산신과 부하 요정의 도술로 선녀는 보기 흉한 괴물과 사랑을 나누는 정경이 공개된다. 청년들은 처음에는 요정의 실수로 엇갈린 사랑을 하게 되지만, 종당에는 산신의 도움으로 소망하던 배필과 짝을 이루게 되고, 반대를 하던 부친의 허락까지 받게 된다. 산신과 선녀의 금실도 좋아진다. 대단원에서 당고개 상인들은 열정과 노력을 다한 공연으로 노원구 관객의 환호와 갈채를 받는 장면에서 연극은 끝이 난다.

■ '제27회 광주학생연극제' 성덕고 <한여름 밤의 꿈>
　　2016.6.11., 광주 문화관 동산아트홀

유·스퀘어문화관이 광주연극협회와 공동으로 6월 4일부터 13일까지 문화관 내 동산아트홀에서 '제27회 광주학생연극제'를 개최하였다. 2016년 27회를 맞은 광주학생연극제는 고등학생들의 연극 축제로 광주지역 청소년들이 직접 만든 연극 10편이 무대에 오른다.

9월 11일 성덕고는 <한여름 밤의 꿈>을 유·스퀘어문화관 동산아트홀에서 공연하였다.

■ '2016 제24회 젊은연극제'(2016.6.13.~7.3) 참가작

성결대학교 연극영화학과 <한여름 밤의 꿈>
2015.12.3.~12.5., 성결대학교 기념관 3층, 대학극장
2. 2016.6.18., 대학로 SH 아트홀

전국에 있는 연극영화계열 대학들의 젊은 예술가들이 대학로 일대에서 공연예술
축제를 벌이는 '2016 제24회 젊은연극제'는 '도전하는 젊음! 미래를 밝히는 청춘'이
라는 슬로건으로 총 45개 대학 연극영화계열 학과들이 다양한 작품을 선보였다.
이 중 셰익스피어 작품을 골라보면 가천대 <십이야>, 동아방송대 <리어왕>, 서일대
<맥베스>, 호산대 <뜻대로 하세요>, 성결대 <한여름 밤의 꿈>, 순천향대 <타이터스
앤드로니커스> 등이었다.

■ 서울발레시어터 창작발레 <한여름 밤의 꿈>
1. 2016.6.18., 울산 중구문화의 전당 함월홀
2. 2016.6·25., 음성문화예술회관 대공연장
3. 2016.7.1.~7.2., 과천시민회관
4. 2016.8.5.~8.6., 대전 예술의전당
5. 2016.10.15., 김해 문화의전당 마루홀

이번 공연은 셰익스피어의 낭
만 희곡에 로맨틱한 상상력을 더
해 새롭게 그려낸 판타지 코믹 발
레. 요정의 숲에서 벌어지는 남
녀 4명의 엇갈린 사랑 이야기를
바탕으로 멘델스존과 모차르트,
차이콥스키의 아름다운 발레 음
악이 더해지고 대사가 없는 발레
를 누구나 쉽고 재미있게 이해할
수 있도록 셰익스피어가 해설자
로 등장하는 특별한 무대로 구성
된다.

요정의 여왕 티타니아와 당나
귀로 변한 보텀의 그랑 파드되
(grand pas de deux)와 피날레를 장식할 테세우스 결혼식에서 펼쳐지는 세 커플의

그랑 파드되가 이번 공연의 관람 포인트다. '그랑 파드되'는 주역 발레리나와 그 상대역이 함께 화려한 무용 기법과 연기를 보여주는 고난이도의 발레 동작을 뜻한다.

서울발레시어터의 판타지 코믹 발레 <한여름 밤의 꿈>은 '문예회관과 함께 하는 방방곡곡 문화공감 민간예술단체 우수공연' 작품으로 선정되었다. 경기문화재단 공연장 상주단체 육성지원 프로그램으로 지원하는 단체 중 7개 단체가 과천·안산·김포·안양·구리·군포 등 6개 지역에서 공연을 진행하였다. 7월 첫 주자로 1일과 2일 서울발레시어터의 창작발레 <한여름 밤의 꿈>이 과천시민회관에서 막을 올렸다.

■ **한국교사연극협회 산하극단 '교극' 뮤지컬**
   (역 이정만, 작곡 조영천, 각색/연출 김정만) <한여름 밤의 꿈>
   2016.7.14.~7.17., 동덕여대 공연예술센터 대극장

1985년에 창단된 한국교사연극협회 산하극단 '교극'이 셰익스피어 서거 400주년을 맞아 사제동행 뮤지컬 프로젝트 <한여름 밤의 꿈>을 8월 14일부터 17일까지 동덕여대 공연예술센터 대극장에서 공연하였다. 교극 46번째 정기공연으로 20여명의 학생, 40여명의 교사들이 함께 준비한 이번 작품은 번역, 각색은 물론 연출과 작곡까지 모두 교사들의 손에서 탄생했다.

■ **경기필하모닉 오케스트라 (지휘 성시연)**
   <멘델스존-한여름 밤의 꿈>
   1. 2016.10.21., 경기도 문화의전당 대극장
   2. 2016.10.22., 롯데 콘서트홀

경기필은 1997년 10월 창단한 경기도립 오케스트라이다. 2008년 중국, 미국 LA를 시작으로 2009년 스페인 발렌시아와 톨레도 페스티벌, 2010년 중국투어, 이탈리아 페스티벌 공연 등을 통해 갈채를 받았다. 2014년 일본 아시아 오케스트라 위크 페스티벌에 한국 오케스트라 대표로 초청됐으며, 지난해 한국 오케스트라 최초로 독일 베를린 필하모닉에서 공연했다.

멘델스존의 한여름 밤의 꿈은 셰익스피어 연극 공연을 위해 작곡된 극음악으로 요정의 숲에서 벌어지는 한바탕 꿈 같은 사랑 이야기다.

셰익스피어 서거 400주년을 기념으로 경기필하모닉 오케스트라(경기필)와 배우들, 소프라노, 댄서들이 한데 어우러져 '경기필하모닉 마스터시리즈 Ⅶ 멘델스존 한여름 밤의 꿈'을 관객들에게 선사하였다. 연인과 요정들이 엮인 사랑 이야기를 연주,

합창, 무용, 해설로 풀어낸 공연으로 귀와 눈이 동시에 만족하는 무대였다.

공연에서는 성시연 경기필 예술단장 겸 상임지휘자의 지휘로 요정의 숲을 묘사한 서곡부터 결혼식 음악으로 널리 쓰이는 결혼행진곡까지 총 13곡의 전곡 연주가 이뤄졌다. 그는 2명의 소프라노와 여성 합창, 오케스트라 연주 외 연극 대사 해설과 발레 안무를 더 한 무대를 이끌었다. 그간 서곡, 스케르초, 간주곡, 녹턴, 결혼행진곡 등 발췌해서 연주하는 경우는 많았지만, 전곡 연주는 이례적이다. 이 곡은 우리에게 익숙한 결혼행진곡의 출처이기도 하다.

소프라노 정혜욱, 메조 소프라노 김선정, 서울 모테트 합창단과 함께 배우 김석훈과 이아현이 셰익스피어의 해설을 맡아 함께 했다.

특히, 이번 공연에는 발레를 추가해 볼거리를 더했다. 볼쇼이 발레학교 국립발레단 수석무용수 출신인 발레리나 김주원이 특별 출연했다. 그는 강수진에 이어 한국인으로는 두 번째 '브누아 드 라 당스' 최고여성무용수 상 수상자다. 김주원은 발레리노 윤전일과 함께 스케르초와 간주곡, 베르가마스크 무곡 등 총 3곡에 맞춰 신비롭고도 아름다운 몸짓을 선보였다. 윤전일은 루마니아 국립 오페라 발레단 수석무용수, 함부르크발레단 솔리스트, 국립발레단 주역으로 활동한 바 있으며 엠넷(M-net) 댄싱9 시즌2, 시즌3 우승자이도 하다. 공연 안무는 국립 발레단 출신 유회웅이 맡았다.

■ 발레STP협동조합 (안무 제임스 전) <한여름 밤의 꿈>
2016.11.11.~11.13, 세종문화회관 M시어터

세종문화회관과 발레STP협동조합이 공동주최로 2016년 10월 28일부터 11월 13일까지 세종문화회관 M씨어터에서 '셰익스피어 인 발레'를 선보였다. '셰익스피어 인 발레'는 영국의 대문호 셰익스피어의 서거 400주년을 기념하기 위해 기획한 공연으로 국내 대표 5개 발레단으로 구성된 발레STP협동조합의 작품이다.

발레STP협동조합은 발레계의 저변 확대를 위해 국내 여섯 개의 민간발레단인 유니버설발레단, 서울발레시어터, 이원국발레단, SEO(서)발레단, 와이즈발레단이 정기적으로 모임을 갖는 단체로 '재능 공유 프로그램(Sharing Talent Program)'이란 뜻을 지녔으며, 지난 2012년부터 다양한 발레공연, 교육프로그램 등으로 꾸준한 활동을 하고 있다.

10월 28일부터 30일까지는 발레 <맥베드>, <로미오와 줄리엣>의 명장면을 모아 구성한 '스페셜 갈라' 무대로 꾸며지고 11월 4부터 6일까지는 서미숙 안무가의 창작 발레 <크레이지 햄릿>, 11월 11일부터 13일까지는 제임스 전이 안무한 <한여름 밤의 꿈>이 공연되었다.

제임스 전이 선사하는 로맨틱 발레 <한여름 밤의 꿈>은 원작의 기본 구성에 충실 하면서도 안무가 제임스 전만의 특별한 상상력이 더해진 작품으로, 줄거리 이해를 돕기 위해 원작자인 셰익스피어가 해설자로 등장하고, 멘델스존의 '한여름 밤의 꿈' 을 비롯해 모차르트와 차이콥스키 등 클래식 음악의 명곡들도 차용했다.

이처럼 학생극에서 직업극단, 때로는 발레로 뮤지컬로, <한여름 밤의 꿈>은 그때 나 지금이나 환상과 꿈을 그려가는 영원이 꺼지지 않는 몽환의 무대이다.

⑤ 〈태풍〉 (Tempest)

<태풍>은 화해와 평화 그리고 마법의 무대이다. 극의 형식도 특이하다. <페리클 리스>는 편력의 이야기이며, <심벨린>은 두 가지 플롯이 진행되고, <겨울이야기>는

시간의 역할을 하는 코러스를 등장시켜 시공(時空)의 초월성을 보여준다. 그러나 <태풍>은 이들과는 전혀 다르다. 줄거리의 진전이 한 장소에서 세 시간 이내에 이루어지며, 아리스토텔레스의 삼일치법칙(Three Unities)을 충실하게 엄수한 것을 보게 된다. 그리고 스펙터클한 요소와 환영(幻影)적인 요소가 어느 작품보다도 풍부하다는 점이 관객들의 눈길을 사로잡는다. 어떤 때는 가장 큰 무대로 우리를 압도하기도 하며, 도도한 흐름으로 극이 진행된다. 또 하나 다른 점은 좀처럼 대하기 어려운 치밀한 글월이다. 문체 뒤에는 시적 운치가 은밀하고도 집요하게 자리 잡고 있으며, 극적 분위기를 증폭시켜주는 촉매가 되고 심지어는 극중 인물의 내면 심리까지 드러내 보여주고 있다.

"모든 문예작품 가운데서 가장 완벽한 작품"[917]이라는 콜리지의 평처럼 이 작품을 걸작으로 만든 요인은 규모의 웅대함, 상상과 비전이 깊고도 깊은 그 심도(深度)에 있다고 할 수 있다. 그리고 <태풍>은 셰익스피어의 마지막 작품이다.

국내에서 주목을 받았던 <태풍> 공연은 극단 두레의 한국적 번안극과 영국의 세어드 익스피리언스 극단(Shared Experience Theatre)의 내한 공연, 그리고 이윤택이 연출한 뮤지컬 <태풍>을 들 수 있다.

■ <태풍>의 초연과 학생극 공연

우리나라에서의 초연은 1967년 연세대학교 극예술연구회(표재순 연출)가 공연한 것이 처음인 것으로 기록되어 있다. 이 작품은 원작을 최대한 살려서 공연했고, 이광민, 서승현, 이승호, 정하연, 김종결, 최형인을 비롯한 연희극예회 멤버들이 출연해 호연을 펼친 것이 기억에 남는다.

<태풍>의 우리나라 두 번째 공연은 1976년 수도여자대학 영어영문학과의 영어극이다. 수도여자대학은 현 세종대학교의 전신으로 1960년 <한여름 밤의 꿈>에 이어 두 번째로 이 셰익스피어 작품을 공연한 것이었는데 여자대학인 만큼 배역이 모두 여학생들로 꾸며진 것이 특징이었다.

연세대학교 극예술연구회가 1982년 5월 14,15일 양일간 52회 정기공연으로 <템페스트>(오화섭 역, 김상범 연출)를 동대학 노천극장에서 공연하였으며, 1967년 <태풍>을 초연한 것도 극예술연구회였다. <태풍>을 노천극장에서 무대화한 이유를 조연출 김현수는 "특정한 공감성의 제거를 통하여 지혜의 보고에서 나온 프로스페로의 인간성이 현대적 의미에 있어서 인간심리의 정화를 재생시키려는 것이다[918]라고 하였다. 극예술연구회는 동대학 노천극장에서 <한여름 밤의 꿈>과 <태풍>을 공연한 것이 되는데, 이 두 극은 모두 여러 장면이 실외를 배경으로 하고 있으며, 요정이나 마술 등의 환상을 보여주기 위한 공간의 설정을 숲이나 섬 등으로 해 놓았기 때문에 야외공연에 적합한 특성을 가지고 있으니, 학생극은 물론 직업극단에서도 야외공연은 시도하기에 알맞은 것이다.

1986년 대학 캠퍼스에서는 셰익스피어의 열풍이 불고 있었다. 방학동안 갈고 다듬은 실력을 과시하려는 듯, 9월 개강 첫 주에 이화여자대학교 영어영문학과가 5일과 6일에 <템페스트>를, 연세대학교 영어영문학과가 4일에서 6일까지, 그리고 고려대학교가 3일에서 6일까지 각각 <로미오와 줄리엣>을 모두 영어극으로 공연하였다.

이들 공연은 연극적 짜임새나 전문성은 결여되었으나, 전공과목의 특성을 살려 셰익스피어극을 무대화함으로서 전공지식을 심화시킬 뿐 아니라, 선·후배간의 결속을 다지는데 중요한 요인이 되었다고 할 수 있다.

이화대학교의 <템페스트>는 개교 100주년 기념공연으로서 희극전공 조교, 대학원생, 동창 선배들까지 뒷받침해, 그동안 50회 공연 중 가장 큰 규모였다.[919] 영어영문학과 학생들은 대개 개성이 강하나, <템페스트>의 주연을 맡은 이인용은 "공동작업을 통해 서로 이해할 수 있는 좋은 기회가 되었다."[920]고 밝혔다.

같은 해 11월 28일과 29일에는 대학극이 아닌 직장인 연극동호회에서도 <태풍>(이미경 연출)을 시민극장에서 공연하였다.

1990년대에도 대학극은 이어졌다. 1993년 5월 26일부터 30일까지 중앙대학교 연극학과에서 학과 창설 35주년 기념으로 동대학 루이스홀에서 <태풍>(최치림 연출)을 공연하였다. 또 다른 대학극은 1996년 10월 4일부터 6일까지 동국대학교 영어영문학과 개설 50주년 기념으로 <템페스트>를 동교 문화관 중극장에서 공연하였다. 이 공연은 원어극이 아니라, 김재남 번역, 장진호 연출의 공연이었다.

■ 극단 두레 창단공연 (번안/연출 장수동) <태풍>
1992.7.3.~7.31., 동숭아트센터 소극장

<태풍>의 본격적인 직업극단의 공연은 1992년 극단 두레의 창단공연이었다. 극단 두레는 서울예술전문대학출신의 새로운 무대를 지향하는 젊은 예술인들이 만든 극단이며, 이들의 <태풍>도 역시 한국화하는 데 의의가 있었다.

> 연출가이자 극단 대표인 장수동은 작품선택 이유를 <태풍>이 지닌 '화해정신'과 '우리의 몸짓으로 해석한 놀이극으로서의 무한한 가능성'에서 찾는다. 그리고 "가(歌), 무(舞), 악(樂)이 함께 어우러지는 우리의 전통연희의 특징을 오늘의 무대언어로써 창출해보고자" 하는 창단의도를 살려 셰익스피어의 <태풍>을 번안무대로 마련한다고 밝힌다.[921]

번안 작업으로는 지역과 이름을 한국적인 것으로 바꾸고, 배우들에게는 마직으로 만든 개량된 한복풍의 의상을 입혔으며, 국악풍의 음악을 연주하여 극을 진행하였다. 한국형으로 바꾼 지명의 예를 들어보면 섬은 이어도로 부르고, 프로스페로(Prospero)가 공작으로 있던 밀라노(Milan)를 부여, 나폴리(Naples)를 서라벌로 바꾸었다. 등장인물들은 프로스페로를 아사달, 그의 딸 미랜다(Miranda)를 아랑, 프로스페로가 부리는 요정 에어리얼(Ariel)은 낮도깨비, 캘러번(Caliban)은 뎁드기로 부르며, 나폴리의 왕 알론조(Alonso)는 여왕 갈부루로 바꾸고, 아들 퍼디넌드(Ferdinand)는 누리히, 그리고 왕위를 찬탈하려는 시베스천(Sebastian)은 흑지랑 등으로 번안하여 한국적인 맛을 살렸다. 그러나 이처럼 한국적임 맛을 살렸음에도 불구하고 줄거리는 원작을 그대로 유지하였다.

그러나 외형의 변형에 맞춘 줄거리는 지나치게 단순하여, 은유와 상징성이 없어지거나, 배우들의 이미지가 제대로 부합되지 않아 전체적으로 보아 변형은 그다지 성공적이지 못했다.

한국적 변형을 시도한 <태풍>에서 백미라고 꼽을 수 있는 것은 무대장치였는데, 권혁종은 이 점에 대해 "극장무대는 서해 원산도에서 바닷모래 1백여 가마를 가져다

깔고 실제 물을 담아 섬의 이미지를 살렸다."고 하며, "연꽃 종이배, 갈매기, 나비 등의 다양한 오브제를 이용, 소극장 특유의 실험성을 살린다는 계획도 주목된다."[922]고 언급했다. 음악효과에서도 한여름의 더위를 잠재울만한 압권적인 무대였다.

〈태풍〉의 압권은 태풍이다. 바다에 깔아놓은 모래로 바닷가의 냄새를 조금 맛보이더니 웅장한 신시사이저 효과음과 함께 무대벽 한 켠을 뚫고 전개되는 태풍에 휘말려 난파선의 모습은 찜통 더위의 관객들을 순식간에 격한 파도 한가운데로 이끄는데 성공한다. 또 극의 곳곳에서 굿거리 자진모리 등의 가락으로 흐르는 배우들의 노래 (작곡 권일)와 춤 그리고 가면극(노성은)까지, 북, 아쟁(이문수) 그리고 파도소리를 내는 레인스틱까지 일곱가지 도구로 펼쳐지는 생음악효과는 생동감을 더해준다.[923]

두레의 〈태풍〉 공연은 새로운 시도와 시각적·철학적 실험성은 성공한 공연이었지만, 한국적인 번안에는 완전하게 부합하지 못하고, 한국적 이미지 연출에는 실패하였다는 아쉬움이 있다. 그러나 이 공연은 〈태풍〉이 직업극단에 의한 첫 번째로 실험성이 큰 공연이었다는데 의의가 있다고 할 수 있다.

■ 영국 셰어드 익스피리언스 극단 (연출 낸시 맥크러)
〈템페스트〉 1996.12.12.~12.21., 예술의전당 토월극장

이 극단은 1875년에 창단되었으며, "기발한 무대장치와 독특한 시각적 이미지, 대사 이상의 비중을 지닌 역동적 몸짓"[924]으로 유명하고, 내한 공연에서도 그들의 장점을 살려 강렬한 시각적·청각적 효과를 이용한 독특한 무대였다. 무대장치에서 "몇 개의 하얀 돛을 이용, 파도치는 해변, 폭풍우가 휘몰아치는 바다, 울창한 숲을 만들어내는가 하면, 요정들의 분위기까지 연출"[925]해내는 시각적 테크닉의 진수를 보여주었고, 언어에서는 "맛깔스러운 대사와 깊이를 효과적으로 압축시키고, 사실적인 몸동작으로 내용을 생생하게 전달해 비영어권 관객들도 쉽게 이해할 수 있는 연극공연"[926]으로 관객들과의 교감을 불러 일으켰다. 청각적인 면에서 전자음악의 효과를 응용하여 생생한 활력을 불어 넣었는데, 파도소리, 폭풍소리 등이 긴박감을 더해 주었다. 의상에서도 흰색을 주로 사용하여 통일성을 보여주고, 신비스러운 모습으로 연출하기 위해 조명을 녹색과 보라색, 그리고 푸른색을 이용함으로서 환상적 분위기를 연출하였다. 리듬감 있는 언어표현, 계산되고 절제된 몸짓과 언어, 살아있는 표정과 치밀한 대사 등이 셰어드 익스피리언스 극단이 만들어낸 〈태풍〉이며, 국적과 시간을 넘어 관객들에게도 진리와 화제를 추구하는 셰익스피어의 메시지가 전달되도록 만드는 매개체 역할을 한 것이다.

■ 서울예술단 (각색/연출 이윤택) <태풍>
    1. 1999.11.20.~11.28., 예술의전당 오페라하우스
    2. 2000.2.12.~2.20. 예술의전당 오페라하우스
    3. 2001.3.30.~4.6., 서울 예술의전당 오페라하우스
    4. 2002.12.20.~12.30., 국립극장 해오름극장

서울예술단 총감독 신선희가 거창한 행사를 마련하였다. 행사는 셰익스피어의 최후작품 <태풍>을 공연하는 것이다. 예술의전당 오페라극장에서는 1999년 11월 20일서 28일까지 밀레니엄 뮤지컬 <태풍>이 공연되었다.

각색과 연출을 맡은 문화 게릴라 이윤택은 1999년에만 <리어왕>, <햄릿> 등을 무대에 올렸고, 셰익스피어의 마지막 희곡 <태풍>(The Tempest)을 뮤지컬로 각색, 연출하여 셰익스피어 연작 시리즈를 마감하였다.

이윤택의 뮤지컬 <태풍>은 귀천무, 불교무술인 선무도, 검도를 응용한 동양적인 집단무와 공중곡예 장면, 실전을 연상시키는 총격전, 태풍에 휩쓸리는 무대로 극에 생명력을 불어넣었고, 음악은 국악 작곡가 김대성과 체코 작곡가인 제네크 바르타크(Zdenek Bartak)가 가곡과 범패·정가·태평가를 응용한 음악 등 모두 16곡을 만들어 동서양의 음악을 한 작품 속에서 조화를 이루게 한 성공적인 공연이었다.

서울예술단은 20세기를 닫은 초연을 성공적으로 마무리하고, 20세기를 연 2000년 2월 12일서부터 20일까지 예술의전당 오페라극장에서 앙코르 공연하였고, 2000년 한국뮤지컬대상에서 작품상 등 7개의 상을 휩쓰는 영광을 누리게 된다.

이윤택은 "<태풍>은 셰익스피어의 마지막 작품이자 궁중무대에 올라간 첫 번째 작품"이라고 덧붙였다. <태풍>만 뮤지컬로 만든데 대해서도 "뮤지컬은 희망적이어야 제 맛이다. 마법의 지팡이를 버리고 후대에게 새 세상을 맡기는 프로스페로의 모습이 새천년 우리에게 필요한 '상생과 희망'을 준다고 생각했다"고 말한다.

[줄거리]
● 전막
알론조왕과 그의 신하들이 탄 배가 갑작스런 태풍으로 인하여 좌초한다.
바다를 잠재워달라고 애원하는 어린 딸 마린다를 달래며, 섬의 주인 프로스페로는 12년 전 알론조왕의 원조를 받은 친동생 안토니오에게 자신의 통치권을 빼앗긴 이야기를 들려준다.

두 사람의 다정한 모습을 시샘하며 바라보고 있던 새의 요정 에어리얼이 날아들어 프로스페로의 명령대로 태풍을 일으켜, 배에 타고 있던 사람들을 세 그룹으로 나누어 섬 이곳저곳으로 흩어놓았다고 보고한다. 프로스페로는 에어리얼에게 미란다의 사랑을 인도해오도록 지시한다.

에어리얼에 이끌려 등장하는 퍼디넌트 왕자와 미란다는 첫눈에 서로에게 이끌려 사랑에 빠지고, 프로스페로는 허드렛일을 통해 퍼디넌트의 성품을 닦도록 한다.

조난을 당한 두 번째 그룹은 알론조왕, 그의 동생 세바스티안, 안토니오 곤잘로, 그리고 신하들로 이루어져 섬을 헤메고 다닌다. 세바스티안과 안토니오는 알론조왕과 곤잘로가 잠들었을 때 그들을 죽이고, 왕권을 찬탈하려고 한다. 하지만 그들의 계략은 에어리얼에 의해 저지된다.

세 번째 그룹은 궁정광대 트린큘로와 주정뱅이 주방장 스테파노로 이루어진다. 그들은 프로스페로가 섬에 오기 전에 섬을 통치하였던 마녀 시코락스의 반인반수 아들 캘러번에게 취하도록 술을 먹이고, 프로스페로에게 빼앗긴 섬을 돌려받기 위하여 진격한다.

◉ 후막

후반부는 사랑하는 두 연인들이 격렬한 키스로 서로의 사랑을 확인하는 장면으로 막이 올라간다. 프로스페로는 사전에 적들의 계략에 대해 미리 경고를 받고 대책을 강구하고, 퍼디넌트에게 미란다와의 결혼을 허락한다.

곧이어 성대한 향연이 벌어지는데, 극중극의 주인공은 다름 아닌 프로스페로, 퍼디넌트, 그리고 미란다이다.

하지만 형 프로스페로를 향해 방아쇠를 당기는 안토니오로 인하여 향연은 아수라장이 되고, 이 세상 모든 추한 것들을 날려보내는 태풍이 다시한번 몰아친다.

음향과 바람, 조명 세례가 한 차례 지나간 후 무대는 정적에 사로잡힌다.

프로스페로는 알론조왕에게 화해를 제안하고, 알론조왕도 이를 받아들여 프로스페로에게 군주권을 복원시킬 것을 약속한다. 왕국은 두 사람의 용서와 화해로 더욱 안정적이고 강력해졌으며, 프로스페로는 마법의 지팡이를 버리고, 미래의 희망을 퍼디넌트, 미란다 두 젊은이에게 넘기고, 에어리얼과 캘러번에게도 자유를 선사한다. 구세대의 정치적 음모와 혼돈이 끝나는 날 프로스페로는 마법의 지팡이를 던지며 이렇게 선언한다. "제 이름은 윌리엄 셰익스피어, 이것이 저의 마지막 무대입니다"

◆ 스포츠조선(1999.11.22.)

뮤지컬 '빅4'가 한 무대에 섰다. 남경주, 송용태, 박철호, 유희성, 국내뮤지컬을 대표하는 4명의 남자배우가 서울예술단의 '태풍'(셰익스피어 원작, 이윤택 각색·연출)에서 불꽃 튀는 연기대결을 펼쳐 팬들의 가슴을 설레게 하고 있다.

■ '2005 의정부국제음악극축제' 참가작

　　프랑스 푸츠반 시어터 <템페스트>

　　2005.5.21.~5.22., 의정부 예술의전당

2005년 5월 10일부터 28일까지 열렸던 '2005 의정부국제음악극축제'는 음악에 연극, 인형극, 발레, 그림자극 등을 결합한 복합장르 공연을 '음악극'이라는 개념으로 묶어 선보였다.

이 축제에 참가한 프랑스에서 내한한 푸츠반 시어터는 40년 가까운 전통의 천막 유랑극단이다. 서커스 광대놀이, 고대비극, 인형극, 마임, 그림자극 등을 자유자재로 구사하는 이 극단은 이번 축제에서 셰익스피어의 고전을 새롭게 해석하는 <템페스트>를 5월 21일과 22일 의정부 예술의전당에서 공연하였다. <템페스트>는 이 극단의 60여개 레퍼토리 가운데 가장 대표작으로 꼽히는 작품이다.

■ '셰익스피어 난장 2005'
셰익스피어의 이해들 원어극 <태풍> 2005.9.22.

국내 극단이 만든 공식 참가작 세 편(국립극단(연출 박재와) <베니스의 상인>, 연희단거리패(연출 이윤택) <햄릿>, 목화 레퍼토리 컴퍼니(연출 오태석) <로미오와 줄리엣>)이 '한국의 셰익스피어'라는 주제로 공연되었고, 해외 초청작인 일본 구타우카 극단(연출 미야기 사토시)의 <맥베스>가 '아시아가 바라본 셰익스피어'라는 이름으로 선보였으며, 신진 극단의 세 작품(동국대학극장(연출 김용태) <햄릿>, 공동 창작집단 뛰다(연출 배요섭) <노래하듯이 햄릿>, 극단 가마골(연출 이윤주) <로미오를 사랑한 줄리엣의 하녀>)이 '프린지 페스티벌' 무대에 올랐다.

셰익스피어의 마지막 작품, 낭만희극 <태풍>은 대중의 인기가 높으나, 대학교수들도 그 유혹에 빠진 듯 하다. 국내 대학에서 셰익스피어를 가르치는 교수들로 구성된 '셰익스피어의 이해들'은 9월 22일 원어극 <태풍>을 공연하였다. 연출은 동덕여자대학교 교수 김미예였다.

■ 극단 미추 (번안 배삼식, 연출 손진책) <태풍>
2009.5.20.~6.6., 서울 예술의전당 토월극장

배삼식 극본, 손진책 연출로 셰익스피어의 마지막 희극 <태풍>의 무대를 어느 요양원으로 설정했고, 인생의 막바지에 와 있는 무언고 노숙자들이 요양원 후원행사의 하나로 준비하는 연극이 <태풍>이었다. 돌발 상황도 일어나지만 우여곡절 끝에 공연은 성공을 거두지만 주인공을 하려던 인물은 죽음을 맞는 안타까움과 서글픔을 객석에 전하고 마무리를 한다.

◆ 2009.5.13. 세계일보 윤성정 기자

원작을 비튼 이번 무대는 딸과 함께 산다며 행복을 머금고 떠난 노인 최씨가 결국엔 초췌한 모습으로 돌아와 요양원에서 죽음을 맞이하는 것으로 삶의 얼룩들을 고스란히 보여준다. 요양원에서 올리는 연극의 연출을 담당한 정씨는 최씨의 죽음에서 고단한 삶의 그림자를 목격한다. 인생의 끝자락에 매달린 요양원 노인들에게 남은 건 한없이 가벼워진 삶이다. 가족도, 돈도, 건강도 잃은 이들에겐 이름도 없다. 최씨, 정씨, 함씨, 나씨 등 다른 성(姓)만이 이들을 구별짓는 유일한 요소다. 거짓된 희망을 놓게 되는 순간은 죽음을 맞이하면서이다. 똑바로 바라보면 현실은 가시들로 가득하다. 손진책은 밀라노에 불었던 '태풍'을 오늘날 우리가 사는 시대로 불러들인다. 이 태풍을 이겨낼 마법의 지휘봉은 관객에게 맡겨진다.

■ '2009 세계 국립극장 페스티벌' 개막작

당대전기극장 (무대연출 서극) 음악극 <태풍>

2009.9.4.~9.6., 국립극장 해오름극장

세계 국립극장 페스티벌은 한국의 국립극장을 중심으로 기획된 축제다. 한국과 세계의 국립극장 및 국·공립 단체와의 지속적인 교류를 통해 구축된 네트워크를 기반으로 각국을 대표하는 공연을 선정하여 매년 9월, 10월 한국에서 개최되고 있다.

올해는 한국, 대만, 프랑스, 이탈리아, 벨기에, 필리핀, 러시아, 브라질, 노르웨이 등 10개국의 무용, 연극, 음악 등 총 26작품이 무대에 올랐다.

영화 '천녀유혼', '영웅본색'의 서극(52·徐克)감독이 연출하는 음악극 <태풍>은

'세계국립극장페스티벌'의 개막작으로 선정되면서 9월 4일부터 6일까지 국립극장 해오름극장에서 국내 관객에게 첫 선을 보였다.

서극 감독(왼쪽)과 그가 연출한 음악극 '태풍'의 한 장면.(국립극장 제공)

월리엄 셰익스피어(1564~1616)의 마지막 희극인 '템페스트'가 원작이다. '프로스페로'로 대표되는 인간의 세계, 원주민 '캘러번'으로 대표되는 인간 본성의 세계, '정령'들의 공간인 환상의 세계 등이 어우러지며 인물 간의 원한, 국가 간의 전쟁, 인간 본성에 숨어있는 잔인성 등을 다뤘다.

당대전기극장의 예술감독이자 <태풍>의 예술감독, 그리고 2008 베이징 올림픽 공식 오페라 '진시황'의 주역인 우싱 꾸오(56·吳興國)가 주인공 '프로스페로'를 연기한다. 2001년 영화 '와호장룡'으로 미국 아카데미에서 베스트 의상디자인상과 미술감독상을 받은 팀 입(葉錦添)이 의상과 무대미술을 맡았다.

우싱 꾸오 예술감독은 "경극이라는 전통극을 하는 입장에서 셰익스피어의 작품에 어떻게 하면 중국의 색깔을 넣어 표현할 수 있을지 고민했다"며 "옛것으로 새로운 것을 만든다는 일종의 온고지신의 개념이 당대전기극장이 가지고 있는 모토"라고 밝혔다. "공연을 보면 과연 경극이라 부를 수 있을지 의구심이 들 것"이라면서도 "경극의 방식을 사용해 중국 5000년 역사 동안 내려온 인간의 모순, 사랑, 희로애락 등을 표현하고 싶었다"고 알렸다. "의상은 딱히 당나라 시대, 한나라 시대, 명나라

시대 등으로 규정할 수 없는 과거의 여러 가지를 혼합했다.”고 하였다.

■ 강릉 원주대 영문과 <태풍>
1. 2010.10.9., 강릉원주대 해림문화관
2. 2010.11.27., 삼척 문화예술회관 대공연장

영어영문학과 교수극단과 학생들이 펼치는 2개의 셰익스피어 극이 강릉원주대 해림문화관 무대에 올랐다. 지난 2003년 창단한 교수극단 '셰익스피어의 이해들'은 강릉원주대 영어영문학과 이혜경 교수가 대표로 활동하는 교수 극단으로 전국의 교수들이 함께 참여 중이다. 셰익스피어의 가장 매력적인 사극으로 손꼽히는 작품 <리처드 3세> 공연을 2010년 10월 9일 공연하였다.

또 강릉원주대 영어영문학과 학생들의 뮤지컬 <태풍>이 같은 날 같은 무대에 올랐다. 이혜경 교수가 지도한 뮤지컬 <태풍>은 셰익스피어학회와 국립극장이 주최 하는 '2010 셰익스피어 페스티벌'에서 7년 연속 작품상을 수상하는 성과를 거두기도 했다.

■ 극단 목화 (재구성/연출 오태석) <태풍>
1. 2011.8.26.~9.10., 국립극단 백장극장
2. 2011.9.27.~10.6., 동국대학교 이해랑극장
3. 2011.12.15.~12.25., 대학로 예술극장 대극장
4. 2013·1.17.~1.27., 서울 대학로 예술극장 대극장
5. 014.3.27.~4.13., 대학로 스타시티 예술공간 SM

오태석이 재구성하고 연출한 극단 목화의 <태풍>은 2011년 스코틀랜드 '에든버 러 페스티벌'에서 최우수 작품상과 한국연극평론가협회가 뽑은 '올해의 연극 베스트 3'을 수상하였다.

◆ 연극평론가 박정기
극단 목화의 〈태풍〉은 2011년 8월 13일 에딘버러 인터내셔널 페스티발 (Edinburgh International Festival)에서 헤랄드 엔젤스(Herald Angels)상을 수상해 기염을 토한 작품이다. 오태석은 셰익스피어의 원작의 서양적 마법을 고대 신라시대의 도술로 바꾸면서 이탈리아 밀라노와 나폴리라는 도시국가를 고대 가락국 과 신라국으로 바꾸고. 서양식 사고와 철학, 그리고 풍습을 동양적인 사고와 도덕심, 그리고 당시의 세속오계가 극의 흐름에 자연스럽게 구현되면서, 씻김굿, 탈춤, 사자 놀음 등이 타악기의 굉음 속에 차례로 펼쳐지고, 유폐된 자의 설움과 그로 인한 복수

심이 절치부심으로 부각되지만, 대단원에서 용서와 화해로 감동적인 마무리를 한다. 도입에 지지왕(프로스페로)이 북을 두드리면 뿌연 농무상태에서 파도가 일고, 흰 광목천을 든 백색의상의 출연자들이 무대를 구르며 흰 천을 공중으로 던져 올리며 바다의 격랑을 온몸으로 표현한다. 장면이 바뀌면 바로 절해고도에 유폐된 지지왕이 도술로 격랑을 일으킨 것임을 알게 되고, 섬의 한 몸에 남녀 두 얼굴을 가진 괴물(캘러번), 각종 허재비, 바닷물고기 등이 지지왕의 명령에 따른 일거수일투족을 한다. 하지만 쌍두괴물을 비롯해 지지왕의 폭압에 12년을 견뎌온 고도의 생물들에게는 반항심만 높아진다. 자비마립간을 위시한 신라의 왕과 신하들은 태풍 속에서 생명을 부지하지만 왕세자의 실종으로 걱정이 태산이다. 지지왕의 딸 아지(미랜더)와 왕세자의 운명 같은 만남이 이루어지고, 두 사람은 첫눈에 서로 사랑에 빠진다. 지지왕의 마술과 복수심이 강해지고, 자비마립간 일행은 고도에서 우여곡절을 겪으며 차츰 왕세자와의 거리가 좁혀진다. 왕세자와의 해후는 결국 자비마립간과 지지왕이라는 불구대천의 원수끼리의 상봉이 되어지기에, 관객은 충만한 긴장감으로 두 원수의 대면을 주의 깊게 관찰하게 된다. 그러나 세자와 아지의 결합으로 사돈 간이 된 두 왕실이 어찌 적대감을 지속할 수 있으리오? 두 왕가의 화해가 이루어지고, 지지왕은 고도에 머무는 동안 억압했던 생물들의 족쇄를 풀어준다. 대단원에서 평생 한 몸으로 지냈던 쌍두괴물이, 각자 독립된 몸이 되도록 지지왕이 몸을 분리시켜주자 "이젠 자유다!"하며 기뻐하는 쌍두아의 외침과 그동안 지지왕의 도술로 지배되던 바닷물고기들을 풀어줌으로써 그들 모두가 "자유다!"라고 외치는 장면은 명장면으로 관객의 뇌리에 각인된다.

■ '꿈다락 토요문화학교-연극! 영화를 만나다!'
청소년 학생팀 '아리랑 Fil+ter' <태풍>
2012.12.8., 성북문화재단 아리랑시네 & 미디어센터 2층 3관

학교 밖 문화예술교육 프로그램 '꿈다락 토요문화학교-연극! 영화를 만나다!'가 12월 8일 오후 7시 성북문화재단 아리랑시네 & 미디어센터 2층 3관(독립영화전용관)에서 '直面(Alone, A love)'이라는 주제로 작품 발표회를 개최했다.

청소년의 시선으로 학교폭력과 왕따 문제를 연극과 영화로 표현하자는 게 이번 작품발표회의 취지로 이에 따라 중·고등학생 30여명이 시나리오에서 촬영, 연기, 연출, 편집에 이르기까지 전 분야에 참여한 학생 주도형 작품 발표회로 진행했다. 이날 학생들은 셰익스피어의 원작 <태풍>을 각색, 동일 시놉시스로 연극 극본과 영화 시나리오를 만들어 준비한 작품을 교차 상영함으로써 연극과 영화의 차이를 이해하는 기회를 제공했다는 평가를 받았다. 작품은 왕따 여학생의 절실한 기도를 들은 요정들이 일진들의 잘못을 깨닫게 하기까지의 과정을 담고 있다.

참여 학생들이 직접 공모하며 만든 '아리랑 Fil+ter'이라는 팀명은 영화의 'Film'

과 연극의 'Theater'를 합성한 단어다. '세상을 새롭고 다양한 시각에서 보고 부정적인 사회 요소들을 여과하여 깨끗하고 이상적인 사회를 만들어 내는 구성원으로서의 학생들'이라는 뜻과 '우리들(Filters)의 예술작품을 통해 연극과 영화를 보는 관객들이 마음의 정화를 얻을 수 있게 함'이라는 다중적인 의미를 담고 있다고 한다.

꿈다락 토요문화학교는 주5일 수업제 전면 시행의 대안으로 문화체육관광부가 주최하고 한국문화예술교육진흥원이 주관하는 학교 밖 문화예술교육 프로그램이다. 유수의 국공립기관, 16개 시·도 문화예술교육지원센터 및 지역 문화예술기관과 함께 진행하고 있다.

■ 창작그룹 노니 <템페스트> 2013.9.13., 구의 제1취수장

1976년부터 30년 넘게 서울 시민의 식수원 구실을 해왔던 광진구 광진동에 있는 구의취수장이 국내 최초의 거리예술 베이스캠프로 거듭났다. 강북취수장 신설로 폐쇄 결정이 내려졌던 이곳의 제1취수장 등을 리모델링해 2014년부터 거리예술 창작 공간으로 개관·운영하기로 한 것이다.

2011년부터 기능을 멈춘 제1취수장 입구의 셔터 문이 천천히 열리자 어둠 속에서 메트로놈이 박자를 세며 숨을 멈춘 공간에 생명을 불어넣기 시작했다. 이날 공연 <템페스트-2013_듣고 있니?>의 시작이었다. 손전등을 켜고 수로관들이 묻혀 있는 좁고 어두운 공간을 더듬어 나가자 공연 내용을 암시하는 전시가 펼쳐졌다. 마법사 '프로스페로'의 공간에는 태풍에 휩쓸린 수십개의 종이배들이 어지럽게 널려 있다. 기다란 지하 통로에는 괴물 '캘러번'을 상징하듯 긴 머리채가 막다른 파라다이스 공간까지 끊임없이 이어졌다.

창작그룹 노니는 건물 사이를 뛰어오르거나 맨몸으로 이동하는 고난도 이동 기술인 '파르쿠'로 이 공간을 종회 무진한다. 타악을 연주하는 뮤지션과 디지털 즉흥연주를 선보이는 뮤지션의 음악이 태풍(템페스트)처럼 공간을 울린다. 원작에서 판타지적인 공간감을 선사한 <템페스트>는 폐쇄된 취수장을 만나 '스팀 펑크' 같은 아우라를 풍긴다. 녹슨 펌프와 파이프 등은 증기기관이 주축인 산업혁명기를 다룬 것이 주를 이루는 과학 소설 또는 만화를 일컫는 스팀펑크를 떠올리게 만든다.

노니의 김경희 대표는 "지난해 구의 취수장 공간을 보고 유배지 같은 느낌이 들어서 자연스레 템페스트를 떠올렸다"고 밝혔다.

■ 국립극단 (번역 신정옥, 윤색 김덕수, 연출 김동현)

<템페스트> 2014. 5.9.~5.25., 국립극장 달오름극장

2014년 장충동 국립극장 달오름 극장에서 공연된 신정옥 역, 김덕수 윤색, 김동현 연출의 <템페스트>는 무대를 오래된 폐 성곽이나, 창고, 또는 공연장으로는 더 이상 사용되지 않는 낡은 극장의 내부처럼 만들고, 연출가인 프로스페로의 지시에 따라 조연출 겸 무대감독인 에어리얼, 캘러번은 음악과 음향효과 담당인 듯 장비를 등에 지고 다니고, 트린큘로는 의상, 스테파노는 소품담당으로 출연한다.

필자의 어설픈 설명보다는 2014.5.8. 민중의소리 김세운 기자의 기사에 이 작품에 대한 설명이 잘 되어 있어서 소개하고자 한다.

괴기스러운 음성이 울부짖는다 … 연극 〈템페스트〉는 시작부터 음산한 기운을 뿜어낸다. 무대는 시리고 삭막해 보인다. 정령들이 튀어나와 알 수 없는 주문을 외우고 공포는 극대화 된다. 심장을 쥐어짤 듯한 격앙된 감정 덩어리들이 무대에 집약되어 있다. 금방이라도 터질 듯한 활화산 같다. 정령들, 음악, 무대, 언어는 모두 한 덩어리가 되어서 복수라는 감정을 드러낸다. 응징과 복수. 프로스페로의 심리 상태다.

◉ 인생의 마지막 결론은 용서와 관용

복수로 시작한 연극은 용서로 끝을 맺는다. 동생 안토니오와 나폴리 왕 알론조가 음모를 꾸며서 자신과 딸 미랜더를 섬으로 추방하지만 결국 프로스페로는 복수보다는 용서와 화해를 선택하게 되고, 이를 통해서 구원받는다.

분명한 것은 프로스페로를 맡아 열연한 배우 오영수가 "자신을 불행하게 만들었던 모든 대상들에 대한 증오와 복수심이 그를 끌고 왔지만, 결국 인생의 마지막 결론은 용서와 관용이다"라고 말한 것처럼 극의 핵심은 용서다. 온갖 태풍 뒤에 오는 용서 말이다.

한 편으로는 이해가 되지 않는다. 프로스페로의 용서에 관해서다. 동생과 주변 사람들에게 배신당한 프로스페로는 복수를 해도 마음의 정리를 했을 것이고, 용서를 해도 마음의 응어리를 풀었을 것이다. 하지만 중요한 것은 그 뒤에 오는 마음 상태다. 복수는 복수를 낳고 용서는 평정 상태를 가져다준다. 용서하는 쪽이 오히려 마음을 편안하게 해준다는 것이다.

쉬워 보이지만 쉽게 이행되지 않는 게 용서다. 잔악하게 당할수록 복수심은 커지고 용서의 무게는 그만큼 무거워진다. 용서하는 게 점점 어려워지는 것이다. 신의 능력이라고 할 수 있는 마법을 갖게 된 프로스페로가 종국엔 마법의 지팡이를 부러뜨리고 배신자들을 용서하는 모습은 인간이 보여줄 수 있는 최고의 기적을 보여준다. 참회의 모습을 보이지 않는 동생을 포함해 배신자들을 포용하고 미랜더와 페르디난드의 사랑에 동참시킨다. 쉽지 않은 용서의 행보다. 그리고 기적이다.

◆ 연극평론가 김옥란

···공연에서 제일 먼저 눈이 띄는 것은 미란다를 제외하고 모두 남자들만의 공연이라는 점···그러면서 강화된 것은 무대 전체가 프로스페로라는 늙은 노배우가 꿈꾸는 극장에서의 하룻밤 일장춘몽같은 이미지··· 그리하여 결국 공연의 마지막에 남는 이미지는 하나, 죽음. 늙은 남자가 오래된 복수를 끝내고 죽어 극장이라는 무덤에 묻히는··· 김동현의 〈템페스트〉에서 건진 유일한 장면. 마지막 노배우 오영수의 퇴장과 짙은 죽음의 이미지.

■ 목화레퍼토리컴퍼니 (번안/연출 오태석) 〈템페스트〉

1. 2015.8.13.~8.30., 서울남산국악당
2. 2016.5.16.~5.20., 성남아트센터 오페라하우스
3. 2016.10.20.~10.22., 천안 예술의전당 소극장

극단 목화의 〈템페스트〉는 2011년 8월 13일 에딘버러 인터내셔널 페스티발(Edinburgh International Festival)에서 헤랄드 엔젤스(Herald Angels)상을 수상해 기염을 토한 작품이다. 2014년 뉴욕에서도 초청공연되어 호평을 받은 연극이다.

작품에 대한 설명은 2011년 편을 참조하기 바란다.

■ 극작 성기웅, 연출 타다 준노스케 〈태풍기담〉

1. 2014.10.16.~10.17., 안산문화예술의전당 달맞이극장
2. 2015.10.24.~11.8., 남산예술센터 드라마센터

「태풍기담」

셰익스피어 원작,
성기웅 각색, 타다 준노스케 연출

한일 국교 정상화 50주년을 맞아 한국인 극작가 겸 연출가 성기웅이 각색을, 제12
언어 연극스튜디오 대표와 동아연극상 최초의 외국인 수상자로 화제를 모은 일본
연출가 다다 준노스케 도쿄데스락이 연출을 나눠 맡아 셰익스피어의 <태풍>을 <태
풍기담>이라는 제명으로 공연하였다. 두 연출가는 2008년 아시아 연출가워크숍 참
가를 계기로 '로미오와 줄리엣', '가모메' 등의 작품에서도 호흡을 맞췄다.

<태풍기담(颱風奇譚)>은 <태풍>의 시대적 배경을 조선왕조말기로 바꾸고, 일본
이 조선을 병탄(倂呑)하자 왕은 공주를 데리고 절해의 고도로 피신을 해 국권회복을
노린다. 그러나 왕의 아우는 일본에 동조를 하고 일본 귀족인 공작의 딸과 결혼을
한다. 그러나 그 역시 국권회복을 염두에 두고는 있으나, 이미 조선은 패망해버린
것으로 설정이 된다.

◆ 연극평론가 김옥란
1920년대 남중국해의 어느 외딴섬이 배경이다. 셰익스피어 <태풍>의 기본 구성을
따라 망국의 왕 조선의 황제 이태황(정동환)이 어린 딸 소은(전수지)과 함께 표류해
온다.
공연의 첫 장면은 유명한 태풍장면. 이태황의 마법에 의해 배가 난파되는데 … 판소리
의 지르는 창법과 마이크로 증폭된 소리로 태풍을 불러일으키는 음산한 음악소리로
부터 '태풍기담'의 '기담' 분위기가 확연히 전달된다.

여기에 지나가던 적국의 배를 난파시켜 섬으로 오게 하는 장면에서, 이 지나가던 배가 일본 배이고 영국과 프랑스 유럽 여행을 하고 돌아오는 귀족과 통치자 일행이라는 점이 밝혀지고……

1920년대 상황답게 미란다 소은(전수지)과 적국 사이다이지 공작의 아들 나루야스(오마시 마사히로)는 조선어 일본어로는 말이 안통해도 한자의 필담으로 의사소통을 이어간다.

극장 전체를 휘어잡고 다니는 괴기한 요정 운기 2명이 극 전체를 진행하는 느낌이 강하고, 정작 무대 가운데에 서야하는 이태황(정동환)은 옆으로 비껴난 듯이 느껴져 극의 중심으로의 진입이 쉽지 않다…

배고픈 난파선 일행이 마법으로 음식의 환영을 보게되고, 그 음식이 대한민국 국기이고 그것을 일본, 미국, 프랑스, 영국 등 제국열강의 깃발을 든 사람들이 먹어치운다는 설정 또한 지나치게 직설적인 비유라 민망하다.

역사적 책임감과 죄의식을 집요하게 묻고 원한에 사로잡혀 있는 이태황에게 반기든 얀 꿀리(이태황이 길들여 복종시키고 있는 원주민)가 이태황의 모든 책들과 유물을 불태우면서 역사 청산의 그야말로 과감한 '청산'방식을 보여주고, 하나 더 덧붙여 반란에 실패했던 후지무라 남작과 미야베 대위가 "아시아를 위하여!"의 대동아의 논리에 의해 이태황을 죽이면서 일본의 되살아나는 군국주의적 야망을 경계도 해보지만, 그 모든 것이 결국 또 다시 화산폭발로 모두가 묻히고, 일장기든 대한제국기이든 모두 무너진 잔해 속에 묻히고,

시간차를 두고 일본 일행이 먼저 떠날 때, 응? 저 사람들만 왜 살아나서 섬을 빠져나가는 거지? 했는데…

곧 이어 미란도 일행도 아이 울음소리와 함께 깨어난다. 모든 것을 폐허에 묻어버리고 새로운 시작을 하자? 그런데 그 아이 울음소리는 미란다와 얀 꿀리의 아이란다. 그러기에 이전에 미란다와 왕자의 만남의 비중이 지나치게 길고 미란다와 캘러번과의 관계는 그야말로 주인과 하인처럼 보였는데, 오히려 미란다와 캘러번의 전복적 서사를 위한 좀 이쁜 장면을 그려줘야 했던 것 아닐까? … 마지막으로 이태황이 일어나서 장문의 대사를 하고 어중간하게 퇴장하면서 끝.

공연 내내 민감한 역사적 문제를 다룬다는 공연팀의 부담감이 함께 전달되었지만, 그렇다고 해서 그 문제를 잘 풀고 있지는 못한 듯하다. 공연의 완성도가 아직은 떨어진다.

■ **서울시극단 (각색 오세혁, 연출 김한내) <템페스트>**

　1. 2015.12.9.~12.9., 세종문화회관 M 시어터

　2. 2016.1.13.~1.31., 세종문화회관 M 시어터

무대 위 식탁과 주방기구들이 관객의 무한한 상상을 통해 배가 되기도 하고 집이 되기도 한다. 바람과 태풍을 검은 천으로 표현하였지만 실제처럼 느껴지게 무대연출이 기막히고 아름답다. <템페스트> 원작의 등장인물 중 주정뱅이 요리사 '스테파노'

가 이탈리아 최고의 요리사로 등장한다. 식탁이 주축이 되어 극이 끝날 때까지 같이한다. 식탁이 차려진 장면은 배 위의 갑판이다. 이번 작품은 "무슨 일이 벌어지면, 일단 식탁에 앉으세요!", "밥상에 앉으면 만사가 풀린다!"라는 철학을 가지고 있는 스테파노를 통해 '밥상 공동체의 행복함'과 화해와 관용의 메시지를 보다 쉽고 재미있게 전달한다.

◆ 연극평론가 박정기

서울시극단의 〈템페스트〉는 무대를 레스토랑처럼 만들어놓았다. 연극이 시작되면 웬 〈템페스트〉에 레스토랑이 등장하나 하고 관객은 의아해 하는데서 출발한다. 그러나 곧 관객은 커다란 선박 안의 식당임을 알게 된다. 식당 요리사와 보조여인의 요리 만들기 작업이 펼쳐지고 원작의 첫 장면처럼 태풍이 몰아치기 시작하면, 무대의 그물 망사막을 출연자들이 펄렁이며 열어젖히고, 식탁과 의자가 이리저리 쓸려가며 아수라장이 되면, 출연자들의 비명과 함께 선박은 난파를 당하게 된다.

무인도에 유폐된 밀라노의 공작 프로스페로가 요술지팡이를 흔들며 등장하면, 그의 딸 아름다운 미란다, 섬의 괴물이자 이 연극에서는 오랑우탄으로 설정된 캘러번, 그리고 희랍신화의 여신보다도 더 아름다운 섬의 정령 에어리얼과 정령의 무리가 등장해 관객을 환상과 동화의 나라로 이끌어간다.

예나 지금이나 어느 나라에서건 늘상 보게 되는 정권탈취 야욕이 주인공인 프로스페로의 형제 사이에서도 벌어진 것으로 설정이 되고, 그가 추방되는 계기가 된 이웃나라 나폴리의 왕까지 이 섬에 표류를 한다. 나폴리의 왕의 아들 페르디난드는 일행과 떨어져 홀로 이 섬을 방황하다 프로스페로의 딸 미란다와 첫 대면을 하게 된다. 첫 대면에서 두 사람의 사랑이 봄꽃처럼 피어오르면서 관객까지 첫사랑의 상념에 젖도록 만든다. 두 남녀가 사랑으로 다가서는 모습에 평소 미란다를 연모하던 캘러번은 질투심이 끓어올라, 페르디난드를 폭력으로 제압하려 들고, 미란다가 이를 말리는 정경이 펼쳐진다. 프로스페로도 미란다와 페르디난드의 사랑을 긍정적으로 대한다. 곧이어 선박의 요리사 남녀가 이곳에 함께 등장하고, 표류한 인물들도 모두 도착하면서 프로스페로와 맞닥들이게 된다. 철천지원수지간의 증오와 복수심이 핵폭발 직전 상황처럼 전개될 듯하지만, 미란다와 왕자 페르디난드의 사랑은 아버지 형제 간의 해묵은 원한이나 나폴리 왕과의 적대감까지 상쇄시키게 되고, 마침 그때 선박 요리사 남녀가 공룡 크기의 통닭 요리를 커다란 쟁반에 들고 등장하니, 표류해 지치고 굶주린 일행이 식탁으로 몰려가 앉아 가족처럼 함께 둘러앉아 식사를 하는 장면은 관객의 마음까지 따뜻하게 만드는 명장면이라 평하겠다.

대단원에서 프로스페로는 섬의 모든 동물과 에어리얼을 약속대로 해방시킨다. 그리고 자유의 몸이 된 에어리얼은 원하던 자유가 이루어졌지만, 그동안 프로스페로에게 쌓였던 미움이 자신도 모르게 사랑으로 변한 것을 알고는 아름다운 사랑 노래와 춤으로 프로스페로 주변을 맴도는 장면에서 연극은 끝이 난다.

⑥ 〈윈저의 즐거운 아낙네들〉 (The Merry Wives of Windsor)

극의 이름은 분명히 아낙네들이다. 그러나 뚱뚱한 폴스타프의 즐거운 망신이 없다면 즐거운 아낙네들이 될 수 없는 희극이다. 이 작품은 읽는 것 보다는 보는 드라마로서 성공하고 있다. 전체적으로 보아, 줄거리는 극적 구조를 이루고 있을 뿐 아니라, 사건의 진전도 관객에게 마치 여울물처럼 경쾌하고 빠른 속도감을 느끼게 하고 있으며, 전편을 통해서 풍부한 해학성을 보여주고 있다. 그러나 일반적으로는 귀족적이고 기품 있고 고양된 정서가 가장 메말라 있는 것도 사실이다. 그러면서도 셰익스피어는 '질투심에 불타는 남편', '기만하는 사람은 기만당하게 된다', '재생하는'등의 주제를 주축으로 하여 '사람을 잘못 알아보는 것', '분장', '초자연적 존재', '심각한 종막', '현실 허용의 기본태도' 등의 요소들과 기법을 자유자재로 구사하고 있으니, 〈윈저의 즐거운 아낙네들〉은 우선 재미가 있다. 그러나 그 재미는 등장인물의 성격에서 빚어진 것은 아니며, 기지가 튀는 대사에서 이룩된 것도 아니며, 오히려 무대를 떠들썩하게 뒤흔드는 동작이 극적 효과를 엿보이게 한다. 그러한 동작의 바탕을 살펴보면 셰익스피어가 극적 수업시기를 거쳐 원숙기에 접어들면서 실사회의 경험도 풍부해지고, 인생과 세상에 대한 관조도 충분히 하고 난 후에, 깊이와 넓이가 있는 인간을 관찰한 결과가 폴스타프의 인간상에 반영되어 있는 것이라고 할 수 있다.

폴스타프는 몸피가 거대하며, 호탕하고 정력적으로 보이지만, 실은 그렇지 않으니, 소심한 겁쟁이다. 이 겁쟁이가 〈헨리 4세〉에서는 야생마 같고, 대식가요, 거짓말도 떡먹듯 하고, 기지와 재치로도 발랄하고, 달변가요, 무뢰한이며, 또 군인으로서 전쟁터도 누비기도 했지만, 그와는 달리 〈윈저의 즐거운 아낙네들〉에서는 폴스타프는 비겁한 인물이요, 사람을 기만하기보다는 기만당하는 음란한 노인으로 사람들의 조롱거리가 되는 웃기는 인물이다.

전쟁이 끝나자 윈저로 돌아온 그는 가아터 여관(Garter Inn)에 머물면서 매일 술로 세월을 보낸다. 그는 수급 10파운드를 받으나 술값도 치르지 못하는 궁색함에 빠져있다. 그리하여 궁리 끝에 신흥 부유층의 아내인 포오드(Ford)부인과 페이지(Page)부인의 마음을 움직여 그녀들의 남편의 재산을 빼앗으려는 계획을 세워서 두 부인에게 추근거리지만, 결국에는 크게 놀림감이 되고 망신만 톡톡히 당하고 만다. 그는 뭇 남자들 앞에서는 자유롭고 활달한 듯하지만, 숙녀들 앞에서는 오금을 펴지 못하고, 마음은 움츠려들기만 하니, 이것은 셰익스피어가 여성을 성심으로 존경하는 여성관이 그러한 그의 태도와 의식 속에 숨결처럼 스며들었기 때문이리라. 어리석은 행동으로 웃음거리가 되기는 포오드나 페이지도 마찬가지다. 이들의 실책으로 관객들은 속는 어리석음과 꾀부린 즐거움을 같이 만끽하며 마냥 즐거워 할 수 있다. 그러나 속이고 속는 과정은 결코 준엄한 심판의 대상이 아니라, 무대 위에서 인물들의 화려한 동작에 더해져 그 웃음 속에서 따스하고 훈훈한 인정을 느끼게 해 준다. 극 말미에 허언의 참나무 밑에서 폴스타프를 한참 골려준 후 페이지가 그를 자기 집에 초대하고, 페이지의 부인도 시골집에 가서 오늘밤 일을 즐겁게 이야기 하자고 제의하자, 폴스타프도 거기에 동의하는 흐뭇한 결말에서도 인정미가 나타나고 있다. 앤을 놓친 슬렌더(Slender)나 카이어스(Caius)도, 또 자기가 원하는 자에게 딸을 주지 못한 페이지 내외도 다 같이 결과를 수용하고 화합함으로서 밝은 해피엔딩으로 맺어지는데, 거기까지의 재미와 웃음의 분위기가 무대의 인물뿐 아니라 관객까지도 그 안으로 몰입시킨다. 결국 누구에게도 피해가 없는 분위기의 결말이 극의 기본적 의미-포오드와 페이지 부부의 사랑의 확인, 젊은 앤과 펜튼(Fenton)의 사랑의 결실, 우정과 회복 등-을 표현하고 있으며, 엎치락뒤치락하는 과정에서 이 희극의 작품성을 지탱해주는 기초가 되고 있어 가히 행복한 희극이라고 하는 평이 걸맞다.

이 희극의 인기는 연극에서만이 아니라, 음악에서도 적잖은 성공을 거두었다. 1849년 3월 9일 독일의 작곡가, 오또 니콜라이(Otto Nicolai)가 작곡한 오페라를 베를린 궁정가극장에서 초연하였고, 이태리의 저명한 오페라 작곡가 쥬제페 베르디(Giuseppe Verdi)가 작곡한 오페라 <폴스타프>를 1893년 2월 9일 밀라노 스카라 극장에서 초연하였고, 랄프 브안 윌리암스가 1929년에 <윈저의 즐거운 아낙네들>을 근거로 하여 <사랑을 하는 존경>으로 오페라화 하였으니, 이 작품의 희극적 진가가 음악과의 조화에서도 유감없이 발휘되었다.

누구나 가볍고 즐거운 마음으로 볼 수 있는 <윈저의 즐거운 아낙네들>의 무대이다. 그러나 아쉬운 점은 우리나라에서 <윈저의 즐거운 아낙네들>의 공연은 현재까지 단 2회에 불과하다는 것이다.

우리나라에서의 초연은 1966년 6월 20일부터 4일간 극단 광장의 창단기념으로 국립극장에서 공연되었다. 극단 광장은 셰익스피어의 극중에서 이 극을 택한 이유를 "연극을 보다 대중과 가까이 접근시키기 위한 것이었다."[927]고 하였으며, 간결하고 상징적인 무대장치로 눈길을 모았다.

그 다음 공연은 25년이 지난 뒤인 1991년에서야 무대에 오르게 되었는데, 이처럼 저조하였던 까닭은 엉뚱한 사기를 치다가 웃음거리가 되는 뚱뚱한 몸짓과 익살맞은 성품의 폴스타프를 소화할만한 적당한 배우를 선정하기 어려웠던 것이 하나의 이유가 되었으리라 생각된다. 극단 현대예술극장이 1991년 9월 7일부터 10월 13일까지 현대토아트홀에서 정일성 연출로 , 길용우, 심양홍, 이경진, 주요만 등의 출연으로 주목을 받은 바 있다. TV 스타들의 무대 진출이라는 이점으로, 관객이 크게 몰렸지만, 배역을 완전히 소화해 내지 못해서, "백화점에 진열된 예쁜 상품 같은 연극"[928]이라는 평을 받았다. 주연급으로 출연했던 TV 스타들의 연기는 무난한 편이었지만 조연급 배우들은 다소 연기력에서 뒤떨어져서 연극의 활력을 주지 못하였다는 것이다. 그러나 길용우와 심양홍으로 더블 캐스팅된 폴스타프 역은 잘난 체하지만 어리석은 인물로 모두 비교적 자신의 역할을 잘 소화해냄으로서 관객들에게 폭소를 안겨주었으며, 주용만의 플랭크 포오드 역도 재치 있는 말솜씨와 연기로 이 연극의 조미료 같은 역할을 했다. 무대장치에 있어서는 무대 조건에 어울리도록 간결하고 압축된 모습을 보여주었다.

⑦ 십이야 (Twelfth Night)

<십이야>는 가장 사랑받는 사랑의 노래 같은 희극이다. 많은 비평가들은 주저함이 없이 셰익스피어의 희극 중에서 <십이야>를 그의 최대 걸작으로 꼽는다. 나무랄 데 없는 완벽한 희극이라는 찬사도 아끼지 않는다. 그만큼 셰익스피어의 완숙한 기교와 깊은 인간적 통찰력이 이 작품 속에 서려있어 그의 문학이 갖는 독특한 매력과 가치가 돋보인다. 셰익스피어의 극이 거의 그랬듯이 <십이야>도 역시 관객들의 소망에 호응하여 즐거움을 안겨줌으로써 성공적인 희극이 될 수 있었다. 셰익스피어는 동시대의 작가들보다도 관객들의 취향과 관극심리에 가장 민감하였는데 그의 극장에서 오랫동안 봉직한 경험이 그 바탕이 되었을 것이다.

이 작품은 튼튼한 구성에다가 극적 전개가 매우 경쾌하게 진행되어가며 극중인물에게도 줄거리를 전개시키기 위한 단순히 인형적인 위치를 벗어나 적극적인 성격을 부여하였으니, 걸작이 될 만하다.

<십이야>는 올시노(Orsino) 공작, 올리비아(Olivia), 바이올라(Viola)를 주축으로 한 본 줄거리와, 토비 경(Sir Toby), 말볼리오(Malvolio), 마리아(Maria), 광대 페스테(Feste) 사이에 벌어지는 해학적인 부줄거리가 평행을 유지하며 진행하다가, 종말에는 한 점으로 집약되는 구성으로 고도의 테크닉으로 격조 있는 유머를 조성하고 있다. 셰익스피어의 희극은 언제나 인간에게 꿈과 사랑을 안겨주고, 삶을 구가하며 남녀의 애정을 기틀로 하여 희극적인 줄거리가 펼쳐지고, 그 사이사이에 남녀의 품격, 자만심, 무지, 현학, 소심, 허풍 등 인간의 각종 어리석음을 신랄하게 풍자하면서 최후에 이르러서는 결론으론 즐겁게 끝나는 축제극, 즉 가장 고전적인 희극의 전형이 되고 있다. 셰익스피어 희극의 주제는 언제나 사랑이다. 또 한가지 특징은 <한여름 밤의 꿈>, <윈저의 즐거운 아낙네들>, <헛소동>, <뜻대로 하세요>에서처럼, 막이 내리기 직전에 여러 사람들이 한자리에 모여 춤을 흥겹게 추는 장면으로 끝이 난다. <십이야>에서도 음악으로 시작해서 음악으로 끝나기는 같은 맥락이다. <십이야>에서는 재미있는 성격의 인물들이 심심치 않게 등장한다. 올시노 공작을 비롯해서 올리비아, 바이올라, 그리고 말볼리오와 광대 페스테 등이 그러하다. 언제나 상복을 입고 오라버니의 죽음을 슬퍼하는 올리비아를 연모하는 올시노 공작은 낭만적이고 기분파이며 시인적인 기질을 갖고 있는 인간이다. 유별나게 음악도 좋아한다. 그럴 것이 음악은 연애를 더욱 불붙게 하는 불씨라고 생각하기 때문이다. 올리비아에게 수차례 사랑을 거절당하지만, 그래도 그녀를 직접 만나지 않고 인편을 통하여 끈질기게 사랑을 고백한다. 그처럼 그의 사랑은 현실적이지 못하고 감상적이며 관념적이다. 그러면서도 자기 자신이 연애의 감정 속에 깊숙이 묻혀있는 것을 자랑으로 삼고 있다. 그러다가 올리비아가 시베스천과 결혼하자 바이올라가 남장한 처녀임을 눈치 챈 순간부터 그는 올리비아를 단념하고 타오르는 사랑을 전달하는 남성이다.

올리비아도 기본적인 성향에 있어서 올시노와 별 차이가 없다. 오라버니의 복장 때문에 7년동안 절대로 결혼하지 않겠다고 맹세한 그녀는 남장한 바이올라에게 첫눈에 현혹되어 맹세를 깨고 사랑에 빠지는 직선적인 여성이다. 더욱 놀라운 것은 바이올라의 오라버니와 결혼을 하고서도 믿기 어려울 정도로 태연하다는 사실이다. 이 작품에서는 이러한 미묘한 애정심리가 극히 선명하게 그려져 있다. 반면에 그녀는 총명하고 위엄도 갖춘 여성이기도 하다. 어떤 때는 너무나 근엄하여 서릿발 같은

차디찬 느낌을 주기도 하지만, 위트가 풍부하고 재기발랄한 여성인 것도 틀림이 없다.

　여성을 여성으로 존경하고 찬미하는 셰익스피어의 심정은 바이올라에게서도 엿볼 수 있다. 바이올라는 셰익스피어가 창조한 여성 가운데서 가장 내성적인 여성으로 묘사되고 있다. 올시노 공작에 대한 바이올라의 사랑은 풍전등화(風前燈火) 같은 그러한 사랑이 아니라, 오랜 인내를 통해서도 변하지 않는 사랑이다. 그것은 바이올라의 단순한 애정 표현이 아니라 그녀의 진실한 심성의 바탕이라고 할 수 있다. 그녀의 사랑은 올리비아처럼 격렬하지는 않지만, 온화하고 헌신적이며 깊이가 있는 그런 사랑이다. 인내와 끊임없는 목마름 속에 그녀의 사랑의 형이상학이 있다고 하겠다. 그리고 바이올라의 언어는 이 작품 속에서 가장 서정성 있는 빛을 발하고 있다. 그녀의 대사마다 깊은 정감이 사뿐거린다. 그 서정성은 그녀의 성격과 밀착되어 더욱 극적인 기능을 발휘하고 있음을 쉽사리 간취할 수 있다.

　이 작품에서는 광대 페스테가 중요한 역할을 한다. <십이야>의 두 줄기의 플롯을 결부시키며, 이 작품을 원숙하고 깊이 있는 희극으로 하는데 큰 몫을 차지한다. 셰익스피어는 페스테를 현실적인 인물로 그렸으며, 그가 창조한 어릿광대 중에서 가장 음악적인 소질을 지닌 자로 하였으며, 이 극을 음악적인 분위기를 풍기게 하여, 사랑과 음악의 주제를 전개시켜나가는데도 중요한 추진력이 되었다. 페스테의 풍자는 원근감과 공감이 가는 여운이 있다. 아마도 인간의 어리석음에 대한 그의 풍자에는 신랄하거나, 매서운 가시가 돋아있지도 않으며, 온화함이 담겨져 있기 때문일 것이다.

　<십이야>를 무대화하는데서 착안할 점은 남장으로 인한 착각이 빚어내는 희극으로서, 이 작품 속에서 보여지는 사랑의 성취와, 시종일관 흥겨운 음악과 극의 진행의 경쾌한 템포 그리고 적극적이면서도 희극적인 면을 지닌 올시노 공작과, 올리비아, 바이올라, 말볼리오, 페스테 등 주요 인물들의 동적이고 해학적인 연기를 잘 살려야 한다는 것이다.

　우리나라에서 관심을 끌었던 공연은 극단 은하, 가교, 그리고 영국 셰익스피어 극단의 내한공연 등이라고 할 수 있다. 극단 은하는 원작을 우리나라 남북분단시대의 헤어진 쌍둥이 남매의 상봉 이야기를 번안한 뮤지컬 형식이었고, 가교는 원작의 희극성을 우리의 정서로 극대화하였으며, 영국 셰익스피어 극단은 현대적 의상, 단순한 무대장치로 초연들의 희극성을 부각시켰다. 그리고 이대 문리대 연극부는 1967년 5월 26일과 27일 이대 소극장에서 그리고 필자의 스승인 김갑순 교수의

연출로 1973년 9월 28일 이대학관에서 <십이야>를 공연하였고, 서울대학교 음악대학 예술연구회는 제8회 공연으로 1969년 11월 1일과 2일 양일간 <십이야>를 이영후 연출로 드라마센터에서, 서울여대는 개교10주년 기념연극으로 여석기 역, 오태석 연출로 <십이야>를 1971.5.22. 드라마센터에서 공연하였다.

■ 극단 은하 (번안 민촌, 연출 서민) <팔자 좋은 중매쟁이>
1978.6.4.~6.6., 드라마센터

극단 은하는 1978년 6월 4일부터 6일까지 셰익스피어 원작 <십이야>를 번안한 <팔자 좋은 중매쟁이>(민촌 번안, 서민 연출)를 드라마센터에서 공연하였다. 무대를 우리나라의 조그마한 항구도시로 삼아서 6·25 전쟁으로 헤어진 쌍둥이 남매의 상봉을 이야기로 재구성한 것이다. 전 5경으로 구성되었고, 중간 중간에 노래를 삽입하여 뮤지컬 형식으로 극화했으며, 광대, 말볼리오, 안토니오 역등을 생략하여 등장인물의 수를 9명으로 줄였다. 특히 말볼리오 역을 없애며 그의 편지 장면을 청혼자 앤드류경 역인 오장국이 올리비아(혜련)의 삼촌 박문수가 대서소에서 써온 혜련의 장국에 반한 내용의 편지를 읽고 충청도 사투리로 한바탕 코믹한 장면을 연출하다가 결국 혜련에게 뺨을 맞는다. 극이 시작되면 해변을 배경으로 전원 등장하여 합창한다. 뮤지컬 극의 시작인 셈이다. 6·25전쟁으로 가족과 헤어진 후 17년 동안 남장을 한 채 이선주의 집에서 성장하여 이선주의 비서로 일하면서 그를 흠모하는 이선희, 그녀는 혜련에게 선주의 청혼에 대한 회답을 받으러 간다. 그녀를 본 혜련은 선주의 청혼을 거부하고 도리어 심부름 온 선희에게 첫눈에 반한다. 전쟁 전 선희네 집 하인으로 있던 바위 영감이 서울에서 이선주에게 생선주문을 하러 왔다가 선희를 알아보고 선희에게 전쟁으로 풍비박산난 집안이야기를 들려준다. 한편 술 없이 못사는 혜련의 삼촌 박문수는 혜련에게 중매해주겠다는 것을 빌미로 충청도에서 온 오장국에게 매일 술을 얻어 마신다. 상주댁은 문수에게 혜련이 선희한테 홀딱 반했다는 말을 해주고 문수는 혜련과의 중매성사를 기다린다. 지친 오장국이 귀향하겠다는 것을 겨우 붙들어두고서 대서소에 가서 혜련이 장국에게 반하였다는 내용의 편지를 쓰게 하여 그것을 받아서 일부러 장국이 지나치는 길바닥에 던져 놓고 상주댁과 숨어서 지켜본다. 사실 문수는 장국을 통해 혜련과의 결혼이 성사되면, 재산을 얻어낼 속셈을 갖고 있으며, 장국 또한 혜련네 어업회사를 탐내고 있다. "앞으로 될 신분을 생각하여 잘난척하시고 점잖게 행동을 하고 범상한 것은 마시옵소서"[929]라는 내용의 편지를 읽고 장국은 중절모를 쓰고 얼치기 양복차림으로 혜련 앞에 등장하여 한바탕 해프닝을 연출한다. 결국 혜련에게 뺨까지 얻어맞아 분개한 장국에게 문수는 혜련이 선희에게 주려던 반지를 건네주면서 선희가 혜련을 사랑하도록 내버려두어서 얻어맞은 것이니, 선희를 가만두어서는 안된다고 하면서, 장국이 선희와 싸우도록 부추긴다. 문수는 장국에게 가서는 선희가 이름난 싸움꾼이라고 겁을 주어 잘 무마해 줄테니 술값이나 내놓으라고 하고, 선희에게 가서는 선희를 오해한 장국이 서울서 제일가는 깡패라고 속여, 오해를 풀어준다는 명목으로 술값을 뜯어낸다. 상주댁은 17년 동안 헤어진 쌍둥이 여동생 선희를 찾아 헤매는 영규와 우연히 마주쳐 그를 선희로 착각하고 혜련에게 데려간다. 혜련 역시 착각하여 그녀의 집에서 약혼식을 올린다. 혜련과 상주댁이 이선주의 집에 찾아와 선회와 결혼할 것을 밝히자 당황한 선희는 이선주에 대한 자신의 사랑을 고백한다. 그러나 이선주는 혜련과 선희가 약혼했다는 목사의 말에 화를 내고, 영규를 선희로 착각한 문수와 장국은 영규에게 덤비다가 도리어 피투성이가 될 정도로 얻어맞고 이선주 집에 찾아와 선희에게 손해배상을 요구한다. 결국 모두가 한곳에 모여 혼란의 상황이 극에 달하자 영규가 나타나 동생 선희와 상봉하고 사건을 해결한다. 혜련은 영규와, 선희와 선주, 문수와 상주댁의 합동 결혼식을 혜련이 제안하고 극이 마무리 된다.

■ 1978년 6월 15일부터 18일까지 청주의 시민극장은 극단 가교와 합동공연으로 <십이야>를 청주회관 무대에 올렸고, 1980년에는 극단 산하와 민예가 합동하여 <십이야>를 공연하였다.

■ '한·일 셰익스피어 연극제' 초청작
일본극단 발견(發見)의 회(會)·현대극장 공동기획 <십이야>
(역 이와다 히로사-岩田宏, 연출 우리우 리오스게-瓜田信介)
1983.4.8.~4.14., 삼일로창고극장

1983년 통행금지가 해제되고 공연법이 개정되면서, 그해 4월 극단 현대극장은 일본의 극단 발견(發見)의 회(會)와 셰익스피어의 <십이야>를 공동기획으로 공연했다.[930] 이 발견의 회는 1983년에도 4월 8일부터 14일까지 한·일 셰익스피어 연극제에 초청되어서 두 번째로 내한, 삼일로창고극장에서 <십이야>(이와다 히로사-岩田宏 역, 우리우 리오스게-瓜田信介 연출)를 공연했다. 발견의 회는 원작을 3막으로 구분하였으나, 장면을 생략하거나 내용이 다른 것은 아니었다.[931] 그러나 일본언어로 펼쳐진 실제 공연에서 연출은 원작의 에로틱한 면을 강조하고, 원작에는 없는 여배우를 등장시켜 그녀의 판토마임과 무용을 통해 극의 새 장면을 소개하도록 하고 신속하게 장면을 전환하여 극의 분위기를 살리도록 함으로써[932] 실험적인 양식의 <십이야>를 보여주었다.

■ 극단 가교 (역 여석기, 연출 마가렛 모어) <십이야>
1983.5.26.~5.30., 세종문화회관 별관

극단 가교는 이미 셰익스피어의 <햄릿>, <실수연발>, <뜻대로 하세요>, <말괄량이 길들이기> 등 작품의 공연으로, 관객들의 좋은 반응을 얻은 바 있는데, 1983년 또다시 셰익스피어의 <십이야>(여석기 역, 마가렛 마틴 모어(Margaret Martin Moore) 연출)를 공연하였다. 미국에서 셰익스피어의 희극을 전공한 선교사 출신 연출가 마가렛 모어(한국이름: 모진주)는 30년간 극단 가교와 동고동락하면서 <뜻대로 하세요>와 <말괄량이 길들이기>의 연출을 맡아 관객들로부터 좋은 반응을 얻어내어, 침체된 극단운영에 활력을 불어넣었던 바 있는데, 한국에서의 생활을 마감하고 이듬해에 미국으로 귀국하게 되어, 그에 앞서 또다시 셰익스피어의 <십이야> 연출을 하였다는 점에서 그녀뿐 아니라, 극단 가교의 입장에서도, 동극단의 관객에게도 크게 의미가 있는 무대였다. 김갑순은 모어가 "동서양을 초월한 진정한 연극동지"라고 하면서 모어의 연극에 대한 열정과 그녀의 "희극적인 재치와 풍부하고도 지성적인 작품해석"[933]에 찬사를 보냈다.

> 모어 여사는 자신도 항상 말하듯 국적이 미국이지만 정신적으로 절대 한국사람입니다. 육십사년 일생을 여기서 자랐고 이곳에서 일한 것만으로도 충분하거니와 여사의 사고방식이나 마음 쏠리는 곳이 이곳 한국 땅이니 이름과 피부, 골격만이 서양사람일 뿐 속사람은 한국인입니다. 내가 여사를 알게된 것도 연극을 통해서였습니다. 연극동호인으로서의 연극에 대한 열정이나 애정 등 연극에 대한 일이면 통했기 때문에 동서양을 초월한 진정한 연극동지였습니다. 이제 그가 한국에서의 삽십여년간의 연극활동을 마무리 짓는 공연으로 <십이야>를 하게 된 것은 당연하고도 의미있는 일이라고 믿습니다.[934]

모어는 <십이야>에서 페트라르카 타입의 사랑, 실제적이고 이해성 깊은 죽음을 무릅쓴 사랑, 짝사랑 등 여러 타입의 사랑을 볼 수 있다고 하였다.

> 셰익스피어의 모든 낭만희극의 주제는 사랑이며 우리는 이 극에서 여러 가지 많은 사랑을 볼 수 있습니다. 올리비아를 향한 올시노 공작의 사랑은 그의 연인을 높은

곳에 올려놓는 로마의 페트라르카 타입의 사랑이며, 바이올라의 사랑은 실제적이며 '이해성이 깊은' 죽음을 무릅쓴 사랑이고, 말보리오의 사랑은 짝사랑인데 그는 자기 여주인과 결혼할 수 있다는 망상 때문에 조롱을 당합니다. 이 작품은 낭만적이고 재미있는 작품이므로 논리적으로 질문을 많이 하지 않는 것이 좋습니다. 예를 들면 난파를 당한 후 쌍둥이 남매는 왜 꼭 같은 옷을 입어야 했는지라든가, 세바스찬이 왜 그토록 쉽게 올리비아를 맞이할 수 있는지라는 등 … 셰익스피어는 '아름다운 이상 향의 믿음'을 주었고 낭만과 사랑 그리고 웃음을 선사해줍니다.[935]

60여년을 한국에 거주하면서 한국인과 한국의 연극인들과 호흡을 같이했던 그녀에게 서양의 정서보다는 한국적 정서가 배어있음은 굳이 언급할 이유는 없을 것이다. 그러므로 그가 연출한 셰익스피어 희극공연에서 "한국관객이 쉽게 받아들일 수 있는 희극적인 발상"[936]이 보이는 것은 당연한 일이었다. 가교의 <십이야>는 원작을 충실히 무대화하면서도 무대나 의상면에서 셰익스피어 당대의 분위기를 고집하지는 않았으며 무대와 연기가 전반적으로 조화롭게 이어져 "전체적으로 대사와 색조가 밝고 뚜렷해서 거부감이 없이 이야기를 들을 수 있었다."[937]는 평가를 받았다.

■ 영국 셰익스피어극단 (English Shakespeare Company)
(연출 마이켈 페닝톤) <십이야> 1992.3.21.~3.22., KBS 홀

1992년 3월 KBS 창사 19주년 초청공연으로 영국 셰익스피어 극단이 <맥베스>와 <십이야>를 마이켈 페닝톤(Michael Pennington)의 연출로 KBS 홀에서 공연하였다. 매스컴을 통해 세계적인 셰익스피어 극단으로 홍보되었던 이 극단의 <십이야>를 현대적인 의상, 단순한 무대장치로 주 플롯을 이끄는 주인공들보다는 부 플롯을 이끌어 가는 커비니·말볼리오 등의 인물들의 희극성이 부각되는 공연이었다. 단순화 시킨 무대는 각 장면에 따라 무대 좌우측에 건물을 상징하는 커다란 격자형의 철제문, 그리고 실내를 나타내는 꽃무늬, 휘장에 책과 걸상만 있는 올시노 공작과 올리비아 저택의 내부 등을 통해 쉽사리 파악할 수 있었다. 그러나 이 극단의 공연은 많은 관객들이 관극하였으나 평자들로부터는 기대한만큼 좋은 반응을 얻지는 못하였다. 김지나는 이 극단 <맥베스>와 <십이야>의 공연에 대해 전체적으로 현대적인 무대장치, 미학적인 안목과 재치가 돋보이기는 하였으나, 무대에서의 통일성이 약하여 강렬하지 못한 소극적인 공연이었다고 했다.

무대공연으로서 극명한 실수나 작품 왜곡, 오판은 없었던 듯 싶은 접근, 게다가 충분치는 않지만 적절할 수 있는 기능적이고 현대적인 무대장치, 미학적인 안목이 있음을

보여주는 조명의 움직임, 무대 분할, 배우들의 풍부한 성량과 명료한 발성 등이 곳곳에 산재해 있는 이번 공연을 이렇듯 혹평하는 이유는 이러한 가능성, 잠재력들이 통일성을 이루어 작품의 위력과 저력을 보여주는데 공헌하지 못했기 때문이다. 즉 이번 공연은 기본적인 수준과 재치 있는 시도들은 있었지만, 셰익스피어의 정수를 보고, 그로부터 감화받고 연극적 기법을 전수받기를 원하는 관객의 기대치에는 이르지 못했다는 것이다.[938]

그리고 <십이야>에 대해서 바이올라, 올시노, 올리비아와 같은 희극성을 부각시켜야 할 인물들이 오히려 비희극적이고 무미건조하게 처리되었다고 했다.

이번 English Shakespeare Company 공연에서는 주 플롯을 이끄는 바이올라, 올시노, 올리비아가 무척이나 약하게 그리고 비희극적으로 표현되었다. 이렇듯 희극성을 부가시켜야 할 인물들이 공연에서는 무미건조했고, 그래서 토비 일당과 조화를 이루기보다는 오히려 대조를 이루는 인물군으로 남아 있었다.[939]

■ 대학생극 <십이야>

1994년 11월, 동국대학교 연극영화학과 학생들이 졸업공연작품으로 <십이야>(진남수 연출)를 동교 연극영화학과 스튜디오에서 공연하였다. 이 공연을 원작에 충실하게 무대화시키고, 연출은 자연스러움을 고수하는 무대를 꾸며내려 하였다.

자연스러움을 이해하면 연극을 통해 통달한다고 말한다. 모든 것을 수용할 수 있고 모든 것이 나올 수 있는 공간이 빈 공간이며 모든 것이 완전한 상태, 완전한 공간이란 말을 들으며 자연스러움이 할아버지 셰익스피어를 대한다. 현대연극은 그 자연스러움을 위하여 뒤죽박죽 이런저런 이야기가 혼재해 있으며 양식은 그로 인해 무수히 다양화되고 있다.[940]

1997년 한양대학교 연극영화과는 '제5회 젊은 연극제' 및 '세계대학연극축제'(9월 11일, 한양대학교 연강홀) 참가작품으로 <십이야>(연출 박준용)를 선택, 공연하였다. 원작의 내용과 같은 구성을 가지면서도 시대 배경을 현대로 옮기고, 배우들의 이름을 나몽상, 도도해, 한잔해, 오해미, 지잘난 등으로 코믹하게 부르게 함으로써 현대 언어로 희극적 분위기를 고조시켰다. 배역에는 원작과 차이가 있으니, 올시노 공작을 시장으로, 마리아를 올리비아(도도해)의 친구로, 말볼리오(지잘난)를 올리비아 집의 변호사로, 앤드류 경은 부잣집 자제인 재미교포로, 안토니오를 시청에서 난동을 부려 수배중인 인물로 설정한 것이다.

극은 원작과 같이 5막이며, 개그맨이 등장하여 이 작품이 '사랑'에 관한 것이고,

예나 지금이나 사람의 정신을 이어 나가게 하는 최고의 묘약이 바로 사랑이라며 작품의 프롤로그로 말한다. 비행기 추락사고로 헤어진 쌍둥이 남매 중 여동생은 오빠를 찾을 셈으로 남장하여 시장의 비서로 채용된다. 시장이 사모하는 부잣집 처녀 집에 시장의 구애를 전하러 찾아가면서 해프닝이 생긴다.

■ '98 세계명작 무대' 참가작

국립극단 <십이야>(번역 신정옥, 연출 박원경, 예술감독 박상철)
1998.9.11.~9.20. 국립중앙극장 소극장

국립극단은 우리나라에서 가장 오랫동안 연극사를 주름잡아온 전통성 있는 극단으로서 6·25 사변 때 대구·부산·마산 등에서 셰익스피어 원작 중에서 4대 비극 중 세 가지 작품 <햄릿>, <맥베스>, <오델로> 등을 한노단 교수 번역, 이해랑 연출로 이해랑·김동원·최은희·문정숙 등 명인들이 공연한 바 있다. 극단 이름은 신협이었으나, 실은 국립극단의 전시 중의 후예(後裔)였다.

경향신문(1998.8.27.)은 '가을은 웃으며 맞아보자'라는 제목으로 이 공연에 대한 보도를 하였으며, 줄거리도 소개되어 있기에 그 내용을 전재한다.

◉ 가을은 웃으며 맞아보자

엘리자베스시대 영국에서는 크리스마스부터 새해 6일까지 12일간 대대적인 축제가 벌어졌다. 특히 마지막 날인 6일에는 궁정에서 연회가 열렸는데 순진한 사람을 곯려주는 놀이가 인기를 끌었다.

9월 11일~20일 국립극장 소극장에서 공연되는 셰익스피어의 〈십이야(十二夜)〉는 엘리자베스 여왕이 궁전을 방문한 이탈리아 공작을 위해 셰익스피어에게 특별 주문한 작품이다. 부제는 〈네 마음으로 해라〉. 체신없는 귀족과 분수를 모르는 하인이 놀림감이 된다.

줄거리는 〈헛소동〉과 〈실수연발〉을 혼합시킨 것 같다. 난파를 당한 명문가의 오누이. 구사일생으로 살아난 누이동생 바이올라는 남장을 하고 올시노 공작의 시종이 된다. 그녀는 공작을 흠모하게 되지만 공작은 올리비아에게 청혼을 한다. 그러나 남장의 바이올라에게 반한 올리비아는 여자인 줄 모르고 사랑을 호소한다. 결국 죽은 줄 알았던 오빠가 나타나 오해가 풀리고 바이올라는 공작과, 올리비아는 바이올라의 오빠와 결혼하게 된다.

우둔한 기사 앤드루와 올리비아를 짝사랑하는 교만한 하인 말볼리오가 폭소탄 역할을 한다. 초연 당시 런던에는 전염병이 창궐했다. 셰익스피어는 우울한 사회분위기를 밝게 하기 위해 이 작품을 썼다. 4대 비극을 집필하기 직전에 쓴 마지막 희극이다.

필자는 이 공연의 대본의 번역자로서 번역의도를 국립극단에 기고하였으며, 그 중 〈십이야〉에 관한 부분은 다음과 같다.

〈십이야〉는 〈햄릿〉과 다른 셰익스피어의 위대함의 진면목인 희극이다. 〈말괄량이 길들이기〉와 〈한여름 밤의 꿈〉의 공연기록이 〈십이야〉보다 많다. 그러나 희극의 대표 작을 꼽으라고 한다면 우리나라나 외국에서나 〈십이야〉를 꼽는다. 비극 〈햄릿〉과 맞서는 작품이며 바로 관객이 반기고 즐기고 신나게 웃는다는 것이다.
〈십이야〉는 축제의 이벤트이다. 그래서 음악이 있다. 사랑의 열정을 북돋는다. 그리고 즐거움이 더해간다. 쌍둥이 남매가 바다와 대지 위에서 운명과 자연의 변위로 해학이 벌어지고 신나는 표적으로 달려간다. 아름다운 처녀가 1인 2역을 한다. 그것도 남녀의 두 역을 하니 혼돈스러운 멋과, 흥분과 만족이 있다. 노래와 사랑과 웃음이 직포처럼 짜여져 있으며 그 위에 해학의 그림자가 깊이 드리워져 있다.
필자는 환상성 짙은 〈한여름 밤의 꿈〉, 비극성 문제작 〈햄릿〉 그리고 희극성의 대표작 〈십이야〉의 번역으로 셰익스피어의 세 가지 특징, 변이성의 표출에 그의 일면의 소개를 위해 번역하였고 크게 만족하고 있다.

■ 2002 '셰익스피어 러브 페스티벌'

셰익스피어 연극 중 사랑 이야기 5편을 잇달아 공연하는 '셰익스피어 러브 페스티벌'이 10월 28일부터 11월 24일까지 5개 극단이 참여하여 국립극장 별오름극장과 달오름극장에서 열렸다.

참가작품은 다음과 같다.
-극단 숲의 〈로미오와 줄리엣〉(연출 임경식),
-극단 가변의 〈십이야〉(연출 박재완),
-극단 실험극장의 〈트로일러스와 크레시더〉(연출 김성노)
-극단 주변인들의 〈말괄량이 길들이기〉(연출 서충식)
-지구연극연구소의 〈오셀로와 이아고〉(연출 차태호)

■ 극단 가변 (연출 박재완) 〈트랜스 십이야〉

1. 2003.4.21~6.1., 대학로 창조콘서트홀
2. 2003.6.4.~8.3., 대학로 아롱구지 소극장
3. 2003·11.15.~12.31., 대학로 발렌타인 극장

극단 가변의 〈트랜스 십이야〉는 셰익스피어 원작 〈십이야〉를 등장인물의 성(性)을 바꿔 새롭게 해석한 연극이다. 때문에 원작 인물의 이름도 새로 붙였다. 원작에서 쌍둥이 남매로 나오는 '세바스찬(남자)'과 '바이올라(여자)'는 각각 '세바스(여자)'와

'봐이크(남자)'가 된다. '올리비아' 공주는 '올리' 왕자로, '올시노' 공작은 '오시아' 공주가 되는 식이다.

쌍둥이 남매 세바스와 봐이크는 배가 난파되는 바람에 서로의 생사를 모른 채 헤어진다. 일리리아 섬에서 구조된 남동생 봐이크는 누나 세바스의 옷으로 여장을 하고 섬의 영주 오시아의 시녀가 된다. 오시아는 맬라스의 귀족인 올리에게 봐이크를 보내 청혼을 하지만, 올리는 오히려 봐이크를 여자로 오인하고 그를 사랑하게 되면서 이야기는 얽혀 나간다.

성전환이라는 실험을 하면서도 원작의 아름다운 언어는 그대로 살렸고 현대적 감각에 맞지 않는 내용은 각색했다.

■ 펑키록 (연출 이미경) 나이트 뮤지컬 <나이트 십이야>
　2003·12.12.~2004.1.18., 창조 콘서트홀

펑키록의 <나이트 십이야>는 어느 한 섬에 난파한 쌍둥이 남매가 이 섬의 영주 귀족과 엇갈린 사랑을 나누는 줄거리는 유지하고 있다. 다만 배경을 원작의 궁전에서 나이트클럽으로 바꿨다. 배우들의 현란한 춤과 노래가 무대에 펼쳐진다.

TV 탤런트 김승현과 그룹 L.U.V 의 조은별, 40대 배우 이현정 등이 출연하였다.

■ '제1회 셰익스피어 난장' 참가작
　극단 루트21 (연출 박재완·이미경) <뮤지컬 십이야>
　1. 2004.5.13.~5.16., '셰익스피어 난장' 참가작 국립극장 하늘극장

2. '제4회 밀양 여름공연예술축제'(2004.7.17.~7.31.) 참가작

3. 2004.7.28.~7.29., '2004 포항바다국제연극제' 참가작

국립극장은 2004년 4월 1일부터 5월 26일까지 셰익스피어 작품을 한데 모은 기획공연시리즈 '셰익스피어 난장'을 선보였다. 국립극장 야외무대인 '하늘극장' 활성화 차원에서 마련된 이번 공연은 서커스, 뮤지컬, 이미지극, 정통 연극 등 다양한 장르의 공연이 펼쳐졌다.

댄스 시어터 동랑의 <클럽 하늘>, 극단 노뜰의 <동방의 햄릿>, 극단 여행자의 <한여름 밤의 꿈>, 극단 루트21의 <뮤지컬 십이야>, 극단 연희단거리패의 <리어왕> 등 총 5개 작품이 릴레이로 공연되었다.

■ 부산시립극단 (연출 손기룡) <십이야>

1. 2006.3.23.~3.26., 부산문화회관 중극장

2. 2006.12.8.~12.9., 부산문화회관 중극장

<십이야>는 셰익스피어의 5대 희극 중 하나로, 5대 희극은 셰익스피어 창작기 중 중기(1594~1600) 작품으로 <십이야>, <한여름 밤의 꿈>, <베니스의 상인>, <헛소동>, <뜻대로 하세요> 등을 이른다. 이 중 마지막 작품인 <십이야>는 셰익스피어가 4대 비극을 창작하기 직전에 만들었다. 그만큼 희극적 요소들이 집결돼 있지만 비극적인 요소도 있다.

오빠를 잃은 슬픔으로 7년 동안 누구와도 사랑하지 않겠다는 백작의 상속녀 올리비아. 그녀를 흠모하는 올시노 공작. 남장을 하고 공작의 시동으로 들어간 바이올라(난파를 당해 헤어진 귀족 가문의 쌍둥이 남매 중 여자·남장 이름 세자리오). 이들을 중심으로 해서 이야기는 빠르게 진행된다. 세자리오는 올시노 공작의 마음을 올리비아에게 전달하는 전령 역할을 맡지만 웬일인지 올리비아의 마음은 세자리오에게 더 끌린다. 하지만 세자리오 또한 공작을 흠모하면서 일은 걷잡을 수 없이 꼬인다.

15명의 인물이 다 개성이 있지만 그중 관객들의 눈을 끄는 이가 말볼리오. 집사 신분이면서도 올리비아와 결혼해 신분상승할 꿈에 젖는다. 청교도를 상징하는 말볼리오에게는 해피엔딩이 허락되지 않는다.

■ 영국 연출가 데클란 도넬란 <십이야>

2007.10.31.~11.4., 역삼동 LG 아트센터

도넬란 연출의 <십이야>는 2003년 러시아 모스크바의 유명 연극 축제인 '체홉

페스티벌'에서 초연된 작품으로, 러시아 스타급 배우들의 명연기가 어우러지며 초연 이후 런던 바비칸 센터, 뉴욕 BAM 페스티벌 등 세계 각지에서 호평을 이끌어낸 화제작이다.

이채로운 점은 모든 출연진을 남성 배우들로만 구성했다는 것. 이런 전략은 남자 배우들만 무대에 설 수 있었던 셰익스피어 시대의 전통을 따른 것일 수도 있고, 성의 구분을 없앰으로써 인간의 본질을 좀더 잘 드러내기 위한 것으로도 해석된다.

■ 동아방송예술대학 연극영화과 동문 (연출 유경민) <사랑이 … 오다!>
2007.12.21.~12.23., 동덕여대 예술센터

동아방송예술대학 연극영화과 10주년을 맞아 동문들이 올리는 기념 공연 <사랑 이… 오다!>(유경민 연출)가 12월 21일부터 23일까지 동덕여대 예술센터에서 선보 여졌다.

두 쌍의 남녀가 엇갈린 사랑을 극복하고 결실을 맺는 과정을 유쾌하게 그린 셰익 스피어의 <십이야>를 군사 독재의 그림자가 드리워졌던 1987년 겨울 한국의 캠퍼스 로 옮겨 각색한 작품이다.

■ 극단 여행자 (각색/연출 양정웅) <십이야>
1. 2008.12.22.~2009.1.11., 대학로 정보소극장
2. 2009.7.24.~7.29., '밀양연극축제' 셰익스피어 난장 출품작

셰익스피어 원작 <한여름 밤의 꿈>을 한국적 정서가 물씬 풍기는 도깨비들의 난장으로 바꾸어 세계무대에서 바쁘게 활동하였던 극단 여행자(대표 양정웅)가 이번 에는 셰익스피어의 <십이야>를 우리네 이야기로 풀어내어 2008년 12월 22일부터 2009년 1월 11일까지 대학로 정보소극장 무대에 올렸다.

원작의 서양식 이름이 토종 야생화에서 따온 토속적 이름으로 바뀐다는 점이 독특 하다. 쌍둥이 남매인 청가시(세바스챤)와 홍가시(바이올라)는 풍랑을 만나 헤어지고, 섬에 표류한 홍가시는 남장을 한 채 산자고(올시노 공작)의 시종이 된다. 섬초롱(올 리비아)을 짝사랑하는 산자고는 섬초롱에게 홍가시를 보내 자신의 사랑을 전하지만 섬초롱은 첫 눈에 홍가시에게 반해 구애를 한다. 남장을 한 홍가시는 산자고를 짝사 랑하지만, 산자고에게 사랑을 줄 수도, 섬초롱의 사랑을 받을 수도 없어 괴로워한다. 이런 가운데 홍가시의 쌍둥이 오빠인 청가시까지 나타나면서 상황은 점점 더 꼬여만 간다. 이 같은 상황에서 쑥부쟁이(말볼리오), 꼭두서니(광대), 맥문아재비(토비), 비수리(마리아) 등이 가세, 극은 점입가경으로 치닫는다.

여행자 연극의 특징 가운데 하나는 구성진 한국적 대사도 대사지만 몸으로 풀어내는 신체극이다. '폭풍의 군무'라고 한 줄로 처리된 서장의 대사를 5분이 넘게 격렬한 군무로 보여주는 등 웬만한 무용무대 못지않은 몸짓들이 일품이다. 안무는 유니버설 발레단의 발레 뮤지컬 '심청'을 안무한 젊은 발레 안무가 이종승씨가 맡았다.

음악으로 시작해 음악으로 끝나는 원작에서처럼 여행자의 <십이야>에서도 음악이 큰 비중을 차지한다. 광대 꼭두서니 역을 맡은 배우 전중용이 기타를 연주하면서 서정적인 노래로 상황을 설명하고 사랑의 세레나데를 부른다.

■ 공주영상대·극단 가변 공동제작
　(예술감독 송형종, 연출 이성구) <십이야>
　2009.9.22.~오픈 런, 서울 삼성동 인산아트홀

공주영상대와 극단 가변(대표 송형종 교수)이 공동 제작한 <십이야>가 2009년 9월 22일부터 오픈 런으로 서울 삼성동 인산아트홀에서 공연되었다.

공주영상대학의 교수진(예술감독 송형종 교수, 무대 고인하 교수, 의상 오수현 교수, 분장 박주현 교수)과 졸업생들이 공동으로 참여하였다.

■ 프레즐 프로덕션·(주)이지컨텐츠 그룹·극단 송마루
　<파티컬 클럽 십이야>
　(예술감독 차현석, 연출 송은주, 작가 김지훈, 작곡 임효빈)
　2010.9.3.~10.26., 아트홀 대학로 스타시티3관

이 공연에 대한 설명은 2010.10.3. 베타뉴스 김현동 기자의 기사로 대체하고자 한다.

◉ 현대 감각으로 구성된 셰익스피어 원작
분명 뮤지컬임은 확실하다. 다만 관객과 배우가 한데 어우러져 반응해야만 완성되는 작품이며, 셰익스피어 원작이라고 주장하기에도 애매하다. 그렇더라도 클럽 십이야를 설명할 때 셰익스피어(Shakespeare) 원작을 현대적으로 해석한 작품이라는 설명의 근거는 알아두는 게 좋다.
뮤지컬 클럽 십이야는 12일간 벌어지는 일련의 에피소드를 통해 사랑이라는 것을 완성시키는 멜로 뮤지컬이다. 배경으로 등장하는 클럽은 촉매제 정도라고나 할까!
　◉ 잘 짜인 한편의 시트콤
하이퍼미디어 아트 기법을 처음 도입했으며, 법률 자문까지 거쳐 원작을 새롭게 각색

해 저작권까지 확보한 클럽 십이야. 남장여자로 나오는 세린, 변장한 세린의 모습을 보고 반한 클럽 사장 역의 올림, 올림을 6개월간이나 짝사랑한 시우의 삼각 라인이 클럽을 배경으로 흥미롭게 펼쳐진다.

영화 '쉬즈 더 맨'을 떠올리게 하는 전개라인은 취업을 하고자 했으나 여자라서 안 되는 현실을 타개하기 위해 남자로 변장하는 사연으로 변했다. 그럼에도 남장을 한 여자에게 여자가 반하며, 남자 역의 시우가 여장을 하고 클럽 여 사장 올림에게 다가 간다는 것은 다소 억지스럽다. 하지만 이 부분이 극중에서는 여성 관객에게 상당부분 공감대를 형성하고 웃음을 선사한다.

세상은 넓고 여자는 많다고 회유하는 직원. 그 같은 조언에도 1개월 만남으로 헤어지고 무려 6개월간 짝사랑이라는 기나긴 기다림을 선택한 남자. 오빠의 갑작스런 죽음으로 예전에 잊었다고 생각했던 사랑을 마주하고 고민하는 여자 그리고 우연히 스친 남자에게 사랑을 느끼는 여자. 얽히고설킨 만남과 이별 속에서 이들은 새로운 사랑을 찾고 12일의 기간 동안 서로를 알아간다.

이외에도 상투적이며 다소 거친 대사도 클럽 십이야의 몰입감을 높이는 요인이다. 극중 가진 건 돈 밖에 없는 어눌한 외국인으로 등장하는 앤드류는 사랑을 '씨벌'이라는 경박한 단어로 비유하는 등 우스꽝스러운 표현을 남발하며 관객에게 색다른 즐거움을 선사한다. 여기에 클럽 직원의 노골적인 표현과 지배인의 착각이 만들어낸 에피소드 또한 흥미로운 볼거리다.

현대적인 설정은 등장인물의 직업과 환경에도 영향을 미친다. 남장 여자로 등장하는 세린과 세린의 오빠로 등장하는 세찬은 아버지의 부도로 사채업자에게 쫓기는 신세다. 돈 많은 사장 시우는 짝사랑하는 클럽 십이야의 여사장 올림에게 마음을 보이기 위해 남자로 위장한 세린을 고용하고, 올림의 고모와 클럽 직원인 미미는 클럽 지배인으로 등장하는 마봉수를 골탕먹여 변태로 만들고 법의 잣대를 들이민다. 게다가 돈 많은 앤드류는 사랑을 돈으로 사려고 하는 등 현실적인 모습이 곳곳에서 등장한다.

■ 극단 여행자 (각색/연출 양정웅) <십이야>

1. 2011.11.11.~11.20., 남산국악당

2. 2012.6.8.~6.9., 부평아트센터 해누리극장

3. 2012.8.1.~8.26., 명동예술극장

2011년 가을에는 유달리 <십이야>의 공연이 많았다. 극단 여행자가 남산국악당에서, 강동아트센터가 엠제이플래닛과 공동제작으로 강동아트센터에서, 남자배우들로만 구성된 일본 극단 '스튜디오 라이프'가 동덕여대 공연예술센터에서, 시민극단2010 이 카톨릭청년회관에서 무려 4개의 <십이야>가 공연된 것이다.

양정웅 연출의 극단 여행자는 <십이야>(十二夜)를 11월 11일부터 20일까지 서울 남산국악당 무대에 올렸다. 서울남산국악당의 '전통, 새옷으로 갈아입다' 기획 중 하나이다.

극단 여행자는 <맥베드>에서 십이간지를, <한여름 밤의 꿈>에서 별자리 이름을 붙였다면, <십이야>에서는 우리 꽃 이름을 사용하였다. 등장인물을 토종 야생화의 이름으로 바꾼 공연에서 쌍둥이 세바스찬과 바이올라는 '청가시'와 '홍가시'로, 올시노 공작은 '산자고', 섬 처녀 올리비아는 '섬초롱', 놀고먹는 식객 앤드류는 '패랭이' 등으로 붙인 것이다.

■ 강동아트센터, 엠제이플래닛 공동제작 (연출 김관) <십이야>
　　2011.11.17.~12.11., 강동아트센터 소극장 드림

2011년 9월 1일 개관한 강동아트센터는 개관을 기념하여 명작시리즈 첫 번째 작품으로 공연장과 제작사 공동제작방식을 채택해 '제작전문공연장'으로서 11월17일부터 12월11일까지 엠제이플래닛과 공동 제작한 연극 <십이야>를 강동아트센터 소극장 드림에서 선보였다.

셰익스피어의 시대를 현대적으로 재현하였다. <십이야> 초연공연시 장시간 진행되는 공연 중간 중간 광대가 등장해 관객을 집중시키고, 극의 중심에는 음악이 있었다고 전해지는 것처럼 이번 <십이야>에서도 이러한 구성을 선택하였다.

극 속에는 광대 대신 연출가가 등장한다. 연출가 역할을 맡은 배우는 관객들에게 얼기설기 꼬여있는 등장인물들의 관계를 쉽고 재미있게 설명해준다. 때로는 상황을 압축하거나 생략해서 관객의 이해를 돕기도 한다. 다른 역할을 맡은 배우들과 대화를 하기도 하고 이들에게 등장과 퇴장을 지시하기도 한다. 실제 연출가의 분신으로서 연출가가 의도하고 전달하고자 하는 의미를 바로 극 속의 연출가가 대신하는 것이다.

■ 일본극단(日本劇團) 스튜디오 라이프 (역 마츠오카 카즈코(松岡和子), 대본/작사
　　/연출 쿠라다 준(倉田 淳)) <십이야(十二夜)>
　　2011.11.18.~11.20., 대학로 동덕여대 공연예술센터

남자 배우들만 구성된 일본 극단 '스튜디오 라이프'가 서울 대학로에 진출해 <한여름 밤의 꿈>과 <십이야>를 공연하였다.

1985년 결성되어 창립 26주년을 맞는 '스튜디오 라이프'는 남자 배우 40명과 여성 연출가 1명으로 구성되어 있으며, 이번 대학로 공연은 재팬파운데이션의 지원으로 이루어졌으며 11월18일부터 20일까지 동덕여대 공연예술센터에서 펼쳐졌다.

'스튜디오 라이프'는 2006년에 처음 셰익스피어 작품에 도전하여 지난 6년 동안 <한여름 밤의 꿈>, <로미오와 줄리엣>, <십이야>, <말괄량이 길들이기> 등 4작품을

무대에 올렸다.

■ 시민극단2010 (연출 김재엽) <십이야>
　2011.11.19.~11.20., 카톨릭청년회관 CY씨어터
　시민극단2010은 셰익스피어 원작 <십이야>를 김재엽 연출로 가톨릭청년회관 CY씨어터에서 11월19일부터 20일까지 공연하였다. 시민극단2010은 2009년 세종문화회관이 운영하는 서울시극단 시민연극교실 1기를 수료한 졸업생들이 연극에 대한 열정을 가지고 자체 조직한 극단이다.

■ 강동아트센터, 엠제이플래닛 공동제작 (연출 김관) <십이야>
　2012.12.6.~12.30., 강동아트센터
　1년전 강동아트센터 개관 기념작으로 호평을 받았던 강동아트센터·엠제이플래닛 공동제작 <십이야>가 12월6일부터 30일까지 다시 강동아트센터에서 공연되었다.
　2011년 초연 당시 '원작에 충실하면서도 캐주얼한 작품', '한편의 뮤지컬로 불러도 손색없는 흡인력있는 선율' 등 언론과 관객의 극찬을 받았던 작품으로 2012년 9월에 열린 '강동아트센터(GAC)어워드'에서 우수작품상을 수상하였다.
　낭만음악극 <십이야>는 초연 당시 광대가 공연을 진행하고 극 중심에 음악이 있었던 점을 십분 살려 이번 공연에서는 해설이 있는 '라이브 음악극'으로 올려졌다. 공연 중간중간 적절하게 웃음을 주는 해설자가 광대 역을 대신하며, 연인들의 감정이 증폭되는 순간이나 코믹한 두 남자의 대결 장면은 피아노와 플룻, 타악기로 구성된 라이브연주와 함께 솔로곡과 합창으로 연결돼 마치 뮤지컬 한편을 보는듯한 무대를 연출하였다는 평을 받았다.

■ 극단 숲 (역 신정옥, 연출 임경식) <십이야>
　2013.8.11.~8.23., 대학로 스타시티 예술공간 SM

[줄거리] 글 : 박정기
모습이 서로 닮은 쌍둥이 남매 세바스찬과 바이올라는 일리리아 해안에서 선박의 난파로 헤어진다.
상륙한 누이 바이올라는 세사리오로 변장하고 올시노 공작의 하인으로 들어간다. 이 공작은 올리비아라는 이웃 여자영주를 연모하나 그의 청혼은 받아들여지지 않는다. 하인 세사리오가 실은 그를 사랑하는 바이올라라는 여인인 줄 모르는 공작은 세사리오를 처녀영주 올리비아에게 보내 계속 청혼의 뜻을 전한다. 심부름을 하는

바이올라는 무척 괴로운데 더욱 난처한 것은 처녀영주 올리비아가 세사리오를 남자인줄 알고 사랑하게 된 것이다. 그런데 처녀영주 올리비아의 집안에는 그녀의 집사 말볼리오, 그녀의 친척 토우비 경, 그녀의 어릿광대 페스테가 있다. 토우비 경은 앤드루 에이규치크 경과 더불어 주로 술로 소일한다. 부유하나 어리석고 용기 없는 앤드루 경은 올리비아를 소개해준다는 말에 솔깃하여 토우비 경에게 계속 술을 사먹인다. 한편 익사한 것으로 생각되었던 바이올라의 오빠 세바스챤은 안토니오란 선장의 구조로 목숨을 건져 선장과 더불어 일리리아에 온다. 안토니오 선장은 돈지갑을 세바스챤에게 주고 헤어진다.

처녀영주 올리비아는 이제 노골적으로 세사리오에게 사랑을 표시하게 된다. 앤드루 경이 실망하여 일리리아를 떠날까 염려한 처녀영주의 친척 토우비 경은 앤드루 경을 충동하여 세사리오와 결투하게끔 만든다. 겁쟁이 앤드루 경과 여자인 세사리오는 내키지 않는 칼을 뽑는데 이때 안토니오 선장이 달려들어 세사리오를 구한다. 그는 세사리오를 세바스챤인 것으로 착각한다. 안토니오는 이 나라의 적대국에 속한 사람이라 관헌에 붙잡힌다. 그는 세사리오에게 돈지갑을 달라고 했으나 세사리오는 당연히 안토니오 선장을 본 일조차 없다고 말한다. 우정을 맹세한 안토니오는 세사리오를 세바스챤으로 알고 당연히 분노한다.

세사리오가 아주 허약한 것을 눈치챈 앤드루 경이 그를 해치려 들지만, 이번에는 세바스챤이 나타나 앤드루 경을 부상시키며 친구를 도우러 달려온 처녀영주의 친척 토우비 경도 부상시킨다. 올리비아가 이때 등장해, 세바스챤을 세사리오로 잘못 알고 그를 자신의 집으로 데려다가 신부의 주례 하에 결혼식을 올린다. 올시노 공작은 변장한 바이올라와 다른 수행원을 거느리고 처녀영주 올리비아의 집 앞에 나타난다. 이때 마침 공작의 관헌들이 안토니오 선장을 호송해 온다. 안토니오는 세사리오를 세바스챤으로 알고, 세사리오가 그에게 구조된 젊은이며 자신의의 돈지갑도 갖고 있다고 이야기를 한다. 세사리오가 당연히 자신은 모르는 일이라고 하고, 세사리오의 말을 올시노 공작이 인정한다. 그러나 처녀영주 올리비아가 세사리오를 남편이라고 부르면서 신부를 불러 증언까지 시키자, 올시노 공작은 자신의 연서를 올리비아에게 전달하지 않고 공작 대신 처녀영주에게 사랑을 고백한 것으로 오해를 하고, 세사리오에게 배은망덕한 짓을 했노라고 몹시 화를 낸다.

이때 토우비 경과 앤드루 경이 상처투성이로 나타나서는 세사리오에게 당한 것이라고 함으로써 더욱 사태는 혼란에 빠진다.

마침내 바이올라의 쌍둥이 오빠 세바스챤이 나타나 남매가 서로를 알아봄으로써 모든 수수께끼가 풀리게 된다.

올시노 공작은 그의 하인 세사리오가 실은 자기를 사랑해 온 아름답고 현명한 바이올라는 여인이란 사실을 알고, 처녀영주 올리비아를 바이올라의 오빠인 세바스챤에게 양보하고, 두 쌍이 합동결혼식을 올리기로 약속하는데서 연극은 마무리된다.

위의 내용과 복선으로, 처녀영주 올리비아의 집사 말볼리오는 이 집안 사람들에게 거만하게 처신해 모두의 미움을 산다. 올리비아의 시녀 마리아는 올리비아의 친척 토우비 경과 공모하여 말볼리오를 골려 준다. 즉 올리비아의 필적을 위조한 편지를 말볼리오가 발견해 읽도록 한다. 편지 내용은 올리비아가 말볼리오에게 사랑을 고백하는 내용이고, 만약 이 고백에 답하려거든 노란색 양말을 신고, 대님을 십자로 매고, 자기를 보기만 하면 언제나 미소를 지으라는 내용이다. 이 계획은 성공을 하고, 올리비아는 말볼리오가 미쳤다고 생각하고, 그를 어두운 방에 수감시킨다. 마리아의 말을 듣고 페스테는 신부로 변장하고, 어두운 방에 나타나 말볼리오를 괴롭힌다. 토우비 경은 말볼리오를 함정에 빠뜨리는 데 수훈을 세운 마리아와 결혼하게 되고, "네놈들 모두에게 복수하고 말겠다"고 외치는 말볼리오의 부르짖음과는 달리, 다른 등장인물들은 행복한 결말로 연극은 막을 내린다.

■ **포항시립극단 (객원 연출 오동식) <트랜스 십이야>**
   2013.6.26.~7.7., 포항시립중앙아트홀

포항시립연극단은 6월 26일부터 7월 7일까지 163회 정기공연으로 포항시립중앙아트홀에서 셰익스피어 원작의 <십이야>(十二夜)를 각색한 <트랜스 십이야>를 무대에 올렸다

2001년 셰익스피어의 <십이야>를 각색하여 <트랜스 십이야>를 국립극장과 대학로 등에서 선보인 바 있는 오동식이 객원연출가로 초청되었다.

원작 셰익스피어의 <십이야>는 쌍둥이 남매의 배 난파로 시작된 엇갈리는 사랑, 성 혼돈으로 펼쳐지는 해프닝을 통해 성 정체성에 대한 새로운 개념을 전달하는 작품이다. <트랜스 십이야>에서는 등장인물의 성을 바꿈(트랜스)으로서 남자역할을 모든 여자배우가 그리고 여자역할을 남자배우가 공연한다. 등장인물의 성을 바꾼 이유가 있을까.

오 연출가는 "단순한 재미를 위한 연출·각색이 아닌 셰익스피어 당시 여자가 무대에 설 수 없었던 사회적 배경을 기초로 극 중 남장여자인 바이올라의 변신에 힌트를 얻은 것이다"고 설명했다.

연극 속 자연스러움을 추구하는 셰익스피어 입장에서는 남자가 여자역할을 하는 것에 대한 딴지걸기가 바로 <십이야>의 남장여자 바이올라였을 것이라는 추측이다. 결국 '바이올라'라는 여자역할을 남자배우가 여자로 연기하지만, 연극이 시작된 후 바로 바이올라는 배우의 원래 성인 남자역할로 다시 돌아오는 것.

올시노 공작이 오시아라는 여자로 트랜스 됨으로써 남성답고 파워풀한 여성으로, 여성 올리비아는 내성적이고 소심한 올라라는 남성으로 표현돼 현대성을 담아냈다.

그러나 아쉽게도 연출 및 연기력의 성장속도에 따르지 못하는 홍보로 10회 공연에 실관객수 756명뿐이라는 흥행참패를 맛보고 말았다.

■ **서울예술전문학교 연극영화과 <십이야> 2014.6·25.**

서울예술전문학교(이하 서예전) 연극영화과는 연극제작실습 수업을 통한 릴레이 연극 공연으로 6월 25일 셰익스피어의 <십이야>를 무대에 올렸고, 6월 27일에는 빅토르 위고의 <레미제라블>, 6월 29일에는 셰익스피어의 <한여름 밤의 꿈>, 7월 1일에는 베데킨트의 <스프링어웨이크닝>을 무대에 올렸다.

연극제작실습은 서울예술전문학교 연극영화과 1, 2학년 학생이 모두 참가, 지도 교수의 조언 아래 연기는 물론 배역 선발, 무대 연출 등 공연에 대한 모든 것을 직접 준비하여 정규공연으로 올리는 수업이다.

■ 필름스테이지·스페셜원컴퍼니 공동제작 (각색/연출 오동식) <트랜스 십이야>
　　2014.10.03.~2014.12.31., 아트센터K 세모극장

셰익스피어의 5대 희극중의 하나인 <십이야>는 남녀가 뒤바뀐다는 설정, 여자가 남장을 하고 살아가는 드라마, 여장한 남자가 나오는 뮤지컬 등 모두 <십이야>에서 기원했다고 볼 정도로 수많은 이야기의 모태가 되는 작품이다. 가장 최근 대표작으로는 헐리우드의 로맨틱코미디 <쉬즈 더 맨> 역시 십이야를 각색해서 엄청난 흥행에 성공한 작품이다.

◆ 연극평론가 박정기
2011년에는 셰익스피어의 〈십이야〉를 극단 여행자에서 양정웅 연출로 남자배우들 만의 출연으로 공연한 적이 있고, 같은 해 일본극단 스튜디오 라이프가 내한해 〈십이 야〉를 동덕여대 공연예술센터에서 공연했는데, 일본극단 역시 남자배우들만으로 〈십 이야〉를 공연해 관객의 갈채를 받았다. 2014년 봄에는 극단 숲에서 임경식 연출로 〈십이야〉를 원작에 맞춰 충실하게 공연을 했다. 이번 〈트랜스 십이야〉는 원작과는 달리 서너 명의 남성 역을 여자 연기자로 바꿔 출연시켜, 독특하고 색다른 공연이 되었다.
작품의 배경은 '일리리아'라는 발칸 반도 서부 아드리아 해 동쪽에 있었던 고대 국가 다. 이 낭만 희극은 바네이브 리치가 쓴 〈이제 군인은 그만〉 중 〈아폴로니어스와 실러의 이야기〉에서 소재를 따왔다.
〈십이야〉란 크리스마스로부터 12일이 지난 1월 6일을 말하며 구세주가 나타나신 것을 축하하는 축일로 크리스마스 축제 기간의 마지막 날이다. 이 날은 아주 즐겁고 유쾌하게 즐기는 축일로 흔히 악의 없는 장난과 농담을 하는 날이다. 이 극에서는 여자 역으로 대체시켰지만, 올리비아의 술주정뱅이 사촌 토비 벨치 경 일당이 도덕군 자처럼 구는 올리비아의 집사 말볼리오를 골려먹는 것도 이런 축제일의 유희 가운데 하나이다. 셰익스피어가 희곡 작품 속에 삽입한 노래들은 엘리자베스 시대의 무대에 서도 요즘의 뮤지컬처럼 춤과 노래가 섞여 있었음을 말해 주는데 특히 이 극은 유달리 많은 노래가 불린다. 이번 〈트랜스 십이야〉에서는 바니 걸로 대체 되었지만, 올리비

아의 하인인 광대 페스테가 부르는 노래들의 주제는 인생은 짧고 사랑은 달콤하니어서 사랑을 하라는 내용이다. 다른 낭만희극들처럼 이 극도 복잡하게 얽힌 사랑 문제가 해결되고 여러 쌍이 결혼하는 것으로 막을 내린다. 올리비아, 올시노 공작, 비올라, 세바스찬의 사랑 이야기를 주축으로, 그리고 토비 벨치 경 일당들이 꾸미는 집사 말볼리오의 올리비아에 대한 구애가 복선으로 깔린다. 말볼리오도 여자 역으로 대체된 연극이라 마치 젠더들의 사랑이야기처럼 보인다.

용맹과 의리가 출중한 주인공의 남성친구를 육체미 만점의 미모의 여성이 연기함으로써 극적효과를 상승시키고, 남성 집사를 여성으로 바꿔 귀족성주를 사모하며 벌이는 거짓편지소동은 관객을 폭소로 이끌기도 한다. 바니걸의 예쁘고 귀여운 활약도 볼거리지만, 여성성주의 압도적인 미모와 우아한 일거수일투족은 남성관객 모두의 시선을 고정시키기도 한다.

대단원에서 헤어졌던 남매가 상봉을 하고, 꽁꽁 얼어붙었던 각자의 오해가 봄날의 계곡의 물처럼 풀려 흐르면서 관객의 환호와 갈채 속에 공연은 끝이 난다.

■ 극단 벼랑끝날다 음악극 (연출 이용주) <십이야>
2014.12.4.~12.6., 나루아트센터 대공연장

셰익스피어의 탄생 450주년을 기념하여 광진구 나루아트센터 상주단체로 선정된 극단 벼랑끝날다는 음악을 중심으로 스토리텔링을 풀어낸 음악극 <십이야>를 12월 4일부터 6일까지 나루아트센터 대공연장에서 공연하였다. 연출은 이 극단의 대표를 맡고 있는 이용주씨가 맡았다.

■ '제1회 중국문화의 날'(2015.12.8.) 개막축하공연
호남대 미디어영상공연학과 <십이야>, 호남대 공자학원

전국 최초로 '중국과 친해지기'(차이나프랜들리)를 중점시책으로 추진하고 있는 광주광역시(시장 윤장현)와 호남권 대중국 교류 창구 역할을 하고 있는 호남대학교(총장 서강석)가 다양한 중국 문화를 체험할 수 있는 '제1회 중국문화의 날'을 만들어 2015년 12월 8일 호남대 공자학원에서 성대하게 막을 올렸다. 주제는 '광주 속 작은 중국'이었다.

이날 개막행사에서 호남대 미디어영상공연학과 학생들은 셰익스피어 연극 <십이야>를 공연하였다.

■ '제20회 수원연극제' (5.5.~5.8.) 참가작
극단 벼랑끝날다 (연출 이용주) <십이야>

20주년을 기념해 화성행궁과 광장 주변, 수원화성 내 다양한 명소에서 펼쳐진

'2016 수원연극축제'에 셰익스피어 서거 400주년을 기념하여 극단 벼랑끝날다가 <십이야>, <리어왕>을 한국적으로 재창작한 극단 노뜰이 <리어>를 공연하였다.

■ '2016 제24회 젊은연극제'(2016.6.13.~7.3) 참가작
　대학로 예술극장 3관 외 총 9개극장
　가천대 <십이야>

전국에 있는 연극영화계열 대학들의 젊은 예술가들의 공연예술축제로 대학에서 공연예술을 전공하는 패기 넘치고 참신한 신진예술가들의 등용문 '2016 제24회 젊은연극제'가 6월 13일부터 7월 3일까지 대학로예술극장 3관 외 총 9개 극장에서 열렸다.

이번 해에는 '도전하는 젊음! 미래를 밝히는 청춘'이라는 슬로건으로 총 45개 대학 연극영화계열 학과들이 다양한 작품을 선보였으며 가천대는 이 행사에 참가하여 <십이야>를 공연하였다.

■ '제5회 도요강변축제' 참가작
　연희단거리패 (각색/연출 오동식) <트랜스 십이야>
　2016.6.18., 도요창작스튜디오

상림면 도요리 245 도요창작스튜디오에서 6월 18일 '제5회 도요강변축제'가 열렸다. 축제의 시작은 낮 12시~오후 1시 도요창작스튜디오 마당에서 식전행사 '우리 결혼해요!'였고, 이날 도요마을 입주예술인 강호석 군과 김윤경 양의 실제 결혼식이 있었다. 오후 6시 30분에 연희단거리패의 연극 <트랜스 십이야>가 공연되었다. <트랜스 십이야>는 셰익스피어의 5대 희극 중 하나인 <십이야>를 각색한 것으로 이번 연극에서는 하마터면 남자가 남자와 결혼할 뻔 한 특이한 장면이 나와 웃음을 자아냈다. 극 중 일리리아의 공작이 여장을 한 세사(남동생)에게 구애하는 장면에서는 객석에서 "어머, 어떡해. 곱게 생겨서 진짜 여자인 줄 알았나 봐"하는 소리가 터져 나왔다. '트랜스 십이야'는 관객들을 끊임없이 웃겼다.

■ '제16회 밀양여름공연 예술축제' 셰익스피어주간 참가작
　우리극연구소 (각색/연출 오동식)
　<하마터면 남자와 남자가 결혼할 뻔 했어요>
　2016.8.4.~8.5., 밀양연극촌 성벽극장

'연극, 지역에 뿌리 내리다'라는 주제로 열린 제16회 밀양여름 공연예술축제에서도 셰익스피어 서거 400주년을 기념해 프로그램 중 하나인 '셰익스피어 주간'을 통해서 셰익스피어에 대한 다양한 작품을 선보였다.

'셰익스피어 주간' 폐막작품은 연희단거리패의 대표작이라고 할 수 있는 <햄릿>이었고, 셰익스피어 작품으로는 극단 서울공장의 <햄릿 아바따>, 극단 목화의 <로미오와 줄리엣>, 극단 가마골의 <로미오를 사랑한 줄리엣의 하녀>, 희극 <십이야>를 난장 패러디로 재구성한 우리극연구소의

<하마터면 남자와 남자가 결혼할 뻔 했어요>, 영국 연출가와 한국 배우들의 시너지가 돋보이는 <맥베스>가 공연되었다.

■ '제28회 거창국제연극제' 폐막작
  극단 벼랑끝날다 (각색 황규철, 연출 이용주) <십이야>
  2016.8.13.~8·15. 거창 수승대 축제극장

국내 최고 야외공연예술축제인 '제28회 거창국제연극제'가 4개국 26개 팀이 참가한 가운데 7월 29일부터 8월 15일까지 거창군 위천면 수승대 축제극장에서 열렸다.

극단 벼랑끝날다는 이 행사에 참여하여 폐막작으로 셰익스피어 작 <십이야>를 공연하였다. 또 다른 셰익스피어 작품으로는 연희단거리패의 <로미오를 사랑한 줄리엣의 하녀>가 있었다.

■ 국립극단·영국문화원 공동초청 팀 크라우치(Tim Crouch)
  <나, 말볼리오, I, Malvolio>
  2016.9.21.~9.24., 백성희장민호 극장

국립극단(예술감독 김윤철)은 셰익스피어의 서거 400주년을 기념해 영국문화원과의 공동초청공연으로 영국, 폴란드, 중국, 브라질, 호주 등 5개 대륙에서 투어 공연을 한 팀 크라우치(Tim Crouch)의 <나, 말볼리오 I, Malvolio>를 9월 21일부터 24일까지 백성희장민호극장에서 공연하였다. <나, 말볼리오>는 셰익스피어의 5대

희극 중 하나인 <십이야>의 등장 인물 '말볼리오'를 주인공으로 한 팀 크라우치의 1인극이다. 원작 <십이야>에서 고지식하고 허영에 찬 성격 탓에 누구 하나 좋아하는 이 없는 말볼리오는 주변 인물들에게 속아 여주인공 올리비아에게 구애하다 결국 망신을 당하는 인물로 이번 공연에서 말볼리오로 분해 <십이야>에서 못다한 이야기들을 풀어낸다.

원작 속에서 그를 웃음거리로 만들었던 '노란 양말'을 신고 우스꽝스러운 차림새로 등장하는 말볼리오는 어리석은 행동과 과장된 슬랩스틱으로 관객에게 웃음을 선사한다. 그러나 "뭔가 보여줄 게 있어."라는 대사를 끝으로 사라지는 말볼리오의 뒷모습은 극장을 나서는 관객들로 하여금 자신의 웃음을 다시 한 번 되돌아보게 만든다. 팀 크라우치는 "셰익스피어의 극은 다양한 인간군상을 담고 있는데, 그 중 말볼리오는 질서와 무질서를 동시에 갖고 있는 인물"이라며 캐릭터에 대한 애정을 드러냈다.

"2001년 뉴욕에서 상연된 <십이야>에서 직접 '말볼리오'를 연기하면서부터 그에게 매료된 것 같다."고 밝힌 팀 크라우치는 자신이 직접 쓰고, 연기하는 <나, 말볼리오>를 통해 말볼리오의 속사정을 재치 있게 담아낸다. 원작 속에서는 고집불통인 성격 탓에 결국 주변 인물들에게 속아 망신을 당하는 역할의 조연이지만, 팀 크라우치는 이 '비호감' 캐릭터를 통해 인간이 특별한 의도 없이 저지르는 비웃음이나 무시, 조롱이 때로는 다른 이를 파멸로 이르게 할 수 있음을 시사한다.

⑧ 〈뜻대로 하세요〉 (As you like it)

숲속의 사랑으로 전통적인 전원극에 속하는 낭만희극 <뜻대로 하세요>는 우리의 가슴을 감동적인 분위기로 뭉클하게 하는 작품이다. 셰익스피어는 그의 상상의 나래를 숲속에서 펼쳤던 것이다. 영국의 궁궐이나, 군대의 병영, 그리고 진지를 구축한 프랑스의 평야 대신 아든의 숲속에서 도토리나무나 사자나 뱀을 볼 수 있는 대자연의 외경(畏敬)이 있었던 그런 곳이다. 그래서 작품 속에는 야외의 자유스러움과 신선함이 가득 차 있으며, 목가적인 이 작품의 예술적 묘미는 인물들의 행동이나 사랑의 행실보다 세련된 정서나 독특한 성격에 있다고 할 수 있다. 엘리자베스여왕시대의 희극 중에서도 셰익스피어 희극의 두드러진 특징은 극의 주도적 역할을 남자 주인공이 아니라 여자 주인공에 둔 점이라고 흔히 지적하고 있다. 여주인공들은 기지와 유머로 곤경에 빠진 남자들을 구해내고 특히 애정에 있어서 남자의 환상과 잘못을 바로 잡아 주며, 그때 여성들의 유일한 무기로 사용한 것이 기지 넘치는 말이었으며, 다음은 남장(男裝)이나 연애극이었다. 여주인공들의 대화는 기지에 넘치지만, 수다스러운 것이 셰익스피어 희극의 특징이며, 로잘린드(Rosalind)는 그 대표적인 인물이다. 이 작품은 남녀 두 쌍의 로맨스와 형제간의 반목과 골육전쟁, 그리고 권력투쟁 등이 골조를 이루고 있으나 추잡하고 부패된 궁궐생활과 이 극의 배경인 아든 숲의 생활이 대조되면서, 사랑이 사랑답게 부각되는 것이다. 따라서 두 개의 반대인 명제가 첨예하게 드러나고 있으니, 풍요로운 생을 누리면서도 도덕적으로 타락한 찬탈자 프레드릭(Frederick) 공작의 궁정생활과 비록 물질적으로는 빈곤하여 생활의 고초는 겪지만, 정신적으로는 지순한 아든(Arden) 숲, 이 두개의 상치된 명제는 곧 악의 생활과 선의 생활의 대조적인 양상을 보여주는 것이다.

이 작품에서 아든 숲은 상징적인 배경으로서 큰 역할을 하고 있다. 배경이 등장인물 못지않은 역할을 하고 있다는 뜻이다. 윌리엄 허즐릿(W. Hazlitt)은 "아든 숲의 공기자체가 철학적인 시를 소곤거려주는 듯하다."[941)고 하며 아든 숲이라는 자연림(自然林)이 이 작품의 주무대라고 평하였다. 아든 숲은 남녀 몇 쌍의 결합을 맺어주는 로맨틱한 사랑의 장소로서의 기능을 하고 있는데, 그 뿐만이 아니라 숲의 존재 그 자체가 인간의 악한 습성을 바로잡아 주는 중요한 구실도 다하고 있다. 그런 의미에서 아든 숲은 정신적 오아시스인 동시에 인간성 개전(改悛)의 성역이기도 하다. 그것이 가장 직접적으로 나타나는 장면은 동생 올란도(Orlando)를 살해하려고 아든 숲을 찾아온 올리버(Oliver), 그리고 형 공작 일행을 토벌하러 온 동생 프레드릭 공작이 이 숲에 와서 그들의 악랄한 심성의 쇠사슬을 끊어 버리고 숙연히 개전하는 대목이다. 추방자들의 아든 숲에서의 생활에는 궁궐생활의 박해와 위선은 없지만, 냉혹하리만큼 살을 에는 겨울바람의 엄준한 자연과 만나게 된다. 그러니까 단순한 낭만의 도원경(桃源境)이 아니라, 시련(試鍊)의 곳이기도 하다. 그들은 아든의 생활에서 고통을 겪는다. 아든 숲은 행복과 기쁨과 안락만이 있는 목가적인 낙원은 결코 아니다. 다만 운명의 알력도 없고, 자연 그대로 지낼 수 있는 자유스러운, 소위 녹색의 세계인 것이다. 셰익스피어 희극이 즐겨 다루는 애정문제가 이 숲속에서는 흥미진진하게 전개된다.

셰익스피어가 이상적으로 생각한 연애와 결혼이 조화 융합된 남녀 간의 애정이 이 극에서는 로잘린드를 통하여 실현된다. 그런 점에서 아든 숲은 로잘린드의 운명을 풍요롭게 해주는 자연이기도 하다. 사실 셰익스피어의 희극 가운데서 이 <뜻대로 하세요>의 로잘린드만큼 작품 속에서 중요한 역할을 하는 여주인공은 흔하지 않으니, 마치 <햄릿>에서 햄릿 못지않게 거의 혼자서 전편을 주유(周遊)한다. 물론 이 작품에는 흥미진진한 인물이 적지 않다. 그러나 거의가 로잘린드와 한자리에 앉게 되면 대수롭지 않은 존재가 되어버린다.

헛소동(Much Ado about Nothing)에서의 베아트리스의 용기와 높은 기개, <십이야>에서의 바이올라의 담아(淡雅)한 매력, <베니스의 상인>에서의 포오셔의 현명한 존엄성 등이 그녀들의 뚜렷한 상징적인 체취라면, 로잘린드에게도 그녀만이 지닌 특이한 점이 있다. 셰익스피어는 로잘린드를 궁궐 안의 매력 있는 규수의 이상상으로 삼지 않았으며, 뜨거운 피와 관능 그리고 유머감각이 있는 여성, 사랑의 위대함과 어리석음도 잘 아는 명랑한 지적 여성으로 묘사하고 있다. 그러므로 그녀의 애정관은 로맨틱한 환상에서 벗어나 인간의 현실, 여성의 실상에 입각한 것이었다. 겉으로는 연애를 조소하고 비관하는 멍청한 면을 보이면서도, 속으로는 정열적인 사랑의 불꽃을 태우는 그런 여성인 것이다.

로잘린드의 남장(男裝)으로 줄거리는 복잡해지고, 아이러니컬한 상황을 빚어내고, 그녀의 인물상의 다면(多面)성이 있다는 점이 드러난다. 동시에 당시의 사회적 통념으로서 비여성적이라고 비판의 화살을 받은 바 있지만, 이성, 웅변 등과 같은 특징을 여성의 감성과 결부시켜, 새로운 여인상을 창출하였다. 이를테면 로잘린드의 경우, 변장으로 말미암아 비로소 기지와 여성다운 양면을 드러내보였다고 하겠다.

<뜻대로 하세요>라는 작품 가운데 가장 재미있고 가장 의미 깊은 부분은 광대 터치스톤(Touchstone)과 우울증에 빠져 있는 제이키즈(Jaques)의 관계이다. 보기에 따라서는 제이키즈도 또 하나의 광대로 볼 수 있을 것이다. 이들 둘은 서로 공통된

점도 있지만, 서로 이질적인 점도 지녀, 더욱 주목을 끌만하다. 광대는 플롯의 진행상
으로는 단순히 방관자에 지나지 않지만 작품의 색조나 분위기를 만들어 나가는데
없어서는 안될 인물이다. <한여름 밤의 꿈>에 나오는 보틈에 비해, 지적으로 세련되
어 있고 건전한 상식적인 풍자를 쏟아내고 있다. 제이키즈는 어딘지 모르게 침울하
고 사색을 즐기는 명상가이며, 냉소자요, 관조자이기도 하다. 세익스피어는 터치스
톤과 제이키즈의 입을 통해, 궁궐생활, 숲의 생활, 사랑, 자연 등을 자유롭게 관찰
하고 비판하고 풍자하고 야유했던 것이다.

■ <뜻대로 하세요>의 초연

<뜻대로 하세요>를 공연함에 있어서는 아든 숲의 상징적 의미를 잘 살려내어야
하고, 극의 주도적 역할을 하는 로잘린드와 작품의 분위기 조성에 필수적인 인물인
터치스톤에 비중을 둠으로서 기지 넘친 대사의 묘미와 희극적 재미를 최대한으로
무대 위에 연출하여야 한다.

우리나라에서 공연된 <뜻대로 하세요>는 거의가 한국적 정서가 담긴 대사와 연기
를 통해 원작의 희극성을 극대화하는데 초점을 맞춘 것이며, 극단 민중과 가교의
공연이 대표적인 것이다. 로잘린드 역에는 심만희, 김보연, 김성녀 그리고 터치스톤
역에는 박근형 등과 같은 인기배우들이 열연했다.

셰익스피어의 작품들이 우리나라에서 공연되는 과정에서 <햄릿>, <오셀로>, <맥
베드>등 비극작품에 치중된 감이 없지 않다. 그러던 중에 1959년 셰익스피어 출생
395주년을 맞이하여 서울 중앙방송국 제2방송에서 4월 26일 <셰익스피어의 밤>을
마련하였고, 이때 현대극회에서 <뜻대로 하세요>(As You Like it)를 유병일이 약
30분 정도의 분량으로 <마음에 드시는 대로>라는 제목으로 각색한 것을 이보라 연출
로 선보인 바 있다.[942]

우리나라에서 첫 선을 보인 <뜻대로 하세요>는 '셰익스피어 축전'이 열렸던 1964
년에 창단된 이래 주로 희극을 공연해 왔던 민중극단이 우리나라에서 주로 비극작가
로 알려져 있던 셰익스피어에 대한 인식을 전환시키고자 희극 <뜻대로 하세요>를
공연하게 된 것이다. 연출을 맡은 양광남도 '작품의 무게보다 희극의 재미나 대사의
묘미에 중점을 두고 '다이나믹'한 '터치'로 시종일관하겠다.'[943]고 연출 의도를 밝혔
다 우리나라에서 초연무대였던 <뜻대로 하세요>의 이 공연에서 김석강(홀랜도), 심
만희(로잘린드), 박근형(터치스톤) 등이 주요배역을 맡았고, 5월 4일부터 8일까지
국립극장에서 공연되었다. 이후 11, 12일 양일간 청주 중앙극장에서 지방공연을

갖기도 했다.[944)]

　그러나 1964년 5월 9일자 서울신문에서는 '목가적이다 못해 인물까지도 목가적 전형이 되다시피 한 이 작품의 분위기를 달성하려고 애쓴 흔적이 없지 않다. 그러나 그것은 연기진의 수준 이하 때문에 산산이 꺼져버리고 만다. 좋게 말해서 소박하기만 한 무대이다. 지나치게 소박하기에 거기엔 세련됨이 없다.'고 꼬집으면서, 특히 대사가 중요한 셰익스피어 희곡에서 배우들의 대사전달 능력이 미흡했다고 평하였다.[945)]

　1974년에는 연합대학극회가 창립공연으로 전국국어운동학생연합회의 국어순화운동기금을 마련하기 위한 공연으로 셰익스피어 작 나영균 역의 <당신 좋으실대로>를 이봉원 연출로 2월 23일부터 25일까지 예술극장에서 공연하였다.

■ 극단 가교의 공연

　이 초연 이후 좀처럼 이 작품의 공연을 접할 기회가 없다가 1980년에 이르러 가교가 <좋으실대로>(이근삼 역, 마가렛 모어 연출)를 공연하였다. 1980년 12월 10일부터 14일까지 세종문화회관 별관에서 공연된 이 희극 연출은 1977년 봄 <말괄량이 길들이기> 공연에서 정통 셰익스피어극을 연출하였던 마가렛 모어가 맡았다. 그녀는 이 공연에서 생생하게 살아있는 인물들을 그려내고 싶고, 가능한 한 엘리자베스조의 의상, 예절, 습관의 진면목도 보여주겠다는 의욕을 보여주었다. 이에 덧붙여 당시 우리나라에서의 셰익스피어극의 번역의 문제를 지적하면서, 그로 인해 극의 재미를 반감시키고 있다고 아쉬움을 나타내었다. 그리고 이 공연은 김보연, 임정하 등 호화배역으로 주목을 끌기도 하였다.[946)]

　극단 가교의 <좋으실대로> 의 공연은 1980년에 이어 1981년에도 문예대극장에서 재공연 되었는데 이때에도 마가렛 모어가 연출을 맡았으며, 1980년 공연에서 엘리자베스조의 전통 연극을 선보이고자 했던 그녀가 이번에는 원작에 충실하면서도 언어표현이나 몸짓은 한국적인 감각을 살리려고 노력했다. 따라서 이 공연에서는 그동안 민속극과 창극을 통해 우리음색을 잘 표해낸 김성녀를 여주인공으로 발탁함으로써 이 공연에 대한 그녀의 연출의도를 강하게 보여주었다.

■ 서경대학교 공연예술학부 <뜻대로 하세요>
2013·11.28.~12.1., 뚝섬 전망문화콤플렉스 자벌레전시관

　서경대학교 공연예술학부는 학기별로 4개씩 1년에 총 8개의 연극을 하는데 2013

년 11월 28일부터 12월 1일까지 셰익스피어의 <뜻대로 하세요>를 뚝섬 전망문화콤플렉스 자벌레전시관에서 공연하였다. 이 공연에서 서경대학교 무대패션과 학생 18명이 참여하여 무대의상을 담당하였다. 아마추어인 이들이 셰익스피어 시대의 멋진 의상과 공연을 보여 준 것에 대하여 셰익스피어를 이들보다 먼저 공부를 시작한 필자로서는 너무나 뿌듯하게 생각하며 이제 86세를 바라보는 필자의 셰익스피어에 대한 연구를 마음놓고 이들에게 맡기고 이제 은퇴해도 될 듯 싶다.

■ 왜 공연 횟수가 적은가?

<뜻대로 하세요>가 우리나라에서 공연된 내용을 살펴보니, 이 작품은 셰익스피어의 다른 작품들에 비하여 공연된 횟수가 적은 것으로 나타났다. 그 원인을 생각해 보건데, 셰익스피어의 현실비판의식을 담고 있기도 한 목가적 희극인 이 작품을 성공적으로 공연하는 데는 이상적 세계를 상징하는 아든 숲과 현실을 효과적으로 표현해낼 수 있는 무대 규모와 무거운 면과 희극적인 면을 동시에 효과적으로 표현해 낼 수 있는 연기력이 탄탄한 배우들의 확보가 필수적인데 저자인 본인이 지금도 항상 아쉬워하는 셰익스피어 연극극단이나 전공배우들이 거의 없다는 현실의 반영이라고 생각된다. 그리고 모어가 지적한 대로 셰익스피어극의 연극적 표현에 알맞은 번역의 문제도 고려되어야 할 것이다. 오늘날 보다 여러 가지 면에서 더욱 열악했던 과거 우리나라의 문학적, 연극적 상황을 고려해 볼 때, 이 공연의 실현이 그리 용이했던 것이 아닐 것이다. 이 극의 여주인공 로잘린드는 지혜롭기도 하거니와, 동시에 극중 남성들을 척척 요리하면서도, 극의 질서를 잡는데 주도적 역할을 하고 있다. 그녀가 보여주는 독립적이고 강한 여성의 모습이 과거 우리나라의 관객들에게 거부감 없이 순순히 받아들여졌으리라고는 생각하기 어려웠으리라고 짐작된다.

⑨ 〈실수연발〉(The Comedy of Errors)

<실수연발>은 쌍둥이와 쌍둥이가 연출하는 희극이다. 셰익스피어의 작품 중에서 가장 짧은 1777행 밖에 안되는 희극으로, 20대 후반의 신진작가로서 셰익스피어의 희극으로서는 최초의 작품이지만, 지극히 대사가 간결하며 활력까지 넘치며, 여기저기서 재치 있는 풍자가 만발한다. 그리고 말의 흐름이 유연해서 이 작품을 읽거나 연극을 보아도 끊임없는 재미가 있다. 이 작품은 소극(笑劇)이고 소극(小劇)이라, 줄거리의 전개도 얽히고설켰다가도 극적인 절정으로 치다르면 뜻밖에 재빠른 반전을 이룸으로서 행복한 결말에 이르게 된다. 흥미로운 점은 상황을 웃음의 핵으로

삼는 희극이라는 사실이다. 그러니까 성격희극도 아니고 언어의 희극도 아니며, 상황 자체에서 산출되는 희극이다.

■ 대학극의 초연과 공연

1965년 중앙대학교 연극영화과에서 제4회 워크숍으로 국립극장에서 이승규 연출로 <말괄량이 길들이기>와 <실수연발>을 공연하였는데, 이 <실수연발>은 우리나라에서 처음으로 무대화된 초연이다.

1975년 서강대학교 연극반이 유재철 연출로 <실수연발>을 공연하였다. 실수연발은 셰익스피어의 초기작품이라 재미는 있어도 기법상의 미숙으로 말미암아 서정성이 조금 부족하였다. 또 주요 극중 인물들의 개성미가 선명하게 부각되지 않아 향기높은 문학적 격조와 가치가 뒤떨어진다. 한 쌍도 아닌 두 쌍둥이를 등장시켜 희극적리듬을 유발시킬 수 있는 착오와 논리를 전개시켜나간다는 것은 연출가에게 상당한부담을 줄 수 있는 것이다.

■ 극단 가교 (역 이근삼, 각색 김상렬, 연출 이승규) <실수연발>
　　1971.5.6.~5.9., 국립극장
이 작품에 대한 설명은 제3장 3. 극단들의 발전 1) 직업극단 편을 참조하기 바란다.

■ 현대극장 (역 이근삼, 연출 김상렬) <실수연발>
　　1. 1979.5.24.~5.28., 세종문화회관 별관
　　2. 1979.9.8.~9.9., 대구시민회관
　　3. 1979.9.11.~9.13., 부산시민회관
이 작품에 대한 설명은 제3장 3. 극단들의 발전 1) 직업극단 편을 참조하기 바란다.

■ 극단 신시 (번안/연출 김상렬) <실수연발>
　　1990.7.17.~7.31., 구룡소극장
1990년에는 극단 신시가 연극보기 운동을 위해 마련한 <여름 희극제>의 세 번째작품으로 삼국시대를 배경으로 한 <실수연발>(번안·연출 김상렬)[947]을 공연하였다.

극단 신시는 우리나라 뮤지컬계의 독보적 존재로 연극 연출가겸 극작가 고 김상렬씨가 1987년 창단하였다. 1998년 별세한 그는 독실한 불교신자로 극단 신시를 강남구룡사에 마련, 불교계의 문화 수준 향상에도 기여했으며, 극단 신시는 1999년에는

신시뮤지컬로, 2009년에는 신시컴퍼니로 극단명을 바꾸었다.

■ 극단 처용 (연출 이상원) <실수연발>
1. 1991.10.4.~1991.10.11., 대구 동아문화센터 비둘기홀
2. 2003·12.9.~12.10., 대덕문화전당 대극장

1983년에 대구에서 창단된 극단 처용은 이상원 연출로 <실수연발>을 1991년 10월 4일부터 11일까지 대구 동아문화센터 비둘기홀에서 공연하였고, 2003년 12월 9일과 10일은 대덕문화전당 대극장에서 창단 20주년 기념공연을 가졌다.

■ 인천시립극단 (역 이근삼, 번안/연출 이승규) <실수연발>
1. 1994.12.1.~12.22., 인천종합문화예술회관
2. 1997.11.28.~12.25., 연강홀

1994년 인천종합문화예술회관 소공연장에서 인천시립극단이 <실수연발>(이근삼 역, 이승규 번안·연출)을 공연하였으며, 이는 당시 인천에서 최장기 최다관객동원을 기록한 성공적인 작품으로 인정받았다.

1997년 또다시 인천시립극단이 무대화한 <실수연발>(이근삼 역, 이승규 번안·연출) 공연은 세미 뮤지컬이었으며, 일반적으로는 셰익스피어의 한국화가 번안의 의도였으나, 부제를 <셰익스피어 인천에 오다>라고 하였듯이 "외국 희곡의 인천화를 목표"[948]로 원작을 재작하여 백제 때의 인천을 무대로 번안한 이색적인 공연이었다. 이러한 지방 연극인의 노력은 자신들이 활동하고 있는 지방에서의 자리 찾기의 의지라고 할 수 있다. 동극단의 상임 연출가 이승규는 셰익스피어의 <실수연발>을 남북분단시대의 이산가족이라는 한국적 테마로 재창조했다. 그는 원작의 기본 구성은 어느 정도 유지하면서, 고구려, 신라, 백제의 삼국시대의 상황에 비추어 오늘날 우리나라의 남북분단 상황에서 이산가족의 아픔과 재회의 기쁨을 원작의 상황에 맞추어, 13곡의 노래, 사물장단, 고유 의상 등으로 우리의 정서에 부합되는 희극으로 꾸몄다. 또 그는 이 공연의 메시지인 '가족의 소중함'을 우리나라의 전통적인 가치관으로 규정했다.

세상은 그 뒤로 더 우울해졌고 우리는 햇빛같은 웃음이 더 필요하게 되었습니다. 또 메세지가 없다는 이 작품을 통해 소중한 메시지를 새로 발견하였습니다. 우리의 전통 가치관인 '가족의 소중함'입니다.[949]

제5막으로 구성된 이 극의 내용은, 몇십년전 뿔뿔이 헤어진 가족을 찾아 적국 백제에 무단 입국한 고구려 상인 한지은이 체포되어 간첩혐의로 사형언도를 받는 장면에서 시작하게 된다. 여러해 전 배를 타고 여행하다가 난파되어 여러 나라로 헤어져 살던 한지은의 식구들은 우연히 마추홀에 모여들게 되고, 아들 쌍둥이와 하인 쌍둥이 그리고 주변 인물들이 이들을 혼동하면서 갖가지 실수가 생긴다. 아내가 시동생을 남편으로 오인하고, 하인들은 자기 주인이 시킨 심부름의 결과를 다른 주인에게 보고하여 영문을 모르는 주인으로 하여금 화를 치솟게 한다. 심지어 아내는 남편이 돌았다고 생각하여 법사를 모셔다가 치료를 시도하기도 한다. 결국 아버지인 한지은이 사형장으로 끌려가던 도중 지지승이 된 아내와 아들, 그리고 자신의 하인들을 알아봄으로서 극까지 다다른 대혼란이 정돈되고 이산가족이 되었던 한 가족이 한데 모여 재회의 기쁨으로 눈물을 흘리면서 막이 내린다.[950]

<실수연발>은 1997년 6월 인천종합문예회관에서 공연된 이후 같은 해 12월에 서울 연강홀 우수연극 초청 시리즈로 인천시립극단과 연강홀의 공동 작업으로 우리의 신명나는 사물놀이 장단과 고유 의상으로 한국적 정서를 더욱 자극하고, 무대배경과 의상은 삼국시대지만 극의 템포, 연기, 말투는 현대화하였으며, 록 스타일의 노래도 10여곡 새로 만들어서 배우들이 직접 노래 부르게 하는 세련된 무대를 꾸몄다.

신명나는 사물장단과 고유의상이 '토종 맛'을 더한다. 무대 배경과 의상은 먼 과거이지만 극의 템포 연기 말투는 현대화했다. 젊음 넘치는 록스타일 노래도 10여곡 새로 만들어 배우들이 직접 부른다.[951]

■ 극발전연구회 (연출 조한신) <실수연발>
1999.8.9..~8.22.., 여해문화공간

극발전연구회는 '99 셰익스피어 연극 상설무대'에 참가하여 <실수연발>을 공연하였다. 극발전연구회는 그동안 브레히트의 <동의하는 사람들/동의하지 않는 사람들>, <예의와 관습>, 하워드 브렌톤의 <복수>를 한국 초연작으로, 해롤드 핀터의 <덤 웨이터>, 이오네스코의 <수업> 그리고 창작극, <악몽의 기원>을 공연하였다.

[연출의도]
<실수연발>은 셰익스피어의 초기희극으로서, 소극(笑劇)적인 구성과 그에 걸맞는 활력이 넘치는 작품이다. 작품은 서로 전쟁상태에 있는 두 도시의 상황과 그 가족이 뿔뿔이 흩어진 한 가정의 비극에서부터 시작된다. 또한 그 가정의 가족을 다시 재결합

시키려고 하다가, 두 도시의 불화로 인하여 사형선고를 받게 된다. 과연 운명은 왜 이 가족에게 이런 불행을 선사한 것일까? 그리고 왜 사회의 규율이 개인을 더욱 불행하게 만드는 것일까? 셰익스피어는 이 시점에서 마술을 시작한다.

장난꾸러기 운명은 희극을 만들어낼 결심을 하고, 약간의 오해를 불러일으킨다. 그리고 끝까지 타이밍을 조금씩 어긋나게 하나가 어는 한순간 모든 오해가 풀리게 하는 순간을 펼쳐보인다. 그 순간 모든 궁금증은 그 해답을 찾게 되고, 파괴되었던 가족이 재결합하고, 탈구되었던 모든 관객들이 정상을 되찾게 된다. 사회의 규칙은 예외를 만들어내고, 과거의 불행이 모두 잊혀지게 된다. 운명은 더 큰 행복을 주기 위하여 약간의 불행을 우리가 경험하게 하는 것일까? 사회의 규율은 개인의 행복을 위해서는 그 규칙을 어길 수 있다는 것일까 이것이 셰익스피어가 우리에게 말하려는 것일까? 이 모든 의문을 가지고, 극장 안에서 같이 생각하고 미소지어보자.

■ 서울 셰익스피어 앙상블 <실수연발>
　2002.4.25.~5.16., 대학로 소극장 알과핵

'한국 셰익스피어 전작(全作) 공연 추진위원회'(위원장 김의경)는 셰익스피어의 희곡 37편을 2002년부터 3년 동안에 걸쳐 연대순으로 공연키로 했다. 이를 위해 추진위는 '서울 셰익스피어 앙상블' 극단을 2001년에 창단하였다.

1591년 <헨리 6세>가 영국에서 초연된 이래 셰익스피어 전작이 국내에서 공연되는 것은 이번이 처음이다. 세계적으로도 일본의 오다지마 유지가 지난 60~70년대에 혼자 번역·연출한데 이어 두번째. 셰익스피어의 고향인 영국에서도 BBC가 스튜디오용으로 제작한 'BBC 셰익스피어'라는 비디오가 있을 뿐이며 미국에서는 셰익스피어 축제가 빈번하게 열리고 있지만 단일 기획으로 전작 공연이 시도된 적은 없었다.

<실수연발>이 이 행사의 첫 작품으로 4월25일 서울 대학로 소극장 알과핵에서 공연되었다. 1594년에 쓰여진 이 희곡을 3주 동안 공연한 뒤 <말괄량이 길들이기>가 서울 광화문 정원 소극장에서 공연되었다. 또한 <헨리 6세> 3부작과 <베로나의 두 신사>에 이어 하반기에는 <타이터스 앤드러니커스>, <사랑의 헛수고> 등 거의 공연되지 않은 작품과 <로미오와 줄리엣>, <베니스의 상인> 등이 공연되었다.

⑩ <말은 말로 되는 되로> (Measure for Measure)

■ 문제작이라는 작품성

<말은 말로 되는 되로>를 문제 희곡 또 문제극이라고 부른다. 틸야드(Tillyard)는

"대체로 플롯 전반부와 후반부에 일관성이 없어 보이는 듯한 인상과 극의 주제와 등장인물에 대한 엇갈린 평가 때문에 극단의 공연의욕을 떨어뜨림으로서 이류작으로 받아들여질 수도 있지만, 셰익스피어의 다른 명작들에서 느낄 수 있는 시적 서정미가 넘쳐흐르기 때문에 셰익스피어 작품에 매료를 느끼는 독자들이라면 결코 외면할 수 없는 작품"이라고 하였으니, 문제작이지만 시적 서정미가 흐른다고 평한 것이다.

이 극은 5막 17장으로 구성되어 있으며, 그 줄거리는 두 가지 에피소드가 주요한 뼈대를 이루며, 작품의 의도를 드러내고 있다. 하나는 공작의 부재 중 행정대행을 맡은 앤젤로(Angelo)가 이사벨라(Isabella)의 미모와 순결에 뇌쇄되어, 그의 엄격한 도덕률이 허물어진 나머지 그녀 오빠의 목숨과 이사벨라의 정조와 맞바꾸자고 하는 이야기이고, 또 하나는 열병으로 죽은 죄수의 머리를 이사벨라 오빠의 머리라고 속여 공작이 앤젤로에게 보내는 이야기이다.

이 작품에서 가장 비중이 큰 주인공은 이사벨라이며, 그녀는 정열과 지성뿐만 아니라, 정의감 그리고 순수한 종교적 성실성을 지니고 있는 진실한 여성이지만, 절대적 순결에 너무 집착한 나머지, 혈육인 오빠에게 빨리 죽는 것이 상책이라고 말할 수 있을 정도로 냉철한 면도 있다. 순결한 종교적 삶을 살기 위해 수녀원에 간 그녀를 세상사에 휘말리게 한 셰익스피어의 의도는 아마도 수녀원에 파묻혀 은둔하는 수도보다는 탁한 현실 속에 섞여 그 소용돌이 속에서 정의로운 삶을 추구하는 것이 보다 참다운 종교적 도리라고 여기는 적극론을 펴고 살았기 때문이리라.

이 작품의 주제를 법정신에 대한 자비심, 본성에 대한 은총, 죽음에 대한 구원이라고 하면, 공작이야말로 이들 중심 사상의 핵심에 해당하는 자비, 은총, 그리고 구원과 긴밀하게 상관되는 인물이라고 할 수 있다. 이런 점에서 공작은 앤젤로보다 더 우리에게 극적 실재감을 강도 있게 안겨준다고 하여도 무방할 것이다. 한마디로 그는 사건을 진전시키는 동력일 뿐만 아니라 이사벨라와 마리아나를 구제하기 위한 침실의 술수와 함께 이 극을 밀도 있게 희극화하는 기능적 역할까지도 하고 있다.

공작과 대결상태에 있는 앤젤로가 공작보다는 주역의 역할을 한다고 보일 수 있으나, 실은 그렇지 않으며, 셰익스피어가 앤젤로를 두 얼굴을 가진 인물로 묘사하고 있을 뿐이다. 하나는 위선자로서의 얼굴이고 또 하나는 비엔나의 부패상을 진심으로 증오하는 이상주의자, 즉 야누스적인 얼굴이다. 도덕률에 유달리 엄격한 그가 이사벨라의 뛰어난 아름다움과 순결미로 인해서 저지르는 순간적인 과오는 일말의 동정의 여지가 있을 수 있다.

인간 본성 속에 내재한 도덕적 결함의 일례를 <말은 말로 되는 되로>를 통해서 보여준 셰익스피어는 그 해결책을 제시함으로서 이 작품에 빛을 보태주고 있다. 즉 '공정(公正)의 화신(化身)'이라고 하는 앤젤로의 탈선과 인간의 나약함을 상징하는 클로디오(그는 이 극에서 가장 무구(無垢)하고 악의 없는 인물이다)의 허점투성이의 모습, 신에게 버림받았다고 밖에 볼 수 없는 삶에 대한 영적인 각성이 전혀 없는 마르나르디네, 그리고 누구보다 더 비난 받아야 할 성문란의 조장자인 포주의 하인 폼피조차도 인간적인 이해로서 너그러이 용서하고 속죄와 재생의 길로 인도하여 마지막에서 루치오를 제외한 모든 인물들에게 용서를 베푸는 공작의 품성이 셰익스피어 자신의 의도였다고 보는 클리포드 리치의 견해, "죄는 처벌하되 사람은 처벌하지 마라"가 가장 설득력을 지닌다.

■ 국립극단 (역/연출 김창화) <법에는 법으로>
1992.11.12.~11.25., 국립극장 소극장

셰익스피어가 소개된 이래로 여러 작품이 무대화되어 우리에게도 친숙해지고 있다. 그러나 <말은 말로 되는 되로>는 다른 작품들에 비하여 접할 기회가 거의 없었다. 1992년에 와서야 국립극단이 <법에는 법으로>(김창화 역·연출)라는 제목으로 처음으로 국립극장 소극장에서 11월 12일부터 25일까지 공연하였다. 국립극단은 1986년부터 기획해온 '세계명작무대'의 일환으로 "일반극단이 제작하기 힘든 세계명작을 수준 높은 제작진과 국립극단의 앙상블 연기로 선사한다는 기획의도"를 가지고 이 무대를 마련하였다.

이 작품은 그 무렵 가장 중요한 신학적, 사회적 이슈이기도 했던 정의와 자비의 대립이 큰 축을 이루고 있어서 "연출을 맡은 김창화는 도덕과 정치에 관한 연극적 담화를 원작에 충실하게 표출하는 정석적인 무대를 만들었다고 본다"고 신현숙은 평하였다. 따라서 무대구성도 사실주의의 기법에 충실하면서도 간혹 절제된 무대를 삽입해 관객에게 시각적 재미를 선사하고 상상력도 자극시켰다.

정국환이 공작을, 권복순이 이사벨라, 주진모가 앤젤로 등 주요배역을 맡았으며, "전체적으로 원작에 충실하고 탄탄한 구성으로 즐거움을 선사한 공연이었다"고 평한 신현숙은 이 극이 대사가 많으면서도 대사의 중요성이 강조되는 극인데, 단지 많은 양의 대사를 해야 하는 앤젤로 역의 미흡한 대사전달이 아쉬웠다고 지적했다.

■ 재미있는 기사 하나 (연합뉴스 2005.9.14.)

영국 문호 윌리엄 셰익스피어의 희비극 <말은 말로 되는 되로>(Measure for Measure)는 당시 런던을 시끄럽게 했던 한 강간 사건에서 힌트를 얻어 창작한 것이라는 학설이 제기됐다.

14일자 인디펜던트지 보도에 따르면 유니버스티 칼리지 치체스터의 던칸 솔켈드 교수는 '영어연구 리뷰' 최신호에서 당시 재판기록을 조사한 결과, 셰익스피어가 한 강간사건을 기초로 <말은 말로 되는 되로>를 구상한 것이 분명하다고 주장했다.

모델이 된 인물은 셰익스피어와 같은 극단에 속해 있던 크리스토퍼 비스턴으로 그는 1602년 세례 요한의 축일인 6월 24일 한 미망인을 강간해 임신을 시킨 혐의로 재판을 받았다. 솔켈드 교수는 비스턴이 당시 유명한 흥행주였고 100명의 창부와 놀아난 것을 자랑삼아 소문을 내고 다닌 점 등을 9년간의 문서조사에서 확인했다고 밝히고 작품 묘사와 당시 상황을 종합해 보면 "셰익스피어가 이 사건을 몰랐을 리 없다"고 단정했다.

솔켈드 교수는 "셰익스피어가 재판과정도 지켜보았을 것"으로 추정하고 "작가는 사건 발생 2년 후에 작품으로 내놓았다"고 말했다. 두 사람이 절친한 사이였는지는 알 수 없으나 같은 극단에 속해있었으며 사건이 불거진 이후 비스턴이 경쟁관계에 있는 극단으로 옮겨간 것은 쫓겨난 후 할 수 없이 직장을 옮긴 것이라고 솔켈드 교수는 설명했다.

■ 2007.11.11. 연합뉴스 김진형 런던 특파원

연합뉴스 김진형 런던 특파원은 "셰익스피어(1564~1616)의 작품 중 <맥베스(Macbeth)>와 <말은 말로 되는 되로(MeasureforMeasure)>는 셰익스피어와 다른 극작가의 공동 작품이라는 주장이 제기됐다."고 보도하였는데 참고할만하여 전재한다.

이 두 작품은 셰익스피어와 같은 시대를 산 영국의 극작가 토머스 미들턴(1580~1627) 경이 셰익스피어 원작을 고쳐서 다시 쓴 작품이라는 새로운 학설이 나왔다고 더 타임스 신문이 10일 보도했다.

학자들은 오랫동안 두 작품이 셰익스피어의 문학적 특징을 나타내지 않은 구절들을 포함하고 있다고 의심해왔다. 셰익스피어 사후 작품을 편집하는 과정에서 미들턴이 작품에 손을 대서 고쳐 썼다는 의혹이 있었고, <맥베스>의 간결한 스타일은 셰익스피어가 아닌 미들턴의 특징으로 간주됐다.

학자들이 새로 컴퓨터를 통해 셰익스피어와 미들턴의 작품 속 구절들을 비교 분석한 결과 <맥베스>와 <말은 말로 되는 되로>의 수 백 행이 미들턴의 솜씨인 것으로 드러났다. 컴퓨터 분석 결과 두 작품 중 10%는 미들턴이 쓴 것으로 추정됐다.

구체적 증거로서 이 작품들에서 셰익스피어는 사용하지 않았지만, 미들턴은 다른 작품들에서 애용한 "나는 당신을 믿습니다"와 같은 구절이 등장하는 것으로 나타났다. 또 셰익스피어가 〈맥베스〉를 집필한 해는 1606년이지만, 작품 속 내용 중에는 10년 뒤 1616년 토마스 오버버리 살인사건에 대한 언급이 들어 있다.

옥스퍼드대학출판사(OUP)는 이 두 작품에 대한 미들턴의 기여가 광범위하다는 점을 인정해 이달 22일 발간 예정인 '토머스 미들턴: 작품집과 편람'에 〈맥베스〉와 〈말은 말로 되는 되로〉 두 작품을 아예 포함시켰다. 이 책의 발간에는 12개국 75명의 학자가 참여했다.

이 책의 공동 편집장인 게리 테일러는 두 편의 셰익스피어 작품이 유력한 증거도 없이 미들턴 작품집에 포함되지는 않았을 것이라며 "새로운 컴퓨터 분석 작업을 통해 미들턴의 개입에 대해 좀더 큰 확신을 갖게 됐고, 어느 부분이 미들턴에 속하는지 정확히 집어낼 수 있다"고 말했다.

〈복수자의 비극〉, 〈교환〉 등 작품을 남긴 극작가 미들턴은 셰익스피어처럼 사랑하는 남녀, 권력, 돈, 신에 대한 작품을 썼으며, 당대에는 극장에 관객을 불러모으며 인기를 끌었다. 그러나 셰익스피어는 사후 셰익스피어 컴퍼니를 통해 조직적으로 작품집이 발간돼 집중 조명을 받은 데 비해 미들턴은 작품이 제대로 발간되지 못했고, 셰익스피어의 명성에 가려 빛을 보지 못했다고 테일러는 말했다.

■ 셰익스피어의 이해들(연출 안병대 한양대교수) 〈자에는 자로〉

　2011.9.16.~9.17. 국립극장 KB 청소년 하늘극장

국립극장이 주최하는 '제5회 세계국립극장페스티벌'이 8월 31일부터 10월 30일까지 60여 일 동안 진행되었다. '세계국립극장페스티벌'은 2007년부터 매년 9월~10월 개최되어 지금까지 해외에서 참가한 공연만 해도 29개국 37개 공연들이 국립극장 무대에 올랐다. 교수극단 셰익스피어의 이해들은 이 행사에 참여하여 〈말은 말로 되는 되로〉를 원어로 9월 16일과 17일 국립극장 KB 청소년 하늘극장에서 공연하였다.

◆ 연극평론가 박정기

셰익스피어의 희극은 〈끝이 좋으면 다 좋아〉, 〈뜻대로 하세요.〉, 〈실수연발〉, 〈사랑의 헛수고〉, 〈말은 말로 되는 되로〉, 〈베니스의 상인〉, 〈윈저의 즐거운 아낙네들〉, 〈한여름 밤의 꿈〉, 〈헛소동〉, 〈페리클리스〉, 〈말괄량이 길들이기〉, 〈템페스트〉, 〈십이야〉, 〈베로나의 두 신사〉, 〈두 귀족 친척〉, 〈겨울 이야기〉 등 열여섯 작품으로 분류된다. 그중에서 〈말은 말로 되는 되로〉는 셰익스피어가 새롭게 구축한 비희극(tragicomedy)으로 구분되기도 한다. 창작 연대는 정확하지 않으나 1604년 무렵으로 추정되며, 1604년 12월 영국의 런던 화이트홀 대 연회실에서 초연되었다. 〈말은 말로 되는 되로(Measure for Measure)〉라는 제목은 기독경전(The Bible)에

서 따온 것이며, 이척보척(以尺報尺)이라고 번역되기도 했다.

이 작품의 배경인 비엔나는 셰익스피어 생존 당시 부패하고 문란한 도시로 표현된다. 통치자가 14년 동안이나 국법을 소홀하게 집행함으로써 사회기강이 해이해지고, 성도덕의 문란 등 퇴폐적인 행태가 사회 전반에 팽배한다. 사생아의 수가 점차 늘어가고, 사창굴은 도심지까지 파고들어 성업 중이고, 성병이 창궐하여 심지어 가정집 부인에 이르기까지 성병수난을 겪는 형편이다. 그렇다면 이러한 사실을 심각하게 받아들이고 고민해야 할 지도층, 다시 말해서 권력을 소지한 고위층, 귀족계급과 법조인들이 과연 〈말은 말로 되는 되로〉 대듯 칼날처럼 냉철하고 올바르게 대처하고 있는가가 이 연극의 주제이자 내용으로 되어있다.

줄거리는 평민청년 클로디오가 혼전 성 접촉을 했다는 이유로 갑자기 구속되어 사형 당할 위기에 처하자 그의 누이 이자벨라는 오빠를 석방시키기 위해 공작 대행 안젤로에게 탄원한다. 자리를 비운 공작을 대신해 엄격한 법과 질서를 표방하고 나선 집권자 안젤로는 클로디오를 구하는 대가로 아름다운 여인 이자벨라에게 은밀하게 정조를 요구하여 목적을 달성하지만, 정욕을 채우자 약속을 저버려 결국 클로디오는 처형당한다. 수도승으로 변장하여 암행하던 공작은 암행을 하며 이러한 정황과 사실을 포착하고, 수습에 나서 사건을 해결하고, 자신도 미모와 관능적 매력에 끌려 이자벨라에게 청혼한다.

이 작품에는 정의와 자비, 도덕적 문란과 법의 남용, 자기중심적 교만(위선)과 도덕성(순결) 등 대립되는 등 당시 상황이 현재 우리나라의 현 세태를 반영하는 듯한 느낌이 들었고, 셰익스피어의 편의적인 결말과 모호한 처리가 우리나라의 현실을 반영하는 것 같아 필자로서는 흥미만점의 관극이 되었다.

■ 극단 관악극회 (역 신정옥, 번안/연출 임진택)
　　<법대로 합시다>(Measure for Measure 2016 Corea)
　　2016.11.2.~11.13., 이화여고 100주년기념관

극단 관악극회는 서울대학교 개교 70주년 기념연극으로 셰익스피어(William Shakespeare)의 400주기를 맞아 <법대로 합시다(Measure for Measure 2016 Corea)>라는 제목의 마당극으로 번안해, 임진택 연출로 이화여고 100주년 기념관에서 2016년 11월 2일부터 11월 13일까지 공연하였다. 이순재와 심양홍의 더불캐스팅이었다.

연극평론가 박정기 씨가 쑥스럽게도 필자에 대한 설명을 덧붙인 관람평을 하였기에 소개하고자 한다.

번역을 한 신정옥(1932~)교수는 함경남도 정평 출신으로 명지대 영문학과 교수를

역임하고 현재 명지대 명예교수로 있다. 그는 경북대를 거쳐 이화여대 대학원을 졸업한 뒤 한국외국어대학교 대학원에서 문학박사학위를 받았다. 신정옥 교수는 수많은 번역작품을 남기고 있는데 영미문학 작품, 그 가운데서도 영미희곡 작품을 끊임없이 우리말로 번역한 공로로 '실험극장 에쿠우스 장기공연 공로상' '한국일보 제16회 한국 연극 영화 텔레비전 예술 특별상' '한국연극협회 한국 연극 100호 기념 최다 집필상' '한국연극협회 한국 연극 100호 기념 최다 집필상' '한국연극협회 한국 연극 공로상' '명지대

학교 제1회 학술상' '한국예술연구원 동랑 유치진 연극상' '한국연극예술 본상'을 잇달아 수상했다. 또한, 그는 한국 셰익스피어학회 회장을 역임했다.

지은 책으로 〈베네치아의 기억〉〈한국에서의 서양연극〉〈한국신극과 서양연극〉〈셰익스피어 한국에 오다〉〈셰익스피어 비화〉, 〈무대의 전설-명배우 명연기〉 등이 있다. 옮긴 책으로는 〈셰익스피어 전집 40권 완역〉〈에쿠우스〉, 〈유리동물원〉, 〈느릅나무 밑의 욕망〉, 〈욕망이라는 이름의 전차〉 등이 있다.

한국초연은 2011년 교수극단 "셰익스피어의 아해들(Shakespeare's Kids)"의 원어연극 안병대 연출의 〈자에는 자로(以尺報尺, (Measure for Measure)〉가 장충동 국립극장에서 공연되었다. 2015년 11월에는 한국예술종합학교 연극원에서 박상현 연출로 공연되기도 했다.

〈법대로 합시다〉(Measure for Measure 2016 Corea)는 광대가 등장해 해설자 역할을 하며 연극을 이끌어 간다. 시대적 배경을 2016년의 꼬레아 공국으로 옮기고, 빈센티오 비엔나 공작을 빈선택 꼬레아 공국의 통령, 안젤로를 안절로 검찰출신 비상조치 사령관, 이사벨라를 노사빈, 루치오를 유길동, 클로디오를 노민오, 줄리엣을 주리애, 후로쓰를 게거품, 바리우스를 바바리, 오버던을 오발탄 등의 이름으로 바꿔 등장시키고, 빈센티오가 수도승 역할을 하는 대신 스님으로 등장시켜 비상조치 사령관의 행적을 암행 감찰한다.

연극은 도입에 시민들의 꼬레아 공국의 통령에 대한 시위에서 출발한다. 공국의 법질서와 함께 성적 문란은 물론 방종과 타락 그리고 성매매가 증가하는 조짐을 보이자, 빈선택 통령은 검찰총장 안절로를 비상조치 사령관으로 임명한다. 통령은 시민들의 동태를 살피러 스님 복장으로 거리로 나선다. 안절로 사령관은 비상조치를 선포하고, 혼전 임신사건이나, 성매매자들을 체포해 구금시킨다. 혼전임신을 한 주리애와 그 상대자인 노민오는 체포되어 법정에서 사형선고를 받는다. 노민오의 친구 유길동은

사형선고를 받는 노민오와 주리애를 구하려고 변호사로 나서고, 노미오의 여동생 노사빈을 찾아가 안절로 비상조치 사령관에게 탄원을 하도록 한다. 사령관 안절로는 노사빈의 아름다운 모습에 첫눈에 반해 노민오의 목숨의 대가로 노사빈의 몸을 요구한다. 암행을 하며 모든 것을 지켜보던 공국의 통령 빈선택은 안절로의 첫사랑의 여인 마리나와 오라비인 노민오를 구하려는 노사빈에게 계책을 세워준다. 노사빈 대신 마리나가 불을 끈 상태에서 안절로와 동침을 하고, 노사빈은 자신의 몸을 요구한 안절로를 성폭행범으로 고발한다. 물론 안절로의 변명과 기억이 나지 않는다며 시치미를 떼는 모습이 어느 정치인을 연상시키기도 한다. 그 사이 빈선택 통령에게 특별감찰관으로 임명된 유길동이 법정에 암행 감찰관으로 출도하고, 스님 복장과 모자를 벗고 모습을 드러낸 공국의 통령 빈선택의 결단과 배려로 대단원에서 노민오와 주리애, 유길동과 노사빈, 안절로와 마리나 세 쌍의 사랑의 상대가 결합되는 희극적 결말로 연극은 마무리가 된다.

⑪ 희극의 작품성과 공연

셰익스피어는 시인이고 희곡작가이다. 3편의 장시가 있고 39편의 희곡이 그의 작품이다. 희곡은 산문체의 문학이나 셰익스피어의 희곡에는 시가 있다. 그래서 시인이고 희곡작가이며, 그가 생존하였을 16세기 이래, 오늘날 21세기에도 세계적 문호이고, 세계 각국에서는 학술과 문화의 큰 몫을 차지하고 있다.

우리나라도 예외는 아니어서 셰익스피어가 수용되기 시작한 이래 많은 작품이 공연되고 우리의 문화적 욕구를 충만 시켜주고 있다. 그러나 작품마다 공연 횟수는 같지 않다. 어떤 작품은 많이 공연되고, 어떤 작품은 그렇지 못하며, 공연하지 않은 작품도 있다. 공연 횟수로 작품의 비중이나 문학적, 연극적 예술성을 가름할 수는 없다. 초기 작품과 사회적으로나 작가로서의 경험이 풍부해진 후기 작품에서 창작의 기교상의 차이는 있을 수 있으나 작품성이나 그 비중을 자리매김할 수는 없을 것이다. 작품마다 특성이 있으니 공연의 여건, 작품이 가진 난해성과 복잡함 등의 문제가 우리 관객의 정서에 맞느냐 하는 것도 주요한 변수가 될 수 있다. 시대적 상황에 따라서 공연이 좌우될 수 있다. 공연은 하나의 흥행이다. 대학극이나 동호인극은 그렇지 않으나, 직업극단은 연극이 직업이고 흥행을 고려하지 않을 수 없으니 공연만 기준하여 작품성을 논의하기는 어려울 것이다.

이런 전제하에서 셰익스피어의 작품의 공연을 살펴볼 것이다. 공연 횟수로는 <햄릿>, <맥베스>, <오셀로> 등 비극이 압도적으로 많다. 그러나 우리나라에서 1964년 셰익스피어 탄생 400주년기념 축전때 셰익스피어의 주요작품들과 나란히 <줄리어스 시저>와 <앤토니와 클레오파트라>가 공연된 것을 보아도 알 수 있듯이 이들 역사극 두 작품도 역시 셰익스피어의 희곡을 대표하는 작품임에는 틀림이 없다. 그러나 <줄리어스 시저>의 경우 1970년대와 1980년대에는 우리의 정치체제와 사회적 상황으로 이 극이 공연되지 못하였고, <앤토니와 클레오파트라>는 연출과 연기의 난해함, 그리고 우리 극계의 재정적 열악함 때문에 공연을 기피하는 현상이 나타났으니, 셰익스피어작품 공연의 문제점을 예시한 것이다.

우리나라에서 셰익스피어의 희극 공연은 1929년 이화여자전문대학의 <베니스의 상인>을 시발점으로 시작되었으니, 이것이 셰익스피어 희극의 초연이다. 그 이후에 국내에 공연된 작품들은 <한여름 밤의 꿈>과 <베니스의 상인>이 30회 이상, <십이야>, <말괄량이 길들이기>, <태풍>, <실수연발>, <뜻대로 하세요>가 10회 이상, 그리고 <윈저의 즐거운 아낙네들>, <말은 말로 되는 되로>, <사랑의 헛수고> 등이며 아마도 지방에서나 대학에서나, 동호인회의 공연까지 종합하면 공연 작품과 횟수는 더 증가할 것이다.

셰익스피어의 작품 중 비극은 4대 비극 <햄릿>, <맥베스>, <오셀로>, <리어왕>과 <로미오와 줄리엣>이며, <리어왕>을 제외하면 비극들이 가장 많이 공연되고 있으나, 희극도 위에서 보듯이 작품수가 많으며, 관객들의 호응을 얻어서 많이 공연되고 있음을 알 수 있다. 그 중에도 꾸준히 공연되는 작품은 <한여름 밤의 꿈>, <십이야>, <말괄량이 길들이기> 그리고 <태풍> 등이며, <한여름 밤의 꿈>, <십이야>, <태풍>, <베니스의 상인>은 각색·번안되는 등의 단계를 거쳐 뮤지컬 등 다양한 형태로 변용되었다.

우리나라에서 셰익스피어 작품들은 비극작품의 공연이 주류를 이루었지만, 복잡다단한 현대의 현실세계에서 사람들의 웃음과 활력을 돋아주는 것은 오히려 희극이 아닌가 싶다. 앞으로의 공연은 셰익스피어의 희극이 두각을 나타내는 세월이 될 듯하다.

서론

1) 김우규, 「장끼전」, 「우리시대의 명작-한국고대소설」(서울: 시대문학, 1998), pp.305-318
2) 陳國鏞 述, 李榮雨 譯述, 「十九世紀歐洲文明進化論·二十年來生界劇變論一思想界의 革命」(京城 友文館, 1908), p.32
3) 金億, 「英吉利 文人 오스카 와일드」<近代思潮> 創刊號(1916.1.23.), p.5.
4) 백대진, 「二十世紀初頭歐洲諸大文學家를 追憶홈」 <新文界>4권 5호(1916.5.5.)
5) 金容稷, 「泰西文藝新報研究」, <國文學論集 1>(단국대국문학과, 1967), pp.61-63 참조
6) 에드몬드 오드란 작, 「마스코테」, <三光> 통권 제2-3호(1919.12.18.-1920.4.15.)
7) 원작자 未詳, 崔演澤 譯, 「腕環」, 每日申報 1921.5.12-24
8) Oscar Wilde 원작, 朴英熙 譯, 「사로메」<白潮> 통권 1-2호,(1922.1.9.-5.22.)
9) 오스카 와일드 작, 銀河 梁在明(夏菊) 譯, 「사로메」(전문서관, 1923.7.25.)
10) 오스타 와일드 작, 玄哲 譯, 「사로메」<衛生과 化粧>, 통권 제 2-?호(1926.11.17-).
11) K.P.K.가 1953년 11월 15일부터 Oscar Wilde 작 C.S.Y. 譯 「살로메」<同聲>(2호 1927.1.20.-?)을 尹芳一 脚色, 南實 演出로 시공관에서 악극으로 상연했다. 서울신문, 1953.11.15.
12) Arthur Caesar 작, 無涯 譯 '나폴레옹과 理髮師 東亞日報 1929.3.1.-3.8.(8회)
13) P. Wilde 작, 愚石 譯, 「메뉴큐어 걸」, 「過去」, 「解決」, 「開始로운 依賴人」, 「別乾坤」 통권 4권 6호(1929.9.27.).
14) 朴勝喜, 「土月會 이야기(1)-韓國新劇 運動을 回顧한다.-」<思想界> 통권 121호(1963.5.)
15) 孤帆生, 「따뜻된 新劇이 運動」, 東亞日報 1923.7.10.
16) '토월회 2회 공연준비 기술이 많이 늘었다고', 동아일보, 1923.9.11.
17) 심훈, '未來의 劇壇을 위하야 土月會 2회 공연을 보고', 東亞日報 1923.10.14.(주 16의 글을 오해의 소지가 있을 것 같아 필자가 기밀했음)
18) Pat M. Carr, Bernard Shaw(New York: Frederick Ungar Publishing Co., 1976), p.139.
19) 柳敏榮 「焦星 金祐鎭 硏究(上)-韓國近代戲曲史 硏究 基三」<漢陽大學校 論文集> 제5집(1971.7), p.80. 참조
20) 여석기, 「한국연극의 현실」(서울: 동화출판공사, 1974.7.10.), p.103.
21) 홍해성, 김수산, '우리 신극운동의 첫길, 조선일보, 1926.7.27.
22) Oscar G. Brockett & Robert Frindlay, Century of Innovation: A History of European and American theatre and Drama since 1870(Englewood Cliffs: Prentice-Hall Inc., 1973), p.474. "Milne was Barrie's true successor, for like the older dramatist's his plays mingle sentiment, whimsy, and humor."
23) 스마이러스 原著, 譯者未詳, 「自助論」, <朝陽報> 통권 1권 2호(1906.7), pp.5-6.
24) 또한 <朝陽報>에 실린 내용과 같은 셰익스피어 소개가 六堂 崔南善 譯說「自助論 上卷」(서울: 新文書館, 1918. 4.28), pp.14-15에 게재되었음.

제1장 셰익스피어의 계몽적 수용

25) 原著者未詳, 玄采 譯述, 『東西洋歷史·卷2』(서울: 普文館, 1907), p.121.
26) 陳國鏞 述, 李采雨 譯述「十九世紀 歐洲文明進化論 - 二十年來生計界梗變論」(서울: 右文館, 1908), p.28.
27) 申榮浩, 「大我와 小我」 <大韓協會日報>, 제5호(1908.8.25), p.28.
28) 趙彦植, 「精神的 敎育」, <畿湖興學會月報> 제4호(1908.11.25), p.3.
29) 鄭永澤, 「學會集成 - 敎育의 目的」 <畿湖學會月報> 창간호(1908.8.25). p.41.
30) 高桑駒吉 原作, 兪承兼 譯述, 『中等萬國史』(1907), p.159.
31) 觀每生, 「東西格言」, <畿湖興學每會月報> 통권 제8호(1909.3.25), p.39.
32) 상동
33) 金澤東, 「韓國開化期詩歌硏究」(詩文學社, 1981), p.272.
34) 필자미상, 「大我(사설」 <泰西文藝申報> 제9호(1918.11.30). 원문을 인용해 보면 다음과 같다.
   "My lord, wise men ne'er sit and wail their woes.

But presently prevent the ways to wail."(III.ii.178-79.)-King Richard II. of the New Shakespeare
Edition(Cambridge: Cambridge University Press, 1971), pp.54-55.

35) 洪命憙, 「서적에 대하야 찬미한 말」 <少年> 제15호(1910.3.15) p.65.
36) 兪鈺兼 著, 『西洋史敎科書』(廣韓書林, 1910). p.164.
37) 六堂, 「世界一周歌」 <靑春> 제1호(1914.10.1), pp.80-81.
38) 필자미상, "詩人 스벤사의 墓中寶" <新文界>, 통권 3권3호(1915.3.1), p.13.
39) 세르반테스 원저, 六堂 譯, 「頓基浩傳奇」 <靑春> 제4호(1915.1.1) p.110.
40) 사뮤엘 스마일쓰 저, 崔南善 譯說, 『自助論(上)』(1918) p.31.
41) 「少年金鑛」, <少年> 제18호(1910.6.15), p.43.
42) "消化日課"「格言六合參集」 <少年> 제19호(1910.7.15), p.24.
43) 張德秀, 「意志의 躍動」, <學之光> 통권 5호(1915.5.2.), p.42.
44) <瑞光> 창간호,(1919.11.30). p.28.
45) 필자미상, 「大我」, <泰西文藝申報>, 제7호(1918.11.16.). p.1.
46) 필자미상, 「大我」, <泰西文藝申報>, 제9호(1918.11.30), p.1.
47) 愼宗錫 譯, 「格言百則」, <서울> 통권 제1호(1919.12.15), p.91.
48) '명우의 연출 사용의 희극', 매일신보, 1917.7.13. 참조.
49) 「歌舞技座(愛澤一座), 경성신보, 1909.7.25.
50) '仁川歌舞技座', 경성신보, 1910.3.12.
51) 매일신보 1917.7.11.
52) 유민영, 「개화기연극사회사」(새문사, 1987), p.138
53) 찰스 램 작, 구리병 역, 「템페스트」, <기독교청년>, 제13호(1919.1).
54) 찰스 램 작, 구리병 역, 「쉑스피어 이야기들」 <기독교청년> 14-15호, 1919.
55) 김병철, '한국번역문학야화 50년사(12)', 독서신문, 제181호(1974.6.16).

제2장 셰익스피어 문학의 수용

56) Samuel Taylor Coleridge, Biographia Literaria(Cambridge: Cambridge University Press, 1920), chap.
xv.
57) Peter Milward, 田中秀人 譯, "Shakespeare와 日本人"『受容의 軌跡』高柳俊一 編(東京: 南窓社, 1979), p.89.
58) 早稻田大學 七十五年 記念出版委員會, 「日本의 近代文藝와 早稻田大學」(東京: 理想社, 1932), p.463.
59) 램작, 구리병 역, 「템페스트」, 「基督敎靑年」, 제13호(1919.1).
60) 劍鶯植 譯, "부루타스의 雄辯" <學之光> 제3호(1914.12.3).
61) 위의 책 p.47.
62) Joan Coldwell, ed., Charles Lamb on Shakespeare(New York: Barnes and Noble, 1978), p.14.
63) 위의 책, p.81.
64) A. W. Ward and A. R. Waller, "The Nineteenth Century" Cambridge History of English
Literature(Cambridge: Cambridge University Press, 1961), p.189.
65) 램 저, 오천원 역, "소설 씸쩰린" <서울> 1주년 임시호(1920.12.15). p.164
66) 상동.
67) 찰스 著, 品田太吉 譯, "씸쩰린의 事"「셰익스피어의 이야기들」(博文社, 1886).
68) 램 저, 오천원 역, 앞의 책 pp.165-166.
69) Charles and Mary Lamb, "Cymbeline" Tales from Shakespeare(New York: Penguin Books, 1986)
pp.113-114.
70) 램 저, 秋胡 역, 「오셀로」 <朝鮮文壇> 제2호(1924.11.1), p.65.
71) 위의 책, p.66.
72) Charles and Mary Lamb, Othello Tales from Shakespeare. p.282.
73) 김병철, 『韓國近代飜譯文學史研究』(을유문화사, 1975), p.572.
74) 위의 책, pp.572-573.
75) '吳天卿 譯, 「婦人辯士 海城月」, 동아일보, 1922.7.22.
76) 사용 작, 역자미상, '人肉裁判(베니스 상인)', 매일신보, 1926.6.26.

77) 김병철,「韓國近代翻譯文學史硏究」p.552.
78) 쉭스피어 원작, 옹계 정순규 "셔언"「연애소설 사랑의 恨」(박문서관, 1921), p.2.
79) 김병철 '韓國飜譯文學夜話 50年史」(12), 독서신문, 제181호(1974.6.16).
80) Robin May, Who was Shakespeare: The Man-The Times-The Works(New York: St. Martin's, 1974), p.93.
"Romeo and Juliet, written like Richard, around 1595, was a hit on the evidence of its first Quarto(there were to be four), for by 1597 it had 'been often(with great applause) plaid publiquely'. the Bodleian's copy of the First Folio is more crumpled at the page where the lovers bid each other farewell after their wedding night than anywhere else in the book."
81) Sidney Lee, A Life of William Shakespeare(New York: The Macmillan Company, 1898), p.55.
82)「사랑의 한」의 인명를 표기한 예를 들자면 캐퓰럿이 캐퓰넷, 벤볼리오가 벤볼늬오, 로잘린이 로쌀닌, 머큐쇼가 머커슈, 줄리엇이 쓸늬엣으로 표기되었음.
83) 램 작, 근춘 역, "태풍" <청년> 제6권 3-4호(1926.3.1-4.1).
84) 木村毅, 『日米英文學交流 硏究』(東京: 講談社, 1935), pp.357-362.
85) Marchette Chute, Stories from Shakespeare(New York: Nal Penguin Inc.,(1976)).
86) 쉭스피어 작, 吳天園 역, "니스의 商人(法廷의 幕)" <學生界> 제2호(1920.9.1), p.36.
87) 쉭스피어 작, 吳天園 역, "니스의 商人(法廷의 幕)", <學生界> 제4호(1920.11.1.), p.32.
88) 쉭스피어 원작, 李光秀 飜譯, '극시 줄리어ㅅ쓰 씨저'(제2막 제3장), 동아일보 1926.1.1.
89) 쉭스피어 원작, 李光秀 飜譯, '극시 줄리어ㅅ쓰 씨저', p.80.
90) '금일 탄생한 극시인 쉭스피어의 일생 생일과 死日이 가치 4월 23일', 동아일보 1926.4.23.
91) 셰익스피어 作, 坪内逍遙 譯,「햄리트」(早稲田 出版部 6版, 1910) 1-3 참조.
92) W.K. Wimsatt, ed. with an Introduction, Dr. Johnson on Shakespeare(Harmondsworth: Penguin books, 1969), p.143.
93) T.S. Eliot, Selected Essays(London: Faber and Faber, 1932), p.143.
94) 쉭스피어 원작, 현철 역술,「하믈레트」<개벽> 제11-30호(1921.5.1.-1922.12.1.), 1921.12월호에서는 <하믈레트>를 게재하지 않았음.
95) 쉭스피어 원작, 현철 역술,「하믈레트」<개벽> 제11-30호(1921.5.1-1922.12.1).
96) 김병철, '韓國近代翻譯文學史硏究」, p.592.
97) 위의 책, p.632.
98) 쉭스피어 원작, 현철 역술, "하믈레트" <개벽> 제30호(1922.12.1), p.68.
99) 쉭스피어 저, 이상수 역,『니스 상인』(조선도서주식회사, 1924).
100) 沙翁 원작, 梁夏葉 역,「태셔비극 막쩨스」, 조선일보, 1923.1.14.-4.2(24회) 중에서
101) David Bevington, ed., The Life of King Henry The Fifth, The Completed Works of Shakespeare(New York: Harper Collins Publishers, 1992), p.875 "Yet sit and see,/ Minding true things by what their mockeries be,"(IV.Prologue 52-53)
102) 朴淚月, '名作으로 쓴 오프에리아 處女', 매일신보, 1927.4.24.
103) 쉭스피어, 心鄉山人, '해믈렛', 조선일보, 1929.10.17-20(4회)
104) 상동.
105) Hamlet: -the rest is silence.(he dies)
Horatio: Now cracks a noble heart. Good night, sweet Prince:
And flights of angels sing the to thy rest!(V.ii. 356-358).
106) Samuel Schoenbaum, Shakespeare: Documentary Life(London: Oxford University Press, 1977), p.165.
107) 박용철,『박용철 전집』(평론집) (동광당 서점, 1940), p.65.
108) 김래성,「세계명작 이야기」『로미오와 줄리엣』<부인> 제2권 1호(1947.1.15), p.65.
109) Charles Lamb, Tales from Shakespeare(신아사, 1946).
110) 찰스 램 저, 전형국, 역,『쉭스피어 挿話集』(同心社, 1947).
111) 셕스피어 작, 최정우 역, "서론"『베니스의 상인』(박문출판사, 1948), p.16
112) Sir Arthur Quiller-Couch and John Dover Wilson, eds. A Midsummer Night's Dream of The New Shakespeare Edition(Cambridge: Cambridge University Press, 1979), p.62.

113) John Dover Wilson, ed., Hamlet, p.55.
114) John Dover Wilson, ed. Romeo and Juliet of The New Shakespeare Edition(Cambridge: Cambridge University Press, 1973), p.3.
115) John Dover Wilson, ed., Hamlet(ll. ii. 192), p.45.
116) William Shakespeare, Chuncsic Sul, ed., Hamlet with Notes(백양당, 1947).
117) 쉭스피어 작, 설정식 역, 『하믈렡』(백양당, 1949), pp.167-168).
118) 찰스 램 저, 조상원 역, 『셱스피어 이야기』(현암사, 1954).
119) 찰스 램 저, 피천득 역, 『쉑스피어의 이야기들』(한국도서주식회사, 1957).
120) 찰스 램 저, 조상원 역, 『셱스피어 이야기』(현암사, 1954).
    찰스 램 저, 피천득 역, 『쉑스피어의 이야기들』(한국도서주식회사,1957).
121) 쉑쓰피어 작, 한노단 역, 『쉑쓰피어 3대 傑作選』(동문사, 1954).
122) 셱스피어 작, 이종수 역 『맥베스』(민중서관, 1955).
123) 셰익스피어 원작, 최정우 역 『King Lear』(탐구당, 1955).
124) 셰익스피어 원작, 김재남 역 『로미오와 줄리엣』(한양문화사, 1957).
125) 셰익스피어 원작, 신정옥 역 『한여름 밤의 꿈』(동화문화사, 1958).
126) 셰익스피어 원작, 고석구, 한노단, 정인섭, 문상득, 이종수, 김종출, 이호근, 오화섭, 노재민, 정병준, 김홍곤, 김주현, 피천득, 여석기, 이근삼, 김갑순, 나영균, 최정우, 이창배 역.『셰익스피어 전집 Ⅰ, Ⅱ, Ⅲ, Ⅳ』(정음사, 1964).
127) 쉑스피어 작, 한노단 역 『쉑스피어 3대 걸작선』(동문사, 1954)
128) 셰익스피어 원작, 최재석 역 『햄릿』(연희춘추사, 1954)

제3장 셰익스피어 연극의 수용

129) 김주현 증언, 「경성고상의 『줄리어스 시저』 공연에 대해」, 1997.6.25,
130) John Dover Wilson, ed., Julius Caesar of The New Shakespeare Edition(Cambridge: Cambridge University Press, 1968), p.46. Ⅲ.i, pp.112-114.
131) Ben Jonson, "To the memory of my beloved, The Author Mr. William Shakespeare: And What He Hath Left Us" Critics on Shakespeare: Readings in Literary Criticism ed., W.T.Andrews(London: George Allen Unwin Ltd, 1973), p.14.
132) 신정옥 정리, 「이종덕(경성고등상업학교 출신)과의 대담」 1998.5.28.
133) 쉑쓰페아 作, 역자 미상, 「女學生劇 리야王과 그딸들(二幕) 쉑쓰페아作 『리아왕』중에서 <新女性>(1924.8.), p.82.
134) '『劇』 夕』盛況으로 終了, 리화녀전학생기독청년회 主催로', 동아일보 1929.11.3.
135) 쉑스피어 작, 五天園 역, "베니스의 商人(법정의 막)" <學生界> 제4-6호(1920.9.1-12.1).
136) 쉑스피어 작, 李相壽 역, 『베니스 商人(一名 人肉裁判)』 (朝鮮圖書株式會社, 1924).
137) 쉑스피어 작, 吳天園 역, 『婦人辯士 海城月』(京城재동무사, 1922).
138) 찰스 램 저, 역자 미상, '人肉裁判(『베니스의 상인』)', 매일신보(5회) 1926.6.20.-7.25.
139) '김아학생극의 명물 이전연극제 廿四반부터 공회당서', 동아일보, 1931.12.5.
140) 유민영, 『한국근대연극사』, (단국대학교 출판부, 1996), p.717.
141) 홍해성, 「이전 기독학생청년회, 제2회 고연 상연목록 <페트루키오와 카트리나> 연출에 대하야」 <신동아> 제2호(1932.12.1), p.62.
142) 극예술연구회동인합평, '이전연극제를 보고(하)', 동아일보 1931.12.10.
143) 연세창립 80주년 기념사업위원회, "학생연극활동』『연세대학교사』(연세대학교 출판부,1969), p.1058.
144) '헛수고한 사랑 10,11량일 서양인 학교극', 동아일보, 1932.3.10.
145) '「쉑스피어 전」(극예술연구회 주최하에)', 매일신보, 1933.11.17.
146) 서항석, 「1933년도 극계의 일년을 회고함」 <임유> 제21호(1933.12.1). p.53.
147) 나웅, '극예술연구회 제5회 공연을 보고(하)', 조선일보, 1933.12.8.
148) 유민영, 『한국근대연극사』, p.818.
149) '제1화 호화의 연극콩쿨 大會」, 동아일보, 1938.2.9.
150) 서항석, '신연극 20년 消長 (5)', 동아일보, 1938.5.18.
151) 이운곡, 「제1회 연극콩쿨 소감」 <비판> 제44호(1938.5.18).
152) 유치진, 「동랑자서전」(서문당, 1975), p.267

153) 유치진작, 이화삼 연출 '마의태자', 1947.6.18일부터 극예술연구회가 국제극장에서 공연, 경향신문 1947.6.19.
154) 유치진, '장편희곡연재-4막 및 프롤로그 「개골산」(마의태자와 낙랑공주)-작자의 말', 동아일보 1937.12.14.
155) '영화와 연예-본시 사업부 후원아래 극단 「고협」 4월 공연-신라사화 「마의태자와 낙랑공주」상연', 매일신보 1941.4.22.
156) 상동.
157) 임화, '극작가 유치진론(하)-현실의 빈곤과 작가의 비극', 동아일보, 1938.3.2.
158) 유치진, 「대추나무」 <신시대> 제22-25호(1942.10-1943.1).
159) '연극경연 제진 현대극장 신예진영 16일 밤부터 3일간 속연', 매일신보, 1942.10.14.
160) 서항석, 「한국연극사(제2기)」 <예술논문집> 제14집(예술원, 1975), p.204.
161) 김건, 「제1회 연극경연대회 인상기」 <조광> 제8권 12호(1942.12.1), pp.132-133.
162) 유민영, 「현대 희곡사별」(홍성사,1982), p.292
163) John Dover Wilson, ed., Romeo and Juliet, p.3.
164) 유치진, 「별」『유치진 희곡집』하권(성문각, 1971), pp.329-330.
165) 상동.
166) 경향신문 1949.12.15.
167) 박현숙과 신정옥의 대담, 1997.5.31.
168) 이해랑, '「해믈리트」 소고-중대 공연에 제하여', 경향신문, 1949.12.14.
169) 이진순, '「하믈레트」를 보고', 경향신문, 1949.12.19.
170) '청춘극장 「함열 왕자 전」 국도극장에서 공연', 국도신문, 1950.3.31.
171) '한노단, 「세익스피어의 작품과 번역」', 동아일보, 1964.8.26.
175) 'KPK, 「로미오와 줄리엩」 시공 관에서 공연', 동아일보, 1950.4.2.
173) 'KPK, 「로미오와 줄리엣」 시공 관에서 공연', 평화신문, 1954.1.14.
174) '희망 「여왕 클레오파트라」 시공 관에서 공연', 경향신문, 1953.11.18.
175) 이정섭 증언, 「청실홍실·공연에 얽힌 이야기」, 1994.
176) 「쉑스피어 원작, 조건 편극, 이지촌 윤색, 「흑진주」 여성국극단 상연대본」.
177) 오수진 증언, 「이정섭, 김진진, 김혜리와의 인터뷰」, 1995.9.12.
178) 강유정 증언, 「햄릿에 얽힌 이야기」, 1985.6.2.
179) '극단 신협 「오셀로」부산극장에서 공연', 동아일보, 1952.3.15.
180) '극단 신협 「멕베쓰」부산극장에서 공연', 동아일보, 1952.5.20.
181) 상동.
182) '극단 신협 「쥬리어쓰 씨-사」 시공관에서 공연', 평화신문, 1954.4.9.
183) 강유정 증언, 「<줄리어스 시저> 공연에 얽힌 이야기」, 1997.10.24.
184) 차범석, '촉망되는 연기', 서울신문, 1959.6.10.
185) Oscar G. Brockett and Robert R, Findlay, Century of InnovationL A History of Europearn and American Theatre and Drama Since 1870(Englewood Cliffs: Prentice-Hall, Inc., 1973), p.94.
186) George Freedley and John Reeves, A History of the Theatre, 3rd ed., 1941, rpt.,(New York: Crowns Pub: ishers, Inc., 1972), p.506.
187) Bernard Sobel, ed., The New Theatre Handbook and Digest of Plays, 1940, rpt.,(New York: Crown Publishers, 1964), p.331.
188) Sonia Moore, The Stanilavski System: The Professional Training of an Actor, 1940, rpt.,(New York: Penguin Books, 1976), p.8.
189) Glenn Hughes, The Story of the Theatre: A Short History of Theatrical Art from Its Beginning to the Preaent Day, 1928, rpt.,(New York: Samuel French Inc., 1956), p.267.
190) John Gassner & Edward Quinn, ed.,The Reader's Encyclopedia of World Drama(New York: Thomas Y, Crowell Company, 1969), p.467.
191) 유민영, 『소극장의 부침(浮沈)』, 『한국극장사』(한길사, 1982), p.265.
192) '신극계의 대담한 항거-현대극 실현에 꾸준한 노력 큰 원각사 무대소실', 조선일보, 1962.1.29.
193) 유치진, 『동랑자서전』(서문당, 1975), p.320.
194) 위의 책, p.344.
195) 「드라마센터」 공연전단

196) 유민영, 「드라마센터 극단의 활약」, 『한국극장사』, p.233.
197) 유치진, 「전진하는 드라마센터」『드라마센터「포기와 베스」공연프로그램』
198) 유민영, 『한국연극사 Ⅱ』, 『한국연극·무용·영화사』(서울: 예술원, 1985.7.29.), p.246
199) 『드라마센터 <햄리트> 공연전단
200) '입체감 넘친 무대 <햄레트>', 조선일보, 1962.4.15.
201) 이근삼, '어색한 연기·장치', 한국일보, 1962.12.23.
202) '<해믈리트>의 다섯별-프로필', 경향신문, 1962.5.3.
203) 상동.
204) 이근삼 앞의 글.
205) '연말을 빛낸 두 연극, 조숙된 분위기 <로미오와 줄리엣>', 조선일보, 1962.12.31.
206) 오화섭, '친밀감을 주는 쾌조 <로미오와 줄리엣> 공연', 동아일보, 1962.12.23.
207) 상(祥)「시즌 형성한 연극계」, 『신동아』 1966. 5, p.392.
208) 권중휘, 「축제를 베풀면서」, 『쉭스피어 축전(1964.4.22~5.23) 팜플렛』, p.4.
209) 이진순, '쉐익스피어의 작품<베니스의 상인>을 중심으로', 샤라벌학보 49호, 1964.4.27.
210) '축전 레뷰-<베니스의 상인>', 서울신문 1964.4.25.
211) 상동.
212) 「극단 신협의 골든 캐스트」, 『극단 신협의 <오셀로> 공연전단』
213) 한노단, '<오셀로-> 점묘', 경향신문, 1952.3.19.
214) 경향신문, 1964.4.21.
215) '셰익스피어 탄생 4백주년 기념 공연, 민중극장 <뜻대로 하세요>', 조선일보, 1964.5.9.
216) '걸작 못살린 미흡품, 축전레뷔 <뜻대로 하세요> 민중극장', 조선일보, 1964.5.9.
217) '<리어왕> 실험극장', 경향신문, 1964.5.26.
218) 이진순, 『한국연극사 제3기(1945~1970)』, p.577.
219) 허규, 『가장 풍성했던 기록-<리어왕>의 숨가뿐 행진(1964)』 실험극장 10년지 p.105.
220) '셰익스피어 탄생 400주년 기념공연, 동인극장 <안토니와 클레오파트라>', 조선일보, 1964.5.14.
221) 동아일보, 1953.11.30.
222) '의욕만 넘친 희극-축제레뷔 <안토니와 클레오파트라>', 서울신문, 1964.5.20.
223) 상동.
224) H.J. Oliver, ed., The Taming of the Shrew of the Oxford Shakespeare Edition(Oxford: Clarendon Press, 1982) p.73.
225) '<말괄량이 길들이기> 산하', 경향신문, 1964.4.21.
226) '극단 비약에의 발판 마련, 많은 신인을 기용, 관객동원도 기록 깨뜨려-<말괄량이 길들이기> 극단 산하', 경향신문 1964.5.26.
227) 상동.
228) '막 올린 연극시즌 드라마센터-<오셀로>', 경향신문, 1964.3.21.
229) '곳곳에 셰익스피어 바람 드라마센터서도 두 작품', 서울신문, 1964.4.18.
230) 임영웅, '가능성의 제시 드라마센터 沙翁 기념공연', 경향신문, 1964.5.14.
231) 상동.
232) 이근삼, 『연극-<춘향전>·음악과의 의의』, 세대(1965.6) p.40
233) 김동규, 『부산연극사』(경성대학교 공연예술연구소, 1991), p.464
234) '사옹탄생 400주년 맞아 연영과 오는 6월초 국립극장 대극장서 공연', 중대신문, 1964.3.18.
235) 『한국연극사(제3기)(1945~7)』, p.210.
236) 트렌치, 「런던 셰익스피어 그룹 한국공연에 즈음하여」, 『London Shakespeare Group in Shakespeare Theatre, 1970.11.23~27, 국립극장 공연프로그램』
237) 이주혁, '결산 70-끈질긴 변혁의 몸부림', 조선일보, 1970.12.16.
238) 『The London Shakespeare Group in Shakespeare Theatre(1970.11. 23~27) 프로그램』
239) 구히서, 「셰익스피어그룹 단막극」, 『연극읽기 1970~1979』(도서출판 메타, 1999), p.27.
240) 이근삼, '거대한 비극의 간결화-런던 셰익스피어 그룹의 <맥베스>를 보고', 중앙일보, 1973.12.14.
241) 「런던 셰익스피어 그룹 초청 드라마 워크 숍」, 『한국연극』 제23호, 1977.11, p.22.
242) '셰익스피어 작 <맥베스>공연 극단 실험극장 창단 10년 결산', 한국일보, 1969.12.23.

243) 유민영, 「신극운동과 〈맥베스〉」, 『미추 〈맥베스〉1994.5.24~5.30) 공연프로그램』

244) '저무는 60년대의 빅 이벤트 〈맥베스〉무대로 초대합니다', 서울신문, 1969.12.13.

245) 이정길, 「더블 캐스트의 미로(迷路)-〈맥베스〉의 실망과 기타의 미비」, 『실험극장 십년 지』, 실험극장, 1970.11.15.

246) 실험극장 40년사 편찬위원회, 『실험극장 40년사』, 극단 실험극장, 2001, p.152.

247) 김문환, 여석기, 한상철, 「합평·이번 호의 문제작들」, 『연극평론』 1972. 봄호, p.74.

248) '셰익스피어 작 〈오셀로〉', 한국일보, 1972.3.14.

249) 『실험극장 40년사』, p.152.

250) '〈오셀로〉연출 맡은 연극배우 김동훈 씨', 주간조선, 1972.3.19.

251) '실험극장 〈오셀로〉공연', 경향신문, 1972.3.11.

252) '극단 드라마센터 레퍼토리 극장-〈로미오와 줄리엣〉 오현주-귀국 첫손-스타 윤정희 데뷔무대', 한국일보 1972. 9.29.

253) 「로미오와 줄리엣」, 『신동아』 1972.11, p.393.

254) '가교 창립 10주년 축소판 희극 〈해믈리트〉', 한국일보, 1975.5.4.

255) 김상열, 「깨뜨리는 어려움」, 『극단 가교의 〈햄릿〉 공연프로그램(1975.5.8~12)』

256) '연극-영하의 날씨에도 관객은 늘어', 조선일보, 1977.12.6.

257) '인터뷰-활발하고 재미있는 셰익스피어 극 보여주고 싶다-〈말괄량이 길들이기〉 연출 마거리트 모어 여사', 중앙일 보 1977.4.9.

258) 마가렛 모어, 「정통 셰익스피어 희극의 연출」, 『극단 가교 〈말괄량이 길들이기〉(1977.4.8.~12) 공연프로그램』

259) '극단 가교 〈말괄량이 길들이기〉-올해 처음 갖는 의미깊은 무대-사용의 진면목을 재음미 운을 무시……맛에 역점 둬 말괄량이 역에 김소야 양', 일간스포츠 1977.4.3.

260) 구히서, '성실한 연기로 생동감 줘-〈말괄량이 길들이기〉', 일간스포츠, 1977.4.11.

261) '연극화제-청소년용 연극프로 기획 〈햄릿〉4월 12~17일 첫 공연', 조선일보, 1977.3.26.

262) 김효경, 「연출자의 말-햄릿은 왜 복수하려 하지 않는가?」, 『청소년극장 시리즈(1) 극단 현대극장 〈햄릿〉 (1977.4.12~17) 공연프로그램』

263) 『청소년극장 시리즈(1) 극단 현대극장 〈햄릿〉(1977.4.12~17) 공연전단』

264) 한상철, 「연극 모르는 이들을 위한 연극의 어려움」, 『공간』 1977.5.1, p.101.

265) 위의 책, p.102.

266) '〈로미오와 줄리엣〉의 강태기·문지현', 한국일보, 1978.4.2.

267) 상동.

268) '연극-현대〈실수연발〉', 한국일보, 1979.5.24.

269) 고승길, 「12간의 실험공연」, 『중앙대 연극영화과 연구』 1호, 1970.11.

270) 이근삼, '수확은 사일록 역뿐-중대연극부의 〈베니스의 상인〉', 한국일보, 1959.10.27.

271) 고승길, 「12간의 실험공연」, 『중앙대 연극영화과 연구』 1호.

272) 김갑순, 「나의 이력서」, 『영어영문 공연사-이대영문과 연극 70년을 돌아보며』, 김갑순 엮음, 이화여자대학교 출판 부, 2000, p.17.

273) 권경수, 「셰익스피어 극중 4장면」, 위의 책, p.160.

274) 위의 책, p.161.

275) 정덕애, 「십이야」, 위의 책, p.223 참조.

276) 고대극회사 편찬위원회, 『고대극회사 팜플렛』, 1976, p.49.

277) 위의 책, p.9.

278) 「세 개의 대학극 공연」, 『신동아』 1965.7. p.351.

279) 김성옥 증언, 「〈리처드 3세〉에 얽힌 이야기」 2006.6.12.

280) 구히서, 일간스포츠 1971 .2. 28.

281) '사계 〈햄릿 다시 태어나다〉8~12 시민회관 별관', 한국일보, 1977.9.6.

282) '극단 사계 〈햄릿 다시 태어나다〉공연', 동아일보, 1977.9.8.

283) 한국일보 1980.12.31.

284) 찰스 마로윗츠 지음, 김윤철 옮김, 「공연보고」, 『마로윗츠 햄릿 외』(현대미학사, 1994), p.61.

285) '이오네스꼬의 새 연극 〈막베드〉-셰익스피어의 〈막베드〉와 인물·시대 등 비슷', 한국일보, 1972.2.8.

286) R. A. Foakes, ed., Macbeth of The Applause Shakespeare Library Edition(New York: Applause Books, 1996), p.148.

287) '〈막베뜨〉한국초연-현대극단 창립공연', 한국일보, 1976.10.8.

288) 송영, '〈막베뜨〉관극기', 한국일보, 1976.10.17. 참조.

289) 구히서, 「〈실수연발〉」, 『연극읽기(1970~1979)』(도서출판 메타, 1999), p.83.

290) 「몇일 후 며칠 후」(송성한의 유고), 『동국대 연극학보』 8집, 1975.(1978년에 공연되었다는 설이 있지만 확실치 않다.)

291) Jan Kott, King Lear or "Endgame" in Shakespeare Our Contemporary(New York: Doubleday and Company Inc., 1974), p.152.

292) 위의 책, p.155.

293) 위의 책, p.158.

294) 안민수, 「맹인과 광인과 광대와」, 『윌리엄 셰익스피어 원작, 안민수 번안 〈리어 왕〉(1973.11.1~·18) 드라마센터 공연프로그램』

295) '멀쩡함과 광기를 대위(代位)시킨 세계, 우리 현실에 조응(照應)되어 묘한 재미', 조선일보, 1973.11.18.

296) '광인·광대·맹인의 세계 그려-동랑 레퍼토리 극단 〈리어 왕〉공연', 한국일보, 1973.11.3.

297) '권력과 탐욕의 갈등 그려-서울 연극학교, 새 번안 〈리어 왕〉 공연', 경향신문, 1973.11.27.

298) '〈하멸태자〉는 너무나 일본적', 한국일보, 1977.6.24.

299) '〈팔자 좋은 중매장이〉', 한국일보, 1978.5.31.

300) '이길재 1인극 〈해믈리트〉공연', 한국일보, 1979.11.29.

301) '극단 우리극장서 오늘 <맥베드>공연', 한국일보, 1981.1.22.

302) 이상일, 「권력의 찬탈을 유추시키는 현대판 <맥베드>」, 『주간조선』, 1981.12.20., p.79.

303) 유민영, 「안민수의 〈리어 왕〉」, 『주간조선』, 1984.5.6., p.77.

304) 『셰익스피어 작, 주백 편저, 김응수 연출, 〈한여름 밤의 꿈〉(1983.4.16~30.) 극단 가갸 공연대본』.

305) 심정순, 「공연과 비평-언어사용에서 자세를 보여준 무대」, 『한국연극』 140, 1988.1, p.80.

306) Harold C. Goddard, The Meaning of Shakespeare Vol. 1(Chicago: The University of Chicago Press, 1951), p.331.

307) 이상연, "'천의 얼굴'로 부활하는 햄릿, 경향신문, 1996.12.21.

308) Jan Kott, trans. Boleslaw Taborski, "Hamlet of the Mid-Century" in Shakespeare, Our Contemporary(New York: The Norton Library, 1974), p.59.

309) '연극-<햄릿> (운현극장)', 한국일보, 1980.12.31.

310) 이종훈, 「<마로윗츠(Marowitz) 햄릿> 연출노트」, 『한국연극』, 1981.2, p.44.

311) 최성자, '올 연극가에 시리즈 풍년-연극화제', 한국일보, 1981.1.21.

312) 이태주, 「스튜디오의 <햄릿>-현대극단의 「셰익스피어 시리즈」를 보고」, 『주간조선』, 1981.4.12, p.67.

313) 유민영, 「새로운 제작, 기획팀 예니와 기국서의 <햄릿>」, 『신동아』, 1981.6, p.388.

314) 정중헌, '연극화제-셰익스피어 비극 <햄릿> 청바지 70명이 실험공연, 조선일보, 1981.4.15.

315) 위의 글.

316) 유민영, 「풍성한 결실 맺은 연말의 연극무대-새로운 제작, 기획팀 예니와 기국서의 <햄릿>」, 『신동아』, 1981.6, p.388.

317) '기국서 연출 <햄릿 2> 20일부터 문예회관 소극장', 한국일보, 1982.11.17.

318) 구히서, 「극단 76공연, 기국서의 <햄릿 2>」, 『공간리뷰』, 1983.1.1, p.39.

319) 송동준, 「전치극으로서의 <햄릿>」, 『주간조선』, 1982.12.5.

320) 「연출가 기국서 제9회 영희 연극상」, 『한국연극』 95, 1984.4.1, p.48.

321) '두 개의 이색 대형무대-<햄릿> · <파리떼> 각색 5시간 연속 공연', 한국일보, 1984.5.16.

322) 김창기, '연작극 <햄릿 4> 화제 만발', 조선일보, 1990.2.10.

323) 상동.

324) 이연재, '한국판 <햄릿> 무대에 오른다', 경향신문, 1990.1.13.

325) 이상일, 「기국서의 <햄릿 4>」, 『한국연극』 166, 1990.3.1, p.13.

326) 김방옥, '정치사회문제에 접근, 깊이 없어', 동아일보, 1990.10.8.

327) 이해랑의 그간의 셰익스피어 극 연출 경력은 다음과 같다.
　　　　1949년 <햄릿>, 중앙대학
　　　　1951년 극단 신협 <햄릿>, 극단 신협
　　　　1952년 <맥베스>, 극단 신협

     1954년 <줄리어스 시저>, 극단 신협
     1957년 <오셀로>, 부산대학
     1958년 <햄릿>, 부산대학
     1960년 <베니스의 상인>, 부산대학
     1962년 <햄릿>, 극단 드라마센터
     1962년 <로미오와 줄리엣>, 극단 드라마센터
     1968년 <오셀로>, 극단 배우극장

328) 최성자, '같은 날 두 극단서 셰익스피어 극 무대-8일 사조의 <리어 왕>·현대 <베니스의 상인>', 한국일보, 1983.9.6.

329) '낯익은 연기진이 새 성격 창조 세종회관별관서 극단 사조공연 <리어 왕>', 한국일보, 1983.9.13.

330) 유민영, '호암아트홀 <햄릿> 공연을 보고', 중앙일보, 1985.5.1.

331) 구희서, 「<햄릿>-전통적 양식을 택한, 모범생 같은 무대」, 『객석』, 1985.6.16, p.123.

332) 상동.

333) 이해랑 연출의 연보를 열거하면 다음과 같다.
     1. 1949년 중앙대학교
     2. 1951년 신협
     3. 1958년 부산대학교
     4. 1962년 드라마센터
     5. 1985년 중앙일보사 주최
     6. 1989년 KBS 및 중앙일보사 주최

334) 이해랑, 「셰익스피어 작품의 극장성」, 『중앙일보사/KBS 주최 <햄릿>(1989.4.15~23) 호암아트홀 공연프로그램』.

335) 김승옥, 「신비에 싸인 이상주의자 <햄릿>의 비극세계」, 『공간』, 1989. 5, p.195.

336) 유민영, '행동하는 <햄릿> 영감(靈感)서린 무대-이해랑씨 유작 <햄릿>을 보고', 중앙일보, 1989.4.17.

337) Maynard Mack, King Lear in Our Time(New York, Methuen, 1966), p.3.

338) Charles Lamb, "On the Tragedies of Shakespeare, considered with reference to their fitness for stage Representation, 1811" in Critics on Shakespeare, ed., W.T. Andrews,(London: George Allen and Unwin Ltd., 1973), p.38.

339) G. Wilson Knight, "Shakespeare and Tolstoy" The English Association Pamphlet No.88, April, 1934, p.8.

340) G. Wilson Knight, "Shakespeare and Tolstoy" The English Association Pamphlet No.88, April, 1934, p.8.

341) Maynard Mack, King Lear in Our Time, pp.16-17.

342) 육상희, '봄을 수놓을 대형 무대 3편', 중앙일보, 1984.4.2.

343) 상동.

344) 유민영, 「안민수의 <리어 왕>」, 『주간조선』, 1984.5.6, p.77.

345) 『윌리암 쉐익스피어 원작, 안민수 번안/연출 <리어 왕>』(1984.4.13~23), 동랑 레퍼토리극단 공연대본.

346) 한상철, '번안에 실패한 광대놀이판-동랑 레퍼토리극단 <리어 왕>', 한국일보, 1984.4.18.

347) 유민영, 앞의 글.

348) 『셰익스피어 원작, 조일도 번안 <리어 왕>(1982.3.28~4.1) 극단 집현 공연대본』, p.77.

349) '이길재 1인극 <해믈리트>', 한국일보, 1979.10.3.

350) '이길재 1인극<해믈리트>공연', 한국일보, 1979.11.29.

351) '소극장 하나방서 <햄릿>', 한국일보, 1986.7.16.

352) '소극장 하나방서 <햄릿>', 한국일보, 1986.7.16.

353) 현대극장은 류관순 기념관에서 공연을 한 후 대구시민회관(5.29~6.2), 부산시민회관(6.5~7), 광주전남대 강당(6.19~23), 류관순 기념관(7.6~16), 국립극장 대극장(9.8~12) 등지에서 순회공연을 속행했다.

354) 윤대성, 「만남 Patrick Tucker <베니스의 상인> 연출가」, 『한국연극』 89, 1983.9, pp.38~40 참조.

355) '연극화제', 일간스포츠, 1983.9.3.

356) '한영수교 백주년기념 공연차 내한 <베니스의 상인> 연출 맡은 연극인', 한국일보, 1983.7.30.

357) 차범석, 「공연비평-베니스의 상인을 보고나서」, 『한국연극』 90, 1983.10, pp.68~69.

358) 한상철, 「공연비평-<베니스의 상인>을 보고 나서」, 『한국연극』 90, 1983.10, pp.69~70 참조.

359) 구히서, '<한여름 밤의 꿈> 연출 맡은 패트릭 터커씨', 한국일보, 1986.3.7.
360) 김아라, 「항상 흥미롭고 새로운 것을 추구」, 『한국연극』 123, 1986.3, p.43.
361) 이자태, 「전주대 <한여름 밤의 꿈>(1984)의 연출, 윤순영과의 통신인터뷰」, 2007. 5.
362) 신정옥 정리 「남육현의 <햄릿>연출의 얽힌 이야기」, 2007.4.15.
363) 신정옥 정리, 「이현우의 <햄릿>의 얽힌 이야기」, 2007.4.30.
364) 홍성규, '개학 첫주 캠퍼스 셰익스피어 바람', 일간스포츠, 1986.9.10.
365) 상동.
366) Frank Kermode, ed., "Introduction" The Tempest of the Arden Shakespeare Edition(London: Methuen, 1979), p.ixxxi
367) 홍성규, '개학 첫주 캠퍼스 셰익스피어 바람', 일간스포츠, 1986.9.10.
368) 김현숙, 「영원한 맞수 미더운 동지, 무대에서 한판 겨루기」, 『객석』 17, 1985.7, p.126.
369) 위의 책, p.128.
370) 이용주, '「대형무대」로 겨루는 연극 연고전', 조선일보, 1985.3.16.
371) 김현숙, 앞의 책.
372) 주백, 「작품해설」, 『극단 가갸 <한여름 밤의 꿈> 1983.4.16~30 공연대본』, p.2.
373) 「<한여름 밤의 꿈>의 작품해설」, 『극단 가갸의 <한여름 밤의 꿈>의 1983.4.16.~30 공연전단』.
374) 심정순, 「언어사용에 자제를 보여준 무대」, 『한국연극』 140, 1988.1, p.80.
375) 상동.
376) '<뜻대로 하세요> 연출 맡은 미 선교사 마가릿 모어 여사', 조선일보, 1980.12.7.
377) 상동.
378) 최성자, '김성녀씨 2년만에 창극에서 연극 복귀, 극단 가교 <뜻대로 하세요> 주인공 맡아', 한국일보, 1981.4.10.
379) '연극계 「관객이 없다」 상업성 때문에 좋은 작품 드물어', 조선일보, 1982.5.29.
380) 김갑순, 「<십이야>공연에 즈음하여」, 『극단 가교 <십이야>(1983.5.26.~30) 공연프로그램』.
381) 유민영, '선과 악 대결의 인간 삶 만끽', 중앙일보, 1985.10.17.
382) 서연호, '<오셀로> 졸속제작으로 명작의 격조 못 살렸다」, 『주간조선』, 1985.11.10.
383) Otis L. Guemsey, Jr. ed., The Best Plays of 1967~1968(New York: Dodd, Mead & Company, 1968), pp.171-172.
384) Tom Stoppard, Rosencrantz and Guildenstern Are Dead(New York: Grove Press, Inc., 1967).
385) 상동.
386) John Dover Wilson, ed., Hamlet of The New Shakespeare Edition, p.137.
387) Samuel French's Basic Chatalogue of Plays(New York: Samuel French Inc., 1980), p.183.
388) William Shakespeare, Hamlet of The New Shakespeare Edition(Cambridge: Cambridge University Press, 1977), p.65.
389) William Shakespeare, Macbeth of The New Shakespeare Edition(Cambridge: Cambridge University Press, 1973), p.79.
390) McGrow-Hill Encyclopedia of World Drama vol.2(New York: McGraw-Hill, Inc., 1972), p.421.
391) 로날드 하우드 작, 김영자 역, <드레서> (The Dresser), 『한국연극』 98, 1984.7, p.102.
392) 안자산 「세계문학관-영문단의 現勢」 「아성」 제2호(1921.5.15.), p.47.
393) 근포 신태악 선 "쉑스피어" 『세계십대문호전』(이문당, 1921), p.45
394) 반광생, '세계문호평전(二), 매일신보, 1921.11.6
395) G.B.Harrison, Introducing Shakespeare(New York: Penguin Books, 1979), p.193
396) David, Daicher, A Critical History of English Literature, Vol.1(New York: The Roland Press Company, 1970), p.247
397) Roland Mushat Fry, Shakespeare: The Art of the Dramatist(Boston: Houghton Mifflin Company, 1970), pp.7~8
398) 김한규, "8대문호약전-쉑스피어" 「신천지」 제4호(1921.11), p.5
399) 현철, "아라두어 필요할 연극이야기" 「신여성」(1924.8.30), p.98
400) H.S.크롤리, 역자미상, "쉑스피어 극의 교훈" 「조선문단」 제4호(1925.1), p.138
401) 최학송, "근대영미문학의 개관", 「조선문단」 제4호(1925.1.1.), p.127
402) 김우진, "沙翁의 생활", 「焦星유고」 基三

403) 상동.

404) T.S.Eliot, "A dialogue an Dramatic Poetry", Selected Essays, 1917~1962(London Faber & Faber, 1961), p.52

405) 김우진, <맥베드가 본 유령과 햄릿이 본 유령>「초성유고」基三

406) 상동.

407) 상동.

408) 樹洲, "쉑쓰피어의 생애"<현대평론> 제4호.(1927.5.1)

409) 정인섭, '社翁과 沙翁극 1~12', 동아일보, 1928.9.20~10.6

410) 정인섭, '社翁과 沙翁극 1~12', 동아일보, 1928.9.21

411) Robin May, Who was shakespeare: The May~The Times The Works(New York: St. Martin's, 1974), p.21

412) 상동.

413) 학창산화 쉑스피어: 동아일보 1925.6.21

414) l.K.p. "세계문호역방 쉑스피어(1564~1616)"「조선문단」제15호.(1926.4.1)

415) 조용만, '태서문호생일' 동아일보, 1926.7.27

416) 이종수, "「맥베스」의 문화적 가치-쉑스피어의 위대한 점" <신흥> 1권 2호(1929.12.7), p.69

417) 같은 글

418) 史亭, "최대시인 쉑쓰피아송" <등대> 2권 2호, 1980.

419) "세계역사상으로 본 위인의 片影-영국문호 쉑스피어" <진생> 63호, 1930.

420) 자소생, '위인의 사생활(9)-目不識丁의 商賈의 子로서 세계대문호가 된 사옹', 조선일보, 1930.3.23

421) 연주인, "이달의 문호 윌리암· 쉑스피어", <신생> 4월호, 3권 4호 1930.

422) 자소생, '위인의 사생에-요염의 여왕 클레오파트라 양용을 장상(掌上)에 희롱', 조선일보, 1930.5.9

423) '사옹은 이태리인?', 조선일보, 1930.7.19

424) 레비도프 저, 김대균 역,"3인의 쉑스피어" <문학> 2호, 1932. p.39

425) 정인섭, "괴-테 100년 기념관-괴테와 셰익스피어.", <동광> 청춘호, 1932, P115.

426) 박상엽, "윌리암 쉑스피어<신생> 제7권 5호(1933.5.1), p.65.

427) 이헌구, '사옹작 <베니스의 상인>의 재인식', 동아일보, 1933.11.28.

428) 김윤석, "쉑스피어의 비극 인물론", <문예창조> 창간호, 1934, p.59

429) 원필자미상, 이무영 역초, "쉑스피어의 제작은 과연 자작극인가?-사옹, 배콘 양파의 논쟁보고서", <신동아> 5권 5호, 1955.

430) 존슨 박사, "쉑스피어 작품의 인물론", <예술> 2호, 1955.

431) 이윤식, "함레트와 막베스", <조광> 5권 2호, 1939.

432) 위의 책, p.209.

433) 위의 책, pp.207~208

434) 한노식, '쉑스피어 소론-연출가로서의 사옹(하)', 동아일보, 1940.5.5

435) 김동석, 『뿌르조아의 人間像』(탐구당, 1949)

436) 김동석, "쉑스피어 연구-주로 그 산문을 중심으로 하야",<문학비평> 여름호, 1947.

437) 김동석, "쉑익스피어의 酒觀". <희곡문학> 창간호, 1949. p.87

438) 김동석, 앞의 책, p.124.

439) 위의 책, p.192

440) 최재서, "섹스피어", <동국대박사논문>, 1961

441) 설정식, "<함레트>에 관한 노오트", <학풍> 12호, 1950, p.63.

442) 한노단, '<오셀로-> 점묘', 경향신문, 1952.3.20

443) 여석기, '<하믈릿> 성격해석의 변천", <신천지> 10권 10호, 1954.

444) 권중희, "William shakespeare의 일면", <영어영문학> 3호, 1956.

445) 김재남, "Introducing Textual Criticism of shakespeare-쉑스피어 극본에 대한 소고", <영어영문학> 3호, 1956

446) 최재서, 『셰익스피어 예술론』(을유문화사, 1963).

447) 미국서 곧 출판 『생명질서로서의 쉑스피어 예술』 최재서 교수의 논문, 1963.9.2.

448) "閑山 권중희선생 회갑기념논총"(일조각, 1966)에 게재된 논문중 셰익스피어에 관련된 논문만 4편 열거하다.

449) 정내동, "<西遊記>와 Romeo and Julliet", <중국학보> 7, 1967.9.
450) 윤정은, "운명에의 복종과 도전-<심청전>과 King Lear의 경우", <영어영문학> 39, 1971. 가을호.
451) 최금순, "방자와 포올스타프의 성격 비교론", 고대석사논문 1977.
452) 진영우, "섹스피어와 정송강 연구", 경희대석사논문, 1957
453) 김우탁, "한국창극의 고유무대구성을 위한 연구", <성균관대논문집> 15, 1970
454) 이혜경, "shakespeare의 극중극 연구", 연세대석사학위논문, 1981.
455) 임병희, "shakespeare's Stage and His Plays", 숭전대석사학위논문, 1983
456) 전희구, "shakespeare 희극속에 반영된 작가와 관객의식", 연세대석사학위논문, 1986
457) 김미혜 "shakespeare 희곡작품에 나타난 의상에 대한 연구", 건국대 의상학과 석사학위논문, 1987.
458) 어학적 측면에서 셰익스피어를 다룬 석사학위논문들은 다음과 같다.
    전동화, "shakespeare 영어의 관계대명사에 관한 연구-Hamlet를 중심으로", 고대교육대 석사학위논문, 1980.
    최정숙, "Hamlet와 Sons and Lovers 에 나타난 수동태의 비교연구", 고대석사학위논문, 1980.
    허명혜, "Hamlet에 있어서의 가상법에 관한 연구", 고대석사학위 논문
    강석종, "shakespeare 영어의 전치사용법에 관한 연구-The Tempest를 중심으로", 고대교육대학석사학위논문, 1981
    허정구, "shakespeare 영어의 가상법에 관한 연구-Othello를 중심으로", 고대교육대석사학위논문, 1981.
    조혜성, "생성운률에 관한 셰익스피어 희곡의 운율분석", 이대석사 학위논문, 1983.
    윤화진, "shakespeare 영어에 나타난 가상법에 관한 연구-Hamlet를 중심으로", 부산대교육대석사학위논문, 1986.
459) 김정기 "Macbeth와 이성계의 비교-권력의 장악과 말로를 중심으로", 건국대교육대석사학위논문, 1984. p.47.
460) 송현섭, "shakespeare의 비·희극과 신화-1. Supernatural Beings in Macbeth, 2. Arthur Miller극의 편모, 3. The Beauty of Searching for Sensual Pleasures in Lady Chatterley's Lover", 경북대박사학위 논문, 1981.
461) 박세근, "shakespeare, Donns, Milton의 소네트에 대한 고찰", 안국외국어대박사학위논문, 1982
462) 황계정, "셰익스피어 작품에 나타난 Metadramatic Aspects", 연세대 박사학위논문, 1986.
463) 진용우, "The Differences Between shakespeare and Cormeille", <언어연구> 4, 경희대, 1983.
464) 진용우, "Willian shakespeare and Andre Gide", <경희대 교육논총> 8, 경희대교육대, 1986.

제4장 셰익스피어 희곡의 개별적 수용

1. 〈햄릿〉의 수용-1997년 까지

465) 장덕수, "의지의 약동", <학지광> 제5호(1915.5.2), p.42
466) John Dover Wilson ed. Hamlet of the New shakespeare Edition(Cambridge: Cambridge University Press, 1977), p.78
467) Jan Kott, "Hamlet of the Mid-Century" shakespeare Our Contemporary Trans, Boleslaw Taborski (New York: Double day & company Inc., 1974), p.58
468) 서항석, '신연극 20년의 소장(消長)', 동아일보, 1938.5.18.
469) 이운곡. "제1회 연극통쿨소감" <비판> 44호 (1938.4.26.), p.94
470) 위의 책, p.95
471) '제1회 호화의 연극콩쿨대회', 동아일보, 1938.2.9.
472) 경향신문 1949.12.15.
473) 김성아, "한국대학극에 관한 연구", 「현대연극」 창간호(1977, p.58)
    '中大에서 1948년 섹스피어의 「햄릿」을 최무룡, 박현숙 주연으로 막을 올렸으며'라고 소개되어 있으나, 실은 중대의 <햄릿>공연은 1949년 12월 14일과 15일 양일간 시공관에서 이해랑 연출로 공연되었다. 경향신문 1949.12.14.
474) 이진순, '<하믈레트>를 보고', 경향신문, 1949.12.19.
475) 이해랑. '<해믈리트> 少考-중대공연에 제하여', 경향신문, 1949.12.14.
476) 상동.

477) 국도신문 1950.3.30.
478) 이진순, <한국연극사 제3기(1945년~1970년)>, p.54.
479) 강유정 증언, 1986.9.
480) '극단 신협<하믈리트>공연', 평화신문, 1953.8.31.
481) '신협 <하믈리트>공연', 평화신문, 1953.10.1.
482) 한로단, '<셰익스피어>의 작품과 번역 중요한 건 역자의 비판', 동아일보, 1964.8.26.
483) 차범석, '촉망되는 연기', 서울신문, 1959.6.10.
484) 유민영, "한국연극사 II: 한국연극·무용사" <예술논문집> 24호(예술원, 1985), p.344.
485) 유치진.『동랑자서전』(서문당, 1975), p.344.
486) '입체감 넘친 무대 <햄리트>', 조선일보, 1962.4.15.
487) '<해믈리트>의 다섯별 프로필', 경향신문, 1962.5.3.
488) 상동.
489) '막 올리는『셰익스피어』잔치 22일부터 한달공연 재현될 명작 7편 연극인 160명이 출연', 경향신문 1964.4.21.
490) '동랑레퍼토리 <하멸태자>', 동아일보, 1976.10.19.
491) 고승길, "한국연극과 셰익스피어" <대화>78호,(1877.5.1.), p.237
492) '동랑레퍼토리 <하멸태자>', 동아일보, 1976.10.19.
493) '<하멸태자>는 너무나 일본적', 한국일보, 1977.6.24.
494) 상동.
495) '<하멸태자> 20일부터 공연 동랑레퍼토리 극단, 드라마센터서', 경향신문, 1976.10.18.
496) 김문환, 여석기, 한상철, "합평: 이번호의 문제작들" <연극평론>(1972.봄), p.74
497) '가교 창립 10주년기념 축소판희곡 <해믈리트>', 한국일보, 1975.5.4.
498) 「The London shakespeare Group in shakespeare Theatre (1970.11.23.~27) 내한공연프로그램」
499) '결산 70-끈질긴 변혁의 몸부림', 조선일보, 1970.12.16.
500) 이근삼, '의욕 보여준 연기 이대영어연극공연', 한국일보, 1962.6.1.
501) 마산대학교 영어영문학과에서는 <햄릿>(이상용 연출)을 1984년 영어로 공연했고, 국제대학은 제15회 정기영어연극선후배 합동공연으로서 <햄릿>을 1986년 10월 2일과 3일 드라마센터의 무대에 올렸다.
502) Dane Davidson, ed. Hamlet for young people of shakespeare for young people Edition(Fair Osks: Swan Books, 1993).
503) '중대 연극과 창설기념 <햄릿>', 일간스포츠, 1989.9.25.
504) 「<햄릿> 강성해 연출 이대 중문과(1992.9.2~9) 공연포스터」
505) 사이먼 고드위, "연출가노트" 「Cambridge shakespeare Theatre의 Hamlet(1995.9.26~10.1.) 공연프로그램」
506) 고미석, '내한공연 갖는 유고자파드극단 스태프진을 알아본다.-영국서 격 蘇 연극 <햄릿>', 동아일보 1990.6.26.
507) '蘇 유고자파드 연출가 벨라아코비치씨(인터뷰)-배우에게 관객시선 모으게 소품없애', 중앙일보 1990.7.4.
508) 김갑나, "소련 유고자파드극단 내한공연 <햄릿>-집단속의 개인은 어떻게 존재하는가" <객석>(1990.8.1.), p.239.
509) 김갑나, '모스크바 유고자파드 蘇 현대연극진수 보여준다. -7월 4일~8일 문화관극장 <햄릿>공연', 동아일보 1990.6.21.
510) 이윤택, "연출의 글 「연희단거리패 <햄릿>(1996.9.14~24.) 팜플렛」
511) '가면마임<햄릿> 이색무대-탈·꼭두로 비극 현상화 환상적', 조선일보, 1992.6.14.
512) '예술의 전당 개관기념 <햄릿>', 중앙일보, 1993.3.5.
513) 권혁종, '연극 <햄릿> 우리굿판 접목 눈길', 조선일보, 1993.3.12.
514) 상동.
515) '극단 자유 <햄릿> 주연 유인촌씨', 조선일보, 1993.3.26.
516) 에카테리나 오브라스토바, "연출의 말" 「극단 띠오빼빼 제6회 <햄릿>(1995.6.2~15) 공연프로그램」
517) 「극단 띠오빼빼 <햄릿> 공연대본」
518) "작가의 말" 「극단 띠오빼빼 <햄릿> 공연프로그램」
519) 에카테리나 오브라스토바, "연출의 말-서울에서 연출 작업은 감사의 연속이었다." 「극단 띠오빼빼. 제6회 정기공연 <햄릿>(1995.6.2.~15) 공연프로그램」
520) '문화일보홀이 마련하는 감동의 6월 무대', 문화일보, 1995.6.1.
521) 김정아, "극단 청우, 사랑의 방식과 복수에 대한 집착" <오필리어> 「한국연극」제234호(1995.11.1), p.73.
522) 서연호, '창작극 「문제적 인간 연산」을 보고', 조선일보, 1995.6.24.

523) 이윤택 편집 "문제적 인간-연산" 「연희단거리패의 〈햄릿〉(연희단거리패,1996)」 p.95.
524) 서연호 '창작극 '문제적 인간 연산,을 보고', 조선일보, 1996.6.24.
525) 찰스 마로윗츠 지음, 김윤철 옮김, "공연보고" 『마로윗츠 햄릿외』(서울: 현대미학사, 1994), p.61..
526) 한국일보 1980.12.31.
527) 이득주, "『연산,에 나타난 세계극 속의 우리극(이윤택과의 대담)" p.21.
528) 찰스 마로윗츠 지음, 김윤철 옮김, "공연보고" 『마로윗츠 햄릿외』(서울: 현대미학사, 1994)), p.61.
529) 한국일보 1980.12.31.
530) 김윤경, '신세대 겨냥 〈햄릿〉 무대 올린다', 부산일보, 1995.9.14.
531) 상동.
532) 마로윗츠 작, 김윤철 역, 윤우영 연출, 〈마로윗츠 햄릿〉(1996.12.10.-1997.2.28.) 은행나무 소극장 공연프로그램
533) 「하이네 뮐러」윤시향 옮김, "〈햄릿머신〉(1993.8.4.~31) 공연대본" p.4.
534) 송동준 '극단 반도 〈햄릿머신〉 난해성과 충격의 연극', 한국연극 제208호
535) 화제의 무대- '햄릿머신' '권력비판 주제 전달 미흡', 한겨레신문, 1993.8.26.
536) 최창호, "햄릿머신", Railroad(1993.9.1.), p.80.
537) 상동.
538) 아서 홀베루(Arthur Hollbery), 노지향 역, "독일에서의 하이네 뮐러의 경고" 〈한국연극〉 172호(1990.9.1.), p.42.
539) 송동준, "극단 반도의 〈햄릿머신〉 난해함과 충격의 연극" 〈한국연극〉 208호(1993.9.1.), p.46.
540) 이미원, '극단 반도 〈햄릿머신〉을 보고' 문화일보, 1993.9.4.
541) 이상열, '천의 얼굴로 부활하는 햄릿' 경향신문, 1996.12.21.
542) 윤주호, "주변인물로 재해석한 햄릿 이야기" 「청주대학교 예술대 한국영화학과 〈햄릿 이야기〉(1997.9.17.), 공연프로그램」 p.8.
543) 상동.
544) 윤주호, "주변인물로 재해석한 햄릿 이야기", p.9.
545) 설화소재 '아이슬랜드판 햄릿 〈암로디 영웅담〉', 조선일보, 1997.9.12.
546) 김순덕, '아이슬랜드판 햄릿 〈암로디 영웅담〉', 동아일보, 1997.9.4.
547) "극단 작은신화 〈햄릿〉 공연대본" pp.1-17.
548) 상동.

2. 〈오셀로〉의 수용-1980년 말까지

549) Robert Speaight, Nature in Shakesperian Tragedy(London: Hollve an Carter, 1955), p.69.
550) Lily B. Campbell, Shakespeare's Trgie Heroes(London: Methven, 1961), p.48.
551) Wilson Knight, The Wheel of Fire(London: Methven, 1956), p.97.
552) Norman M. Holland, Psychoanalysis and Shakespeare(New York: Mcgraw-Hill-Hill Book, 1966), p.248.
553) Jan Kott, "The Two Paradoxes of Othello" Shakespeare Our Contemporary, trans, Boleslaw Taborski(New York: Doubleday & Company Inc., 1974), p.120.
554) Norman Sanders, ed., Othello of The New Shakespeare(Cambridge: Cambridge University Press, 1984), p.42.
555) 상동.
556) 오화섭, "한국과 쉑스피어" 「쉑스피어축전 프로그램」 1964.4.22~5.23
557) 유민영, 「한국연극산고」(문예비평사, 1978)
558) 박노경, '쉑스피어의 생애와 예술', 경향신문, 1950.4.16.
559) 동아일보, 1952.3.15.
560) 상동.
561) 한로단, '〈오셀로-〉 점묘', 경향신문, 1952.3.19.
562) 이석구 증언, 1977.5.2.
563) D. Nichol Smith, ed. Shakespearean Criticism(London: The Worled's Classics, 1954), p.268
564) Robert Speaight, Nature in Shakespearean Tragedy, p.88.

565) 김동규, 「부산연극사」 제4권 7편(부산: 경성대학교 공연예술연구소, 1991), p.403.

566) 평화신문, 1953.11.29.

567) 김동규, 「부산연극사」, p.404.

568) 경향신문, 1959.2.15.

569) '오페라 <오셀로> 맹연습', 동아일보, 1960.11.25.

570) '한국 초유의 대항연-오페라 <오셀로> 대공연', 동아일보, 1960.11.29.

571) 한규동, '인상 깊었던 무대-오페라 <오셀로>를 보고-', 동아일보, 1963.12.20.

572) 오화섭, "한국과 쉑스피어: 연극공연을 중심으로" 「쉑스피어 축전(1964.4.22.~5.23) 공연프로그램」, p.8.

573) '막올린 연극시즌' 경향신문, 1964.3.21.

574) '셰익스피어 시즌에 보내는 신협의 「오셀로」', 한국일보, 1964.4.28.

575) '막올린 연극시즌', 경향신문, 1964.3.21.

576) '<오셀로>로 창립공연', 한국일보, 1967.12.17.

577) 셰익스피어작 <오셀로>, 한국일보, 1972.3.14.

578) '오셀로 연출 맡은 연극배우 김동훈씨', 주간조선 1972.3.19.

579) 「동국대학교 영어영문학과 The Tragedy of Othello(1975.11.29~30) 공연프로그램」

580) 「"극단 시민극장 <오셀로>"(1983.11.30~12.15) 공연프로그램」

581) '한국에서 <오셀로> 연출을 맡은 제임스 E. 루카스씨', 한국일보, 1985.4.10.

582) 권혁종. '6년만의 <오셀로> 무대', 조선일보, 1991.12.5.

583) 한상철, '비극성 부각 안돼 멜로로 전락', 조선일보, 1991.12.19.

584) 상동.

585) "세계대학연극축제(IFHETI-International Festival of Higher Education Theatre Institutes)-국내참가학교" 〈한국연극〉 제256호(1997.9-10월호), p.129.

586) 「임춘앵 여성 국극단 창무극 <흑진주>(1961.9.16.) 공연프로그램」

587) 이은경, '우리 춤사위 <오셀로> 무대 오르다', 국민일보, 1996.11.20.

588) '한국 춤으로 풀어낸 <오셀로>', 조선일보, 1997.9.12.

589) 송성한 작 "몇일 후 며칠 후(유고)」 「연극학보」 제8집(동국대학교 연극영화학과 1975), pp.165~183.

590) 위의 책, p.171.

591) 위의 책, p.178.

592) 위의 책, p.183.

593) 상동.

3. 〈리어 왕〉의 수용-(2000년 까지)

594) W.K. Winsatt, ed., "Introduction" Dr. Johnson on Shakespeare(Harmonds-worth: Penguin Books Ltd., 1969), p.126.

595) Bernard Lott, ed., King Lear of the New Swan Shakespeare Advanced Series(London: Longman, 1974) Lxxxiii.

596) Harley Granville-Barker, "King Lear" Preface to Shakespeare. vd.1(Princeton: Princeton University Press, 1947), p.226.

597) Jean Klene, "An Approach through Visual Stimuli and Student Writing" Approaches to Teaching Shakespeare's King Lear. ed., Robert H. Ray(New York: The Modern Language Association of America, 1986), p.125.

598) 김동규, 「부산연극사」 제4권 7편(경성대학교공연예술연구소, 1991), p.394.

599) Maynard Mack, King Lear in Our Time(New York: Methven, 1966), p.3.

600) Charles Lamb, "On the Tragedies of Shakespeare, considered with reference to their fitness for Stage Representation, 1811" Crities on Shakespeare ed. W.T. Andrews(London: Gesige Allen and Unwen Led., 1973), p.38.

601) G. Wilson Knight, "Shakespeare and Tolstoy" The English Association Pamphlet. No.88(April, 1934), p.8.

602) W.K. Wimsatt, ed., "Introduction" Dr. Johnson on Shakespeare. p.126.

603) Maynard Mack, 앞의 책, pp.16~17

604) '「리어 왕」상연, 이화중고교' 서울신문 1958.5.30. "이화여자중·고교 학도호국단에서는 고교신축기념 연극발표회를 삼십, 삼십일일 양일간 동요노천극장에서 「쉑스피어」원작 「리어」왕을 상연하였는데---"

605) 필자미상, "리야왕과 그 ㅅ달들 여성」(1924.8.30.), p.82.

606) 위의 책, pp.88~89.

607) "「황부자 이야기-양자의 효성」 MBC TV 19:00-19:30 프로그램"(1996.9.30.)

608) C.B. Young, "The Stage-History of King Lear", King Lear of The New Shakespeare Edition, eds. George Ian Duthiland John Dover Willson(Cambridge University Press, 1972), PIXiii.

609) J.S. Bratten, ed. "Introduction" Plays in Performance in King Lear(Bristol: Bristol Classical Press, 1987), p.14.

610) Nahum Tate, "The History of King Lear" King Lear of The New Shakespeare Edition, p.220~230

611) Isabel. J. Bisson, ed. As you Like It of The New Clasendon Shakespeare Edition(Oxford: Oxford University Press, 1978), p.60. "All the World's a stage, And all the men and women merely players:"(I,vii 139~140)

612) '중앙대학교 연극과 발표회', 조선일보, 1964.9.9.

613) '<리어 왕> 실험극장', 경향신문, 1964.5.26.

614) '실험극장의 '리어 왕」', 동아일보, 1964.5.14.

615) 이진순, 「한국연극사 제3기」(1945~1970년), p.577.

616) 김재남 역, 김태수 연출 <한여름 밤의 꿈>(1995.5.23~25) 연세대 110주년 기념공연프로그램

617) '연기 맞수 무대위 연고전', 한국일보, 1995.6.9.

618) Ian Kott. "King Lear or Endgame" in Shakespeare our Contemporary(New York: Doubleday and Company Inc., 1974), p.152

619) 위의 책, p.155.

620) 위의 책, p.158.

621) 가스통 살바토레 원작, 이윤택 각본, <우리시대의 리어 왕>(공간미디어, 1993), p.63.

622) 상동.

623) 이덕훈, '정치 풍자극 우리시대의 <리어 왕> 정규수·김학철 연기 앙상블', 조선일보, 1995.3.30.

624) 이영미, '극단 동랑레퍼터리 <우리시대의 리어 왕>', 한겨레신문, 1995.4.29.

625) 김완, "연출의 글-리어의 세계, 내가 살고 있는 이 세계" '중앙대학교 연극학과 <리어>(1997.5.18.) 공연프로그램」5.

626) 김희원, '셰익스피어극 새해석 2편 무대에', 한국일보, 1993.8.17.

627) 상동.

628) 기국서, "연출노트" 「미친 리어(1995.5.16.~9.24.) 공연프로그램

629) "리어 그 이후 Timleless Lear-작품해설" 「극단 뮈토스 <리어 그 이후>(1996.12.2~8) 공연프로그램」

630) 상동.

631) 상동.

632) 김홍철. "각색의도" 「극단 무대에서 바라본 세상 <거꾸로 가는 리어-아,부,지!>(1997.4.10.~6.15. 공연프로그램」

633) 문상운, 위의 공연프로그램

634) 김달경, '아버지의 비애 그린 <거꾸로 가는--->', 문화일보, 1997.4.15.

635) 「극단 무대에서 바라본 세상 <거꾸로 가는 리어-아,부,지!> 공연대본」2.

636) 권오현, '셰익스피어 비극 <리어 왕>-새로운 해석 무대', 한국일보, 1993.2.9.

637) 상동.

638) 주요철, "연출의 글 「극단 반도, 오은희 각색, 주요철 연출 <킹 리어>(1993.2.12~24) 공연프로그램」

639) 박용재, '호주연극 서울 나들이', 스포츠조선, 1993.11.25.

640) 김윤철, '역동적인 <억제의 미학> 호주 플레이박스극단 <리어 왕>', 한국일보, 1993.12.7.

641) 상동.

642) 이미원, '베세토 연극제: 동북아시아 지역문화 블록화시대를 알리는 신호탄" <공연과 리뷰>(1994, 겨울호) p.74

643) 위의 책, p.76.

644) 신연수, '리어 왕 가부키式 해석', 동아일보, 1994.11.15.

645) 윤정호, '베세토 연극축제 참가 일연출가 스즈키씨', 조선일보, 1994.11.17.

646) '6개의 언어가 공존하는 <리어 왕>' 한국일보, 1997.9.5.

647) 김정옥, '한국연극 세계성 과시-6개국 합작품 <리어 왕> 연출·제작 등 도맡아', 중앙일보, 1997.7.16.

4. 〈맥베드〉의 수용-1999년까지

648) 스마이르스 원저, 역자미상, "자조론" <조양보> 제2호(1906.7.10.), p.5.
649) 원저자 미상, 현채역, 「동서양역사」권 二(보문관, 1907), p.121.
650) 신채호, "大我와 小我" <대한협회월보>, 제5호(19008.8.25.), p.28.
651) 조언식, "정신적 교육" <기호흥학회월보>, 제4호(1908.11.25.), p.3.
652) 정영택, "학해집성-교육의 목적" <기호흥학회월보>, 창간호(1908.8.25.), p.31.
653) 高桑駒吉 원작, 유승겸 역술, 「中等萬國史」(1907), p.159.
654) 順德 陳璥龍羅署處, 「19세기 구주문명 진화론」(우문관, 1908), p.58.
655) 홍명희, "서적에 대하야 고인의 찬미한 말" <소년> 제15호(1910.3.15.), p.65.
656) '歌舞技座(愛擇一齣)', 경성신보, 1909.7.25.
657) '仁川 歌舞基座', 경성신보, 1910.3.12.
658) 매일신보, 1917.7.11.
659) 유민영, 「開化期演劇社會史」(새문사, 1987), p.138.
660) Marvin Rosenberg, The Masks of Macbeth(Berkeley: University California Press, 1978), p.98.
661) '명우의 연출한 沙翁의 戱劇', 매일신보, 1917.7.13.
662) 램작, 句離瓶역, "템페스트" 「기독교청년」 제13호
663) 사용원작, 양하섭 역, '태서비극 막베드', 조선일보, 1923.2.24.~4.2.(24회) 중 2.24.
664) 이진순, 「한국연극사 제3기.(1945-1970)」, p.53.
665) 상동.
666) 상동.
667) 상동.
668) 상동.
669) 강유정 증언, 1997.9.28.
670) Richard Huggett, The Curse of Macbeth and Other Theatrical Superstitions(Great Britan: Picton Publishing, 1981), p.133.
671) 한로단이 「맥베드」, 「햄릿」, 「오셀로」를 모아 「쎅스피어 삼대걸작선」(동문사, 1954)을 간행했다. 그러니까 「맥베드」의 번역은 이미 그 이전에 그러했기 때문에 신협이 피난지 대구, 부단 등지에서 셰익스피어 비극 세 작품을 공연할 수 있었다.
672) Richard Huggett, The Curse of Macbeth and Other Theatrical Superstitions, p.145.
673) 황영식, '연극 「맥베드」의 저주는 살아있다.', 한국일보, 1988.2.23.
674) 동아일보, 1952.5.20.
675) 강유정 증언, 1997.10.24.
676) 이해랑, 「허상의 진실」(새문사, 1991), p.131.
677) '서독서 「나체 맥베드」화제', 동아일보, 1982.3.2.
678) 이해랑, 「허상의 진실」, p.131.
679) 강유정 증언, 1996.9.1.
680) 동아일보, 1952.5.20.
681) 평화신문, 1953.8.31.
682) 평화신문, 1953.11.29.
683) 평화신문 ,1954.4.9.
684) 김동규, "연극" 「부산연극사」(경성대학교 공연예술연구소, 1991), p.403.
685) 위의 책, p.404.
686) 상동.
687) 상동.
688) 상동.
689) 위의 책, p.463.
690) 이종수 역, <맥베드>는 1955년 민중서관에서 간행하여 출판되었으며, 후에 정음사에서 「세계문학전집」3에 다른

역자의 번역 작품과 함께 수록되어 1958년에 나왔다.

691) <한국연극> 제19호(1990.6), p.89.
692) 「중앙대학교 연극영화학과 제5회 <맥베드>(1966.12.8.~9/12.13.~14) 공연프로그램」
693) "고려대학교 극예술연구회 공연연보" 「고려대학교 개교 80주년 기념 아서 밀러의 <시련>(1985.5.24.~29) 공연프로그램」 p.47.
694) "연극영화과 공연 총목록" 「연극학보」 제12호(동국대학교 연극영화과)(1979), p.163.
695) '셰익스피어 작 <맥베드> 공연-극단 「실험극장」 창단 10년 결산', 한국일보, 1969.12.23.
696) 유민영, "신극운동과 <맥베드>" 미추 <맥베드>(1994.5.24.~30) 공연프로그램」
697) '「저무는 60년대의 빅 이벤트」무대로 초대합니다.', 서울신문, 1969.12.13.
698) 이정길, 「더블 캐스트의 迷路<맥베드>의 실망과 其他의 미비」「실험극장 10년지」(1960-1970) (1970, 실험극장), p.115.
699) '런던 셰익스피어 <맥베드> 내한공연', 한국일보, 1973.12.8.
700) 이주혁, '결산 70-끈질긴 변혁의 몸부림', 조선일보, 1970.12.16.
701) "「런던 셰익스피어그룹」초청 드라마 워크숍-보다 중요한 것은 자연스러운 것" 「한국연극」 제123호(1977.11.1), p.20.
702) 이상연, '천의 얼굴로 부활한 햄릿', 경향신문, 1966.12.21.
703) Jan Kott, "Hamlet of Mid-Century" Shakespeare Our Comtemporary Trans. Boleslaw Taborski(New York: W.W. Vonton & Company Inc., 1974), p.59.
"그것(햄릿)에는 원하는 것이 무어든지 있다. 심원한 심리분석도, 피비린내 나는 이야기도, 질투도, 대살인도 있다. <햄릿>에서 무엇을 택하느냐는 우리의 자유다. 하지만 무엇 때문에, 어떤 이유로 택하였느냐를 우리는 자각해야 한다."
704) 이상용, "경극연의 활동과 80년대 마산연극-지방연극사① 마산편 下" 「한국연극」 제160호(1989.9.1.), p.70.
705) 이상용, "극예사로 시작된 마산연극-지방연극사① 마산편 上" 「한국연극」 제159호(1989.8.1.), p.74.
706) 위의 책, p.75.
707) 「유혜련 역·각색, 김승수 연출, 우리극장 <맥베드>(1981.11.26.-12.2) 공연대본」 p.44.
708) Bernard Lott. ed. Macbeth of New shakespeare Edition(Burnt Mill: Longman Group Ltd,, 1965), p.1.
709) 이상일, '권력의 찬탈(탈)을 유추시키는 현대판 <맥베드> 정치적 모반자의 불안-고뇌-파멸을 극화, 지나친 주제의 노출로 비극적 장중미 상실' 「주간조선」(1981.12.20.), p.79.
710) 상동.
711) 정연수, "무대를 만드는 사람들② 공연예술가 무세중" 「객석」 제26호 (1986.4), p.171.
712) 무세중, 「"전통과의 충돌 "에서 얻어진 무의 미학」「테아토르무 <맥베드>(1986.4.27-5.10), 공연프로그램」
713) 김문환, "세편의 셰익스피어 무대" 「월간조선」(1986.6), p.513.
714) Marvin Rosenberg, The Masks of Macbeth, pp.60-61
715) 무세중, "<막베드> 연출론-인식하는 아픔, 의식하는 기쁨이여! " 「테아트르무 <맥베드> (1986.4.27~5.10) 공연프로그램」
716) 이상일, "전위예술가에겐 무엇보다 말할 수 있는 자유가 그립다." 주간조선(1986.5.25), pp.96-97
717) 심정순, "사회문화적 여건과 비례하는 실험예술" 「객석」 제28호(1986.6), p.73.
718) 김문환, 앞의 책, p.513.
719) 상동.
720) 김윤철, "3월의 의미 있는 공연-3.「우부대왕」" 「한국연극」, 제167호
721) 김재석, "감탄과 아쉬움을 동시에 남겨준 <우부대왕>" 「객석」(1991.5), p.268.
722) 김윤철, 앞의 책, p.65.
723) 구히서, '100호 기념 <맥베드> 공연, 극단 여인극장 대표 강유정씨', 일간스포츠, 1991.3.9.
724) Jan Kott, "Macbeth of Death-Infected" shakespeare Our Contemporary, p.87.
725) A.C. Bradley, shakespearean Taagedy(Mew York: Merdian Books, 1955), p.258.
726) Peter, Hall은 1967년 영국에서 Macbeth를 연출했을 때 마녀들을 휴지처럼 꼬깃꼬깃 구겨진 종이옷을 겹쳐 입게 하고 부두나 뉴욕의 브로드웨이에서 볼 수 있는 여인들로 만들어 냈다. 이들 늙어빠진 괴상한 여인들을 본 남자들은 한눈에 동결되고 말게 만들었다. 또 한편 유잔지 쇼가 창란한 여인들과 가장 흡사한 공연을 들 것 같으면 1957년에 Joan Littlewood의 <현대적 맥베드>에서는 원본에 나오는 마녀들을 전장의 최일선 지역을

허덕이는 군인들의 시체에서 유품을 뒤적여 슬쩍 갖은 매춘부로 분장시켰다. (Marvin Rosenberg), The Masks of Macbeth, pp.4-5

727) "류잔지와 류잔지 지무쇼" 「류잔지 컴퍼니 ,<맥베드>(1991.8.22~26) 공연프로그램」

728) 김문환, '단순한 평가가 쉽지 않는 공연-「류잔지의 <맥베드>」', 스포츠조선, 1989.12/「80년대 연극평론자료집 (IV)」(1994) p.143.에서 재인용

729) 유인화, '경극으로 각색된 이색 <맥베드>-대만 當代傳奇극단 <욕망성국> 막올려', 한겨레신문, 1991.10.25.

730) 이태주, "결산/ '91 국제 연극제-아시아 태평양 연극제" 「한국연극」 제187호(1991.12), pp.33-34.

731) 유인화, 한겨레신문, 1991.10.25.

732) 김창화, "결산/ '91 국제 연극제-국제연극제와 토론회- 무엇을 남겼나" 「한국연극」 제187호(1991.12), p.44.

733) 오병상, '셰익스피어극 등 화제작 공연- 새봄 연극무대 풍성', 중앙일보, 1992.3.17.

731) 김진나, "강렬하지 못한 파편적이고 소극적인 공연" 「한국연극」 제191호(1992.4), p.40.

735) Stanley Wells, shakespeare: An Illustrated dictionary(London: Oxford Unibersity Press, 1978), p.3.

736) Bernard Sobel, ed., The New Treatre Handbook and Digest of Plays(New York: Crown Publishers, 1959), p.161.

737) William shakespeare and Arthurs Laurents, Romeo and Juliet and West Side Story(New York: Dell Publishing Co. Inc., 1957)

738) Barbara Garson, Macbird!(New York: Gore Press Inc., 1967)

739) 「부산연극연기자 협의회와 연희단거래패의 <맥베드>(1992.2.15~20) 합동공연대본」!

740) 상동.

741) 주유미, "부산연극연기자협의회 창립공연 이윤택의 <맥베드>-해체와 뒤집기," 개판의 시대에 보여주는 "깽판의 미학" 「객석」(1992.3) p.244~45.

742) 상동.

743) 이윤택의 극본에는 기생이 나오지 않고 무녀 1, 2로 나온다. 실제 공연에서는 마녀가 나오지 않고 요승과 무당과 기생이 나온다.

744) 주유미, 앞의 책.

745) 옥대항, '「우리 연극의 세계화」실험', 조선일보, 1994.5.20.

746) 유민영, '고전 현대적 해석 탁월---모범적 공연', 조선일보, 1994.5.28.

747) 김방옥, '음울한 무대미술 인상적' 「한국연극」(1994.7), p.122.
   "이번에도 청빈 추상적 골조와 수족관이나 대형초상 같은 극사실적 이미지, 그리고 건조한 미니멀티즘과 서정적 함축이 공존하는 음울한 분위기의 무대미술은 극의 주제부각과 정서적 울림에 결정적 공헌을 했다."

748) 신일수, "전통과 현대의 만남, 충돌 그리고 상호존중의 자리---"「제5회 젊은 연극제(1997.5.13~5.20), 공연프로그램」

749) "드라마트루기의 방향" 「동국대학교 연극영화부 <맥베드>(1997.5.13/ 1997.5.22~25) 공연프로그램」

5. 〈로미오와 줄리엣〉의 수용-1996년까지

750) 쉑쓰피어 원작, 웅계(雄界) 鄭淳奎譯 「戀愛小說 사랑의 한(愛의 恨)」(박문서관, 1921)

751) 김병철, "한국번역문학야화 50년사"「□」, 독서신문 제181호(1974.6.16)

752) 쉑쓰피어 원작, 웅계 정순규역, "셔언(楮言)" 「戀愛小說 사랑의 한」, p.2.

753) 위의 책, 목차.

754) 쉑쓰피어 원작, 웅계 정순규역, 「로미오와 쓸늬엣」"셔언(楮言)" 「연애소설 사랑의 한」, p.1.

755) 위의 책, p.53.

756) 위의 책, pp.2-3.

757) 위의 책, pp.7-8.

758) 위의 책, p.51.

759) Robin May, Who was shakespeare?: The Man-The Times-The Works(New York: St. Martins's, 1974), p.93.
   "Romeo and Juliet, written, like Richard, around 1595, was hit on the evidence of its first quarto(there was to be four), for by 1597 it had been often(with great applause) plaid publiquely.

The Bodleian's copy of the First Folio is more crumpled at the page where the lovers bid each other farewell ofter their wedding night than anywhere else in the book."

760) Sidney Lee, A Life of William Shakespeare(New York: the Macmillan Company, 1898), p.55.
"The ecstasy of youthful passion is portrayed by Shakespeare in language of the highest lyric beauty---Romeo and Juliet, as tragic poem on the theme of love, has no rival in any literature."

761) 차범석, "로미오와 쥴리에트" 「세계명희곡의 이해」(국제출판사, 1981)
「로미오와 줄리에트」의 차례 pp.196-197.
사랑에 타는 가슴
목숨을 건 사랑
사랑을 속삭이는 밤의 창문
신(神)앞에서의 맹세
칼 싸움
슬픈 이별
비밀의 약
결혼 전야
아름다운 사랑의 이야기

762) 셰익스피어 원작, 성결 편저, 「세계명작소설 로미오와 주리엘」(청산문화사, 1984), p.197.

763) 위의 책, p.7, 머리말

764) '집대성 간행물의 「붐」', 경향신문, 1958.12.14., p.198

765) 쉑스피어작 , 김재남 역, 「로미오와 주리엘」(한양문화사, 1957), p.198

766) 연세창립 80주년 기념사업위원회 「학생연극활동」「연세대학교사」(연세대학교 출판부, 1969), p.1058.

767) 정충량, 「이화팔십년사」(이대출판부, 1967), p.527.

768) 이근삼, '의욕 보여준 연기-이대영어연극공연', 한국일보, 1962.6.1.

769) 상동.

770) '중고교연극제 11일부터 광주서', 일간스포츠, 1986.9.10.

771) 「덕성여자대학교 영어영문학과, 「Reading Recital of Shakespeare's Scene」(1983.5.28.) 발표회 프로그램」
이 낭독 레퍼토리는 「앤토니와 클레오파트라」, 「십이야」, 「뜻대로하세요」, 「햄릿」, 「로미오와 줄리엣」 등에서 한 장면씩을 무대에 올렸다.

772) '전공지식 심화시키는 학업의 연작', 일간스포츠, 1986.9.10.

773) 동아일보, 1950.4.2.

774) 평화신문, 1954.1.14.

775) 동아일보, 1953.11.30.

776) 「쉑스피어 원작」, 「오셀로」를 조건편극, 이지촌운색, <흑진주> (1961.9.16.) 임춘앵 여성국극단 상연대본

777) 오수진, "이정섭·김진진·김혜리씨와 인터뷰" 1995.8.21.

778) '쉑스피어 탄생기념 <로미오와 쥴리엘>을 방송', 경향신문, 1957.4.23.

779) 이근삼, '어색한 연기·장치' 한국일보 1962.12.23.

780) 오화섭, '친밀감 주는 쾌조-<로미오와 줄리엣>공연', 동아일보, 1962.12.26.

781) 로미오와 줄리엣-김자경 오페라단 공연, 한국일보, 1976.10.31.

782) 「극단 일월의 <로미오와 줄리엣>(1972.2.9~15) 공연프로그램」

783) '아쉬웠던 참신한 무대-극단 「일월」 <로미오와 줄리엣>' 조선일보, 1972.2.17.

784) '극단 「레퍼토리 극장」-<로미오와 줄리엣> 오현주 귀국 첫선-스타 윤정희 데뷔무대' 한국일보 1972.9.29.

785) "로미오와 줄리에트" <신동아>(1972.11), p.393.

786) '로미오와 줄리엣-김자경 오페라단 공연', 한국일보, 1976.10.31.

787) 「영국 런던 셰익스피어극단 Romeo and Juliet(1977.10.31~11.1) 내한공연프로그램」

788) '<로미오와 줄리엣>의 강태기·문지현의 사랑의 비상(飛翔)을 위한 두 마리 작은 새처럼---' 한국일보, 1978.4.2.

789) '<로미오와 줄리엣>-국립극장 창립30돌 기념공연', 한국일보, 1980.5.3..

790) '새연극 선보이는 7월 무대', 중앙일보, 1989.6.30.

791) 정진수, "셰익스피어 공연의 현대화" 「민중극장의 <로미오와 줄리엣>(1991.6.3.~9) 공연프로그램」

792) 최정일, "공연과 비평: <로미오와 줄리엣>-부산무대를 보고 통속적 낭만주의로의 전략" <한국연극> 제160호 (1989.9.1.), p.50.

793) 박순우, "Rods Musical 윈스턴 10주기 <로미오와 줄리엣> 공연의 연출가 오경숙씨와 인터뷰" 1995.11.8.

794) 「윈스턴 10주기 <로미오와 줄리엣> 연극집단 뮈토스(1994.3.12~4.17) 공연프로그램」

795) '록뮤지컬 <로미오와 줄리엣> 공연', 동아일보, 1994.3.7.

796) '<로미오와 줄리엣> 한국적으로 재해석, 극단목화공연 4백년전 아닌 오늘에 초점', 중앙일보, 1995.9.21.

797) '남녀주인공 사랑 맺어준 신부님 역할 오태석씨의 독특한 원작해석도 눈길', 중앙일보, 1993.10.5.

798) 윤정호, '<로미오와 줄리엣> 한국적 해석-극단 목화 5일부터 호암아트홀', 조선일보, 1995.10.5.

799) 정재왈, '고전 패러디극 3편 무대에-뒤집어 보면 연극도 달라진다', 중앙일보, 1996.12.16

800) 「인천시립극단「노미오와 주리애」(1996.12.7.~24) 공연대본」 pp.1.-67.

6. 비극과 희극의 개별적 수용

■비극

1) 줄리어스 시저

801) '경성고상 외어극', 매일신보, 1925.12.10.

802) 김주현 증언, 1997.6.25.

803) 이진순, 「한국연극사 제3기(1945-1970)」, p.65.

804) 강유정 증언, 1986.9.1.

805) 경향신문, 1955.3.9.

806) Charles Boyce, ed. Shakespeare A to Z: The Essential Reference to his Plays, His Poems, His Life and Times, and More(New York: Delta Book, 1991), p.329.

807) John Dover Wilson, ed. Julius Caesar of the New Shakespeare Edition(Cambridge: Cambridge University Press, 1968), p.12.

808) 이진순, 「한국연극사 제3기(1945-1970)」, P.206.

809) '「사옹」탄생 4백주(白周) 맞아 연영과, 오는 6월초 국립극장 대학극장에서 공연', 중대신문 1964.3.18.

810) 김동규, 「부산연극사」(경성대학교 공연예술연구소:1991), p.464.

811) '줄리어스 시저', 한국일보, 1971.2.18.

812) '줄리어스 시저', 일간스포츠, 1988.10.9.

813) Herman Harrell Home, Shakespeare's Philosophy of Love(U.S.A.: Edwards and Broughton Company, 1945), p.66.

814) John Ripley, Julius Caesar on Stage in England & America 1599-1973(Cambridge: Cambridge University Press, 1980), p.271.

2) 앤토니와 클레오파트라

815) '「셰익스피어」탄생 4백주 기념공연-동인극장 「안토니와 클레오파트라」', 조선일보, 1964.5.14.

816) John Dover Wilson, "Introduction" Antony and Cleopatra of the New Shakespeare Edition ed. John Dover Wilson(Cambridge: Cambridge University Press, 1973), XVI

817) Rovert Speaight, Nature in Shakespearian Tragedy(London: Hollis and Carter, 1955), p.122.

818) "「셰익스피어」탄생 400백주 기념공연 동인극장 <안토니와 클레오파트라>"

819) '의욕만 넘친 희극-<축전레뷔> 「안토니와 클레오파트라」', 서울신문, 1964.5.20.

820) '마니영화상식', 한국일보 1990.12.15.

821) 신정옥, "위대한 영혼의 뿌리 페기 아쉬도르포트" 「무대의 전설-명배우 명연기」(전예원, 1988) pp.188-189.

822) Anne Edwards, Vivien Leigh(New York: Simon & Schuster, 1977), p.224.

823) 이미원, "공연과 비평-대형, 합작공연의 문제를 상기시킨 공연-극단 실험 「안토니와 클레오파트라」 <한국연극> 제175호 (1990.12.), p.82.

824) "스텝 및 캐스트 프로필" 「실험극장 <안토니와 클레오파트라>(1990.10.20.-11.4.) 공연전단」

825) "영국 로열셰익스피어극단 수석무대미술가가 선보이는 무대미술의 신선한 충격!" 같은 공연전단.

826) 뉴욕 타임즈, '해외문화-클레오파트라 이미지 왜곡됐다-美女流 작가 이색주장', 동아일보, 1990.6.21.

827) 상동.

828) 고미석, '문화광장-「女王의 자존심」 보여주겠다', 동아일보, 1990.9.28.

829) 김미도, "문화산책/연극-대작공연 경쟁의 虛와 實", 〈월간조선〉(1990.12.), p.281.

830) 이미원, "공연과 비평-대형, 합작공연의 문제를 상기시킨 공연-극단 실험〈안토니와 클레오파트라〉" 〈한국연극〉, p.83.

831) 상동.

832) 야태주, '한국 셰익스피어 공연사에 큰 획-호암아트홀 〈안토니오와 클레오파트라〉를 보고- '사랑'의 갈망과 본능 무대에 넘쳐흘러', 중앙일보, 1990.10.27.

833) 상동.

834) 유민영, '연극평-비장감-웃음 가득한 힘 있는 무대-빼어난 배경미술---시적 아름다움 표출-〈안토니오와 클레오파트라〉를 보고', 조선일보, 1990.11.2.

■희극

1) 베니스의 상인 (The Merchant of Venice)

835) '劇의 夕 쉑스피어 작 〈뻬니스 상인〉 상연, 이화여전학생기독청년회 주최 동아일보사 학예부 후원', 동아일보 1929.10.29.

836) Allan Bloom Hary Haffa , 강성학 역, 「셰익스피어의 정치철학」(집문당, 1982), p.37.

837) Harold Child, "The Stage history of The Merchant of Venice" The Merchant of Venice of the New Shakespeare Edition, eds. Arthur Quille-Couch and John Dover Wilson(Cambridge, Cambridge University Press, 1973), p.180.

838) 상동.

839) 신정옥, 「무대의 전설-명배우 명연기」(전예원, 1988), p.28.

840) '劇의 夕 쉑스피어작 〈뻬니스 상인〉 상연, 이화여전학생기독교청년회 주최 동아일보사 학예부 후원' 동아일보 1919.10.29.

841) '劇의 夕 성황으로 종료', 동아일보 1929.11.3.

842) '극연의 대공연 금야 7시부터 인사동 조선극장에서', 동아일보, 1933.11.28.

843) '「쉑스피어전」(극예술연구회 주최하에)', 매일신보, 1933.11.17.

844) 나웅, '극예술연구회 제3회 공연을 보고(상)', 조선일보, 1933.12.6.

845) 나웅, '극예술연구회 제3회 공연을 보고(상)', 조선일보, 1933.12.8.

846) 유민영, 「한국 근대 연극사」(단국대학교 출판부), p.818.

847) '사옹 3백34주기 23일에 기념공연' 동아일보, 1950.4.15.

848) 최진하, '빈곤과 불완에 변-인사의 말씀을 대신하여」「신흥대학교 연극부 「베니스 상인」(1958.10.10.) 공연프로그램」, p.1.

849) 이근삼, '수확은 「샤이록」역 뿐-중대 연극부의 〈베니스의 상인〉', 한국일보, 1959.10.27.

850) 이효영, '고전의 영원한 의미 재현" 「극단 민중 〈베니스의 상인,(1976.4.30.-5.4.) 공연프로그램」

851) 이상일, '갖가지 좌절의 형태"〈공간리뷰〉 (1976.6.), p.92

852) '연극-英 셰익스피어그룹 오늘부터 초청공연', 한국일보, 1980.10.30.

853) 심현우, '인사의 말씀-「다함께」라는 공감대를 위하여」「극단 시민극장과 극단 원각사의 〈베니스의 상인〉 (1983.7.7.-14) 합동공연프로그램」

854) 〈한국연극〉 제173호 (1990.10.), p.119.

855) 주유미, "본토 연극의 '자기 색깔'과 '감각 없는' 번역극의 차아-인터뷰, 〈베니스의 상인〉 연출가 닐 시손스" 〈객석〉(1990.11.), p.250.

856) '원작 압축 6명이 18인역 소화-영국단 컴퍼스 〈베니스의 상인〉', 한국일보, 1990.10.19.

857) "영국 캠퍼스극단 내한공연 〈베니스의 상인〉"〈한국연극〉 제173호(1990.10), p.119.

858) 주유미, 앞의 책

859) 상동.

860) 상동.

861) 위의 책, pp.248-249.

862) 상동.

863) 위의 책, p.250.

864) 상동.

865) "새로운 시각으로 접근한 <베니스의 상인>" p.249.

866) 구히서, '구히서 연극수첩-외국경연단체에 열광적 환호보다 냉정한 관람자세 가져야', 일간스포츠, 1990.10.20.

867) 구히서, '4월 무대 멋진 큰잔치 극단 성좌 <베니스의 상인>', 일간스포츠, 1992.40.10.

868) 상동.

869) 김경희, "<베니스의 상인> 대형무대로" 1992.4.7.

870) 안경환, "윌리엄 셰익스피어 <베니스의 상인>"「법과 문학사이」(까치, 1995), p.306.

871) 상동.

2) 말괄량이 길들이기 The Taming of the Shrew)

872) H.J. Oliver, ed. The Taming of the Shrew of The Oxford Shakespeare Edition(Oxfords Clarendon Press, 1982), p.73.

873) 윌리엄 셰익스피어작, 신정옥역, "작품해설" <말괄량이 길들이기> (전예원), p.149.

874) 위의 책, p.152.

875) Logan Gourlay ed., Oliver(New York: Stein and Day, 1975), p.196.

876) 상동.

877) '금야·학생극의 명물 이전연극제 7시 반부터 공회당에서', 동아일보, 1931.12.5.

878) 홍해성, "이전 학생 청년회 제2회 공연상연목록 <페트루키오와 카트리나> 연출에 대하야" <신동아> 제1권 2호 (1931.12.1.), p.62.

879) 위의 책, p.63.

880) 고영환, "이화여전극평-훌융한 잘못" <신동아> 제2권 1호(1932.1), p.116.

881) '극예술연구회 동인 합평 이전연극제를 보고(하)', 동아일보, 1931.12.18.

882) 상동.

883) 상동.

884) 상동.

885) "셰익스피어 축전"「극단 산하 말괄량이 길들이기(1964.5.19.-23) 공연프로그램」pp.42-46.

886) '<말괄량이 길들이기> 산하', 경향신문, 1964.4.21.

887) 박인숙, '<말괄량이 길들이기> 관객 공감 산 명작무대-원작해석·연출·연기 조화이뤄 오랜만에 셰익스피어극 연극---첫날부터 만원', 일간스포츠, 1988.3.9.

888) '국립극장 동정' 국립극장 소식 1988.4.

889) 문호근, '연출의 말·힘이 철철 넘치는 연극'「국립극단 <말괄량이 길들이기>(1988.12.13-18) 공연프로그램」

890) 박인숙, 앞의 신문.

891) 신현숙, "공연과 비평 '어쩐지 돌연변이' <말괄량이 길들이기>-우화적 사건과 사실적 사건" <한국연극> 제143호 (1988.4), pp.59-60.

892) 위의 책, p.60.

893) 유민영, '연극비평-생동감 넘치는 희극무대' 국립극단 <말괄량이 길들이기>, 한국일보, 1988.3.13.

894) 김창화, "역자의 변-영원히 풀리지 않는 남자와 여자의 관계"「극단 가교 <말괄량이 길들이기> (1991.7.4-17) 공연프로그램」

895) 이원기, '가교, 다시 대봉(대붕)의 날개짓으로---' 위의 프로그램.

896) 옥대환, '연극 <말괄량이 길들이기>-동숭동에 모처럼 폭소 고전극' 조선일보, 1994.3.30.

897) 박준용, "각색의도와 작품줄거리-각색의도"「극단 성좌 <말괄량이 길들이기> (1994.3.25-30) 공연프로그램」

898) 상동.

899) 민상근, "연출자의 말" 위의 프로그램

900) 옥대환, "연극 <말괄량이 길들이기>-동숭동에 모처럼 폭소 고전극"

901) "상명대학교 예술대학 연극학과 <리허설 말괄량이 길들이기>-작품배경"

3) 사랑의 헛수고 (Love's Labor's Lost)

902) William Hazlitt, Character of Shakespeare's Plays(London: The World's Classics, 1817), p.241.

903) Charles Boyer, ed. Shakespeare A to Z: The Essential Reference to his Plays, His Poems, His

Life and Times, and More, p.379.

904) 셰익스피어 원작, <헛수고한 사랑>, 동아일보, 1932.3.10.

905) 「서울 외국인학교(Seoul Foreign School)」, Love's Labour's Lost 공연프로그램

4) 한여름밤의 꿈 (A Midsummer Night's Dream)

906) Harold Child, "The Stage-History of A Midsummer Night's Dream" A Midsummer Night's dream of The New Shakespeare Edition, eds. Authur Quiller-Couch and John Dover Wilson(Cambridge: Cambridge university Press, 1979), p.161.

907) R.A. Fakes, ed. A Midsummer Night's Dream of The New Cambridge Shakespeare Edition(Cambridge: Cambridge University Press, 1984), p.15.

908) 위의 책, p.22.

909) '연극단신', 일간스포츠 1989.10.16.

910) "공연의 의의"「한양대학교 연극영화과 <한여름 밤의 꿈>(1991.6.15-30) 공연프로그램」

911) 오명철, '무더운 여름 시원한 「땀의 무대」', 동아일보, 1991.6.6. p.335.

912) 구히서, '공연수첩', 일간스포츠, 1993.1.9.

913) 이혜경, "네명의 연출가가 연출한 <한여름 밤의 꿈>" <한국연극> 제201호(1993.2), p.22.

914) 위의 책, pp.24-25.

915) 이영미, '이영미의 연극 읽기: <한여름 밤의 꿈>, <하녀들>', 한겨레신문, 1995.7.8.

916) "초청공연-국내무용·음악극 Official Entries of Dance & Music Theatre-Korean-서울시립뮤지컬단" <한국연극> 제256호(1997.9.10일호), p.54.

5) 태풍 (The Tempest)

917) Frank Kermode, ed. "Introduction" The Tempest of The Arden Shakespeare Edition (London: Methuen, 1979), iXXXi

918) 김현수, "공간의 확대와 재구성「연세대학교 극예술연구회 <템페스트> 52회 정기공연(1982.5.14-15) 프로그램」

919) 홍성규, '개학 첫주 캠퍼스 셰익스피어바람', 일간스포츠, 1986.9.10.

920) 상동.

921) 김진나, "상징의 집결체를 너무 단순화시켜버린 무대"<객석> 제102호(1992.8), p.237.

922) 권혁종, '셰익스피어극-우리양식 접목', 조선일보, 1992.6.29.

923) 정인식, '화제의 무대' 한겨레신문, 1992.7.8.

924) 오미환, '한국 온 본고장 셰익스피어극', 한국일보, 1996.12.12.

925) 윤정호, '본고장 극단의 셰익스피어', 조선일보, 1996.12.5.

926) 상동.

6) 윈저의 즐거운 아낙네들 (The Merry Wives of Windsor)

927) '극단 광장 <윈저의 즐거운 아낙네들>', 동아일보 1966.6.25.

928) 김성희, "연출의 상상력과 연기의 앙상블이 돋보인 공연들"<한국연극> 제185호(1991.10.), p.44.

7) 십이야 (Twelfth Night)

929) 「극단 은하 <팔자 좋은 중매장이>(1978.6.4.-6) 공연대본」26.

930) 최성자, '세계 정상급 공연 줄이어-다채로움과 활기 넘칠 올해의 무대' 한국일보, 1982.1.13.

931) 「일본 극단 발견의 회 <십이야>(1983.4.8.14) 공연대본」

932) 오다 노리꼬, "인터뷰·내한한 '발견의 회' 오다 노리꼬" <한국연극> 제86호(1983.5.), p.73.

933) 김갑순, "<십이야> 공연에 즈음하여「극단 가교 <십이야>(1983.5.26-30/6.2-4) 공연프로그램」

934) 상동.

935) 모진주, "십이야 혹은 좋으실대로" 같은 프로그램.

936) 구히서, "연극-마가레트 모어여사의 손길이 닿은 활기 띤 무대" <공간>(1983.7.), p.127.
937) 상동.
938) 김찬나, "공연과 비평-영국 셰익스피어극단 <맥베스>, <십이야> 강열하지 못한 파편적이고 소극적인 공연" 「한국
    공연」 제191호(1992.4.), p.36.
939) 위의 책, p.41.
940) 진남우, "연출의 글-수업중에" 「동국대학교 연극영화과 <십이야>(1994.11.4-13) 공연프로그램」

8) 뜻대로 하세요 (As you Like it)

941) William Hazlitt, Characters of Shakespeare's Plays(London: The World's Classics, 1817), p.306.
942) '쉑스피아의 밤 KA 제2에서 방송', 한국일보, 1959.4.24.
943) 경향신문 1964.4.21.
944) '셰익스피어탄생 4백주년 기념공연, 민중극장 <좋으실대로>', 조선일보, 1964.5.3.
945) '걸작 못 살린 미흡품, 축전레뷔 <좋으실대로> 「민중극장」', 조선일보, 1964.5.9.
946) '<좋으실대로> 연출 맡은 미션교사 마가릿 모어여사', 조선일보, 1980.12.7.

9) 실수연발 (The Comedy of Errors)

947) '연극-실수연발' 중앙일보, 1990.7.20.
948) "변안의 의도" 「인천시립극단 <실수연발>(1997.6.13-29) 공연프로그램」
949) 이승유, "연출의 변-<실수연발>을 다시 옮기며" 「인천시립극단 <실수연발>(1997.6.13-29) 공연프로그램」
950) 「인천시립극단 <실수연발>(부제: 셰익스피어 인천에 오다) 공연대본」, pp.1-51.
951) 김기철, '이산가족 주제로 한 소극-인천시립극단 <실수연발>', 조선일보, 1997.11.21.

신정옥

명지대 영문학과 교수를 역임한 신정옥 저자는 경북대를 거쳐 이화여대대학원을 졸업한 뒤 한국외국어대학교 대학원에서 문학박사 학위를 받았다.

저자는 수많은 번역 작품을 남기고 있는데 영미문학작품, 그 가운데서도 영미희곡 작품을 끊임없이 우리말로 번역한 공로로 「실험극장 에쿠우스 장기공연 공로상」(1976), 「한국일보 제16회 한국연극영화텔레비전 예술특별상」(1980), 「한국연극협회 한국연극 100호 기념 최다 집필상」(1985), 「한국연극협회 한국연극공로상」(1985), 「명지대학교 제1회 학술상」(1994), 「한국예술연구원 동랑 유치진연극상」(1996), 「한국연극예술 본상」(1998)을 잇달아 수상했다. 또한 저자는 한국 셰익스피어학회 회장을 역임했다.

저서로는 『무대의 전설』(1988, 전예원), 『한국신극과 서양연극』(1994, 새문사) 『셰익스피어 한국에 오다-셰익스피어의 한국 수용과정 연구』(1998, 백산출판사), 『한국에서의 서양연극-1900~1995년』(공저: 1999, 소화출판사)가 있으며, 번역서로는 『현대영미희곡』(전 10권: 1975~1984, 예조각), 『에쿠우스』 등 4권(1990-1993, 범우사)이 있으며, 『셰익스피어전집』(전 42권: 1989-2007, 전예원)을 출간했다.

연구논문으로는 「체호프의 한국수용에 관한 연구」, 『한국연극』(제169호)외 40편이 있다.

韓國新劇과 셰익스피어 受容史 I

초판 01쇄 인쇄_2017년 11월 22일
초판 01쇄 발행_2017년 11월 27일

지은이_신정옥
펴낸이_양계봉
만든이_김진홍

펴낸곳_도서출판 전예원
주소_경기도 용인시 처인구 초부로 54번길 75
전화번호_031) 333-3471
전송번호_031) 333-5471
전자우편_jeonyaewon2@nate.com
출판등록일_1977년 5월 7일
출판등록번호_16-37호

ISBN_978-89-7924-122-8 03680

값_25,000원

※ 잘못된 책은 바꿔드립니다.

이 책은 한국출판문화산업진흥원의 출판콘텐츠 창작자금을 지원받아 제작되었습니다.